Schriften zur Allgemeinen Hochschuldidaktik

Band 3

NILS NEUBER, WALTHER PARAVICINI &
MARTIN STEIN
(HRSG.)

FORSCHENDES LERNEN
THE WIDER VIEW

Eine Tagung
des Zentrums für Lehrerbildung der Westfälischen Wilhelms-Universität Münster
vom 25. bis 27.09.2017

WTM
Verlag für wissenschaftliche Texte und Medien
Münster

Bibliografische Information der Deutschen Bibliothek

Die Deutsche Bibliothek verzeichnet diese Publikation in der Deutschen Nationalbibliografie; detaillierte Informationen sind im Internet über http://dnb.ddb.de abrufbar

Druck durch:
winterwork
04451 Borsdorf
http://www.winterwork.de/

ISBN 978-3-95987-087-0

Vorwort

Die Idee des Forschenden Lernens an Hochschulen ist nicht neu: bereits 1970 erschien hierzu die Schrift „Forschendes Lernen – Wissenschaftliches Prüfen“ der Bundesassistentenkonferenz. Die Umsetzung dieses allgemeinen Entwurfs in höchst unterschiedlichen Studiengängen ist jedoch auch ein knappes halbes Jahrhundert später noch nicht zufriedenstellend geleistet, wie Reinmann in der Einleitung zu ihrem Beitrag (S. 19 ff.) in diesem Band vermerkt. Der hochschuldidaktische Auftrag, Konzeptionen des Forschenden Lernens für verschiedene Fächer zu entwickeln, ist also unverändert aktuell.

Spätestens mit dem Start des Praxissemesters ist das Forschende Lernen nun auch prominent in das Blickfeld von Fachdidaktiken und Bildungswissenschaften gerückt und insbesondere zum Thema für die Zentren für Lehrerbildung in Nordrhein-Westfalen geworden, denn eine forschende *Grundhaltung* und *Forschendes Lernen* werden als wesentliche Bestandteile des Praxissemesters gesehen:

> „Im Praxissemester werden berufsrelevantes wissenschaftliches Theorie- und Reflexionswissen aus Fachwissenschaft, Fachdidaktik und Bildungswissenschaften in einer forschenden Grundhaltung mit einer wissenschaftlich fundierten Ausbildung für die berufspraktische Tätigkeit verknüpft. Im Praxissemester werden berufsrelevantes wissenschaftliches Theorie- und Reflexionswissen aus Fachwissenschaft, Fachdidaktik und Bildungswissenschaften in einer forschenden Grundhaltung mit einer wissenschaftlich fundierten Ausbildung für die berufspraktische Tätigkeit verknüpft“ (Rahmenkonzeption NRW 2010, S. 4).

> „Forschendes Lernen im Praxissemester meint einen theorie- und methodengeleiteten Zugang zum Berufsfeld Schule und damit die Bearbeitung und systematische Reflexion von spezifischen Bedingungen, Herausforderungen und Kennzeichen des Handelns in pädagogischen Kontexten und Interaktionssituationen auf Basis geplanter Befragungen, Beobachtungen, Fallbeschreibungen, Materialanalysen etc.“ (Zusatzvereinbarung zur Rahmenkonzeption für das Praxissemester NRW 2016, S. 2f.).

Das Zentrum für Lehrerbildung der Westfälischen Wilhelms-Universität Münster hat die anstehende Neufassung der Praxissemesterordnung im Rahmen der Reakkreditierung der Lehramtsstudiengänge an der Universität zum Anlass genommen, diesen wichtigen methodischen Baustein der Lehrerbildung mit einem „weiteren Blick“ zu betrachten und eine Tagung *Forschendes Lernen – the wider view* durchzuführen. Entsprechend war der *call for papers* weit gefasst und zielte darauf ab, sowohl Vertreterinnen und Vertreter der Fachwissenschaften und Fachdidaktiken als auch der Bildungswissenschaften anzusprechen:

> „Wir freuen uns über Beiträge, die sich mit theoretischen und/oder praktischen Ausdifferenzierungen von Forschendem oder Forschungsnahem Lernen (und Lehren) sowohl aus fachdidaktischer und bildungswissenschaftlicher, als speziell auch aus fachwissenschaftlicher und hochschuldidaktischer Sicht beschäftigen. Auch freuen wir uns über Beiträge aus Schule, Unterricht und Praxissemester. Besonders erwünscht sind Beispiele für interdisziplinäre Projekte.“

Die Beteiligung an der Tagung mit ca. 300 Teilnehmerinnen und Teilnehmern zeigte ein Interesse, das mit Beitragenden z.B. aus den Bereichen Jura und Medizin über den Bereich der Lehrerbildung hinausging. Mit insgesamt 118 Vorträgen, 19 Workshops und 40 Postern wurde das Konzept der Tagung eindrucksvoll bestätigt, das sich in Konsequenz auch in der Auswahl der Hauptvortragenden widerfindet:

- Ludwig Huber (Bielefeld): Quelle und Verzweigungen des „Forschenden Lernens“: Vielfältige Entwicklungen – notwendige Unterscheidungen
- Klaus Langer (Münster): Phar^{MS}chool – Forschendes Lernen in einem Staatsexamens-Studiengang
- Nils Neuber (Münster): Von der Erfahrung zur Erkenntnis – Zugänge zum Forschenden Lernen am Beispiel der Sportlehrerbildung
- Gabi Reinmann (Hamburg): Lernen durch Forschung – aber welche?

Wir freuen uns, mit dem vorliegenden Tagungsband mit den

- Ausarbeitungen von zwei Hauptvorträgen,
- sieben Langfassungen ausgewählter Vorträge,
- 81 Kurzfassungen der Vorträge und
- 14 Posterpräsentationen

einen umfassenden Überblick über die Tagung geben zu können.

Die große Zahl der Einreichungen hat es uns ermöglicht, die Beiträge thematisch zu gliedern, und zwar in die Bereiche

- Rahmenbedingungen
- Gestaltung von Lehre und Prüfungen
- Wirkungen
- Herausforderungen

Wir bedanken uns bei allen, die mit Vorträgen, Postern sowie Diskussionsbeiträgen zum Erfolg der Tagung beigetragen haben.

Die Planung der Tagung, die Aufteilung der Beiträge in die verschiedenen Themenbereiche und das umfangreiche gebundene Programm wurden von Frau Y. Korflür und Dr. N. Harsch erstellt. Das gleiche gilt für die Zusammenstellung des hier vorgelegten Tagungsbandes. Für den tatkräftigen wie sachkundigen Einsatz danken wir ihnen herzlich.

Ein besonderer Dank gilt Frau Schönhardt, die sich mit großer Sachkenntnis um die Beschaffung der Räume und die Abwicklung aller damit verbundenen Formalitäten gekümmert hat und den Hilfskräften, die uns beim Ablauf der Tagung tatkräftig unterstützt haben.

Münster, im Juni 2018

Nils Neuber

Walther Paravicini

Martin Stein

Literatur

Bundesassistentenkonferenz (BAK). (1970). Forschendes Lernen – Wissenschaftliches Prüfen (Schriften der BAK, 5). Bonn: BAK.

MSW Nordrhein-Westfalen (2010): Rahmenkonzeption zur strukturellen und inhaltlichen Ausgestaltung des Praxissemesters im lehramtsbezogenen Masterstudiengang.

MSW Nordrhein-Westfalen (2016): Zusatzvereinbarung zur „Rahmenkonzeption zur strukturellen und inhaltlichen Ausgestaltung des Praxissemesters im lehramtsbezogenen Masterstudiengang vom 14. April 2010)“ (Rahmenkonzeption).

Inhaltsverzeichnis

Poster

Teil 1:
Hauptvorträge

Nils NEUBER, Münster

Von der Erfahrung zur Erkenntnis – Zugänge zum Forschenden Lernen am Beispiel der Sportlehrerbildung

1 Einleitung

Die Lehrerbildung kann nicht auf eine bestimmte Phase der beruflichen Qualifikation von Lehrkräften beschränkt werden. Sie beginnt mit den Erlebnissen, die man als Schülerin oder Schüler macht, geht über Lehr-Lern-Erfahrungen in Jugendorganisationen und Freiwilligendiensten, das Bachelor- und Masterstudium inklusive mehrerer Praxisphasen, den Vorbereitungsdienst bis hin zur einer 30- bis 40-jährigen Berufstätigkeit als Lehrerin oder Lehrer. Lehrerbildung ist damit ein lebenslanger, berufsbiografischer Prozess, der nur als *phasen- und institutionenübergreifendes Kontinuum* verstanden werden kann (vgl. Terhart, 2000). Charakteristisch für diesen Prozess ist eine komplexe, wechselseitige Verzahnung von Theorie- und Praxisbezügen. Das *Verhältnis von Theorie und Praxis* ist allerdings ambivalent. Der Praxis wird von jeher eine besondere Bedeutung für die Lehrerbildung zugeschrieben; schulpraktische Bezüge seien unerlässlich, um auf ein Lehramt vorzubereiten. Die Theorie wird dagegen oft als defizitär angesehen, zumindest wenn sie ohne Anbindung zur Praxis steht. Insofern ist der Lehrerbildungsdiskurs durch einen starken „Ruf nach (mehr) Praxis“ gekennzeichnet (vgl. Hedtke, 2000, S. 3-4).

Auch die Diskussion um Forschendes Lernen in der Lehrerbildung findet vor diesem Hintergrund statt. Vor allem dem Praxissemester wird dabei besonderes Potenzial zugeschrieben. Gleichwohl muss auch auf Gefahren hingewiesen werden, die der „Mythos Praxis“ mit sich bringt. Hascher (2005) fasst die verbreitete *Glorifizierung von Praxisphasen* mit dem Begriff der „Erfahrungsfalle“ zusammen. Ein Mehr an Erfahrung führe nicht zwangsläufig zu einer professionellen Handlungskompetenz und sei auch nicht per se wertvoller als Theoriewissen. Oft bleibt bspw. unreflektiert, „dass die in der Schule beobachtete Praxis auch die Orientierung an ungünstigen Vorbildern bedeuten kann und ein Sich-der-Erfahrung-Aussetzen zur Folge haben kann, dass man sich Bewältigungsstrategien aneignet, die professionell wenig gesättigt sind“ (Schüssler, Schwier, Klewin, Schicht, Schöning & Weyland, 2014, S. 28). Gerade wenn die Idee des Forschenden Lernens für Studentinnen und Studenten handlungsleitend sein soll, ist daher eine gewisse *Distanz zur Praxis* erforderlich, die es erlaubt, praktische Erfahrungen kritisch zu reflektieren.

N. Neuber, W. Paravicini, M. Stein (Hrsg.): Forschendes Lernen – The wider view. Tagungsband. Münster: WTM-Verlag 2018.

Für die Sportlehrerbildung haben diese Überlegungen zum Forschenden Lernen in Theorie-Praxis-Bezügen noch einmal besondere Bedeutung. Beim ästhetischen Studien- und Unterrichtsfach „Sport“ kommt nämlich zur *Schulpraxis* als weitere Praxisdimension die *Sportpraxis* hinzu. Studierende und Lehrkräfte blicken in aller Regel auf viele Jahre sportpraktischer Erfahrungen zurück, die nicht selten wettkampfsportlich geprägt sind. Dieses funktionale Verständnis von Sport und Leistung hat oft entscheidenden Einfluss auf das Selbstverständnis als Sportlehrkraft (vgl. Klinge, 2007). Der *Perspektivwechsel* vom sportlichen Akteur im Verein zum Arrangeur von Sport in der Schule wird daher seit langem als zentrale Herausforderung der Sportlehrerbildung angesehen (vgl. Baur, 1981). Es stellt sich allerdings die Frage, wie die tiefgreifenden, habituellen Orientierungen angehender Sportlehrkräfte, die über viele Jahre hinweg erworben wurden, reflektiert und aufgebrochen werden können. Hier kommt das Erfahrungslernen ins Spiel. Die Sportpädagogik verfügt über differenzierte, bildungstheoretisch fundierte Grundlagen zum Lernen *aus* und *mit* Erfahrung, die nicht zuletzt auch für die Qualifikation von Lehrkräften bedeutsam sind (vgl. Neuber, 2010). Sie gilt es, mit Überlegungen zum Forschenden Lernen zu verbinden.

Vor diesem Hintergrund befasst sich der Beitrag zunächst mit einer allgemeinen Verortung *Forschenden Lernens in der Lehrerbildung*, die zu einem weiten Begriffsverständnis führt, das reflexive und empirische Zugänge integriert (Kap. 2). Im Folgenden wird das *Unterrichtsfach „Sport“* skizziert (Kap. 3), um darauf aufbauend Ansätze *Forschenden Lernens im Studienfach „Sport“* zu entwickeln (Kap. 4). Die Argumentation entwickelt sich dabei entlang eines fachspezifischen Theorie-Praxis-Verständnisses (Neuber, 2016) sowie eines dimensionalen Kompetenzbegriffs, der auf Terhart (2007) zurückgeht. Auf dieser Basis werden mit der *Vermittlungsbezogenen Praxisvertiefung* (VP), dem *Projektseminar*, dem *Praxissemester im Sport* sowie der *Masterarbeit im Sport* vier ausgewählte sportdidaktische Lehrformate der Universität Münster vorgestellt, die sich durch unterschiedliche Ausprägungen von Erfahrungslernen und Forschendem Lernen auszeichnen. Diese Differenzierung wird abschließend genutzt, um *Perspektiven für das Forschende Lernen in der Lehrerbildung* insgesamt abzuleiten (Kap. 5).

2 Forschendes Lernen

Mit der Idee des Forschenden Lernens werden zwei universitäre Felder zusammengebracht, die gemeinhin eher getrennt betrachtet werden: *Forschen und Lernen*. Dabei sind Forschung und Lehre schon im Humboldt'schen Bildungsideal eng miteinander verbunden. Tatsächlich liegt beiden Bereichen eine vergleichbare Motivation zugrunde: „Beide werden von der Triebkraft in Gang gesetzt und gehalten, neues Wissen zu generieren, dessen Hervorbringung durch theoretisch und methodisch geleitete Erkenntnisvorgänge gesteuert wird“ (Schneider & Wildt, 2013, S. 54). Allerdings unterscheiden sich die Bezugssysteme von Forschen und Lernen. Während es der Forschung um einen *wissenschaftlichen Erkenntnisgewinn* geht, der auch objektive und für Dritte nutzbare Erkenntnisse hervorbringt, zielt das Lernen auf den *subjektiven Erkenntnisgewinn*, der darüber hinaus zunächst keine weiteren Ansprüche erhebt. Werden beide Aufgaben im Forschenden Lernen verbunden, sind zwangsläufig unterschiedliche Auslegungen möglich. Tatsächlich finden sich in der mittlerweile umfänglichen Literatur zum Forschenden Lernen sowohl für *forschungsorientierte* als auch für *lernorientierte Positionen* zahlreiche Belege (vgl. u.a. Huber, Helmer & Schneider, 2009; Schüssler, Schöning, Schwier, Schicht, Gold & Weyland, 2017; Mieg & Lehmann, 2017).

Eine eher *forschungsorientierte Position* hat die Bundesassistentenkonferenz (BAK) bereits in den 1970er Jahren formuliert. Zu den Merkmalen Forschenden Lernens gehörten u.a. die selbständige Wahl des Themas durch den Forschenden, die selbständige Auswahl der Methoden und Versuchsanordnungen, die Notwendigkeit, dem Anspruch der Wissenschaft zu genügen, sowie die Prüfung des Ergebnisses hinsichtlich Hypothesen und Methoden (BAK, 1970, S. 14-15). Auch Huber betont in seiner Definition den *wissenschaftlichen Erkenntnisgewinn*. Forschendes Lernen zeichne sich „dadurch aus, dass die Lernenden den Prozess eines Forschungsvorhabens, das auf die Gewinnung von auch für Dritte interessanten Erkenntnissen gerichtet ist, in seinen wesentlichen Phasen […] (mit)gestalten, erfahren und reflektieren“ (Huber 2009, S.11). In ähnlicher Weise, aber umfassender argumentiert Aeppli (2016, S. 152), wenn er unter Forschendem Lernen ein *wissenschaftsorientiertes Vorgehen* versteht, „um zu subjektiv und/oder objektiv neuen Erkenntnissen zu gelangen. Ausgehend von Fragen wird unter Berücksichtigung von Aspekten des Forschungsprozesses und des wissenschaftlichen Arbeitens nach Antworten gesucht“.

Im Kontext der Lehrerbildung wird dagegen oft eher eine *lernorientierte Position* vertreten. So versteht Boelhauve (2005, S. 105) Forschendes Lernen als einen „Lernprozess, der darauf abzielt, den Erwerb von Erfahrungen im Handlungsfeld Schule in einer zunehmend auf Wissenschaftlichkeit ausgerichteten Haltung theoriegeleitet und selbstreflexiv unter gleichzeitiger Beachtung des Respekts vor der nicht zu verdinglichenden Persönlichkeit des Kindes bzw. Jugendlichen sowie der Lehrenden zu ermöglichen“. In diesem Sinne soll Forschendes Lernen zur *Professionalisierung von Lehrkräften* beitragen, was mit Bolland (2011, S. 36) bedeutet, „die Praxis als Lernaufgabe zu verstehen und im Rahmen studentischer Lern- und Berufsbiografien während des Studiums ein sinnbringendes Handeln in der Praxis zum Zweck ihrer Verbesserung zu ermöglichen“. Und auch die so genannte Baumert-Kommission betont die *Bedeutung des Lernens*: „Ohne Zweifel gehört die Begegnung mit der Forschungspraxis zu einem wissenschaftlichen Studium […]. In der Regel wird das forschungsgeleitete Reflektion von Praxis sein. Man kann dies durchaus forschendes Lernen nennen, solange klar bleibt, dass es sich hier um ein didaktisches Prinzip, nicht aber um genuine Forschung handelt“ (MIWFT NRW, 2007, S. 44).

In der aktuellen Diskussion um das Praxissemester finden sich diese beiden Auslegungen Forschenden Lernens nahezu in Reinform wider (vgl. Neuber, 2018). So entwickeln Souvignier und Dutke (2016) einen explizit *forschungsorientierten Ansatz* zur Durchführung von Studienprojekten. Sie beschreiben einen klassischen *Theorie-Empirie-Zyklus*, der theoretisch begründet und in der Praxis empirisch beantwortet wird. Offen bleibt allerdings, welche Rolle die Praxis für die Entwicklung der eigenen Fragen spielt. Die Forschungsperspektive wird ausschließlich von der Theorie bestimmt; eigene Erfahrungen in der Schule können so nur mittelbar aufgegriffen werden. Einen *lernorientierten Zugang* wählen dagegen Schneider und Wildt (2013) mit ihrem Lernzyklus im Format des Forschungsprozesses. Der Forschungsprozess beginnt mit dem Eintauchen in die Praxis. Daraus ergeben sich Themen und Fragestellungen, die dann über ein klassisches Forschungsdesign bearbeitet und abschließend reflektiert werden. Der parallele Lernprozess wird durch eine Distanznahme zur Erfahrung angetrieben. Die Anlässe der Erfahrung sind vielfältig: „Unstimmigkeiten, Widersprüche, Probleme, Rätsel, Unsicherheiten, die in der ‚experience‘ virulent werden, führen zu deren ‚Reflexion‘“ (Schneider & Wildt, 2013, S. 57). Insgesamt handelt es sich damit um eine „didaktische Formatierung des Lernens durch Forschung“ (Schneider & Wildt, 2013, S. 55). Im Gegensatz zum Konzept von Souvignier und Dutke (2016) werden dabei die (widerständigen) Erfahrungen der Studierenden in der schulischen Praxis ausdrücklich aufgegriffen. Allerdings sieht das Modell keine expliziten Theoriebezüge vor.

Die beiden Ansätze können als idealtypische Positionen eines Handlungsspektrums zum Forschenden Lernen angesehen werden. Aeppli (2016) beschreibt dieses Spektrum zwischen den Polen „Wissenschaftlichkeit: Anspruch hoch“ und „Wissenschaftlichkeit: Anspruch niedrig“ (vgl. Abb. 1). Forschendes Lernen, das einen hohen *wissenschaftlichen Anspruch* hat, ziele auf wissenschaftliche Qualifikationsarbeiten oder Veröffentlichungen in wissenschaftlichen Zeitschriften. Forschendes Lernen mit *niedrigem wissenschaftlichen Anspruch* ziele dagegen auf unterrichtspraktische Reflexionen, etwa zum Vorwissen von Schülern, Erfahrungen zum Klassenrat oder die Untersuchung von Klassenarbeiten. Während Forschendes Lernen einerseits eher den wissenschaftlichen Erkenntnisprozess im Sinne von *empirischem Arbeiten und Forschung* betont, fokussiert es andererseits eher den subjektiven Erkenntnisprozess im Sinne von *Selbstreflexion und Lernen*. Für beide Zugänge ist ein theoretisch begründetes, systematisches und damit letztlich wissenschaftliches Arbeiten maßgeblich. Damit öffnet sich ein Handlungsspektrum, das auch für das Forschende Lernen im Sport relevant ist.

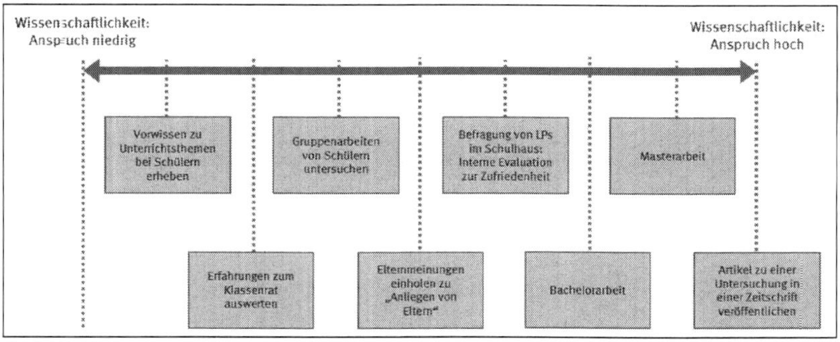

Abb. 1: Beispiele für Forschendes Lernen und ihre Verortung zwischen „Wissenschaftlichkeit: Anspruch niedrig" und „Wissenschaftlichkeit: Anspruch hoch" (mod. nach Aeppli, 2016, S. 153).

3 Sport als Unterrichtsfach

Im Fächerkanon der Schule ist „Sport" nach Deutsch und Mathematik das drittgrößte Unterrichtsfach. Das ist zum einen dadurch begründet, dass der *Sportunterricht* vom ersten bis zum 12. bzw. 13. Schuljahr oft durchgängig dreistündig unterrichtet wird. Zum anderen besteht der Schulsport neben dem Regelunterricht aus dem *außerunterrichtlichen Schulsport* mit Ganztagsangeboten, Arbeitsgemeinschaften, Schulsportfesten und -fahrten, Bewegungspausen, Bewegungsangeboten in den Pausen u.a.m. sowie dem *Lernen mit Bewegung* in anderen Fächern, z.B. zur Förderung exekutiver Funktionen des Lernens (vgl. Scheid, 2017). Im Gegensatz zu den meisten anderen Unterrichtsfächern zeichnet sich der Schulsport insofern durch ein breites Aufgabenspektrum aus, das weit über den Unterricht im engeren Sinne hinausgeht. Für diese Aufgaben hat sich bundesweit der so genannte *Doppelauftrag des Schulsports* als pädagogische Leitidee durchgesetzt. Neben der Erschließung der Bewegungs-, Spiel- und Sportkultur (*Erziehung zum*

Sport) soll der Unterricht danach auch zur Entwicklungsförderung durch Bewegung, Spiel und Sport (*Erziehung durch Sport*) beitragen (vgl. Prohl, 2017).

Zur Umsetzung des Doppelauftrags wird der Unterricht explizit als *Erziehender Sportunterricht* verstanden. Als solcher folgt er Prinzipien, wie denen der Mehrperspektivität, der Erfahrungs- und Handlungsorientierung oder der Verständigung und Partizipation (vgl. MSW, 2014). Der Gegenstand des Sportunterrichts wird in Form von zehn weitgefassten *Inhaltsbereichen* definiert, die jeweils sowohl Formen des selbstbestimmten Sich-Bewegens als auch Formen des normierten Wettkampfsports umfassen, z. B. „Laufen, Springen, Werfen – Leichtathletik" oder „Bewegen im Wasser – Schwimmen" (vgl. Scheid & Prohl, 2017). Unterrichtsthemen entstehen durch die Kombination eines Inhalts mit einer spezifischen Perspektive. Die Rahmenvorgaben für den Schulsport in NRW sehen bspw. sechs *Pädagogische Perspektiven* vor, z. B. „Etwas wagen und verantworten", „Kooperieren, wettkämpfen und sich verständigen" oder „Gesundheit fördern, Gesundheitsbewusstsein entwickeln" (MSW, 2014). Insgesamt zeichnet sich die neue Lehrplangeneration damit durch einen explizit pädagogischen Zugang aus, mit dem das Fach einen spezifischen Beitrag zum allgemeinen Erziehungs- und Bildungsauftrag der Schule leisten kann (vgl. Prohl, 2017).

4 Forschendes Lernen im Studienfach Sport

Ausgehend von der Idee eines lebenslangen, berufsbiografischen Prozesses lässt sich die Sportlehrerbildung als Entwicklungsprozess verstehen. In einem entsprechenden Modell fassen Miethling und Gieß-Stüber (2007) zentrale Facetten von Persönlichkeit, Kompetenz und professionellem Selbst von Sportlehrkräften unter einer biografischen Entwicklungsperspektive zusammen. Als besonders bedeutsam erweisen sich dabei die umfangreichen Erfahrungen, die (angehende) Sportlehrerinnen und Sportlehrer im Laufe ihrer Biografie in sportlichen Kontexten machen und die sich über die Jahre zu spezifischen Interessen, Einstellungen und Motiven verdichten. Im Sinne des eingangs angesprochenen Perspektivwechsels geht es gerade in der ersten Ausbildungsphase darum, diese Orientierungen zu reflektieren und ggf. aufzubrechen. Im Idealfall werden sie dabei „durch einen Prozess der Erfahrungsverdichtung geordnet, sodass sich alsbald eine Wahrnehmungsstruktur bzw. -kompetenz bildet, in der die Deutung einer Situation mit Handlungsoptionen gekoppelt ist" (Miethling & Gieß-Stüber, 2007, S. 21). Durch die Reflexion von Erfahrungen kann so mittelfristig ein professionelles Selbst von Sportlehrkräften entstehen.

Grundlage dieses Entwicklungsprozesses ist ein spezifisches Theorie-Praxis-Verständnis. Während der Blick in der Lehrerbildungsdebatte zumeist ausschließlich auf die Schulpraxis gelenkt wird, kommt in Bezug auf das Fach Sport die Sportpraxis hinzu, sowohl in außerschulischen Feldern (z.B. Sportvereinen) als auch – und nicht minder prägend – im Rahmen des Sportstudiums selbst. Zudem können unmittelbare, leibhaftige Praxiserfahrungen als Teilnehmer und Anleiter von Sportangeboten in unterschiedlichen Settings ($Praxis_{1+2}$) von mittelbaren, beobachteten oder erzählten Praxiserfahrungen ($Praxis_{3+4}$) unterschieden werden (Neuber, 2016, S. 52-54). Diese komplexe Gemengelage an Praxen im Sport kann als spezifische Besonderheit gesehen werden. Aus der Not der Komplexität lässt sich aber auch eine Tugend machen, wenn man die Vielfalt an Praxen im Rahmen der Lehrerbildung nutzt. Im Rahmen der sportdidaktischen Module an der Universität Münster wird dafür auf ein dimensionales Kompetenzmodell zurückgegriffen, das auf dem „Model of Teacher Development" von Terhart (2007) basiert. Die Kompetenzen angehender Sportlehrkräfte entwickeln sich danach aus dem Zusammenspiel von kognitiven, moralischen und handlungspraktischen Dimensionen (Terhart, 2007, S. 49-50).

Die erste Dimension bezieht sich auf das *Wissen*, das Studierende über Schule und Sportunterricht, Lehrende und Lernende benötigen, um unterrichtlich handeln zu können („Wissen was…"). Die zweite Dimension betrifft die Einstellungen und Haltungen, das Selbstverständnis, das dem pädagogischen Handeln im Sportunterricht zugrunde liegt („Wissen für was…"). Die dritte Dimension schließlich bezieht sich auf das didaktische Handeln oder bescheidener: die Fähigkeit des „Didaktisierens", also des Didaktisch-Denken-Könnens („Wissen wie…"). Die sportdidaktischen Lehrveranstaltungen können nun in diesem Spannungsfeld verortet werden (vgl. Abb. 2). So bezieht sich die Vermittlungsbezogene Praxisvertiefung vor allem auf das didaktische Handeln (Kap. 4.1), das Projektseminar thematisiert in besonderer Weise das pädagogische Selbstverständnis (Kap. 4.2), das Begleitseminar zum Praxissemester liegt zwischen Selbstverständnis und Handlungsfähigkeit (Kap. 4.3) und das Forschungskolloquium zur Masterarbeit orientiert sich insbesondere am Wissen (Kap. 4.4). Letztlich können damit unterschiedliche Fragen im Sinne Forschenden Lernens beantwortet werden.

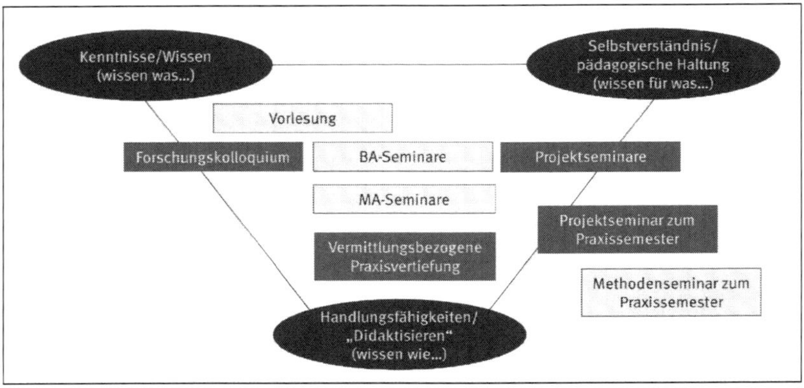

Abb. 2: Dimensionen der Kompetenzentwicklung und Lehrformate in der Sportdidaktik

4.1 Vermittlungsbezogene Praxisvertiefung

Die Vermittlungsbezogene Praxisvertiefung (VP) ist eine Lehrveranstaltung im Master of Education, die das Vorwissen, vor allem aber die Vorerfahrungen der Studentinnen und Studenten aus der Sportpraxis aufgreift und sie in einen schulischen Kontext stellt. Als Veranstaltung an der Schnittstelle von Fachpraxis und Fachdidaktik befasst sie sich insbesondere mit der Planung, Durchführung und Auswertung von Sportunterricht, der von den Studierenden selbst mit Kommilitonen, aber auch mit Schülerinnen und Schülern durchgeführt wird. Zentraler Fokus ist die Reflexion von „echtem" Unterricht, d.h. von authentischen Erfahrungen des Ge- und Misslingens von Unterricht ($Praxis_{1+2}$). Neben der Erprobung von praktischem Lehrerhandeln geht es um die Reflexion der eigenen Rolle als Lehrkraft. Die VP setzt dazu sowohl bei bestimmten Inhalten als auch bei ausgewählten Pädagogischen Perspektiven oder Inszenierungsformen an. Themen für VP sind bspw. Kooperieren, Wettkämpfen und sich verständigen, Erlebnisturnen in der Schule, Ringen und Kämpfen, Entwicklungsförderung im Kindesalter oder Individuelle Förderung von Jungen (vgl. Kaundinya & Pfitzner, 2016).

Die Evaluation der Lehrveranstaltung bestätigt das erfahrungsorientierte Vorgehen. In einer Prä-Post-Befragung wurden zehn Veranstaltungen mit insgesamt 140 Studierenden evaluiert. Dabei wurden die Studierenden nach der Einschätzung ihrer Kompetenzen im Hinblick auf die Planung, Durchführung und Auswertung von Sportunterrichtsstunden befragt. Im Ergebnis schätzen sich die Studierenden nach der Veranstaltung in allen angesprochenen Kompetenzbereichen signifikant besser ein (vgl. Neuber & Pfitzner,

2017). In Bezug auf das Forschende Lernen geht es in der VP im Wesentlichen um individuelle Fragen, die durch praktisches unterrichtliches Erproben und anschließende Reflexion beantwortet werden. So könnte eine Frage z.B. lauten: „Wie kann ich das Brennballspiel vor dem Hintergrund heterogener Lerngruppen so variieren, dass alle Teilnehmerinnen und Teilnehmer mitspielen können?" In dem oben entwickelten Handlungsspektrum zwischen Selbstreflexion und Forschung ist die VP eindeutig der Selbstreflexion zuzuordnen.

4.2 Projektseminar mit Exkursion

Projektseminare mit Exkursion setzen ebenfalls bei der selbst inszenierten und reflektierten Praxis der Studierenden an, sie zeichnen sich aber durch einen stärkeren Theoriebezug aus. Als Beispiel soll das Projektseminar *„Das Spielen entdecken und Spielräume nutzen"* skizziert werden, das auf ein Konzept von Beckers (2000) zurückgeht. Die Veranstaltung greift die Dialektik des Spiels auf, indem über das Spielen gesellschaftliche Grundmuster, wie die Ökonomisierung, Objektivierung und Maximierung von Leistungen, verdeutlicht werden. In diesem Sinne befassen sich die Studierenden zunächst in Arbeitsgruppen mit ausgewählten theoretischen Aspekten des Spiels, etwa „Spiel und Struktur", „Spiel und Kultur" oder „Spiel und Kreativität" (z.B. Sutton-Smith, 1978; Bernett, 1984; Beckers & Rüschstroer, 1996). Zentrale Aspekte der Theorie „übersetzen" sie anschließend in Praxiseinheiten, die sie im Rahmen einer Exkursion mit ihren Kommilitonen durchführen und reflektieren.

Im Rahmen der Exkursion finden keine Theoriesitzungen statt; durch die unmittelbare, praktische „Erfahrung am eigenen Leib" werden die theoretischen Grundlagen mitunter jedoch ausgesprochen konkret (Praxis_{1+2}). Dahinter steht ein *aisthetisches Bildungsverständnis*, das über die Wahrnehmung zu einer reflektierten Erfahrung und darüber zur Selbstgestaltung des Subjekts kommt (vgl. Beckers, 1997). Eine individuelle Fragestellung aus dem Kontext Spiel und Kultur könnte bspw. lauten: „Warum finde ich indonesische Spiele langweilig?" Vor dem Hintergrund der theoretischen Ausführungen ließe sich dabei etwa über Gütemaßstäbe für leistungsthematische Situationen reflektierten, die auf unterschiedliche kulturelle Voraussetzungen zurückzuführen sind. Auf dem Spektrum zum Forschenden Lernen würde damit ein stärkerer Forschungsbezug erreicht werden, auch wenn hier noch keine empirischen Forschungsmethoden eingesetzt werden.

4.3 Begleitseminar zum Praxissemester

Das ändert sich mit dem dritten Beispiel zum Praxissemester im Sport. Dabei sollen die Studentinnen und Studenten eigene, für den Lehrerberuf bedeutsame fachliche, didaktische oder methodische Fragestellungen identifizieren und diesen im Wechselspiel von theoretisch-konzeptuellen Reflexionshorizonten, kleineren Studien und praktischem Handeln in schulischen Lernzusammenhängen nachgehen. Ziel ist die Stärkung einer forschenden Lernhaltung, die ein wesentliches Merkmal der professionellen Handlungskompetenz von Lehrerinnen und Lehrern darstellt (Steuergruppe Praxissemester Münster, 2014, S. 4). Forschendes Lernen wird hier also sowohl auf die schulpraktischen Unterrichtsvorhaben als auch auf die von der Universität verantworteten Studienprojekte bezogen. Wichtig ist in beiden Fällen die Entwicklung einer *eigenen Fragestellung*, der die Studierenden theoriegeleitet, systematisch und in Bezug auf die Studienprojekte auch empirisch in der Schulpraxis nachgehen (Praxis_{2+3}).

Ein Beispiel für die Bearbeitung einer eigenen Fragestellung ist das Studienprojekt von Sandra Barfeld (2015). Ausgehend von der Beobachtung im Schwimmunterricht einer Grundschule stellte sie sich die Frage, wie sie besonders ängstlichen Kindern dabei helfen kann, ihre Angst vor dem Wasser zu überwinden. Dafür beschäftigte sie sich zunächst mit verschiedenen Theorien zur Entstehung sowie zum Umgang mit Ängsten und sondierte entsprechende fachdidaktische Zugänge (z.B. Schack, 1997). Auf dieser Grundlage entwickelte Barfeld dann eine Intervention im Rahmen eines Unterrichtsvorhabens, die sie mittels eines Fragebogens auswertete. Die Evaluation belegt, dass die Intervention im Wesentlichen erfolgreich war. Das Beispiel zeigt, dass im Sinne des Forschenden Lernens sowohl schulpraktische Erfahrungen als auch theoretische und empirische Überlegungen zielführend sein können. Im Handlungsspektrum liegt dieser Zugang näher an der Forschung, integriert zugleich aber auch selbstreflexive Anteile.

4.4 Forschungskolloquium zur Masterarbeit

Das Forschungskolloquium in der Sportdidaktik zielt auf die erfolgreiche Bewältigung der Masterarbeit. Trotz des vergleichsweise hohen theoretischen Anspruchs kann von einer hohen Motivation der Studentinnen und Studenten ausgegangen werden. Neben Grundlagen wissenschaftlichen Arbeitens der Bildungs- und Unterrichtsforschung im Sport werden darin qualitative und quantitative Methoden der Sozialforschung, Datenerhebung, -aufbereitung und -auswertung sowie die Entwicklung eigener Fragestellungen und Designs thematisiert (vgl. Arbeitsbereich Bildung und Unterricht im Sport, 2016). Die Lehrveranstaltung wechselt dabei permanent zwischen der

Perspektive allgemeiner forschungsmethodologischer Überlegungen und der Perspektive der eigenen Arbeit der Studierenden. In diesem Sinne erproben sie bspw. ausgewählte Forschungsmethoden in kleinen empirischen Übungen oder entwickeln eine eigene Fragestellung und ein dazu passendes Untersuchungsdesign. Auf dieser Grundlage können sie dann ihre Masterarbeit selbstständig bearbeiten.

Ein Beispiel für die erfolgreiche Bearbeitung einer eigenen Fragestellung ist die Masterarbeit von Steffen Knüwer (2015). Ausgehend von theoretischen Überlegungen zu Bildungssprache, Alltagssprache und Fachsprache befasste er sich mit den Möglichkeiten einer durchgängigen Sprachbildung im Sportunterricht. Seine Fragestellung lautete: „Inwiefern kann eine durchgängige Sprachbildung in den Sportunterricht integriert werden?“ Nachdem Knüwer seine anfängliche Idee einer Interventionsstudie aus forschungsökonomischen Gründen verwarf, arbeitete er im Sinne einer Explorationsstudie Erfahrungen von Sportlehrkräften über problemzentrierte Interviews heraus, die er mittels Qualitativer Inhaltsanalyse auswertete. Die Masterarbeit ist ein Beispiel für Forschendes Lernen, das konsequent aus der Theorie abgeleitet und explizit empirisch abgesichert wurde. In Bezug auf das Handlungsspektrum liegt dieser Zugang eindeutig im Bereich der Forschung.

5 Perspektiven Forschenden Lernens in der Lehrerbildung

Ausgehend von dem Verständnis der Lehrerbildung als eines lebenslangen, berufsbiografischen Prozesses zwischen Theorie und Praxis wurden am Beispiel der Sportlehrerbildung verschiedene Zugänge zum Forschenden Lernen vorgestellt. Im Mittelpunkt steht dabei immer die Entwicklung und Beantwortung eigener Fragestellungen. Charakteristisch für das Studien- und Unterrichtsfach „Sport“ ist dabei ein komplexes Praxisverständnis, das erlebte, erteilte, beobachtete und erzählte Praxis in Schule, Hochschule und Sportverein unterscheidet. Unabhängig vom Lehrformat und der methodischen Inszenierung werden die Fragestellungen immer systematisch auf fachwissenschaftliche und fachdidaktische Theorien bezogen. Zur Bearbeitung der Fragestellungen ergibt sich vor diesem Hintergrund ein weites Handlungsspektrum für das Forschende Lernen in der Sportlehrerbildung, das sich zwischen den Polen „Lernen“ und „Forschung“ oder „Selbstreflexion“ und „Empirie“ bewegt (vgl. Abb. 3). Im Rahmen der akademischen Qualifikation folgt dabei jeder Zugang grundlegenden Prinzipien von Wissenschaft.

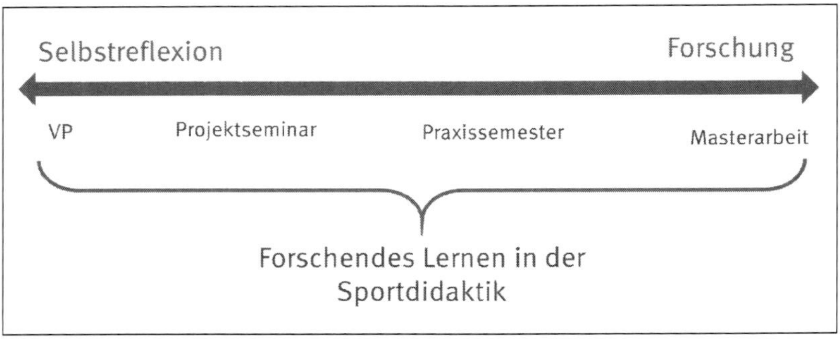

Abb. 3: Handlungsspektrum für das Forschende Lernen in der Sportdidaktik

Abschließend stellt sich die Frage, auf welcher theoretischen Folie dieses fragile Wechselverhältnis von Lernen und Forschung einerseits sowie Theorie und Praxis andererseits inszeniert werden kann. Mein Vorschlag ist das Konzept des Signifikanten Lernens von Rogers (1974). In Abgrenzung zum sinnentleerten Auswendiglernen – im Rahmen der Bologna-Reform oft als „Bulimielernen" bezeichnet – entwickelt Rogers einen Ansatz, der vom Lernenden selbst initiiert und bewertet wird, der also einen persönlichen Bezug zum Lerngegenstand voraussetzt und als zentrales Merkmal den Sinn definiert, den der Lernende in seinem Lernprozess sieht (Rogers, 1974, S. 11-14). Die münsterischen Erfahrungen zum Forschenden Lernen im Lehramtsstudium verweisen auf genau dieses subjektiv bedeutsame Lernen als Erfolgsfaktor (vgl. Duensing-Knop, Golenia & Koltermann, 2018; Neuber, 2018; Nocon-Stoffers, 2018).

Das Signifikante Lernen ist vielfach in Schule und Hochschule erprobt. Dennoch konnte es sich bislang nicht umfassend durchsetzen. Eine wesentliche Herausforderung für Lehrende besteht darin, Teile ihrer Macht an die Lernenden abzugeben (vgl. Rogers, 1989), d.h. sprichwörtlich das Zepter aus der Hand zu geben und den Erfolg des Unterrichts- bzw. Studienprozesses in die Hand der Lernenden zu legen. Das dürfte auch Lehrenden an der Hochschule nicht immer leichtfallen. Gleichwohl bietet das Konzept gerade für die Sportlehrerbildung einen entscheidenden Vorteil: Die biografisch gewachsene Begeisterung und Identifikation mit dem Sport wird nicht als Problem betrachtet, sondern als Potenzial, das Lerngegenstände erschließen kann. Die Nähe zum Gegenstand wird sozusagen genutzt, um Distanz herzustellen – weil es die Studierenden interessiert. Auf dieser Grundlage lässt sich das Forschende Lernen abschließend wie folgt definieren: Forschendes Lernen ist subjektiv bedeutsames, signifikantes Lernen zwischen Praxisreflexion und Erforschung (schulischer) Wirklichkeit vor dem Hintergrund angemessener Theorien. Im Mittelpunkt steht die Entwicklung und Beantwortung eigener Fragen. Das Ziel Forschendes Lernens ist die Entwicklung einer forschenden Grundhaltung im Sinne eines lebenslangen Professionalisierungsprozesses von (angehenden) Lehrkräften.

Literatur

Aeppli, J. (2016). Forschendes Lernen. In E. Jürgens (Hrsg.), *Erfolgreich durch das Praxissemester* (S. 151-164). Berlin: Cornelsen Scriptor.

Arbeitsbereich Bildung und Unterricht im Sport (Hrsg.). (2016). *Wissenschaftliches Arbeiten in der Sportdidaktik* (Skript). Münster: Institut für Sportwissenschaft.

Bundesassistentenkonferenz (BAK). (1970). *Forschendes Lernen – Wissenschaftliches Prüfen* (Schriften der BAK, 5). Bonn: BAK

Barfeld, S. (2015). *„Angst im Sportunterricht". Interventionsmaßnahmen zum Angstabbau bei Kindern im Schwimmunterricht, bei denen die normale Wassergewöhnung nicht greift.* Studienprojektbericht zum Praxissemester im Fach Sport. Münster: Universität Münster.

Baur, J. (1981). *Zur beruflichen Sozialisation von Sportlehrern: theoretischer Bezugsrahmen und empirische Befunde* (Reihe Sportwissenschaft: Ansätze und Ergebnisse, Band 17). Schorndorf: Hofmann.

Beckers, E. (1997). Über das Bildungspotential des Sportunterrichts. In E. Balz & P. Neumann (Hrsg.), *Wie pädagogisch soll der Schulsport sein? Auf der Suche nach fachdidaktischen Antworten* (S. 15-31). Münster: Hofmann.

Beckers, E. (2000). Das Spielen entdecken und Spielräume nutzen. In Landesinstitut für Schule und Weiterbildung (Hrsg.), *Erziehender Schulsport: pädagogische Grundlagen der Curriculumrevision in Nordrhein-Westfalen* (S. 254-282). Bönen: Kettler.

Beckers, E. & Rüschstroer, B. (1996). Bewegung – Theater – Kreativität. Anmerkungen zu einer widersprüchlichen Beziehung. *Sportunterricht, 45* (7), 277-287.

Bernett, H. (1984). Die Versportlichung des Spiels – dargestellt am Exempel der Entwicklung des Faustballspiels. *Sportwissenschaft*, 14 (2), 141-165.

Boelhauve, U. (2005). Forschendes Lernen – Perspektiven für erziehungswissenschaftliche Praxisstudien. In A. H. Hilligus & H.-D. Rinkens (Hrsg.), *Zentren für Lehrerbildung – Neue Wege im Bereich der Praxisphasen* (S. 103-126). Münster: Lit.

Bolland, A. (2011). *Forschendes und biografisches Lernen. Das Modellprojekt Forschungswerkstatt in der Lehrerbildung*. Bad Heilbrunn: Klinkhardt.

Duensing-Knop, F., Golenia, M. & Koltermann, J. (2018). Studienprojekte als Ausgangspunkt für Forschendes Lernen – Grundlagen und Vorbereitung des Praxissemesters im Unterrichtsfach Sport an der Universität Münster. In N. Unkley & B. Gröben (Hrsg.), *Forschendes Lernen im Praxissemester – Begründungen, Befunde und Beispiele aus Sicht des Fachs Sport* (Bildung und Sport, 14). Wiesbaden: Springer VS. (i. Dr.)

Hascher, T. (2005). Pädagogische Standards in der Lehrerbildung. *Pädagogik*, 57 (9), 35-38.

Hedtke, R. (2000). Das unstillbare Verlangen nach Praxisbezug – Zum Theorie-Praxis-Problem der Lehrerbildung am Exempel Schulpraktischer Studien. In H. J. Schlösser (Hrsg.), *Wirtschafts- und Berufspädagogische Schriften: Vol. 21. Berufsorientierung und Arbeitsmarkt* (S. 67-91). Bergisch Gladbach: Hobein.

Huber, L. (2009). Warum Forschendes Lernen nötig und möglich ist. In L. Huber, J. Hellmer & F. Schneider (Hrsg). *Forschendes Lernen im Studium. Aktuelle Konzepte und Erfahrungen* (S. 9-35). Bielefeld: UVW.

Huber, L. Helmer, J. & Schneider, F. (Hrsg.). (2009). *Forschendes Lernen im Studium. Aktuelle Konzepte und Erfahrungen.* Bielefeld: UVW.

Klinge, A. (2007). Entscheidungen am Körper: Zur Grundlegung von Kompetenzen in der Sportlehrerausbildung. In W.-D. Miethling & P. Gieß-Stüber (Hrsg.), *Beruf: Sportlehrer/in – Über Persönlichkeit, Kompetenzen und Professionelles Selbst von Sport- und Bewegungslehrern* (S. 25-38). Baltmannsweiler: Schneider.

Knüwer, S. (2015). *Durchgängige Sprachbildung im Sportunterricht – eine empirische Studie zur bisherigen Umsetzung und zu Potentialen des Sportunterrichts aus Sicht der Lehrkräfte* (Masterarbeit im Rahmen des Studiengangs Master of Education für das Lehramt an Gymnasien und Gesamtschulen). Münster: Universität Münster.

Mieg, H. & Lehmann, J. (Hrsg.). (2017). *Forschendes Lernen: Wie die Lehre in Universität und Fachhochschule erneuert werden kann.* Frankfurt: Campus.

Miethling, W.-D. & Gieß-Stüber, P. (2007). Persönlichkeit, Kompetenzen und Professionelles Selbst des Sport- und Bewegungslehrers. In W.-D. Miethling & P. Gieß-Stüber (Hrsg.), *Beruf: Sportlehrer/in* (S. 1-24). Hohengehren: Schneider.

Ministerium für Innovation, Wissenschaft, Forschung und Technologie des Landes NRW (MIWFT). (Hrsg.). (2007). *Ausbildung von Lehrerinnen und Lehrern des Landes Nordrhein-Westfalen – Empfehlungen der Expertenkommission zur Ersten Phase.* Düsseldorf: MIWFT.

Ministerium für Schule und Weiterbildung des Landes Nordrhein-Westfalen (MSW). (Hrsg.). (2014). *Rahmenvorgaben für den Schulsport in Nordrhein-Westfalen.* Zugriff am 16.6.2017 unter http://www.schulsport-nrw.de/fileadmin/user_upload/schulsportentwicklung/pdf/RVen%20Schulsport_Endfassung.pdf.

Neuber, N. (2011). Sportpädagogik als Erfahrungswissenschaft? – Annäherungen zwischen Sollen und Sein. In B. Gröben, V. Kastrup & A. Müller (Hrsg.), *Sportpädagogik als Erfahrungswissenschaft* (Schriften der Deutschen Vereinigung für Sportwissenschaft, 211, S. 44-58). Hamburg: Czwalina.

Neuber, N. (2016). Von der Theorie zur Praxis – und wieder zurück? Sportlehrerbildung als Forschungs- und Gestaltungsaufgabe. In D. Wiesche, M. Fahlenbock & N. Gissel (Hrsg.), *Sportpädagogische Praxis – Ansatzpunkt und Prüfstein von Theorie* (Schriften der Deutschen Vereinigung für Sportwissenschaft, 255; S. 50-70). Hamburg: Czwalina.

Neuber, N. (2018). Forschendes Lernen im Praxissemester – Eine Chance für die professionsorientiere Selbsterkundung im Unterrichtsfach Sport. In N. Ukley & B. Gröben (Hrsg.), *Forschendes Lernen im Praxissemester – Begründungen, Befunde und Beispiele aus Sicht des Fachs Sport* (Bildung und Sport, 14). Wiesbaden: Springer VS. (i. Dr.)

Neuber, N. & Pfitzner, M. (2017). Fachpraxis trifft Fachdidaktik – der Veranstaltungstyp der „Vermittlungsbezogenen Praxisvertiefung". In P. Neumann & E. Balz (Hrsg.), *Sportlehrerausbildung heute – Ideen und Innovationen* (Schriften der Deutschen Vereinigung für Sportwissenschaft, 263; S. 107-117). Hamburg: Czwalina.

Nocon-Stoffers, R. (2018). Wider den heimlichen Lehrplan im Praxissemester! – Wie Forschendes Lernen Sportstudierender am ZfsL unterstützt werden kann. In N. Ukley & B. Gröben (Hrsg.), *Forschendes Lernen im Praxissemester – Begründungen, Befunde und Beispiele aus Sicht des Fachs Sport* (Bildung und Sport, 14). Wiesbaden: Springer VS. (i. Dr.)

Kaundinya, U. & Pfitzner, M. (2016). Vermittlungsbezogene Praxisvertiefung – eine Veranstaltung zur Integration von Fachdidaktik und -praxis. In D. Wiesche, M. Fahlenbock & N. Gissel (Hrsg.), *Sportpädagogische Praxis – Ansatzpunkt und Prüfstein von Theorie* (Schriften der Deutschen Vereinigung für Sportwissenschaft, 255; S. 343-352). Hamburg: Czwalina.

Prohl, R. (2017). Der Doppelauftrag des Erziehenden Sportunterrichts. In V. Scheid & R. Prohl (Hrsg.), *Sportdidaktik – Grundlagen, Vermittlungsformen, Bewegungsfelder* (2., neubearbeitete Aufl.; S. 64-84). Wiebelsheim: Limpert.

Rogers, C. R. (1974). *Lernen in Freiheit – Zur Bildungsreform in Schule und Universität.* München: Kösel.

Rogers, C. R. (1989). *Freiheit und Engagement – Personenzentriertes Lehren und Lernen.* Franfurt/M.: Fischer.

Schack, T. (1997). *Ängstliche Schüler im Sport – Interventionsverfahren zur Entwicklung der Handlungskontrolle.* Schorndorf: Hofmann.

Scheid, V. (2017). Organisationsformen und Akteure des Schulsports. In V. Scheid & R. Prohl (Hrsg.), *Sportdidaktik – Grundlagen, Vermittlungsformen, Bewegungsfelder* (2., neubearbeitete Aufl.; S. 31-48). Wiebelsheim: Limpert.

Scheid, V. & Prohl, R. (Hrsg.). (2017). *Sportdidaktik – Grundlagen, Vermittlungsformen, Bewegungsfelder* (2., neubearbeitete Aufl.). Wiebelsheim: Limpert.

Schneider, R. & Wildt, J. (2013). Forschendes Lernen und Kompetenzentwicklung. In L. Huber, J. Hellmer & F. Schneider (Hrsg.), *Forschendes Lernen im Studium – Aktuelle Konzepte und Erfahrungen* (2. Aufl., S. 53-68). Bielefeld: UVW.

Schüssler, R., Schöning, A., Schwier, V., Schicht, S., Gold & Weyland, U. (2017). (Hrsg.). *Forschendes Lernen im Praxissemester – Zugänge, Konzepte, Erfahrungen.* Bad Heilbrunn: Klinkhardt.

Schüssler, R., Schwier, V., Klewin, G., Schicht, S., Schöning, A. & Weyland, U. (Hrsg.) (2014). *Das Praxissemester im Lehramtsstudium – Forschen, Unterrichten, Reflektieren.* Bad Heilbrunn: UTB.

Souvignier, E. & Dutke, S. (2016). Studienprojekte im Praxissemester. In E. Jürgens (Hrsg.), *Erfolgreich durch das Praxissemester* (S. 165-176). Berlin: Cornelsen.

Steuergruppe Praxissemester Münster (2014). *Orientierungsrahmen Praxissemester für die Ausbildungsregion Münster.* Zugriff am 18.6.2017 unter: http://www.uni-muenster.de/imperia/md/content/lehrerbildung/praxisphasen/ps/orientierungsrahmen_praxissemester.pdf

Terhart, E. (2000). *Perspektiven der Lehrerbildung in Deutschland. Abschlussbericht der von der KMK eingesetzten Kommission.* Weinheim & Basel: Beltz.

Terhart, E. (2007). Erfassung und Beurteilung der beruflichen Kompetenz von Lehrkräften. In M. Lüders & J. Wissinger (Hrsg.), *Forschung zur Lehrerbildung. Kompetenzentwicklung und Programmevaluation* (S. 37–62). Münster: Waxmann.

Gabi REINMANN, Hamburg

Lernen durch Forschung – aber welche?

Abstract

„Bildung durch Wissenschaft" als Leitvorstellung findet im Konzept des forschenden Lernens eine seit langem diskutierte didaktische Umsetzung. Wenig bis gar nicht wird dabei allerdings berücksichtigt, dass das Forschen eine Vielzahl von Gestalten annehmen kann. Der Beitrag setzt sich mit der Frage auseinander, welche Forschung im Konzept des forschenden Lernens zum Tragen kommen kann. Dazu werden zunächst die Merkmale von Wissenschaft und Forschung im Vergleich zu anderen, nicht-wissenschaftlichen, Formen der Wissensgenerierung beleuchtet, um daran anschließend verschiedene Forschungstypen zu skizzieren, die das Resultat diverser Ordnungsversuche sind. Ergänzt werden diese durch konkrete Erkenntnistätigkeiten, wie sie sich auch in Berichten zu forschendem Lernen und damit auch zu Forschung in verschiedenen Fachwissenschaften finden lassen. Eine Dokumentenanalyse solcher Berichte aus einem aktuellen Sammelband zum forschenden Lernen veranschaulicht die faktische Vielfalt des Forschens, die bei der Gestaltung forschenden Lernens zu beachten ist. Der Beitrag zeigt, dass der Grundgedanke, im Sinne einer Wissenschaftsdidaktik Fragen des akademischen Lehrens und Lernens aus der einzelnen Fachwissenschaft heraus zu denken, für das Konzept des forschenden Lernens besonderes Potenzial hat.

1. Einleitung

„Bildung durch Wissenschaft" (Huber, 1991) gepaart mit Hinweisen auf Wilhelm von Humboldts Konzept einer Einheit von Forschung und Lehre trifft auf recht verschiedene Einschätzungen: Die einen kritisieren dieses Ideal als unzeitgemäß angesichts straff organisierter Bachelor- und Masterstudiengängen und/oder hochspezialisierter Wissenschaften; die anderen reaktivieren das Ideal ernsthaft oder vordergründig als Korrektiv zur fortschreitenden Formalisierung und Digitalisierung von Lehren und Lernen (z.B. Deimann, 2017). Fakt ist, dass sich derzeit viele Universitäten in ihren Leitbildern ebenso wie der Wissenschaftsrat (2015, 2017) in aktuellen Empfehlungen dafür stark machen, Studium und Lehre wieder mehr an der Forschung auszurichten. Man kann darin eine naheliegende Konkretisierung der Leitvorstellung „Bildung durch Wissenschaft" sehen (z.B. Reinmann, 2016a) wie auch einen Versuch, akademische Bildung deutlich von Schul- und Berufsbildung abzugrenzen. Als Königsweg der Forschungsorientierung gilt das Konzept des forschenden Lernens: Studierende sollen selber forschen und damit alle wesentlichen Aspekte und Prozesse forschenden Tuns tatsächlich erleben.

Lehrende können derzeit nicht nur auf eine Vielzahl verschiedener Ordnungsmodelle zum forschenden Lernen zurückgreifen, sondern finden in der zunehmend differenziert geführten Debatte zu Variationen, Ansprüchen und Grenzen forschenden Lernens auch Anregungen zur kritischen Reflexion (Huber, 2014; Ruess, Gess & Deicke, 2016; Lübcke, Reinmann & Heudorfer, in Druck). Was aber genau unter *Forschung* zu verstehen ist, an der sich Lehrende und Studierende ausrichten sollen, ist nach wie vor unterbelichtet (Cronshagen, Hogh & Wöltjen, 2016, S. 229; Mieg & Dinter, 2017). Darstellungen zum Prozess forschenden Lernens (z.B. Schneider & Wild, 2009; Tremp & Hilbrand, 2012; Pedaste et al., 2015) legen implizit eine Auffassung von Forschung als grundsätzlich empirisches Unterfangen nahe. Dass damit viele Disziplinen unberücksichtigt bleiben, haben schon in den 1970er Jahren die Protagonisten forschenden Lernens angemerkt: Die zu leistende Arbeit sei noch groß, um den notwendig sehr allgemeinen Entwurf eines forschenden Lernens in höchst unterschiedlichen Studiengängen umsetzen zu können (BAK, 1970/2009, S. 34). Zufriedenstellend geleistet ist diese Arbeit auch ein knappes halbes Jahrhundert später noch nicht. Allerdings wäre es vermutlich zu kurz gegriffen, darin nur ein hochschuldidaktisches Versäumnis zu sehen: Mir scheint es eher so zu sein, dass die Reflexion darüber, was Wissenschaft und Forschung ausmachen (sollen), im gehetzten Wissenschaftsbetrieb heute generell zu kurz kommt und für didaktische Entscheidungen infolgedessen auch keine tragfähigen Argumente zur Verfügung stehen.

Mit eben dieser Leerstelle möchte ich mich im Folgenden auseinandersetzen: Zunächst einmal gilt es zu erläutern, was Wissenschaft und Forschung generell ausmachen und anhand welcher Merkmale man wissenschaftliche Forschung von anderen (nicht-wissenschaftlichen) Formen der Wissensgenerierung unterscheiden kann (Abschnitt 2). Anschließend gehe ich der Frage nach, wie Wissenschaften und deren Forschung eingeteilt werden. Die bekanntesten Ordnungsversuche landen bei Dichotomien, Trichotomien und Vier-Felder-Schemata und bieten notwendigerweise grobe und entsprechend komplexe (in sich mehrdimensionale) erkenntnistheoretische oder methodische Unterscheidungskriterien an (Abschnitt 3). Eine feinere Granularität von Unterschieden erhält, wer sich am konkreten Handeln und Erleben von forschenden Subjekten orientiert. Auch hier wirken zwar Erkenntnisideale und man braucht Methoden; im Fokus aber stehen Erkenntnistätigkeiten, die deutlich konkreter sind als abstrakte und idealisierte Forschungstypen (Abschnitt 4). Analysiert man Beschreibungen aus den Fachwissenschaften, wie sie forschendes Lernen in ihren (Sub-)Disziplinen in Studiengängen und Lehrveranstaltungen umsetzen, lässt sich erkennen, dass das für die Lehre postulierte Forschen ebenso unterschiedlich ist wie die Ziele, die mit forschendem Lernen primär verbunden werden (Abschnitt 5). Die konsequente Verknüpfung von Lernen und Forschen, so kann man am Ende feststellen, bereichern nicht nur die Entwicklung der Lehre; vielmehr wirkt hier die didaktische Auseinandersetzung in der Lehre auch auf die Forschung zurück (Abschnitt 6).

2. Wissenschaft und Forschung

Wenn wir im Deutschen von „Bildung durch Wissenschaft" sprechen und im Forschen einen Weg sehen, diesem Ideal näherzukommen, stellt sich zunächst einmal die Frage, wie die beiden Begriffe Wissenschaft und Forschung genau zu verstehen sind und in welcher Beziehung sie zueinander stehen. Eine einfache und eindeutige Definition gibt es aber weder für Wissenschaft noch für Forschung – und doch meint jeder intuitiv zu wissen, was gemeint ist. Das aber dürfte ein Trugschluss sein. Man wird sich dessen bereits gewahr, wenn man (mit Blick auf das Ziel forschenden Lernens) versucht, „Bildung durch Wissenschaft" ins Englische zu übersetzen: Ähnlich wie Bildung ist Wissenschaft ein Begriff, für den es im Englischen, als der internationalen Wissenschaftssprache, kein eindeutiges Pendant gibt (Simons & Elen, 2007, p. 624). Wissenschaft als *science* bezeichnet die Natur- und Ingenieurwissenschaften sowie Medizin und Mathematik. Die Geisteswissenschaften (*humanities*) erhalten eigene Bezeichnungen wie *arts*, *academic inquiry* oder *scholarship*. Während also international mit Begriffspaaren wie *arts and sciences* oder *science and scholarship* (vgl. Siepmann, 2015) semantische Trennungen zwischen natur- und geisteswissenschaftlich ausgerichteten Disziplinen vollzogen werden, erlaubt es der Begriff der Wissenschaft, höchst unterschiedliche Forschungspraxen, Erkenntnisinteressen und Rationalitätsformen unter einem Dach zu integrieren (Strohschneider, 2009, S. 41).

Dieser Sachverhalt mag einem zunächst unproblematisch vorkommen: Man kann englische Umschreibungen finden oder weicht auf „research" (Forschung) aus. Er hat aber weitreichende Folgen immer dann, wenn wir eigentlich Wissenschaft in einem umfassenden Sinne meinen und gleichzeitig mit Modellen hantieren, die sich auf *science*, also auf Natur- und Ingenieurwissenschaften sowie Medizin und Mathematik beziehen. Genau dies ist beispielsweise der Fall bei Stokes (1997) zweidimensionalem Quadranten-Modell zur Einteilung von Forschung in reine Grundlagenforschung, reine angewandte Forschung und den neu postulierten Typus der nutzeninspirierten Grundlagenforschung. Der vierte Quadrant bleibt in der dazugehörigen Grafik (Stokes, 1997, p. 73) leer und findet in der Rezeption kaum Beachtung. Stokes selbst (1997, p. 74) sieht hier jedoch den deutschen Begriff der „Wissenschaft", meint aber wohl die Geisteswissenschaften, die weder Erkenntnisse im Sinne von Generalisierungen noch einen unmittelbaren Nutzen anstreben würden. Die Einteilung in Grundlagenforschung, angewandte Forschung und nutzeninspirierte Grundlagenforschung bezieht sich also genau genommen nur auf *science* als einen Teil der Wissenschaften, wird aber längst relativ umstandslos z.B. auch auf die multidisziplinär aufgestellte Bildungswissenschaft übertragen (Fischer, Waibel & Wecker, 2005). Ich komme an anderer Stelle darauf zurück (siehe Abschnitt 3).

Wissenschaft lässt sich als Handlungspraxis verstehen, die darauf ausgelegt ist, wissenschaftliche Erkenntnis (Wissen) zu generieren. Für die Wissenschaft gilt das Ideal der Wahrheit, was Nützlichkeit keineswegs ausschließt. „Man mag sogar Gefallen finden an der These, dass nur die Wahrheit, im Sinne der sachlichen und inhaltlichen Richtigkeit, von dauerhaftem Wert ist und somit den Anspruch erheben kann, von wahrer Nützlichkeit zu sein" (Metschl, 2016, S. 75). Gleichzeitig ist man sich weitgehend einig darin, dass Wissenschaft und wissenschaftliches Wissen unabgeschlossen sind, es also *keine absolute* Wahrheit geben kann. Da die Schaffung wissenschaftlichen Wissens von den gestellten Fragen und eingesetzten Methoden sowie vom erkenntnistheoretischen Standpunkt abhängig ist, sind stets mehrere Perspektiven auf dasselbe möglich. Um die der Wissenschaft inhärente Perspektivität (z.B. Moldaschl, 2010) erkennen zu können, sind für Fragen, Methoden und Standpunkte in der Wissenschaft stets Gründe anzugeben, Vorgehensweisen nicht nur systematisch, sondern auch transparent zu gestalten sowie Prozesse und Ergebnisse öffentlich und kritisierbar zu machen. Kurz: Wissenschaft ist begründungspflichtig (Poser, 2001, S. 22). Schließlich kann man mit Hoyningen-Huene (2011) festhalten, dass Wissenschaft und wissenschaftliche Erkenntnis im Vergleich zu anderen Formen der Wissensgenerierung grundsätzlich systematischer ist.

Der „höhere Grad an Systematizität" (Hoyningen-Huene, 2011, S. 558) zeigt sich in Beschreibungen, Erklärungen und Vorhersagen, die Wissenschaft liefert, in der Art, wie Wissenschaft ihre Wissensansprüche verteidigt, kritisch diskutiert und hinterfragt, in der Form ihrer Vernetztheit und Strukturierung, in der Darstellung ihres Wissens und/oder in ihrem Ziel, Wissen zu vermehren und zu vervollständigen (Hoyningen-Huene, 2013).

Unabgeschlossenheit, Perspektivität, Transparenz und Systematizität sind Merkmale der Wissenschaft, die man auch für die *Forschung* einfordern kann. Sie bezeichnet in der Regel den selbstkritischen und schöpferischen Prozess in der Wissenschaft, der zu Erkenntnis führt (Rassenhövel & Dyckhoff, 2006). Forschung findet dann statt, „wenn eine Person die Absicht hat, eine originale Untersuchung durchzuführen, um damit unser Wissen und Verständnis zu erhöhen" (Borgdorff, 2012, S. 80)[1]. Die Suche nach neuen bzw. weiterführenden Erkenntnissen ist handlungsleitend: Forschung beginnt daher stets mit Fragen. Das Vorgehen auf der Suche nach Erkenntnis und Antworten ist methodisch geleitet und muss intersubjektiv nachvollziehbar sowie überprüfbar sein. Dazu sind Prozesse und Ergebnisse der Forschung zu dokumentieren und zu veröffentlichen (Webler, 2007, S. 17; Borgdorff, 2012, S. 80; Beywl, Künzli David, Messmer & Streit, 2015, S. 137). Die Art der Methoden bleibt bei solchen disziplinunabhängigen Umschreibungsversuchen von Forschung offen, ebenso, ob es sich um empirische oder nicht-empirische Vorgehensweisen handelt. Nicht spezifiziert wird zudem das Erkenntnisideal – man könnte auch sagen der Denkstil (Fleck, 1983) – und damit die Art, wie man Erkenntnisgegenstände auswählt, wahrnimmt und untersucht. Doch genau diese beiden Aspekte – Erkenntnisideal und Methoden – machen die Unterschiede der Forschung in verschiedenen Disziplinen aus bzw. bedingen verschiedene Forschungstypen.

Solange es aber vor allem darum geht, Wissenschaft und Forschung von anderen Formen der Wissensgenerierung abzugrenzen, sind derartige Unterscheidungen (noch) nicht von so großer Bedeutung. Merkmale von Wissenschaft und Forschung in Abgrenzung zu anderen Formen der Wissensgenerierung bilden gewissermaßen das *Allgemeine*, das Wissenschaft als Gegenstand akademischen Lehrens und Lernens sowie Forschung als Modus der akademischen Lehre kennzeichnet. Es ist daher trotz aller Spezifika heutiger Fachwissenschaften bedeutsam, dieses Allgemeine zu reflektieren. Nur so lässt sich übrigens auch aus hochschuldidaktischer Sicht eine Abgrenzung forschenden Lernens zu anderen (verwandten) Konzepten wie projekt-, problem- oder fallorientiertem Lernen vornehmen (vgl. Reinmann, 2016b).

3. Ordnungssysteme für Wissenschaft und Forschung

Geht man wie Huber (2011, S. 112 f.) davon aus, dass wir heute an die 20 bis 30 Disziplinen im Sinne kognitiver bzw. epistemologischer Strukturen

[1] In der Auseinandersetzung mit „künstlerischer Forschung" findet man sowohl besonders prägnante als auch methodisch offene Definitionsvorschläge von Forschung, die wohl dem Bemühen geschuldet sind, Kunst und Forschung voneinander abzugrenzen und/oder künstlerische von akademischer Forschung zu unterscheiden.

und hunderte von Fächern im Sinne sozialer Einheiten in Forschung und Lehre haben, liegt auf der Hand, dass man diese irgendwie ordnen muss. Eine solche Ordnung aber bereitet große Schwierigkeiten und der Versuch, brauchbare Klassifikationssysteme für die Wissenschaft zu erstellen, hat eine lange Geschichte (vgl. Rötzer, 2006)[2]. Man könnte auch die Wissenschaftsgeschichte heranziehen, um über das Entstehen und Vergehen von Paradigmen eine Ordnung zu erzielen (Kuhn, 1973). Am vertrautesten dürfte uns heute die Klassifikation sein, die sich in der Einteilung von Fakultäten wiederfindet; von großer praktischer Relevanz ist zudem die Fachklassifikation der Deutschen Forschungsgemeinschaft. Beides aber stellt sich als wenig erhellend für die Frage heraus, welche Forschungstypen man unterscheiden kann (vgl. Mieg & Dinter, 2017).

Die große Fülle an (Sub-)Disziplinen könnte *ein* Grund dafür sein, warum es eine anhaltende Neigung gibt, besonders einfache Einteilungen zu suchen wie z.B. die in „erklärende und verstehende“ oder „harte und weiche Wissenschaften“. Eher wissenschaftspolitische Ziele (z.B. der OECD) sind wohl dafür verantwortlich, dass sich die bereits skizzierte Unterscheidung von Grundlagen- und angewandter Forschung international durchgesetzt hat (Kaldewey, 2013, S. 407 f.), obschon sie anhaltend kritisiert und mehrfach ergänzt worden ist (Mittelstraß, 1992; Stokes, 1997). Dichotome Einteilungsversuche haben allerdings auch infolge der historischen Entwicklung der Wissenschaften eine lange Tradition, etwa die schon genannte zwischen Erklären und Verstehen oder (daran anlehnend) zwischen Nomothetik und Idiografik.

Letztere Einteilung ist, so denke ich, heute noch deswegen interessant, weil sie das Erkenntnisideal zum zentrales Kriterium macht (Krohn, 2012, S. 6 f.): Wissenschaften, die dem *nomothetischen* Ideal folgen, streben nach Generalisierung, mit welcher der Nutzen des Wissens steigt; sie reduzieren Komplexität durch Abstraktion und suchen nach Ähnlichkeit zwischen Objekten; kontingente Bedingungen schränken die Geltung von Erkenntnissen ein; Eleganz und wertfreies Tun sind wichtige Prinzipien. Wissenschaften dagegen, die dem *ideografischen* Ideal folgen, streben nach Individualisierung, da hier die Spezifikation den Nutzen des Wissens steigen lässt; sie erhöhen Komplexität durch Vollständigkeit und suchen nach Differenz zwischen Objekten; kontingente Bedingungen steigern die Geltung von Erkenntnissen; Fülle und wertbeladenes Tun sind ihre zentralen Prinzipien. Mit der Unterscheidung von Nomothetik und Idiografik geht die klassische Tren-

[2] So kennt man beispielsweise philosophische, wissenschaftlich-didaktische, enzyklopädische und Bibliotheksklassifikationen (Rötzer, 2006, S. 79 ff.).

nung von Natur- und Geisteswissenschaften einher, wobei keineswegs Konsens herrscht, welche weiteren (Sub-)Disziplinen man jeweils zu der einen oder anderen „Seite" zählen darf. Manche Autoren platzieren die Sozialwissenschaften zwischen die Natur- und Geisteswissenschaften (z.B. Benedikter, 2001), da diese beide Erkenntnisideale kenne und nutze. Man definiert damit ein „Dazwischen", ohne aber die Dichotomie aufzulösen.

Noch traditionsreicher als Dichotomien sind Trichotomien zur Ordnung von Wissenschaften (Rötzer, 2006, S. 209 ff.): Allseits bekannt ist etwa die antike Aufteilung in *episteme*, zu der einst die Metaphysik, Mathematik und Physik zählten, *techne* in Form der Künste und *poiesis* mit Ethik und Politik[3]. Auch Charles Sanders Peirce entwickelte Ende des 19. Jahrhunderts eine Dreiteilung der Wissenschaften in solche, die *deduktiv* forschen wie Mathematik, Rechtswissenschaft und politische Ökonomie, solche, die *induktiv* vorgehen, wie Chemie, Logik, Philosophie, Botanik, und schließlich solche, deren Tun *hypothetisch*[4] genannt werden könne, wie z.B. Gravitation, Mechanik, Akustik, Geschichte, Geologie und Physiologie (vgl. Kent, 1987).

Vor allem aus Wissenschaften, die zwischen Kunst und Forschung changieren, kommt in jüngerer Zeit der Vorschlag, das Design als drittes Gebiet zu den Natur- und Geisteswissenschaften zu ergänzen (z.B. Archer, 1979; Frayling, 1993; Jonas, 2012; Richter & Allert, 2017). Mit dem Ziel, etwas zu modellieren, wird gar ein eigenständiges (drittes) Erkenntnisideal postuliert. Archer (1979) etwa unterscheidet *science*, *humanities* und *design*, die er grafisch als Pole eines Dreiecks darstellt und wie folgt erläutert: *Science* brauche eine mathematische Notation, analytische Tätigkeiten und intellektuelle Integrität; *humanities* verlangten nach natürlichen Sprachen, diskursiven Fähigkeiten und ideellen Werten; *design* setze auf das Modellieren, Machen und Tun als Medium und einen Sinn dafür, etwas zu erfinden, zu validieren und zu implementieren. Auf den Kanten des Dreiecks mit den drei Polen *science*, *humanities* und *design* lassen sich nach Archer (1979, p. 20) verschiedene Disziplinen anordnen. Diese bewegen sich zwischen Geistes- und Naturwissenschaften (z.B. Sozialwissenschaften und Geschichte) oder zwischen Geistes- und Designwissenschaften (z.B. Literaturwissenschaften und bildende Künste) oder zwischen Natur- und Designwissenschaften (z.B. Physik und angewandte Künste).

Eine gänzlich andere Ordnung haben Anfang der 1990er Jahren Gibbons, Limoges, Nowotny, Schwartzmann, Scott und Trow (1994) vorgeschlagen und den wissenschaftliche „Produktionsmodus" zum Einteilungskriterium

[3] Einen direkten Bezug zur Hochschullehre stellt z.B. Kreber (2015) her.
[4] Wann sich der Begriff der Abduktion durchsetzte, lässt sich nicht genau datieren (Reichertz, 2013, S. 47 ff.).

gemacht. Forschung wird danach in Modus 1 und Modus 2 eingeteilt: Modus 1-Forschung meint die traditionelle akademische Forschung (wie sie auch an Universitäten stattfindet), welche disziplinär organisiert sei, in homogenen Umgebungen praktiziert werde, nur der Wissenschaft selbst verpflichtet und durch Peer Review kontrolliert sei. Modus 2 bezeichnet demgegenüber eine kontextualisierte Forschung, welche transdisziplinär organisiert und in heterogenen Umgebungen (nämlich auch außerhalb von Forschungseinrichtungen) praktiziert werde, immer auch der Gesellschaft verpflichtet sei und eine breit gefächerte Qualitätskontrolle durchlaufe.

Wieder andere Autoren suchen nach unabhängigen Dimensionen und entwickeln Vier-Felder-Schemata. Ein weithin bekanntes Beispiel ist das schon genannte zweidimensionale Quadranten-Modell von Stokes (1997), das zwei unabhängige Dimensionen heranzieht: die Suche nach grundlegender *Erkenntnis* sowie die Berücksichtigung der *Anwendung*, die jeweils vorhanden oder nicht vorhanden sein kann. So kommt er zur Unterscheidung von reiner Grundlagenforschung, der es nur um Erkenntnis gehe, reiner angewandter Forschung, die nur die Anwendung anstrebe, und nutzeninspirierter Grundlagenforschung, die sowohl grundlegende Erkenntnis als auch Anwendung erzielen wolle. Beywl et al. (2015) machen einen formal ähnlichen Vorschlag. Sie verwenden für die erste Dimension allerdings ein breiteres Verständnis von Nutzen und ergänzen diese in Anlehnung an die Unterscheidung von Modus 1- und Modus 2-Forschung durch den sozialen Produktionsmodus als zweite Dimension: Der Nutzen kann als *konzeptioneller Nutzen* primär für die Wissenschaft Bedeutung haben und in möglichst allgemeingültigen Erkenntnissen liegen (im Sinne von *episteme*) oder als *instrumenteller Nutzen* primär für die Praxis wichtig sein und damit Tauglichkeit und Umsetzbarkeit in den Vordergrund rücken (im Sinne von *techne*). Der soziale Produktionsmodus kann in dem Sinne *exklusiv* sein, dass der Forschende alle relevanten Entscheidungen alleine trifft, oder in dem Sinne *inklusiv*, dass Akteure aus der Praxis an Forschungsentscheidungen mitwirken. Die resultierenden vier Typen von Forschung (exklusiv-konzeptionell, exklusiv-instrumentell, inklusiv-konzeptionell, inklusiv-instrumentell) bilden – wie alle Einteilungen – Idealtypen; Forschungsvorhaben würden sich in dem Vierfelder-Schema nur akzentuierend und meist die Quadranten überlappend positionieren lassen. Dieser Hinweis dürfte für *alle* hier exemplarisch skizzierten Ordnungen gelten.

Man kann also auf der einen Seite feststellen, dass es für das forschende Lernen zur Abgrenzung gegenüber verwandten Formaten notwendig und sinnvoll ist, das Charakteristische von Wissenschaft und Forschung generell zu betrachten (Abschnitt 2). Auf der anderen Seite muss man anerkennen, dass es gravierende Unterschiede zwischen Disziplinen in ihrem Erkenntnisideal und methodischen Vorgehen gibt. Wenn es um die Gestaltung forschenden Lernens geht, kann man an den höchst verschiedenen Typen von Forschung nicht vorbeigehen. Die bestehenden Versuche einer Ordnung hin zu einer überschaubaren Anzahl von zwei, drei oder vier Forschungstypen geben erste Anhaltspunkte, bleiben aber immer noch relativ grob und ungenau.

4. Erkenntnistätigkeiten im Prozess des Forschens

Charakterisiert man eine Wissenschaft etwa als „nomothetisch" oder „idiografisch", so sagt man vielleicht noch nichts über den Erkenntnisgegenstand, aber mindestens etwas über Erkenntnisziele und angestrebten Ergebnisse sowie Erkenntnismittel (vgl. Laucken, 2003) aus, also auch über Methoden und Standards. Trotzdem stellt es sich als kaum möglich heraus, bestehende (Sub-)Disziplinen eindeutig einer kleinen Anzahl von Forschungstypen zuzuordnen. Sucht man nach feineren Unterschieden, gilt es, hinter Ideale und Methoden zu schauen und das konkrete Handeln und die damit verbundenen Erkenntnistätigkeiten genauer zu betrachten.

Dazu könnte man zum einen (Labor-)Studien aus der Wissenschaftssoziologie heranziehen, die in der Regel ethnografisch-beobachtend verschiedene Forschungspraktiken zu erfassen suchen (z.B. Knorr-Cetina, 1984). Allerdings trifft man auch bei wissenschaftssoziologischen Studien auf einen „Science-Bias" und erfährt wenig über Erkenntnistätigkeiten von Forschungstypen, die mehrheitlich außerhalb der Naturwissenschaften vertreten sind. Einen wesentlich pragmatischeren, dafür aber mehr Wissenschaften berücksichtigenden, Weg schlägt der Wissenschaftsrat (2012, S. 35) ein, wenn er im Zusammenhang mit Informationsinfrastrukturen für die Forschung verschiedene „Forschungsformen" herausarbeitet. Diese seien heuristisch zu verstehen, fachüberreifend konzipiert und auf einer mittleren Abstraktionsebene angesiedelt. In diesen Forschungsformen werden aus meiner Sicht ansatzweise unterschiedliche Erkenntnistätigkeiten deutlich. Mit Blick auf die Zielsetzung, die Konzeption forschenden Lernens näher an den Fachwissenschaften auszurichten, wozu grobe Forschungstypen nicht ausreichen, nehme ich im Folgenden den Vorschlag des Wissenschaftsrats auf, erweitere diesen und wende die so entstandenen (vorläufigen) Erkenntnistätigkeiten anschließend in der Analyse von Berichten zum forschenden Lernen aus über 20 Fachwissenschaften an (siehe Abschnitt 5).

Die sechs Forschungsformen, zu denen der Wissenschaftsrat (2012, S. 36 f.) gelangt, lassen sich folgendermaßen zusammenfassen: *Experimentierende* Formen des Forschens finden im Labor unter kontrollierten Bedingungen statt und bestehen – wie die Bezeichnung nahelegt – darin, unabhängige Variablen zu manipulieren und deren Einfluss auf abhängige Variablen zu beobachten. *Beobachtende* Formen des Forschens bestehen darin, so der Wissenschaftsrat, dass zu Fragestellungen Daten erhoben werden, die statistisch auszuwerten sind. *Simulationen* als Formen des Forschens würden experimentierende und beobachtende Forschungsformen zunehmend ersetzen oder ergänzen und nutzen dazu mathematische Modelle und digitale Technologien. *Hermeneutisch-interpretierende* Formen des Forschens arbeiten vor allem mit Schriften, Bildern, Tondokumenten und kulturellen Artefakten und nutzen diese als Quelle der Erkenntnis. *Begrifflich-theoretische* Formen des Forschens gelangen über gedankliche Konstruktionen und logische Ableitungen zu ihren Ergebnissen. *Gestaltende* Formen des Forschens schließlich entwerfen Systeme in Form von Produkten und Prozessen.[5]

Mein (vorläufiger) Erweiterungs- und Modifikationsvorschlag zu Erkenntnistätigkeiten im Prozess des Forschens ist wie der des Wissenschaftsrates (2012) heuristisch zu verstehen. In der nachstehenden Tabelle sind in der ersten Spalte die als Forschungsformen bezeichneten Tätigkeiten des Wissenschaftsrats genannt. Da diese, wie der Wissenschaftsrat selbst formuliert, auf einer mittleren Abstraktionsebene liegen, versuche ich eine etwas genauere Auffächerung – in einer Art, wie sie die verschiedenen Ordnungsmodelle für Wissenschaft und Forschung zumindest nahelegen (vgl. Abschnitt 4). Auf die Forschungsform „Simulation“ verzichte ich, da digitale Medien heute bei vielen Tätigkeiten im Prozess des Forschens herangezogen werden, sodass prinzipiell für alle „Forschungsformen“ Digitalisierungsmöglichkeiten bestehen. Die dritte Spalte dient dazu, die aufgefächerten „Forschungsformen“ als Erkenntnistätigkeiten im Prozess des Forschens in aller Kürze zu erläutern.

[5] Man kann über die Art der Darstellung streiten, muss aber berücksichtigen, dass der Zweck der Aufzählung darin liegt, den Bedarf an Informationsinfrastrukturen für verschiedene Wissenschaften zu eruieren; dies dürfte denn auch zu einigen einseitigen Beschreibungen etwa der beobachtenden Form des Forschens geführt haben.

Tab 1.: Erkenntnistätigkeiten im Prozess des Forschens

WR (2012)	**Erweiterung**	**Erläuterung**
experimentieren	kontrolliert experimentieren	ein klassisches Experiment durchführen und gezielt Kausalzusammenhänge analysieren
	real experimentieren	in die Realität eingreifen, verändern und Wirkungen überprüfen (intervenieren – s.u.)
	künstlerisch experimentieren	spielerisch variieren und explorieren
beobachten	quantitative Daten erheben	Beobachten wie auch befragen, testen etc., um numerische Daten zu erhalten
	qualitative Daten erheben	beobachten wie auch befragen, analysieren etc., um nicht-numerische Daten zu erhalten
	Phänomene erfassen	beobachten und in Situationen eintauchen, um dichte Beschreibung zu erhalten
interpretieren	auslegen	etwas explizieren, erläutern und im Zusammenhang mit weiteren Informationen deuten
	rekonstruieren	etwas, das sich in der Vergangenheit ereignet hat, erschließen, wiedergeben und (neu) interpretieren
theoretisieren	begründen	für oder gegen etwas argumentieren, Gründe finden
	systematisieren	etwas ordnen, explizieren und so neue Einsichten finden
	beweisen	Belege anführen, etwas nachweisen, ableiten, verifizieren
gestalten	entwerfen	Skizzen erstellen, Pläne machen, konzipieren
	konstruieren	Pilotanwendungen erarbeiten, Artefakte kreieren
	intervenieren	eingreifen, verändern, umsetzen

Vermutlich ist jeder Versuch, Forschungstätigkeiten auf *einer* Abstraktionsebene trennscharf und präzise zu benennen und zu beschreiben, zum Scheitern verurteilt. Mein Versuch bleibt ebenfalls unvollständig und ist nicht durchgehend konsistent. Ich möchte das am Beispiel des Experiments deutlich machen: Der Begriff des Experiments steckt im kontrollierten, realen und künstlerischen Experiment, meint aber jeweils etwas höchst Unterschiedliches: Das Realexperiment (Groß, Hoffmann-Riem & Krohn, 2005) findet nicht im Labor statt, sondern in einer authentischen Umgebung; der Forschende interveniert hier, verändert eine Situation und ist damit eindeutig auch gestaltend tätig. Zwar erfordert ein kontrolliertes Experiment ebenfalls die Gestaltung einer Versuchsanordnung (man spricht vom Forschungs*design*); diese Tätigkeit aber dient „nur" der Vorbereitung und nicht dem eigentlichen Akt des Erkennens. Im künstlerischen Experiment (Borgdorff, 2015, S. 74) geht es um entwerfende und konstruierende wie auch um explorierende Tätigkeiten, die eine Art Variation im Tun erfordern; diese aber hat wenig mit der systematischen Variation von Variablen zu tun. Dass auch ein kontrolliertes Laborexperiment kreative Momente des Entwerfens und Explorierens enthalten, wird meist nicht thematisiert, da sie eben auch nicht als erkenntnisleitend gelten.

Erkenntnistätigkeiten, wie sie hier exemplarisch beschrieben sind, haben selbstredend bestimmte Affinitäten zu einzelnen Forschungstypen. Eindeutige und überschneidungsfreie Zuordnungen aber sind auch hier nicht möglich. Wäre dem so, würde es keinen Sinn ergeben, sich die Ebene des konkreten Handelns *eigens* anzusehen; man könnte sie vielmehr gleich direkt in die Beschreibung von Forschungstypen integrieren. Es ist wohl davon auszugehen, dass zwar einige (Sub-)Disziplinen eine klar begrenzte Auswahl von Erkenntnistätigkeiten heranziehen; andere aber kombinieren zunächst disparat erscheinende Erkenntnistätigkeiten und wieder andere dürften plural in dem Sinne sein, dass sie sich kaum festlegen. Und das, so meine ich, hat einen gravierenden Einfluss auf didaktische Entscheidungen zum forschenden Lernen. Für Lehrende sollte es also von Bedeutung sein, sich Klarheit darüber zu verschaffen, welche Erkenntnistätigkeiten für die Forschung in ihrer Fachwissenschaft dominant sind.

5. Forschung und forschendes Lernen in den Fachwissenschaften

Überlegungen zum forschenden Lernen in verschiedenen Fachwissenschaften wurden bereits in der Denkschrift der Bundesassistentenkonferenz angestellt (BAK, 1970/2009): In elf kurzen Beiträgen setzten sich Fachwissenschaftler*innen mit der Frage auseinander, ob forschendes Lernen für ihre Fächer gewinnbringend *wäre*. Knapp 50 Jahre später ist man zumindest soweit, Wissenschaftler*innen zu finden, die über konkrete *Erfahrungen* mit forschendem Lernen in ihren Studiengängen berichten können. Mieg und Lehmann (2017) haben dazu insgesamt 21 Beiträge in einem aktuellen Sammelband zum forschenden Lernen zusammengestellt. Ich habe diese Beiträge daraufhin analysiert, wie sie Forschung in ihrer (Sub-)Disziplin jeweils beschreiben und welche Ziele sie mit dem Lernen durch eben diese Forschung anstreben. Einschränkend ist hinzufügen, dass die Beiträge ihre Forschungsauffassungen und -praktiken unterschiedlich umfänglich und präzise explizieren. Auch Informationen zu den Zielen und Besonderheiten forschenden Lernens im jeweiligen Fach sind nicht immer direkt vergleichbar. Wohl aber sind die Beiträge ein großer Fundus in dem Sinne, dass bisher kaum irgendwo so viele Fachwissenschaftler*innen zum forschenden Lernen zu Wort gekommen sind und in dieser Weise Einblick in *die* Forschung geben, die sie den Studierenden näherbringen wollen.

Ich verwende für die folgende Beschreibung jeweils passend erscheinende Forschungstypen aus den Einteilungsversuchen von Wissenschaft und Forschung aus Abschnitt 3 sowie Erkenntnistätigkeiten aus Abschnitt 4, um die Merkmale des Forschens in den verschiedenen Fächern zu umreißen. Die von mir gewählte Reihenfolge weicht stellenweise von der Gruppierung ab, die Mieg und Lehmann (2017) in ihrem Band umgesetzt haben: Ich beginne mit eindeutig empirisch tätigen Wissenschaften, gehe über zu eindeutig nicht-empirisch tätigen Wissenschaften, setze die Reihe fort mit „anders-empirisch" sowie modellierend tätigen Wissenschaften und ende mit denen, deren Erkenntnistätigkeiten besonders offen sind, weil sie mehrere Wissenschaften integrieren. Diese Reihung wähle ich, weil im Kontext des Forschenden Lernens das empirische Forschen in vielen gängigen Modellen, die mit Forschungsphasen arbeiten, implizit als Normalfall gilt (vgl. Abschnitt 2). Indem ich diese praktisch entsprechend gängige Kategorie aufgreife, erhoffe ich mir eine besondere Anschlussfähigkeit an die aktuelle Diskussion.

5.1 Eindeutig empirisch tätige Wissenschaften

Die Forschung in der Medizin sowie in den Lebens-/Biowissenschaften, Naturwissenschaften und Bewegungswissenschaften ist eindeutig empirisch ausgerichtet, hat nomothetischen Charakter und produziert ihr Wissen exklusiv über professionell Forschende. Für die Geographie scheint das in weiten Teilen, aber nicht gänzlich zu gelten, denn hier finden sich sowohl ideografische Momente als auch Möglichkeiten der Inklusion von Akteuren außerhalb der Wissenschaft. Die Betriebswirtschaftslehre als primär empirische Wissenschaft schließlich lässt auch Anknüpfungspunkte zur nicht-empirischen Wissenschaften erkennen.

- In der *Medizin* zu forschen, bedeutet vor allem, kontrolliert zu experimentieren und quantitativ, fallbezogen, aber auch qualitativ Daten zu erheben. Forschendes Lernen in der Medizin bietet einem kleinen Teil der Studierenden die Möglichkeit, selbst einen wissenschaftlichen Beitrag zur Fachgemeinschaft zu leisten. Die Mehrheit der Studierenden soll über forschendes Lernen vor allem den medizinischen Fortschritt besser verstehen und später in Form evidenzbasierten Handelns auch praktisch anwenden (T. Schäfer, 2017)
- Wer in den *Lebens-/Biowissenschaften* forscht, führt hauptsächlich kontrollierte Experimente durch und erhebt quantitative Daten. Forschendes Lernen in Lebens-/Biowissenschaften ist essentiell, weil Forschungskompetenz, etwa in der Form, dass man Apparaturen in Laboren und entsprechende Praktiken beherrscht, für den Beruf eine praktische Voraussetzung ist (Selje-Aßmann, Poll, Tisler, Gerstenberg, Blum & Fleischer, 2017).
- Forschung in den *Naturwissenschaften* ist gewissermaßen identisch mit Laborexperimenten. Forschendes Lernen in diesen Wissenschaften ist ein Weg, um frühzeitig den wissenschaftlichen Nachwuchs zu identifizieren und sogleich in das wissenschaftliche Netzwerk zu integrieren. Aber auch außerhalb der Wissenschaft sind Forschungskompetenzen in der Regel direkt berufsrelevant an Arbeitsplätzen, die von Naturwissenschaftler*innen besetzt werden (Ruf, Ahrenholtz & Matthé, 2017).
- In den *Bewegungswissenschaften* zu forschen, ähnelt von den Tätigkeiten her der Forschung in der Medizin. An forschendes Lernen in diesen Wissenschaften wird vor allem die Erwartung geknüpft, auf diesem Wege Methodenkompetenz aufzubauen und Wissenschaft erlebbar zu machen (Riehl, Dannemann, Zetzsche & Maiwald, 2017).
- Die Forschung in der *Geographie* ist vielfältig und umfasst sowohl kontrollierte Experimente und quantitative Datenerhebungen als auch als Realexperimente und qualitative Formen der Erhebung von Daten. Forschendes Lernen in der Geographie ist ähnlich wie in den Natur- und Lebens-/Biowissenschaften mit dem Ziel verknüpft, die berufsrelevante Anwendung von (Forschungs-)Methoden zu fördern (Passon & Schlesinger, 2017).
- In der *Betriebswirtschaftslehre* zu forschen, heißt einerseits Daten quantitativ und qualitativ zu erheben, andererseits aber auch nicht-empirisch, nämlich systematisierend und begründend zu arbeiten. So gesehen bildet die Betriebswirtschaftslehre den Übergang zur nächsten Gruppe von

Fachwissenschaften. Forschendes Lernen dient hier vor allem dazu, erworbenes Wissen fallbezogen anzuwenden (Müller-Christ, 2017).

5.2 Eindeutig nicht-empirisch tätige Wissenschaften

Die Forschung in der Philosophie, Geschichtswissenschaft, Mathematik und Rechtswissenschaft sind konsequent nicht-empirisch ausgerichtet; in der Theologie kommt es auf die jeweilige Richtung an. Eindeutig idiografischen Charakter dürfte nur die Geschichtswissenschaft haben. In der Philosophie, Rechtswissenschaft und Mathematik ist der Begriff der Forschung wenig gebräuchlich, aber nach der hier vertretenen Auffassung möglich. Auch in diesen Wissenschaften dürfte Wissen hauptsächlich exklusiv über professionell Forschende generiert werden.

- Wer in der *Philosophie* forscht, ist damit beschäftigt, Fragen zu stellen, auslegend und rekonstruierend tätig zu sein, zu systematisieren und zu begründen wie auch (etwa in der Logik) zu beweisen. Forschendes Lernen in der Philosophie zielt ganz besonders darauf ab, das Denken zu lernen (Schliemann, 2017).
- Forschen in der *Geschichtswissenschaft* verlangt vor allem, Quellen auszulegen und Vergangenes zu rekonstruieren. Vom forschenden Lernen in der Geschichtswissenschaft erhofft man sich hauptsächlich den Aufbau von praktisch nutzbaren Methodenkompetenzen (Bihrer, Bruhn & Fritz, 2017).
- Forschung in der *Mathematik* läuft auf explorierende und beweisende Tätigkeiten hinaus; es gilt, allgemein gültige Zusammenhänge zu identifizieren und mathematische Theorien anzuwenden. Forschendes Lernen in der Mathematik hat vor allem den Zweck, das mathematische „Handwerkszeugs“ zu erlernen (I. Schäfer, 2017).
- In der *Rechtswissenschaft* zu forschen, meint in der Regel, Normen auszulegen, Rechtsfragen zu systematisieren sowie Rechtsstoff aufzubereiten und damit auch entwerfend tätig zu sein. Forschendes Lernen in der Rechtswissenschaft soll insbesondere dabei helfen, ein grundlegendes Verständnis für die juristische Arbeitsweise aufzubauen und wiederum ein „Handwerk“ zu erlernen (Broemel & Muthorst, 2017).
- Forschung in der *Theologie* umfasst vor allem auslegende Tätigkeiten, kann aber vielfaltig je nach Forschungstradition variieren. So gesehen ließe sich die Theologie auch anders positionieren als unter nicht-empirisch tätige Wissenschaften. Forschendes Lernen in der Theologie dient primär dazu, eine forschende Haltung zu entwickeln (Reis, 2017).

5.3 Anders-empirisch tätige Wissenschaften

Die Forschung in der Lehramtsausbildung und Sozialen Arbeit sowie in den Kulturwissenschaften ist durchaus (auch) empirisch, aber nicht im Sinne von *science* bzw. im Sinne der Wissenschaften, wie sie hier unter „eindeutig empirisch“ (vgl. Abschnitt 5.1) eingeordnet worden sind. Der idiografische Charakter überwiegt und alle drei Wissenschaften zeigen eine Tendenz, auch Akteure aus nicht-wissenschaftlichen Praxiskontexten an der Forschung zu beteiligen und folglich einen inklusiven Modus der Wissensproduktion zu fördern.

- Forschung in den Bildungswissenschaften, die für die *Lehramtsausbildung* zuständig sind, kann empirisch wie auch nicht-empirisch sein: Neben begründenden und systematisierenden Tätigkeiten werden auch qualitative Daten erhoben und Phänomene beobachtet, man interveniert und evaluiert und tut dies vor allem unter Bezeichnungen wie Praxis- und Aktionsforschung. Forschendes Lernen in der Lehramtsausbildung soll eine reflexive Haltung fördern, die den Umgang mit Unsicherheit und Komplexität erleichtert; dazu dienen nicht nur, aber in hohem Maße verschiedene Praktika im Studium (Fichten, 2017).
- In der *Sozialen Arbeit* zu forschen, bedeutet, vor allem am Fall qualitative Daten zu erheben und Phänomene zu beobachten, aber auch auslegend und rekonstruierend tätig zu sein. Forschendes Lernen in der Sozialen Arbeit dient ähnlich wie in der Lehramtsausbildung dazu, (unter anderem in Praktika) eine reflexive Haltung und darüber hinaus methoden-begründetes Handeln zu fördern (Schmidt-Wenzel & Rubel, 2017).
- Wer in den *Kulturwissenschaften* forscht, beobachtet Phänomene, experimentiert real, interveniert, ist aber auch rekonstruierend und auslegend tätig. Forschendes Lernen in den Kulturwissenschaften will ebenfalls eine forschende Haltung und Methodenkompetenz aufbauen helfen, aber auch diversitätssensibel machen (Kaufmann, 2017).

5.4 Modellierend tätige Wissenschaften

Ingenieurwissenschaften, Design, Architektur und Kunst eint, dass sie sich weder Wissenschaften zuordnen lassen, die sich als *science* übersetzen lassen, noch solchen, die als *humanities* gelten können. Ihre Erkenntnistätigkeiten sind vorrangig gestaltend bzw. modellierend. Es gibt aber auch Beziehungen zu den Naturwissenschaften, und das keineswegs nur bei den Ingenieurwissenschaften; auch Design, Architektur und Kunst zeigen hier Anknüpfungspunkte ebenso wie Verbindungen zu den Geisteswissenschaften.

- Forschung in den *Ingenieurwissenschaften* umfasst sowohl kontrollierte Experimente als auch entwerfende und (technisch) konstruierende Tätigkeiten. Forschendes Lernen in den Ingenieurwissenschaften soll Studierenden ermöglichen, sich in Laboren und Werkstätten zu erproben, kreativ zu werden wie auch Methoden anwenden zu lernen (Jungmann, Ossenberg & Wissemann, 2017).
- In der *Architektur* zu forschen heißt vor allem zu entwerfen; in Zusammenarbeit mit Natur- und Geisteswissenschaften sind allerdings auch andere Erkenntnistätigkeiten (z.B. mathematisch beweisen, etwas auslegen oder rekonstruieren) möglich. Forschendes Lernen in der Architektur dient hauptsächlich dazu, dass Studierende für den Beruf eben dieses Entwurfshandeln in Projekten einüben (Albrecht, 2017).
- Forschen im *Design* ist nicht nur entwerfend und konstruierend, sondern auch verändernd-intervenierend, wobei das Artefakt als Verkörperung von Forschung eine Besonderheit in den Wissenschaften darstellt. Forschendes Lernen im Design manifestiert sich in Projektarbeit und ist damit unmittelbar berufsrelevant, ermöglicht den Studierenden aber auch, zu lernen, mit dem eigenen Scheitern umzugehen (Beyrow, Godau, Heidmann, Langer, Wettach & Mieg, 2017).
- Forschung in der *Kunst* ist explorierend-experimentell sowie produzierend-konstruierend, ohne sich zu bestimmten Methoden zu verpflichten. Forschendes Lernen in der Kunst ist ähnlich wie im Design und in der Architektur Projektarbeit und darauf ausgerichtet, beruflich relevante Kompetenzen auszubilden, letztlich aber auch sich selbst zu erforschen (Bippus & Gaspar, 2017).

5.5 Integrierend tätige Wissenschaften

Informationswissenschaften, Gesundheitswissenschaften und die Nachhaltigkeitswissenschaft verbindet, dass sie „Integrationswissenschaften", historisch gesehen relativ neu und sowohl interdisziplinär als auch tendenziell transdisziplinär ausgerichtet sind. Während die Informationswissenschaften durchaus Forschung im Modus 1 betreibt, scheinen Gesundheitswissenschaften und Nachhaltigkeitswissenschaft tendenziell eine Modus 2-Forschung zu favorisieren. Die Informationswissenschaften kann man wohl als nomothetisch und die Nachhaltigkeitswissenschaft als idiografisch einschätzen; bei den Gesundheitswissenschaften bleibt dies (noch) offen. Alle drei verweisen auf ein besonders breites Methodenspektrum.

- Forschung in den *Informationswissenschaften* hat eine Tendenz zu kontrollierten Experimenten und zur quantitativen Datenerhebung, ringt aber wohl noch um eine eindeutige Identität. Forschendes Lernen in den Informationswissenschaften soll das Reflexionsvermögen erhöhen und Methodenkompetenz fördern, die man für berufliche Kontexte braucht (Michel & Hobohm, 2017).

- Was es heißt, in den *Gesundheitswissenschaften* zu forschen, ist schwer zu sagen, weil es offenbar noch nicht gelungen ist, die Vielfalt an Methoden von anderen Wissenschaften abzugrenzen. Forschendes Lernen in den Gesundheitswissenschaften soll denn auch vor allem dabei helfen, über Professionsgrenzen hinweg ausgebildet zu werden (Mozygemba, Lahn, Bernhardt & Dehlfing, 2017).
- Forschen in der *Nachhaltigkeitswissenschaft* ist vor allem fall- und kontextbezogen und läuft auf real-experimentierende und intervenierende, aber auch begründende Tätigkeiten hinaus. Forschendes Lernen in der Nachhaltigkeitswissenschaft soll Studierende dazu anregen, selbst neues Wissen und Problemlösungen zu generieren und soziale Praxis zu transformieren (Vilsmaier & Meyer, 2017).

6. Folgerungen für das forschende Lernen

Die Dokumentenanalyse der insgesamt 21 Beiträge aus einem aktuellen Band zum forschenden Lernen kann selbstredend nicht für sich in Anspruch nehmen, eine umfassende und in allen Punkten konsensfähige Darstellung der jeweiligen Forschungsformen zu liefern. Vermutlich wird man unter Wissenschaftler*innen einer (Sub-)Disziplin selten vollständig übereinstimmende Darstellungen ihrer Forschung inklusive der damit verbundenen Erkenntnistätigkeiten finden. Das ist allerdings auch nicht verwunderlich, denn Forscher*innen „sind keine neutralen Medien, die neues Wissen generieren, registrieren und anwenden – sie sind Betroffene ihres eigenen Handelns“ (Krohn, 2012, S. 14) und haben als solche auch eine je subjektive Sicht auf ihre Erkenntnistätigkeiten, die sie aber sehr wohl ihrer jeweiligen (Sub-)Disziplin zuordnen.

Die Charakterisierung verschiedener forschender Tätigkeiten sind nicht nur nicht repräsentativ, sondern sie sind auch selektiv, denn: Sie stammen von Wissenschaftler*innen, die sich darum bemühen, Forschen und Lernen in ihrer Lehre zu verbinden, damit Studierende die in einer Disziplin praktizierten Formen des Denkens und Handelns kennenlernen (vgl. Middendorf & Pace, 2004). Schließlich fehlen viele Disziplinen und Fächer, was angesichts der schon genannten Vielzahl wiederum nicht verwundern darf.

Trotz dieser Einschränkungen, so meine ich, ist es ein wichtiger Schritt, die heterogenen Forschungsauffassungen und -praktiken überhaupt einmal zu explizieren und so zu beschreiben, dass sie annähernd vergleichbar werden (vgl. Abschnitt 5). Dies erfordert eine Beschreibungssprache, mit der möglichst viele Varianten des Forschens in den wichtigsten Aspekten darstellbar werden. Meiner Einschätzung nach bietet sich dazu am besten die konkrete Ebene des Handelns mit Erkenntnistätigkeiten an (vgl. Abschnitt 4). Allerdings haben selbst auf höheren Abstraktionsebenen Forschungstypen (auch in ihrer variabel möglichen Ordnung) einen gewissen Mehrwert für die Beschreibung, weil sie z.B. die gerade für das (forschende) Lernen so wichtigen Denkstile bzw. Erkenntnisideale deutlich machen (vgl. Abschnitt 3). Ich habe mich hier nicht auf *eine* Form der Ordnung und damit auch nicht auf *ein* spezielles Set von Forschungstypen festgelegt, weil sich die unterschiedlich generierten Forschungstypen je nach Disziplin auch als unterschiedlich aussagekräftig erweisen. Schließlich erscheint es mir abdingbar, sich auf der höchsten Ebene darüber klar zu werden, ab welchem Punkt man in der eigenen Disziplin und/oder auf der Basis der eigenen Überzeugung als Lehrender von Forschung sprechen kann und mag (vgl. Abschnitt 2). Forschendes Lernen als didaktisches Konzept *und* als Weg, die Leitidee „Bildung durch Wissenschaft" umzusetzen, setzt voraus, dass man Studierenden tatsächlich ermöglicht, selbst zu *forschen* und Forschung zu erleben. Ohne ein klares Verständnis von der eigenen Forschung kann man aber genau diese didaktische Entscheidung, nämlich studentisches Forschen zu ermöglichen, gar nicht treffen. Alle weiteren didaktischen Entscheidungen (vgl. Lübcke et al., in Druck) hängen dann in hohem Maße von der Form des Forschens ab.

Natürlich bleiben an der Stelle noch viele Fragen und weitere Schritte offen. Als nächstes nämlich wäre zu untersuchen, wie gut sich bestehende handlungsleitende Modelle zum forschenden Lernen für verschiedene Forschungstypen und insbesondere Erkenntnistätigkeiten nun eigentlich eignen. Anpassungen wären vorzunehmen; es ließen sich vermutlich auch eigene fachsensible Modelle forschenden Lernens entwickeln, die dann zu überprüfen hinsichtlich ihres Unterstützungspotenzials für die Lehre wären. Im Rahmen des vorliegenden Beitrags kann dies allerdings nicht mehr geleistet werden.

Die Frage nach der *spezifischen* Gestaltung forschenden Lernens in verschiedenen Fachwissenschaften berührt zunächst einmal eine genuin hochschuldidaktische Problemstellung. Die Ausführungen dieses Beitrags aber könnten exemplarisch zeigen, dass und wie die Hochschuldidaktik auch Rückwirkungen auf die Forschung selbst haben kann – eine These, die Vertreter der Wissenschaftsdidaktik schon vor etlichen Jahrzehnten formuliert haben (z.B. von Hentig, 1979; Klüver, 1979). Die Suche nach Gemeinsamkeiten und Unterschieden in Forschungspraxen, Denkstilen, Erkenntnisidealen und Erkenntnistätigkeiten macht sowohl historische und wissenschaftspolitische

Einflüsse auf die Forschung deutlich als auch die Wirkungen von Denkkollektiven (Fleck, 1983). In dieser Auseinandersetzung kommt man gar nicht umhin, auch die eigene (Sub-)Disziplin kritisch zu reflektieren, sich selbst das eigene Erkenntnisideal zu vergegenwärtigen und gegebenenfalls die eigenen Fragestellungen und methodischen Entscheidungen in der Forschung zu überdenken. Hier geht die Einflussrichtung eindeutig vom Lehren zum Forschen und eben nicht nur vom Forschen zum Lehren – eine Herausforderung und Chance, die ich in hohem Maße auch mit dem Grundgedanken einer Wissenschaftsdidaktik verbinde, die die Lehre immer auch von den einzelnen Fachwissenschaften und deren Forschung heraus konzipieren will.

Literatur

Albrecht, L. (2017). Forschendes Lernen in der Architektur. In H.A. Mieg & J. Lehmann (Hrsg.), Forschendes Lernen. Wie die Lehre in Universität und Fachhochschule erneuert werden kann (S.280-290). Frankfurt am Main: Campus.

Archer, B. (1979). The three Rs. Design Studies, 1 (1), 18-20.

Benedikter, R. (2001). Das Verhältnis zwischen Geistes-, Natur- und Sozialwissenschaften. In T. Hug (Hrsg.), Wie kommt Wissenschaft zu Wissen? Einführung in die Wissenschaftstheorie und Wissenschaftsforschung (S. 137-159). Baltmannsweiler: Schneider.

Beyrow, M., Godau, M., Heidmann, F., Langer, C., Wettach, R. & Mied, H.A. (2017). Forschendes Lernen im Design. In H.A. Mieg & J. Lehmann (Hrsg.), Forschendes Lernen. Wie die Lehre in Universität und Fachhochschule erneuert werden kann (S.269-279). Frankfurt am Main: Campus.

Beywl, W., Künzli David, C., Messmer, R. & Streit, C. (2015). Forschungsverständnis pädagogischer Hochschulen – ein Diskussionsbeitrag. Beiträge zur Lehrerinnen- und Lehrerbildung, 33 (1), 134-151.

Bihrer, A., Bruhn, S. & Fritz, F. (2017). Forschendes Lernen in der Geschichtswissenschaft. In H.A. Mieg & J. Lehmann (Hrsg.), Forschendes Lernen. Wie die Lehre in Universität und Fachhochschule erneuert werden kann (S.325-334). Frankfurt am Main: Campus.

Bippus, E. & Gaspar, M. (2017). Forschendes Lernen in der Kunst. In H.A. Mieg & J. Lehmann (Hrsg.), Forschendes Lernen. Wie die Lehre in Universität und Fachhochschule erneuert werden kann (S.259-268). Frankfurt am Main: Campus.

Borgdorff, H. (2012). Künstlerische Forschung und akademische Forschung. In M. Tröndle & J. Warmers (Hrsg.), Kunstforschung als ästhetische Wissenschaft (S. 69-89). Bielefeld: transcript.

Borgdorff, H. (2015). Forschungstypen im Vergleich. In J. Badura, S. Dubach A., Harmann, D., Mersch, A. Rey, C. Schenker & G.T. Pérez (Hrsg.), Künstlerische Forschung. Ein Handbuch (S. 69-76). Zürich: diaphanes.

Broemel, R. & Muthorst, O. (2017). Forschendes Lernen im Fach Jura. In H.A. Mieg & J. Lehmann (Hrsg.), Forschendes Lernen. Wie die Lehre in Universität und Fachhochschule erneuert werden kann (S.335-345). Frankfurt am Main: Campus.

Bundesassistentenkonferenz (BAK) (1970/2009). Forschendes Lernen – Wissenschaftliches Prüfen. Bielefeld: UniversitätsVerlagWebler.

Cronshagen, J., Hogh, P. & Wöltjen, T. (2016). Lehre im Format welcher Forschung? Überlegungen zum Forschungsbegriff am Beispiel der Geschichte, der Philosophie und der Sportsoziologie. In D. Kergel & B. Heidkamp (Hrsg.), Forschendes Lernen 2.0 (S. 229-244). Wiesbaden: Springer.

Deimann, M. (2017). Humboldt überwinden! Warum „digitale Bildung" nicht aus der Vergangenheit gedacht werden kann. Hochschulforum Digitalisierung. URL: https://hochschulforumdigitalisierung.de/de/blog/humboldt-ueberwinden-warum-digitale-bildung-nicht-aus-der-vergangenheit-gedacht-werden-kann

Fichten, W. (2017). Forschendes Lernen in der Lehramtsausbildung. In H.A. Mieg & J. Lehmann (Hrsg.), Forschendes Lernen. Wie die Lehre in Universität und Fachhochschule erneuert werden kann (S.155-164). Frankfurt am Main: Campus.

Fischer F., Waibel M. & Wecker C. (2005). Nutzenorientierte Grundlagenforschung im Bildungsbereich. Zeitschrift für Erziehungswissenschaft, 8 (3), 427-442.

Fleck, L. (1983). Erfahrung und Tatsache. Gesammelte Aufsätze. Frankfurt am Main: Suhrkamp.

Frayling, C. (1993). Research in art and design. Royal College of Art Research, 1 (1), 1-5.

Gibbons, M., Limoges, C., Nowotny, H., Schwartzmann, S. Scott, P. & Trow, M. (1994). The new production of knowledge. The dynamics of science and research in contemporary societies. London: Sage.

Groß, M., Hoffmann-Riem, H. & Krohn, W. (2005). Realexperimente. Ökologische Gestaltungsprozesse in der Wissensgesellschaft. Bielefeld: transcript.

Hoyningen-Huene, P. (2011). Was ist Wissenschaft? In C.F. Gethmann (Hrsg.), Lebenswelt und Wissenschaft. Deutsches Jahrbuch Philosophie 2 (S. 557-565). Hamburg: Meiner.

Hoyningen-Huene, P. (2013). Systematicity: The nature of science. New York: Oxford University Press.

Huber, L. (1991). Bildung durch Wissenschaft – Wissenschaft durch Bildung: hochschuldidaktische Anmerkungen zu einem großen Thema. Pädagogik und Schule in Ost und West, 39(4), 193-200.

Huber, L. (2011). Fachkulturen und Hochschuldidaktik. In M. Weil, M. Schiefner, B. Eugster & K. Futter (Hrsg.), Aktionsfelder der Hochschuldidaktik. Von der Weiterbildung zum Diskurs (S. 109-127). Münster: Waxmann.

Huber, L. (2014). Forschungsbasiertes, Forschungsorientiertes, Forschendes Lernen: Alles dasselbe? Hochschulforschung, 1+2, 22-29.

Jonas, W. (2012). „Design Thinking" als „General Problem Solver" – der große Bluff? Öffnungszeiten, 26, 68-77.

Jungmann, T., Ossenberg, P. & Wissemann, S. (2017). Forschendes Lernen in den Ingenieurwissenschaften. In H.A. Mieg & J. Lehmann (Hrsg.), Forschendes Lernen. Wie die Lehre in Universität und Fachhochschule erneuert werden kann (S.245-256). Frankfurt am Main: Campus.

Kaldewey, D. (2013). Wahrheit und Nützlichkeit: Selbstbeschreibungen der Wissenschaft zwischen. Bielefeld: transcript.

Kaufmann M.E. (2017). Forschendes Lernen in der Kulturwissenschaft. In H.A. Mieg & J. Lehmann (Hrsg.), Forschendes Lernen. Wie die Lehre in Universität und Fachhochschule erneuert werden kann (S.346-356). Frankfurt am Main: Campus.

Kent, B. (1987). Charles S. Peirce. Logic and the Classification of the Sciences. Kingston/Montreal: McGill-Queen's University Press.

Klüver, J. (1979). Wissenschaftsdidaktik als Wissenschaftskritik am Beispiel der Naturwissenschaften. Hamburg: AHD.

Knorr Cetina, K. (1984). Die Fabrikation von Erkenntnis. Zur Anthropologie der Naturwissenschaft. Frankfurt am Main: Suhrkamp.

Kreber, C. (2015). Reviving the ancient virtues in the scholarship of teaching, with a slight critical twist. Higher Education Research and Development, 34 (3), 568-580.

Krohn, W. (2012). Künstlerische und wissenschaftliche Forschung in transdisziplinären Projekten. In M. Tröndle & J. Warmers (Hrsg.), Kunstforschung als ästhetische Wissenschaft (S. 1-19). Bielefeld: transcript.

Kuhn, T.S. (1973). Die Struktur wissenschaftlicher Revolutionen. Frankfurt am Main: Suhrkamp.

Laucken, U. (2003). Theoretische Psychologie. Denkformen und Sozialpraxen. Oldenburg: Bibliotheks- und Informationssystem der Universität Oldenburg.

Lübcke, E., Reinmann, G. & Heudorfer, A. (2017). Entwicklung eines Instruments zur Analyse forschenden Lernens. Zeitschrift für Hochschulentwicklung, 12 (2), 191-216.

Ludwig, J. (2014) Lehre im Format der Forschung. Brandenburgische Beiträge zur Hochschuldidaktik, 7. Potsdam. URL: https://www.faszination-lehre.de/file/data/Handreichungen/Beitraege-Hochschuldidaktik/bbhd07.pdf

Metschl, U. (2016). Vom Wert der Wissenschaft und vom Nutzen der Forschung. Zur gesellschaftlichen Rolle akademischer Wissenschaft. Wiesbaden: Springer VS.

Michel, A & Hobohm, H.-C. (2017). Forschendes Lernen in den Informationswissenschaften. In H.A. Mieg & J. Lehmann (Hrsg.), Forschendes Lernen. Wie die Lehre in Universität und Fachhochschule erneuert werden kann (S.175-185). Frankfurt am Main: Campus.

Middendorf, J. & Pace, D. (2004). Decoding the disciplines: A model for helping students learn disciplinary ways of thinking. New Directions for Teaching and Learning, 98, 1-12.

Mieg, H. & Dinter, J. (2017). Forschen im Forschenden Lernen: Der Einfluss von Forschungsform, Erkenntnisinteresse und Praxiskooperation. In H. Laitko, H. A. Mieg & H. Parthey (Hrsg.), Forschendes Lernen: Wissenschaftsforschung Jahrbuch 2016 (S. 29-50). Berlin: wvb Wissenschaftlicher Verlag Berlin.

Mieg, H.A. & Lehmann, J. (Hrsg.) (2017). Forschendes Lernen. Wie die Lehre in Universität und Fachhochschule erneuert werden kann. Frankfurt am Main: Campus.

Mittelstraß, J. (1992). Leonardo-Welt. Über Wissenschaft, Forschung und Verantwortung. Frankfurt am Main: Suhrkamp

Moldaschl, M. (2010). Reflexiver Theoriegebrauch – die Brillenmethodik. Zur Methodologie wissenschaftlichen Denkens. Universität Chemnitz. URL: http://www.econstor.eu/bitstream/10419/55374/1/684998998.pdf

Mozygemba, K., Lahm, U., Bernhardt, T. & Dehlfing, A. (2017). Forschendes Lernen in den Gesundheitswissenschaften. In H.A. Mieg & J. Lehmann (Hrsg.), Forschendes Lernen. Wie die Lehre in Universität und Fachhochschule erneuert werden kann (S.211-220). Frankfurt am Main: Campus.

Müller-Christ, G. (2017). Forschendes Lernen in der Betriebswirtschaftslehre. In H.A. Mieg & J. Lehmann (Hrsg.), Forschendes Lernen. Wie die Lehre in Universität und Fachhochschule erneuert werden kann (S.293-301). Frankfurt am Main: Campus.

Passon, J. & Schlesinger, J. (2017). Forschendes Lernen in der Geographie. In H.A. Mieg & J. Lehmann (Hrsg.), Forschendes Lernen. Wie die Lehre in Universität und Fachhochschule erneuert werden kann (S.313-324). Frankfurt am Main: Campus.

Pedaste, M., Mäeots, M., Siiman, L. A., Jong, T. de., van Riesen, S. A.N. & Kamp, E. T. et al. (2015). Phases of inquiry-based learning. Definitions and the inquiry cycle. Educational Research Review, 14, 47–61.

Poser, H. (2001). Wissenschaftstheorie. Eine philosophische Einführung. Stuttgart: Reclam.

Rassenhövel, S. & Dyckhoff, H. (2006). Die Relevanz von Drittmittelindikatoren bei der Beurteilung der Forschungsleistung im Hochschulbereich. In S. Zelewski & N. Akca (Hrsg.), Fortschritt in den Wirtschaftswissenschaften. Wissenschaftstheoretische Grundlagen und exemplarische Anwendungen (S. 85-112). Wiesbaden: Deutscher Universitäts-Verlag.

Reichertz, J. (2013). Die Abduktion in der qualitativen Sozialforschung. Über die Entdeckung des Neuen. Wiesbaden: Springer VS.

Reinmann, G. (2016a). Gestaltung akademischer Lehre. Anforderungen an eine Hochschuldidaktik als Allgemeine Didaktik. Jahrbuch Allgemeine Didaktik 2016 (Thementeil hrsg. von G. Reinmann, M. Keller-Schneider & M. Gläser-Zikuda), 11, 45-60.

Reinmann, G. (2016b). Gestaltung akademischer Lehre: semantische Klärungen und theoretische Impulse zwischen Problem- und Forschungsorientierung. Zeitschrift für Hochschulentwicklung, 11 (5), 225-244.

Reis, O. (2017). Forschendes Lernen in der Theologie. In H.A. Mieg & J. Lehmann (Hrsg.), Forschendes Lernen. Wie die Lehre in Universität und Fachhochschule erneuert werden kann (S.377-386). Frankfurt am Main: Campus.

Richter, C. & Allert, H. (2017). Design as critical engagement in and for education. EDeR - Educational Design Research, 1(1), 1-2.

Riehl, F., Dannemann, A., Zetzsche, R. & Maiwald, C. (2017). Forschendes Lernen in den Bewegungswissenschaften. In H.A. Mieg & J. Lehmann (Hrsg.), Forschendes Lernen. Wie die Lehre in Universität und Fachhochschule erneuert werden kann (S.302-312). Frankfurt am Main: Campus.

Rötzer, A. (2006). Die Einteilung der Wissenschaften. Analyse und Typologisierung von Wissenschaftsklassifikationen (Dissertation). Passau: Universität Passau. URL: https://opus4.kobv.de/opus4-uni-passau/files/59/AndreasRoetzer.pdf

Ruess, J., Gess, C. & Deicke, W. (2016). Forschendes Lernen und forschungsbezogene Lehre – empirisch gestützte Systematisierung des Forschungsbezugs hochschulischer Lehre. Zeitschrift für Hochschulentwicklung, 11 (2), 23-44.

Ruf, A., Ahrenholtz, I. & Matthé, S. (2017). Forschendes Lernen in den Naturwissenschaften. In H.A. Mieg & J. Lehmann (Hrsg.), Forschendes Lernen. Wie die Lehre in

Universität und Fachhochschule erneuert werden kann (S.233-244). Frankfurt am Main: Campus.

Schäfer, I. (2017). Forschendes Lernen in der Mathematik. In H.A. Mieg & J. Lehmann (Hrsg.), Forschendes Lernen. Wie die Lehre in Universität und Fachhochschule erneuert werden kann (S.223-232). Frankfurt am Main: Campus.

Schäfer, T. (2017). Forschendes Lernen in der Medizin. In H.A. Mieg & J. Lehmann (Hrsg.), Forschendes Lernen. Wie die Lehre in Universität und Fachhochschule erneuert werden kann (S.189-199). Frankfurt am Main: Campus.

Schliemann, O. (2017). Forschendes Lernen in der Philosophie. In H.A. Mieg & J. Lehmann (Hrsg.), Forschendes Lernen. Wie die Lehre in Universität und Fachhochschule erneuert werden kann (S.367-376). Frankfurt am Main: Campus.

Schmidt-Wenzel, A & Rubel, K. (2017). Forschendes Lernen in der Sozialen Arbeit. In H.A. Mieg & J. Lehmann (Hrsg.), Forschendes Lernen. Wie die Lehre in Universität und Fachhochschule erneuert werden kann (S.165-174). Frankfurt am Main: Campus.

Schneider, R. & Wildt, J. (2009). Forschendes Lernen und Kompetenzentwicklung. In L. Huber, Hellmer, J. & Schneider, F. (Hrsg.), Forschendes Lernen im Studium (S. 53-68). Bielefeld: UVW.

Selje-Aßmann, A., Poll, C., Tisler, M., Gerstenberg, J., Blum, M. & Fleischer, J. (2017). Forschendes Lernen in den Lebenswissenschaften. In H.A. Mieg & J. Lehmann (Hrsg.), Forschendes Lernen. Wie die Lehre in Universität und Fachhochschule erneuert werden kann (S.200-210). Frankfurt am Main: Campus.

Siepmann, D. (2015). Wörterbuch Hochschule. Bonn: Deutscher Hochschulverband.

Simons, M. & Elen, J. (2007). The 'research–teaching nexus' and 'education through research': an exploration of ambivalences. Studies in Higher Education, 32 (5), 617-631.

Stokes, D. (1997). Pasteur´s Quadrant – Basic science and technology innovation. Washington: Brookings.

Strohschneider, P. (2009). Möglichkeitssinn. Geisteswissenschaften im Wissenschaftssystem. Forschung. Politik – Strategie – Management, 2, 40-45.

Tremp, P. & Hildbrand, T. (2012). Forschungsorientiertes Studium – universitäre Lehre: Das „Zürcher Framework“ zur Verknüpfung von Lehre und Forschung. In T. Brinker & P. Tremp (Hrsg.), Einführung in die Studiengangentwicklung (S. 101-116). Bielefeld: Bertelsmann.

Vilsmaier, U. & Meyer, E. (2017). Forschendes Lernen in der Nachhaltigkeitswissenschaft. In H.A. Mieg & J. Lehmann (Hrsg.), Forschendes Lernen. Wie die Lehre in Universität und Fachhochschule erneuert werden kann (S.357-366). Frankfurt am Main: Campus.

von Hentig, H. (1970). Wissenschaftsdidaktik. In H. von Hentig, L. Huber & P. Müller (Hrsg.), Wissenschaftsdidaktik (Neue Sammlung Sonderheft 5) (S. 13-40). Göttingen: Vandenhoeck & Ruprecht.

Webler, W.-D. (2007). Geben wir mit der Akkreditierungspraxis das Hochschulniveau unserer Studiengänge preis? Zur Differenz von Schule und Hochschule. Das Hochschulwesen, 55 (1), 15-20.

Wissenschaftsrat (2012). Empfehlungen zur Weiterentwicklung der wissenschaftlichen Informationsinfrastrukturen in Deutschland bis 2020. Berlin. URL: https://www.wissenschaftsrat.de/download/archiv/2359-12.pdf

Wissenschaftsrat (2015). Empfehlungen zum Verhältnis von Hochschulbildung und Arbeitsmarkt. Bielefeld. URL: https://www.wissenschaftsrat.de/download/archiv/4925-15.pdf

Wissenschaftsrat (2017). Strategien für die Hochschullehre. Positionspapier. Berlin. URL: https://www.wissenschaftsrat.de/download/archiv/6190-17.pdf

Teil 2:
Parallelvorträge

Wolfgang FICHTEN/Ulrike WEYLAND, Oldenburg und Münster

Empirie zu Forschendem Lernen: Analyse und Perspektiven unter Berücksichtigung der Evaluation von Praxissemestern[1]

1. Hintergrund und Anliegen

Forschendes Lernen ist als hochschuldidaktischer Ansatz in der Lehrerbildung seit langem bekannt, wobei dessen Anbindung in der Vergangenheit nicht durchgängig an Schulische Praxisphasen geknüpft war. Im Zuge der seit Mitte 2000 festzustellenden Reformbestrebungen zur Einführung sogenannter Praxissemester als besonderes Format von Langzeitpraktika erfährt Forschendes Lernen geradezu eine \`hochschuldidaktische Blütezeit´. Denn in nahezu allen gegenwärtig vorliegenden Konzeptionen zum Praxissemester ist Forschendes Lernen als hochschulschuldidaktischer Ansatz vertreten (Weyland & Wittmann, 2015). Allerdings zeigen sich landes- und standortbezogene Unterschiede hinsichtlich der konzeptionellen Realisierung, begrifflichen Akzentuierung und didaktischen Umsetzung Forschenden Lernens (Weyland, 2017). So wird hinsichtlich der zu leistenden Aufgaben z. B. von Studienprojekten (NRW), Forschungsaufgaben (Schleswig-Holstein: Flensburg) oder auch Forschungsvorhaben (Niedersachsen) gesprochen.

Mit der curricularen Einbindung Forschenden Lernens in Praxissemester bzw. Langzeitpraktika werden zugleich bestimmte Professionalisierungserwartungen und -effekte verknüpft. Eine wesentliche Zielsetzung wird in der Anbahnung einer Forschenden Grundhaltung als Voraussetzung für professionelles Lehrerhandeln gesehen. Als zielbezogene Problematik erweist sich allerdings die Parallelität \`konkurrierender´ Aufgaben im Praxissemester, die sich auf die Bereiche \`Unterrichten´ und \`Forschen´ beziehen. Denn im Rekurs auf die bisherige empirische Befundlage zu Schulischen Praxisphasen ist hinsichtlich der zu erwartenden Akzeptanz Forschenden Lernens zumindest der Befund bedenklich, dass Studierende dem (eigenen) \`Unterrichten´ eine hohe Bedeutung zuschreiben (Weyland & Wittmann, 2015).

An vielen Standorten, wo ein Praxissemester bzw. ein Langzeitpraktikum in den letzten Jahren eingeführt wurde, liegen mittlerweile Evaluationsergebnisse vor. Die Empirie zu Forschendem Lernen hat durch die Evaluation von Praxissemestern, auf die wir uns im Folgenden beziehen, einen deutlichen Schub erhalten. Es liegen z. T. umfangreiche Datensätze und mittlerweile mancherorts auch Daten zu mehreren Studierendenkohorten vor. Von wissenschaftlicher Seite knüpft sich hieran die Erwartung, dass damit Lücken in

[1] Im Folgenden wird der gegenwärtig gängige und überwiegend anzutreffende Begriff „Praxissemester“ verwendet, gleichwohl die Bezeichnungen zu den sog. Langzeitpraktika differieren.

der Befundlage zu den professionalisierenden Effekten Forschenden Lernens und bezüglich der Einstellung von Studierenden gegenüber eigenem Forschen geschlossen werden können.

Mit dem vorliegenden Beitrag soll auf Basis vorliegender Evaluationsergebnisse ein Einblick in die Bewertung Forschenden Lernens aus Studierendensicht gegeben werden. Die Darstellung der Befundlage konzentriert sich auf aussagekräftige, zentrale Ergebnisse und wird anschließend im Rückgriff auf weitere Literatur zum Praxissemester diskutiert. In Hinblick auf den anvisierten Beitrag Forschenden Lernens zur Professionalitätsentwicklung wird abschließend auch die Aussagekraft angelegter Evaluationen reflektiert.

Die den Autoren dieses Beitrags zum gegenwärtigen Zeitpunkt zugänglich gemachten Instrumente und Evaluationsergebnisse, die explizit Hinweise zur Bewertung Forschenden Lernens aus Studierendensicht geben, wurden in die Analyse aufgenommen. Angesichts des Analysefokus und der innerhalb des Rechercheprozesses angetroffenen `feldbezogenen´ Limitierung beschränken sich die Analysen in diesem Beitrag auf ausgewählte Bundesländer bzw. Standorte wie Niedersachsen (standortbezogen: Oldenburg), Nordrhein-Westfalen und Schleswig-Holstein (standortbezogen: Flensburg). Ergänzend sei aber angemerkt, dass an einigen Standorten, in denen jüngst das Praxissemester bzw. ein Langzeitpraktikum eingeführt wurde, z. T. noch keine umfassenden und somit aussagekräftigen Ergebnisse zur Verfügung gestellt werden konnten.

2. Umsetzung und Durchführung der Evaluation

Bei einer Evaluation geht es um die Bewertung von Sachverhalten auf der Grundlage von Daten mit dem Ziel, „einen Beitrag zur Optimierung von Steuerungsprozessen im jeweiligen Handlungsfeld [zu] leisten“ (Hense, Rädiker, Widmer & Böttcher, 2013, S. 7). Sie soll für Auftraggeber oder Verantwortliche einer Maßnahme, eines Programms oder einer Intervention Steuerungs- und Entscheidungswissen bereitstellen. Im Kontext einer Evaluation wird Forschendes Lernen nicht isoliert, sondern stets in Relation zu einer Maßnahme, einem Ausbildungssetting oder Veranstaltungskonzept betrachtet, womit Voraussetzungen und Randbedingungen, eventuell auch Gelingensbedingungen für Forschendes Lernen deutlich werden können, aber andere Aspekte, wie z. B. Lernprozesse und -gewinne der Studierenden, kaum oder gar nicht berücksichtigt und erfasst werden.

Hinsichtlich der Erkenntnisse zu Forschendem Lernen, die Evaluationen zum Praxissemester erbringen können, ergeben sich einige Begrenzungen. Sie beziehen sich auf das Praxissemester insgesamt, bei dem Forschendes Lernen nur ein Element neben anderen ist. Das limitiert die Differenziertheit der Fragebogenteile zu Forschendem Lernen, die im Rahmen der meist schon recht umfangreichen Erhebungsinstrumente nicht ausgeweitet werden können.

Die Befragung der Studierenden findet in der Regel gegen Ende der schulischen Praxisphase oder kurz nach dem Praxissemester statt und wird überwiegend online, in einigen Fällen auch in Paper-Pencil-Form administriert, was Konsequenzen für die Teilnahme- bzw. Rücklaufquote hat, die bei der Bewertung der Evaluationsergebnisse zu berücksichtigen ist. In Flensburg wurde die Befragung der ersten Studierendenkohorte (n = 304) z. B. in Paper-Pencil-Form im Rahmen der letzten Seminarsitzung mit einer Rücklaufquote von 85,2 % durchgeführt, so dass „aussagekräftige Aussagen über die Einschätzungen der Studierendengruppe getroffen werden können" (Bach, 2015, S. 7). Die Evaluation des Praxissemesters an allen lehrerbildenden Hochschulen in Nordrhein-Westfalen im Frühjahr 2016 erfolgte in Form von Online-, vereinzelt auch als Paper-Pencil- Befragungen der Studierenden (n = 940) und weist mit 46,1 % eine Rücklaufquote auf, die u. a. auf das Engagement der Hochschulen in der Befragungsphase zurückzuführen ist (Göbel, 2016). Vor dem Hintergrund, dass der für Online-Befragungen empfohlene Richtwert von 15 Minuten Bearbeitungszeit (Kuckartz, Ebert, Rädiker & Stefer, 2009) vermutlich überschritten wurde, ist die Rücklaufquote als recht hoch zu werten.

Die Analyse der von uns ausgewerteten Dokumente ist teilweise schwierig: So ist es fraglich und bleibt teilweise offen, ob es sich um Landesevaluationen zu Langzeitpraktika bzw. zum Praxissemester handelt oder ob man nicht eher von standortbezogenen Evaluationen sprechen müsste. In Niedersachsen gab es z. B. ein Rahmenpapier, auf dessen Grundlage jeder Standort einen eigenen Fragebogen erstellt hat, was bedeutet, dass eine Vergleichbarkeit in der grundlegenden Ausrichtung der Evaluation gegeben ist, aber standortbezogene Unterschiede hinsichtlich der Differenziertheit der Fragebogenteile zu Forschendem Lernen bestehen. Zudem handelt es sich in einigen Fällen um offene Evaluationen, bei denen die Ergebnisse der Öffentlichkeit zugänglich gemacht werden, vielfach aber um geschlossene Evaluationen, deren Ergebnisse nur einem bestimmten Personen- bzw. Instanzenkreis zugänglich sind (Balzer, Frey & Nenniger, 1999). Auf eine detaillierte Auswertung dieser Dokumente müssen wir verzichten.

3. Befunde im Überblick

Die Evaluationsergebnisse können nur begrenzt aufeinander bezogen werden, weil die Erhebungsinstrumente unterschiedliche Schwerpunkte setzen und sich hinsichtlich der Differenziertheit, mit der auf Forschendes Lernen eingegangen wird, unterscheiden. Wir beschränken uns in diesem Beitrag auf eine Bilanzierung zu einigen Stichworten und beziehen uns dabei unter der Frage „Wie nehmen Studierende Forschendes Lernen im Praxissemester wahr?" nur auf die Bewertungen der Studierenden.

Relevanz und Nutzen: Während das Praxissemester von den Befragten mehrheitlich positiv bewertet wird, wird das sogenannte Studienprojekt deutlich kritischer gesehen und ihm wird bisher wenig Relevanz beigemessen (NRW) (Göbel, 2016). Es ist aus Sicht der Studierenden kein wichtiger Bestandteil des Praxissemesters: 97,6 % halten die Forschungsaufgabe für eher unwichtig oder völlig unwichtig (Flensburg) (Bach, 2015). Die trotz unterschiedlicher Ausgestaltung des Praxissemesters in Flensburg und Nordrhein-Westfalen bestehende Übereinstimmung in diesem Punkt hat ein besonderes Gewicht. Dass darin eine generelle Einstellung zu Forschendem Lernen zum Ausdruck kommen dürfte, signalisieren Ergebnisse einer Online-basierten Befragung von Studierenden zum Thema `Forschendes Lernen im Studium´ (Oldenburg, WS 2015/16), aus der hervorgeht, dass Lehramtsstudierende eigenes Forschen von der Tendenz her negativ bewerten und dies mit der fehlenden Relevanz für den angestrebten Beruf begründen („Forschung ist im Lehreralltag irrelevant. Es wäre viel wichtiger, mehr Didaktik zu vermitteln"). Die Kommentare der Befragten unterstreichen die auf berufspraktische Verwendbarkeit zentrierte Sicht der Studierenden und das daraus folgende Bewertungskriterium: Nur Inhalte, bei denen sich eine unmittelbar praxisbezogene Relevanz zeigt, werden anscheinend als sinnstiftend erlebt und mit einem entsprechenden Nutzen verbunden. Einerseits könnte diese Sichtweise mit der Bewältigung unmittelbar anstehender berufspraktischer Anforderungen zusammenhängen, andererseits könnte sie auf ein inadäquates Bild vom Lehrerberuf und ein verkürztes Professionsverständnis zurückgehen (s. unten), von dem aus sich die Bedeutung einer forschend-entwickelnden Haltung für eine professionelle Berufsausübung nicht erschließt.

Für die Bewertung spielt noch ein weiterer Gesichtspunkt eine Rolle: Ist das Studienprojekt mit eigenem Unterrichten verknüpft und bezieht es sich auf selbst erlebte Probleme bzw. persönlich tangierende Fragen, werden „empirische [ ] Zugänge zum Lehren und Lernen" (Gresch et al., 2016, S. 52) mehr geschätzt und das Studienprojekt wird positiver gesehen (vgl. ebd.). Die bisherige Befundlage deutet darauf hin, dass die Verknüpfung mit eigenem Unterricht eine Gelingensbedingung für Forschendes Lernen im Praxissemester zu sein scheint. Von daher kann man vermuten, dass die negative Bewertung der Studienprojekte u. a. darauf zurückzuführen ist, dass bei einem erheblichen Prozentsatz der Vorhaben ein Bezug zum eigenen Unterricht gefehlt hat, was durch einen Befund aus der Oldenburger Begleitevaluation gestützt wird: nur für 44 % der Befragten war eine derartige Verknüpfung gegeben (Selbstbericht, 2016).

Anforderungen und Belastung: Die Aspekte Anforderungen und Belastung sind weitere ausschlaggebende Gründe für die reserviert-kritische Bewertung der Studienprojekte. Die Evaluationsergebnisse verschiedener Standorte stimmen hierin überein: Die Forschungsaufgabe wird als hohe Belastung angesehen (Flensburg; sehr belastend: 82,6 %) (Bach, 2015). Zeitaufwand und Anforderungen sind zu hoch (Göbel, 2016), die Studienprojekte sind nach Ansicht der Studierenden der größte Belastungsfaktor (NRW) (Stiller, 2016). Die Durchführung eines Forschungsvorhabens neben eigenständigem Unterrichten wird als Überforderung wahrgenommen („Man hat schon genügend mit der guten und intensiven Planung seines Unterrichts zu tun und muss dann zusätzlich auch noch ein arbeitsintensives Projekt durchführen, so dass eins von beiden zwangsläufig darunter leidet") (Oldenburg) (Selbstbericht, 2016).

Betreuung und Unterstützung: Die Bedeutung von Betreuung und Unterstützung wird in verschiedenen Dokumenten hervorgehoben: Individuelle Beratung und Begleitung sind für eine erfolgreiche Durchführung der Forschungsvorhaben entscheidend und werden von den Befragten als gewinnbringend wahrgenommen (Gresch et al., 2016). Die Evaluation von Seipp (2008) zum Theorie-Praxis-Modul an der TU Dortmund, eine Art `Vorläufermodell´ des Praxissemesters, zeigt: Je mehr Unterstützung die Studierenden in der Planungs- und Vorbereitungsphase erhalten, umso leichter fällt ihnen die Erstellung der Studienskizze, bei deren Umsetzung zudem die Unterstützung seitens der Schule eine wichtige Rolle spielt.

Forschungskompetenz: Im Rahmen der Vorbereitung und Anleitung Forschenden Lernens hat die Vermittlung forschungsmethodischen Wissens und die Anbahnung forschungsmethodischer Kompetenz eine besondere Bedeutung. Die Ergebnisse der Evaluation von Seminaren, die sich auf den Themenschwerpunkt Forschungsmethoden konzentrieren, zeichnen ein differentes Bild: Die Methodenseminare zum Praxissemester in Nordrhein-Westfalen schneiden in der Bewertung mittelmäßig ab, wobei die relativ hohe Standardabweichung auf bestehende Qualitätsunterschiede hindeutet. Die Studierenden setzen sich motiviert mit den Inhalten einer Methodenveranstaltung auseinander, wenn sie diese als persönlich bedeutsam ansehen und sich einen Nutzen davon versprechen (Vetter & Ingrisani, 2013). Das Methodenseminar zum Praxissemester wird dann eben auch als ein sinnvolles Angebot angesehen (Gresch et al., 2016). Demgegenüber stellt Herzer (2014) fest, dass den Jenaer Studierenden die Einsicht in die Notwendigkeit der Methodenausbildung im Praxissemester weitgehend fehlt.

70% der Studierenden (Oldenburg) geben an, im Zuge Forschenden Lernens Kompetenzen für die Planung und Durchführung empirischer Untersuchungen erworben zu haben (Selbstbericht, 2016). Daraus kann man herleiten, dass die Mehrheit der Befragten nach eigener Einschätzung über die für die Durchführung der Projekte erforderlichen Kompetenzen verfügte, so dass als Grund für eine kritisch-negative Bewertung der Studienprojekte ein diesbezügliches Kompetenzdefizit bei den meisten auszuschließen ist und nur bei einer kleineren Gruppe bei der Bewertung eine Rolle gespielt haben könnte.

Bilanz zu Forschendem Lernen: Angesichts der bisherigen Befunde lassen sich erste Hinweise auf mögliche Gelingensbedingungen ableiten, die durch weitere empirische Forschung zu untermauern wären: Verknüpfung von Forschendem Lernen mit eigenen Unterrichtsversuchen; intensive (individualisierte) Betreuung, Beratung und Unterstützung und adäquate (praxisbezogene) Vermittlung von Forschungskompetenz. Ebenso impliziert die Befundlage Hinweise auf mögliche Komplikationen: Kopplung von Forschendem Lernen mit Ansprüchen und Anforderungsspektrum eines Langzeitpraktikums mit relativ hoher Unterrichtsverpflichtung führt zu Belastungsempfinden und Überforderung; verkürztes Verständnis von Lehrerberuf und Professionalität sowie geringe Nutzenerwartung für die Berufspraxis.

4. Diskussion

Dass mit längeren Praxisphasen Belastungen für die Studierenden einhergehen, ist empirisch belegt. Als Gründe für einen durch das Praxissemester induzierten „Praxisschock" (Rothland & Boecker, 2015) gelten Kompetenzdefizite und personale Schwächen, „die in der Konfrontation mit der Unterrichtstätigkeit offenbar werden" (ebd., S. 127). Die Studierenden des Jenaer Praxissemesters empfinden eine überdurchschnittlich hohe Belastung, die gegen Ende der Praxisphase einen Höhepunkt erreicht (Jantowski & Ebert, 2014). Schreiben die Studierenden dem Praxissemester insgesamt einen hohen Nutzen zu, werden Belastungen eher akzeptiert (Stiller, 2016) und sie sehen im Vergleich zum persönlichen Gewinn den Aufwand für vertretbar und gerechtfertigt an (Jantowski & Ebert, 2014).

Vor dem Hintergrund, dass das eigene Unterrichten, für das ein erheblicher Teil persönlich verfügbarer Ressourcen eingesetzt werden muss, für die Studierenden Priorität hat (Hahn, Meinholz, Störtländer & Thomas, 2017; Köker & Störtländer, 2017; Nocon-Stoffers, 2017), wird Forschendes Lernen als zusätzliche Erschwernis und belastendes Element wahrgenommen. Seine professionalisierenden Potentiale werden durch das Belastungserleben überlagert und verdeckt. Die entsprechenden Projekte werden als Fremdkörper angesehen, die vom Unterrichten abhalten (Naeve-Stoß & Tramm, 2017).

Zu Anfang des Praxissemesters müssen sich die Studierenden zunächst mit schulischen Gegebenheiten sowie den Lerngruppen vertraut machen und dann eigenen Unterricht vorbereiten und durchführen. Von dieser Ablauf- und Handlungslogik aus ist es unwahrscheinlich, dass sie sich schon in der Anfangsphase mit ihrem Studienprojekt befassen, so dass die Gefahr besteht, „dass das Studienprojekt zunächst in den Hintergrund rückt und erst am Ende des Praxissemesters unter Zeitdruck in Angriff genommen wird“ (Neuhaus & Mitzschke, 2016, S. 13), was die hohe Belastung am Ende des Praxissemesters verstärkt.

Für einen erheblichen Teil der Studierenden (NRW: 73,7 %) kommt als belastendes Moment hinzu, dass sie das Studienprojekt aus verschiedenen Gründen nicht wie geplant umsetzen können. Auch wenn, wie Köker und Störtländer (2017) aufzeigen, nicht in jedem Fall eine völlige Neuplanung notwendig ist, bedeuten selbst Anpassungen und Modifikationen einen zusätzlichen Zeit- und Arbeitsaufwand und erhöhen das Stresserleben.

Ein wesentliches Ergebnis der Praktikumsforschung im Allgemeinen besteht in dem Nachweis der Bedeutung von Betreuung und Begleitung der Studierenden vor, während und nach der Praxisphase (Gröschner, 2012; Hascher, 2012; Schubarth, Speck, Seidel, Gottmann, Kamm & Krohn, 2012). Die Art und Weise der Lernbegleitung und damit deren Qualität ist ein zentrales Erfolgskriterium für Schulische Praxisphasen (Rothland & Boecker, 2015) und beeinflusst auch das Belastungserleben: Je positiver die Betreuung beurteilt wird, desto geringer fühlen sich Studierende belastet (Schubarth, Speck, Seidel, Kamm, Kleinfeld & Sarrar, 2011).

Die relativ hohe Zufriedenheit der Studierenden mit der universitären Vorbereitung, Betreuung und Begleitung (Ausnahme: Flensburg) kann einen abpuffernden Effekt auf das Belastungserleben haben. Das problematische Verhältnis von eigenem Unterrichten und parallelem Forschen bleibt jedoch bestehen. Um die sich im Zusammenhang mit den Studienprojekten ergebenden Belastungen abzumildern, dürfte es auf eine Reduktion von Zahl und Umfang der Projekte sowie auf eine Betonung der Gesichtspunkte Machbarkeit und Studierbarkeit ankommen (Weyland & Wittmann, 2015).

Eine quantitative Anpassung kann eventuell diesen einen, mit Forschendem Lernen im Praxissemester zusammenhängenden Aspekt beeinflussen, aber es ist unwahrscheinlich, dass dadurch die grundsätzliche Einstellung von

Studierenden gegenüber Forschendem Lernen verändert wird, da sie vermutlich auf andere Faktoren zurückgeht. Lehramtsstudierende nehmen das Studium von Anfang an vom Berufsziel her wahr und sehen es als Vorbereitung auf den angestrebten Beruf. Lehrveranstaltungen werden von ihnen dahingehend bewertet, ob sie erkennbare Berufsfeldbezüge aufweisen und inwiefern vermittelte Inhalte beim Unterrichten eingesetzt und angewandt werden können. „Nutzen oder Nützlichkeit wird damit für Studierende zum zentralen Bewertungspunkt ihres Studiums" (Schiefner-Rohs, 2015, S. 173). Ein Zusammenhang zwischen der Durchführung der Studienprojekte im Praxissemester und der späteren Lehrtätigkeit ist von daher für viele Studierende zunächst nicht ersichtlich, da Forschung kein Bestandteil des Lehrerberufs ist. Kommentare in den Evaluationen deuten an, dass einige der Befragten der Auffassung sind, man wolle sie damit von ihrem Berufsziel abbringen („Ich möchte später lehren und nicht forschen").

Forschendes Lernen stößt vor allem bei Studierenden auf Vorbehalte, die eine technologische Vorstellung von der Lehrertätigkeit haben, die sie im Wesentlichen als Anwendung und situationsadäquate Umsetzung von Regeln und Rezepten verstehen. Wie Schüssler, Keuffer, Günnewig und Scharlau (2012) in einer qualitativen Untersuchung zu den Praxiskonzepten Studierender nachweisen konnten, wünscht sich ein Teil von ihnen „rezepthaftes Anwendungswissen". Sie können „Teilen des Studiums, die kein solches Wissen erbringen, nur wenig abgewinnen" (ebd., S. 157). Die Analyse zeigt, dass nur bei wenigen ein Professionsverständnis vorliegt, das in Grundzügen dem wissenschaftlichen Professionsverständnis entspricht. Eine quantitative Reduktion der Studienprojekte greift in diesen Fällen zu kurz. Vielmehr müssten die subjektiven Theorien der Studierenden mit wissenschaftlichen Positionen zu Profession und Professionalisierung konfrontiert und es müsste die Bedeutung einer forschend-entwickelnden Haltung für eine professionelle Berufsausübung verdeutlicht werden, wodurch eventuell eine größere Akzeptanz für Forschendes Lernen erreicht werden kann (Weyland & Wittmann, 2015).

Die Studie von Schüssler et al. (2012) macht darauf aufmerksam, dass die Studierenden keine homogene Gruppe sind. Rothland und Boecker (2015) plädieren deshalb dafür, „die personalen Ausgangslagen der Studierenden als Voraussetzung für die Nutzung und Wirkung des Praxissemesters" (ebd., S. 120) stärker zu berücksichtigen. Dazu gehören u. a. allgemeine Persönlichkeitsmerkmale, Selbstwirksamkeitserwartungen, epistemologische Überzeugungen und kognitive Voraussetzungen, die im Rahmen von Evaluationen allenfalls ansatzweise erhoben, aber nur im Kontext von Forschungsprojekten differenziert aufgegriffen und untersucht werden können (Fichten & Weyland, im Druck).

Eine nicht unerhebliche Rolle dürften die Erfahrungen, die Studierende vor dem Praxissemester mit Forschendem Lernen gemacht haben, spielen. Lernerfolge und -misserfolge bestimmen mit darüber, wie Lernende zu einem späteren Zeitpunkt an dieselbe oder eine ähnliche Aufgabe herangehen. Vorbereitung und Betreuung Forschenden Lernens sind daran zu orientieren, den Studierenden Erfolgserlebnisse zu ermöglichen. Kommt es dennoch zu subjektiv als Misserfolg bewerteten Ergebnissen, kann daraus eine kritisch-ablehnende Einstellung gegenüber dem Konzept und eine Tendenz, sich nicht mehr forschend betätigen zu wollen, resultieren. Die Vorerfahrungen der Studierenden mit Forschendem Lernen müssten deshalb bei Evaluationen des Praxissemesters berücksichtigt und abgefragt und mit der jeweiligen Bewertung der Studienprojekte korreliert werden, um abzuklären, ob und auf welche Weise die aktuelle Bewertung des Konzepts studienbiografisch fundiert und durch frühere Erfahrungen geprägt ist.

5. Fazit und Ausblick

Die Evaluationen beziehen sich auf den derzeitigen Stand des Praxissemesters und repräsentieren auf der Basis der für diesen Beitrag zur Verfügung stehenden Daten die aktuelle Befundlage. Bezüglich des Praxissemesters kann man von einer Experimentierphase sprechen, in der für diesen Kontext Formate und Konzepte Forschenden Lernens erstmals entworfen und erprobt werden. Erfüllen die Evaluationen den Zweck und ihre Funktion, daraus Konsequenzen für die künftige Ausgestaltung herzuleiten und Modifikationen, Anpassungen etc. vorzunehmen, könnte sich das Bild in der nächsten Zeit ändern. Hinsichtlich der Reduktion der Anzahl der Studienprojekte sowie zu ihrer stärkeren Verknüpfung mit den studentischen Unterrichtsvorhaben liegen bereits entsprechende Empfehlungen vor (NRW) (Diehr, 2017; van Ackeren & Herzig, 2016). Erst die Evaluationsergebnisse zu mehreren Kohorten werden zeigen, ob es bei der negativen Bewertung der Studienprojekte bleibt oder ob es aufgrund veränderter Rahmenbedingungen und optimierter Seminargestaltungen nicht doch zu mehr Akzeptanz Forschenden Lernens seitens der Studierenden kommt.

Für die Empirie zu Forschendem Lernen haben die Evaluationen des Praxissemesters eine grundlegende Bedeutung. Bislang war man über limitierende Bedingungen und ungünstige Konstellationen der Realisierung des Konzepts im Lehramtsstudium empirisch nicht hinreichend und verlässlich informiert. Diese zeichnen sich neuerdings deutlicher ab, wo Forschendes Lernen für alle Lehramtsstudierenden zur Pflicht geworden ist und wo es mit der Einführung verlängerter Praxisphasen in einen Kontext gestellt wurde, bei dem eigenes Unterrichten und Forschungsvorhaben in einem konkurrierenden Verhältnis zueinander stehen. Sollte sich herausstellen, dass diese Kombination grundsätzlich ungünstig ist, hätte das möglicherweise Konsequenzen für die Einbettung Forschenden Lernens in den Studienverlauf und seine Verwendung als Studienelement, das aus der Konkurrenz zu anderen Aufgaben und Anforderungen des Studiums herauszuhalten wäre, um sein professionalisierendes Potential entfalten zu können (s. hierzu auch Nonnenmacher, 2000).

Ein fundiertes Urteil zu Relevanz bzw. Bedeutung Forschenden Lernens als Element des Lehramtsstudiums lässt sich wohl erst in einigen Jahren abgeben, denn die Forschung zu Forschendem Lernen im Kontext von Praxissemestern bzw. Langzeitpraktika steht noch in den Anfängen (Rothland & Boecker, 2015). So weisen auch van Ackeren & Herzig (2016) darauf hin, dass man „über die Qualität der Lernprozesse und die Kompetenzentwicklung“ (ebd., S. 6) bisher wenig wisse. Eine Theorie- und Modellbildung zum Lernen im Praktikum wäre nötig, „um die Begleitforschung zukünftig stärker theoriegeleitet konzipieren zu können“ (Streblow & Barsch, 2017, S. 76).

Die der Evaluation inhärenten Begrenzungen muss man akzeptieren und kann sie nicht als Argumente gegen sie verwenden. Sie muss aber gewissen Standards und Anforderungen gerecht werden. Im Prinzip gilt es, die mit der zu evaluierenden Maßnahme verbundenen Zielsetzungen unter Berücksichtigung des mit Forschendem Lernen anvisierten Professionalisierungsbeitrags aufzunehmen. Diese Punkte sind bei der Konstruktion von Erhebungsinstrumenten zu beachten. Wenn beispielsweise mit Forschendem Lernen die Herausbildung und Entwicklung spezifischer Kompetenzen intendiert ist, sollten diese auch im Instrument abgebildet sein.

Literatur

Bach, A. (2015). *Das Praxissemester in der Lehrerinnen- und Lehrerbildung. Ergebnisse einer Evaluationsstudie an der Europa-Universität Flensburg.* Flensburg: Zentrum für Lehrerinnen- und Lehrerbildung.

Balzer, L., Frey, A. & Nenniger, P. (1999). Was ist und wie funktioniert Evaluation? *Empirische Pädagogik,* 13 (4), 393-413.

Diehr, F. (2017). Das Praxissemester in Nordrhein-Westfalen am Beispiel der Universität Duisburg-Essen. In R. Schüssler, A. Schöning, V. Schwier, S. Schicht, J. Gold & U. Weyland (Hrsg.), *Forschendes Lernen im Praxissemester* (S. 126-135). Bad Heilbrunn: Klinkhardt.

Fichten, W. & Weyland, U. (2018, im Druck). Empirische Zugänge zu Forschendem Lernen. In M. Schiefner-Rohs, & G. Favella (Hrsg.), *Forschungsnahes Lehren und Lernen in der Lehrer_innenbildung*. Frankfurt/Main: Peter Lang.

Göbel, K. (2016). Ergebnisse der ersten Evaluation des Praxissemesters in Nordrhein-Westfalen. *Schule NRW*, Beilage November 2016, 7-8.

Gresch, H., Konnemann, C. & Hammann, M. (2016). Forschendes Lernen im Praxissemester Biologie. Erste Erfahrungen an der Universität Münster. *journal für lehrerInnenbildung*, 16 (4), 48-56.

Gröschner, A. (2012). Langzeitpraktika in der Lehrerinnen- und Lehrerausbildung – Für und wider ein innovatives Studienelement im Rahmen der Bologna-Reform. *Beiträge zur Lehrerbildung*, 30 (2), 200-208.

Hahn, S., Meinholz, S., Störtländer, J. C. & Thomas, C. (2017). Forschendes Lernen im Unterrichtsfach Pädagogik. In R. Schüssler, A. Schöning, V. Schwier, S. Schicht, J. Gold & U. Weyland (Hrsg.), *Forschendes Lernen im Praxissemester* (S. 328-333). Bad Heilbrunn: Klinkhardt.

Hascher, T. (2012). Lernfeld Praktikum – Evidenzbasierte Entwicklungen in der Lehrer/innenbildung. *Zeitschrift für Bildungsforschung*, 2 (2), 109-129.

Hense, J., Rädiker, S., Widmer, T. & Böttcher, W. (2013). Notwendigkeit und Potenzial einer Forschung über Evaluation. In J. Hense, S. Rädiker, W. Böttcher & T. Widmer (Hrsg.), *Forschung über Evaluation* (S. 7-18). Münster: Waxmann.

Herzer, G. (2014). Die Gestaltung der erziehungswissenschaftlichen Lernbegleitung – Ansätze der erziehungswissenschaftlichen Methodenlehre. In K. Kleinespel (Hrsg.), *Ein Praxissemester in der Lehrerbildung. Konzepte, Befunde und Entwicklungsperspektiven am Beispiel des Jenaer Modells* (S. 237-251). Bad Heilbrunn: Klinkhardt.

Jantowski, A. & Ebert, S. (2014). Eine empirische Studie zu studentischen Belastungen. In K. Kleinespel (Hrsg.), *Das Praxissemester in der Lehrerbildung. Konzepte, Befunde und Entwicklungsperspektiven am Beispiel des Jenaer Modells* (S. 76-96). Bad Heilbrunn: Klinkhardt.

Köker, A. & Störtländer, C. (2017). Studentische Forschung im Praxissemester – Empirische Zugänge zur eigenen Praxis durch Forschendes Lernen. In T. Burger & N. Miceli (Hrsg.), *Empirische Forschung im Kontext Schule* (S. 359-371). Wiesbaden: Springer VS.

Kuckartz, U., Ebert, T., Rädiker, S. & Stefer, C. (2009). *Evaluation online.* Wiesbaden: VS Verlag für Sozialwissenschaften.

Naeve-Stoß, N. & Tramm, T. (2017). Forschendes Lernen im Hamburger Kernpraktikum. In R. Schüssler, A. Schöning, V. Schwier, S. Schicht, J. Gold & U. Weyland (Hrsg.), *Forschendes Lernen im Praxissemester* (S. 88-95). Bad Heilbrunn: Klinkhardt.

Neuhaus, H. & Mitzschke, C. (2016). Gelingensbedingungen für das Praxissemester. *Schule NRW*, Beilage November 2016, 11-13.

Nocon-Stoffers, R. (2017). Forscherblick im Schulalltag!? – Begleitung Forschenden Lernens am Zentrum für schulpraktische Lehrerausbildung (ehemals: Studienseminar). In R. Schüssler, A. Schöning, V. Schwier, S. Schicht. J. Gold & U. Weyland (Hrsg.), *Forschendes Lernen im Praxissemester* (S. 243-250). Bad Heilbrunn: Klinkhardt.

Nonnenmacher, F. (2000). Praxisbezug in der Lehrerbildung. Theoriegeleitete Feldanalyse versus Einführung in ein Handlungsfeld oder: Von der Gefahr, beim Versuch zwei Fliegen mit einer Klappe zu schlagen, beide zu verfehlen. *Pädagogisches Forum*, 28 (4), 330-335.

Rothland, M. & Boecker, S. K. (2015). Viel hilft viel? Forschungsbefunde und -perspektiven zum Praxissemester in der Lehrerbildung. *Lehrerbildung auf dem Prüfstand*, 8 (2), 112-134.

Seipp, B. (2008). *Begleit-Evaluation des Theorie-Praxis-Moduls an der Technischen Universität Dortmund. Fokus Lehrerbildung 5.* Dortmund: Zentrum für Lehrerbildung.

Selbstbericht (2016). *Selbstbericht Evaluation „GHR 300". Berichtszeitraum 2013 bis 2016.* Oldenburg: Didaktisches Zentrum (diz) der Carl von Ossietzky Universität Oldenburg.

Schiefner-Rohs, M. (2015). Forschendes Lernen in der Lehrerinnen- und Lehrerbildung. Möglichkeiten der Verbindung zwischen Hochschule und Schule sowie Theorie und Praxis. In P. Tremp (Hrsg.), *Forschungsorientierung und Berufsbezug im Studium. Blickpunkt Hochschuldidaktik* 126 (S. 171-191). Bielefeld: Bertelsmann.

Schubarth, W., Speck, C., Seidel, A., Gottmann, C., Kamm, C. & Krohn, M. (2012). Das Praxissemester im Lehramt – ein Erfolgsmodell? Zur Wirksamkeit des Praxissemesters im Land Brandenburg. In W. Schubarth, K. Speck, A. Seidel, C. Gottmann, C. Kamm & M. Krohn (Hrsg.), *Studium nach Bologna: Praxisbezüge stärken?!* (S. 137-169). Wiesbaden: Springer VS.

Schubarth, W., Speck, K., Seidel, A., Kamm, C. Kleinfeld, M. & Sarrar, L. (2011). Evidenzbasierte Professionalisierung der Praxisphasen in außeruniversitären Lernorten: Erste Ergebnisse des Forschungsprojekts ProPrax. In W. Schubarth, K. Speck & A. Seidel (Hrsg.), *Nach Bologna: Praktika im Studium – Pflicht oder Kür? Potsdamer Beiträge zur Hochschulforschung 1* (S. 79-212). Potsdam: Universitätsverlag Potsdam.

Schüssler, R., Keuffer, J., Günnewig, K. & Scharlau, I. (2012). „Praxis nach Rezept?" Praxisbezug und Professionalität in den subjektiven Theorien von Lehramtsstudierenden. In D. Bosse, L. Criblez & T. Hascher (Hrsg.), *Reform der Lehrerbildung in Deutschland, Österreich und der Schweiz* (S. 141-164). Immenhausen bei Kassel: Prolog Verlag.

Streblow, L. & Barsch, S. (2017). Evaluation im Praxissemester. In R. Schüssler, A. Schöning, V. Schwier, S. Schicht, J. Gold & U. Weyland (Hrsg.), *Forschendes Lernen im Praxissemester* (S. 70-77). Bad Heilbrunn: Klinkhardt.

Stiller, E. (2016). Das Praxissemester als Gewinn für die Lehrerausbildung. *Schule NRW*, Beilage November 2016, 9-10.

van Ackeren, I. & Herzig, S. (2016). Hochschulbeiträge zum Praxissemester. *Schule NRW*, Beilage November 2016, 4-6.

Vetter, P. & Ingrisani, D. (2013). Der Nutzen forschungsmethodischer Ausbildung für angehende Lehrpersonen. *Beiträge zur Lehrerbildung*, 31 (3), 321-332.

Weyland, U. & Wittmann, E. (2015). Langzeitpraktika in der Lehrerausbildung in Deutschland. Stand und Perspektiven. *journal für lehrerInnenbildung*, 15 (1), 8-21.

Weyland, U. (2017). Forschendes Lernen - eine Leitidee für gute Lehrerausbildung? *Padua* 12 (2), 79-86.

Katrin GIRGENSOHN, Frankfurt (Oder)

Forschendes Lernen institutionalisieren – eine theoretische Perspektive

Forschendes Lernen wird an Hochschulen von komplexen institutionellen Bedingungen beeinflusst. Diese lassen sich auf mehreren Ebenen festmachen: Auf der Mikroebene sind die Studierenden und die Lehrenden in den Blick zu nehmen, auf der Mesoebene die Organisation Hochschule und auf der Makroebene der bildungspolitische Kontext. Soll Forschendes Lernen als innovatives hochschuldidaktisches Format nachhaltig an Hochschulen implementiert werden, müssen alle diese Ebenen berücksichtigt werden. Dieser Beitrag fragt, welche Faktoren die Institutionalisierung des Forschenden Lernens auf diesen drei Ebenen beeinflussen. Dafür wird auf das Konzept der Institutionalisierungsarbeit nach Lawrence und Suddaby (2006) zurückgegriffen, das absichtsvolle Handlungen von Akteurinnen und Akteuren untersucht, die darauf abzielen, Institutionen zu schaffen, zu erhalten oder zu verändern.

Einleitung

Forschendes Lernen scheint derzeit sehr populär zu sein. Doch bei realistischer Betrachtung wird deutlich, dass das Forschende Lernen bisher nur in Ausnahmefällen wirklich den Hochschulalltag Studierender prägt. Als hochschuldidaktische Methode ist Forschendes Lernen noch lange nicht flächendeckend implementiert. Ich möchte den Blick darauf lenken, was eine breitere und nachhaltigere Implementierung Forschenden Lernens beeinflusst und dafür das Konzept der Institutionalisierungsarbeit als theoretischen Rahmen nutzen.

Im Folgenden nutze ich den Begriff Forschendes Lernen in einem engeren Sinne, der Abstufungen wie forschungsbasiertes Lernen oder forschungsorientiertes Lernen nicht einbezieht (vgl. Huber, 2014; Ruess, Gess, & Deicke, 2016). Dies scheint mir aus meiner Erfahrung als Lehrende, die Formate Forschenden Lernens erprobt hat (vgl. z. B. Girgensohn, 2016) sowie als Hochschuldidaktikerin, die sich um eine Veränderung der Lehr-Lernkultur an der eigenen Hochschule bemüht, wichtig. Denn ich stelle immer wieder fest, dass der Begriff „Forschendes Lernen" unreflektiert genutzt wird und Lehrende überzeugt sind, Forschendes Lernen zu praktizieren, ohne die entsprechenden Diskurse zu kennen. Als Forschendes Lernen gilt dann jegliches universitäres Lernen. Demgegenüber sehe ich große Potenziale für studentisches Lernen im Forschenden Lernen im engeren Sinne und würde gerne dazu beitragen, es besser zu etablieren. Das heißt jedoch nicht, dass andere, forschungsbasierte und forschungsorientierte Formate keinen Platz mehr in der Lehre haben sollen. Doch wenn es um eine Institutionalisierung Forschenden Lernens gehen soll, ist begriffliche Präzision wichtig. Von Forschendem Lernen spreche ich daher, wenn Studierende

- auf der Basis authentischer gesellschaftlicher oder für die wissenschaftliche Fachgemeinschaft offener Fragen, Probleme oder Kontroversen forschen;

- eigenständig Fragestellungen entwickeln;

- eigenständig Forschungsdesigns entwickeln und durchführen;

- ihre Ergebnisse in irgendeiner Form jenseits des Seminarkontextes veröffentlichen;

- dabei innerhalb und außerhalb des Seminarraums zusammenarbeiten (z. B. durch kollaborative Forschungsprojekte und Peer-Feedback)

- und von der Lehrperson ergebnisoffen begleitet werden durch kontinuierliches Feedback (Mentoringfunktion).

Wenn Forschendes Lernen all diese Bedingungen erfüllt, dann unterscheidet es sich deutlich von den meisten Lehrveranstaltungen, die derzeit, zumindest in den Geistes- und Sozialwissenschaften, den Alltag Studierender an deutschsprachigen Hochschulen prägen. Forschendes Lernen stellt damit eine Innovation der Hochschullehre dar, auch wenn es an die vermeintlich seit Humboldt tradierte Idee der Einheit von Forschung und Lehre anknüpft[1]. So sind zum Beispiel Studierende der Geistes- und Sozialwissenschaften eher mit dem Seminar als einem Lehrveranstaltungsformat vertraut, dass sich zwar in einigen Punkten mit dem Forschenden Lernen überschneidet, das aber eben längst nicht alle Kriterien erfüllt. Dazu schreibt Otto Kruse;

„Wer an einer deutschsprachigen Hochschule studiert hat, kennt das Seminar. […] Es ist eine so omnipräsente Unterrichtsform, dass sie kaum hinterfragt und fast gar nicht untersucht wurde. […] Das Seminar ist gelebte, nicht verordnete Hochschuldidaktik. Ob es tatsächlich effizient ist und wirkungsvoll Wissen vermitteln kann, wurde nie untersucht, aber auch nie ernsthaft in Zweifel gezogen.“ (Kruse, 2012, S. 89)

[1] Ich schreibe hier vermeintlich, weil die sogenannten Humboldtschen Ideen ein Mythos sind, der weder direkt auf Wilhelm von Humboldt zurück zu führen ist, noch den historischen Tatsachen entspricht. So zeigt z. B. Heinz-Elmar Tenorth, dass die Einheit von Forschung und Lehre nie Realität gewesen sei, sondern eine Fiktion. Er spricht von dieser Einheit als „Rhetorischem Kampfmittel“ (Tenorth, 2010, S. 128)

Interessant an Kruses Beobachtung ist die Feststellung, dass die Wirksamkeit des Lehrformats Seminar nie bezweifelt wurde[2]. Daraus lässt sich schließen, dass das Seminar ein institutionalisiertes Lehrformat ist, denn ein Kennzeichen von Institutionen ist es, so selbstverständlich zu sein, dass niemand auf die Idee kommt, sie in Frage zu stellen (siehe unten). Wenn nun Forschendes Lernen ein Lehrformat ist, dass aus hochschuldidaktischer Perspektive sinnvoll und wirksam ist, dann müsste es ein Ziel sein, ihm zu einem ähnlichen Status zu verhelfen – Forschendes Lernen müsste, wie das Seminar, zu einer Institution werden, es müsste *institutionalisiert* werden. Daraus ergibt sich die leitende Frage für diesen Beitrag: Wie kann aus einer Innovation – dem Forschenden Lernen – eine Institution werden? Oder anders gefragt: Wie lässt sich Forschendes Lernen institutionalisieren? Dieser Frage werde ich mich im Folgenden widmen, indem ich zunächst genauer darauf eingehe, was Institutionen sind und dann das Konzept der Institutionalisierungsarbeit vorstellen. Dann werde ich einige Ergebnisse aus Forschungen zur Institutionalisierungsarbeit auf das Forschende Lernen im deutschen Hochschulkontext übertragen.

Institutionen und Institutionalisierungsarbeit

Was sind Institutionen? Im alltäglichen Sprachgebrauch von Akademiker*innen wird der Begriff zwar häufig genutzt, aber selten definiert. Aus soziologischer Perspektive sind Institutionen gekennzeichnet durch

– Permanenz (die Institution besteht dauerhaft, wird nicht in Frage gestellt)

– Objektivität (die Institution wird von Akteurinnen und Akteuren anerkannt bzw. als objektive Realität wahrgenommen)

– Externalität (die Institution besteht unabhängig von sozialen Akteur*innen)

– Sinnbezug (die Institution präsentiert bestimmte gesellschaftliche Leitideen)

– Regulation (die Institution nimmt Einfluss auf das soziale Handeln)

(vgl. Berger & Luckmann, 1989; Koch & Schemmann, 2009)

Bezieht man diese Kennzeichen auf das als Beispiel angeführte Lehrformat Seminar, dann wird deutlich, warum es sich hierbei um eine institutionalisierte Form der Hochschullehre handelt: Das Seminar gibt es seit über 200 Jahren (vgl. Kruse 2012) und es wird kaum in Frage gestellt, meist wird nicht

[2] Indirekt lassen sich natürlich viele der Untersuchungen zu anderen Lehrformaten, wie Blended-Learning oder Problem-Based-Learning als Infragestellung des klassischen Seminars betrachten und sicherlich sind auch nicht alle Lehrenden von der Wirksamkeit des klassischen Seminars überzeugt, aber in der Tendenz stimme ich Kruses Beobachtung zu.

einmal darüber nachgedacht. Offenbar erkennen es Lehrende als Format an, denn es wird immer weiter fortgeführt, auch wenn die Lehrenden wechseln. Insofern scheint es die Idee von Bildung durch Wissenschaft als Leitidee der Universität zu repräsentieren und es nimmt so auch starken Einfluss darauf, wie Studierende und Lehrende die Hochschule erleben.

Trotz dieser Kennzeichen ist es jedoch so, dass Institutionen keine Naturgesetze sind, sondern immer von Menschen gemacht werden (Berger & Luckmann, 1989, S. 70). Institutionen werden zwar in der Regel nicht mehr bewusst wahrgenommen, sie können aber von Akteur*innen geschaffen, verändert oder auch zerstört werden. Lawrence und Suddaby nennen diese Tätigkeit Institutionalisierungsarbeit (institutional work): "purposive action of individuals and organizations aimed at creating, maintaining and disrupting institutions" (Lawrence & Suddaby, 2006, S. 215).
Mit dem Konzept der Institutionalisierungsarbeit sind drei Grundannahmen verbunden: Erstens manifestieren sich Institutionen immer in sozialen Praktiken. Ein Beispiel dafür ist die Institution Demokratie. Diese würde nicht ohne bestimmte soziale Praktiken, wie z. B. Wahlen, existieren. Zweitens sind Institutionen immer kulturell determiniert. Kulturell determiniert heißt, dass wir viel stärker vom Kontext geprägt sind, als uns bewusst ist. Beispielsweise ist die Annahme, dass die Demokratie eine gute Gesellschaftsform ist, eine kulturell determinierte Annahme. Dieser Punkt, also die Determiniertheit, ist sehr wichtig, denn hiermit schließt das Konzept der Institutionalisierungsarbeit an neoinstitutionalistische Theorien an. Diese gehen davon aus, dass jegliches Handeln in Organisationen in erster Linie von unbewussten, internalisierten Kontexten bestimmt wird. Akteur*innen in Organisationen orientieren sich demnach an Normen, Werten und Trends, die ihnen häufig nicht bewusst sind. Damit grenzen sich diese Theorien von den sogenannten Rational Choice-Ansätzen ab, die davon ausgehen, dass Führungspersonen in Organisationen vernünftig und selbstbestimmt handeln, um ihre Organisationen effizient voran zu bringen. Das Konzept der Institutionalisierungsarbeit schließt also an den Neo-Institutionalismus an. Zugleich grenzt es sich aber auch davon ab. Denn während neoinstitutionalistische Ansätze den Blick vor allem auf den Kontext richten und Veränderungsprozesse unbewussten, kontextuellen Einflüssen zuschreiben, geht das Konzept der Institutionalisierungsarbeit davon aus, dass es Akteur*innen möglich ist, ihre Kontexte zu reflektieren und bewusst auf sie einzuwirken. Dies ist die dritte Grundannahme beim Konzept der Institutionalisierungsarbeit. Wichtig ist aber auch hier, dass Akteur*innen niemals losgelöst von den Kontexten handeln können. Deshalb ist es wichtig, für Institutionalisierungsarbeit Kontexte zu analysieren.

Forschungen zur Institutionalisierungsarbeit verfolgen das Ziel, zu untersuchen, „wo, wann und warum Institutionalisierungsarbeit von wem ausgeführt wird, wie sie aussieht, und welche Konsequenzen sich aus ihr ergeben“ (Girgensohn, 2017, S. 109). Aus verschiedenen empirischen und theoretischen Forschungsarbeiten lassen sich einige Ergebnisse zusammenfassen (vgl. z. B. Lawrence, Suddaby, & Leca, 2009):

1. Institutionalisierungsarbeit zielt immer auf soziale Praktiken und kann daher nicht losgelöst von Akteur*innen stattfinden. Institutionalisierungsarbeit bedeutet also immer Interaktion.
2. Institutionalisierungsarbeit findet in strategischen Handlungsfeldern statt. Strategische Handlungsfelder werden von Akteurinnen und Akteuren geschaffen und müssen für die Institutionalisierungsarbeit identifiziert und analysiert werden.
3. Institutionalisierungsarbeit hat zwei Zielrichtungen: Sie zielt einerseits auf Legitimierung und richtet sich dabei nach außen und zielt andererseits auf Stabilisierung und ist dabei auf die Institution selbst gerichtet.
4. Institutionalisierungsarbeit erfordert – wie jede Arbeit – Werkzeuge bzw. spezielle Kompetenzen von den Arbeitenden. Dazu zählen insbesondere Sozialkompetenzen, Selbstkompetenz, Reflexivität, Kreativität und Integrität.

Und damit komme ich zurück zum Forschenden Lernen: Das Konzept der Institutionalisierungsarbeit kann genutzt werden, um zu überlegen, wie sich Forschendes Lernen institutionalisieren lässt. Eine umfassende Analyse ist in diesem Rahmen aus Platzgründen nicht möglich, doch möchte ich im Folgenden beispielhaft auf zwei Aspekte eingehen: Ich werde in einem ersten Schritt die Kontexte des Forschenden Lernens genauer anschauen, weil Institutionalisierungsarbeit nie losgelöst von den Kontexten stattfinden kann. Anschließend werde ich daraus abgeleitet zusammenfassend überlegen, welche strategischen Handlungsfelder sich für die Institutionalisierungsarbeit für Forschendes Lernen ergeben und mit welchen Akteur*innen dafür interagiert werden muss.

Kontexte des Forschenden Lernens an Hochschulen

Kontextuelle Einflüsse auf Forschendes Lernen lassen sich an Hochschulen auf drei Ebenen festmachen. Diese sind erstens die Ebene der Akteur*innen (Mikroebene), zweitens die Ebene der Hochschule (Mesoebene) und drittens der bildungspolitische Kontext (Makroebene).

Als Akteur*innen des Forschenden Lernens sind sowohl die Studierenden als auch die Lehrenden in den Blick zu nehmen. Ich widme mich zunächst den Studierenden. Diese werden beim Forschenden Lernen konzipiert als selbstbestimmte, autonome Lernende, die eigenständig relevante Probleme identifizieren und bearbeiten. Es wird vorausgesetzt, dass sie motiviert sind, eigenständig zu forschen und dass sie die entsprechenden Kompetenzen, die dafür nötig sind, mitbringen oder im Kontext der Lehr-Lernveranstaltung entwickeln. Passen diese Voraussetzungen zusammen mit dem, was Studierende mitbringen? In diesem Zusammenhang ist eine Längsschnittstudie der Hochschule St. Gallen interessant, die gezeigt hat, dass intrinsische Motivation, Selbstwirksamkeitserwartung, die Freude am Studium und die von den Studierenden gewünschte eigene Aktivität im Studium im Verlauf der ersten beiden Studiensemester deutlich abnehmen (Brahm & Jenert, 2012). D. h., relevante Faktoren sind zu Studienbeginn höher als zu Beginn des dritten Studiensemesters. Insofern stellt sich vielleicht weniger die Frage, was die Studierenden an Voraussetzungen mitbringen, als vielmehr die Frage, was die Hochschule aus diesen Voraussetzungen macht.

Dennoch gibt es natürlich unterschiedliche Voraussetzungen bei den Studierenden. Heterogene Studierendengruppen sind also auch ein Kontextfaktor von Forschendem Lernen. Gabi Reinmann (2015) hat gezeigt, dass Forschendes Lernen erstens gerade für den Umgang mit Heterogenität geeignet ist, denn es ermöglicht Variationsmöglichkeiten im Ablauf, in Sozialformen, in der Organisation, in der sozialen Einbindung, in der Anleitung und in der Unterstützung Studierender. Zweitens hilft Forschendes Lernen den Studierenden, selbst zu entdecken, welche Voraussetzungen ihnen noch fehlen. Sie identifizieren durch eigene Forschungsprojekte, gerade auch durch die soziale Eingebundenheit, beispielsweise Wissenslücken, Methodendefizite oder nicht genügend entwickelte Schlüsselkompetenzen. Dies wurde bestätigt im Begleitforschungsprojekt zum Projekt „Humboldt Reloaded“ in Hohenheim, wo Studierende Kompetenzen vor dem Forschenden Lernen höher einschätzten als danach (Oberhauser, Schröter, Badermann, & Kaschube, 2014). Drittens bietet Forschendes Lernen die Möglichkeit, so Reinmann, Heterogenität eben nicht als Defizit, sondern als Bereicherung zu erleben, da die Studierenden autonom arbeiten und einander in ihren Kompetenzen und ihrem Wissen ergänzen können.

Allerdings ist Forschendes Lernen keine Garantie dafür, dass ein produktiver Umgang mit Heterogenität gefunden wird. So zeigen Praxiserfahrungen in einigen Projekten des Forschenden Lernens, dass unterschiedliche Erwartungshaltungen und Motivationale Bedingungen in den Lernergruppen zu Problemen führten und die Gruppe polarisierten (Kühl, 2009). Kirsten-Heike Pistel und Sven Lehmann (2011) weisen entsprechend darauf hin, dass Forschendes Lernen gerade durch seine offene und Heterogenität theoretisch nutzende Form auch tendenziell exkludierend wirken kann:

„forschendes Lernen [muss] [...] so gestaltet werden, dass nicht diejenigen die Gruppe dominieren, denen es aufgrund ihrer Bildungsbiographie leichtfällt, eigenständig zu arbeiten, sicher aufzutreten und ihre Positionen in der Diskussion dominant zu vertreten.[...] Gelingt dies nicht, unterstützt forschendes Lernen durch seine offene Form erst recht die Dominanz entsprechender Sozialmilieus."

Eine Inklusion fördernde Gestaltung Forschenden Lernens ist zweifellos in erster Linie in Verantwortung der Lehrenden, die den zweiten wichtigen Kontextfaktor auf der Mikroebene darstellen. Motivation ist natürlich auch auf Seiten der Lehrenden entscheidend. Ergebnisse der Hochschulforschung zeigen, dass Lehre an Hochschulen nach wie vor von hoher intrinsicher Motivation geprägt ist, auch wenn die Forschung ganz eindeutig höher gewichtet wird. Die Ergebnisse zeigen aber auch, dass es wenig bringt, Lehre extrinsisch zu motivieren. So kommen Katharina Kloke und Georg Krücken (2012) in einer empirischen Studie zu dem Ergebnis, dass diese Einflussmöglichkeiten äußerst begrenzt sind. Auch Uwe Wilkesmann und Christian Schmidt (2011) haben sich empirisch mit der Lehrmotivation auseinander gesetzt. Ihre Ergebnisse zeigen, dass weder Leistungszulagen noch Lehrpreise oder Zielvereinbarungen einen signifikanten Einfluss auf die Lehre haben. Die Leistungsvergabe hat sogar einen negativen Einfluss auf die Einschätzung der Wichtigkeit von Lehre. Lehrende durch extrinsische Motivierung für Forschendes Lernen zu gewinnen, ist also schwierig.

Ein weiterer Kontextfaktor ist das Rollenverständnis der Lehrenden. Lehrende sind beim Forschenden Lernen konzipiert als Lernbegleitende und sollen die Autonomie der Studierenden fördern. Dazu liefert die Aurelia-Studie der Hochschule Linz Anhaltspunkte. Johannes Reitinger (2014) hat dabei bestätigt, dass ein selbstbestimmungsorientiertes dispositionales Menschenbild Lehrender Forschende Lernarrangements maßgeblich beeinflusst. Daraus lässt sich schließen, dass die Lehrperson eine entscheidende Variable für den Erfolg Forschenden Lernens darstellt. Im Hinblick auf die Entwicklung von entsprechenden Dispositionen für Forschendes Lernen nennt Reitinger insbesondere ein hohes Maß an Open-Mindedness und an Reflexionskompetenz. Entsprechend könnte ein institutioneller Einflussfaktor sein, inwiefern diese beiden Faktoren bei Lehrenden gefördert und stärker wertgeschätzt werden können. Überträgt man diese Erkenntnis beispielsweise auf hochschuldidaktische Angebote zur Weiterbildung Lehrender, dann wird deutlich, dass hier eben nicht auf das methodische Handwerkszeug reduziert werden darf, sondern dass es um die Weiterentwicklung entsprechender Dispositionen gehen müsste.

Weiterhin ist in Bezug auf das Rollenverständnis Lehrender zu bedenken, inwiefern eine möglichst gleichberechtigte Beziehung zwischen Studierenden und Lehrenden im stark hierarchisch geprägten Kontext von Hochschulen realisierbar ist. Als Vertreter oder Vertreterin eines Fachs ist es durchaus möglich, mit Noviz*innen auf Augenhöhe zu agieren, um sie bei der fachlichen Enkulturation zu unterstützen. Lehrende sind aber zugleich immer auch Vertreter oder Vertreterin der Institution Hochschule und als solche vertreten sie deren bewertende und sanktionierende Funktionen mit. Daraus ergeben sich für Arrangements Forschenden Lernens Rollenkonflikte für Lehrende, die auszuhalten Ambiguitätstoleranz erfordert.

Weitere Kontextfaktoren sind in einer Begleitforschungsstudie zu verschiedenen Projekten Forschenden Lernens an Hamburger Hochschulen von der Körber-Stiftung ermittelt worden (Hellmer, 2009). Dazu gehört beispielsweise die Frage, inwiefern Lehrende genügend Zeit für Forschendes Lernen haben, wenn von ihnen gleichzeitig auch die Einwerbung und Verwaltung von Drittmitteln, Gremientätigkeiten usw. verlangt werden. Oder die Frage, inwiefern Gruppengrößen, Prüfungsvorgaben, Vorlesungszeiträume usw. Lehrende in ihrem Engagement hindern. Auch erfordert Forschendes Lernen mehr Ressourcen als viele andere Lernformate. Es erfordert mehr Zeit von den Lehrenden, um die nötige Betreuungsleistung zu bringen und es erfordert auch mehr Zeit von Studierenden. Entsprechend wichtig ist es, Forschendes Lernen im Kontext von Curriculumsentwicklung zu betrachten. Wie unter anderem Gabi Reinmann (2016) ausführt, kann Forschendes Lernen dann erfolgreich sein, wenn Lehre grundsätzlich forschungsorientiert erfolgt. Das heißt, wenn Forschendes Lernen institutionalisiert werden soll, dann müssten Lehr-Lernformate des Forschenden Lernens eingebettet sein in Curricula, in denen Studierende grundsätzlich forschungsorientiert lernen und in denen sie Gelegenheiten haben, das Forschen in Teilaspekten zu lernen.

Die zuletzt genannten Aspekte betreffen nicht mehr nur die einzelnen Lehrveranstaltungen und ihre Akteur*innen, sondern die gesamte Organisation. Daran zeigt sich, dass sich die Mikroebene der Akteur*innen und die Mesoebene des Hochschulkontexts nicht voneinander trennen lassen. Auf der Mesoebene ist ein weiterer wichtiger Faktor die akademische Selbstverwaltung, die nach wie vor die Hochschulorganisation in Deutschland mindestens ebenso stark prägt wie manageriale Entscheidungen der Hochschulleitung (vgl. Kehm & Babyesiza, 2009, Kehm, 2012). Wer Forschendes Lernen institutionalisieren will, wird das also nicht ohne entsprechende Gremienarbeit erreichen können.

Auch die Makroebene, der bildungspolitische Kontext, lässt sich nicht eindeutig von den anderen Ebenen trennen, denn natürlich beeinflusst der bildungspolitische Kontext sowohl die Organisationsstrukturen als auch die Akteur*innen. Auf dieser Ebene ist es insbesondere interessant zu betrachten, wie Aspekte von bildungspolitischer Erwünschtheit Einfluss nehmen und wo sich möglicherweise daraus Zielkonflikte ergeben. So kann die politisch erwünschte Kompetenzorientierung einerseits als Argument für Forschendes Lernen genutzt werden, weil es beim Forschenden Lernen um viel mehr geht als um Wissenserwerb. Zugleich erschwert das ergebnisoffene Format des Forschenden Lernens eine Outputorientierung und eine Messung des Erreichens von Lernzielen (vgl. Reinmann, 2015).

Ein wichtiger Kontextfaktor auf bildungspolitischer Ebene ist auch die Ressourcenfrage. So hat z. B. der Qualitätspakt Lehre großen Einfluss auf die Entwicklung von Forschendem Lernen. Zugleich muss aber bedacht werden, dass solche Kontextfaktoren wie bildungspolitische Erwünschtheit auch zu sogenanntem Window-Dressing führen können: Es wird nach außen etwas dargestellt, was innen gar nicht wirklich praktiziert wird. Dafür liefert z. B. das Forschungsprojekt Fides in einem Bericht einen Hinweis:

„(So) mussten wir feststellen, dass die Projekte häufig nicht das umsetzen, was anhand der Beschreibungen zu vermuten war. Forschendes Lernen scheint ein Begriff zu sein, der sozusagen „en vogue“ ist. Forschungsorientierung in der Lehre ist derzeit hochschulpolitisch erwünscht (…) und es ist anzunehmen, dass dies Einfluss auf Antragstellungen hat, um eine finanzielle Förderung zu erhalten.“ (Projekt FideS, 2016, S. 3).

Fides ist eines von mehreren Forschungsprojekten, die derzeit von der Bundesregierung gefördert werden, um die Wirksamkeit von Forschendem Lernen zu erforschen. Auch dies ist ein wichtiger Einfluss: Derzeit ist die Evidenzbasiertheit der Wirksamkeit von Lehre politisch gewünscht. Während also das Seminar als Lehr-Lernformat 200 Jahre lang nie beweisen musste, dass es wirksam ist, wird die Ausstattung mit Ressourcen für Lehre nun abhängig davon gemacht, dass sich Erfolge messen lassen. Dies ist ein sehr wichtiger Punkt, denn wie anfangs ausgeführt, hängt Institutionalisierung davon ab, dass Legitimität zugesprochen wird. Offensichtlich läuft das Zusprechen von Legitimität derzeit stark über evidenzbasierte Forschung. Das muss für die Institutionalisierung Forschenden Lernens beachtet werden.

Strategische Handlungsfelder und Akteur*innen für die Institutionalisierung Forschenden Lernens

Wie dargestellt, kann eine Institutionalisierung von Forschendem Lernen nicht losgelöst von den auf verschiedenen Ebenen angesiedelten Kontexten erfolgreich sein. Damit komme ich erneut zurück zu den oben dargestellten Ergebnissen aus Forschung zur Institutionalisierungsarbeit. Demnach bedeutet Institutionalisierungsarbeit erstens immer Interaktion. Entsprechend ist zu fragen, mit wem Interaktion stattfinden muss. Zweitens gilt es strategische Handlungsfelder zu identifizieren, in denen diese Interaktion stattfinden soll. In Bezug auf das Forschende Lernen lassen sich solche Handlungsfelder aus den oben analysierten Kontexten ableiten. Drittens zielt Institutionalisierungsarbeit einerseits auf Legitimierung und andererseits auf Stabilisierung. Bei entsprechender, zielgerichteter Interaktion wäre also zu fragen, inwiefern sie zu Legitimierung oder zu Stabilisierung beitragen kann. Der vierte oben genannte Punkt betrifft die als Werkzeuge für Institutionalisierungsarbeit identifizierten Kompetenzen (Sozialkompetenz, Selbstkompetenz, Reflexivität, Kreativität und Integrität). Auf diese kann ich im Folgenden nicht näher eingehen, doch es ist hilfreich, wenn Akteur*innen, die Forschendes Lernen institutionalisieren möchten, bewusst ist, wie wichtig diese Kompetenzen für ihr Handeln sind.

Welche strategischen Handlungsfelder lassen sich also aus der dargestellten Analyse der Kontexte ableiten?

Ein strategisches Handlungsfeld ist die Zusammenarbeit mit Studierenden. Dieses Handlungsfeld zielt auf eine Stabilisierung des Forschenden Lernens, indem in Interaktion mit Studierenden Wege zum Umgang mit Heterogenität gefunden werden. Auch kann nur gemeinsam mit Studierenden herausgearbeitet werden, wie Motivation und Eigenständigkeit gefördert werden können. In Bezug auf die Frage der zeitlichen Machbarkeit scheint es zudem wichtig, Studierende in die Curriculumsentwicklung einzubeziehen.

Ein weiteres strategisches Handlungsfeld ist die Unterstützung von Lehrenden, die Forschendes Lernen praktizieren möchten. Hier scheint es wichtig, die intrinsische Motivation für die Lehre zu erhalten, statt auf extrinsische Motivation setzen. In Interaktion mit Lehrenden gilt es herauszuarbeiten, welche Ressourcen weiterhelfen könnten, um Forschendes Lernen ins Lehrrepertoire zu integrieren (z. B. Unterstützung durch Tutor*innen, Ermöglichen von Teamteaching, Deputatsreduktion). Ressourcenorientiert zu arbeiten kann in diesem strategischen Handlungsfeld z. B. auch heißen, den Austausch von Lehrkonzepten und Lehrerfahrungen zu fördern, damit das Rad nicht immer wieder neu erfunden werden muss. Auch in Bezug auf Rollenverständnis und Ambiguitätstoleranz scheint Förderung von Austausch unter Lehrenden elementar. Ermöglicht werden kann dieser auch durch hochschuldidaktische Weiterbildungsangebote, wobei eine ausschließliche Orientierung an Ablauf und Formaten Forschenden Lernens eindeutig zu kurz greifen würde, da Forschendes Lernen eine Auseinandersetzung mit der eigenen

Rolle und die Entwicklung von Ambiguitätstoleranz erfordert. Diese Maßnahmen würden einerseits dazu beitragen, das Forschende Lernen zu stabilisieren. Andererseits würde es aber auch zur Legitimierung des Formats beitragen, wenn Lehrende dafür explizit Unterstützung erhalten – in welcher Form auch immer.

Legitimierung für Formate Forschendes Lernen kann zudem offenbar nur erlang werden, wenn es in der Curriculumsentwicklung berücksichtigt wird. In diesem strategischen Handlungsfeld sind Studiendekan*innen die Akteur*innen, mit denen interagiert werden muss, aber auch Qualitätsmanager*innen. Nicht zu unterschätzen ist zudem die Rolle der Hochschulleitung, auch wenn Governance an Hochschulen schwierig ist. Hochschulleitungen könnten die Institutionalisierung Forschenden Lernens fördern, indem sie ein Klima genereller Wertschätzung für Lehre schaffen und Spielräume ermöglichen. Für die Legitimierung scheint zudem ein Engagement auch in den Gremien der akademischen Selbstverwaltung nötig, da die Unterstützung durch die Hochschulleitung die breite Zustimmung für Veränderungen in der Lehre durch beispielsweise Fakultätsräte oder studentische Gremien nicht ersetzen kann.

Als ein weiteres strategisches Handlungsfeld, das für die Legitimierung Forschenden Lernens wichtig ist, kann Forschung identifiziert werden. Dafür scheint es wichtig, mit Hochschul-Forschenden zusammen zu arbeiten, um Anforderung nach Evidenzbasiertheit zu erfüllen. Zudem ist offenbar letztendlich auch Lobbyarbeit mit Bildungspolitiker*innen ein strategisches Handlungsfeld, denn es muss auch auf dieser Ebene Legitimität für Forschendes Lernen erlangt werden. Netzwerke, Tagungen und Publikationen sind dafür wichtige Schritte.

Fazit

Das Konzept der Institutionalisierungsarbeit kann als theoretischer Rahmen und Heuristik genutzt werden, um Handlungsfelder und Interaktionspartner*innen für die Institutionalisierung Forschenden Lernens zu identifizieren. Erste Ansätze dafür wurden in diesem Beitrag vorgestellt. Auf konkrete Schritte und den Einsatz von Werkzeugen konnte ich in diesem Rahmen nicht eingehen, obwohl das Konzept dafür Potenziale bietet. Daher möchte ich dafür plädieren, die empirischen Forschungen zum Forschenden Lernen expliziter auszuweiten auf Fragen nach der Institutionalisierung und nach Institutionalisierungsarbeit, zumal sich damit auch eine weitere theoretische Fundierung jenseits von lerntheoretischen Betrachtungen ergibt.

Literatur

Berger, P. L., & Luckmann, T. (1989). *The social construction of reality* ([Repr. d. Ausg. Garden City, NY, 1966]). *Anchor books*. New York u.a.: Doubleday.

Brahm, T., & Jenert, T. (2012). *Längsschnittstudie zur Einstellung und Motivation Studierender - Implikationen für die Hochschuldidaktik*, St. Gallen. Retrieved from http://www.zq.uni-mainz.de/Dateien/Folien_Brahm_et_al.pdf

Girgensohn, K. (2016). Students' Writing Research as a Tool for Learning – Insights into a Seminar with Research-Based Learning. *Journal of Academic Writing*, *6*(1), 73–83. Retrieved from http://dx.doi.org/10.18552/joaw.v6i1.281

Girgensohn, K. (2017). *Von der Innovation zur Institution: Institutionalisierungsarbeit an Hochschulen am Beispiel der Leitung von Schreibzentren* (1. Auflage). Bielefeld: Bertelsmann W.

Hellmer, J. (2009). Forschendes Lernen an Hamburger Hochschulen - Ein Überblick über Potentiale, Schwierigkeiten und Gelingesbedingungen. In L. Huber, J. Hellmer, & F. Schneider (Eds.), *Forschendes Lernen im Studium. Aktuelle Konzepte und Erfahrungen* (pp. 200–223). Bielefeld: Universitätsverlag Webler.

Huber, L. (2014). Forschungsbasiertes, Forschungsorientiertes, Forschendes Lernen: Alles dasselbe? Ein Plädoyer für eine Verständigung über Begriffeund Unterscheidungen im Feld forschungsnahen Lehrens und Lernens. *Das Hochschulwesen*, *62*(1+2), 22–29.

Kehm, B. M., & Babyesiza, A. (2009). Governance-Forschung - eine anwendungsorientierte Wissenschaft? In A. Keller & S. Staack (Eds.), *Innovation durch Partizipation: Steuerung von Hochschulen und Forschungseinrichtungen im 21. Jahrhundert* (pp. 119–128). Bielefeld: W. Bertelsmann.

Kehm, B. M. (2012). Hochschulen als besondere und unvollständige Organisationen? - Neue Theorien zur 'Organisation Hochschule'. In U. Wilkesmann & C. Schmidt (Eds.), *Hochschule als Organisation* (pp. 17–25). Wiesbaden: VS Research.

Kloke, K., & Krücken, G. (2012). Sind Universität noch lose gekoppelte Organisationen? Wahrnehmung und Umgang mit Zielkonflikten an deutschen Hochschulen aus der Organisationsperspektive unter besonderer Berücksichtigung der Lehre. In F. G. Becker, G. Krücken, & E. Wild (Eds.), *Gute Lehre in der Hochschule. Wirkungen von Anreizen, Kontextbedingungen und Reformen* (pp. 13–29). Bielefeld: WBV.

Koch, S., & Schemmann, M. (2009). Entstehungskontexte und Grundlagen neo-institutionalistischer Organisationsanalyse. In S. Koch & M. Schemmann (Eds.), *Neo-Institutionalismus in der Erziehungswissenschaft* (pp. 20–27). Wiesbaden: VS Verlag für Sozialwissenschaften.

Kruse, O. (2012). Das Seminar: Eine Zwischenbilanz nach zweihundert Jahren. In B. Kossek & C. Zwiauer (Eds.), *Universität in Zeiten von Bologna: Zur Theorie und Praxis von Lehr- und Lernkulturen* (pp. 89–110). Göttingen: V & R Unipress.

Kühl, S. (2009). Forschendes Lernen und Wissenschaftsbetrieb. Zur Erfahrung mit einem soziologischen Lehrforschungsprojekt. In L. Huber, J. Hellmer, & F. Schneider (Eds.), *Forschendes Lernen im Studium. Aktuelle Konzepte und Erfahrungen* (pp. 99–113). Bielefeld: Universitätsverlag Webler.

Lawrence, T., Suddaby, R., & Leca, B. (Eds.). (2009). *Institutional work: Actors and agency in institutional studies of organizations*. Cambridge: Cambridge University Press.

Lawrence, T. B., & Suddaby, R. (2006). Institutions and institutional work. In S. R. Clegg, C. Hardy, T. B. Lawrence, & W. Nord (Eds.), *Handbook of Organization Studies* (pp. 215–254). London: Sage.

Oberhauser, E., Schröter, D., Badermann, M., & Kaschube, J. (2014). Wie wirkt Humboldt Reloaded? Eine Untersuchung der Wirksamkeit der Humboldt reloaded-Projekte an der Universität Hohenheim. Retrieved from https://studium-3-0.uni-hohenheim.de/fileadmin/einrichtungen/studium-3-0/Humboldt_reloaded/Begleitstudien/Abschlussbericht_Evaluation_HR_EOberhauser__2_.pdf

Projekt FideS - Forschungsorientierung in der Studieneingangsphase. (2016). Dokumentation der Projektauswahl im Projekt FideS (Forschungsorientierung in der Studieneingangsphase). Retrieved from http://fides-projekt.de/wp-content/uploads/2016/06/Dokumentation-der-Projektauswahl_20160817.pdf

Reinmann, G. (2015). Heterogenität und Forschendes Lernen: Hochschuldidaktische Möglichkeiten und Grenzen. In B. Klages, M. Bonillo, S. Reinders, & A. Bohmeyer (Eds.), *Gestaltungsraum Hochschullehre. Potenziale nicht-traditionell Studierender nutzen* (pp. 121–137). Babara Budrich.

Reinmann, G. (2016). Forschungsorientierung in der akademischen Lehre. *Impact Free.* (1). Retrieved from http://gabi-reinmann.de/wp-content/uploads/2016/05/Impact-Free-1.pdf

Reitinger, J. (2014). Selbstbestimmung und Wirksamkeitserwartung im Kontext der Organisation Foschender Lernarrangements. In G. Höhle (Ed.), *Was sind gute Lehrerinnen und Lehrer?* (pp. 184–199). Immenhausen bei Kassel: Prolog Verlag.

Ruess, J., Gess, C., & Deicke, W. (2016). Forschendes Lernen und forschungsbezogene Lehre - empirisch gestützte Systematisierung des Forschungsbezugs hochschulischer Lehre. *Zeitschrift für Hochschulentwicklung*, *11*(2).

Tenorth, H.-E. (2010). Was heißt Bildung in der Universität? Oder: Transzendierung der Fachlichkeit als Aufgabe universitärer Studien. *Die Hochschule.* (1), 119–134.

Wilkesmann, U., & Schmidt, C. J. (2011). Lehren lohnt sich (nicht)? Ergebnisse einer deutschlandweiten Erhebung zu den Auswirkungen leistungsorientierter Steuerung auf die universitäre Lehrtätigkeit. *Soziale Welt*, *62*(3), 251–278.

Elke HILDEBRANDT und Mark WEIßHAUPT, Windisch (Schweiz)

Vom Spielbewusstsein zum Forschenden Lernen

Wie hängt das Forschende Lernen Studierender mit Spielbewusstsein zusammen? Mit dieser Frage befasst sich dieser Beitrag nach einer kurzen Vorstellung der Lernwerkstatt SPIEL an der Pädagogischen Hochschule im Campus Brugg-Windisch in der Nordwestschweiz (PH FHNW).

Lernwerkstatt SPIEL

Es gehört zur Philosophie einer Lernwerkstatt an der Hochschule wie an der Schule, dass Studierende – in der Schule entsprechend Schüler und Schülerinnen – sich selbst Ziele setzen (Hagstedt, 2014). Diese Ziele können vom Material in der Lernwerkstatt ausgehen, weil es einen affiziert, an einen appelliert (Stieve, 2008), sie können aber auch von außen kommen. Das bedeutet: Ich habe eine Frage und erhoffe mir, dass ich selbstbestimmt daran arbeiten kann, aber in der Lernwerkstatt Unterstützung erfahre, einerseits durch Mitarbeitende dort, aber auch durch Material oder Literatur sowie andere Medien. Dabei ist die Verantwortung der Lernenden für ihre Lernprozesse bis hin zu Möglichkeiten der Mitgestaltung der Lernwerkstatt gefragt und gefordert.

Die Hochschullernwerkstatt SPIEL an der PH FHNW hat – entsprechend ihrem Namen – speziell das Spiel als Schwerpunktthema. Dies ist auch als Kontrapunkt zu den zunehmenden instruktional angelegten Förderprogrammen für junge Kinder zu verstehen, die derzeit im Studium für angehende Lehrpersonen Platz greifen.[1] Ein wichtiges Ziel der Lernwerkstatt SPIEL ist, den Wert gerade des freien und frei gewählten Spielens zu erkennen und ihm später konkret und bewusst im Unterricht Raum geben zu können, die Prozesse beim Spielen verstehen, beobachten und in ihren vielfältigen Funktionen unterstützen zu können.

Ein Ziel von (Hochschul-)Lernwerkstätten im Sinne von John Dewey (Oelkers, 2011) ist es, dass Studierende den scheinbaren Gegensatz von Theorie und Praxis überwinden. So ist die Lernwerkstatt SPIEL zugleich als Erfahrungs-, Spiel-, Lern-, aber auch als Forschungswerkstatt konzipiert. Im Studiengang Kindergarten und Unterstufe (bis Klasse 3 an Primarschulen) besuchen die Studierenden ein Grundlagen-Seminar zum Spielen im Grundstudium sowie ein vertiefendes Seminar aus einem – sich ständig weiterentwi-

[1] Zu nennen sind hier z. B. das Würzburger Trainingsprogramm zur phonologischen Bewusstheit nach Küspert & Schneider (2008) und das Mathematik-Förderprogramm „Mengen, zählen, Zahlen" von Krajewski, Nieding & Schneider (2007).

ckelnden – Angebot im Hauptstudium. Zudem wird Wert auf Selbsterfahrung gelegt, indem Spiele selbst ausprobiert und reflektiert werden. So spielten Studierende im Seminar z. B. das Spiel „Tick-Tack-Bumm“, bei dem man möglichst schnell Begriffe zu einem Thema finden muss, z. B. zu „Zoo“, in englischer Sprache. So konnten sie die Herausforderung erleben, was das Spielen dieses Spiels, aber auch vieler anderer Spiele, für Kinder mit Deutsch als Zweitsprache bedeutet. Andere bauten aus Kapla-Steinen einen hohen Turm, waren stolz darauf und verstanden plötzlich, weshalb junge Kinder sich so schwertun, wenn sie ihre Bauwerke wieder abbauen sollen. Einige Lehrerinnen erprobten in einer Weiterbildung Formen des Raufspiels und konnten in der Reflexion im Anschluss mehr Verständnis für solche als „typische“ Jungen-Spiele angesehenen Formen entwickeln. So geschieht entdeckendes Lernen im und über das Spiel. In anderen Seminaren wiederum werden Spiele selbst entwickelt und mit Kindern erprobt. In jedem Fall sollen Erkenntnisse über die Qualität von Spielen, Raum und Material und nicht zuletzt von pädagogischem Handeln im Kontext Spiel gewonnen werden. U.a. über Selbsterfahrungen, Lektüre und Seminarinputs werden von den Studierenden Fragen zum Spiel/en generiert, die zu Forschungsfragen werden. So entstehen aus der Arbeit in den Seminaren schriftliche Haus- und Bachelorarbeiten. Dabei nähern sich die Studierenden ihren Themen bzw. Fragestellungen mit Methoden, die sie in insgesamt drei Seminaren zum wissenschaftlichen Arbeiten kennen lernen. Sie forschen also, wobei sie das Forschen im wissenschaftlichen Sinn erst lernen.

Im pädagogischen Diskurs wird gelegentlich davon gesprochen, dass Kinder ja auch forschen (Wenzel, 2006), forschend lernen (Hagstedt, 2006; http://www.forschendes-lernen.net/[2]), bzw. das Bild des „kleinen Forschers“ wird als Leitbild genutzt (https://www.haus-der-kleinen-forscher.de[3]). Oftmals wird eine Einengung auf naturwissenschaftliches Forschen impliziert.[4] Zudem werden „forschende“ Aktivitäten von Kindern vom kindlichen Spiel insofern abgegrenzt, als dem Spiel im Gegenzug eher Unernst attestiert wird (Hildebrandt & Weißhaupt, 2013).

Demgegenüber sollen zunächst einige klassische Zitate prominenter Personen verschiedenster Künste und Fachbereiche stehen, die das Spiel hochhalten –neben den eingefleischten Spielephilosophen wie Huizinga und Fröbel – z. B. Friedrich Schiller (1795, S. 88): „Der Mensch spielt nur, wo er in

[2] abgerufen am 11.12.2017
[3] abgerufen am 11.12.2017
[4] Eine erfreuliche Ausnahme: [http://www.kultur-forscher.de/programm.html; 20.12.2017]

voller Bedeutung des Wortes Mensch ist, und er ist nur da ganz Mensch, wo er spielt."

Jacques Cousteau (2008, S. 231) konstatiert in grundsätzlichen Überlegungen zu Wissenschaft: „Erkundung und Spiel erzeugen reine Wissenschaft." Auch Albert Einsteins Bewertung des Spiels als „höchste Form der Forschung" lässt fragen, wie diese Männer zu diesen Auffassungen kamen. Ist es vielleicht wirklich so, dass Charakteristika des Spiels näher an Forschungs-Aktivitäten sind als das, was im Rahmen schulischer Bildung geschieht?

Dazu müssen folgende Fragen beantwortet werden:

- Was verstehen wir unter Spiel?
- Welchen Forschungsbegriff legen wir zugrunde?
- Inwiefern gibt es Gemeinsames und Differentes beim Forschen und Spielen von Kindern, in welchem Verhältnis stehen sie zu wissenschaftlichen Forschungsprozessen und wo genau lassen sich Differenzen markieren?
- Inwieweit ist die Verwendung des Forschungsbegriffs im Kontext kindlicher Spielprozesse angemessen?
- Was bedeutet Forschendes Lernen im Kontext von Spiel?

Dies soll im Folgenden anhand von Überlegungen zu Spiel- und Forschungsbegriff und zum Verhältnis zwischen dem Spielen von Kindern und dem Forschen von Wissenschaftlerinnen und Wissenschaftlern ausgehend von Beispielen aufgezeigt werden, um dann darin Forschendes Lernen zu verorten.

Zum Spielbegriff

Zunächst ist festzuhalten, dass es keine eindeutige äußerlich operationalisierbare Definition von Spiel im Sinne von Spiel als Tätigkeit gibt, sondern dass gilt: „Ob jemand spielt, kann nur aus Sicht des Spielenden entschieden werden" (Hauser, 2013, S. 15). Nach Huizingas klassischer Definition vollzieht sich Spiel als freie Handlung, die „den Spieler völlig in Beschlag nehmen kann, ... innerhalb einer eigens bestimmten Zeit und eines eigens bestimmten Raums" (Huizinga, 2011, S. 22). Dieser unterscheidet sich von der äußeren Alltagswirklichkeit und zieht eine besondere Affektbesetzung auf sich, so dass daraus ein „heiliger Ernst des Spiels" resultiert (ebd., S. 23). Hauser (2013), der sich mit diversen aktuellen Definitionen zu Spiel befasst hat, sieht angesichts einer „Vereinnahmung des Spiels durch die Schule" (ebd., S. 17) die „Notwendigkeit einer klaren Definition" (ebd., S. 16) mit unbedingt notwendigen und auch tendenziell beobachtbaren Merkmalen. Wir schließen uns im Folgenden der Notwendigkeit dieser Merkmale für die Erzeugung des Huizinga'schen Bereichs des Spiels an, die Hauser von Burghardt (2011) übernommen hat:

- „Unvollständige Funktionalität
- So-tun-als-ob
- Positive Aktivierung
- Wiederholung und Variation
- Entspanntes Feld“ (Hauser, 2013, S. 20).

Kinder lernen die mit seinen Merkmalen verknüpfte besondere Bedeutung des Spiels in der Interaktion mit sozial signifikanten Anderen, zunächst Eltern, dann Peers und weiteren wichtigen Bezugspersonen sowie mit Gegenständen (Mead, 1973; Vygotsky, 2010). Das heißt, dass die konkrete Erfahrung von spielerischer Interaktion entscheidend ist.

Dabei entwickeln die Kinder ein Spielbewusstsein (Weißhaupt & Campana, 2014; Pfaller, 2011): Sie sind sich der Tatsache sehr bewusst, dass es sich beim Spiel um einen besonderen, abgegrenzten Bereich in Raum und Zeit handelt und nicht um die Alltagswirklichkeit.

Zum Forschungsbegriff und zur Forschung im Spiel

Zunächst ist zu klären: Was meinen wir genau, wenn wir von wissenschaftlicher Forschung sprechen?

Für wissenschaftliche Forschung legen wir folgende, ebenfalls merkmalsorientierte, Definition zugrunde (Beywl, Künzli, Messmer & Streit, 2015, S. 137):

> „Forschung ist eine selbstkritische wissenschaftliche Praktik, die auf weiterführende Erkenntnisse auf dem jeweiligen disziplinären, inter- oder transdisziplinären Wissensgebiet zielt. Sie sucht Theorien zu überprüfen bzw. zu ihrer Weiterentwicklung beizutragen. Sie nutzt dafür explizit und nachvollziehbar aktuelles wissenschaftliches Wissen. Sie verfährt stets systematisch und verwendet dabei empirische wie auch nicht empirische Methoden. Forschende stellen sicher, dass ihr Vorgehen bis zu den Auswertungen und Interpretationen intersubjektiv nachvollziehbar und überprüfbar ist. Das durch Regeln geleitete Veröffentlichen ermöglicht die Nutzung des erzeugten Wissens und dessen kritische Überprüfung.“

Es liegt hier schnell ein Gegensatz von Forschung zum Kinderspiel nahe. Dennoch wagen wir den Versuch, Aspekte des Spielens und des Forschens systematisch miteinander in Beziehung zu setzen, gerade auch im Verhältnis zu dem, was im schulischen Unterricht geschieht.

Was genau ist gemeint mit „Kinder forschen“? Müssen sich Kinder – per Definition – bewusst sein, Forschung zu betreiben? Und was heißt das genau: sich bewusst sein, Forschung zu betreiben? Was bedeutet das im Hinblick auf die zeitliche, methodische bzw. methodologische Struktur? Muss man, um zu forschen, explizit unterscheiden zwischen den Schritten wissenschaftlicher Forschung wie Fragestellung, Hypothese, Operationalisierung, Datenerhebung und –aufbereitung, systematische Datenauswertung anhand empirisch gesicherter und offenzulegender Methoden sowie logisch abzuleitender Schlussfolgerungen? Muss man also diese Phasen zeitlich auseinanderziehen und genau voneinander abgrenzen, muss man sie begrifflich fassen können, um „zu forschen"?

Was sind beispielhafte mentale und soziale Prozesse beim Spiel im Vergleich zu Forschung?

Betrachten wir zunächst das Konstruktionsspiel, in dem über die haptische Auseinandersetzung mit Materialien Kinder zu experimentellen Handlungs- und Denkprozessen angeregt werden: Gelingt der Zusammenbau der Einzelteile, funktioniert das fertige Produkt wie gedacht bzw. geplant, oder bricht die Konstruktion wieder zusammen? In letzterem Falle liegt die Frage für das konstruierende Kind sehr nahe: Woran lag es? Und wie könnte man es anders bauen? In diesem ganzen Prozess haben die Kinder Modelle, mentale Schemata im Kopf und experimentieren aufgrund dieser mit den Materialien, passen wiederum ihre Modelle den entstehenden Ergebnissen, Erfolgen und Misserfolgen an und optimieren sie immer wieder. So wird im Konstruktionsspiel zeitlich zusammengezogen und impliziert: Modellentwurf, Versuch, Korrektur, neues Modell, Weiterentwicklung der Konstruktion. Zudem setzen sich Kinder dabei notwendigerweise mit konkreten physikalischen Zusammenhängen und Modellen von Kraft, Gravitation, Balance, Reibung, Trägheit, Fliehkräfte etc. auseinander, meist ohne sie vorher zu kennen bzw. explizit benennen und erklären zu können.

Mit einer dialogischen Begleitung bzw. herausfordernden Impulsen werden solche Prozesse stark unterstützt. Dies kann auch schon in relativ kurzen Spiel-Lernphasen geschehen, indem die Kinder z. B. angeregt werden, über ihre mentalen Konzepte zu sprechen und sie so innerhalb des Spiels weiterentwickeln zu können.

Die Frage stellt sich: Sind dies bereits „forschende Prozesse"? Die Antwort muss u. E. im Sinne der genaueren Differenzierung lauten: Dies ist noch nicht selbst „Forschung", und das muss es auch gar nicht sein. Vielmehr zeigt sich hier eine spielerische Haltung, in der auch das Handwerkszeug des Forschens mit vorbereitet wird. Dies geschieht über eine im Prozess oder im Dialog entstandene, aber vom Kind aktiv angenommene, selbst gewählte Herausforderung, die ein Ziel vorgibt, wobei der Weg aber offenbleibt. Vielmehr wird dieser experimentell entdeckt und nicht kleinschrittig vorgegeben (Zocher, 2000).

Betrachten wir nun eine andere Spielform: das Rollenspiel, das auf den ersten Blick wenig mit forschenden Prozessen zu tun zu haben scheint. Schließlich steht auf der einen Seite das ernste und methodische Streben nach Erkenntnis und auf der anderen Seite ein kontrafaktisches, spielerisches „So-tun-als-ob".

Aber genau darin ist auch die enge Verbindung begründet: Das kontrafaktische Denken ist ein Denken in vorläufigen Modellen, das wissenschaftlichem Forschen zu eigen ist. Mit Mead (1973) und Vygotsky (2010): Im Spiel werden zum einen die Rollen der signifikanten Anderen im Denken übernommen, in der Interaktion objektivierend und probeweise ausgespielt und zugleich verinnerlicht und zum anderen auf ähnliche Weise verschiedene Dinge und Gegenstände in „Rollen", d.h. mit möglichen Eigenschaften und Verwendungsweisen im Spiel erprobt und verinnerlicht.

So werden im Rollenspiel Kontexte konstituiert („Wir spielen jetzt Verkaufen"), nonverbale und vor allem sprachliche Aushandlungsprozesse vollzogen („Du wärst Kunde, ich Verkäuferin"), Objekte umgedeutet („die Schachtel ist die Kasse"), mit ihnen interagiert, kontrafaktische Rollen und Skripts definiert und verhandelt sowie Geltungsansprüche vertreten („das kannst du nicht ohne Bezahlen nehmen!"). Über die Hälfte der Kommunikationszeit wird für Metakommunikation genutzt, also die Verständigung darüber, dass und was gespielt wird, wie es weitergehen könnte, welche neuen Konzepte, Objekte und Rollen passend und differenzierend eingeführt und dann wieder variiert werden könnten (Andresen 2002; Giffin 1984).

So wird der Sinn für metakommunikative sowie bereichsspezifische Zugangsweisen zur Wirklichkeit geschärft und damit komplexes, abstraktes Denken eingeübt (Vygotsky, 2010; Andresen, 2002, 2003; Weißhaupt & Campana, 2014; Hildebrandt, Güvenç & Pautasso, 2015). Diese sind auch für Forschungsprozesse wesentlich.

Es gilt also für beide hier beschriebenen Spielformen: Kinder entwickeln mentale Modelle für ihr Spiel und testen sie interaktiv aus, mit Objekten und nicht zuletzt im Dialog mit den versprachlichten und manchmal nonverbal gezeigten Modellen der jeweils anderen Mitspielenden. Dies hängt eng mit dem Begriff Spiel und seiner Verbindung zu Lernen und Bildung zusammen: Die spielenden Kinder sind sich ihres Anteils an der Konstruktion von Welt im Spiel bewusst (Jörrisen, 2009; Weißhaupt & Campana, 2014). Das Denken in vorläufigen Modellen, die sich im Prozess des Spielens bewähren, fallengelassen oder weiterentwickelt werden, wird beim Spiel (neben anderen Dingen) systematisch eingeübt und beim Rollenspiel stets auch metasprachlich angezeigt und bearbeitet (Giffin, 1984; Bose, 2003; Andresen, 2002; Hildebrandt, Güvenç & Pautasso, 2016). Genau diese Prozesse sind nun auch (in Einklang mit obiger Definition) zentraler Bestandteil von Forschungstätigkeit: Die (Re-)Konstruktion und Weiterentwicklung von Theorien, Konzepten und Modellen anhand der Auseinandersetzung mit empirischen Daten und innerhalb des wissenschaftlichen Diskurses. Man kann das Spiel infolgedessen an dieser Stelle als wissenschaftspropädeutische Sphäre kennzeichnen. Von der anderen Seite her kann man als Annäherung der Forschung an das Spiel den Physiker Richard Feynman zitieren, der nach einer Krise der eigenen mangelnden Motivation zur Weiterforschung den eigenen spielerischen, scheinbar ziellosen Zugang zur Forschung aus seiner Kindheit und Jugend beim Herumspielen mit einer Platte und zugleich Herumdenken wiederentdeckt und über die Ideen, die er dabei bekommt, schreibt:

> „It was effortless. It was easy to play with these things. It was like uncorking a bottle: Everything flowed out effortlessly. I almost tried to resist it! There was no importance to what I was doing, but ultimately there was. The diagrams and the whole business that I got the Nobel Prize for came from that piddling around with the wobbling plate." (Leighton & Feynman 1997, S. 158)

Angemessenes pädagogisches Handeln im Kontext des Spielens von Kindern besteht entsprechend u. a. in der Fähigkeit, die Balance zu halten bzw. wechseln zu können zwischen der Spielwelt sowie der (realen bzw. alltagsweltlichen) Welt außerhalb des Spiels, und dabei das Spiel sowie seine impliziten wie expliziten Verhandlungen von Modellen, Konzepten und Ideen unterstützen oder sogar anreichern zu können, ohne die eigene Dignität und den „heiligen Ernst" des Spiels dabei zu gefährden (Heimlich, 2015; Huizinga, 2011; Weißhaupt & Campana, 2014). Es ist höchst anspruchsvoll, die spielerische Konstruktion der Welt der Kinder zu achten und nicht vorschnell mit abschließender Instruktion von oben wegen einer anzustrebenden Erwachsenenwelt oder schulstoffentsprechenden und deshalb vermeintlich „abgesicherten" Konstruktionen abzubrechen; im Sinne des Popper'schen Falsifikationismus lässt sich Wissen auch niemals endgültig absichern (Popper, 2011). So betätigen sich Erwachsene oftmals als Spielverderbende, statt dass sie sich dessen bewusst sind, dass sie in ihrer Spiel- und Lernbegleitung die Vorläufigkeit der eigenen Modelle und Konstruktionen immer mitkommunizieren müssten. Sie müssten im besten Sinne mitspielen können, müssten eintauchen in die experimentellen und So-tun-als-ob-Welten der Kinder, in denen kognitiv, in sozialen Prozessen, von Dingen affiziert und leiblich, bewusst und unbewusst gelernt wird (Hackl, 2017). Stattdessen hemmt Schule viel zu oft diese kindliche Lust an der Exploration, der Welterschaffung und –erschließung und pflegt statt einer kritischen Überprüfung so mancher Erwachsenen-Konstruktionen, z. B. der angeblich objektiven Benotung und des Sinnes des Sitzenbleibens, die Tradierung derselben.

Gegenüberstellung von Spiel- und Forschungsprozessen

Bezugnehmend auf die Ausgangsfrage und die vorangehenden Ausführungen vergleichen wir in einem Überblick, wie sich Spiel, als wissenschaftspropädeutische Aktivität, und Forschung zueinander verhalten:

Forschungsrelevante Aspekte	Spiel als wissenschaftspropädeutische Aktivität	Forschung
Fragestellung	oft implizit in Zielen und Interessen	explizites Formulieren, Schriftlichkeit
Hypothesenbildung	primäre (direkte, eigene) und sekundäre Erfahrung (durch Instruktion anderer)	Forschungsstand
Abstraktionsgrad	Übung in abstrahierendem Denken	Abstrakte Modelle
Fachsprache	beginnende Differenzierung von Sprachregistern je Spielwelt	hoch elaborierte Nutzung von Fachsprache
Zeit	kurze bis lange einzelne Spielsequenzen sowie langfristige Entwicklung und Differenzierung in den Spielbereichen	von Einzelergebnissen über Projekte bis zu ganzen Paradigmenwechseln im wissenschaftlichen Feld mehr oder weniger zeitlich ausgedehnt
Stand des Wissens	Berücksichtigung des Vorwissens anderer Spieler bzw. der Spielgemeinschaft	Recherche des Forschungsstandes der Scientific Community
Kategorie des Neuen	(nach)entdeckend → Erkenntnisgewinn für sich selbst und die Spielgemeinschaft	Erweiterung des Forschungsstandes
Rolle von Regeln	schneller wechselbar	länger bindend

Abb. 1: Differenzen zwischen Spiel und Forschungsprozessen

Es zeigt sich, dass es vor allem um eine andere Intensität bzw. Grad an Differenzierung und Zeitdauer geht, aber die Richtung der Aktivitäten ähnlich ist, weshalb wir den Differenzen die Gemeinsamkeiten gegenüberstellen:

- Beide, Spiel und Forschung, bringen ein Interesse an Erfahrung und Auseinandersetzung mit Wirklichkeit zum Ausdruck.
- Beide erproben und entwickeln Modelle von Wirklichkeit.
- Bei beiden ist wichtig, dass die Erfahrung zur Darstellung, zum Ausdruck, zum Nachvollzug kommt.
- Beide sind mit einem feierlichen, hoch heiligen Ernst bei den Spielregeln und den Wiederholungszyklen verknüpft.

- Beide wollen sozial ihren Spielregeln Geltung verschaffen.
- Beide knüpfen an bestehendes gemeinschaftliches Wissen an, entwickeln es weiter und erlauben es, Neues zu erfahren.
- Auf diesem Weg kommt es zu Erkenntnisgewinnen, sei es für den einzelnen persönlich oder im besten Falle für die Scientific Community sowie die Gesellschaft (Adamowsky, 2005).

Forschendes Lernen zum Spiel

Nun wird in unserer Hochschullehre nicht nur Wissen zum Spielen vermittelt, sondern die Studierenden als forschende Novizen erforschen Spielwirklichkeiten auch im Sinne Forschenden Lernens. Nach Schneider & Wildt (2002, S. 10) gilt:

> „Forschendes Lernen im Kontext schulpraktischer Studien bezeichnet einen wissenschaftsgeprägten Zugang zur pädagogischen Berufspraxis. In Anknüpfung an Methoden entdeckenden und projektorientierten Lehrens bzw. Lernens integriert dieser Zugang Forschungsstrategien der Human- und Sozialwissenschaften in das hochschuldidaktische Konzept zur Gestaltung von Praxisstudien."

Dabei gilt es die Herausforderung zu meistern, die eigenen Forschungsinteressen der Studierenden mit den wissenschaftlichen Spielregeln im Verlauf des Forschungsprozesses zu verknüpfen. So soll einerseits den lernenden- und studierendenzentrierten Fragen und Problemen (Hagstedt & Krauth, 2014) ein nachhaltiger Platz in der Hochschule eingeräumt werden, aber andererseits benötigen Studierende Begleitung, damit sie ihre Fragestellungen fokussieren und eingrenzen können, damit sie bearbeitbar werden.

Dabei setzen sie sich parallel zu den inhaltlichen Erkenntnissen zur Bildung im Spiel sowohl mit ihrer eigenen Haltungsentwicklung als auch dem Erwerb praktischer Fertigkeiten auseinander. Dabei wenden sie Spielregeln der Forschung an, welche u.a. ebenfalls die Art und Weise der Konstruktion des jeweils aktuellen, vorläufigen Wissensstandes und die Weiterentwicklung von Modellen betreffen.

Das Wissen um die Vorläufigkeit der eigenen Vorstellungen und Modelle im Spiel haben die Kinder ebenfalls. Dieses Spielbewusstsein (Weißhaupt & Campana, 2014; Pfaller, 2011) lässt sich anhand eines Interviews mit einem 5-jährigen Mädchen illustrieren (Stocker, 2015, S. 38f, eine empirische Forschungsarbeit zum Spielbewusstsein einer Studentin aus der Lernwerkstatt SPIEL):

> I: Was hast du denn als Verkäuferin gemacht?
> K: Sachen verkauft.
> I: Mhm. Okay. Und sind die Sachen echt gewesen, die du verkauft hast?
> K: Nein (schüttelt den Kopf).
> I: Nein? Wieso nicht?

K: Aus Plastik.
I: Aus Plastik. Aha okay. Und haben die Leute, die Einkaufen gekommen sind, auch etwas dafür bezahlt?
K: (nickt)
I: Mit richtigem Geld?
K: Ja, mit Spielgeld.

In diesem Interviewausschnitt[5] ist interessant, dass einerseits die Welt des Spiels auch als Wirklichkeit gesehen wird, da die Frage, ob sie mit „richtigem Geld" bezahlt hätten, ein klares „Ja" folgt, allerdings mit dem differenzierenden Zusatz „mit Spielgeld". Es wird eine Spielwirklichkeit von einer anderen Wirklichkeit explizit unterschieden und als Spielrealität ernstgenommen.

In der Fortsetzung fragt die Interviewerin genauer nach:

I: Wieso weißt du denn, dass das kein richtiges Geld ist?
K: Weil's (?) und so Plastikgeld
I: Aha okay. Und dann bist du auch keine richtige Verkäuferin gewesen?
K: (Schüttelt den Kopf)
I: Oder schon?
K: Ich bin keine richtige Verkäuferin (schmunzelt).
I: Wieso nicht?
K: Weil Kinder nichts verkaufen können.
I: Ah okay, wieso nicht?
K: (...) Ja, weil die nicht immer gerade oben ankommen (streckt Arme in die Luft).

Manchmal ist es auch die Mimik, über welche die Spielbewusstheit des Kindes zum Ausdruck kommt. Hier schmunzelt Anna z. B., aber sie argumentiert auch und versucht sachliche Unterscheidungskriterien, bspw. über die Körpergröße von Kindern oder auch über ihr Weltwissen zu explizieren, wie der folgende Abschnitt am Ende mit dem Hinweis auf die „Lehre" zeigt:

I: Ah, du meinst oben im Regal?
K: (nickt)
I: Aha okay. Und wenn sie oben ans Regal kommen würden, wären sie dann richtige Verkäuferinnen?
K: Ja. (...)
I: Was muss man machen, damit man eine richtige Verkäuferin ist?
K: Eine Lehre.

Dieses im Spiel erworbene Wissen um den Als-ob-Charakter des Spiels, das sich hier im Interview zeigt, kann zum Bewusstsein um die eigenen Konstruktionen beim Lernen führen (Reich 2008, Luhmann 2004). Dies hat wichtige Konsequenzen für Bildungsprozesse: Es ginge darum, dieses Bewusstsein für die Vorläufigkeit von eigenen Modellen und Konstruktionen

[5] Der Interviewausschnitt wurde von E.H. aus der schweizerischen Mundart in deutsche Standardsprache übertragen.

als Mittel und Ziel von Bildung zu erhalten anstatt es den Kindern nach und nach abzugewöhnen, indem ihre Neugier und Spielfreude in der Schule oftmals verringert statt gestärkt wird.

Schlussfolgerungen für Kindergarten, Schule und Hochschullehre

Studierende können über die Formen forschenden Lernens die Relevanz des genauen Beobachtens erfassen. Sie fragen z. B.: Wie spielen die Kinder eigentlich? Wie wechseln sie von einer Spielform in die andere, z. B. vom Bauen in das Rollenspiel? Welche Kinder sind intensiv involviert, welche nicht? Wo zeigen sich Möglichkeiten, wenig spielaktive Kinder ins Spiel zu bringen bzw. sie dabei zu unterstützen? So werden auch die Herausforderungen an das pädagogische Handeln im Fluss des Spiels bewusster:

Diese bestehen genau darin, die Interessen der Kinder, die im Spiel erkennbar sind, aufzunehmen und zu unterstützen statt über zu viel Instruktion und Vorgaben die Aktivitäten der Kinder einzuschränken. Da die Institution Schule als potenzieller Abbaufaktor für intrinsisch motiviertes Lernen (Angelone, Keller & Moser, 2013) und damit einhergehend für eine forschende Haltung kritisch zu sehen ist, wäre es angebracht in der Schule zu verfolgen, wie Spiel und andere Aktivitäten die Neugier auf die Welt befördern und damit das Spannende von Welterschließung lebendig bleiben kann.

Im Hinblick auf die Eingangsfrage nach dem Zusammenhang von forschendem Lernen von Studierenden und dem Spielbewusstsein von Kindern konstatieren wir, dass Studierende oft in einem „learning-to-the-test"-Modus zu uns kommen, da sie über viele Jahre entsprechend sozialisiert worden sind. Eine „Rückführung" in eine Neugierhaltung, welche dem Habitus Forschender eher entspricht – und eben auch dem Habitus spielender Kinder, ist hierbei ein Ziel. Dabei sehen wir die Rolle der Lernwerkstatt SPIEL als Raum, der diesem Anliegen entgegenkommt. In Seminaren und im freien Zugang zur Lernwerkstatt SPIEL haben die Studierenden Gelegenheit entdeckend zu lernen, vom Material ausgehend, spielend und erfahrungsbasiert (Schäfer & Hauser, 2014), einerseits um zum Thema Spiel in direkter Erfahrung (zurück) zu kommen, nicht zuletzt aber auch um die spielerische, in Modellen denkende Haltung in Spiel und Forschung (wieder) entdecken zu können, und so die Verknüpfung von spielerischem, entdeckendem und forschendem Lernen selbst herzustellen.

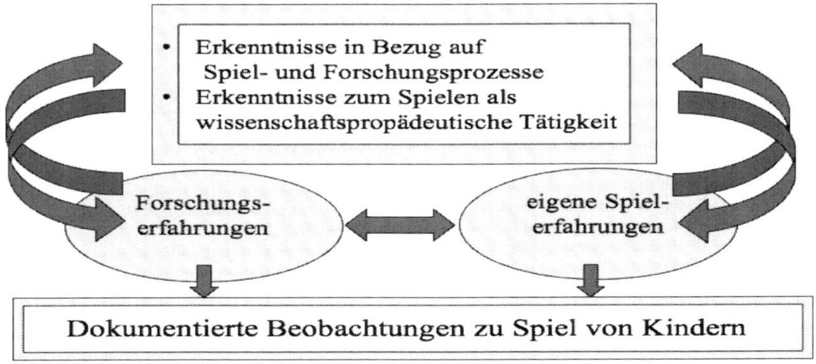

Abb. 2: Wechselspiel von Spiel- und Forschungserfahrungen bei Studierenden

Dazu hilft es, wenn die Studierenden selbst im Rahmen forschenden Lernens eigenen Fragen nachgehen können und nicht nur vorgefertigten Skripts folgen müssen. So ist es auch ein Auftrag der Lernwerkstatt SPIEL, den angehenden Lehrpersonen erfahrbar zu machen, dass eine Spielunterstützung auch darin besteht, innerhalb des Spiels bereichsspezifische, spielbewusste, explorative Interessen zu unterstützen und längerfristig eigenständigen Aufschluss der Welt anzuregen, indem die Kinder erfahren, dass man auf die Konzepte eingeht, die sie im Spiel ausprobieren. Die spielerische Haltung von Kindern und die – hoffentlich dann neu gewonnene – spielerische und forschende der Studierenden stehen dann nicht mehr in einem Gegensatz, sondern in einem sich gegenseitig fördernden Verhältnis.

Literatur

Adamowsky, N. (Hrsg.). (2005). *Die Vernunft ist mir noch nicht begegnet. Zum konstitutiven Verhältnis von Spiel und Erkenntnis.* Bielefeld: Transcript.

Andresen, H. (2002). *Interaktion, Sprache und Spiel: zur Funktion des Rollenspiels für die Sprachentwicklung im Vorschulalter.* Tübingen: Gunter Narr.

Andresen, H. (2003). *Zur Bedeutung des Rollenspiels für die Sprachentwicklung im Vorschulalter.* In A. Panagiotopoulou & H. Brügelmann (Hrsg.), *Grundschulpädagogik meets Kindheitsforschung* (Band 7). Wiesbaden: VS Verlag für Sozialwissenschaften. S. 135–139.

Angelone, D., Keller, F. & Moser, U. (2013). *Entwicklung schulischer Leistungen während der obligatorischen Schulzeit.* Zürich: Bildungsdirektion Kanton Zürich.

Beywl, W., Künzli, D., Künzli, Ch., Messmer, R. & Streit, Ch. (2015). Forschungsverständnis pädagogischer Hochschulen. Ein Diskussionsbeitrag. *Beiträge zur Lehrerinnen- und Lehrerbildung, 33*(1), 134-151.

Cousteau, J. (2008). Wissenschaft und menschliche Werte. In: Ders. & S. Schiefelbein, *Der Mensch, die Orchidee und der Oktopus.* (S. 226-257). Frankfurt a.M.; New York: Campus.

Bose, I. (2003). *dóch da sín ja' nur mûster II: Kindlicher Sprechausdruck im sozialen Rollenspiel* (1. Auflage). Frankfurt a.M.; New York: Peter Lang.

Burghardt, G.M. (2011). Defining and recognizing play. *In* A. Pellegrini *(Ed.), Oxford handbook of the development of play* (pp. 9–18*)*. New York: Oxford University Press.

Deutsche Kinder- und Jugendstiftung (Hrsg.) (2006). *Kinder forschen. Erfahrungen und Beispiele aus dem Programm „Kinder erforschen Naturwissenschaft.* [http://www.forschendes-lernen.net/files/eightytwenty/materialien/Kinder-forschen_Arbeitshilfe-06.pdf; 21.12.2017].

Giffin, H. (1984). The Coordination of Meaning in the Creation of a Shared Make-believe Reality. In I. Bretherton (Hrsg.), *Symbolic Play* (S. 73-100). Cambridge: Academic Press.

Hackl, B. (2017). *Lernen. Wie wir werden, was wir sind.* Bad Heilbrunn: utb.

Hagstedt, H. (2006). Werkstätten als geeignete Orte für entdeckendes und forschendes Lernen der Kinder? In: *Deutsche Kinder- und Jugendstiftung,* S. 21-26.

Hagstedt, H. & Kraut, I. (2014). *Lernwerkstätten: Potentiale für Schulen von morgen.* Frankfurt a.M.: Grundschulverband.

Hagstedt, H. (2014). Unterrichtsentwicklung braucht anspruchsvolle Lernumgebungen. In E. Hildebrandt, M. Peschel & M. Weißhaupt (Hrsg.), *Lernen zwischen freiem und instruiertem Tätigsein*, S. 123-137. Bad Heilbrunn: Klinkhardt.

Hauser, B. (2013). *Spielen: Frühes Lernen in Familie, Krippe und Kindergarten.* Stuttgart: Kohlhammer.

Heimlich, U. (2015). *Einführung in die Spielpädagogik* (3. Aufl.). Bad Heilbrunn: Klinkhardt.

Hildebrandt, E. & Weißhaupt, M. (2013). Spielen in der Lernwerkstatt? In H. Coelen & B. Müller-Naendrup (Hrsg.), *Studieren in Lernwerkstätten. Potentiale und Herausforderungen für die Lehrerbildung* (S. 163-170). Wiesbaden: Springer VS.

Hildebrandt, E., Güvenç, E. & Pautasso, J. (2016). Begleitung von Rollenspiel im Kindergarten. In K. Liebers, B. Landwehr, A. Marquardt & K. Schlotter (Hrsg.), *Lernprozessbegleitung und adaptives Lernen in der Grundschule: Forschungsbezogene Beiträge* (S. 253-258). Wiesbaden: Springer Fachmedien Wiesbaden.

Hildebrandt, E., Güvenç, E. & Pautasso, J. (2015). Das Rollenspiel als inkludierende Spielform. Erkundungen zur Verwendung von Sprache im Rollenspiel. In C. Schmude & H. Wedekind (Hrsg.), *Lernwerkstätten an Hochschulen: Orte einer inklusiven Pädagogik* (S.188-200). Bad Heilbrunn: Klinkhardt,

Huizinga, J. (2011). *Homo Ludens. Vom Ursprung der Kultur im Spiel.* 22. Aufl. Reinbek: Rowohlt.

Jörissen, B. (2009). Spiel und Bildung. Die Zeitschrift für Erwachsenenbildung, 3, 24-25.

Krajewski, K., Nieding, G. & Schneider, W. (2007). *Mengen, zählen, Zahlen (MZZ): Die Welt der Mathematik verstehen.* Berlin: Cornelsen.

Küspert, P. & Schneider, W. (2008). Hören, lauschen, lernen. Würzburger Trainingsprogramm zur Vorbereitung auf den Erwerb der Schriftsprache (6. Aufl.). Göttingen: Vandenhoeck & Ruprecht.

Leighton, R., & Feynman, R. P. (1997). *Surely You're Joking, Mr. Feynman: Adventures of a Curious Character* (Reprint). New York: Norton & Company.

Luhmann, N. (2004). *Schriften zur Pädagogik.* Berlin: Suhrkamp.

Mead, G. (1973). *Geist, Identität und Gesellschaft.* Berlin: Suhrkamp.

Oelkers, J. (Hrsg.). 2011. *John Dewey. Demokratie und Erziehung. Eine Einleitung in die philosophische Pädagogik.* Weinheim und Basel: Beltz.

Pfaller, R. (2011). *Die Illusionen der anderen - Über das Lustprinzip in der Kultur.* Berlin: Suhrkamp.

Popper, K. (2005). *Logik der Forschung.* 11. Auflage. Tübingen: Mohr Siebeck.

Reich, K. (2008). *Konstruktivistische Didaktik: Lehr- und Studienbuch mit Methodenpool.* 4., durchgesehene Auflage. Weinheim: Beltz.

Schäfer, G. & Hauser, J. (2014). „Aus dem Handeln heraus begreifen..." Das pädagogische Interesse am Erfahrungslernen wächst. *Theorie und Praxis der Sozialpädagogik, 7,* 8–11.

Schiller, F. (1795). *Über die ästhetische Erziehung des Menschen in einer Reihe von Briefen.* [http://www.deutschestextarchiv.de/book/view/schiller_erziehung02_1795?p=38; 22.12.2017] Berlin: Hofenberg.

Schneider, R. & Wildt, J. (2002). Forschendes Lernen in Praxisstudien. Das Beispiel des Berufspraktischen Halbjahres in der Lehrerausbildung. In B. Berendt, H.-P. Voss & J. Wildt (Hrsg.), *Neues Handbuch Hochschullehre, Teil G 3.1: Schlüsselqualifikationen und wissenschaftliches Arbeiten.* Berlin: Raabe.

Stieve, C. (2008). *Von den Dingen lernen: die Gegenstände unserer Kindheit.* Paderborn; München: Fink.

Stocker, A. (2015, unveröffentlicht). *Wie zeigt sich die Bewusstheit der Kinder über die Fiktionalität ihres Rollenspiels?* Bachelorarbeit, Pädagogische Hochschule FHNW.

Wenzel, S. (2006). Das Programm "Kinder erforschen Naturwissenschaft". In: *Deutsche Kinder- und Jugendstiftung*, S. 5-9.

Vygotsky, L. (2010). Das Spiel und seine Bedeutung in der psychischen Entwicklung des Kindes. In D. El'konin (Hrsg.), *Die Psychologie des Spiels* (unveränderte nachgedruckte Auflage) (S. 430–465). Berlin: Lehmanns Media.

Weißhaupt, M. & Campana, S. (2014). Spielbewusstsein und Bildung beim sozialen Spiel. In E. Hildebrandt, M. Peschel, & M. Weißhaupt (Hrsg.), *Lernen zwischen freiem und instruiertem Tätigsein* (S. 43–66). Bad Heilbrunn: Klinkhardt.

Zocher, U. (2000). Lernen entdecken - vom Entdeckenden Lernen und der Bedeutung der eigenen Frage. In E. Funke & R. Rihm (Hrsg.), *Subjektsein in der Schule?* (S. 155-181). Bad Heilbrunn: Klinkhardt.

Michelle MALLWITZ, Frankfurt am Main

Die Bedeutung der Präsentation studentischer Forschungsergebnisse anhand von Praxisbeispielen studentischer Initiativen

Möglichkeiten für Studierende, ihre Forschungsergebnisse im Rahmen von Publikationen oder Konferenzen ihren Peers vorzustellen, sind rar. Daher gibt es unter Studierenden immer mehr Initiativen, die Plattformen zur Präsentation studentischer Forschungsergebnisse im wissenschaftlichen Diskurs entwickeln. In diesem Beitrag möchte ich beispielhaft einige Initiativen vorstellen und erläutern, inwieweit diese im Sinne des forschenden Lernens außercurriculares Lernen ermöglichen.

Nachdem ich einleitend darauf eingehen werde, warum die Präsentation eigener Forschungsergebnisse bereits im Studium gerade im Sinne des forschenden Lernens essentiell ist, werde ich im Folgenden anhand dreier Beispiele darauf eingehen, wie solche Initiativen Möglichkeiten zur Präsentation studentischer Forschungsergebnisse schaffen. Daran anknüpfend werde ich Einblicke geben, was Studierende zu einem solchen Engagement motiviert, was sie dabei lernen, beziehungsweise welche Lernerfahrungen sie ihren KommilitonInnen ermöglichen möchten, sowie was sie als hemmend und was sie als unterstützend wahrnehmen.

Der vorliegende Beitrag versteht sich als ein Beitrag aus der Praxis, der über Gespräche geteiltes Erfahrungswissen aus unterschiedlichen Initiativen zusammenbringt. Kontextualisiert werden diese Erfahrungen mit Einschätzungen aus dem Hochschulsystem der USA, wo studentische Forschung unter dem Stichwort *undergraduate research* landesweit Förderung erfährt (Huber, 2009).

Mein Dank gilt neben Maximilian Brauch, der die Entstehung dieses Artikels unterstützt hat, den Initiativen, die mir für diesen Beitrag Rede und Antwort standen: *Der Wilhelm,* dem interdisziplinären Undergraduate Research Journal der Zeppelin Universität[1], *lointain – Zeitschrift für Philosophie,* initiiert von Studierenden der Goethe-Universität Frankfurt[2] sowie *360° Das studentische Journal für Politik und Gesellschaft*, einem überregional agierenden studentischen Verein[3].

[1] https://www.zu.de/studium-weiterbildung/das-studium/projekte/derwilhelm.php (Alle im Artikel angegebenen Links wurden am 08.01.2018 abgerufen.)
[2] http://lointain.de/
[3] http://www.journal360.de/

Die Bedeutung der Präsentation studentischer Forschungsergebnisse

In seiner vielzitierten Definition forschenden Lernens geht Ludwig Huber (2009) auf drei Aspekte ein, die die Bedeutung der Präsentation studentischer Forschungsergebnisse deutlich machen: Huber geht (1) ganz grundsätzlich davon aus, dass forschendes Lernen – so wie ‚richtige' Forschung auch – „auf die Gewinnung von auch für Dritte interessanten Erkenntnissen gerichtet ist" (ebd., S. 10). Folgt man dieser Grundannahme, dass forschendes Lernen kein Selbstzweck sein sollte, sondern das Potential hat, für andere interessante Erkenntnis zu generieren, ist es nur folgerichtig, dass (2) auch die „Darstellung der Ergebnisse" (ebd.) ein wesentlicher Teil des Lernprozesses ist. So führt Huber weiter aus, dass die Studierenden in ihrem Lernprozess (3) „den Prozess eines Forschungsvorhabens [...] (mit)gestalten, erfahren und reflektieren" (ebd.) sollen. Mit diesem dritten Aspekt verweist Huber auf den Forschungszyklus: Die Reflektion des Forschungsprozesses sowie die Präsentation der Forschungsergebnisse vor und die Diskussion darüber mit Peers führt zu einer Weiterentwicklung und Schärfung der eigenen Fragestellung(en), so die dahinterliegende Annahme (Wildt, 2009, S. 5).

Überträgt man den Forschungszyklus auf das forschende Lernen, so wird deutlich, dass die Präsentation studentischer Forschungsergebnisse sowohl die Reflektion über den zurückliegenden Prozess stärken als auch eine Brücke zur Entwicklung weiterer Forschungsfragen schlagen kann. Sowohl die Verortung der eigenen Arbeit im wissenschaftlichen Diskurs als auch das iterative Vorgehen in der Forschung werden so in besonderer Weise erfahrbar.

Die gängigen Prüfungen im Studienalltag setzen dem Forschungskreislauf allerdings häufig ein Ende (Wildt, 2009, S. 5).[4] Die Hausarbeit etwa wird abgegeben und von der/dem Dozierenden bewertet. Damit erfolgt zwar eine Darstellung der Ergebnisse, inwieweit aber der Erarbeitungsprozess reflektiert wird, hängt häufig davon ab, wie viel Zeit sich der/die Dozierende nimmt, die Bewertung mit dem/der Studierenden zu besprechen. Eine kritische Diskussion mit Peers über die eigene Arbeit findet selten statt. So bleibt bei den Studierenden häufig das Gefühl zurück, nur für die Schublade geschrieben zu haben. Um es mit den Worten eines Studenten auszudrücken, der sich für das studentische Journal *360°* engagiert: „Konstruktiv

[4] Dabei müssen sich Prüfung und Präsentation studentischer Forschung in keiner Weise im Wege stehen. Häufig werden diese beiden Aspekte aber nicht zusammen gedacht (Reinmann 2017).

argumentieren, diskutieren, kritisieren lerne ich im Studium gar nicht. Arbeiten am Text lerne ich auch nicht. Ich schicke den Text weg, bekomme dann die Rückmeldung „gut", „mittel" oder „schlecht" und das war's."

Nach Hofhues und Mallwitz (2016) kann es gleich aus mehreren Gesichtspunkten eine wichtige Lernerfahrung sein, Studierenden die Möglichkeit zu geben, ihre Ergebnisse zu präsentieren: Studierende können so unter anderem lernen, ihre Ergebnisse zu vermitteln und gegenüber anderen zu verteidigen, ihre Arbeit im wissenschaftlichen Diskurs zu verorten, begründet Kritik zu üben und Kritik anzunehmen sowie ihre Fragestellung im Diskurs weiterzuentwickeln. Erst auf diese Weise wird das Studium konsequent als Sozialisation in die Wissenschaft im Sinne einer *community of practice* verstanden, deren Verhaltensregeln es zu erlernen gilt. Andernfalls droht die Gefahr, dass der Lernprozess als singulär und nicht als iterativ mit mehrfachen Erkenntnisschleifen wahrgenommen wird, und dass der studentische Fokus sich in Richtung der erhaltenen Note verschiebt statt in Richtung der gewonnenen Erkenntnisse und Kompetenzen.

Die Präsentation studentischer Forschung studentisch organisieren

Möglichkeiten für Studierende, ihre Forschungsergebnisse im Rahmen von Publikationen oder Konferenzen vorzustellen, sind rar gesät, auch wenn in Deutschland in den letzten Jahren vermehrt institutionelle Ansätze etabliert wurden. Unter den Vorreitern von Hochschulseite war *w.e.b.Square*, ein Konferenz- und Publikationsformat für Studierende der Medienwissenschaften an der Universität Augsburg, das sieben Jahre lang bestand ([5]; Hofhues, Reinmann & Wagensommer, 2008; Hofhues & Mayrberger, 2014). Neuere Beispiele sind *Forsch!*, ein Online-Magazin für wissenschaftliche Beiträge von Studierenden, das von Dozierenden der Carl von Ossietzky Universität Oldenburg herausgegeben wird[6], sowie eine vom *Bologna Lab* in Berlin im Rahmen des Qualitätspakts Lehre geförderte Konferenz für studentische Forschung.[7]

Was in Deutschland auf institutioneller Seite erst langsam anläuft, hat in den USA schon lange Tradition: Ein *Council on Undergraduate Research (CUR)* wurde bereits 1978 gegründet, mit dem Ziel, über gemeinsam mit Studierenden vorgenommene Forschung zu informieren. Aktuell zählt CUR

[5] http://websquare.imb-uni-augsburg.de/institut/ueber-uns.html
[6] http://openjournal.uni-oldenburg.de/index.php/forsch/index
[7] https://www.hu-berlin.de/de/einrichtungen-organisation/verwaltung/bolognalab/zweite-konferenz-fuer-studentische-forschung/index.html

nach eigenen Angaben über 650 Colleges und Universitäten als Mitglieder (CUR, 2018a). Darüber hinaus finden seit mittlerweile 20 Jahren in den USA jährlich *National Conferences on Undergraduate Research* statt, auf denen Studierende ihre Arbeiten vorstellen und die von bis zu 2000 TeilnehmerInnen besucht werden. An vielen Colleges finden sich eigene *Undergraduate Research Journals* für Studienanfänger bis zum Bachelorabschluss (Huber, 2009). Häufig sind diese studentisch verwaltet, wie etwa das *Berkeley Undergraduate Journal* (CUR, 2018b).

Im deutschsprachigen Raum sind studentische Initiativen die Vorreiter, wenn es darum geht, Publikations- und Konferenzformate zu entwickeln. Die älteste studentische Konferenz, auf die ich bei meiner Recherche gestoßen bin, ist die *Studentische Tagung Sprachwissenschaften*, die erstmals 1987 stattfand und seitdem regelmäßig durchgeführt wird.[8] Ein anderes, deutschlandweit agierendes fachspezifisches Format ist etwa der *Studentische Soziologiekongress*, der seit 2007 alle zwei Jahre stattfindet.[9] TeilnehmerInnen des Soziologiekongresses haben 2009 den *Soziologieblog* gegründet, der online und offline Beiträge in den wissenschaftlichen Diskurs einbringt.[10] Auch Formate aus den USA werden übernommen: So gibt es an vielen rechtswissenschaftlichen Fakultäten studentische Zeitschriften, die die Idee der *Law Review* aufgreifen (u.a. Althaus, 2013).

Einen Überblick über die Vielfalt und Anzahl studentischer Zeitschriften im deutschsprachigen Raum versucht die *Crowd Map* von *anwesenheitsnotiz*, einer studentischen Zeitschrift für Geistes- und Kulturwissenschaften zusammenzustellen, auch wenn noch viele Eintragungen fehlen dürften.[11]

Wie genau studentisch organisierte Initiativen die Präsentation studentischer Forschungsergebnisse gestalten, kann sehr unterschiedlich sein, weshalb im Folgenden drei Initiativen exemplarisch vorgestellt werden.

Beispiel 1: *360° Das studentische Journal für Politik und Gesellschaft*

360° Das studentische Journal für Politik und Gesellschaft wurde exemplarisch für studentische Journale ausgewählt, da es mit seinem zwölfjährigen Bestehen eine für studentische Initiativen recht lange Lebensdauer hat und überregional wahrgenommen wird. *360°* erscheint seit 2006 in der Regel zwei Mal im Jahr. Zu jedem Heft gibt es einen thematischen *Call for Paper*. Der aktuelle *Call for Paper* beispielsweise

[8] https://www.stuts.de/
[9] http://soziologiekongress.de/der-kongress/
[10] http://soziologieblog.hypotheses.org/soziologiemagazin-e-v-2
[11] https://anwesenheitsnotizen.wordpress.com/heft-8-fruehjahr-2017/crowdmap/

sucht Beiträge zum Thema Heimat.[12] Das Thema und die Ausschreibung entwickeln das studentische Team. Zur Einreichung sind grundsätzlich alle Studierenden berechtigt.

Die Einreichungen werden in einer zweistufigen Doppelblindbegutachtung ausgewählt. In einem ersten Schritt prüft das studentische Team die Artikel nach eigenen festgelegten Richtlinien, in einem zweiten Schritt werden sie fachlich einschlägigen Dozierenden vorgelegt. In beiden Auswahlstufen können die einreichenden Studierenden eine Absage erhalten.

Wurden die Beiträge für das Heft ausgewählt, so werden sie von zwei Studierenden der Initiative in enger Abstimmung mit dem/der Autor/in lektoriert. In einer Ausgabe erscheinen etwa zwölf Beiträge. Darunter können auch redaktionelle Texte wie thematische Einführungen oder Interviews sein aber auch Fotoreportagen und Buchrezensionen. Etwa 25 Studierende sind nach Angaben von *360°* am Heftprozess beteiligt. Als Herausgeber fungiert ein eingetragener Verein. Einige Studierende sind Mitglieder und engagieren sich langfristiger im Marketing oder Vertrieb, andere wirken nur an einer Ausgabe mit.

360° hat einen Heftpreis von 6,80 EUR und kann einzeln oder im Abonnement bezogen werden. Das Journal finanziert sich neben den Verkäufen vor allem über Einnahmen aus Anzeigen und Fördermitgliedschaften.

Die Organisation erfolgt weitestgehend dezentral. Das Heft wurde in Münster gegründet. Dort und in Berlin gibt es die stärksten Zentren. Viele Studierende arbeiten aber auch aus anderen Hochschulstandorten, einige aus dem Auslandssemester mit. Informationen werden anhand von Leitfäden über einen webbasierten Ordner zu Verfügung gestellt. Zusätzlich gibt es eine zweiwöchentliche Skype-Konferenz und zu jeder Ausgabe findet ein physisches Treffen statt (Linden, 2008).

Beispiel 2: *ZUfo | studentische Konferenz für interdisziplinäre Forschung*

ZUfo | studentische Konferenz für interdisziplinäre Forschung wurde 2013, 2014 und 2015 in Friedrichshafen am Bodensee durchgeführt. Die *ZUfo* wurde als Beispiel einer studentischen Konferenz ausgewählt, da ich als Leiterin der Konferenz 2014 auf eigene Erfahrungen zurückgreifen kann. In allen drei Durchgängen wurde ähnlich wie bei *360°* auch ein Thema und eine Ausschreibung vom studentischen Organisationsteam entwickelt. 2014 beispielsweise war es das Thema *Speicher*. In den Vorträgen wurde das Thema aus den unterschiedlichsten Blickwinkeln betrachtet und diskutiert,

[12] http://www.journal360.de/call-for-student-papers-heimat/

so wurden queer-feministische Perspektiven auf Ausstellungspraktiken geworfen, analysiert, wie Fotografien Geschichte kommunizieren, sowie Big Data und die Rolle der Selbstüberwachung durch Technologien kritisch hinterfragt.

Ausgewählt wurden die Beiträge mittels Doppelblindbegutachtung von Studierenden und Promovierenden, denen Kriterien wie etwa ‚überzeugende Fragestellung', ‚adäquate Methode' sowie ‚thematische Passung zum Call' in einem Bewertungsbogen an die Hand gegeben wurden. Jedes eingereichte Proposal wurde von drei GutachterInnen bewertet. Insgesamt waren jeweils um die 20 Studierende und Promovierende am Review-Prozess beteiligt.

Die Konferenz fand erstmalig 2013 eintägig, dann drei- bzw. zweitägig statt. 2014 waren 19 Vortragende von unterschiedlichen Hochschulstandorten vertreten und hatte jeweils etwa 20 Minuten Zeit, ihr Thema zu präsentieren und anschließend darüber zu diskutieren. 2014 wurde die Konferenz von Workshops von Hochschullehrenden sowie von einer Informationsveranstaltung zu Publikations- und Promotionsmöglichkeiten begleitet. Die Anreisekosten sowie die Verpflegung während der Tagung wurden über Spenden finanziert und Übernachtungen für Angereiste in Wohngemeinschaften organisiert. Vom Fundraising über die inhaltliche Konzeption wurde die Konferenz von neun Studierende etwa ein dreiviertel Jahr lang vorbereitet. Die Konferenz wurde sowohl für Vortragende als auch für interessierte Gäste an anderen Hochschulen beworben, die für einen Unkostenbeitrag, der 2014 bei 35 EUR, 2015 bei 20 EUR lag, teilnehmen konnten.[13]

Die Beiträge von 2013 und 2014 sind in einem Tagungsband im Selbstverlag erschienen und wurden jeweils von einem einleitenden Text eines Lehrenden ergänzt (Zeppelin Universität, 2016).

Beispiel 3: *Science Supper – Forschung á la Carte*

Vorstellen möchte ich noch das vom Stifterverband für die Deutsche Wissenschaft ausgezeichnete Konzept *Science Supper – Forschung á la Carte*, da es ein verhältnismäßig unaufwändiges Format mit niedriger Hemmschwelle zur Teilnahme ist. Beim *Sciences Supper*, das 2015 vom Team der *ZUfo* und dem Debattierclub *Soapbox* an der Zeppelin Universität in Friedrichshafen initiiert und organisiert wurde, hatten Studierende die Möglichkeit, ihre Forschungsvorhaben oder auch -ergebnisse informell bei einem Teller Suppe anderen Studierenden sowie interessierten Lehrenden

[13] http://www.zu-fo.de/

vorzustellen. Im Vorfeld meldeten sich diejenigen Studierenden an, die ihr Thema präsentieren wollten. Jedem Thema wurde ein Tisch zugeordnet, sowie ein/e zusätzliche Studierende/r, der/die eine kleine Schulung erhalten hatte und das Tischgespräch bei Bedarf moderieren konnte. Alle am Zuhören und Mitdiskutieren interessierten Studierenden und Lehrenden konnten sich ebenfalls anmelden und sich mit einem Teller Suppe zu einem Tisch und Thema gesellen. Die Suppe wurde von der Universität finanziert, Getränke holten sich die TeilnehmerInnen auf eigene Kosten. Beim ersten *Science Supper* nahmen insgesamt 70 TeilnehmerInnen an zehn Themen-Tischen teil. Vorbereitet wurde der Abend von einer Handvoll Studierender innerhalb weniger Wochen (Zeppelin Universität, 2015).

Motivation und Lernerfolge aus Sicht der Studierenden

So unterschiedlich die Initiativen ausgestalten sein können, so haben die sich beteiligenden Studierenden doch eine gemeinsame Motivation, die in allen Gesprächen zum Vorschein kam; der Wille, studentische Forschung sichtbar zu machen und Ergebnisse nicht nur für die Dozierenden zu erarbeiten. Das Journal *360°* gibt darüber hinaus explizit das Ziel an, studentische Forschung nicht nur sichtbar, sondern auch zitierbar und die wissenschaftlichen Debatten einem breiteren Publikum zugänglich machen zu wollen (360°, 2018). Dieses selbstgesteckte Ziel deckt sich mit der Definition Hubers (2009), dass forschendes Lernen auf die Gewinnung von für Dritte interessante Erkenntnisse ausgerichtet ist (ebd., S. 10).

Die Initiativen bieten methodische und fachliche Lernräume, die im Studium nach Wahrnehmung der Studierenden, mit denen ich im Gespräch stand, zu kurz kommen. Die beteiligten Studierenden sprechen in diesem Zusammenhang davon, dass sie sich und den publizierenden beziehungsweise vortragenden Studierenden „Lernprozesse ermöglichen“ wollen (Mitwirkender *360°*). So wird den Studierenden Gelegenheit gegeben, zu lernen, sich auf Argumentationen anderer einzulassen und den Umgang mit Kritik zu üben.

Diese Motive finden sich auch im US-amerikanischen Hochschulsystem wieder. Studentische Publikationen und Konferenzen werden dort als Möglichkeit gesehen, die Fähigkeiten zu kreativem und kritischem Denken sowie die wissenschaftlichen Kommunikations- und Schreibfähigkeiten zu verbessern (u.a. Ware & Burns 2008). Im Studium scheint das Lernen im Umgang mit Kritik häufig zu kurz zu kommen. So berichteten sowohl die am Lektorat beteiligten Studierenden von *lointain* als auch von *360°*, dass es für die AutorInnen häufig zunächst gar nicht so leicht sei, sich auf das Lektorat und die intensive Überarbeitung ihres Textes einzulassen: „Die

Autoren sind manchmal überrascht, wie viel noch an ihrem Text gemacht werden muss. Manche verstehen den Text als ‚ihr Baby' und müssen dann lernen, mit den Anmerkungen umzugehen."

In dem die Studierenden den Publikationsprozess oder die Teilnahme an Konferenzen selbst erfahren können, können sie austesten, ob das wissenschaftliche Feld mit all seinen Facetten eine interessante Karriereperspektive sein könnte. Dies gilt auch für die in den Initiativen engagierten Studierenden: Eine Promovendin, die als Studentin bei *360°* angefangen hatte und weiterhin im Lektorat mitwirkt, nannte die Motivation, schon im Studium signalisieren zu können, dass sie sich für eine wissenschaftliche Laufbahn interessiere. Sie habe frühzeitig ein Verständnis dafür entwickeln können, wie Publizieren funktioniert: „Es ist cool gewesen, das schon so früh zu lernen."

Sheila Brownlow (1997) bestätigt dies mit Blick auf die studentische Forschung in den USA. Sie weist darauf hin, dass die Möglichkeit zur Publikation die intrinsische Motivation der Studierenden stärken kann, da die Publikation wie eine Belohnung wirke.[14] Studentische Publikationen im Lebenslauf könnten darüber hinaus sehr positiv von künftigen, forschungsnahen Arbeitgebern wahrgenommen werden, so Brownlow (ebd.).

Des Weiteren wird das Engagement in den Initiativen von den Studierenden als gute Gelegenheit gesehen, praktische Erfahrungen im Arbeiten mit Texten zu sammeln, was auch für andere Berufsfelder beispielsweise in Verlagen und Medien interessant sein kann. So spielt der Aspekt, dass die mitwirkenden Studierenden sich neben der fachlichen Konzeption auch Fähigkeiten im Lektorat und Marketing aber auch ganz allgemein im Projektmanagement erarbeiten können beispielsweise bei *lointain* eine Rolle. Gerade für Studierende der Geisteswissenschaften, denen ein breites Berufsspektrum offensteht, seien diese zusätzlichen Erfahrungen hilfreich, so die Studierenden. Dass studentisches Forschen Kompetenzen stärkt, die auch außerhalb der Wissenschaft berufsbefähigend sind, ist ein Befund, den auch Brownlow (1997) mit Blick auf undergraduate research in den USA teilt.

Ein weiterer, von allen Initiativen als sehr bereichernd genannter Aspekt ist der Diskurs über Fachgrenzen hinweg. Die Auseinandersetzung mit fachfremden Texten wurde als sehr lehrreich wahrgenommen. Teils wurde dadurch überhaupt erst ein Verständnis für die Unterschiede der

[14] Nicht beleuchtet werden kann an dieser Stelle, welche Auswirkungen es auf Studierende hat, wenn ihre Arbeit im Review-Prozess abgelehnt wird.

Fachkulturen entwickelt. So beschreibt etwa eine Mitwirkende im Lektorat des Journals *360°*: „Durch die unterschiedlichen Schreibstile der Fachkulturen bin ich intellektuell flexibler geworden."

Der Aspekt der Interdisziplinarität wurde nicht nur von in den Initiativen engagierten Studierenden genannt, sondern auch von Vortragenden im Rahmen der Konferenz *ZUfo*. Unterstützt von einer Lehrenden hat das *ZUfo*-Team nach der Konferenz 2014 einen Evaluationsbogen an die TeilnehmerInnen verteilt. Obwohl es sich bereits um eine interdisziplinäre Konferenz handelte, gab es den großen Wunsch nach noch mehr Interdisziplinarität, beispielsweise im Austausch zwischen Geistes-, Sozial- sowie Natur- und Ingenieurwissenschaften sowie danach, mehr Zeit für Diskussion und Reflektion einzuräumen: „Es passiert viel (inhaltlich) in entspannter Atmosphäre!" Auf die Evaluationsfrage, warum der Austausch mit anderen Studierenden über Forschungsarbeiten nützlich sei, antworteten bei der Möglichkeit zur Mehrfachnennung 27 von 27 Befragten, dass sie so thematische Anregungen für eigene Forschungsvorhaben erhielten. Dies scheint ein starkes Indiz, dass die Erfahrung von Forschung als iterativer, zyklischer Prozess durch die Präsentation der eigenen Ergebnisse in einer Diskurssituation wirklich zum Tragen kommt.

Gelingensfaktoren und Hürden aus Sicht der Studierenden

Um die genannten Projekt zu verwirklichen, sehen die in den Initiativen beteiligten Studierenden das Team als besonders wichtig an. Es sollte sowohl motiviert sein („für die Idee brennen", Mitwirkende von *Der Wilhelm*) als auch bereit sein, „die nötige kritische Haltung einzunehmen und nach mutigen Beiträgen zu suchen" (Mitwirkende von *lointain*) sowie über „Kompetenzen des wissenschaftlichen Arbeitens" verfügen (Mitwirkende *360°*).

Als herausfordernd stellen sich dabei die studienverlaufsbedingte Fluktuation und die teils unterschiedlich ausgeprägte Verlässlichkeit innerhalb ehrenamtlicher Teams dar. So arbeitet das Journal *360°* beispielsweise bewusst mit Lektorats-Tandems, einerseits, so dass ein/e im Prozess erfahrene/r StudentIn einem/r weniger erfahrenen Studenten/in, Wissen weitergeben kann, andererseits, so dass immer noch jemand da ist, falls eine/r abspringt. Auch die Übergabe von einer Generation an die nächste kann Hürden in der Beständigkeit einer Initiative mit sich bringen. So ruht die studentische Konferenz *ZUfo* gerade, da die bisherigen Teammitglieder ihr Studium beendet haben und sich kein neues Team formiert hat. Dass personelle Wechsel nicht nur für studentische Initiativen Hürden darstellen, zeigt das Projekt *w.e.b.Square* der Universität Augsburg, das nach sieben Jahren eingestellt wurde, als die Professorin, die das Projekt initiiert hatte, die Universität wechselte.

Wichtig für ein gutes Ergebnis ist es aus Sicht der Studierenden auch, dass genügend Beiträge eingereicht werden und diese ein hohes Niveau haben. Vor diesem Hintergrund wurde es als sehr förderlich eingeschätzt, wenn schon früh im Studienverlauf Kurse zum wissenschaftlichen Schreiben gegeben werden und wenn es während des Studiums ausführliches Textfeedback zu eingereichten schriftlichen Arbeiten gibt (Mitwirkende *360°*).

Wenn Studierende Beiträge mit hohem Niveau einreichten, dann könne die Qualität der Beiträge auch Lehrende davon überzeugen, sich für die Präsentation studentischer Forschung einzusetzen, so die Einschätzung von Studierenden aller Initiativen. Sie alle schätzten die Bedeutung von Lehrenden, die die Initiativen unterstützen, als sehr hoch ein. Die Unterstützung kann sich dabei auf ein Mitwirken im Review-Prozess, auf eine wissenschaftliche Begleitung der Initiative aber auch auf Begleitessays, Interviews, Vorworte / Vorträge im Rahmen der Publikationen / Konferenzen beziehen. Eine solche Unterstützung wird von den Studierenden insbesondere in der Außenwirkung als wichtig wahrgenommen, da sie dem Projekt Anerkennung zuspricht.

Hinderlich sei es wiederum, wenn Studierende zwar Beiträge einreichten, aber nicht bereit seien, diese substantiell zu überarbeiten. Im Kontext der studentischen Forschung in den USA wird durchaus kritisch hinterfragt, ob Bachelorstudierende überhaupt schon bereit seien, Beiträge ihrer KommilitonInnen zu bewerten und konstruktiv zu kritisieren. So wird bemängelt, dass innerhalb eines ausschließlich studentischen Review-Prozesses, die Qualitätssicherung fraglich erscheine. Die ausschließliche Beteiligung von Studierenden suggeriere außerdem, dass abgeschwächte Regeln gelten könnten und die Qualität der Beiträge deshalb nicht gesichert sei (Gilbert, 2004). Teils versuchen Journale diesen Vorbehalten zu begegnen, in dem sie Lehrende in den Review-Prozess einbinden. Dies erfolgt etwa bei *360°* und *Der Wilhelm*. Dabei kann es aber auch vorkommen, dass sich angefragte ProfessorInnen kategorisch gegen studentische Journale aussprechen, da „eine solche Publikation vermittelt, die Uni würde ‚so etwas‘ als Wissenschaft anerkennen“ oder aber „die Befürchtung haben, dass Studis sich selbst blamieren“ (Mitwirkende *Der Wilhelm*).

Allerdings wird auch die Veröffentlichung von exzellenten Beiträgen als kritisch angesehen, da diese – so der Einwand – auch „in einem „richtigen“ Journal“ veröffentlicht werden könnten (Mitwirkende *Der*

Wilhelm). Da es sich bei den studentischen Formaten zumeist um Darstellungsmöglichkeiten nur für Studierende handelt, könnten die Beiträge – selbst bei exzellenter Qualität – gegebenenfalls nicht die Anerkennung erlangen, die ihnen in einem regulären Journal zukommen würde, so die Befürchtung (Gilbert, 2004).

Tatsächlich scheint auch für die studentischen Initiativen die Positionierung zwischen Lernmöglichkeit und ‚Analogmodell' zu bestehenden Zeitschriften unklar. So erhoffen sich die einen Verständnis von Dozierenden für die Lernprozesse im Rahmen solcher Initiativen (bspw. *Der Wilhelm*), während die anderen dieses Argument bewusst vermeiden und versuchen, in allen Punkten wissenschaftlichen Journalen gleichzuziehen (u a. *lointain*).

Ein Fazit

Es ist anzuerkennen, dass sich an den beschriebenen Initiativen Studierende beteiligen, die ein besonderes Interesse und eine besondere Bereitschaft mitbringen. Dies wird nicht für alle Studierenden in gleicher Weise gelten. Huber (2009) verweist darauf, dass eine Balance zwischen offenem selbstgestaltetem Lernen – wie es letztendlich projektbasiert in diesen Initiativen stattfindet – und direkter Instruktion nötig sei, da sonst einige Studierende überfordert sein könnten. Die Betreuung des von den Studierenden selbstgestalteten Lernens kann dabei allerdings sehr zeitintensiv sein, so dass es auch bei Lehrenden zu Überforderungen kommen könne.

Wenn es aber Studierende gibt, die freiwillig Plattformen für die Präsentation studentischer Forschung entwickeln und damit Lernmöglichkeiten schaffen, kann auch von Hochschulseite einiges unternommen werden, um dies zu bestärken. Eine Unterstützung des Organisationsteams, beispielsweise in rechtlichen Fragen oder bei der Akquise finanzieller Förderung, wird als hilfreich angesehen. Insbesondere wünschen sich die Initiativen aber eine Ermutigung potentieller AutorInnen durch deren Dozierende. Ein Lehrender, der das Journal *Der Wilhelm* intensiv unterstützt hat, fasst zusammen: „Zeitliche, finanzielle und personelle Ressourcen spielen hier eine wichtige Rolle, aber auch die Verankerung studentischer Forschung in der Forschungsstrategie der Hochschule."

Literatur

360° Das studentische Journal für Politik und Gesellschaft (2018). *Was ist 360°?* Verfügbar unter http://www.journal360.de/f-a-q/ [08.01.2018].

Althaus, M. (2013). JEMPAS – Eine Chance für studentische Forschung, Debatten und Praxis. *Journal of European Management & Public Affairs Studies, 1* (1), 3-4.

Brownlow, S. (1997). Going the extra mile: The rewards of publishing your undergraduate research. *Psi Chi Journal of Undergraduate Research, 2,* 83-85.

Council on Undergraduate Research (CUR) (2018a). *Fact Sheet.* Verfügbar unter https://www.cur.org/about_cur/fact_sheet/ [08.01.2018].

Council on Undergraduate Research (CUR) (2018b). *Undergraduate Journals.* Verfügbar unter https://www.cur.org/resources/students/undergraduate_journals/#TB_inline?height=230&width=500&inlineId=tb_external&linkId=31 [08.01.2018].

Gilbert, Scott F. (2004). A Case Against Undergraduate-only Journals. *Cell Biology Education, 3* (1), 1 26-27.

Hofhues, S., Mallwitz, M. (2016). Forschendes Lernen „zu Ende" denken. In D. Kergel & B. Heidkamp (Hrsg.), *Forschendes Lernen 2.0. Partizipative Lernprozesse zwischen Globalisierung und medialem Wandel* (S. 247-262), Heidelberg: Springer

Hofhues, S. & Mayrberger, K. (2014). Offene Bildungsmedien zwischen Partizipation und Öffentlichkeit produzieren – ein kritischer Rückblick auf sieben Jahre „w.e.b.Square". In P. Missomelius, W. Sützl, T. Hug, P. Grell & R. Kammerl (Hrsg.), *Medien – Wissen – Bildung: Freie Bildungsmedien und Digitale Archive* (S. 143–157). Innsbruck: Innsbruck University Press.

Hofhues, S., Reinmann, G., Wagensommer, V. (2008): w.e.b.Square – ein Modell zwischen Studium und freier Bildungsressource. In Zauchner, S. et. al (Hrsg.), *Offener Bildungsraum Hochschule. Freiheiten und Notwendigkeiten* (S. 28-38) Münster: Waxmann.

Huber, L. (2009). Warum Forschendes Lernen nötig und möglich ist. In L. Huber et. al (Hrsg.), *Forschendes Lernen im Studium* (S. 9-35) Bielefeld: Universitätsverlag Webler.

Linden, Alexander (2008, 6 Mai). *Politjournal "360°". Ein Studentenblatt zieht kreise.* Spiegel Online. Abgerufen von http://www.spiegel.de/lebenundlernen/uni/polit-journal-360-ein-studentenblatt-zieht-kreise-a-551601.html.

Reinmann, G. (2017). Prüfungen und Forschendes Lernen. In H.A. Mieg & J. Lehmann (Hrsg.), *Forschendes Lernen. Wie die Lehre in Universität und Fachhochschule erneuert werden kann* (S. 115-128). Frankfurt: Campus.

Ware, M. E., & Burns, S. R. (2008). Undergraduate student research journals: Opportunities for and benefits from publication. In R.L. Miller et al. (Hrsg.), *Developing, promoting and sustaining the undergraduate research experience in Psychology* (S. 253-256). Abgerufen von http://teachpsych.org/ebooks/ur2008/ur 2008.php.

Wildt, J. (2009). Forschendes Lernen: Lernen im „Format" der Forschung. *Journal Hochschuldidaktik, 20* (2), 4-7.

Zeppelin Universität (2015). *Studierende der Zeppelin Universität vom Stifterverband für die Deutsche Wissenschaft ausgezeichnet.* Verfügbar unter https://www.zu.de/universitaet/presse/pressemitteilungen/auszeichnung-macht-was-draus.php [08.01.2018]

Zeppelin Universität (2016). *Pfadabhängigkeit | 2013. Speicher | 2014. Tagungsband der studentischen Konferenz für interdisziplinäre Forschung ZUfo.* Books on Demand.

Victoria MARÍN, Carola SCHIRMER, Carl von Ossietzky University of Oldenburg

Design of a teacher-training workshop to support research-based learning processes with digital media

In this paper we discuss the design of a workshop to support teachers in the conception of research-based learning processes with digital media in their teaching at the University of Oldenburg. The workshop is taking place as a blended-learning training activity within the BMBF-financed project "Forschungsbasiertes Lernen im Fokus plus (FLiF +)[1]".

1. eDidactics in the FLiF+ Project

According to the forschen@studium (2017) *Grundlagenpapier*, the University of Oldenburg has committed itself to develop research-based learning and teaching as a main characteristic in its teaching profile. The level of research-based learning that a specific course or program aims for is determined by the type of student activity (see table).

	Research Question, prior research results	Applying research methods	Presentation of results
(C) Self-conducted research	Review literature and develop own research question	Carry out research, evaluation and interpretation	Present own research and results
(B) Analyse and /or practice	Analyse and compare research results and transfer to specific subject	Analyse and discuss uses of research methods in specific research	Analyse and practice academic presentation formats
(A) Get to know basics of research	Knowing about research results	Knowing how to apply research methods	Knowing about academic presentation formats

Table 1. Research-based Learning Levels at the University of Oldenburg. Source: forschen@studium (2017).

Students can engage with the main parts of the research processes (first row) - (1) research results and research questions, (2) research methods and

[1] Official website for the project: https://www.uni-oldenburg.de/forschen-at-studium/

(3) the presentation of results - on three levels of activity (A-C). Research-based learning on level A means to acquire knowledge on those three steps of research, learning activities on level B comprise the analysis and transfer of existing knowledge, the analysis and practising of research methods and the practising of presentation formats. Research-based learning on level C is required to be "self-conducted research". Students first engage with existing research results and develop their own research questions. Next, they develop a research design, apply appropriate research methods, evaluate and interpret findings and, finally, choose suitable formats for presentation of research results. As the students become actively engaged in self-conducted research they experience it as a construction process and recognize that the process as and the results are formed by their own decisions as researchers. By their active involvement, they have a chance to learn that the production of knowledge is a process that can be opened up to critical reflection. It is the goal at the University of Oldenburg that all undergraduate students go through an experience of a full research cycle on level C during their studies. This learning format requires the active participation of students in self-directed processes of learning and cooperation. In order to provide the grounds for successful processes of self-directed learning the guidance and scaffolding of teachers is required.

The use of digital media is one of the aspects teachers need to consider when designing the learning processes on the three levels previously described. Using digital media in research-based teaching and learning offers new possibilities for enhancing the self-directed learning both in individual and group facets. It also enables the development of key competences, such as information competence, ability for self-organization or the competence for solving problems, and it empowers social learning (Dümberger, 2014). Some possibilities connected to research-based learning are, for example: 1) to improve the information mediation (text, image, audio or multimedia), and by doing so, making the process of information reception easier; 2) to design the tasks and make more interactive the practice of learning with social media, even proposing new forms of communication and cooperation in the teaching-learning processes (online communities, social networks); 3) to propose new forms of reflection of the learning process using digital videos or e-portfolios (Hofhues, Reinmann, & Schiefner-Rohs, 2014).

In the context of the unit of *Hochschuldidaktik (academic teaching)*, digital media are seen as tools to be used as a support to enhance teaching and learning (eDidactics). Following this aim, the *e-Didaktik*[2] area of the *Hochschuldidaktik* of the University of Oldenburg emerged as an offer for the university teachers when incorporating digital media in the higher education classroom. It includes personal and group support for teachers for the development and implementation of didactic concepts. Face-to-face and blended training workshops are offered as well as periodical meetings for a peer exchange of didactic experiences. The goal is also to create a follow-up virtual community, so that issues can be described and further discussed after meetings. In addition, the *e-Didaktik* at the University of Oldenburg provides information about the didactic use of different digital tools through a public blog[3]. All teachers can contribute to the blog by including their evaluations and describing their experiences with such tools. The basis of this offer is the idea to actively build a community of practice (Wenger, 1998), where the teachers of the University of Oldenburg can share their concern or passion for teaching through a mainstream use of technologies and learn how to do it better as they interact regularly.

2. Digital media in research-based learning processes

With the purpose of providing an overview of different categories of tools in connection to the processes of research-based learning, we developed a map with some examples as orientation for teachers to decide on the type of tools (see figure 1).

The map of the research-based learning process presented here is supposed to be understood as an example. While the phases are generally applicable for research processes in most fields, the activities of research and learning may differ considerably according to the research field. For example, the activities of quantitative and qualitative social research differ. Research in the sciences will often focus on activities that go along with experiments, such as the documentation of an experiment. Action research requires another kind of activities as interventions are planned, implemented and evaluated; for example, in educational studies, that could mean the design, development, implementation and evaluation of a lesson plan. Research in engineering also differs from the other fields with regard to its goals and methods, which comprise for example the writing and testing of software.

[2] https://www.uni-oldenburg.de/lehre/hochschuldidaktik/e-didaktik-lehren-und-lernen-mit-digitalen-medien/

[3] e-Didaktik Blog: https://wp.uni-oldenburg.de/edidactics/uber-das-blog/

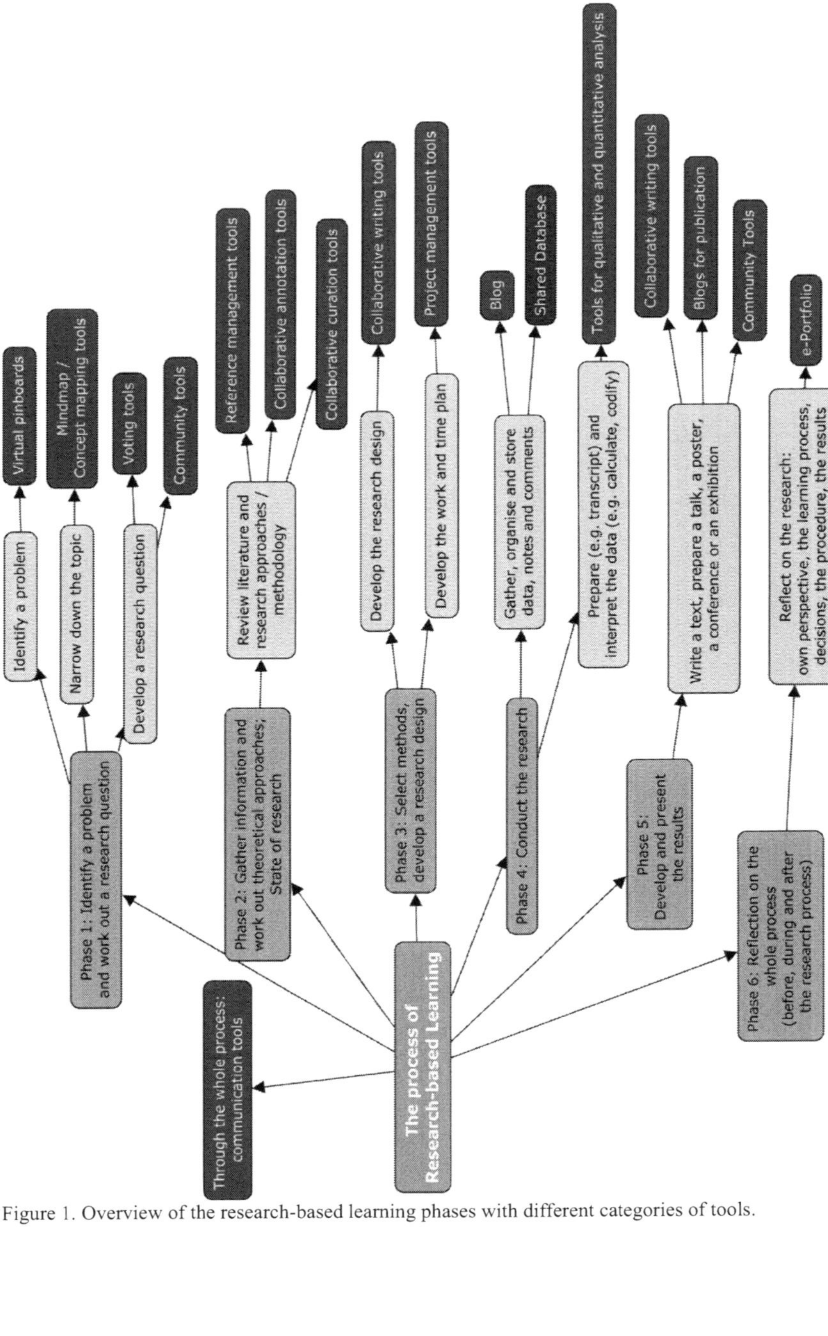

Figure 1. Overview of the research-based learning phases with different categories of tools.

Therefore, that map described here was also used in the workshop as an example. The teachers were asked to identify the activities typical for their own field and the associated learning activities of their students. In the next step they started to collect ideas of which digital tools could be used in the specified learning activities. For example, in the first phase, related to the identification of a problem and the development of a research question, the ideas regarding a specific topic could be collected and maintained through a virtual pinboard. To develop the main concepts and relationships among them based on a research question, we can use concept maps, which support the inclusion of media-rich resources, e.g. figures, videos, links or other concept maps.

Some of the tools can be used in different types of research and in several phases of a research-based learning process. For instance, tools for collaborative writing can be useful for a number of different tasks. In many cases it is recommendable to use tools for project management throughout a research process, individually or as a group. Another tool that could accompany every research process, particularly in research-based learning, is a reflective e-portfolio. Ideas, doubts, problems and decisions can be stored and reflected upon.

Many other tools might be useful for research activities that are specific to certain fields of research. This opens up an interesting task as part of teacher training: the teacher's experience and knowledge of research processes and of the teaching in their own field are the basis on which to develop ideas and concepts for the use of technologies in teaching together with the experts on digital media. On that basis, the TPACK (technological pedagogical content knowledge) framework is depicted by Mishra and Koehler (2006) as the teachers' knowledge required to integrate digital media into the instruction of specific topics within a discipline area (Koh, 2013, p.887). The idea of the concept is that teachers will develop their own “TPACK”: a specific combination of technological, pedagogical and content knowledge. For instance, teachers in mathematics should not only master their subject knowledge, but also need the didactic skills to teach the subject plus the ability to do that using suitable digital media. Then, a task of the teacher training in this context is promoting the teachers' design of meaningful learning activities with digital media in each subject field.

3. The reflective practice as a teacher

Reflective practice refers to professionals, in our case the teachers, making meaning from a given event (e.g., a learning activity in a class) so that they can better understand their professional practice and improve it. That can happen in the form of cycles of reflection, as Gibbs proposes (1988), considering from the description of what happened until the action plan of what the professional would do in the future, going through the expression of the own feelings within that situation, the evaluation of the experience and the analysis of the situation and the possible options.

Teachers as reflective practitioners is a topic extensively covered by literature based on the ideas of Schön (1983). He distinguishes between two forms of reflection: reflection-in-action and reflection-on-action. The first one refers to the process in which the professional is looking at the particular experience in progress. The professional knowledge is actually being used (knowing-in-action) and the practitioner is reflecting on it at the same time. This process also involves connecting with the own feelings and paying attention to the own theories in use. In this case, reflection-in-action would help teachers build new understandings to inform their own actions in the situation that is unfolding.

The second one, reflection-on-action, is related to the process of looking at and reflecting on the experience after being carried out, when it is finished. This kind of reflection enables teachers to take their time to explore the reasons behind their actions and the events under way in the group. That allows teachers simultaneously to critically examine their knowing-in-action by developing sets of questions and ideas about their own practice and activities, and reformulate and test that collection of ideas in further action.

In the context of eDidactics, we consider teachers' reflections as practitioners a key process in the design, application and evaluation of learning activities with digital media in research-based learning in different disciplines. Therefore, we encourage teachers, not only to enhance students' reflection in research-based learning processes, but also their own reflection on their practice. That reflective process can also take place in the digital context, through multimedia creation in the form of videos or slideshows or reflective writing in the form of a learning diary or journal or as answers to reflection prompts about the learning experience, e.g. in Blogs, as we propose later in our Workshop.

4. The Workshop "Research-based learning with digital media"

The workshop offered by the *Hochschuldidaktik* was directed at supporting teachers in designing research-based learning processes with digital media in their courses. It was organized as a blended learning seminar.

The participants were seven university teachers from different fields (Biology, Pedagogy, Special Education, Medicine, Theology), although only five took part in the whole process. Some of them had already experience with digital media in their teaching, but some did not.

4.1. The concept and the activities

The seminar was structured in three temporal moments, according to the development of the academic semester at the university:

- Before the semester, the teachers attended a one-day training session, in which they were introduced to the use of digital tools in the framework of research-based learning and were asked to start designing an activity plan for their own teaching. Our focus was on technologies that support the collaborative processes in research-based learning and teaching among teachers and students, and among students, such as e-portfolios, Wikis, collaborative writing tools (e.g. Etherpad), shared mind maps and concept maps or annotation tools, as well as online project management tools. Some of the tasks addressed to the teachers in this phase were accordingly:

  1. Read in pairs an article about research-based learning and present its contents using a mindmap tool (Mindomo) or an annotating tool (Nowcomment and NB). Then reflect on the relation with your teaching, and how you can imagine the use of these tools in your class.

  2. Use an online pinboard to brainstorm and to describe the course activities in which the students should work together. Join the activities with the phases of the research process and possible digital tools.

  3. Plan an activity in your teaching where one or more digital tool is used. Then review each others plans and present them to the group.

     Teachers were given a template for this description with different elements, as follows in the picture from the WordPress template example:

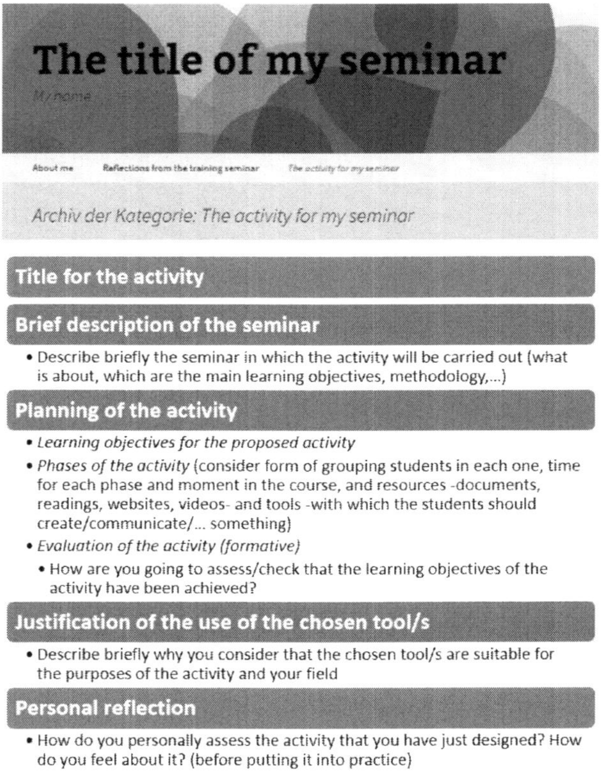

Figure 2. Template for the workshop task of designing a learning activity.

- During the semester, face-to-face and online individual support was provided as needed. In addition, a 2-hours exchange meeting was organized during this phase. For this meeting the teachers were asked to describe their planning of activities (continuation of task#3), how the planned activities worked out in their courses and to reflect on the process. These steps were to be taken in their e-portfolios using an institutional installation of WordPress, while the facilitators provided feedback to them. An assessment rubrics, which considered different criteria (e.g., the specification of the learning objectives of the activity or its phases) and levels of achievement, was designed.

- Three WordPress post entries for this online task were given, following the Gibbs' reflective cycle (1988) and the concept of the reflective practitioner of Schön (1983) and his ideas of reflection-in-action and on-action (see Table 1).

Type of reflection	**Instructions**	**Reflection prompts**
Reflection -in-action	Feel free to talk about your personal reflections during the first time/phase for the activity that you carried out in your seminar (and similar new posts for the following phases of the activity-in-action).	What happened? What were you thinking and feeling? What was good and bad about the experience in process?
Reflection -on-action	Feel free to talk about your personal reflections after the activity that you carried out in your seminar (if you developed more than one activity you can create more posts for the reflection-on-action).	What was good and bad about the whole experience? What sense can you make of the situation? What else could you have done? If it arose again what would you do?
Reflection -on-action (end of the course)	Reflect on the overall experience with digital media in your teaching and write a short comment. Remember to focus on the didactical aspects and not on the technical features of the tools.	What did you do in your teaching? Which were the didactical potentials of the tool in your case? What was good and bad about the whole experience? If you were doing something similar again, what would you do differently? Which recommendations would you give to a teacher that would like to use the same tool?

Table 1. Reflection tasks on the design of the learning activity.

- After the semester a wrap-up half-day session was carried out in which the participants shared their final didactic experience and started considering which their next steps would be in the upcoming semester. The meeting also provided the opportunity to discuss and exchange ideas with the IT developers of the University's learning management system Stud.IP.

4.2. Results

Challenges and potentials of the seminar were identified by the facilitators during its development, but also afterwards through the participants' evaluation.

As challenges, two of the main highlights were that the learning effort involved in the use of digital media for research-based learning processes was greater than expected, and that enough time for experimentation and reflection was required. Another aspect was that the German and EU data privacy law restricts the use of technological tools in non-European servers. That situation sets limits for the use of digital media by students in the courses. It is preferable to offer and suggest tools that are hosted on the university servers of that institution where the digital media will be used by students and teachers.

The key for the seminar to become an enabling experience was the didactic and technical support that was needed from the teachers and provided by the facilitators. Also, learning by doing with digital media, which was one of the main strategies of the seminar, was valued as meaningful and positive by the teachers. From the exchange session with the Stud.IP IT-developers of the University was also inferred that they may consider teachers' demands for the development of new Stud.IP plugins. In that way the teachers could conform to the regulations of the German data privacy laws.

Another issue that the teachers brought up and that we consider a potential to develop further in the near future is the establishment of regular exchange meetings between teachers. They would consider it helpful to share experiences and ideas of using digital media in their teaching, especially in connection with the research-based learning processes. Concerning this last aspect, we highlight the strengthening of the tie between digital media tools and research-based learning both as a challenge and potential. The enhancement for each of the phases of the research-based learning processes supported by digital media should be made clearer.

As facilitators of the seminar, we highlight that the blended learning workshop formats for teacher training are still to be further developed. Our own reflections on each session of the seminar were helpful to improve and develop a second version of the format, as well as to reflect with the participants on the outcomes and the process.

5. Next steps and conclusions

The setup of this workshop provided the teachers with the opportunity to use and explore collaborative technologies for research-based learning and teaching processes and reflect on that practice in successive steps using e-portfolios, while they were planning the use of the same digital tools and similar methodology in their own courses.

By reflecting the planning, process and results of this workshop, an example of how to enhance research-based learning and teaching processes by using digital media has been provided. In addition, exemplary categories and specific tools are proposed in Table 2. However, no universal tool solutions are identified and the example should be considered carefully in the light of the already available institutional tools.

Category	Tool	Teachers comments
Collaborative writing	Wordpress (Free, Open Source, Self-/Web hosted) (http://bit.ly/2Cg8TRR)	„I used the wordpress blog as part of an introductory lab course in physics. It is a great tool for promoting a transparent evaluation of labwork from students groups, it helps them understand better their own results in the light of what others did, and also to question suitable ways of reporting results and dealing with data in a collaborative way.” „Each of the student research groups in the seminar had their own ‚page‘ with subpages to organize and carry out their research. That way students could gain insight into the processes of other groups. On the main page of the blog I provided general information regarding the course.”
Pinboard	Padlet (Free, Web hosted) (http://bit.ly/2FsH5sd)	„Suitable for collecting ideas in group work. (…) A good simple tool for collaborative brainstorming.”
Collaborative annotation	Nowcomment (Free, Web hosted) (http://bit.ly/2EOrEJB)	„Students can online read and comment texts collaboratively. This can be a good start to develop research questions together.”
Mindmapping/ concept mapping	Cmaptools (Free, Self-/Web hosted) (http://bit.ly/2GCGuDD)	„Very useful to sketch and present a research design.(…) The students in my course rated the tool as helpful and said they could envision its usage in other courses.”

Table 2. Example of proposed tools for RBL.

Some suggestions for the successful design of teacher training with and for digital media use in research-based learning could also be extracted. It is necessary to provide enough time to experiment with tools that teachers might not be familiar with. In addition, teachers should have the possibility to receive continuous support. Careful planning and moderation has to ensure that issues of the technology, such as technical problems or legal questions, do not distract from the topic of designing research based learning activities as well as from the didactic chances and shortcomings the digital tools offer.

As for the follow-up of this workshop, a second cycle is being developed, considering all the appreciations from the participants. Regular exchange meetings with the participants will take place after the courses end.

References

Dürnberger, H. (2014). *Forschendes Lernen unter Einsatz digitaler Medien beim Verfassen der Bachelorarbeit - Potenziale für die Schlüsselkompetenzentwicklung*. Dissertation. Zeppelin Universität, Friedrichhafen. Retrieved from http://opus.bibliothek.uni-augsburg.de/opus4/frontdoor/index/index/docId/2817

forschen@studium (2017). *Forschungsbasiertes Lehren und Lernen an der Universität Oldenburg*. Grundlagenpapier. Retrieved from https://www.uni-oldenburg.de/fileadmin/user_upload/flif/forschen-at-studium_Grundlagenpapier-2017_print.pdf

Gibbs, G. (1988). *Learning by doing: a guide to teaching and learning methods*. London: FEU.

Hofhues, S., Reinmann, G., & Schiefner-Rohs, M. (2014). Lernen und Medienhandeln im Format der Forschung. In O. Zawacki-Richter, D. Kergel, N. Kleinefeld, P. Muckel, J. Stöter, J. & K. Brinkmann (Hrsg.), *Teaching Trends14. Offen für neue Wege: Digitale Medien in der Hochschule* (S. 19-36). Münster: Waxmann.

Koh, J. (2013). A rubric for assessing teachers' lesson activities with respect to TPACK for meaningful learning with ICT. *Australasian Journal of Educational Technology, 29*(6). DOI: 10.14742/ajet.228

Mishra, P., & Koehler, M. J. (2006). Technological Pedagogical Content Knowledge: A new framework for teacher knowledge. *Teachers College Record. 108*(6), 1017-1054. DOI: 10.1111/j.1467-9620.2006.00684.x

Schön, D. A. (1983). *The reflective practitioner: How practitioners think in action*. London: Temple Smith.

Wenger, E. (1998). *Communities of Practice: Learning, Meaning, and Identity*. Cambridge: Cambridge University Press.

Jean-Luc PATRY, Salzburg (Österreich)

Lehre durch Forschung und Forschung durch Lehre: Untersuchung zum Pädagogischen Takt mit Nachträglichem Lautem Denken

Studierende der Erziehungswissenschaft befassen sich wesentlich mit dem Theorie-Praxis-Transfer, geht es doch im Studium u.a. darum, auf wissenschaftlicher Basis praktisch handeln zu können. Zudem sollen sie Kompetenzen zur erziehungswissenschaftlichen Forschung erwerben und selber Forschung durchführen. Auf diesem Hintergrund stellt sich die Frage, ob diese Studierenden zum Theorie-Praxis-Transfer forschen und dabei relevante Inhalte und Vorgangsweisen lernen (Lehre durch Forschung) und gleichzeitig einen Beitrag zur Wissenschaft leisten (Forschung durch Lehre) können – im vorliegenden Beitrag im Sinne einer Pilotstudie. Bei dieser Gelegenheit können sie Erfahrungen im Forschen wie auch bezüglich der (eigenen) Praxis machen.

1. Theorie, Praxis und der Theorie-Praxis-Transfer

Zunächst sollen die entscheidenden Begriffe zum Theorie-Praxis-Transfer definiert werden. Eine *Theorie* wird für die vorliegenden Zwecke (verkürzend) als ein System von allgemeinen Aussagen definiert, von denen angenommen wird, dass sie ihren Gegenstand angemessen wiedergeben. *Praxis* wird mit Sayler (1968, S. 113f.) – ebenfalls sehr verkürzend – als Handlung (im Sinne von zielgeleitetem Tun; vgl. Weber, 1984) im Einzelfall bestimmt, wobei die pädagogisch Handelnden mindestens ein Erziehungsziel (Dispositionen von Edukanden, vgl. Brezinka, 1981) verfolgen.

Für den Theorie-Praxis Transfer müssen zwei Typen von Theorien unterschieden werden: (1) Theorien, die in die Praxis transferiert werden (sollen) – sie werden hier als „Theorien_1“ bezeichnet; und (2) Theorien über den Theorie_1-Praxis-Transfer, hier „Theorien_2“ genannt. Der *Transfer* bezieht sich dann darauf, dass praktische Handlungen u.a. auf Theorien_1 basieren; wie dies geschieht oder geschehen kann, ist Gegenstand von Theorien_2. Der Theorie_1-Praxis-Transfer ist ein klassisches Problem der Erziehungswissenschaft in verschiedener Hinsicht: Wie ist dieser Transfer zu konzipieren, d.h. welche Theorien_2 können formuliert und begründet werden? Welche Theorien_1 sind transfertauglich? Für Praktikerinnen und Praktiker (einschließlich der Studierenden der Erziehungswissenschaft als zukünftige Praktikerinnen oder Praktiker bzw. Beraterinnen oder Berater etc., aber auch für Praktikerinnen und Praktiker der Lehrerinnen- und Lehrerbildung etc.) stellt sich die Frage des praktischen Theorie_1-Praxis-Transfers.

Im Hinblick auf den Theorie$_1$-Praxis-Transfer muss ferner zwischen wissenschaftlichen und subjektiven Theorien unterschieden werden. Wissenschaftliche Theorien sind explizit formuliert und werden kommuniziert, sodass sie kritisiert werden können. Subjektive Theorien sind demgegenüber Vorstellungen von Menschen über die Welt und sich selber (Groeben, Wahl, Schlee & Scheele, 1988), die nicht formuliert wurden, sondern allenfalls rekonstruiert werden können (Patry & Gastager, 2017). Wie bei den wissenschaftlichen kann man bei den subjektiven Theorien zwischen Theorien$_1$ und Theorien$_2$ unterscheiden.

Das im vorliegenden Beitrag verwendete Modell (eine Theorie$_2$) ist in Abbildung 1 dargestellt. Praktikerinnen und Praktiker können ihren Entscheidungen wissenschaftliche Theorien$_1$ nur zugrunde legen, wenn sie diese in ihr System subjektiver Theorien$_1$ integriert haben, Diese Übernahme kann durch Mediatoren, etwa Lehrerinnen- und Lehrerbildner, erleichtert werden; allerdings kann nicht davon ausgegangen werden, dass die wissenschaftlichen Theorien$_1$ unverändert übernommen werden (vgl. Patry, 2014). Neben den auf wissenschaftlichen Theorien$_1$ beruhenden subjektiven Theorien$_1$ spielen auch andere subjektive Theorien$_1$ eine Rolle, u.a. die Erziehungsziele (die hier ebenfalls als subjektive Theorien$_1$ interpretiert werden). Dieses System subjektiver Theorien$_1$ ist auch Grundlage für die Wahrnehmung etwa der Situation, in der gehandelt wird. Das System subjektiver Theorien$_1$ dient als Grundlage für die konkrete Handlungsentscheidung, wobei diese von Aussagen in Handeln „übersetzt" werden müssen (deshalb wird hier von „Transfer" und nicht von „Anwendung" gesprochen). Die Übersetzungsfunktion wird im Anschluss an Herbart (1802/1964) als „pädagogischer Takt" bezeichnet. Diese Funktion gilt es im vorliegenden Beitrag zu untersuchen. Die Handlung bzw. deren Ergebnisse werden (wiederum in Funktion der subjektiven Theorien$_1$) wahrgenommen und interpretiert. Die Handlungen selber können in der wissenschaftlichen Forschung erfasst und analysiert werden. Es sei angemerkt, dass der pädagogische Takt für alle Praktikerinnen und Praktiker relevant ist, seien diese Lehrerinnen und Lehrer (etwa Landsgesell & Neumann-Erber, 2008), Lehrerbildnerinnen und –bildner (Gastager, Bock, Patry, Präauer & Fageth, 2017), aber auch Pflegekräfte (Nußbaumer, 2011) oder – im vorliegenden Beitrag – Eltern, Kleinkindpädagoginnen, Heimbetreuer etc.

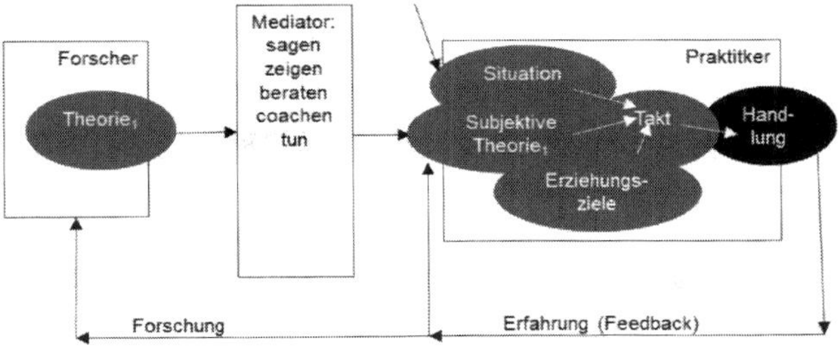

Abbildung 1: Modell (Theorie$_2$) des Zusammenhangs zwischen Theorie und Praxis (im Anschluss an das Modell von Patry, 1989)

Nach dem Modell von Abbildung 1 gibt es eine Reihe von Problem beim Transfer, die hier nicht im Einzelnen aufgelistet werden können (vgl. Patry, in Vorb.); genannt seien nur die folgenden: (a1[1]) Theorien$_1$ sind allgemein und deshalb nicht konkret (Allgemeinheits-Konkretheits-Antinomie; Herrmann, 1979), praktisches Handeln erfordert ganz konkrete Angaben. (a2) In der Praxis werden mehrere Theorien$_1$ und Ziele simultan verwendet (Patry, 2005), die in der Forschung zumeist als konkurrierend interpretiert werden (Kuhn, 1962). (a3) Praxis ist situationsspezifisch, was in Theorien$_1$ nicht berücksichtigt und in Theorien$_2$ nur erwähnt wird (Patry, 1991). Bei der Analyse des pädagogischen Taktes sind jedenfalls diese Probleme anzusprechen.

Der Pädagogische Takt wurde seit Herbart immer wieder thematisiert, allerdings fast ausschließlich in der geisteswissenschaftlichen (etwa Muth, 1962) oder phänomenologischen Pädagogik (van Manen, in Vorb.); in Einzelfällen gibt es auch empirische Untersuchungen (Burghardt, Krinninger & Seichter, 2015). Herbart hat nur ansatzweise eine Theorie des Taktes vorgelegt, auch später gab es mehr Diskussionen zu Notwendigkeit und Sinn des Taktes als zu dessen Analyse und Erklärung. In der vorliegenden Untersuchung soll ein sozialwissenschaftlicher Ansatz verfolgt werden: Es wird untersucht, was Praktikerinnen und Praktiker in praktischen Situationen denken und inwiefern sie sich bei ihren praktischen Handlungen von wissenschaftlichen Theorien$_1$ leiten lassen. Ausgehend von den oben genannten Problemen werden mehrere Elemente bestimmt, die dafür relevant sind (vgl. unten, Durchführung). Es gilt in der vorliegenden Pilotstudie zu prüfen, ob diese Elemente sich in den rekonstruierten Begründungen praktischer Handlungen wiederfinden lassen.

[1] Um im Weiteren auf Elemente solcher Aufzählungen zurückgreifen zu können, werden diese mit einem Buchstaben und einer Zahl gekennzeichnet.

2. Lehre durch Forschung, Forschung durch Lehre

Für Untersuchungen des $Theorie_1$-Praxis-Transfers sind Studierende geeignet, weil sie Erfahrung sowohl mit Theorie (durch das Studium) als auch mit Praxis (als Menschen, die Erziehung erfahren und praktiziert haben) haben. Als Studierende der Erziehungswissenschaft, die zur wissenschaftlichen Forschung qualifiziert werden sollen, sind sie unter Anleitung geeignet für die Konzeption und Durchführung solcher Studien. Durch mangelnde Erfahrung der Studierende können evt. Probleme und Fehler entstehen, sodass die Untersuchung wie im vorliegenden Fall allenfalls nur als Pilotstudien einsetzbar ist, aber nichtsdestoweniger wertvolle Erkenntnisse ermöglicht.

Da sie Erziehung auch aktuell praktizieren – sei es in einem professionellen Kontext, z.B. als Elementarpädagogin, Lehrer, Sozialpädagogin, etc., sei es privat, etwa als Mutter oder Vater –, können die Studierenden auch ihre eigene Praxis erforschen und damit den $Theorie_1$-Praxis-Transfer auch aus eigener unmittelbarer Erfahrung thematisieren (subjektive $Theorien_2$).

In einem wissenschaftlichen Studium sollte die Lehre forschungsbasiert erfolgen. Lehre *durch* Forschung erfüllt dies durch aktuellste Fragestellungen (hier: der $Theorie_1$-Praxis-Transfer), aktuellste Methoden (vgl. unten) und aktuellste Theorien (hier: $Theorien_2$). Durch die Teilnahme am Forschungsprozess lernen die Studierenden u.a., dass die Aussagekraft von Theorien beschränkt ist. Im vorliegenden Fall werden auch Theorien zum Thema angesprochen ($Theorien_1$, $Theorien_2$, Funktionen von Theorien, etc.). Schließlich dient die Lehre durch Forschung auch als Vorbereitung für eigene Forschungen zum Thema (etwa in Master-Arbeiten).

3. Durchführung

Die Untersuchung erfolgte im Rahmen eines Seminars für Masterstudierende der Erziehungswissenschaft (Wahlpflichtfach) mit dem Titel „SE II: Nachträgliches Lautes Denken und pädagogischer Takt (Wissenschaftliche Spezialisierung A)“; das Seminar dauerte ein Semester (15 Doppelstunden) für 8 ECTS; dies entspricht 200 Stunden Workload, davon 22,5 Stunden Präsenzzeit. Es nahmen 32 Studierende teil (29 Frauen, 3 Männer).

Das Seminar lief wie folgt ab: (b1) Einführung, theoretische Grundlagen, Nachträgliches Lautes Denken (NLD, vgl. unten); (b2) Tandem/Tridem-Bildung; (b3) Definition des Praktiker-Typs, mit dem sich das Tandem befassen wollte; (b4) gegenseitiger Probelauf NLD (jedes Tandem-Mitglied fungiert je einmal als Untersuchungsperson und einmal als Untersuchungsleiterin oder Untersuchungsleiter) und erste Auswertung bzw. Erfahrung; (b5) Kontaktieren von zwei Personen des in b3 definierten Typs; (b6) NLD, wobei jede/r Studierende Untersuchungsleiter für eine dieser Personen ist; (b7) gleichzeitig Entwicklung des Interviewleitfadens und (b8) des Kodierhandbuchs für ein bestimmtes Element der Takttheorie$_2$ (vgl. unten); (b9) Auswertung nach Kodierhandbuch (einzeln; mit Unterkategorien; theoriegeleitet); (b10) Auswertung zufällig ausgewählter Situationen durch das andere Tandemmitglied; (b11) Interrater-Reliabilität mittels Krippendorff Alpha; (b12) gemeinsame Seminararbeit unter besonderer Berücksichtigung des „eigenen" Elements nach b8.

Die Erhebung erfolgte mit der Methode des Nachträglichen Lauten Denkens (NLD; Wagner, Maier, Uttendorf-Marek & Weidle, 1981): (c1) Eine praktische Sequenz wird per Video aufgenommen; ausgewählt wurden pädagogische Situationen, d.h. Sequenzen, in denen die Protagonisten klar erzieherische Anliegen verfolgten. (c2) Unmittelbar anschließend erfolgt ein leitfadengestütztes Interview (Audio-Aufnahme) zu dieser Sequenz: Nach der Instruktion (c2.1) werden allgemeine Fragen zur Sequenz gestellt (c2.2), sodann wird das Video gestartet; (c2.3) wenn eine Entscheidungssituation ansteht, wird das Video gestoppt, und es werden Fragen zu den taktrelevanten Variablen (vgl. unten) gestellt; dann geht es weiter zur nächsten Situation bzw. (c2.4) zu abschließenden Fragen zur Erhebungssituation etc. (c3) Die Kodierung erfolgte mittels eines ausführlichen Kodierhandbuchs (vgl. b8).

Bei der Umsetzung erfolgte das gegenseitige NLD (Schritt b4) noch relativ unstrukturiert. Für gewisse Elemente der Takt-Theorie$_2$ (Schritt b8) taten sich Tandems zusammen. Als Praktiker-Typen (vgl. Schritt b3) wurden Mütter bzw. Eltern, Kleinkindpädagoginnen sowie Heimbetreuer untersucht.

Die verwendete Theorie$_2$ umfasst folgende Elemente (Details vgl. Patry, 2012; Patry & Präauer, 2014):

(d1) Reflexivität (Reflection-in-action, Schön, 1983);

(d2) Bezug zur Theorie$_1$ (inkl. Subjektive Theorie$_1$; Gastager, Patry & Gollackner, 2011) einschließlich Theorien$_1$-Vielfalt und Antinomien (Patry, 2014; vgl. oben, a2);

(d3) Cognitive-Affective Processing System (Mischel & Shoda, 1995) mit sechs Faktoren (Cognitive-Affective Units CAUs), die je nach Situation verfügbar sind oder nicht bzw. aktiviert werden oder nicht (damit wird die Situationsspezifität angesprochen, vgl. oben, a3), nämlich

- (d3.1) Kompetenzen (Was kann ich tun, welche Fähigkeiten habe ich?; einschließlich der Verfügbarkeit von subjektiven Theorien$_1$);
- (d3.2) Wahrnehmung (Wie kodiere ich die Reize, die auf mich einströmen? - in Funktion des Systems subjektiver Theorien$_1$);
- (d3.3) Erwartungen (Was passiert, wenn ich x tue? Was, wenn ich nichts tue?);
- (d3.4) Ziele und Werte (Was ist mir wichtig, was will ich erreichen?);

(d3.5) Selbstregulatorische Strategien (Wie steuere ich mein Handeln?); und

(d3.6) Emotionen (Was fühle ich?).

(d4) Des Weiteren werden Feingefühl und Intuition erfasst sowie

(d5) Erfahrungen mit entsprechenden Situationen und

(d6) Empathie.

Die Studierenden erarbeiteten einen differenzierten Interviewleitfaden (b7), gemäß dem all diese Elemente angesprochen wurden, und ein umfangreiches Kodierhandbuch (b8). Beides wurde in den Präsenzveranstaltungen des Seminars eingehend besprochen.

4. Ergebnisse: Forschung durch Lehre

Bei den Ergebnissen zur Takt-Theorie$_2$ können sowohl quantitative als auch qualitative Ergebnisse berichtet werden. Bezüglich der ersteren muss betont werden, dass die Interrater-Reliabilitäten (Krippendorff Alpha) sehr unterschiedlich ($0.00 \leq$ Alpha ≤ 1.00), aber generell eher niedrig waren.

Acht Sequenzen waren vollständig und konnten ausgewertet werden (vgl. Tab. 1). Wegen der niedrigen Reliabilitäten können die Ergebnisse allenfalls als Hinweise gewertet werden. Es ist zu betonen, dass die Häufigkeit von Elementen auch von der Thematik der erfassten Sequenz abhängt; beispielsweise kann man annehmen, dass bei kognitiven Lernaufgaben eher Fähigkeiten angesprochen werden, die bei sozialem Lernen weniger eine Rolle spielen.

Es kommen alle theoretisch postulierten Elemente vor, wenn auch mit unterschiedlichen Häufigkeiten. In Tabelle 1 sind die relativen Häufigkeiten der jeweiligen Elemente in den einzelnen Situationen der Sequenz dargestellt. Wenn beispielsweise die Sequenz fünf Situationen umfasst (Studierende 1) und in drei dieser Situationen auf Theorien$_1$ Bezug genommen wurde, ergibt sich eine relative Häufigkeit von 60%,

Tabelle 1: Häufigkeiten der einzelnen Elemente, in % der Situationen der jeweiligen Sequenz

Studierende	Anzahl Situationen	Reflexivität	Theorien$_1$	Kompetenzen	Wahrnehmung	Erwartungen	Ziele	Selbstregulatorische Strategien	Emotionen	Feingefühl und Intuition	Erfahrungen	Empathie
1	5	80%	60%	80%	60%	60%	60%	80%	40%	100%	20%	80%
2	5	80%	40%	60%	60%	40%	40%	60%	60%	100%	40%	60%
3	6	100%	67%	83%	33%	83%	67%	67%	50%	100%	17%	17%
4	7	100%	71%	43%	29%	71%	43%	57%	86%	43%	71%	43%

5	3	100%	67%	100%	100%	100%	67%	100%	33%	100%	33%	100%
6	3	100%	67%	100%	67%	67%	33%	100%	67%	100%	33%	100%
7	12	75%	42%	8%	100%	58%	0%	0%	58%	50%	25%	100%
8	10	60%	10%	10%	10%	20%	30%	50%	40%	40%	0%	20%
Durchschnitt		87%	53%	61%	57%	62%	42%	64%	54%	79%	30%	65%

Die so erhobenen Kognitionen sind *Rekonstruktionen* (Patry & Gastager, 2017); in der Terminologie von Schön (1983) handelt es sich um die „espoused theory", die sich von der „theory-in-use" grundlegend unterscheiden kann (auf Details dieser Unterschiede kann hier nicht eingegangen werden, vgl. Patry, in Vorb.). Die Validität der erhobenen Daten gegenüber der „theory-in-use" ist demnach in Frage zu stellen.

Da sich der Takt auf den Transfer von *Theorien₁* zur Praxis bezieht, sollen zunächst diese betrachtet werden. Darauf wird (direkt oder indirekt) nur in 53% der Situationen verwiesen. Die hier erfassen Praktikerinnen und Praktiker ließen sich somit nur in etwas mehr als der Hälfte der Situationen von Theorien₁ leiten. Bezüglich der oben angesprochenen Unterscheidung zwischen „theory-in-use" und „espoused theory" kann angemerkt werden, dass die Praktikerinnen und Praktiker durch die Interviewfragen ausdrücklich angeregt wurden, Theorien₁ zu nennen – also können durch den Rekonstruktionsprozess auch solche genannt worden sein, die in der aktuellen Situation nicht relevant waren („theory-in-use"). Bei den 53% Nennungen dürfte es sich also um eine Überschätzung handeln.

Auf diesem Hintergrund kann davon ausgegangen werden, dass der Takt als „Zwischenglied" zwischen Theorie₁ und Praxis in einer Minderheit von Situationen überhaupt zum Tragen kommt. Dies sollte in weiteren Forschungen genauer betrachtet werden und könnte dazu führen, die Rolle des so definierten Taktes im praktischen Handeln zu relativieren; entsprechende Hinweise wurden z.B. von van Manen (in Vorb.) gegeben.

Eine qualitativ ausgerichtete Analyse zeigt, dass nie zwei oder mehr Theorien₁ in der gleichen Situation angesprochen werden; dies spricht gegen die Annahme a2: Innerhalb der gleichen Situation wird keine Theorien₁-Vielfalt berichtet. Demgegenüber verwendet aber die gleiche Person unterschiedliche Theorien₁ in *unterschiedlichen* (auch aufeinanderfolgenden) Situationen. Dies spricht für Situationsspezifität in der Theorie₁-Nutzung (a3, vgl. oben). Wir können also situations*übergreifend* Theorien₁-Vielfalt feststellen (a2).

Auf welche wissenschaftlichen Theorien₁ verweisen die Praktikerinnen und Praktiker? Mehrfach thematisiert wurden Leistungs-Motivations-Theorien (etwa „*Erneut bemühe ich mich um das Kind, dass es nicht misserfolgs-motiviert wird.*"), Operante Lehr-Lern-Theorien und Risiko-Wahl Theorien („*Ich habe versucht, nach dem Risiko-Wahl Modell nach Atkinson zu gehen.*"). Je einmal genannt werden eine Konzentrationstheorie, eine Problembewältigungstheorie, ein Konzept zur Geschwisterproblematik und „Intervention nach Bedarf". Die Spannweite an verwendbaren wissenschaftlichen Theorien$_1$ scheint demnach ziemlich breit zu sein.

Im Hinblick auf die Allgemeinheit der Theorien$_1$ (vgl. Problem a1: Allgemeinheits-Konkretheits-Antinomie) zeigt sich, dass neben singulären Aussagen (gilt nur für das hier und jetzt; etwa „*Hier habe ich das Gefühl gehabt, dem Kind hat schön langsam der Mut verlassen.*") auch ausdrücklich im Geltungsbereich eingeschränkte (etwa „*Er nimmt die Dinge nicht seinem Alter entsprechend.*" – diese Aussage ist auch idiographisch) und idiographische Aussagen (gilt nur für diese Person, dort aber allgemein, etwa "*Aus meiner Sicht könnte es ein Geschwisterproblem sein, weil Fritz*[2] *als Erstgeborener seiner jüngeren Schwester in vielen Dingen unterlegen ist. Ich sehe darin die Wurzel, er will unbedingt Erster sein. Petra weiß dagegen, dass sie gewinnen kann, deshalb kann sie auch ganz gut verlieren.*") getätigt wurden. Die Praktikerinnen und Praktiker sind sich also zumindest teilweise durchaus bewusst, dass die Aussagen einen beschränkten Geltungsbereich haben (was eine größere Konkretheit ermöglicht). Darin sind sie fortgeschrittener als viele Wissenschaftlerinnen und Wissenschaftler, die nur selten Aussagen über den (eingeschränkten) Geltungsbereich ihrer Aussagen machen. Insgesamt zeigt die Pilotstudie, dass die Methode ein sehr reiches Daten-Material ergibt, mit dem man viele spezifische Hypothesen prüfen könnte, wie am Beispiel „Verwendung von Theorien$_1$" angedeutet wurde.

5. Ergebnisse: Lehre durch Forschung

Zur Lehrveranstaltung sind keine quantitativen Evaluationsdaten verfügbar, deswegen werden hier nur qualitative Ergebnisse berichtet. Die Studierenden mussten am Ende des Seminars eine Seminararbeit schreiben und abgeben (b12). Dabei waren sie ausdrücklich aufgefordert worden, auch zum Lernprozess im Seminar Stellung zu nehmen. Auf diese Aussagen soll im Weiteren Bezug genommen werden, wobei auch Erfahrungen aus einem späteren Seminar zum gleichen Thema (aber mit anderem Vorgehen) wiedergegeben werden. Aus Gründen des Datenschutzes werden die Studierenden nur mit dem Anfangsbuchstaben ihres Namens identifiziert. Es ist anzumerken, dass nicht alle Studierenden den Auftrag, über den Lernprozess zu berichten, auch

[2] Alle Namen sind geändert.

tatsächlich umsetzten. Die ausgewählten Textstellen sind jeweils prototypisch für mehrere Studierende, und es gab keine Aussage in den Seminararbeiten, die dem widersprechen.

Die Berichte zeigen, dass zunächst die praktische Umsetzung problematisch war:

> *Ein relativ schwieriges Problem war es Versuchspersonen zu finden, die dieses Projekt durchführen wollten. Viele scheuten den Zeitaufwand und wollten sich nicht bei der Arbeit beobachten lassen. Sie fühlten sich, als ob man sie beurteilen würde.* (H)

Die Studierenden haben gegenüber der Idealvorstellung von Forschung ein besseres Verständnis für Forschungsansätze erworben, dass nämlich Forschung sehr komplex sein kann und nicht alles thematisiert werden kann, was von Interesse ist:

> *Die Arbeit in unserem Seminarprojekt hat gezeigt, dass gerade die Verschränkung von Takt und Situationsspezifität eine große Herausforderung ist: einerseits bietet sie uns nahezu unendliche Möglichkeiten, das pädagogische Handeln zu untersuchen, andererseits sind wir dazu gezwungen, in unserer Arbeit nur einen Bruchteil davon in den Blick zu nehmen.* (B&W)

Dass die gewählte Methode Rückwirkungen auf die Ergebnisse hat, war für einige Studierende eine neue Erfahrung:

> *Das Konstrukt der Strategien wurde (..) vernachlässigt, da die vorgesehene Frage zu den Strategien auf Seiten der Forscherinnen missverstanden wurde. Erst bei der Auswertung der Daten wurde klar, was unter Strategien zu verstehen ist.* (E&L)
>
> *Allgemein ist fest zu halten, dass bezüglich dieser Arbeit die Aussagen über Ziele meist auch anders ausgelegt werden können.* (B&B)
>
> *Durch die Analyse und die genaue Auseinandersetzung mit dem Interview wurde aber deutlich, dass oft zu wenig oder gar nicht mehr nachgefragt wurde, wenn die Pädagogin von sich aus erzählte.* (G)

Die Untersuchung an sich selbst durchzuführen, wurde positiv aufgenommen. Im ersten Teil wurde erneut die Komplexität der Aufgabe angesprochen:

> *Es hat sich gezeigt, dass es ein schwieriges Unterfangen ist, die Elemente des pädagogischen Taktes und damit viele Unterkonstrukte zu erfassen und zu operationalisieren. (…) Positiv war die Idee einer Testung an sich selbst, wodurch man ein Gespür für die Interview-Situation der Befragten*

erhalten konnte. Auf diese Weise konnte man die Fragen besser und verständlicher formulieren, genauer hinterfragen wo es notwendig war und man lief kaum Gefahr, die Befragten mit erneutem Hinterfragen der Antworten zu enervieren. (H&S)

Es ergaben sich einige Empfehlungen für Verbesserungen, etwa

> *dass das Ergebnis der Interpretation vor der Erstellung der endgültigen Version mit der befragten Person besprochen hätte werden können, um die Darstellung mit ihrer Sichtweise abzugleichen.* (L)

In der gleichen Arbeit wurde ausdrücklich angegeben, dass die Generalisation der Erkenntnisse der Untersuchung möglich ist, aber nur auf dem Hintergrund einer expliziten Generalisierungstheorie auf objekttheoretischer Ebene. (L)

Neben dem besseren Verständnis für Forschungsansätze finden sich auch gelegentlich Hinweise auf die Praxis:

> *Wie schmal der Grat zwischen „Schlendrian" und taktvollem Handeln sein kann, wurde durch diese Untersuchung klar.* (H)

Man kann auf Grund dieser Aussagen davon ausgehen werden, dass der angestrebte Lernerfolg erreicht worden ist. Es muss aber auch betont werden, dass das Seminar einen großen Aufwand von Seiten der Studierenden erforderte, der teilweise weit über die ausgeschriebenen 8 ECTS-Punkte (200 Stunden workload) hinausging.

6. Diskussion

Forschung durch Lehre erlaubt es, den gerade im vorliegenden Bereich oft sehr großen Aufwand zu reduzieren. Die Ergebnisse lassen die Reichhaltigkeit des gewonnenen Materials erahnen. Bei anspruchsvollen und komplexen Fragestellungen und Methoden wie im vorliegenden Fall ist Forschung durch Lehre allenfalls als Pilotstudie (hier für unsere Projekt FWF P 27191-G22) brauchbar (bei einfacheren Ansätzen aber auch als Hauptstudie machbar, etwa Patry, 2014). Kritisch ist insbesondere die geringe Interrater-Reliabilität. Allerdings war die Anzahl erfasster Situationen pro Sequenz (vgl. c2.3) sehr gering (vgl. Tab. 1, zweite Spalte); entsprechend wirkten sich einzelne fehlende Übereinstimmungen sehr stark aus. Ferner war das Training der Rater ungenügend, bedingt durch die relativ geringe Präsenzzeit im Seminar – hier manifestiert sich ein Nachteil der Forschung durch Lehre. Hinzu kommt, dass das Kodierhandbuch nicht präzise genug formuliert worden war, trotz eingehender Diskussion während der Präsenzzeit.

Bezüglich der Lehre durch Forschung zeigt sich, dass die Studierenden sehr intensiv „hinter die Kulissen" der Forschung schauen: Sie lernen, ihre eigene

Praxis zu hinterfragen (sowohl die pädagogische als auch die Forschungspraxis). Sie erkennen den Wert von Theorien (hier sowohl Theorien$_1$ als auch Theorien$_2$, aber auch methodologische Theorien). In diesem Sinne ist diese Lehre eine gute, weil realistische Vorbereitung auf die eigene Forschung etwa in der Masterarbeit. Dem steht der große Aufwand bei der Durchführung entgegen – wobei wiederum positiv zu werten ist, dass die Studierenden dadurch erkennen, wie aufwändig Forschung sein kann.

Insgesamt war das Seminar für Forschungsteam wie für Studierende ein Gewinn mit Vorbehalten: Für die Forschung durch Lehre stellt sich ganz klar das Objektivitäts-, Reliabilitäts- und damit Validitätsproblem. Für die Lehre ist insbesondere auf den großen Aufwand hinzuweisen. Zudem ist es ganz wichtig, dass die Lehrenden in solchen Seminaren einerseits genaue Vorstellungen darüber haben, was getan werden soll, andererseits aber flexibel genug sind, um den Studierenden Freiräume für die eigene Forschung zu eröffnen (hier etwa bei der Entwicklung des Kodierhandbuches, b8). Das bedeutet: Auch von den Lehrenden wird bei einem solchen Unterfangen letztlich pädagogischer Takt verlangt.

Literatur

Brezinka, W. (1981). *Grundbegriffe der Erziehungswissenschaft* (4. Auflage). München: Reinhardt.

Burghardt, D., Krinninger, D., & Seichter, S. (Hrsg.). (2015). *Pädagogischer Takt. Theorie – Empirie – Kultur*. Paderborn: Schöningh.

Gastager, A., Bock, A., Patry, J.-L., Präauer, V., & Fageth, B. (2017). Pedagogical tact in mentoring of professional school internships. *Global Education Review, 4*(4), 20-38.

Gastager, A., Patry, J.-L., & Gollackner, K. (Hrsg.). (2011). *Subjektive Theorien über das eigene Tun in sozialen Handlungsfeldern*. Innsbruck: StudienVerlag.

Groeben, N., Wahl, D., Schlee, J., & Scheele, B. (Hrsg.). (1988). *Forschungsprogramm subjektive Theorien. Eine Einführung in die Psychologie des reflexiven Subjekts*. Tübingen: Francke.

Herbart, J. F. (1802/1964). Die ersten Vorlesungen über Pädagogik. In W. Asmus (Hrsg.) (1964), *Johann Friedrich Herbart, Pädagogische Schriften. Erster Band: Kleinere Pädagogische Schriften* (S. 121-131). Düsseldorf: Küpper.

Herrmann, T. (1979). *Psychologie als Problem*. Stuttgart: Klett.

Kuhn, T. S. (1962). *The structure of scientific revolutions*. Chicago: University of Chicago Press.

Landsgesell, E., & Neumann-Erber, S. (2008). *Greift der Takt? Eine Analyse des Theorie-Praxis-Bezugs im Umgang mit verhaltensauffälligen AD(H)S-Kindern im Schulalltag unter besonderer Berücksichtigung des Methodeneinsatzes der PVM und des Pädagogischen Taktes als Bindeglied.* Unveröffentlichte Diplomarbeit, Universität Salzburg.

Mischel, W., & Shoda, Y. (1995). A cognitive-affective system theory of personality: Reconceptualizing situations, dispositions, dynamics, and invariance in personality structure. *Psychological Review, 102*, 246-268.

Muth, J. (1962). *Pädagogischer Takt. Monographie einer aktuellen Form erzieherischen und didaktischen Handelns*. Heidelberg: Quelle & Meyer.

Nußbaumer, E. (2011). *Eine liebestötende (störende) Maßnahme oder notwendiges Übel. Antithrombosestrümpfe – pädagogischer Takt.* Unveröffentlichte Masterarbeit, Universität Salzburg.

Patry, J.-L. (1989). Warum hat die Erziehungswissenschaft so wenig Einfluss auf die Erziehung? *Die Realschule, 97*, 107-113.

Patry, J.-L. (1991). *Transsituationale Konsistenz des Verhaltens und Handelns in der Erziehung*. Bern: Lang.

Patry, J.-L. (2005). Intrapersonaler Wertepluralismus in der Erziehung: Theorie und konkrete Beispiele. In C. Giordano & J.-L. Patry (Hrsg.), *Wertkonflikt und Wertewandel. Eine pluridisziplinäre Begegnung* (S. 135-150). Münster: Lit.

Patry, J.-L. (2012). Der Pädagogische Takt. In C. Nerowski & S. Rahm (Hrsg.), *Enzyklopädie Erziehungswissenschaft Online*. Weinheim: Juventa (http://www.erzwissonline.de/).

Patry, J.-L. (2014). Mokymas per tyrimus ir tyrimai per mokymą: Mokslinių ir subjektyvių teorijų palyginimas. Teaching through research – Research through teaching: Comparing scientific and subjective theories. *Aukštojo Mokslo Kokybė/The Quality of Higher Education, 11*, 12-43 (in Lithuanian and English).

Patry, J.-L. (in Vorb.). Theorie-Praxis-Transfer: Hindernisse und Probleme. Erscheint in A. Gastager & J.-L. Patry (Hrsg.), *Die Aktualität des pädagogischen Takts* (Arbeitstitel). Graz: Leykam.

Patry, J.-L., & Gastager, A. (2017). Subjektive Theorien. In A. Kraus, J. Budde, M. Hietzge & C. Wulf (Eds.), *Handbuch Schweigendes Wissen. Erziehung, Bildung, Sozialisation und Lernen* (S. 92-106). Weinheim: Beltz/Juventa.

Patry, J.-L., & Präauer V. (2014). Eine differenzierte theoretische Analyse zum Pädagogischen Takt. In R. Coriand & A. Schotte (Hrsg.), *"Einheimische Begriffe" und Disziplinentwicklung* (S. 201-226). Jena: Edition Paideia.

Sayler, W. M. (1968). *Das Verhältnis von Theorie und Praxis in der Pädagogik. Eine systematische Untersuchung*. München: Reinhardt.

Schön, D. (1983). *The reflective practitioner: How professionals think in action.* San Francisco: Jossey-Bass.

Van Manen, M. (in Vorb.). Takt, Kairos und pädagogisches Handeln. Erscheint in A. Gastager & J.-L. Patry (Hrsg.), *Die Aktualität des pädagogischen Takts* (Arbeitstitel). Graz: Leykam.

Wagner, A.C., Maier, S., Uttendorf-Marek, I., & Weidle, R. (1981). *Unterrichtspsychogramme. Was in den Köpfen von Lehrern und Schülern vorgeht.* Reinbek: Rowohlt.

Weber, M. (1984). *Soziologische Grundbegriffe* (6. Aufl.). Tübingen: Mohr.

Ayla SATILMIS, Universität Bremen

Diversität und Partizipation im Wissenschaftsbetrieb – Denkanstöße zur Hochschulöffnung durch Forschendes Lernen

Im Hochschulbereich vollzieht sich derzeit ein tiefgreifender Wandel, der das Selbstverständnis und den gesellschaftlichen Bildungsauftrag der Hochschulen in den Blick rückt. Angestoßen im Rahmen der Bologna-Reformen sind die gesellschaftliche Öffnung der Hochschule und die Durchlässigkeit zu zentralen Themen in der Hochschulpolitik und -bildung avanciert. Die Forderung nach einer Hochschulöffnung für sogenannte „nicht-traditionelle" Studierende erfolgt unter dem Druck der Bearbeitung politisch-ökonomischer Probleme und soll dem akademischen Fachkräftemangel Einhalt gebieten, wird aber auch mit dem Anspruch auf Bildungsgerechtigkeit und Teilhabe begründet (KMK und BMBF 2015, S. 30; BMBF o. J.; siehe auch Buß et al. 2018, S. 14f.). Während die Hochschulpolitik eine breitere Bildungsbeteiligung grundsätzlich befürwortet und Öffnungsprozesse unterstützt, ist auf der Ebene der Hochschulleitungen und insbesondere unter den Hochschullehrenden die Interessenlange weniger eindeutig: Nicht selten wird die Öffnung mit einer Absenkung des Niveaus bzw. der Qualität des akademischen Studiums assoziiert. Überdies werden Bedenken geäußert wegen des Mehraufwands für Lehrende aufgrund unterschiedlicher Lernvoraussetzungen und Einstiegskompetenzen der Studierenden (vgl. Müller et al. 2017).

Tatsächlich hat sich mit dem rapiden Anstieg der Studierendenzahlen in den letzten beiden Jahrzehnten insbesondere auch die Zusammensetzung der Studierendenschaft deutlich verändert (vgl. z. B. Webler 2013; Hanft 2015; Dahm et al. 2018). Gegenwärtig zeichnet sich der Hochschulbetrieb mehr denn je durch eine Vielfalt an studentischen Lebenszusammenhängen und diversen Bildungsbiographien aus. Zudem ist das Spektrum der Differenzen zwischen den Studierenden gewachsen. Der Wissenschaftsrat weist darauf hin, dass die „Diversität der Studierenden mit ihren unterschiedlichen Eingangsqualifikationen und Studienzielen sowie ihrer unterschiedlichen Herkunft (...) perspektivisch weiter zunehmen (wird)" (WR 2013, S. 32). Die Hochschulen sind deshalb aufgefordert Strategien zu entwickeln für Herausforderungen, die mit der Pluralisierung der Studierendenschaft in Verbindung stehen – auch mit Blick auf Bildungsgerechtigkeit. Dabei ist es wichtig, Hochschulöffnungsprozesse nicht nur als politische und organisatorische Aufgabe zu sehen, sondern auch als eine didaktische Herausforderung zu begreifen.

In diesem Beitrag soll dargelegt werden, warum das Konzept Forschendes Lernen sich für aktuelle Herausforderungen und diversitätsorientierte Öffnungsprozesse eignet und dem gesellschaftlichen Bildungsauftrag entgegenkommt. Dafür wird zunächst das gängige Verständnis von Diversität im Hochschuldiskurs umrissen und in Abgrenzung dazu ein mehrdimensionales Diversitätskonzept skizziert, das verschiedene studienrelevante Dimensionen umfasst und auf die Vielfältigkeit der Studierendenschaft hinweist, die im Lehr-Lern-Alltag anzutreffen ist. Darauf aufbauend wird Forschendes Lernen konzeptionell beleuchtet und dabei begründet, inwiefern es dazu beiträgt, Lehr-Lern-Räume studierendenorientiert, diversitätssensibel und partizipativ zu gestalten und so einen Beitrag zur Bildungsgerechtigkeit zu leisten.

Zum Verständnis von Diversität im Hochschulkontext

Seit etwa einem Jahrzehnt geben sich Hochschulen in Deutschland zunehmend diversitätsorientiert. Ausdruck dessen ist beispielsweise die Einrichtung von *Diversity*-Stabsstellen oder die Ernennung von entsprechenden Beauftragten; auch gibt es mittlerweile an zahlreichen Hochschulen Diversitätskonzepte für die Organisationsentwicklung und Hochschulplanungen unterliegen immer öfter dem *Diversity Management* (dazu ausführlich Bender und Wolde 2013 sowie Klein 2013). Überdies sind im letzten Jahrzehnt bundesweit zielgruppenspezifische Beratungs- und Unterstützungsangebote für Studierende merklich angewachsen wie auch die Anzahl der Publikationen in diesem Themenfeld (exemplarisch Klein und Heitzmann 2013; Krempkow et al. 2014).

Im Bereich Studium und Lehre bewegt sich demgegenüber eher wenig. Die Themen Diversität und Heterogenität haben überhaupt erst in den letzten paar Jahren Eingang in hochschulpolitische Diskurse und Empfehlungen der zentralen Wissenschaftseinrichtungen gefunden. Die Anerkennung der vorhandenen studentischen Heterogenität inklusive diverser Lebenslagen erfolgt hier ebenso zögerlich wie die didaktischen Konsequenzen, die daraus abzuleiten sind, konturlos bleiben. Wie diversitätsorientierte Lehr-Lern-Räume aussehen können, und welche Formate sich für eine plurale Studierendenschaft eignen, diese Fragen werden insgesamt noch (zu) selten diskutiert und kaum systematisch bearbeitet.

Wenn Diversität und Heterogenität Gegenstand von Hochschuldebatten sind, werden sie überwiegend problematisierend thematisiert und sind tendenziell negativ besetzt (vgl. dazu auch Wild und Esdar 2014). Es dominiert ein problemorientierter Zugang bzw. eine defizitorientierte Betrachtungsweise, auch weil Heterogenität und Diversität mit Normalitätsvorstellungen verbunden sind (paradigmatisch kommt dies zum Ausdruck im Begriff „nicht-traditionell" mit der Betonung einer Abweichung von sogenannten „Normalstudierenden"). Als „nicht-traditionell" oder „heterogen" werden in aller Regel diejenigen markiert, die nicht den Normalitätserwartungen im Wissenschaftsbetrieb entsprechen und/oder weniger vertraut sind mit den Gepflogenheiten der akademischen Lebenswelt. Rekurriert wird dabei vorwiegend auf soziale, herkunftsbezogene Kategorien, die Verschiedenheiten zwischen Studierenden akzentuieren, etwa nach Alter oder ob Studierende einen sogenannten Migrationshintergrund haben oder nicht, ob sie aus akademischen oder bildungsfernen Familien kommen etc. Während soziale Attributierungen gemeinhin als relevante Differenzkategorien verhandelt werden, bleiben andere Aspekte oftmals ausgeblendet, wie beispielsweise Lernerfahrungen und Lernverhalten, Sozial- und Handlungskompetenzen oder die Verfügbarkeit sozialer Netzwerke und zeitlicher Ressourcen, allesamt relevante Aspekte im Studienverlauf und bedeutsam für die Studienerfolgschancen (vgl. auch Dahm et al. 2018).

Die Vielschichtigkeit der Herausforderungen im Studium macht es notwendig, verschiedene Diversitätsdimensionen in Blick zu nehmen und miteinander in Beziehung zu setzen. Dazu gehören strukturelle Faktoren (a), kompetenz- und handlungsbezogene Aspekte (b) sowie persönlichkeitsbezogene Aspekte (c), deren Zusammenspiel studienrelevante Diversität kennzeichnet, wie in Abbildung 1 angedeutet.

Abb. 1: Studienrelevante Diversitätsdimensionen; eigene Darstellung

Zu den strukturellen Faktoren (a) zählen der bildungsbiografische Hintergrund und die Lebenssituation der Studierenden, die den Studienalltag maßgeblich beeinflussen. Auch die sozio-ökonomische Rahmenbedingungen und die Frage, ob eine (Neben-)Erwerbstätigkeit notwendig ist, um das Studium zu finanzieren, sind wichtige Einflussfaktoren im Studienverlauf. Studienrelevante Diversität zeigt sich zudem an kompetenz- und handlungsbezogenen Aspekten (b). Hier geht es um die Unterschiedlichkeit der Lerntypen: Welche Lernvoraussetzungen bringen Studierende mit, welche Lernstile und Aneignungsstrategien haben sie? Insbesondere die wissenschaftlichen Ausdrucksfähigkeiten, die die Studierenden vorweisen, schlagen sich merklich in den Studienerfolgschancen nieder. Überdies sind bei der Betrachtung studienrelevanter Diversität persönlichkeitsbezogene Dimensionen (c) zu beachten, etwa die Art der Problembeschreibung und methodische Präferenzen, aber auch die Motivation und die Zielsetzungen, die Studierende mit ihrem Studium verbinden. Auch das Resilienzvermögen hat Einfluss darauf, wie Studienanforderungen und -krisen bewältigt werden können, und ist deshalb zu berücksichtigen.

Die hier aufgeführten Aspekte könnten noch erweitert und ausdifferenziert werden; sie stehen exemplarisch, um die Vielschichtigkeit der Diversitätsfrage im Studienkontext aufzuzeigen. In der Zusammenschau verschiedener studienrelevanter Diversitätsdimensionen und im Abgleich mit den Anforderungen der Hochschule (und des jeweiligen Fachs) lassen sich Anhaltspunkte identifizieren, wie es Studierenden gelingt, ihr Studium voranzubringen (vgl. dazu Satilmis 2018 sowie Kreft und Leichsenring 2012). Die Engführung von Diversität durch die Reduktion auf soziale Kategorien, die eine auf Personen bezogene Verschiedenheit und soziale Attributierungen meint, ist demgegenüber kaum aussagekräftig und auch nicht weiterführend für die Gestaltung von Lehr-Lern-Räumen. Um adäquate Lösungsansätze für drängende Fragen entwickeln zu können, gilt es deshalb, Diversität auf unterschiedlichen Ebenen zu betrachten und mehrdimensional aufzuspannen (siehe auch Kaufmann und Satilmis 2018).

Im Fokus: Gute Lehre und Forschendes Lernen

„Die wahrgenommene große Heterogenität «stresst» ein Hochschulsystem bzw. die einzelnen Einrichtungen, die von einigermaßen vergleichbaren Studienzugangsvoraussetzungen ausgehen“, konstatiert der damalige Vorsitzende des Wissenschaftsrats, Manfred Prenzel, in einem Beitrag zu institutionellen Strategien zur Verbesserung der Lehre (Prenzel 2015, S. 12). Die gestiegenen Studierendenzahlen gepaart mit der wachsenden Vielfalt von (Lern-)Biografien und der Diversifizierung von Lebenslagen stellen die

Hochschulen vor neue Herausforderungen und rufen verstärkt Hochschullehre und Hochschuldidaktik auf den Plan. Bundesweit gewinnt die Frage nach „guter Lehre" an Bedeutung. Die Entwicklung wird insbesondere auch durch das Bund-Länder-Programm „Qualitätspakt Lehre" mit insgesamt rund zwei Milliarden Euro gestützt, das auf die Verbesserung der Studienbedingungen und der Lehrqualität an deutschen Hochschulen zielt. Die breit angelegten Fördermaßnahmen dienen der Erprobung von Ansätzen, die das Studium forschungsorientierter und praxisnäher machen sowie die Betreuung und Beratung der Studierenden verbessern sollen.

Das Anliegen, die Lehrqualität an Hochschulen zu verbessern, führt vielerorts zu einer stärkeren Studierendenorientierung. In dieser Tradition steht das Forschende Lernen mit der Grundidee, dass Studierende durch Forschungstätigkeiten im Studium lernen, unabhängig davon, ob sie am Anfang ihres Studiums stehen oder schon fortgeschritten sind. Dieses Konzept ist eng verknüpft mit den gesellschaftlichen Debatten und der Erweiterung des Hochschulsektors in den 1970er Jahren. Die Forderung nach einer Demokratisierung der Wissenschaft ging einher mit Diskussionen zur Frage, wie die Lehr-Lern-Kultur partizipativ(er) und weniger elitär gestaltet werden könnte. Nachdem in den späten 1960er Jahren Grundlagen des Forschenden Lernens im Zusammenhang mit den damaligen Hochschulreformen entwickelt wurde (BAK 1970), schien dieses Konzept weitestgehend in Vergessenheit geraten zu sein. Gewissermaßen wiederbelebt wurde es im Zuge der Bologna-Reformen, die auf die Etablierung eines Europäischen Hochschulraums und auf eine bessere Praxisorientierung der Hochschulausbildung abheben (vgl. auch Pasternack 2017).

Forschendes Lernen zeichnet sich nach dem Huber´schen Konzept (2009), auf das ich mich im Folgenden beziehe, dadurch aus, dass Studierende möglichst den ganzen Bogen eines Forschungszyklus selbständig oder in Kooperation durchlaufen mit dem Ziel, auch für Außenstehende interessante Erkenntnisse zu generieren. Zentral ist dabei, dass die Studierenden den Forschungsprozess „(mit)gestalten, erfahren und reflektieren" (Huber 2009, S. 11), charakteristisch ist die Pluralität der Formen. Bezugnehmend auf die Humboldt´sche Bildungstradition geht es um ein (aktives) Lernen durch Forschen. Dieses beruht auf einem Verständnis von Wissenschaft als einem offenen, fortwährenden Erkenntnisgewinnungsprozess (ebd.). Es geht nicht um die Ansammlung von Wissensbeständen, sondern um die Aneignung von Wissen in der Verknüpfung von Denken und Handeln; Bildung durch die aktive Auseinandersetzung mit wissenschaftlichen Praktiken und Persönlichkeitsentwicklung steht im Vordergrund (vgl. Euler 2005). Beim Forschenden Lernen werden Denk- und Handlungsmöglichkeiten eingeübt, die dazu befähigen, eigenständig auf einem Gebiet weiterzuarbeiten und subjektiv bedeutsame Sinnzusammenhänge zu erschließen. Die Erprobung von akademischen Praxisformen und Kritikfähigkeit ist durch kontinuierliche Reflexionsprozesse begleitet. Die Beteiligung der Lernenden an der Wissensproduktion und an ihrer Lernumgebung ist aus bildungstheoretischer Perspektive sowie aus lerntheoretischen Gründen relevant. Neben fachlichen Kenntnissen und methodischen Fertigkeiten sind es allgemeine Kompetenzen im Sinne von Schlüsselqualifikationen, die beim Forschenden Lernen erarbeitet und verbunden mit einer (selbst)reflexiven Praxis geschult werden. Bemerkenswerterweise bezieht sich die Idee des Forschenden Lernens auf ein Bildungsverständnis, das die Vorstellung von sozialer Gleichheit umfasst und „zugleich die Verpflichtung [beinhaltet], die sozialen Bedingungen zu schaffen, um allen Bürgern eine Teilhabe zu gewährleisten" (Euler 2005, S. 257).

Aktuelle Debatten, bundesweit und international, zielen auf die gesellschaftliche Öffnung der Hochschulbildung für breite Bevölkerungsgruppen. Angeführt werden dabei auch hochschulpolitische Leitideen wie *Widening Participation* und Bildungsgerechtigkeit: „Studierende und Absolventen sollten die Vielfalt der europäischen Bevölkerung widerspiegeln (...). Die Öffnung und soziale Durchlässigkeit des Hochschul-Bildungssystems gehört zur sogenannten «Sozialen Dimension», die im Rahmen des Bologna-Prozesses eine wichtige Rolle spielt. Es gilt, Bildungspotenziale zu erschließen und eine möglichst gleichberechtigte Teilhabe im Hinblick auf Zugang, Verlauf und erfolgreichen Abschluss eines Studiums zu gewährleisten" (KMK und BMBF 2015, S. 30). Hierbei stellt sich die Frage: Wie lässt sich studentische Teilhabe gewährleisten oder stärken? Schließlich verweisen die oben angesprochenen studentischen Differenzmerkmale (siehe Abbildung 1) auf eine große Varianz an Studierendenprofilen, der die Lehrenden in der Praxis begegnen und der sie bei der Gestaltung von Lehr-Lern-Angeboten gerecht werden sollen. Was bedeutet also *Widening Participation* für die Konzeption von Lehr-Lern-Angeboten? Und wie kann Forschendes Lernen zu Bildungsgerechtigkeit beitragen? Mit diesen Fragen blicken wir im Folgenden auf Potentiale des Forschenden Lernens auf konzeptioneller Ebene.

Widening Participation durch Forschendes Lernen

Im Zuge der Bildungsexpansion ist die Anzahl der Studierenden deutlich gestiegen: Waren es in den 1950er Jahren nur 5% eines Jahrgangs, fangen gegenwärtig deutlich über 50% an zu studieren. Der starke Anstieg der Studienanfänger*innen der vergangenen Jahre stabilisiert sich auf einem hohen Niveau. D. h. der Zugang zum Hochschulstudium ist mittlerweile weniger hürdenreich und exklusiv. Es greift jedoch zu kurz nur auf den Anstieg der

Studierendenzahlen und den formalen Zugang zu blicken, wenn es um Öffnung und *Widening Participation* geht. Vielmehr muss zusätzlich die Frage nach der *sozialen Teilhabe* im Hochschulstudium gestellt werden: Wer findet sich in den Studienalltag gut ein und kommt mit den Anforderungen des Studiums zurecht? Wer fällt weg – und warum? Für wen wird Wissenschaft als soziale Praxis erfahrbar, wieviel Mitsprache und Mitgestaltung sind im Studienverlauf möglich? Und vor allem: Wem gelingt der Studienabschluss? Die ungleich verteilten Studienerfolgschancen bzw. die überproportionalen Studienabbruchquoten bestimmter Studierendengruppen deuten auf beharrliche Schieflagen im Hochschulsystem (dazu ausführlich Heublein et al. 2017; Bargel und Bargel 2010; Satilmis i. E.); diese gilt es im Zusammenhang mit Öffnungsprozessen stärker zu berücksichtigen.

Neuere Entwicklungen gehen dahin, Vor- und Brückenkurse an Hochschulen anzubieten sowie das Beratungs- und Betreuungsangebot auszubauen, um ungleiche Einstiegsvoraussetzungen bei Studienanfänger*innen zu kompensieren und den Kenntnisstand anzugleichen (vgl. Kerres et al. 2010). Diese Maßnahmen sind zweifelsohne wichtig und sinnvoll, können aber dem Auseinanderklaffen der Angebotsstrukturen und der vielfältigen Lebens- und Lernbedingungen der Studierendenschaft nur bedingt entgegenwirken, auch weil sie nicht am (curricularen) Kerngeschehen ansetzen. Im Sinne der Verbesserung der Studierbarkeit und um Studierende mit ihren vielfältigen Bedarfen „mitzunehmen", sind Studiengänge zu flexibilisieren und die Studiengestaltungsmöglichkeiten zu pluralisieren. D. h. unterschiedliche Lernvoraussetzungen und Lerngeschwindigkeiten sind in den Curricula mitzudenken und diese müssen innerhalb eines gesetzten Rahmens flexibel gestaltbar sein (vgl. auch Dahm et al. 2018). In diese Richtung geht auch das von Biggs und Tang (2011) entwickelte Konzept des *Constructive Alignments*, das darauf abzielt, Prüfungsleistungen im Rahmen der Lernziele transparent und flexibel zu gestalten.

Um Lehrangebote und studentische Bedarfe stärker miteinander in Bezug zu setzen, gilt es Lehr-Lern-Ansätze konzeptionell mit der wachsenden Vielfalt von Lernvoraussetzungen und der Diversifizierung von Lebenslagen zu verknüpfen. Die sich zunehmend ausdifferenzierenden Bildungsbiografien und Lebensbedingungen der Studierenden verlangen studienrelevante Diversitätsaspekte nicht nur studienorganisatorisch stärker zu berücksichtigen, sondern auch die Bezugnahme mittels geeigneter didaktischer Modelle beim Lehren-Lernen und Forschen. Als didaktisches Prinzip eignet sich dafür Forschendes Lernen und dies aus verschiedenen Gründen: Zunächst ist Forschendes Lernen ein studierendenorientierter Lehr-Lern-Ansatz, der die vielfältigen Konstellationen und Bedarfe aufzugreifen vermag und flexible

Lehr-Lern-Settings unterstützt. Es bietet Gestaltungsräume, um studienrelevante Differenzen zwischen den Studierenden, wie unterschiedliche Bildungsbiographien, Lernvoraussetzungen und Kompetenzen (siehe Abbildung 1), zu berücksichtigen und Studierende in einen Prozess des (relativ selbstgesteuerten) Lernens und Forschens einzubeziehen. Unabhängig von der Studienphase, den vorhandenen Kompetenzen oder den thematischen Interessen adressiert dieser Lehr-Lern-Ansatz grundsätzlich *alle* Studierenden; es geht nicht um eine leistungsbezogene Ansprache, sondern darum, Studierende überhaupt für Wissensgenerierungsprozesse zu sensibilisieren und sie daran partizipieren zu lassen, um sie in ihren akademischen Findungsprozessen zu stärken. Wiemer weist auf die Bedeutung des partizipativen Aspekts hin: „Die Identitätsfindung im wissenschaftlichen Feld und die Entwicklung eines wissenschaftlich-forschenden Habitus, die für die Vorbereitung selbständiger Forschungstätigkeit unabdingbar sind und auch für die Entwicklung berufsfeldbezogener Kompetenzen ausschlaggebend sein kann, bleibt unvollständig, wenn es nicht durch aktive Partizipation im selbständigen Vollzug erfahren wird“ (2017, S. 54).

Die Frage der Teilhabe an Wissenschaft ist facettenreicher, als sie zunächst erscheint: Außer dem formalen Zugang zum Wissenschaftsbetrieb geht es um den Zugang zur Wissensproduktion. Der selbständige Vollzug von wissenschaftlichen Tätigkeiten bedeutet einen weiteren Schritt am Wissenschaftsalltag zu partizipieren. Durch Einblicke in akademische Tätigkeiten, durch das Kennenlernen von entsprechenden Abläufen und eigene Forschungsaktivitäten, die zum Forschenden Lernen gehören, wachsen Studierende allmählich in die Wissenschaftsgemeinschaft hinein. Darüber hinaus impliziert Teilhabe auch studentische Mitsprache und Mitgestaltungsmöglichkeiten in Lehr-Lern-Prozessen; d. h. sie können ihr Lerntempo mitbestimmen und auch Inhalte gestaltend reflektieren. Dabei finden einerseits (fachliche) Enkulturationsprozesse statt (vgl. Langemeyer 2018), andererseits wird das akademische Selbstverständnis gestärkt, was das soziale Zugehörigkeitserleben der Studierenden unterstützt. Bieten Studieninhalte und Studiengestaltung Anknüpfungspunkte an Erwartungen und Interessen der Studierenden und darüber hinaus noch Mitgestaltungsmöglichkeiten, steigen Motivation, Identifikation und Verbundenheit mit der Fachkultur und der Institution, auch das Selbstwirksamkeitserleben wächst. Es gibt deutliche Anzeichen dafür, dass ein erfolgreicher Studienabschluss mit Zugehörigkeitserfahrungen korreliert und flankiert wird durch Anerkennung im Studienverlauf (vgl. z. B. Banscherus et al. 2011 sowie Bargel und Bargel 2010).

Durch Forschendes Lernen – auch im Sinne von subjektbezogenem Lernen und Forschen – wird Wissenschaft als soziale Praxis erfahrbar (Huber 2009) und Studierende können Teil der *Scientific Community* werden. Der Lehr-Lern-Ansatz bringt vielschichtige Teilhabeprozesse in Gang und kann damit das Ziel *Widening Participation* auf unterschiedlichen Ebenen des Studiums lebendig werden lassen (siehe Abbildung 2).

Abbildung 2: *Widening Participation* durch Forschendes Lernen; eigene Darstellung

Zu bedenken ist, dass Forschendes Lernen aus didaktischer Perspektive voraussetzungsreich ist; es verlangt Studierenden wie auch Lehrenden grundsätzlich mehr ab als „klassische" bzw. weniger partizipativ angelegte Lehr-Lern-Ansätze. Die Studierendenorientierung setzt bei den Lehrenden eine Offenheit für Bedarfe der Studierenden voraus, es braucht viel Austausch und kontinuierliche Feedbackschleifen. Für die Studierenden bedeutet Forschendes Lernen ein höheres Maß an Autonomie und an Selbststeuerung, aber auch an Selbstdisziplin und Eigeninitiative; weil wenig vorgegeben wird, sind studentische Ideen, Motivation und Ausdauer besonders gefragt ebenso wie Selbstregulation (vgl. Wiemer 2017). Bisweilen fühlen sich Studierende in relativ offenen Lehr-Lern-Settings verunsichert oder überfordert.

Auch überträgt sich Diversität in ihren verschiedenen Bedeutungsdimensionen nicht selbstverständlich in konstruktive Forschungs- und Lernprozesse, sondern verlangt eine Sensibilisierung für studienrelevante Diversitätsdimensionen, um konzeptuell in der Lehr-Lern-Gestaltung darauf Bezug nehmen zu können (vgl. Dahm et al. 2018; Wild und Esdar 2014). Es bedarf daher einer diversitätssensiblen Sicht- und Arbeitsweise und diversitätsbewusster Lehrender, die entsprechend vermitteln, anleiten und begleiten, damit die partizipativen Potentiale des Forschenden Lernens realisiert werden können. Umgekehrt werden die Lehrenden im Zuge dieses Prozesses für studentische Belange sensibilisiert und können einen diversitätsorientierten Wandel vorantreiben (vgl. Satilmis 2018).

Lehr-Lern-Räume diversitätssensibel gestalten – Ein Praxisbeispiel

Wie Forschendes Lernen dem breiter werdenden Spektrum der Studierenden gerecht werden kann, soll an einem Praxisbeispiel kurz skizziert werden. An der Universität Bremen hat 2011 das fächerübergreifende Projekt „e n t e r s c i e n c e“ gestartet, dessen Lehr-Lern-Angebote auf dem Ansatz des Forschenden Lernens basieren (vgl. Satilmis 2018). Forschendes Lernen wird hier als didaktisches Prinzip verstanden, um Wissenschaft erlebbar zu machen und es wird zugleich als ein „Vehikel“ zur Partizipationserweiterung von Studierenden genutzt. Die Lehr-Lern-Angebote sind im General Studies Bereich angesiedelt und interdisziplinär angelegt.

Studierende, die aus verschiedenen Fachrichtungen kommen, werden in den Veranstaltungen ermutigt und aufgefordert, forschend tätig zu sein und Forschungsideen alleine oder im Team zu realisieren. Des Weiteren werden die Studierenden in den Lehr-Lern-Veranstaltungen angeregt, sich mit den Hochschulstrukturen und ihrer Lernumgebung bewusst(er) auseinanderzusetzen. Dafür werden ihnen Schlüsselqualifikationen sowie Institutionenwissen bezogen auf das Hochschulsystem vermittelt. Damit sie wissenschaftliche Abläufe und institutionelle „Spielregeln“ besser kennenlernen, werden die Studierenden sozial und fachlich in den Wissenschaftsbetrieb eingebunden und mit verschiedenen akademischen Tätigkeiten betraut; beispielsweise können sich Fortgeschrittene als Tutor*innen und Coaches einbringen oder sie arbeiten als studentische Mitarbeiter*innen in größeren Forschungsnetzwerken (ihren fachlichen Schwerpunkten entsprechend). Auf diese Weise wachsen sie im Sinne des *Cognitive Apprenticeship* (Collins et al. 1989) in die akademische Zunft hinein und erlernen gewissermaßen das Handwerk *by doing*. Über eigenständig durchgeführte Forschungsaktivitäten erwerben sie einerseits Forschungskompetenzen, andererseits können sie auch ihre sozialen Fähigkeiten und wissenschaftlichen Kompetenzen erweitern. Dies steigert nicht nur die Studien- und Lernmotivation, sondern stärkt oftmals auch die Identifikation mit dem Studium.

Im Sinne des *Empowerments* sind die Lehr-Lern-Situationen so gestaltet, dass nicht nur forschungs- und studienbezogene Fragen ausgetauscht und Probleme lösungsorientiert bearbeitet, sondern auch Aspekte sozialer Ungleichheiten im Studium und beim Berufseinstieg reflektiert werden. Anliegen ist es, die Studierenden anzuregen ihre Stärken und Schwächen, Ressourcen und Bedarfe genauer in den Blick zu nehmen sowie ihren Studienverlauf und die Lernprozesse dahingehend zu beleuchten.

Auf der Grundlage des Forschenden Lernens erhalten die jährlich über 100 teilnehmenden Studierenden bei e n t e r s c i e n c e Einblicke in das Hochschulsystem, führen ihren Interessen entsprechende Forschungsarbeiten durch und präsentieren diese bei öffentlichen „Werkschauen“. Die Projekterfahrungen zeigen, dass es wichtig ist, sich mit den Studierenden über das Konzept des Forschenden Lernens und dessen fachkulturelle Formationen auszutauschen und Lernprozesse zu reflektieren. In Feedbackrunden berichten Studierende immer wieder, dass sie über dieses Lehr-Lern-Format einen neuen Zugang zum Lernen wie auch neue Perspektiven auf ihr Studium bekommen haben; insbesondere habe sich die Einschätzung der Relevanz des eigenen Tuns durch das Forschende Lernen geändert (vgl. Satilmis und Voss 2017). Positiv wird die tiefe Auseinandersetzung und schleifenförmige Reflexion der eigenen Forschung erlebt, die zu einer forschenden Haltung beiträgt und das Selbstwirksamkeitserleben stärkt. Außerdem betonen die Studierenden, dass sich die durch Forschendes Lernen erlangte fachliche Expertise zusammen mit dem persönlichen Erleben der Forschungspraxis positiv auf das Zugehörigkeitsgefühl zur Wissenschaftsgemeinschaft auswirken würden. Forschendes Lernen schaffe eine Brücke im Sinne von Berufsorientierung und ermögliche einen guten Übergang zwischen Studium und Beruf (ebd.).

Resümierend ist nicht nur eine große Resonanz der Studierenden auf die Angebote von e n t e r s c i e n c e festzustellen, sondern auch ein nachdrückliches Interesse seitens der Lehrenden und Forschenden an Ideen und Potentialen, die die Studierenden mitbringen. Die Kombination aus handlungspraktischen und (fach-)wissenschaftlichen Komponenten, die charakteristisch sind für das Forschende Lernen, verbessert – so die Projekterfahrungen und -evaluationen der letzten sechs Jahre – die subjektiv wahrgenommene Studienqualität und bietet ein wichtiges Fundament für einen erfolgreichen Studienabschluss und einen gelingenden Berufseinstieg.

Schlussbetrachtungen

Dieser Beitrag plädiert dafür, Hochschulöffnungsprozesse umfassender zu denken und nicht nur studienorganisatorisch, sondern auch didaktisch zu gestalten. Die Orientierung der Hochschulbildung an Prinzipien des Forschenden Lernens wie Studierendenorientierung und Partizipation kommt den aktuellen hochschulpolitischen Reformzielen entgegen und trägt zur Bildungsgerechtigkeit bei. Insofern bietet dieser Lehr-Lern-Ansatz Denkanstöße für die Weiterentwicklung „guter Lehre“. Dabei gilt es die hochschulpolitische Leitlinie der Hochschulöffnung mit einem mehrdimensionalen Diversitätsverständnis zu verbinden, das Diversität nicht allein an sozialen Zuschreibungen festmacht, sondern möglichst viele studienrelevante Aspekte umfasst und auch Fragen institutioneller Pluralität mitdenkt (vgl. dazu Kaufmann und Satilmis 2018).

Zu berücksichtigen ist, dass strukturelle und finanzielle Defizite im Bereich Lehre und Studium sowie überfüllte Lehrveranstaltungen es erschweren, die Lehr-Lern-Praxis so zu gestalten, dass Studierende ihren Interessen und Befähigungen nachgehen und sich entsprechend ihren Bedürfnissen weiterentwickeln können. Dennoch erscheint es dringlich, studierendenorientierte Konzepte zu erarbeiten, die der gesellschaftlichen Verantwortung der Hochschulen entsprechen und die Spannungsverhältnisse zwischen gerechtigkeitsbezogenen Anforderungen sowie den Gegebenheiten und Ansprüchen der Hochschulen vor Ort austarieren. Obgleich die in Gang befindlichen Hochschulöffnungsprozesse mitunter als Fanal gesehen werden und von Sorgen begleitet sind, dass die Qualität der Hochschulbildung insgesamt absinkt, lassen sich die aktuellen Entwicklungen auch als Demokratisierung der Hochschulen auffassen und sollten in diesem Sinne weitergedacht werden. Schließlich geht es um das Selbstverständnis der Hochschulen als demokratische Institutionen und um ihren gesellschaftlichen Bildungsauftrag.

Literatur

Banscherus U., Himpele K. & Staack, S. (2011). Die soziale Dimension: Der blinde Fleck im Bologna-Prozess. In *die hochschule. journal für wissenschaft und bildung.* 1/2011, S. 142–154.

Bargel, H. & Bargel, T. (2010). Ungleichheiten und Benachteiligungen im Hochschulstudium aufgrund der sozialen Herkunft der Studierenden. In Hans Böckler Stiftung (Hrsg.), *Expertisen für die Hochschule der Zukunft. Demokratische und Soziale Hochschule.* Düsseldorf.

Bender, S.-F. & Wolde, A. (2013). Diversity Policies: Implementation mit Brüchen. In S.-F. Bender, M. Schmidbaur & A. Wolde (Hrsg.), *Diversity entdecken. Reichweiten und Grenzen von Diversity Policies an Hochschulen* (S. 126–144). Weinheim/Basel: Beltz Juventa.

Biggs, J. & Tang, C. (2011). *Teaching for Quality Learning at University.* 4th Edition, Berkshire: Open University Press.

Bundesassistentenkonferenz (BAK, 1970). *Forschendes Lernen – Wissenschaftliches Prüfen, Arbeitsergebnisse des Ausschusses für Hochschuldidaktik, Bonn* (Nachdruck 2009). Bielefeld: UVW.

Buß, I., Pohlenz, P., Erbsland, M. & Rahn, P. (2018). Eine Einführung in die Öffnung von Hochschulen: Impulse zur Weiterentwicklung von Studienangeboten. In Diess. (Hrsg.): *Öffnung von Hochschulen: Impulse zur Weiterentwicklung von Studienangeboten* (S. 11–29). Wiesbaden: VS Verlag.

Collins, A., Brown, J. S. & Newman, S. E. (1989). Cognitive apprenticeship: Teaching the craft of reading, writing and mathematics. In L. B. Resnick (Hrsg.), *Knowing, Learning, and Instruction. Essays in Honor of Robert Glaser* (S. 453–494). Hillsdale/New York: Lawrence Erlbaum Associates.

Dahm, G., Kamm, C., Kerst, C., Otto, A. & Wolter, A. (2018). Ohne Abitur an der Hochschule – Studienstrategien und Studienerfolg von nicht-traditionellen Studierenden. In I. Buß et al. (Hrsg.), *Öffnung von Hochschulen: Impulse zur Weiterentwicklung von Studienangeboten* (S. 157–186). Wiesbaden: VS Verlag.

Euler, D. (2005). Forschendes Lernen. In S. Spoun & W. Wunderlich (Hrsg.), *Studienziel Persönlichkeit. Beiträge zum Bildungsauftrag der Universität heute* (S. 253–272). Frankfurt am Main/New York: Campus.

Hanft, A. (2015). Heterogene Studierende – homogene Studienstrukturen. In A. Hanft, O. Zawacki-Richter & W. Gierke (Hrsg.), *Herausforderung Heterogenität beim Übergang in die Hochschule* (S. 13–28). Münster/New York: Waxmann.

Heublein, U., Ebert, J., Hutzsch, C., Isleib, S., König, R., Richter, J., Woisch, A. (2017). *Zwischen Studienerwartungen und Studienwirklichkeit: Ursachen des Studienabbruchs, beruflicher Verbleib der Studienabbrecherinnen und Studienabbrecher (...)*, Forum Hochschule 1/2017. Hannover.

Huber, L. (2009). Warum Forschendes Lernen nötig und möglich ist. In Ders., J. Hellmer & F. Schneider (Hrsg.), *Forschendes Lernen im Studium. Aktuelle Konzepte und Erfahrungen* (S. 9–35). Bielefeld: UVW.

Langemeyer, I. (2018). Enkulturation in die Wissenschaft durch forschungsorientiertes Lehren und Lernen. In M. E. Kaufmann, A. Satilmis & H. A. Mieg (Hrsg.), *Forschendes Lernen in den Geisteswissenschaften. Konzepte, Praktiken und Perspektiven hermeneutischer Fächer* (S. 59–77). Wiesbaden: Springer.

Kaufmann, M. E. & Satilmis, A. (2018). Hochschulöffnung intersektionell?! – Konzeptionelle Überlegungen zur Gestaltung von diversitäts- und ungleichheitssensiblen Lehr-Lern-Räumen. In I. Buß, M. Erbsland, P. Rahn & P. Pohlenz (Hrsg.), *Öffnung von Hochschulen: Impulse zur Weiterentwicklung von Studienangeboten* (S. 215–233). Wiesbaden: VS Verlag.

Kerres, M., Hanft, A. & Wilkesmann, U. (2010). Lifelong Learning an Hochschulen. Neuausrichtung des Bildungsauftrages von Hochschulen. In *Das Hochschulwesen* (6) 58, S. 183–186.

Klein, U. (2013). Diversitätsorientierung und Hochschulen im Wettbewerb: Ein Plädoyer für Diversity*politik*. In S.-F. Bender, M. Schmidbaur & A. Wolde (Hrsg.), *Diversity ent-decken. Reichweiten und Grenzen von Diversity Policies an Hochschulen* (S. 79–96). Weinheim/Basel: Beltz Juventa.

Klein, U. & Heitzmann, D. (Hrsg., 2012). *Hochschule und Diversity. Theoretische Zugänge und empirische Bestandsaufnahme.* Weinheim/Basel: Beltz Juventa.

Krempkow, R., Pohlenz, P. & Huber, N. (Hrsg., 2014). Diversity Management und Diversität in der Wissenschaft. Bielefeld: UVW.

Kultusministerkonferenz und Bundesministerium für Bildung und Forschung (KMK und BMBF, 2015). Die Umsetzung der Ziele des Bologna-Prozesses 2012-2015. Nationaler Bericht von Kultusministerkonferenz (...). https://www.kmk.org/fileadmin/Dateien/veroeffentlichungen_beschluesse/2015/2015_02_12-NationalerBericht_Umsetzung_BolognaProzess.pdf [30.11.2017].

Kreft, A. & Leichsenring, H. (2012). Studienrelevante Diversität in der Lehre. In U. Klein & D. Heitzmann (Hrsg.), *Hochschule und Diversity. Theoretische Zugänge und empirische Bestandsaufnahme* (S. 145–163). Weinheim/Basel: Beltz Juventa.

Müller, R., Buß, I. & Husemann, B. (2017). Perspektiven zur Hochschulöffnung unter Einbezug der „Betroffenheit“ der Mitarbeitenden. In A. Mai (Hrsg.), *Hochschulwege 2015. Wie verändern Projekte die Hochschulen?* (S. 209–226). (Tagungsdokumentation, März 2015). Hamburg: tredition.

Pasternack, P. (2017). Konzepte und Fallstudien: was die Hochschulforschung zum Forschenden Lernen weiß. In H. A. Mieg und J. Lehmann (Hg.): Forschendes Lernen. Wie die Lehre in Universität und Fachhochschule erneuert werden kann (S. 37–44). Frankfurt am Main: Campus.

Prenzel, M. (2015). Institutionelle Strategien zur Verbesserung der Lehre an Hochschulen: Ein Beispiel. Publikation des Wissenschaftsrats, https://www.wissenschaftsrat.de/download/archiv/VS_Bericht_Okt_2015.pdf [30.11.2017].

Satilmis, A. (2018). Forschendes Lernen mit und zu Diversität. Impulse für diversitätsorientierte Lehr-Lern-Formen und Bildungsgerechtigkeit. In M. E. Kaufmann, A. Satilmis & H. A. Mieg (Hrsg.), *Forschendes Lernen in den Geisteswissenschaften. Konzepte, Praktiken und Perspektiven hermeneutischer Fächer* (S. 35–58). Wiesbaden: Springer.

Satilmis, A. (i. E.). *Tackling Inequalities!* – Forschendes Lernen als ungleichheitssensibles Lehr-Lern-Konzept. In S. Haberstroh, C. Wulf & M. Petersen (Hrsg.), *Forschendes Lernen – Theoretische Grundlagen und empirische Befunde.* Zum Stand der Diskussion. Wiesbaden: Springer.

Satilmis, A. & Voss, M. (2017). „Exploring Diversity“ – Diversität und Forschendes Lernen in Lehr-Lern-Räumen entdecken und gestalten. In *Resonanz. Magazin für Lehre und Studium an der Universität Bremen*, S. 33–40.

Webler, W. (2013). Umgang mit steigender Heterogenität bei Studierenden. In F. Gützkow & G. Quaißer (Hrsg.), *Hochschule gestalten – Denkanstöße zum Spannungsfeld von Unterschieden und Ungleichheit* (S. 119–148). Bielefeld: UVW.

Wiemer, M. (2017). Forschend lernen – Selbstlernen. Selbstlernprozesse und Selbstlernfähigkeiten im Forschendes Lernen. In H. A. Mieg & J. Lehmann (Hrsg.), *Forschendes Lernen. Wie die Lehre in Universität und Fachhochschule erneuert werden kann* (S. 47–55). Frankfurt am Main: Campus.

Wild, E. & Esdar, W. (2014). *Eine heterogenitätsorientierte Lehr-/Lernkultur für eine Hochschule der Zukunft. Fachgutachten im Auftrag des Projekts nexus.* http://www.hrk-nexus.de/fileadmin/redaktion/hrk-nexus/07-Downloads/07-02-Publikationen/Fachgutachten_Heterogenitaet.pdf [30.11.2017].

Wissenschaftsrat (WR, 2013). *Perspektiven des deutschen Wissenschaftssystems.* Braunschweig 12.07.2013. Drs. 3228-13.

http://www.wissenschaftsrat.de/download/archiv/3228-13.pdf [30.11.2017].

Teil 3:
Vorträge zu Rahmenbedingungen

Marius ALBIEZ, Tübingen; Thomas POTTHAST, Tübingen

Gemeinsam lernen, forschen, engagieren. Alles eins?

1. Einführung und Forschungsrahmen

Praxisnahe Lern- und Lehrformate finden sich an zahlreichen Hochschulen unter verschiedenen Bezeichnungen wieder. Sie zeichnen sich meist durch einen (erwünschten) hohen direkten Gestaltungsgrad seitens der Studierenden aus, unterscheiden sich aber hinsichtlich ihrer gesellschaftlichen und wissenschaftsinternen Bezugnahme. Mit Blick auf die Vielzahl von Ansätzen mangelt es an theoretischen und praktischen Erkenntnissen, wie bzw. inwiefern die einzelnen Formate in Beziehung zueinanderstehen oder voneinander abgegrenzt werden können. Die Autoren nehmen dieses Desiderat auf und stellen ein Konzept vor, welches auf Grundlage praxisnaher Bildungsformate entwickelt wurde und deren jeweiligen Zielsetzungen sowie Lehr- und Lern-Methodologie berücksichtigt.

Die Ergebnisse wurden im Rahmen des Forschungsprojekts „Wissenschaftliche Bildung und gesellschaftliche Verantwortung" erarbeitet, welches an der Universität Tübingen von Oktober 2016 bis März 2019 durchgeführt wird. Ziel ist es, forschungsnahe Service Learning-Angebote zu entwickeln und diese langfristig in der fachlichen und überfachlichen universitären Lehre zu verankern. Die Autoren gehören zum Internationalen Zentrum für Ethik in den Wissenschaften (IZEW), das im Projekt eine Querschnittsfunktion einnimmt: Forschungsnahes Service Learning soll hier mit Bildung für Nachhaltige Entwicklung sowie transdisziplinärer Nachhaltigkeitswissenschaft verknüpft und integrativ bearbeitet werden.

Im Folgenden wird auf Basis entsprechender Begriffsbestimmungen ein Konzept zur Systematisierung unterschiedlicher praxisnaher Lern- und Lehrformate vorgestellt, danach werden mögliche Konsequenzen diskutiert.

2. Begriffsbestimmungen

Das Leitbild einer Nachhaltigen Entwicklung (NE) bildet den normativen Rahmen für die vom IZEW durchgeführten Lehraktivitäten. Orientiert am sogenannten Brundtland-Report werden dabei Fragen der intra- und intergenerationellen Gerechtigkeit herausgestellt. NE ist dann gegeben, „wenn [sie] die Bedürfnisse der Gegenwart befriedigt, ohne zu riskieren, dass künftige Generationen ihre eigenen Bedürfnisse nicht befriedigen können", wobei erstens die Bedürfnisse der Ärmsten Priorität haben sollen und zweitens die naturalen Grundlagen der Bedürfnisbefriedigung zu erhalten sind (WCED 1987, S. 41). Bildungsaspekte spielen im Kontext NE eine wichtige Rolle, sind jedoch nicht gleichzusetzen mit dem Konzept einer „Bildung für Nachhaltige Entwicklung“ (BNE). Im Vordergrund von BNE steht die Entwicklung von Kompetenzen (Bertschy und Künzli David 2010), die zur „besseren Urteils- und Handlungsfähigkeit“ sowie zur „Gestaltung einer nachhaltigen gesellschaftlichen Entwicklung beitragen“ sollen (Adomßent 2012, S. 8).

Das Konzept Service Learning (SL) orientiert sich ebenfalls an der Mitgestaltung gesellschaftlicher Herausforderungen, aber ohne (expliziten) NE-Bezug. Nach Hofer (2007) besteht SL aus zwei Teilen: Während der „Service-Komponente“ widmen sich Studierende der praktischen Lösung von Problemstellungen und tragen so zum Gemeinwohl bei. Dabei bringen die Studierenden fachliches sowie überfachliches Wissen und Know-How ein. In der „Learning Komponente“ werden die Aktivtäten wissenschaftlich eingeordnet und reflektiert (Hofer 2007).

Transdisziplinäre Forschung (TD) bezeichnet die gemeinsame Bearbeitung und Erforschung gesellschaftlich relevanter Fragestellungen unter Einbindung universitärer und außeruniversitärer Akteure. Das Ideal eines transdisziplinären Forschungsprozesses gliedert sich in die Konstitution einer gemeinsamen Fragestellung, die Erarbeitung von neuem anschlussfähigen Wissen und die Integration der Ergebnisse in die gesellschaftliche und wissenschaftliche Praxis (Jahn 2008). Studierende können mittels transdisziplinärer Lehrveranstaltungen in den gemeinsamen Forschungsprozess einbezogen werden (Albiez et al. 2018).

Die unterschiedlichen Formen forschungsnahen Lernens und Lehrens unterscheiden sich insbesondere durch die Art der Mit-Gestaltung der Studierenden, wobei diese beim Forschendem Lernen (FL) selbst entwickelte Forschungsfragen bearbeiten (Huber 2014).

3. Konzeptionelle Einordnung

Abbildung 1 zeigt die konzeptionelle Einordnung der angesprochenen praxisnahen Lern- und Lehrformate. Auf der Ordinate ist der jeweilige Beteiligungsgrad der Studierenden dargestellt, welcher von unten nach oben zunimmt. Die Abszisse gibt die gesellschaftliche (links) oder wissenschaftsinterne (rechts) Relevanz der unterschiedlichen Formate an. Den normativen Rahmen bildet das Konzept einer NE, welches mithilfe von BNE gefördert und gestaltet werden soll.

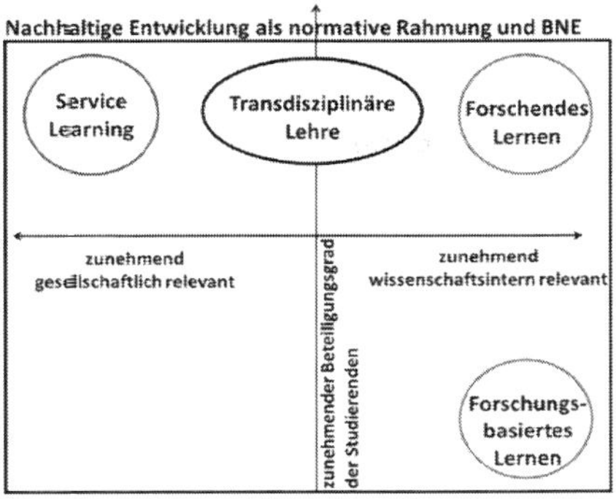

Abbildung 1: Konzeptionelle Einordnung praxisnaher Lern- und Lehrformate hinsichtlich dem Beteiligungsgrad der Studierenden sowie gesellschaftlicher und wissenschaftsinterner Relevanz. (Eigene Darstellung auf Basis von Hofer 2007; Huber 2014; Jahn 2008)

Die analysierten Formate wurden entsprechend ihrer Charakteristika entlang der Achsen eingeordnet (vgl. Abb. 1). Es ist darauf hinzuweisen, dass es sich hierbei um eine erste Systematisierung handelt, die in künftigen Arbeiten diskutiert und weiterentwickelt werden soll. Wie bereits dargelegt, zeichnen sich die Formate SL, TD-Lehre und FL durch einen hohen Beteiligungsgrad der Studierenden aus. Außeruniversitäre Akteure werden sowohl in SL als auch in die TD-Lehre eingebunden (gesellschaftliche Relevanz). Im Unterschied zu SL ist die Erarbeitung neuer Wissensbestände, also das gemeinsame Forschen, Grundbedingung für TD-Lehre (zunehmend wissenschaftsintern relevant). FL ist hingegen auch ohne die Berücksichtigung gesellschaftlicher Problemstellungen aus der Praxis denkbar.

4. Fazit

Die konzeptionelle Analyse zeigt, dass die im Gesamtprojekt beabsichtigte Verbindung zwischen SL und forschungsnahen Lern- und Lehransätzen sowohl theoretisch als auch methodisch herausfordernd ist. Der ‚konzeptionelle Abstand' zwischen SL und FL deutet bereits auf mögliche Konflikte bei der Umsetzung, da erwartbare unterschiedliche Interessen universitärer und außeruniversitärer Partner*innen berücksichtigt werden müssen. Des Weiteren fällt eine eindeutige Abgrenzung der einzelnen Formate (SL, TD, FL) schwer. Inwiefern unterscheiden sich beispielsweise forschungsnahe SL-Ansätze von TD-Lehre? Hierzu ist es notwendig, Kriterien für die einzelnen Formate zu entwickeln, die mithilfe von Erkenntnissen aus der Praxis geprüft werden sollen. Zudem wäre es denkbar, mit dem Modell eine prozessorientierte Betrachtung durchzuführen und den Verlauf einzelner Lehrveranstaltungen zu analysieren. Abschließend ist auf die normativen Dimensionen hinzuweisen, die ethische Reflexionen unumgänglich machen: Die von uns vorgenommene normative Rahmung durch NE stellt zusätzliche Ansprüche an die Begründung von Themenwahl und Gestaltung. Dies betrifft jedoch ebenso bereits SL, weil ein Beitrag zur Verbesserung gesellschaftlicher Problemlagen angestrebt wird. Dabei gilt: nicht jedes SL-Projekt ist ein BNE-Projekt, aber viele avancierte BNE-Projekte weisen eine SL-Dimension auf.

Literatur

Adomßent, Maik (Hg.) (2012): Bildung für nachhaltige Entwicklung. Beiträge der Bildungsforschung. Deutschland. Bonn: Bundesministerium für Bildung und Forschung (BMBF) Referat Bildungsforschung (Bildung, 39).

Albiez, Marius; König, Andri; Potthast, Thomas (2018): Transdisziplinarität und Bildung für Nachhaltige Entwicklung in der Lehre an der Universität Tübingen: Konzeptionelle Fragen mit Bezug auf Lehraktivitäten des „Energielabors Tübingen“ (in press).

Bertschy, Franziska; Künzli David, Christine (2010): Aufgaben und Möglichkeiten von Bildungsinstitutionen im Kontext Nachhaltiger Entwicklung. In: Marie-Theres Schönbächler, Rolf Becker, Armin Hollenstein und Fritz Osterwalder (Hg.): Die Zeit der Pädagogik. Zeitperspektiven im erziehungswissenschaftlichen Diskurs ; Festschrift für Walter Herzog. Unter Mitarbeit von Walter Herzog. 1. Aufl. Bern: Haupt-Verl. (Prisma, 13), S. 211–225.

Hofer, Manfred (2007): Ein neuer Weg in der Hochschuldidaktik: Die Service Learning-Seminare in der Pädagogischen Psychologie an der Universität Mannheim. In: Anna Maria Baltes, Manfred Hofer und Anne Sliwka (Hg.): Studierende übernehmen Verantwortung. Service Learning an deutschen Universitäten. Weinheim: Beltz (Beltz-Bibliothek), S. 35–48.

Huber, Ludwig (2014): Forschungsbasiertes, Forschungsorientiertes, Forschendes Lernen: Alles dasselbe? Ein Plädoyer für eine Verständigung über Begriffe und Unterscheidungen im Feld forschungsnahen Lehrens und Lernens. In: *Das Hochschulwesen* (1+2), S. 22–29.

Jahn, Thomas (2008): Transdisziplinarität in der Forschungspraxis. In: Engelbert Schramm und Matthias Bergmann (Hg.): Transdisziplinäre Forschung. Integrative Forschungsprozesse verstehen und bewerten. Frankfurt, New York: Campus Verlag, S. 21–37.

WCED (1987): Report of the World Commission on Environment and Development: Our Common Future (Brundtland Report). World Commission on Environment and Development (WCED. Oxford. Online verfügbar unter http://www.un-documents.net/our-common-future.pdf, zuletzt geprüft am 10.06.2016.

Carola EBERT, Berlin

Herausforderungen einer transdisziplinären Ausbildung. Vom Nutzen und den Schwierigkeiten Forschenden Lernens in der Architekturlehre

Architektur ist eine besondere Disziplin. Für eine forschungsorientierte Lehre sind die didaktischen Eigenarten dieses transdisziplinären, auf die Berufspraxis ausgerichteten Fachs eine Herausforderung. Der Beitrag reflektiert Rahmenbedingungen, Möglichkeiten und Herausforderungen Forschenden Lernens in der Architektur. Forschendes Lernen wird dabei im engeren Sinne verstanden (vgl. Huber, 2009; Rueß, Gess, & Deicke, 2016).

Besonderheiten der Architekturlehre

Das Fach Architektur vereint ingenieur-, natur- und geisteswissenschaftliche Subdisziplinen in einem auf das Entwerfen als praktischem Integral ausgerichteten Studium. „Die Vielfalt [... der] Bezüge zwischen Kunst und Technik, Wissenschaft und Praxis macht nicht nur die Attraktivität des Studiums aus, sie stellt auch besondere Herausforderungen an die Lehre" (Ebert, Froschauer, & Salge, 2016).

Der Entwurf nimmt dabei eine zentrale Rolle ein. Mit seinen ‚Dispositiven' Tischkritik, Stehgreif und Zwischen- oder Endpräsentation (Froschauer, in Vorbereitung) prägt er die Lehr- und Lernsettings des Architekturstudiums und damit die Interaktion zwischen Lehrenden und Studierenden. Die Selbstwirksamkeit, die Architekturstudierende erleben, wenn sie – einzeln oder in Gruppen – die unterschiedlichen Lerninhalte verschiedener Subdisziplinen im eigenen entwurflichen Handeln integrieren, lässt sich mit den gleichen Schlagworten beschreiben, wie sie Studierende anderer Fächer bezüglich der motivationalen Aspekte Forschendes Lernens verwenden: Autonomie erleben; „Freiraum", „selbständiges Arbeiten"; Bedeutsamkeit erleben; „dass man wirkliche Arbeit geleistet hat"; Ernst genommen werden und sich sozial eingebunden fühlen; „auf Augenhöhe", „Probleme wurden gemeinsam diskutiert" (Rueß & Sonntag, im Druck).

Mit dem Entwurf verfügt die Architekturlehre über einen Kern, der ein dem Forschenden Lernen verwandtes Integral darstellt – wenn auch nicht auf Forschung, sondern auf die Berufspraxis ausgerichtet.

Forschung in der Architektur

Die Frage nach der Forschung in und durch Architektur ist höchst aktuell – nicht zuletzt aufgrund der Bologna-Reform und anderer hochschulpolitischen Entwicklungen (Böhm & Hipp, Anna, in Vorbereitung). Während das

Entwerfen die Architekturlehre strukturell, inhaltlich und in Bezug auf die Lehr- und Lernsetting dominiert und auf die Berufspraxis ausgerichtet, ist der Forschungsbegriff in der Architektur problematisch. In der aktuellen Literatur finden sich vier Arten von Forschung in der Architektur:

1. Forschung in den ‚Nebenfächern': Hierbei handelt es sich um die historisch etablierte Form von Forschung in der Architektur. „Sozial- und kulturwissenschaftlich ausgerichtete Disziplinen wie die kunst- und architekturhistorisch orientierte Architekturtheorie oder die Stadt- und Architektursoziologie übernehmen genauso Forschungsaufgaben wie natur- und ingenieurswissenschaftliche Fächer – etwa Materialwissenschaft und Statik" (Flach & Kurath, 2016, S. 74). Diese Forschungstradition bedient sich einer Fülle von disziplinären Zugängen und verdeutlicht die Hybridität der Architektur. Statt eines Forschungsbegriffs für die Architektur existieren ganz unterschiedliche Forschungsdefinitionen nebeneinander.

2. Umdeutung der architektonischen Praxis: Aufgrund der hohen Bedeutung der Berufspraxis für die Architekturausbildung (und für die Berufungspolitik) verstehen zahlreiche Inhaber von Entwurfslehrstühlen die Arbeit in ihren Büros als ihre Forschung. Jedoch lässt sich diese Haltung „kaum mit der in traditionellen Forschungsdisziplinen vertretenen Konzeption von Forschung vereinbaren" (Flach & Kurath, 2016, S. 75)

3. Entwurfsforschung/Design Research: Dem Fokus auf das Entwerfen entspricht das Ziel vieler Architekturfakultäten, das Entwerfen als Forschungsfeld und -methode zu begreifen und zu institutionalisieren, was zu Kontroversen führt. „Neben der Problematik, die sich daraus ergibt, dass sich Forschung und Praxis im Entwurfsprozess kaum kombinieren lassen, wird auch die unklare, disziplinäre, methodologische und theoretische Ausrichtung der Entwurfsforschung kritisiert." (Flach & Kurath, 2016, S. 79)

4. Architekturwissenschaftliche Forschung: Eine vierte, selten diskutierte Form architektonischer Forschung ist die transdisziplinäre Architekturwissenschaft. „Eine originäre Architekturforschung entwickelt sich … in enger Auseinandersetzung und im Austausch der unterschiedlichen Disziplinen" (Netzwerk Architekturwissenschaft, 2011). Indem diese die Forschungsansätze der vorherigen drei aufnimmt, vermittelt sie zwischen einem alleinigen Fokus auf das Entwerfen oder auf die ‚Nebenfächer' mit ihrer starken Forschungstradition. Die Komplexität von Forschung in der Architektur wird jedoch damit erst recht deutlich.

Es lässt sich feststellen, dass eine – anderen Disziplinen vergleichbare – Definition von Forschung für die Architektur nicht erreicht wird. Fragestellungen, Forschungsfelder und –methoden architektonischer Forschung sind höchst heterogen. In der forschungsorientierten Lehre stellt diese Heterogenität eine große Herausforderung für Studierende und Lehrende dar.

Möglichkeiten und Herausforderungen Forschenden Lernens in der Architektur

Auf der Basis der bisherigen Betrachtungen lassen sich drei Grundannahmen für Forschendes Lernen in der Architektur treffen:

– Vorbemerkung: Die Architektur braucht das Format Forschendes Lernen nicht als Integral, um eine ganzheitliche Studienerfahrung zu gewähren.
– Unproblematisch: Viele Architekturfakultäten praktizieren Forschendes Lernen in Fächern mit etablierten Forschungstraditionen (Albrecht, 2017).
– Kompliziert: Aufgrund des uneindeutigen Forschungsbegriffs ist es schwierig, Forschendes Lernen in die Architekturlehre zu übertragen. Die größte Herausforderung sind die nicht eindeutig definierten Forschungsfelder, -methoden und begriffe dieses transdisziplinären Fachs.

Welche Möglichkeiten für die Architekturlehre enthält Forschendes Lernen darüber hinaus als Konzept und in der praktischen Anwendung?

1. Stärkung architektonischer Forschung: Forschendes Lernen in der Architektur stärkt Forschungsbezug und -praxis. Forschung über/in/durch Architektur wird Bestandteil der Studienerfahrung. Studierende werden somit auch in der Architektur als wissenschaftlicher Nachwuchs und nicht allein auf die Berufspraxis hin ausgebildet.

2. Für die Nicht-Entwurfsfächer: Forschendes Lernen bietet aktive Lern-Lern-Situationen für die eher vorlesungs- und seminarbasierten Fächer. Gerade im Vergleich zum eigenen Handeln im Entwurf vermissen Studierende hier häufig motivationale Aspekte wie Selbstwirksamkeit, Autonomie, etc. Umgekehrt verfügen die Studierenden durch das Entwerfen über zahlreiche motivationale Kompetenzen (z.B. Entscheidungsfähigkeit, Frustrationstoleranz, Problemlöseorientierung (Rueß & Sonntag, im Druck)).

3. Für die Entwurfslehre: Forschendes Lernen „erfordert von Lehrenden […] eine Reflexion der eigenen Rolle sowie der Bedeutung implizit und explizit vorhandener Hierarchien“ (Sonntag, Rueß, Ebert, Friederici, & Deicke, 2016, S. 21). Die Betreuung von Architekturstudierenden im Entwurf (häufig in Gruppen) stellt ähnliche Anforderungen an Lehrende bezüglich der Reflexion der eigenen Rolle, von Gruppendynamik/-prozess. Es gibt jedoch kaum didaktische Literatur speziell für dieses Setting. Die Architekturlehre könnte hier von der Literatur zum Forschenden Lernen profitieren (Sonntag u. a., 2016).

4. Reflexion der Curricula: Forschendes Lernen verdeutlicht, wie Forschungskompetenzen sich entwickeln (müssen) (Rueß u. a., 2016). Wie ließe sich eine auch wissenschaftlich ausgerichtete Ausbildung (vgl. 1.) stärken? Welche Forschungskompetenzen benötigen Architekturstudierende?

Fazit

Forschendes Lernen bietet ein wissenschaftliches, in seiner Individualität und Prozesshaftigkeit dem Entwerfen verwandtes Integral für eine architektonische Forschungspraxis. Die größte Herausforderung ist der ungeklärte bzw. uneinheitliche Forschungsbegriff.

Literatur

Albrecht, L. (2017). Forschendes Lernen in der Architektur. In H. Mieg & J. Lehmann (Hrsg.), Forschendes Lernen: wie die Lehre in Universität und Fachhochschule erneuert werden kann. Frankfurt: Campus Verlag.

Böhm, B., & Hipp, Anna. (in Vorbereitung). Forschung in der Architekturausbildung: Entwurf und sozialwissenschaftliche Forschungsmethoden an zwei Architekturschulen in Großbritannien und der Schweiz. In C. Ebert, E. M. Froschauer, & C. Salge (Hrsg.), Vom Baumeister zum Master. Formen der Architekturlehre vom 19. bis in 21. Jahrhundert. Berlin: Universitätsverlag der Technischen Universität Berlin.

Ebert, C., Froschauer, E. M., & Salge, C. (2016, April 19). Call for Papers: Vom Baumeister zum Master. Formen der Architekturlehre vom 19. bis in 21. Jahrhundert.

Flach, A., & Kurath, M. (2016). Die Architektur als Forschungsdisziplin. Archithese, (2), 72–80.

Froschauer, E. M. (in Vorbereitung). Dispositive der Architekturlehre. Ein Feststellungsversuch anhand fotografischer Aufnahmen. In C. Ebert, E. M. Froschauer, & C. Salge (Hrsg.), Vom Baumeister zum Master. Formen der Architekturlehre vom 19. bis in 21. Jahrhundert. Berlin: Universitätsverlag der Technischen Universität Berlin.

Huber, L. (2009). Warum Forschendes Lernen nötig und möglich ist. In L. Huber, J. Hellmer, & F. Schneider (Hrsg.), Forschendes Lernen im Studium: aktuelle Konzepte und Erfahrungen (S. 9–35). Bielefeld: UVW.

Netzwerk Architekturwissenschaft. (2011). Präliminarien des Netzwerks. Abgerufen von http://architekturwissenschaft.net/netzwerk/

Rueß, J., Gess, C., & Deicke, W. (2016). Forschendes Lernen und forschungsbezogene Lehre – Empirisch begründete Systematisierung des Forschungsbezugs hochschulischer Lehre. Zeitschrift Für Hochschulentwicklung, 11(2), 23–44.

Rueß, J., & Sonntag, M. (im Druck). Motivation zum Forschenden Lernen Wie können Studierende zum eigenständigen Forschen motiviert werden? Erfahrungen aus den Q-Tutorien an der Humboldt-Universität zu Berlin. In J. Lehmann & H. Mieg (Hrsg.), Forschendes Lernen: Ein Praxisbuch. Potsdam: FHP.

Sonntag, M., Rueß, J., Ebert, C., Friederici, K., & Deicke, W. (2016). Forschendes Lernen im Seminar: Ein Leitfaden für Lehrende. Berlin: Humboldt-Universität zu Berlin.

Birgit ENGEL, Münster

Potenziale ästhetisch-phänomenologischer Forschungsbezüge für die Lehrerinnen und Lehrerbildung.

„... bedürfen die logischen Prinzipien, so selbstverständlich sie sind, nicht doch einer Kritik ihres echten Sinnes aus den Ursprüngen ihrer Sinnbildung heraus und somit auch der Enthüllung der Urteilsgenesis?“ (Husserl 1981,190)

Bildung durch Wissenschaft und Praxis?

Der Ansatz des *Forschenden Lernens*, der sich in den 70er Jahren entwickelte, knüpfte an das humboldtsche Ideal einer *Bildung durch Wissenschaft* an und wurde insbesondere von Ludwig Huber hochschuldidaktisch entwickelt. *Forschendes Lernen* sei als wissenschaftlich fundierte Bildung und als sozialer Prozess zu verstehen und damit kein didaktischer Trick. (vgl. Huber 2004, S.31ff)

Aktuell geht es vor dem Hintergrund eines inzwischen weit differenzierten Diskurses insbesondere darum, spezifische Systematiken eines *forschenden Lernens* für die Lehrer*innenbildung zu entwickeln und fruchtbar zu machen. Welche Herausforderungen stellen sich durch diesen Anspruch und in welche Relation ließe sich eine *Bildung durch Wissenschaft* mit einer *Bildung für und durch eine pädagogisch-didaktische Praxis* stellen?

Diese Fragen verweisen auf Überlegungen in der Professionsforschung. Johannes Wildt spricht von einem strukturellen Dilemma, da im Diskurs nicht zu klären sei, wie im Rahmen der Lehrer*innenbildung wissenschaftliches Wissen mit praktischem Wissen in Beziehung gesetzt werden könne. (vgl. Wildt 2005, 183) Werner Helsper wiederum konstatiert auf der Grundlage einer Vielzahl an qualitativen empirischen Untersuchungen einen grundsätzlichen Professionalisierungsbedarf des Lehrerhandelns. Diesem mangle es an der Bereitschaft zum Einzelfallbezug und zur Irritation eingespielter Handlungsroutinen und ebenso an einer situativen Offenheit, auf eine prinzipielle Unvorhersehbarkeit von praktischen Entwicklungen im Unterricht einzugehen. (vgl. Helsper 2011, 157; Engel/Böhme 2014,17)

Die folgenden Überlegungen nehmen ihren Ausgang bei der kunstpädagogischen Lehrer*innenbildung und fragen nach übertragbaren Orientierungen im Sinne dieser aktuellen Herausforderungen.

Kunstpädagogik als erfahrungsoffene ästhetische Bildungspraxis

Der aktuelle Diskurs zur Künstlerischen und Ästhetischen Bildung ist in der jüngeren Vergangenheit u.a. mit den erziehungswissenschaftlichen Diskursen der Bildungsphilosophie und der phänomenologischen Anthropologie verknüpft. Künstlerische und ästhetische Bildung sind als dem Fach Kunst und damit auch der kunstpädagogischen Lehrer*innenbildung zugrundeliegende Bildungsorientierungen zu verstehen. Die Aufgabe des Faches liegt damit nicht alleine in der Vermittlung von gestalterischen Kompetenzen, kunsthistorischen Kenntnissen etc., auch wenn diesen eine wichtige Bedeutung zukommt.

Ästhetische und phänomenologisch orientierte Bildungs- und Erkenntnisdimensionen sind grundsätzlich nicht von der sinnlich-leiblichen Wahrnehmung und Erfahrung zu trennen. Sie gehen dabei aber über eine Bezugnahme auf gestalterische und künstlerische Gegenstandsbereiche hinaus, das heißt über rein visuelle, tonale oder auch duftende Erfahrungen. Sie verweisen uns zugleich im Wahrnehmungsvollzug auf unser eigenes Selbst- und Weltverhältnis indem sie zu neuen noch fremden Sicht- und Wahrnehmungsweisen beitragen. Das heißt auch, in Ästhetischen Bildungsprozessen lernen wir uns überhaupt als Beteiligte in sozialen und räumlichen Situationen wahrzunehmen und dabei möglicherweise auch zu verändern und zu verstehen. Von Bildung im Sinne einer wissenschaftlichen Orientierung kann dann gesprochen werden, wenn sich die Beteiligten dieser Teilhabe bewusst werden und sich mit der Frage der eigenen zeitlichen, räumlichen und gesellschaftlichen Situierung konfrontieren. Andreas Dörpinghaus spricht von Erfahrungs- und Wahrnehmungsbewegungen, die sich in einer Verschränkung von Intentionalität und Attentionalität vollziehen. (vgl. Dörpinghaus 2008) Hierbei kann sich eine erfahrungsbezogene Reflexivität entfalten. Dieser Modus der Reflexivität ist zu unterscheiden von dem einer rein gedanklich abstrakten Reflexion. Um sich den Bildungs- und Erkenntnisleistungen von ästhetischen, kreativen und künstlerischen Prozessen anzunähern, bedarf es deshalb auch im Rahmen der Forschung eines Vorgehens, das diesen spezifischen Besonderheiten entgegenkommt.

Ästhetische Wahrnehmung als (fach)didaktische und forschungsreflexive Orientierung

Phänomenologisch ausgerichtete Wissenschaftler*innen betonen wiederholt das Phänomen der Aufmerksamkeit. Sie bedeutet, so Käte Meyer-Drawe, „eine Modifikation von Wahrnehmen, Handeln und Verstehen, indem sie uns auf das hinhält (pros-echein), was wir immer schon mit gesehen und mit verstanden haben und gerade deshalb nicht beachten. Damit erhält das „merken" in Aufmerken ein erhebliches Gewicht." (Meyer-Drawe 2015, S.125) Ästhetische Wahrnehmung markiert vor diesem Hintergrund eine aufmerkende Aufmerksamkeit, die sich aus den Gewohnheiten vermeintlich vertrauter Erfahrungen herausbegibt. Erst hierdurch kann sich etwas Neues zeigen und die Grundlage für eine Änderung gewohnter Sicht- und Verarbeitungsweisen erfolgen. Hans Georg Gadamer hat die Bedeutung des Erfahrungssinns, der sich in solchen aufmerkenden Momenten ereignet, hermeneutisch erschlossen. Er begründet, dass die Tatsache, dass *bestimmte* Wahrnehmungen im Gedächtnis bleiben, eine zentrale Grundlage dafür sei, dass sich überhaupt ein verallgemeinerbares Wissen aus der singulären Erfahrung entwickeln könne (vgl. Gadamer 1965, 334; Engel 2011, 83ff.). Dörpinghaus schreibt diesem Wissen, das dem Singulären der Erfahrung entspringt, einen empirischen Gehalt zu, der sich allerdings von dem einer nomologisch ausgerichteten Empirie unterscheidet. Bildung habe über die ihr zugrunde liegende Erfahrung einen reflexiven Raum des Sinns und der Bedeutung, der nicht so ohne Weiteres mit dem des Empirisch-Nomologischen kompatibel sei, aber einen *eigenen* empirischen Gehalt aufweise. (vgl. Kolpinghaus 2015, 467)

Ein so ausgerichtetes erfahrungsorientiertes Bildungs- und Forschungsverständnis zeigt sich insbesondere in der künstlerischen Lehrer*innenbildung als eine fruchtbare hochschuldidaktische Orientierung, die es begründbar macht, eigene künstlerische und pädagogische Praxiserfahrungen in die wissenschaftlich orientierte Reflexivität einzubeziehen. (vgl. Engel/Böhme 2014, 2015). Ästhetische Wahrnehmung lässt sich methodisch sowohl für eine wahrnehmungssensible reflexive pädagogisch-didaktische Praxis kultivieren ebenso wie eine erfahrungsoffene Haltung in den Praxisphasen Anlass für weitergehende Forschungsfragen werden kann. Die Herausforderung besteht darin, method(olog)ische Systematiken weiter zu entwickeln, die zu einem transparenten und intersubjektiv nachvollziehbaren forschenden Umgang mit diesen Erfahrungsbezügen beitragen. (vgl. Engel 2010) Hierbei zeigen sich u.a. narrative Erzählungen als Erinnerungsbilder (vgl. Engel 2004/2011) oder auch die miterfahrende Erfahrung der Innsbrucker Vignettenforschung (Schratz u.a. 2012) als geeignete Verfahren.

Erträge für Forschung und Praxis

Welche Folgerungen ergeben sich daraus für das *Forschende Lernen*? Gabi Reinmann kommt vor dem Hintergrund der aktuell vielfältig differenten Erkenntnisparadigmen der Fachwissenschaften zu dem Schluss, dass das *Forschende Lernen* seine hochschuldidaktische Legitimierung aus dem jeweiligen Fachbezug je spezifisch begründen müsse. (vgl. Reinmann 2017) Das Feld der Lehrer*innenbildung könnte insofern eine Krux des *Forschenden Lernens* sein, weil es mit der Herausforderung konfrontiert, dass sich die jeweilige Fachlichkeit mit der Erfahrung des Lehrens selbst verknüpfen muss. Dies lädt zu einer ästhetisch-phänomenologischen Forschungsorientierung ein, weil diese fachliches und didaktisches Wissen mit praxisbezogener Reflexivität in einen Zusammenhang bringen kann. Nicht nur die spezifische

Expertise von Praktiker*innen könnte so noch direkter in die Forschung einfließen, ein reflexiv offener Wahrnehmungsbezug könnte auch zu einer Flexibilisierung des Handelns von Lehrer*innen beitragen und zum Impuls für professionsbezogene Bildungsprozesse werden.

Literatur

Dörpinghaus, A. (2008). Schonräume der Langsamkeit. Grundzüge einer temporalphänomenologischen Erwachsenenpädagogik. *DIE Zeitschrift für Erwachsenenbildung*, S.42–45. URL: http://www.diezeitschrift.de/12008/doerpinghaus.htm, (abgerufen am 8.1.2018).

Dörpinghaus, A. (2015): Theorie der Bildung. *Zeitschrift für Pädagogik,* 4, 464–480.

Engel, B. (2004), Spürbare Bildung – Über den Sinn des Ästhetischen im Bildungsgeschehen des Unterrichts. Münster/New York: Waxmann. 2.Auflage (2011), urn:nbn:de:0111-opus-48879 (abgerufen am 8.1.19).

Engel, B., Böhme, K. (2014). Kunstakademische Lehrerbildung – Künstlerische und ästhetische Bildungspotenziale im Fokus der berufsbezogenen Professionalisierung. In B. Engel, K. Böhme (Hrsg.): *Kunst und Didaktik in Bewegung - Kunstdidaktische Installationen als Professionalisierungsimpuls* (S. 8 – 31). München: Kopaed.

Engel, B. (2015). Unbestimmtheit als (kunst)didaktisches Movens in professionsbezogenen Bildungsprozessen. In B. Engel, K. Böhme, (Hrsg.): *Didaktische Logiken des Unbestimmten – Immanente Qualitäten in erfahrungsoffenen Bildungsprozessen* (S. 58 – 85). München: Kopaed.

Engel, B. (2018). Raum, Kunst und professionsbezogene Bildung – Sinnenbewusste Orientierungen in einem gelebten Raum. In B. Engel, H. Peskoller, K. Westphal, S. Kosika, K. Böhme, (Hrsg.): *räumen. Raumwissen in Natur, Kunst, Bildung und Architektur*. Weinheim Basel. (im Druck)

Gadamer, H.-G. (1965). Wahrheit und Methode – Grundzüge einer philosophischen Hermeneutik, 2. Aufl. Tübingen.

Helsper, W. (2011). Lehrerprofessionalität – Der strukturtheoretische Professionsansatz zum Lehrerberuf. In E. Terhart, H. Bennewitz, M. Rothland: *Handbuch der Forschung zum Lehrerberuf* (S. 149–171). Münster/New York: Waxmann.

Huber, L. (2004). Forschendes Lernen – 10 Thesen zum Verhältnis von Forschung und Lehre aus der Perspektive des Studiums. In *die hochschule,* 2, 29–49.

Husserl, E. (1981). Formale und transzendentale Logik – Versuch einer Kritik der logischen Vernunft, Tübingen: Max Niemeyer, (2. Auflage).

Meyer-Drawe, K. (2015). Aufmerken – Eine phänomenologische Studie. In S. Reh, K. Berdelmann, J. Dinkelaker, Jörg (Hrsg.): *Aufmerksamkeit – Geschichte – Theorie – Empirie* (S. 117–126). Berlin u. a.: Springer.

Schratz, M., Schwarz, J., et al. (Hrsg.) (2012). Lernen als bildende Erfahrung. Vignetten in der Praxisforschung, Innsbruck/Wien/Bozen: Studien-Verlag.

Reinmann, G. (2017). Lernen durch Forschung – aber welche? Preprint der Textfassung zum Vortrag gehalten am 27.09.2017 in Münster URL:http://gabi-reinmann.de/wp-content/uploads/2017/09/Artikel_Forschung_FL_Sept17.pdf, (abgerufen am 8.1.2018).

Wildt, J. (2005). Auf dem Weg zu einer Didaktik der Lehrerbildung. *Beiträge zur Lehrerbildung* 23, 2, URL: http://www.bzl-online.ch, (abgerufen am 2.2.2018).

Ulrich KERN, Soest; Petra KERN, Heiligenhaus

Plädoyer für eine kreativ-wissenschaftliche Problemlösungskompetenz durch Forschendes Lernen

Wer Design studiert, geht anstandslos als kreativ durch – aber als wissenschaftlich? Selbst in den eigenen Reihen der Designdomäne wird immer wieder ein Fragezeichen hinter Wissenschaft gesetzt. Vermutlich aber nicht mehr lange: Denn die Verwissenschaftlichung der Berufswelt prägt zunehmend auch das Design. Die Disziplin entwickelt sich geradezu zum Hotspot für wissenschaftliches Denken, Wissen und Handeln – ob ökonomisch, soziologisch, psychologisch, technologisch oder sogar interdisziplinär geprägt.

Umgekehrt gilt Kreativität heute nicht mehr als Privileg der sogenannten künstlerischen Berufe. Die Herausforderungen der Gegenwart – ob digitale Transformation, Energiewende oder ob soziale Krisen und gesellschaftlicher Strukturwandel –, sie alle sind nur mit Kreativität als Voraussetzung für innovatives Handeln zu bewältigen.

Schlüsselkompetenzen der Zukunft: Komplexe Probleme lösen, kritisch denken und kreativ vorgehen

Kurz gesagt: Kreativ-wissenschaftliche Problemlösungsfähigkeit wird zu einer generellen Schlüsselkompetenz des Nachwuchses der meisten Professionen. Prognosen zur Entwicklung der Arbeitswelt belegen dies vielfach. Hochschulen stehen aber damit vor der Aufgabe, ihr Lehrangebot auch methodisch-didaktisch zu erneuern. Denn die bisherige Vermittlung von kanonisiertem Wissen und kognitiver, repetitiver Kompetenz reicht für Studierende künftig nicht mehr aus. Und gerade deshalb reüssiert derzeit das Konzept des Forschenden Lernens. Es bietet ein von Studierenden mit zu gestaltendes, offenes Lernfeld für selbstorganisierte Erkenntnisgewinnung in sozialen Teamprozessen.

Forschendes Lernen im Design – eine kongeniale Verbindung

Nach der Erfahrung der Verfasser ist gerade für Design-Studiengänge, insbesondere interdisziplinärer Ausrichtung, das Forschende Lernen das Format erster Wahl. Denn Designlehre und das Forschende Lernen sind geradezu kongenial einander verbunden. Beide betonen die Prozesshaftigkeit: So ist es Konsens im Design, dass sich das kreative Potenzial eines Studierenden erst im Prozess des gestalterischen Tuns zu einer Kompetenz ausbildet. Und genauso betont das Forschende Lernen die Aktivierung und Motivierung der Studierenden zur eigenen Erkenntnisgewinnung in einem selbstor-

N. Neuber, W. Paravicini, M. Stein (Hrsg.): Forschendes Lernen – The wider view. Tagungsband. Münster: WTM-Verlag 2018.

ganisierten Prozess. Die Interaktion in Projekten spielt daher sowohl im Design wie auch im Forschenden Lernen eine besondere Rolle. Allerdings gibt es trotz aller Vergleichbarkeit (noch) einen wesentlichen Unterschied:

- Die Prozesse des Lernens und Lehrens im Design werden meist implizit durchlaufen, bleiben singulär und werden selten in ihrer didaktischen Ergebniswirksamkeit analysiert. Im Vordergrund steht meist die Originalität der kreativ-gestalterischen Leistung. Dies ist sozusagen der primäre Lernerfolg der Studierenden. Die zahlreichen sekundären Lerneffekte (s. erste Grafik) bleiben in der Regel unbewusst und der autodidaktischen Selbstreflexion der Studierenden überlassen.
- Dagegen beruht das Konzept des Forschenden Lernens darauf, die Methodik der Erkenntnisgewinnung und die Prozessfolge zu explizieren. Dies bildet den Rahmen für die sich entwickelnde, selbstgesteuerte Forschungskompetenz des Studierenden. Der Lehrende unterstützt den Prozess des Forschenden Lernens durch didaktische Reflexion und ein (selbst-)kritisches Monitoring der prozessualen Ergebniswirksamkeit.

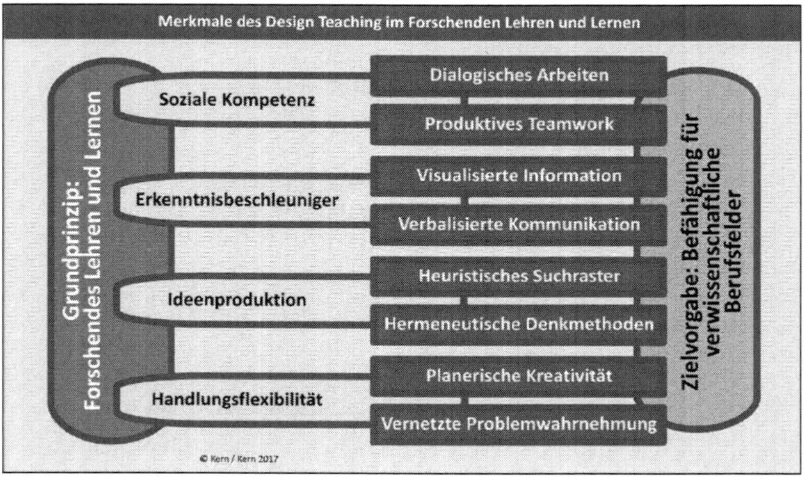

Die eigene Lehrerfahrung zeigt: Die projektorientierte Designlehre bietet geradezu ein ideales Feld, um die methodisch-didaktischen Kriterien des Forschenden Lernens zu implementieren. Der zusätzliche Arbeitsaufwand des Lehrenden wird durch einen klaren Nutzenzuwachs kompensiert, wie die erste Grafik zeigt. Die verborgenen Vorzüge des kreativ-gestalterischen Problemlösungsprozesses werden zu sichtbaren und reflektierten Qualitäten der studentischen Befähigung – als soziale Kompetenz in einer problembewussten und zielorientierten Teamarbeit, als Erkenntnisbeschleunigung durch visualisierte und verbalisierte Kommunikation, als Ideenproduktion durch kompetenten Methodeneinsatz und genauso als Handlungsflexibilität durch kreativ-vernetzte Planungsstrategien.

Von der klassischen Designlehre zum erweiterten „Design Teaching"

Denken wir einen Schritt weiter: Vielleicht stellt die durch das Forschende Lernen erweiterte Designlehre ein generelles Modell für die Entwicklung der elementaren Schlüsselkompetenzen dar? Werden doch die sekundären Lerneffekte der genuin gestalterischen Kompetenzentwicklung – wie Sozial-, Methoden- und Kommunikationskompetenz, Problemlösungs- und Handlungswissen – außerhalb des klassischen Designs zunehmend als primäre Qualifikationen geschätzt. Ob im Produktmanagement oder der Projektplanung, ob in Innovationsprozessen oder Vermarktungsstrategien – designertypische Kompetenzen scheinen zunehmend in die generelle Berufsbefähigung zu diffundieren. Dem entspricht eine wachsende Zahl so genannter Bindestrich-Studiengänge in Verbindung mit Design. Hier stehen explizit die methodischen Designprinzipien und -prozesse im Vordergrund. Sie sind kreativer Inkubator für komplex-übergreifende Aufgaben. Unser Vorschlag ist, diese Form der Designvermittlung als „Design Teaching / Learning" zu fassen im Unterschied zur klassischen Designlehre, die sich primär an konkret-materieller Gestaltungskompetenz orientiert. Ein Design Teaching im Format des Forschenden Lernens zielt dagegen auf abstrakt-immaterielles Gestalten und intellektuelles Modellieren.

Die Rolle des Lehrenden: Expeditionsleiter auf unbekanntem Gelände

Was sich auch erweitert, ist die Aufgabe des Lehrenden. Die Motivation der Studierenden zu eigenständigem Forschen bedeutet keinesfalls Untätigkeit. Die ergebnisoffenen Problemstellungen erfordern eine methodisch-didaktische Prozessplanung und konstruktive Unterstützung des gesamten Forschungsprojekts (s. zweite Grafik). Der Lehrende ist dabei „Expeditionsleiter" für den Weg auf unbekanntem Territorium. Er hat die notwendige Ausstattung dabei, macht aber nur bei Bedarf davon Gebrauch. So kann er Orientierung bieten, z.B. durch Exkurse in interdisziplinäre Hintergründe. Je nach Projekt- und Lernfortschritt ist damit zu rechnen, dass studentische Erkenntnisse den eigenen Wissenshorizont punktuell überschreiten. Auch das entspricht dem Sinn des Forschenden Lernens und der Logik offen-unscharfer Aufgaben. So wie der Lehrende seine überlegene Wissensposition aufgibt, geht auch der Studierende das „Risiko" der Überschreitung eigener

Leistungsgrenzen ein. Wenn studentischer Forschergeist auf komplexe Probleme trifft, sind ja gerade innovative Denkwege einzuschlagen und Denkbarrieren zu überwinden.

Forschung im Design: Auf Augenhöhe mit anderen Disziplinen

Das Forschende Lernen wirkt nicht nur innovierend in die Designlehre, sondern setzt noch eins drauf – nämlich ein explizit formuliertes Forschungsverständnis. Und hier müsste im Design sozusagen „nachgeliefert" werden. Denn die Zeit ist reif für die Entwicklung einer disziplin-spezifischen Forschungskonzeption, auch wenn bisher oft ein großer Bogen um diese Aufgabe gemacht wurde. Dabei könnten sich die Vertreter der Designdomäne entspannt auf Diskussionen mit anderen Disziplinen einlassen. Sie werden feststellen, dass es keinen in Stein gemeißelten Forschungsbegriff gibt – nirgendwo. Auch der klassische, naturwissenschaftlich geprägte Forschungsbegriff hat sich inzwischen erweitert. Erkenntnismethoden aus Design, Architektur und Kunst finden zunehmend Eingang. Der Einsatz der Designdomäne für einen designspezifischen Forschungsbegriff als ein kompetitiver Beitrag zum Verbund disziplinärer Forschungsverständnisse lohnt also durchaus. Es kann so die notwendige Vergleichbarkeit im Wettbewerb der Disziplinen entstehen, vor allem wenn es um Forschungsprojekte, Drittmittel und wissenschaftliche Reputation generell geht. Die Vertreter der Designdomäne wären dann nicht mehr die Exoten, sondern ernst zu nehmende Fachwissenschaftler mit einer spezifischen Forschungskonzeption.

Dirk H. MEDEBACH, Gießen

Forschen(d) lernen außerhalb universitärer Räume

Wissensräume und Raumwissen

Ein wissenschaftliches Studium zu absolvieren, ist so gefragt wie nie. Diese Bildungsexpansion verläuft komplementär zu einer mehrdimensionalen räumlichen Expansion der Hochschulen. Der vielfältige Bereich von Vernetzung und Internationalisierung ist ebenso prägnant wie die medial-virtuelle Expansion, die sich in der Lehre z.B. als E-Learning realisiert. Der Campus mit seinen Gebäuden ist hingegen vielerorts eine knappe oder nicht mehr zeitgemäße Ressource.

Umso verwunderlicher ist es, dass räumliche Aspekte in der Hochschullehre und -didaktik nicht umfassender thematisiert werden. ‚Raum' gilt in der Regel implizit als gegebene natürliche Ressource. Mit Digitalisierungsprozessen haben sich die raumbezogenen Mentalitäten der jüngeren Generationen gewandelt. Das Internet reift zur ultimativen Wissensquelle (‚Wissensraum') und Erfahrungswelt. Die zeitgenössische Relevanzsteigerung von Faktenvielfalt (fake news) tangiert letztlich alle sozialen Felder inklusive der Wissenschaft. Grenzen schwinden – Orientierung geht verloren.

Und doch ist es keineswegs ein neuer Diskurs. So finden sich zum Beispiel im Sammelband von Škerlak, Kaufmann und Bachmann (Hg., 2014) Thematisierungen verschiedener Lernumgebungen und -bedingungen, die „Forschung live" erleben lassen oder in „Zwischenräumen" kulturellen Erlebens münden. Das Mobile Learning erfasst den gesamten Campusraum und führt z.B. zur Dezentralisierung von Bibliotheken als Lernräumen; trotz des weiten Raumbegriffs wird aber der Campus fokussiert (vgl. Bachmann et al., 2014, S. 21f.). Wenn sich „die Studierenden der Zukunft [sich] selbstverständlich als «Lernwanderer» begreifen" werden (ebd., S. 36), so werden aber neue ‚Freiräume' nötig.

Selbst-Verständnisse des Forschens und Lernens

„Akademisches Lehren und Lernen wird zwar seit jeher als forschendes Lernen verstanden, unterschiedliche bildungspolitische Reformen haben allerdings dazu geführt, dass dieses Credo über die letzten Jahrzehnte in Vergessenheit geriet." (Hofhues & Mallwitz, 2016, S. 247) Ausgehend vom Humboldt'schen Bildungsideal kann die enge Verzahnung von Forschung und Lehre auf Seiten des wissenschaftlichen Personals und der Lernenden als Forschende realisiert werden. Letztlich geht es doch um „Bildung durch Wissenschaft" (Huber, 2009, S. 3) – Lernen als sozialer Aneignungsprozess. Kognitive, emotionale und soziale Erfahrung mitsamt der Ungewissheiten,

Höhen und Tiefen des Forschungsprozesses von der Neugier oder einem Interesse bis zur Erkenntnis oder Problemlösung und deren Mitteilung zu erleben (vgl. ebd., S. 2), ist prägend.

Forschende befinden sich in einer sehr (inter-)aktiv Rolle, die ebenso wie aktivierende Methoden in anderen Lehr-/Lern-Szenarien einer konsumistischen Haltung begegnet. Dahinter verbergen sich Fragen nach ‚Selbst-Ständigkeit', ‚Selbst-Verantwortung', ‚Selbst-Reflexion' ‚Selbst-Organisation', ‚Selbst-Lernphasen' etc. Diese ‚Selbsts' müssen nicht als singularisiert fehlgedeutet, sondern in soziale (Gruppen-)Prozesse involviert werden.

Galt ‚Forschen-dürfen' lange Zeit als Privileg einer bestimmten sozialen Klasse, so ist es nun zum professionellen und rationalisierten ‚Forschen-müssen' gereift. Das exzessive Einwerben von und Konkurrieren um Drittmittel lässt sich zumindest so deuten. Dabei unterliegt Wissenschaft besonderen Freiheitsgraden. Ein enges (Denk- und Handlungs-)Korsett der Lehre läuft dem Geist von Innovation in der Forschung jedoch entgegen. Forschen lernen resultiert nicht zuletzt aus forschendem Lernen von Beginn an.

Im Dazwischen von Wissenschaft und Gesellschaft

Wieso Räume nicht wiederentdecken und neu erleben? In den empirischen Wissenschaften liegt dies doch besonders nahe, mögen sich die empirischen Zugänge und Methoden noch so unterscheiden. Damit geht kein Plädoyer für angewandte oder praxisorientierte Forschung in typischer Manier einher. Formalisiertes und medialisiertes Wissen müssen nicht die alleinigen Zugänge zu Menschen und Gesellschaft sein.

Der Soziologie als Wissenschaft von der Gesellschaft wird oftmals mit Skepsis und Unverständnis begegnet, ist ihr Forschungsgegenstand doch das grundsätzlich der Alltagserfahrung Zugängliche. Solche Vorbehalte finden sich nicht selten auch unter Studierenden.

Außeruniversitäre Lebenswelten und Sozialräume der Menschen können mittels studentischer Feldforschung oder durch Zugänge von Expertinnen und Experten wissenschaftlich erschlossen werden (‚empirisches Raumwissen') und liegen doch im Forschungsinteresse der Sozial- und Kulturwissenschaften. Die Passung und Kopplung von fachlichen Lerninhalten und Forschendem Lernen im Bereich empirischer Sozialforschung ebenso wie in der Ethnologie liegt schließlich nahe. Forschendes Lernen (im weiteren Sinne) plausibilisiert sich daher immanent und muss nicht als ein ‚übergestülptes didaktisches Gewand' gelten.

Wissenschaftliche Exkursionen haben einen eigenständigen Charakter gegenüber schulischen Formaten und müssen entsprechend kommuniziert werden. Lernform und -ort heben sich vom universitären Lehralltag ab, besondere Freiheitsgrade der Studierenden entstehen. Dies konfrontiert die Beteiligten der ‚Hoch-Schule' des 21. Jahrhunderts aber mit neuen Problemen, wenn Freiheiten, Multioptionen und Unsicherheiten bereits lebensweltlich ambivalent ge- und erlebt werden.

Praxis der Gesellschaftsforschung(slehre)

Im Rahmen des vom BMBF geförderten Projekts „Einstieg mit Erfolg" entwickelten Dr. Il-Tschung Lim und Dirk H. Medebach an der Justus-Liebig-Universität Gießen das innovative Lehr-/Lernkonzept „Stadt(er)leben zum Studieneinstieg" für Soziologiestudierende in der Studieneingangsphase. Innerhalb von zwei Semestern fanden vier Projektseminare mit einem hohen Exkursions- bzw. Feldforschungsanteil in Frankfurt a.M. und Gießen statt.

Die konzeptionelle Leitidee besteht in der Verbindung von theoretischen Seminardiskussionen zu Thematiken wie Migration, Extremismus, Armut und Segregation, kompakten methodischen Einführungen und Exkursionen im Feld. Letztere zeichnen sich durch die Integration von Ortsbegehungen (teilnehmende Beobachtung), Befragungen (Interviews) und Expertengespräche bzw. Führungen (Inputs). Mittels unvergesslicher Lehr-Lern-Arrangements (vgl. Berner & Zimmermann, 2005) und authentischer sozialer Praxisnähe (vgl. Wildt, 2007) wurden theoretische und methodische Grundlagen unmittelbar angewandt und erprobt: ein Wandel vom Lehren zum Lernen (vgl. Metzger, 2008). Es wurden etwa Bahnhofsviertel oder innerstädtische Einkaufszentren, Studentenverbindungen und Polizeistationen erforscht, Gespräche mit Engagierten in der Flüchtlings- und Bewährungshilfe geführt. Bleibende Erinnerungen bilden ‚Wissensanker'. Ein intendiertes nachhaltiges Interesse und Motivationssteigerung im Studienverlauf deutete sich an, bedarf aber weiterführender Längsschnittstudien der Evaluierung.

Die Konfrontation mit großen Gruppen (40–60 Personen) im Anschluss an die Förderphase bei einem ähnlichen Konzepten der Stadtforschung ist herausfordernd. An vier Terminen fanden z.B. bei „Soziologie live" jeweils drei bis vier separate Exkursionen unter Leitung der Forschungsgruppen statt, der sich die übrigen Teilnehmenden anschlossen. Das Forschen in Kleingruppen fördert weiterhin autonomieunterstützende Lernbedingungen (vgl. Deci & Ryan, 1993, S. 234f.). Gemeinsame Erlebnisse mit vielen Teilnehmenden sowie eine intensive Betreuung und Begleitung der Gruppenprojekte sind hingegen nur schwerlich möglich. „Forschendes Lernen könnte sich zwar auch unabhängig von Lehrenden und Lehrveranstaltungen (independent) vollziehen", aber es geht „um die Gemeinschaft der Lehrenden und Lernenden […] zur Entwicklung sozialer Kompetenzen." (Huber, 2009, S. 2)

Auch in kleinerem Rahmen lassen sich außeruniversitäre Räume erforschen. In einem Aufbauseminar mit Lehramtsstudierenden zum Thema „Sexualisierte Gewalt" wurde alltäglicher Sexismus im Feld, z.B. in Diskotheken, im öffentlichen Raum oder Bildungskontext, eigenständig erforscht werden. Posterpräsentationen dienten der Rückkopplung im Seminar und die schriftliche Projektbericht der Reflexion und Diskussion. Durch die differente Rolle und Erfahrungen als Sozialforscher_innen können (positive) Irritationen entstehen, die zur Reflexion des Lehrer_innenberufs und institutionellen Schulalltags anstoßen.

Perspektivenwechsel können durch verschiedene Räume und Erfahrungen realisiert werden. Damit das Forschen-lernen gelingen kann, müssen entsprechende Forschungshaltungen, Motivationen und Unterstützungssysteme bei allen verschiedenen Beteiligten – den ‚Lehrenden', ‚Lernenden', der Universität und nicht zuletzt den Akteuren im Feld – ausgebildet werden.

Literatur

Bachmann, G., Brandt, S., Kaufmann, H., Röder, H., Schwander, U. & Škerlak, T. (2014). Moderne Lernumgebungen für den Campus von morgen. Das Projekt ITSI. In T. Škerlak et al. (Hrsg.), *Lernumgebungen an der Hochschule. Auf dem Weg zum Campus von morgen* (S. 17–52). Münster: Waxmann.

Berner, H. & Zimmermann, T. (2005). Unvergessliche Lehr-Lern-Arrangements: theoretisch geklärt – praktisch umgesetzt. Zürich: Pestalozzianum.

Deci, E. L. & Ryan, R. M. (1993). Die Selbstbestimmungstheorie der Motivation und ihre Bedeutung für die Pädagogik. *Zeitschrift für Pädagogik*, 39 (2), 223–238.

Hofhues, S. & Mallwitz, M. (2016). Forschendes Lernen „zu Ende" denken. In D. Kergel et al. (Hrsg.), *Forschendes Lernen 2.0. Partizipatives Lernen zwischen Globalisierung und medialem Wandel* (S. 247–262). Wiesbaden: Springer VS.

Huber, L. (2009). Warum Forschendes Lernen nötig und möglich ist. Online unter: http://www.fh-potsdam.de/fileadmin/user_upload/forschen/material-publikation/Huber_Warum_Forschendes_Lernen_noetig_und_moeglich_ist.pdf (30.10.2017).

Metzger, M. (2008). Forschendes Lernen auf der Grundlage der Grounded Theory. *Zeitschrift für Hochschulentwicklung*, 3 (4), 47–57.

Škerlak, T., Kaufmann, H. & Bachmann, G. (Hrsg., 2014). Lernumgebungen an der Hochschule. Auf dem Weg zum Campus von morgen. Münster: Waxmann.

Wildt, J. (2007): Praxisbezug revisited? Zur hochschuldidaktischen Rekonstruktion von Theorie-Praxis-Verhältnissen in Studium und Lehre. In M. Merkt et al. (Hrsg.), *Die Qualität akademischer Lehre. Zur Interdependenz von Hochschuldidaktik und Hochschulentwicklung. Festschrift für Rolf Schulmeister* (S. 59–72). Innsbruck: Studien.

Julia PRIEß-BUCHHEIT, Kiel

Warum nun Forschendes Lernen?

Versuch einer Begründung spezifischer Lehr- und Lernarrangements

Einleitung

304 Anmeldungen bei der Tagung „Forschendes Lernen – The wider view" an der Universität Münster im September 2017 zeugen von einem regen Interesse am Lehr- und Lernformat des Forschenden Lernens. Bedenkt man, dass das Format bereits im Jahre 1970 durch eine Schrift der Bundesassistentenkonferenz eingeführt wurde, aber eine flächendeckende Umsetzung danach erstmal ausblieb, dann ist die hohe Anmeldezahl ein Zeichen. Curriculare Verankerungen des Formats in mehreren Studiengängen, so zum Beispiel in der Lehrerausbildung des Faches Sport an der Universität Münster oder in Modulen der Universität Bozen – beide Beispiele wurden auf der Tagung vorgestellt – lassen vermuten, dass die Zeit, in der das Forschende Lernen ein Nischendasein fristete, vorüber ist.

In verschiedenen Beiträgen, von Jean-Luc Patrys „Lehre durch Forschung und Forschung durch Lehre" bis hin zu Beispielen der theoriegeladenen Sportübung im Vortrag von Nils Neuber, wurde der Begriff Forschendes Lernen erläutert. Um das Lehr- und Lernformat zu konkretisieren, wurden in mehreren Beiträgen die Typologien von Huber (2014, erweitert durch Reinmann 2017) sowie von Healey und Jenkins (2009) herangezogen.

Warum nun Forschendes Lernen?

Ein Studium bereitet den Weg, Einsichten in die gewählte Disziplin zu gewinnen, Zugang zur wissenschaftlichen Community zu bekommen und disziplinäre Wissensbildung im Sinne einer wissenschaftlichen Tätigkeit zu erlernen. Das Format des Forschenden Lernens, als ein Baustein im Studium, unterstützt diesen Weg. Studierende üben sich in diesem Format im wissenschaftlichen Handeln, indem sie Forschungszyklen selbst gestalten.

Nach Reinmann (2017) und Huber (2014) unterscheidet sich Forschendes Lernen von Formen des forschungsbasierten Lernens und forschungsorientierten Lernens und „zeichnet sich [...] dadurch aus, dass die Lernenden den Prozess eines Forschungsvorhabens, das auf die Gewinnung von auch für Dritte interessanten Erkenntnissen gerichtet ist, in seinen wesentlichen Phasen [...] (mit)gestalten, erfahren und reflektieren" (Huber 2009, S.11). Nach einem erfolgreichen Abschluss einer solchen Lehr- und Lerneinheit waren Studierende selbst forschend tätig. Sie haben also neue Gegenstände bzw.

Phänomene erkannt, und sind in die Lage versetzt worden, diese auch für andere darzustellen.

Zwei Komponenten des Forschenden Lernens

Bei der Umsetzung des Formats Forschenden Lernens werden somit neben der Bildung von Methoden-, Selbst-, Fach- und Sozialkompetenz vor allem die Objekt- und Metakompetenz in den Vordergrund gestellt (vgl. dazu Krope et al. 2012). Unter Objektkompetenz versteht man das Können gegenstandskonstituierend zu handeln. Demgegenüber wird unter Metakompetenz das Können oder jene Fähigkeit beschrieben, gegenstandsbeschreibend zu handeln. Beide Kompetenzen treten nur in direkter Bezugnahme zueinander auf. (Vgl. dazu die Ausführungen von Lorenz zur Objekt- und Metakompetenz unter dem Schlagwort *Forschen* in Mittelstraß 2015, S. 663 ff.)

Tabelle: Zwei Komponenten des Forschenden Lernens

Verfahren zum Kennen(lernen) der Gegenstände	Verfahren zum Beschreiben(lehren) der Gegenstände
Objektkompetenz	Metakompetenz

Ausgangspunkt für wissenschaftliches Handeln und auch für das Einüben von wissenschaftlichem Handeln sind die (standardisierten) methodischen Vorgehensweisen in der jeweiligen Disziplin. Wissenschaftliches Handeln wird dabei geleitet von zwei Handlungsprinzipien (a und b).

Nach a) dem Prinzip der methodischen Ordnung sind Handlungszusammenhänge so zu gestalten, dass man – in Analogie zum Anziehen, zuerst die Strümpfe überstülpt, um dann die Schuhe anzuziehen, – beim Forschen zuerst die Daten erhebt, um sie dann auszuwerten.

Das dialogische Prinzip beachtet dagegen b) das Spannungsfeld zwischen Vollziehen und Berichten: „Achte beim Umgang mit Menschen und Sachen stets auf den Unterschied von Ich-Rolle und Du-Rolle einer Handlungsausübung!" (Lorenz 2015, S. 433). In einer komplementären Ergänzung zum methodischen Ordnungsprinzip beinhaltet das dialogische die begriffliche Organisation und ein Begründen von wissenschaftlichem Wissen.

Strukturierung des Formats Forschendes Lernen

Die Umsetzung von Forschendem Lernen, bei welcher sowohl die Meta- als auch die Objektkompetenz gefördert wird, kann in bestimmten Lehr- und Lernarrangements erfolgen.

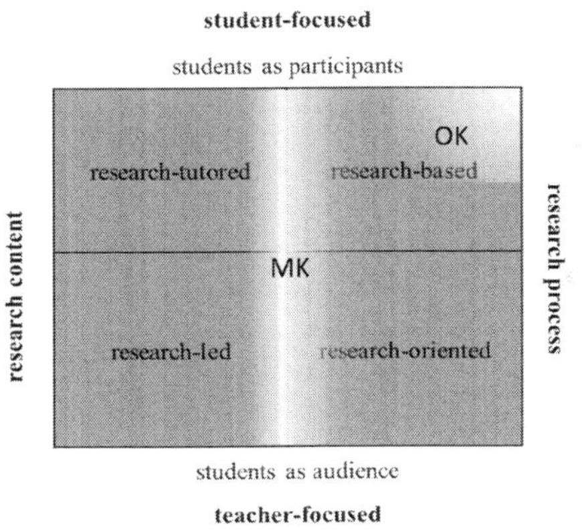

Abbildung: Abgewandelte Vierfeldertafel von Lehr- und Lernarrangements nach Healey (2005, S. 70). MK: Metakompetenz; OK: Objektkompetenz

Hilfe zur Konkretisierung gibt dabei die in der Abbildung abgewandelte Typologie von Healey und Jenkins (2009). Sie bildet (im Original) Kategorien der Forschung und der wissenschaftlichen Erkenntnissuche bei Studienanfängern ab und wurde von einer Systematisierung des Forschens und Lehrens abgeleitet (Healey 2005). Healey (2005) benennt in ihr Lehr- und Lernformate, die sich in drei Dimensionen unterscheiden: Lehrer- versus Studierendenorientierung, Formate für Zuhörende versus Formate für Mitgestaltende und Forschungsergebnisse versus Forschungsprozesse.

Forschendes Lernen als ein Format, in der die Studierenden einen Forschungsprozess (mit-)gestalten, bezieht in der Praxis häufig bereits erlernte Kenntnisse aus anderen Formaten, die sich auf Forschungsergebnisse beziehen (abgebildet auf der linken Seite der Abb.), mit ein. Bedenkt man, dass die Studierenden beim Forschenden Lernen in die Lage versetzt werden sollen, Methoden der Gegenstandskonstitution zu etablieren, kann dies besser gelingen, wenn bei den Studierenden bereits Kenntnisse aus den anderen Formaten vorhanden sind.

Mit der Fokussierung auf die Objekt- und Metakompetenz können spezifische Lehr- und Lernarrangements für das Forschende Lernen angegeben werden. Die Verfahren der Gegenstandsbeschreibung (Metakompetenz), also Verfahren zum Beschreiben(lehren) der Gegenstände, erfordert ein Arrangement des Dialogs und damit eine Möglichkeit, begriffliche Organisation im Dialog zu erarbeiten und das Begründen in der Gemeinschaft zu vollziehen. Dabei steht der Austausch zwischen Lehrenden und Lernenden im Mittelpunkt. Solche Arrangements können sich an jedem Punkt der weiten

Spanne zwischen Studierenden- und Lehrerorientierung verorten. Zum Erlernen der Metakompetenz wird deshalb keine Seite dieser Dimension präferiert (siehe MK in der Abb.). Die Verfahren der Gegenstandskonstitution (Objektkompetenz) oder besser gesagt, Verfahren zum Kennen(lernen) der Gegenstände, lokalisieren sich hingegen an den Dimensionspolen *Mitgestaltung* und *Forschungsprozess*, also in der oberen rechten Ecke (vgl. OK in der Abb.). Sie beinhalten ein planvolles Vorgehen in Bezug auf den Forschungsgegenstand durch Herstellen von Versuchsreihen, Prädikationen, Erhebungen, methodische Deutungen etc.

Fazit

Jetzt, da das Forschende Lernen aus dem Schatten des Nischendaseins tritt, wird die Frage nach der Ausrichtung spezifischer Arrangements für dieses Format lauter. Die oben angeführten Ausführungen zeigen, dass die Konzentration auf die Kernkompetenzen des Forschenden Lernens, also die Förderung und Aneignung von Objekt- und Metakompetenz, Abgrenzungen zu anderen Formaten erleichtert. Lern- und Lehrarrangements sind auf der Seite der Studierendenorientierung, Studierendenteilhabe und dem Fokus Forschungsprozess platziert.

Literatur

Bundesassistentenkonferenz (1970). Schriften der Bundesassistentenkonferenz. Bd. 5: *Forschendes Lernen - Wissenschaftliches Prüfen*. Bonn.

Healey, M. (2005) Linking research and teaching exploring disciplinary spaces and the role of inquiry-based learning. In: Barnett, R. (Hrsg.) *Reshaping the university: new relationships between research, scholarship and teaching* (S. 30–42). Maidenhead: McGraw-Hill/Open University Press.

Huber, L. (2009) Warum Forschendes Lernen nötig und möglich ist. In: L. Huber, J. Hellmer und F. Schneider (Hg.): *Forschendes Lernen im Studium* (S. 9-35). Bielefeld: Universitätsverlag Webler.

Krope, P., Wolze, W., Buchheit, J. C., Latus, K., & Petersen, J. P. (2012). Science for Practice – Scientific Practice. The Constructive Foundation of a Scientific University Education. In J. C. McDermott, A. Kington, & M. Matulcikova (Hrsg.), *Paradigms and Research of Educational Research* (S. 31–42). Los Angeles: University Los Angeles.

Lorenz, K. (2015) Artikel: Dialogisches Prinzip. In: J. Mittelstraß (Hrg.) *Enzyklopädie Philosophie und Wissenschaftstheorie,* Band 6 (S. 433-434). Stuttgart: Metzler.

Lorenz, K. (2010) The Concept of Science: Some remarks on the methodological issue 'construction' versus 'description' in the philosophy of science. In K. Lorenz (Hrsg.) *Logic, Language and Method – on Polarities in Human Experience: Philosophical Papers*. (S. 107-123) Berlin u.a.: Walter de Gruyter.

Sandra SCHAUB, Essen

Interreligiöses Lernen und Forschendes Lernen – Versuch einer Verhältnisbestimmung

´Interreligiöses Lernen` und ´Forschendes Lernen` sind zwei Formen des Lernens, die sich in den zyklischen Phasen eines Prozesses vollziehen (curriculare Lernspirale). ´Interreligiöses Lernen` und ´Forschendes Lernen` sind nie als ein abgeschlossener Prozess zu sehen, sondern entstehen jederzeit neu durch ständige Weiterentwicklung. Ein derart unabgeschlossener Prozess ist konstitutiv für die beiden Lernenformen, worauf nachfolgend differenzierter eingegangen werden soll.

1. Interreligiöses Lernen

´Interreligiöses Lernen` geschieht, indem Angehörige verschiedener Religionen mit- und voneinander lernen, vor allem in direkten Begegnungen. Stefan Leimgruber definiert den Begriff als „die Gesamtheit der einschlägigen interkulturellen und interreligiösen Bildungsvorgänge mit dem Fokus auf Schule, Religionsunterricht, Erwachsenenbildung."[1] In der historischen Bilanz zum Interreligiösen Lernen wird auf Desiderate (wie kaum vorhandene empirische Untersuchungen) hingewiesen[2], die erst in jüngerer Zeit vielfältig in den Fokus gerückt sind.[3]

Im Lehr-Lern-Prozess kommt es gegenwärtig wesentlich auf die kreative Aneignungsleistung der Lernenden an, die die behandelten Themen nicht einfach passiv rezeptiv übernehmen (Vermittlungshermeneutik), sondern produktiv-konstruktiv in einem verändernden Prozess für sich bearbeiten (Aneignungshermeneutik). Daher setzen neuere religionsdidaktische Konzeptionen Impulse, die auf Kreativität der Lernenden zielen. Hinzu kommt, dass Bildung im Allgemeinen als Selbstbildung in Beziehung verstanden

[1]Leimgruber, Stefan: *Interreligiöses Lernen.* München (2. Aufl) 2007. S. 23.

[2]Vgl. Nipkow, Karl Ernst: *Interreligiöse Bildung auf dem Prüfstand – Bilanz und Ausblick nach 45 Jahren.* In: Lähnemann, Johannes (Hrsg.): Visionen wahr machen. Interreligiöse Bildung auf dem Prüfstand. Referate und Ergebnisse des Nürnberger Forums 2006. Hamburg 2006 (= Pädagogische Beiträge zur Kulturbegegnung, Bd. 26). S. 14-28; vgl. Lähnemann, Johannes: *Evangelische Religionspädagogik in interreligiöser Perspektive.* Göttingen 1998. S. 41-142; vgl. Schreiner, Peter/Sieg, Ursula/Elsenbast, Volker: *Handbuch Interreligiöses Lernen.* Gütersloh 2005.

[3]Vgl. Schweitzer, Friedrich/Bräuer, Magda/Boschki, Reinhold (Hrsg.): *Interreligiöses Lernen durch Perspektivübernahme.* Eine empirische Untersuchung religionsdidaktischer Ansätze. Münster 2017 *(= Glaube – Wertebildung – Interreligiosität, Bd. 10).*

wird, was den Dialog miteinander erfordert.[4]

Für das ´Interreligiöse Lernen`, welches auf einer interpretativen Ebene verortet ist, ist diese Religionsdidaktik konstitutiv, da sie von der Gleichberechtigung aller Beteiligten an Gesprächsvorgängen ausgeht und dadurch bereits von Anfang an den Absolutheitsanspruch einzelner Religionen (vor allem des Christentums und des Islams) in Frage stellt. In der Tat soll Lernen zwischen den Religionen kein auch nur ansatzweise autoritäres Unternehmen sein, sondern vielmehr der Verständigung zwischen den Religionen dienen.[5] Die ´Pluralistische Religionstheologie` setzt hier an, indem sie die grundsätzlichen Gleichwertigkeit aller Religionen als kulturspezifische Ausdrucksformen der menschlichen Transzendenzbeziehungen voraussetzt.[6] Das heißt, eine ´Interreligiöse Theologie` vollzieht sich in Form eines Interreligiösen Diskurses, in den die daran Beteiligten das einbringen, was ihnen aus ihrer jeweils eigenen religiösen Tradition heraus als universal relevant erscheint.[7] Der Diskurs in Form eines Dialogs ist prozessuale Kommunikation, und verweist darauf, dass Überzeugungen durch Interaktion entwickelt werden. Indem Lernen mehrfach die Bewegung vollzieht, Ideen vorzutragen, sie von anderen befragen und durch Kenntnisse bereichern zu lassen, um sie schließlich neu zu überdenken, nimmt das Lernen die Figur einer Spirale an. Dabei geht es nicht allein um die Anhäufung von Wissen, sondern um das Lernen von Denken und Urteilen, um fortschreitende Einsicht in die Botschaft der Religion(en) in ihrer Beziehung zum Selbst und zum Zusammenleben zu gewinnen. In solchem Suchen und Fragen entsteht Identität. Wie Identität überhaupt, ist auch religiöse Identität immer angewiesen auf die wechselseitige Herstellung von Bedeutungen zwischen Individuum und Kontext.[8] Bezogen auf das ´Interreligiöse Lernen` ist von daher angemessenerer von einer „Identitätsbildung bei entsprechenden Lernprozessen“[9] zu reden.

[4]Vgl. Boschki, Reinhold: *Einführung in die Religionspädagogik.* Darmstadt (2. Aufl.) 2012.

[5] Vgl. Leimgruber, Stephan: *Interreligiöses Lernen.* München 2007. S. 71.

[6]„Exklusivismus“, „Inklusivismus“ und „Pluralismus“ als Urteilshaltungen lassen sich über die drei Ebenen Haltung/Verhalten, Geltung und Religionstheologische Relationierung weiter differenziert entfalten. Vgl. Bernhardt, Reinhold: *Ende des Dialogs? Die Begegnung der Religionen und ihre theologische Reflexion.* Zürich 2005 (= Beiträge zu einer Theologie der Religionen, Bd. 2). S. 103-122.

[7]Vgl. ebd., S. 37.

[8]*Vgl. Schweitzer, Friedrich/Englert, Rudolf/Schwab, Ulrich/Ziebertz, Hans-Georg (Hrsg.): Entwurf einer pluralitätsfähigen Religionspädagogik. Gütersloh 2002 (= Religionspädagogik in pluralen Gesellschaften, Bd. 1). S. 73.*

[9]*Schweitzer, Friedrich: Religiöse Identitätsbildung. In: Schreiner, Peter/Sieg, Ursula/*

2. Forschendes Lernen

'Forschendes Lernen' ist ein hochschuldidaktisches Format, bei dem die Studierenden im Rahmen von Seminaren oder Projekten selbst forschen. Die Verzahnung von Lehre und Forschung rückt das Forschende Lernen in das weite Spektrum forschungsbezogener Lehre. „Forschendes Lernen zeichnet sich vor anderen Lernformen dadurch aus, dass die Lernenden den Prozess eines Forschungsvorhabens, das auf die Gewinnung von auch für Dritte interessanten Erkenntnissen gerichtet ist, in seinen wesentlichen Phasen – von der Entwicklung der Fragen und Hypothesen über die Wahl und Ausführung der Methoden bis zur Prüfung und Darstellung der Ergebnisse in selbstständiger Arbeit oder in aktiver Mitarbeit in einem übergreifenden Projekt – (mit)gestalten, erfahren und reflektieren."[10]

Johannes Wildt, Hochschuldidaktiker der TU Dortmund, erkannte in der Definition von Prof. Huber aus dem Jahr 2009 eine Analogie zwischen dem von Kolb beschrieben Lernzyklus[11] und dem Forschungszyklus seiner Studierenden in der empirischen Sozial- und Bildungsforschung[12]. Der von ihm entworfene „Learningcycle im Format des Forschungsprozesses" ist ein komplexes und anspruchsvolles Lehr-Lern-Konzept, bei dem der innere Zirkel den Lernzyklus und der äußere die Schritte des Forschungsprozesses in einem natur- und lebenswissenschaftlichen Hintergrund abbildet.

3. Verhältnisbestimmung

'Forschendes Lernen' ist eine Lernform, die nicht nur als eine bloße Wissensanhäufung verstanden wird, sondern als ein ergebnisoffener und dynamischer Prozess, bei dem das forschende Individuum im Mittelpunkt steht. Mit dem 'Interreligiösen Lernen' erscheint dieser Ansatz insofern vereinbar, als er von einer individuellen Perspektive des Forschenden ausgeht, die es in Abhängigkeit von den Kontexten einer Situation in ein System[13] einzubetten gilt.

Innerhalb eines zyklischen oder spiralförmigen Prozesses, sei es in Form eines interreligiösen, kommunikativen Dialogs oder in Form eines Lern- bzw. Forschungszyklusses, entsteht in Interaktionen ein Mehrwert an

Elsenbast, Volker (Hrsg.): Handbuch Interreligiöses Lernen. Gütersloh 2005. S. 301.

[10] Huber, Ludwig: Warum Forschendes Lernen nötig und möglich ist. In: Ders. (Hrsg.): *Forschendes Lernen im Studium*: aktuelle Konzepte und Erfahrungen. Bielefeld 2009 (= Motivierendes Lehren und Lernen in Hochschulen, Bd. 10). S. 11.

[11] Kolb, David A.: Experimential Learning. Englewood Cliffs, NJ 1984.

[12] Wildt, Johannes: Forschendes Lernen: Lernen im „Format" der Forschung. In: *Journal Hochschuldidaktik*. Forschendes Lernen: Perspektiven eines Konzeptes. (20) 2009.

[13] Luhmann, Niklas: *Soziale Systeme*. Grundriß einer allgemeinen Theorie. Berlin 1987.

Wissen, Denken, Handeln und Urteilen (Kompetenzorientierung).

Bei einem vermeintlichen Ergebnis eines solchen Prozesses handelt es sich allerdings immer um ein Produkt, welches sich auf Probe in der derzeitigen Situation und aus der Perspektive des Individuums bzw. des Forschenden zu bewahrheiten hat. Zuschreibungen wie richtig oder falsch sind innerhalb der Kontexte eines Systems zu beurteilen und können jederzeit anders ausfallen.

Literatur

Bernhardt, Reinhold (2005): *Ende des Dialogs? Die Begegnung der Religionen und ihre theologische Reflexion.* Zürich: TVZ (= Beiträge zu einer Theologie der Religionen, Bd. 2). S. 103-122.

Boschki, Reinhold (2012): *Einführung in die Religionspädagogik.* Darmstadt: wbg Academic (2. Aufl.).

Huber, Ludwig (2009): Warum Forschendes Lernen nötig und möglich ist. In: Ders. (Hrsg.): *Forschendes Lernen im Studium*: aktuelle Konzepte und Erfahrungen. Bielefeld: UVW (= Motivierendes Lehren und Lernen in Hochschulen, Bd. 10).

Kolb, David A. (2009): Experimential Learning. Englewood Cliffs, NJ: Prentice-Hall 1984.

Lähnemann, Johannes (1998): *Evangelische Religionspädagogik in interreligiöser Perspektive.* Göttingen: Vandenhoeck & Ruprecht

Leimgruber, Stefan (2007): *Interreligiöses Lernen.* München: Kösel-Verlag (2. Aufl).

Luhmann, Niklas (1987): *Soziale Systeme.* Grundriß einer allgemeinen Theorie. Berlin: Suhrkamp.

Nipkow, Karl Ernst (2006): *Interreligiöse Bildung auf dem Prüfstand – Bilanz und Ausblick nach 45 Jahren.* In: Lähnemann, Johannes (Hrsg.): Visionen wahr machen. Interreligiöse Bildung auf dem Prüfstand. Referate und Ergebnisse des Nürnberger Forums 2006. Hamburg: EB-Verlag (= Pädagogische Beiträge zur Kulturbegegnung, Bd. 26). S. 14-28.

Schreiner, Peter/Sieg, Ursula/Elsenbast, Volker (2005): *Handbuch Interreligiöses Lernen.* Gütersloh: Gütersloher Verlagshaus in Verlagsgruppe Random House GmbH.

Schweitzer, Friedrich/Englert, Rudolf/Schwab, Ulrich/Ziebertz, Hans-Georg (Hrsg.) (2002): *Entwurf einer pluralitätsfähigen Religionspädagogik.* Gütersloh: Gütersloher Verlagshaus (= Religionspädagogik in pluralen Gesellschaften, Bd. 1).

Schweitzer, Friedrich/Bräuer, Magda/Boschki, Reinhold (Hrsg.): *Interreligiöses Lernen durch Perspektivübernahme.* Eine empirische Untersuchung religionsdidaktischer Ansätze. Münster: Waxmann (= Glaube – Wertebildung – Interreligiosität, Bd. 10).

Wildt, Johannes (2009): Forschendes Lernen: Lernen im „Format" der Forschung. In: *Journal Hochschuldidaktik.* Forschendes Lernen: Perspektiven eines Konzeptes. (20).

Jochen SCHMERFELD, Freiburg

Forschendes Lernen - Zum Zusammenhang von Hochschuldidaktik und Hochschulkonzeption

Was ist forschendes Lernen? – Definitionen

Das hochschuldidaktische Konzept des Forschenden Lernens hat im Zuge der durch den Bologna Prozess angestoßenen Reformprozesse an deutschen Hochschulen eine erneute Konjunktur erfahren. Bereits in den 1970er Jahren hat es Versuche gegeben, die traditionell ausgerichtete Lehre an Hochschule mit diesem Konzept zu erneuern. Belegt ist eine erste Verwendung des Konzepts in Hochschulcurricula in den 1970er Jahren: Hampshire College in den USA und McMaster University in Kanada verwenden dieses Konzept seit 1970. In Deutschland taucht dieses Konzept in der hochschuldidaktischen Diskussion ebenfalls 1970 in einem Papier der Bundesassistenkonferenz auf.

Die verschiedenen aktuellen Verständnisse von forschenden Lernen weisen starke Übereinstimmungen auf: So ist bezogen auf die Studierenden die Rede von „selbstständiger Arbeit oder in aktiver Mitarbeit in einem übergreifenden Projekt – (mit)gestalten, erfahren und reflektieren“ (Huber 2009: 10), von „Herausbildung von Wissen und humaner Verhaltenssicherheit“ (Lenzen 2014:71). Die Attribute des forschenden Lernens sind also wissenschaftlichen ‚Primärtugenden.

Die hochschuldidaktische Konzeption des forschenden Lernens war und ist ein Instrument der Hochschulreform: das galt 1970 und gilt in der Gegenwart. Der gesellschaftliche und der hochschulpolitische Kontext hat sich seitdem allerdings erheblich verändert, auch wenn die verwendete Sprache und eine Kontinuität suggeriert. In den Ende der 1960er Jahre einsetzenden Studentenprotesten ging es um eine grundlegende Reform der Hochschulen unter allgemeinpolitischen Vorzeichen. Obwohl die Definitionen forschenden Lernens zwischen 1970 und heute mit denselben Begrifflichkeiten zu arbeiten scheinen, obwohl es damals wie heute um Hochschulreform geht, kann man bei genauem Hinschauen erhebliche Differenzen entdecken. Diese Differenzen ergeben sich aus dem jeweiligen hochschulkonzeptionellen Kontext und zeigen sich – so betrachtet – auch zwischen verschiedenen aktuellen Konzeptionen des forschenden Lernens.

Drei Hochschulkonzeptionen

Ich werde im folgenden drei Konzepte von Hochschule skizzieren, die in der aktuellen Debatte um die durch den Bolognaprozess angestoßenen Hochschulreformen als widerstreitende Positionen auftauchen: Die

N. Neuber, W. Paravicini, M. Stein (Hrsg.): Forschendes Lernen – The wider view. Tagungsband. Münster: WTM-Verlag 2018.

Bildungshochschule (Konzeption der Bolognagegner), die unternehmerische Hochschule (Konzeption der Bolognabefürworter) und die unbedingte Hochschule (Konzeption des ‚dritten Wegs'). Ich werde zu zeigen versuchen, wie das Konzept des forschenden Lernens in jedem der drei Hochschulkonzeption eine andere Bedeutung bekommt.

Die Bildungshochschule: Gerade in der Diskussion um den Bologna-Reformprozess findet sich im Lager der Bologna-Gegner ein teilweise mit Emphase vorgetragenes Bekenntnis zu der auf Humboldt zurück geführten Universitätstradition. So etwa bei Nida-Rümelin (2009), der einen Zusammenhang postuliert zwischen Humboldts und Schleiermachers neuhumanistischen Bildungsidealen mit der Erfolgsgeschichte der deutschen Universität, die sich möglicherweise als Mythos erwiesen hat. So jedenfalls argumentiert Paletschek (2002), die in einer historischen Forschung die Wirkungsgeschichte dieser Idee untersucht hat und zu dem Ergebnis kommt, dass die Berliner Universitätsgründung von 1810, anders als von vielen angenommen, nicht von den Schriften Humboldts beeinflusst gewesen sei. Das forschende Lernen ist für das Konzept der Bildungshochschule insofern zentral, weil es die Idee der Bildung durch Wissenschaft in eine moderne Form bringt. Für Humboldt ergab sich die Bildungswirkung aus der gemeinsamen forschenden Arbeit von Lehrenden und Studierenden quasi von selbst. In der aktuellen Version dieser Idee bedarf es – insbesondere angesichts der Realitäten der Massen Universität – methodischer Verbindungen zu den Reformbemühungen der Gegenwart. Das Konzept des forschenden Lernens bietet sich dafür an.

Ihre Attraktivität gewinnt das Konzept der Bildungshochschule zum einen durch den neuhumanistischen Bildungsbegriff, der in seinem Gehalt eine kognitive Distanz zur Welt verspricht. Zum anderen scheint der Bezug auf das neuhumanistische Bildungskonzept den Weg in eine vermeintliche bessere Vergangenheit zu eröffnen: in eine Zeit vor der ‚Massenuniversität', vor dem ‚verschulten' Studium, als die Studierenden überwiegend aus dem Bildungsbürgertum kamen und schon wussten, was es heißt zu studieren.

Der aktuelle Bezug auf die Bildungstheorie als Klammer und Fundament hochschulischer Bildungsprozesse enthält neben diesem konservativen bis nostalgischen Zug auch eine Tendenz zur Wiederbelebung eines elitären Hochschulverständnisses.

Die unternehmerische Hochschule zeichnet sich durch die folgenden wesentliche Elemente aus: die Stärkung der zentralen Leitung und eines zentralen Bezugs zu ihren Umwelten; die Lösung aus der Abhängigkeit von staatlicher Finanzierung durch eine Diversifizierung der Einkommensquellen und die Herausbildung und Pflege einer »unternehmerischen Kultur (vgl. Weingart 2010:58).

Unter dem Druck einer langsam entstehenden Konkurrenzsituation um Studierende und um (für die Existenz notwendige) Mittel haben die Hochschulen in Deutschland begonnen die Kultur der Kollegialorgane und ihrer an Partikularinteressen orientierten Mikropolitik durch eine stärkere Orientierung an Managementprinzipien zu ersetzen. Diese neue Kultur soll auch den Studierenden vermittelt werden, so dass man von einem neuen Leitbild der Hochschulen sprechen kann: an die Stelle des bürgerlichen Subjekt, das durch Bildung zu Autonomie gelangt, die es ihm wiederum ermöglicht, an der Verbesserung der Welt aktiv mit zu arbeiten, tritt nun das unternehmerische Subjekt, das selbstorganisiert und proaktiv sein Studium gestaltet, um die dabei erworbenen Kompetenzen in seinem Leben zur Lösung der anstehenden Probleme und zur Selbstpräsentation auf dem Markt zu nutzen. In der unternehmerischen Hochschule dient das forschende Lernen – so meine These – der Entwicklung einer spezifischen Haltung, die als Antwort auf die globalisierte Welt und die gesteigerte Unsicherheit sowie auf die aktuell von der europäischen Politik als krisenhaft diagnostizierte Situation passend zu scheint. Das entspricht der bereits von Bröckling (2007) beschriebene Haltung des unternehmerischen Selbst. Man kann das unternehmerische Selbst als Weiterentwicklung des autonomen Subjekts des Neuhumanismus verstehen. Das heißt – etwas vereinfacht – das forschende Lernen wird in der unternehmerischen Hochschule zum unternehmerischen Lernen.

Die unbedingte Hochschule wird verstanden als Ort, an dem nichts außer Frage steht und alles öffentlich gesagt werden kann. Diese Art des Fragens unterscheidet sich vom wissenschaftlichen Fragen wie vom philosophischen Fragen: es zielt nicht darauf, einen Grund zu finden, auf den sich aufbauen ließe, sondern darauf, einen Raum des Denkens zu eröffnen. Jacques Derridas Vortrag „Die unbedingte Universität" (2001) hat sich im Kontext der Auseinandersetzungen um die Bologna Reformen als sehr einflussreich erwiesen. Er gilt quasi als Gründungstext einer Position, die sich kritisch sowohl mit den Bologna Befürwortern als auch mit ihren sich auf Humboldt berufenden Kritikern auseinandersetzt. In diesem Text setzt sich Derrida dekonstruktiv mit der traditionellen Idee der Universität auseinander, indem er ihre Voraussetzungen und ihren Kontext untersucht. Damit stellt er die traditionellen wie die aktuellen Zweckbestimmungen der Universität in Frage, bezeichnet diese als eine unmögliche, weil immer im Werden begriffene.

Forschendes Lernen in der unbedingten Hochschule zeichnet sich aus durch die Praxis öffentlichen Vernunftgebrauchs und ist gekennzeichnet durch die Eröffnung eines Denkraums, an dem alle Anwesenden partizipieren können und in dem die Möglichkeit zu experimentieren gegeben ist.

Forschendes Lernen – drei Konzepte, drei Aspekte

Das forschende Lernen der Bildungshochschule dient vor allem der Persönlichkeitsentwicklung, Bildung so verstanden ist, so Luhmann (2002:18), geeignet den Menschen zu entwaffnen, ihn ungefährlich zu machen.

Das forschende Lernen der unternehmerischen Hochschule macht ihn berufstauglich, macht ihn mit Kant gesprochen fähig zum privaten Vernunftgebrauch, unterwirft ihn den lebenspraktisch unvermeidlichen Nützlichkeitserfordernissen.

Das forschende Lernen der unbedingten Hochschule befähigt zum öffentlichen Vernunftgebrauch, macht den Menschen zum Weltbürger und Gelehrten. Aber auch das allein ist in der Gegenwart alles andere als hinreichend um sein Leben erfolgreich und glücklich leben zu können.

Es scheint mir unumgänglich, wenn auch nicht befriedigend, mit allen drei Hochschulkonzepten und allen drei Aspekten des forschenden Lernens umgehen zu lernen und in einen Denk- und Diskussionsprozess einzutreten, in dem nichts außer Frage steht und alles öffentlich gesagt werden kann.

Literatur

Bröckling, Ulrich (20079: Das unternehmerische Selbst - Soziologie einer Subjektivierungsform. Frankfurt/M.: Suhrkamp.

Derrida, Jacques (2001): Die unbedingte Universität. Frankfurt/Main: Suhrkamp.

Huber, Ludwig (2009): Warum Forschendes Lernen nötig und möglich ist. In: in: L.Huber/J.Hellmer/F. Schneider (Hg.): Forschendes Lernen im Studium. Bielefeld: Universitätsverlag Webler, S. 9-35

Lenzen, Dieter (2014): Bildung statt Bologna! Berlin: Ullstein

Nida-Rümelin, Julian (2009): Die Aktualität der humanistischen Universitätsidee. Online verfügbar unter http://www.julian.nida-ruemelin.de//wp-content/uploads/downloads/2012/03/humanist_universitaetsidee.pdf.

Paletschek, Sylvia (2002): Die Erfindung der Humboldtschen Universität. Die Konstruktion der deutschen Universitätsidee in der ersten Hälfte des 20. Jahrhunderts. In: Historische Anthropologie 10 (2002), S. [183] - 205 (10), S. 183–205.

Weingart, Peter (2010): Die »unternehmerische Universität«

http://www.medientheorie.com/doc/weingart_universitaet.pdf, 5.9.16

Vanessa SOMMER, Braunschweig

Was bedeutet Lernen? Differenzen zwischen Lernenden und Lehrenden

Die Frage, was Forschendes Lernen meint, enthält die Frage, was Lernen ist. Lernen ist Grundlage und gleichzeitig Ziel Forschenden Lernens. Lehrende und Lernende als Akteure der Lerninteraktion geben auf die Frage, was Lernen ist, unterschiedliche Antworten. Differenzlogische Betrachtungen erlauben einen Perspektivwechsel auf individuelle Vorstellungen des Lernbegriffs aus Sicht von Lehrenden und Lernenden. Die Überlegungen zu individuellen Vorstellungen ermöglichen eine Reflexion der Wirkung Forschenden Lernens auf die Lernenden.

1. Lernen und Forschendes Lernen: Problemaufriss

Der vorliegende Beitrag versucht einen Perspektivwechsel vom Lehrenden zum Lernenden als Hauptakteur des Lernens. Bei der Beschäftigung mit Lernendenvorstellungen vom Lernen offenbaren sich Differenzen zu den Vorstellungen der Lehrenden. Diese Differenzen erschweren die Kommunikation über das Lernen. Anknüpfungspunkte an den Lernbegriff des Lernenden ermöglichen es, ihm (Forschendes) Lernen näher zu bringen (vgl. Lengnink et al.). Eine solche Anknüpfung setzt Kenntnisse über die individuelle Vorstellung voraus. Nachfolgend betrachten wir Begriffssysteme, Vorstellungen zum Lernbegriff und die Kategorisierung von Zielen.

2. Theoretischer Denkrahmen: Begriffssysteme

Begriffssysteme umfassen die Gesamtheit der Begriffe eines Individuums, ihrer Attribute und ihrer Verbindungen. Wir beschreiben einen Begriff durch eine individuelle Abbildung $\varphi_B: M \to [0,1]$, die von einer Menge M von Objekten des Denkens und der Anschauung auf das Intervall $[0,1]$ abbildet. Ein Objekt ist dabei nicht ausschließlich materiell. Gehört das Objekt x zum Begriff B, so ist $\varphi_B(x) = 1$. Gehört es sicher nicht zu dem Begriff, so ordnet φ_B ihm den Wert 0 zu, es gilt $\varphi_B(x) = 0$. Darüber hinaus entstehen Randbereiche, in denen Objekte liegen, deren Begriffszugehörigkeit Abstufungen enthält. In den Randbereichen eines Begriffs nimmt φ_B einen Wert zwischen 0 und 1 an. Ein Beispiel ist der Begriff „schön“. Wendet ein Individuum die Abbildung $\varphi_{schön}$ auf ein aus ihrer Sicht schönes Objekt, wie z. B. ein Gemälde an, so wird dem Gemälde der Wert 1 zugeordnet. Ein als nicht schön empfundenes Element aus M erhält den Wert 0 und gehört damit nicht zum Begriff „schön“. Objekte, die nicht entschieden „schön“ oder „nicht schön“ sind, erhalten einen Wert zwischen 0 und 1.

Weiterhin existieren auch Elemente, für die der Begriff „schön“ nicht anwendbar ist, die also nicht im Definitionsbereich M der Abbildung $\varphi_{schön}$ liegen. Beispiele dafür sind Tätigkeiten. Es ist oft nicht sinnvoll, „schön zu sitzen“ oder „schön zu gucken“. Ebenso erscheint die Anwendung des Begriffs „schön“ auf Verwandtschaftsbeziehungen nicht sinnvoll.

Jede Verarbeitung von Einflüssen wie Informationen verändert das System. Eine Art der Veränderung ist die Erweiterung des Systems durch die Aufnahme und den Anschluss neuer Informationen. Eine andere Art ist die Anpassung und Veränderung des Systems, weil Informationen nicht zu den vorhandenen Begriffen passen. Außerdem besteht die Möglichkeit, Einflüsse zu ignorieren und den Bestand des Begriffssystems zu konservieren.

Veränderungen des Systems verlaufen nicht willkürlich, sondern folgen vom Individuum abhängigen Strategien. Die Strategien sind Teil des Begriffssystems und variieren situationsabhängig. Ziel dieser Strategien ist die Herstellung und Aufrechterhaltung der subjektiv logischen Konsistenz. Logische Konsistenz ist die Minimalforderung lokaler Widerspruchsfreiheit. Dies bedeutet, dass echte Widersprüche wie $A \land \neg A$ (Aussage A und nicht Aussage A) für das Individuum nicht aushaltbar sind. Es strebt nach der Auflösung echter Widersprüche. Gleiches gilt für kognitive Dissonanzen, die ein unangenehmes Gefühl bereiten und als widersprüchlich empfunden werden. Lokal bedeutet, dass nicht das Begriffssystem als Ganzes widerspruchsfrei sein muss, sondern nur das temporär und situationsabhängig fokussierte Teilsystem. Die angestrebte Erhaltung der subjektiv logischen Konsistenz steuert die Weiterentwicklung des Begriffssystems.

Ziele des Denkens und Handelns sind Teil des Begriffssystems. Ziele sind selbst Begriffe mit lenkender und filternder Funktion. Ziele wirken im Begriffssystem wie eine „Lupe“. Durch die Ziele wird bewusst und unbewusst entschieden, welcher Teil des Begriffssystems fokussiert wird. Ist er nicht konsistent, wird er verändert, bis die Konsistenz wiederhergestellt ist. Eine extremale Form der Konsistenzerlangung ist die Ignoranz von Widersprüchen. Der widersprüchliche Teil liegt damit nicht mehr unter der „Lupe“ und die lokale Widerspruchsfreiheit wird gesichert. Die Ziele beeinflussen die Begriffsbildung. Sie geben vor, welche Attribute einem Begriff zugeordnet, welche Verbindungen zu anderen Begriffen gebildet und welche Zuordnungen durch die Abbildung φ_B getroffen werden. Im Kontext des Forschenden Lernens ergeben sich die Fragen, welchen Zielen das Lernen unterliegt und welchen Anschluss der Lehrende an den Lern- und den Forschungsbegriff des Lernenden findet.

3. Begriff des Lernens und Ziele des Lernens

Im Folgenden werden ausgewählte Aussagen von Studierenden zum Lernbegriff vorgestellt. Die Daten wurden im Rahmen einer Forschungsarbeit an der TU Braunschweig erhoben, bei der Studierende ingenieurwissenschaftlicher Fächer zum Fach Mathematik interviewt wurden. Aus den Aussagen und Assoziationen zum Lernbegriff werden Ziele des Lernens abgeleitet und kategorisiert. Mithilfe der in Abschnitt 2 vorgestellten Theorie werden die hinter den Aussagen stehenden Begriffssysteme und Ziele beschreibbar.

Häufig verbalisieren die Studierenden ein „Verstehen" als Ziel des Lernens. So finden sich Aussagen wie „*Lernen bedeutet für mich [...] hinzusetzen den Stoff die Übungen durchzugehen versuchen es möglichst zu verstehen. [...] also richtiges Lernen. Also verstehen der Sachen.*" oder „*lernen bedeutet für mich dass man [...] Übungen rechnet und die so lange rechnet [...] bis man sie verstanden hat also dass man so mit also durchs Lernen die Sachen versteht.*" Viele Studierende passen ihr Lernverhalten an die jeweiligen Lehrsituation an, d. h. sie hinterfragen, was von ihnen erwartet wird, damit sie in ihrem Sinne „Erfolg" haben. Dies sehen wir exemplarisch an „*es gibt teilweise Klausuren wo man nicht verstehen muss wo man dann halt stumpf auswendig lernen muss [...] und aber viele Klausuren wos besser is wenn man wenn man wirklich versteht. Also das hab ich jetzt auch für mich äh entdeckt.*" An die Aussagen, man verfolge als Ziel ein Verstehen der Inhalte, schließt die Frage an, was „Verstehen" für den Lernenden bedeutet. Ein Streben nach Verständnis im Sinne einer häufig vertretenen Lehrendenmeinung als Durchdringen der Inhalte und Zusammenhänge, findet sich bei Studierenden der Ingenieurwissenschaften insbesondere im Fach Mathematik selten.

Wiederholt greifen Aussagen das o. g. Rechnen von Übungsaufgaben auf und umfassen häufig eine Fokussierung auf die (Rechen-)Schemata zu Aufgaben, beispielsweise in „*ich mach das immer so dass ich [...] das jeweilige Thema nehme [...] mir dann halt gucke [...] wie der Aufgabentyp dann ist. [...] gibt's halt sag ich mal so n Schema für diesen Aufgabentyp wie ich das dann halt ähm wie ich das dann ausrechne [...] Und dann halt dann nachher auf dann auf Zeit das dann zu rechnen*".

Aus einer Vielzahl solcher Aussagen haben wir die folgenden Zielkategorien abgeleitet: (a) Kosten-Nutzen-Optimierung, (b) Schemataorientierung, (c) Berufsorientierung, (d) Inhaltliches Durchdringen. Selbstverständlich treten Mischformen und Hierarchisierungen sowie ein Nebeneinander mehrerer Ziele auf. Alle Ziele können fach- und themenabhängig sein.

4. Eine Annäherung: Explizierung und Initiierung innerer Fragen

Die exemplarischen Aussagen von Studierenden, der durchscheinende Lernbegriff und die damit verbundenen Ziele zeigen, dass es z. T. starke Abweichungen zu den Vorstellungen der Lehrenden gibt. Um (Forschendes) Lernen im Sinne des Lehrenden anzuregen, sind Anknüpfungspunkte an den Lernbegriff des Lernenden notwendig. Dabei kann eine Explizierung des intendierten (Forschenden) Lernens beim Lernenden eine Dissonanz zum eigenen Lernbegriff erzeugen. Der Lernende, der nach Auflösung von Dissonanzen strebt, wird angeregt, seinen Lernbegriff anzupassen.

Ziel des Forschenden Lernens ist es, innere Fragen zu initiieren, die der Lernende aus eigenem Konsistenzstreben zu beantworten sucht. Eine von außen herangetragene Frage wird so zu einer inneren Frage. Äußere Fragen, die ausschließlich durch widerspruchsfreie, bereits bekannte Teile des Begriffssystems beantwortbar sind, greifen auf ein bereits konsistentes System zurück und regen keine Veränderung an; sie bleiben äußere Fragen.

Die Auseinandersetzung mit inneren Fragen ist die Weiterentwicklung des Begriffssystems. Lehrende können diesen Prozess durch die Explizierung der Ziele und Begriffe unterstützend lenken. Insbesondere das Forschende Lernen strebt die Entwicklung eines intrinsischen Interesses gegenüber der Forschungsfrage an. Zu dieser Entwicklung können die Explizierung und die Initiierung innerer Fragen beitragen, indem sie selbst Thema der Kommunikation zwischen Lehrenden und Lernenden werden.

Literatur

Duncker, K. (1974) [1935]. Zur Psychologie des produktiven Denkens. Dritter Nachdruck. Berlin, Heidelberg, New York: Springer Verlag.

Langemann, D. (2015). Begriffssysteme und Differenzlogik in der mathematischen Lehre am Studienbeginn. In Roth, J., Bauer, T., Koch, H., Prediger, S. (Hrsg.) *Übergänge konstruktiv gestalten* (S. 69-86). Wiesbaden: Springer Spektrum.

Langemann, D., Sommer, V. (2016). Große Grundlagenvorlesungen und die Initiierung von inneren Fragen. In Paravicini, W., Schnieder, J. (Hrsg.) *Proc. zum Hanse-Kolloquium zur Hochschuldidaktik der Mathematik 2015* (S. 163-176). Münster: WTM Münster.

Lengnink, K., Prediger, S., Weber, C. (2011). Lernende abholen, wo sie stehen - Individuelle Vorstellungen aktivieren und nutzen. In *Praxis der Mathematik in der Schule, 53 (40)*, S. 2-7.

Sommer, V. (2016). Differierende Zielsetzungen als Bestandteil von Begriffssystemen – Eine Methode zur Auswertung studentischer Aussagen. In Paravicini, W., Schnieder, J. (Hrsg.) *Proc. zum Hanse-Kolloquium zur Hochschuldidaktik der Mathematik 2015* (S. 206-218). Münster: WTM Münster.

Peter TREMP, Zürich; Thomas HILDBRAND, Zürich

Forschungsorientierung und Berufsbezug: Studiengangentwicklung mit dem „Zürcher Framework"

Das „Zürcher Framework" – vor einigen Jahren für forschungsintensive Universitäten entwickelt – konkretisiert das universitäre Postulat der Verknüpfung von Lehre und Forschung. Dabei argumentiert das „Framework" aus didaktischer Sicht auf drei Ebenen: Auf der Ebene einzelner Lehrveranstaltungen, auf der Ebene von Studienprogrammen und auf der Ebene der Universität als Bildungseinrichtung (ausführliche Darstellung in Tremp&Hildbrand 2012). Das „Framework" bildet also seinem Namen gemäss tatsächlich Gerüst und Rahmen, der dazu dient, Zusammenhänge, die in ihrer Gesamtheit schwer zu fassen sind, vereinfacht ins Bild zu setzen. Es schafft Überblick und erlaubt Einblicke in komplexe Zusammenhänge.

Formatierte Forschungsorientierung

Im Zentrum steht eine Konzeption universitärer Bildung, welche sich in der traditionellen Formel einer „Bildung durch Wissenschaft" zusammenfassen lässt. Dabei verbinden sich im „Zürcher Framework" insbesondere zwei Überlegungen: Was bedeutet Forschungsorientierung einerseits und wie formatieren sich universitäre Bildungsangebote andererseits. Die Forschungsdimension wird operationalisiert, indem sie in die einzelnen Schritte eines Forschungsprozesses gegliedert wird (ähnlich wie beispielsweise die breit verwendete und allgemein akzeptierte Systematisierung, die Ludwig Huber für das Forschende Lernen vorschlägt). Zu diesen Schritten gehören dann Arbeitsprodukte, die auch disziplinspezifische Ausprägung haben, wie etwa ein Thesenpapier, ein Laborbericht, ein Ergebnisprotokoll oder ein Projektposter. Die Ausgestaltung der Bildungsangebote erfolgt in der Regel als modularisiertes Curriculum, wobei die Module und Studienphasen ihrerseits unterschiedlich gestaltet sind mit Input-Aktivitäten, Selbstlern-Elementen und überprüfbaren Leistungsaktivitäten.

Wie können nun also beispielsweise Prüfungen – ein traditionelles „Format" universitären Lehrens und Lernens – realisiert werden, welche „Forschungsorientierung" als Anspruch berücksichtigen? Das „Zürcher Framework" schlägt vor, die „Produkte" der verschiedenen Forschungsetappen gleichzeitig als Formen von Leistungsnachweisen zu verwenden, also Thesenpapiere, Forschungsübersichten, Projektposter etc. als Leistungsnachweise einzufordern. Ähnliche Überlegungen gelten nun für die anderen „Formate" wie beispielsweise Vorlesungen, Übungen und Seminare sowie für die größeren Elemente wie Module oder Studiengänge: Bei allen werden Verbindungen zur Forschungstätigkeit gesucht und expliziert. So zeigt sich die Bedeutung der verschiedenen Lehrveranstaltungstypen gerade darin, dass diese je spezifische Beiträge zu unterschiedlichen Forschungstätigkeiten leisten können.

In dieser „Formatierung“ von „Forschungsorientierung“ in der universitären Lehre wird „Bildung durch Wissenschaft“ in curriculare Überlegungen übersetzt. Hier wird dann beispielsweise auch geprüft, wie ein Studiengang gestartet, wie eine Studieneingangsphase mit Blick auf den Forschungsbezug gestaltet sein soll. Oder es werden Anforderungen an Bachelor- resp. Masterarbeiten formulierbar.

Berufsbezug

Allerdings bleiben damit wesentliche Zielsetzungen verschiedener Studiengänge wenig berücksichtigt, insbesondere Anliegen, die sich mit „Berufsbezug“ zusammenfassen lassen. Dies gilt insbesondere für Studiengänge, welche auf die staatlich regulierten akademischen Berufe vorbereiten (zum Beispiel Medizin, Rechtwissenschaft) als auch für Studiengänge, die auf zwar verschiedene, soweit aber klar beschreibbare und auf die Fachkenntnisse des Studiums bezogene Tätigkeitsfelder abzielen (beispielsweise Wirtschaftswissenschaften, Ingenieurwesen oder Sozialpädagogik). Wie nun lässt sich das „Zürcher Framework“ auch für professionsorientierte Studiengänge nutzen resp. weiterentwickeln?

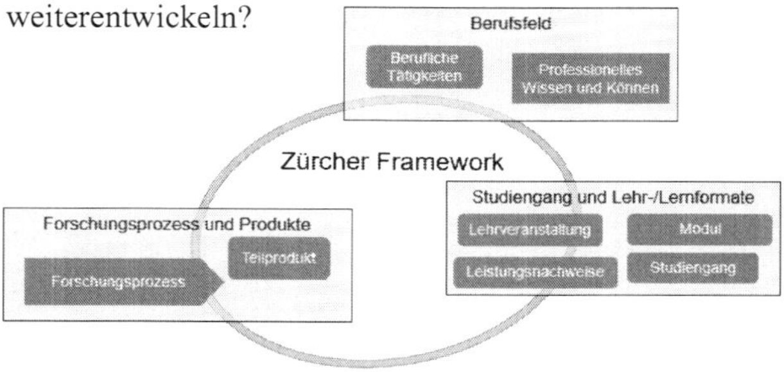

Grafik 1: Forschungsorientierung, Lehrformate und Berufsbezug: Verknüpfungen im „Zürcher Framework“

Um dies erneut an einem Beispiel zu konkretisieren: Forschungsorientierte Leistungsnachweise, welche sich an Produkten von Forschungstappen orientieren, müssen nun zusätzlich prüfen, welche dieser Produkte auch eine Bedeutung im berufspraktischen Umfeld beanspruchen können. Welche forschenden Tätigkeiten kennen also Entsprechungen im professionellen Feld oder weisen explizierbare Verbindungen zu diesem auf? Welches akademische Wissen und Können hat berufliche Relevanz?

Dies gilt zum Beispiel für die Studiengänge der Lehrerinnen und Lehrerbildung (vgl. zum Beispiel Schiefner-Rohs 2015). Die Betonung einer beruflichen Relevanz des Studiums kann damit begründet werden, dass Lehrerinnen und Lehrer in erster Linie in ihrem Unterricht tätig sind – und nicht als Forscherinnen und Forscher. Die Berücksichtigung des Forschungshandelns in Bezug auf lehrberufliche Situationen führt dazu, den verschiedenen Etappen des Forschungsprozesses unterschiedliche Bedeutung im Studium der zukünftigen Lehrerinnen und Lehrern zuzumessen.

Mit Blick auf die Verbindung von Forschungsdimension und Curriculumgestaltung ist damit auch die Frage verbunden: Welcher Anspruch an Forschungskompetenzen sind für spezifisch auf Professionen resp. Berufsfelder ausgerichtete Studiengänge angemessen? Hier kann zwischen verschiedenen Anspruchsstufen unterschieden werden, welche von „Forschungsergebnisse verstehen" bis zu „selbstverantwortet Forschungsprojekte realisieren" reichen. Gerade auch für diese Fragen bietet das „Zürcher Framework" einen orientierenden Rahmen und unterstützt damit das Gespräch zwischen beteiligten Personen.

Das „Zürcher Framework" dient der Zielsetzung, „Forschungsorientierung" als curriculares Prinzip zu verankern. Damit sind auch Fragen nach der Reihung einzelner Elemente wie auch nach der Progression resp. Komplexitätsreduktion verbunden. Für die Studiengänge der Lehrerinnen- und Lehrerbildung ist beispielsweise die Frage des Studieneinstiegs insofern sehr bedeutsam, als sich die neue Umgebung Hochschule zwar von den vorangehenden Stufen des Bildungssystems unterscheidet, der Studiengegenstand aber genau dort wieder anschließt. Um den Bruch mit den gymnasialen Zugängen zum „Stoff" zu betonen, gleichzeitig aber die Studierenden in ihren inhaltlichen Studienerwartungen abzuholen, schlagen wir vor, das Studium mit einem (gemeinsamen) Forschungsprojekt zu beginnen und damit gleichzeitig „berufliche Nähe und professionelle Distanz" zu realisieren. Selbstverständlich: Nicht jedes Forschungsprojekt eignet sich dazu, vielmehr müssen einige Kriterien erfüllt sein, insbesondere muss die Bedeutsamkeit für das spätere professionelle Handeln erfahrbar sein.

Selbstverständlich: Forschungswissen und Forschungshandeln lässt sich nicht linear in berufspraktisches Handeln von Lehrpersonen übertragen, denn der Lehrberuf stellt andere Anforderungen als das wissenschafts- und forschungsorientierte Studium. Hier ist situative Angemessenheit gefragt, dort distanzierte, methodisch gesicherte Reflexion. Und: Hier Ganzheitlichkeit des Handelns, dort analytische Segmentierung. Gleichwohl haben forschende Zugänge eine große Bedeutung für die Lehrerinnen- und Lehrerbildung, welche von einem Professionsverständnis geprägt ist, das die berufliche Tätigkeit als reflexive und wissenschaftsgestützte Praxis sieht

Curriculum-Entwicklung mit dem „Zürcher Framework"

Die Bezugnahme auf das „Zürcher Framework" erleichtert den anspruchsvollen und letztlich kaum je vollständig abgeschlossenen Prozess der Curriculum-Entwicklung auch darin, den Bezug zum Berufsfeld systematisch zu bearbeiten. Am Anfang jeder Curriculum-Entwicklung steht die Klärung der Ausgangssituation sowie eine Zieldefinition, die bei den Dozierenden, die für das Curriculum oder Teile davon verantwortlich sind, möglichst breit abgestützt sein muss. Zudem erfordert jede Curriculum-Entwicklung klar geregelte Zuständigkeiten und gute Unterstützung durch das Management (Leadership).

Die Arbeit am Curriculum mit dem „Zürcher Framework" erleichtert es anschließend aber auch, den Überblick zu wahren. Dieser Überblick ist nicht nur notwendig für Projektverantwortliche, sondern für alle, die zum Curriculum einen Beitrag leisten, indem sie ein inhaltliches Modul zum Gesamtcurriculum beisteuern oder indem sie Fragen der Berufspraxis an die Curricula stellen. Grundlegend dafür ist, dass sich alle Beteiligten darauf verständigt haben, wie der für ihren Studiengang relevante Forschungsprozess aussieht, welche Aktivitäten und Produkte diesen kennzeichnen und in welchem Bezug diese zum professionellen Handeln der Studierenden nach dem Studium stehen. Auf dieser Basis können die einzelnen Modulverantwortlichen und Dozierenden leichter verstehen, für welche Schritte des Forschungshandelns ihre Veranstaltung relevant ist und durch welche (Studien-)Aktivitäten die Studierenden im Erwerb der entsprechenden Kompetenzen unterstützt werden.

Literatur

Schiefner-Rohs, M. (2015). Forschendes Lernen in der Lehrerinnen- und Lehrerbildung: Möglichkeiten der Verbindung zwischen Hochschule und Schule sowie Theorie und Praxis. Erscheint in: Tremp, P. (Hrsg.). Forschungsorientierung und Berufsbezug im Studium (S. 173-193). Bielefeld: Bertelsmann Verlag.

Tremp, P. & Hildbrand, Th. (2012). Forschungsorientiertes Studium – universitäre Lehre: Das «Zürcher Framework» zur Verknüpfung von Lehre und Forschung. In: T. Brinker & P. Tremp (Hrsg.), *Einführung in die Studiengangentwicklung*. (= Blickpunkt Hochschuldidaktik 122) (S. 101-116). Bielefeld: Bertelsmann.

Holger WEITZEL, Weingarten; Anja HEINRICH-DÖNGES, Weingarten; Roswitha KLEPSER, Weingarten; Bernd REINHOFFER, Weingarten; Luitgard MANZ, Weingarten

Forschend Sachunterricht studieren – Neuorientierung des Sachunterrichtsstudiums an der Pädagogischen Hochschule Weingarten

Forschendes Lernen im Lehramtsstudium zielt auf die Entwicklung einer forschenden Haltung gegenüber der eigenen Tätigkeit, die über das Lehramtsstudium in die Berufsbiographie hineinwirkt und die Grundlage für eine beständige Verbesserung von Unterricht darstellt (Altrichter & Posch 2007). Die Entwicklung einer forschenden Haltung stellt aufgrund ihrer inhaltlichen wie methodischen Komplexität eine erhebliche Herausforderung für die Konstruktion eines lediglich achtsemestrigen Primarstufenstudiengangs dar. In diesem engen zeitlichen Rahmen müssen die relevanten quantitativen und qualitativen Forschungsmethoden vermittelt werden, wie sich bei den Studierenden die Überzeugung herausbilden sollte, dass ein forschender Zugang sowohl zur Weiterentwicklung des eigenen Unterrichts als auch der eigenen Schule beiträgt, indem Schwächen systematisiert identifiziert, hinterfragt, Lösungen entfaltet und auf unterschiedlichen Ebenen des schulischen Systems eingespeist werden.

Als zentrale Voraussetzung für die Entwicklung einer forschenden Grundhaltung bei Studierenden betrachten wir die subjektive Bedeutsamkeit der durch das Studium vermittelten Informationen. Die subjektive Bedeutsamkeit wird auf der Seite der Lehrkraft gerahmt durch die eigenen subjektiven Theorien, professionelles Wissen, motivationale Orientierungen und selbstregulative Fähigkeiten (Kunter et al. 2011) sowie auf der Seite der Rahmenbedingungen durch Überlegungen zur kollegialen Unterstützung, Verfügbarkeit von Ressourcen und die Kosten-Nutzen-Bilanz der jeweiligen Innovation.

Mit Blick auf das eigene Unterrichtshandeln kann das Sequenzmodell der Unterrichtsentwicklung (Helmke 2009) als Professionalisierungsansatz, der die planungs- und handlungswirksame Modifikation des eigenen Verständnisses unterrichtlichen Lernens fokussiert, bereits in der ersten Phase der Lehrerausbildung herangezogen werden. Für Studierende, deren Berufspraxis noch in weiter Ferne liegt, müssen dazu Situationen authentischen Lernens geschaffen werden, die ihnen ermöglichen, die subjektive Bedeutsamkeit des Studieninhalts zu entdecken (Fölling-Albers, Hartinger & Mörtl-Hafizovic 2004).

N. Neuber, W. Paravicini, M. Stein (Hrsg.): Forschendes Lernen – The wider view. Tagungsband. Münster: WTM-Verlag 2018.

Bezogen auf das Forschende Lernen differenziert Huber forschungsbasiertes Lehren und Lernen, forschungsorientiertes Lehren und Lernen sowie Forschendes Lernen (Huber 2017). Mit Blick auf die Öffnungsgrade hinsichtlich des Inhalts und der Forschungsmethodik lassen sich diese folgendermaßen anordnen:

Inhalte	fremdgesteuert	selbstgesteuert
selbstgesteuert	forschungsorientiertes Lehren und Lernen	Forschendes Lernen
fremdgesteuert	forschungsbasiertes Lehren und Lernen	forschungsorientiertes Lehren und Lernen
	(Forschungs-)Methoden	

Abb. 1: Formen Forschenden Lernens

Für den Aufbau des Sachunterrichtsstudiums an der PH Weingarten wurden hinsichtlich der Integration von Elementen forschenden Lernens folgende Konsequenzen abgeleitet: 1. Kindliche Vorstellungen oder Präkonzepte und ihre Veränderung durch Unterricht leiten die Auswahl der Lehrinhalte im Fach Sachunterricht und in den Bezugsfächern. Es wird davon ausgegangen, dass Studierende ähnlich wie Lehrkräfte dem Lernen ihrer SchülerInnen die höchste subjektive Bedeutsamkeit beimessen (Lipowsky 2010). 2. Die Lehrinhalte werden mit Blick auf die spätere Planung und Evaluation von Lernumgebungen zwischen Sachunterricht und Bezugsfächern abgestimmt und miteinander vernetzt, um die Anschlussfähigkeit der Inhalte zwischen unterschiedlichen Schwerpunktfächern zu gewährleisten und damit kumulatives Lernen zu ermöglichen (Heinrich-Dönges, Manz, Reinhoffer, Weitzel i. Dr.). 3. Forschungsmethodische Kompetenzen (Analyse von Forschungsliteratur, Erhebungs- und Analysemethoden) werden von Beginn des Studiums an fallbezogen eingeführt, erprobt und im Laufe des Studiums ergänzt und ausdifferenziert. 4. Unbegleitete und betreute Schulpraktika werden konsequent in den Prozess der Studiengangsplanung und damit in den Prozess der Entwicklung forschenden Lernens eingebunden. 5. Forschendes Lernen wird als Zielvariable beschrieben, dessen vollständiger Zyklus am Ende des Studiums beim Anfertigen der MA-Thesis durchlaufen werden muss.

Am Beispiel von drei Lehrveranstaltungen wird nachfolgend der curriculare Aufbau des Studiengangs beleuchtet. Günstig für die Vermittlung forschenden Lernens im Sachunterrichtsstudium erweist sich, dass ein forschender Zugang zu Lerninhalten zumindest auch für den naturwissenschaftlich-technischen Sachunterricht ein Leitprinzip darstellt (vgl. Kalhlert et al. 2005). Dieser Zugang ist international anschlussfähig. Ähnliche Diskussionen werden im angelsächsischen Sprachraum unter den Stichworten „Scientific inquiry“ oder „Science practices“ geführt (NGSS 2013). Forschendes Lernen kann daher in Hochschulseminaren im Sinne eines Pädagogischen Doppeldeckers verstanden werden.

Die Lehrveranstaltung *Inklusion im Sachunterricht* (Modul 2) zielt auf forschungsbasiertes Lehren und Lernen mit dem inhaltlichen Schwerpunkt der Entwicklung adaptiver Planungskompetenz. Neben den sachunterrichtsdidaktischen Grundlagen erarbeiten sich die Studierenden (forschungs-)methodische Kompetenzen, um Präkonzepte von SchülerInnen zu einem inhaltlichen Schwerpunktthema (z.B. das Fliegen) real in Einzelgesprächen zu erheben und zu analysieren. Die Präkonzepte verdeutlichen einen Aspekt der Heterogenität der Lernausgangslagen einer Schulklasse und bilden die Grundlage für die adaptive Planung von Lerngelegenheiten in einem authentischen Kontext.

Die in der Veranstaltung *Inklusion im Sachunterricht* gewonnenen exemplarischen Erkenntnisse zu Heterogenität und Adaptivität werden im Folgemodul strukturiert, verallgemeinert und vertieft (Modul 3, *Planung und Analyse von Sachunterricht*). Darauf aufbauend wenden die Studierenden in einer weiteren Lehrveranstaltung, die von den Bezugsfächern angeboten wird (Modul 4, *Forschendes Lernen in Lernwerkstätten*), die erarbeiteten Kompetenzen in der Arbeit mit SchülerInnen an. Sie lernen dabei im sogenannten Pädagogischen Doppeldecker (Wahl 2006), Forschendes Lernen als Unterrichtsmethode einzusetzen und erproben sie im realen Unterricht, zu dem Schulklassen zu den Seminarveranstaltungen hinzu kommen. Zu einem selbstgewählten Schwerpunktthema innerhalb einer übergeordneten Themenstellung (z.B. Der Boden) entwickeln die Studierenden eine Lernumgebung, in der die SchülerInnen in verschiedenen Öffnungsgraden eigenen Fragestellungen nachgehen können. Diese Lehrveranstaltung ist forschungsorientiert angelegt, indem sie das Methodenspektrum zur Erhebung von Präkonzepten in Gruppenverfahren ausweitet, bei gleichzeitiger Zunahme der Autonomie der Studierenden hinsichtlich inhaltlicher und unterrichtmethodischer Schwerpunktsetzung sowie der Generierung von Reflexionsschwerpunkten.

Die Öffnung der Lernszenarien ermöglicht Studierenden, Einblick in das Lernen von SchülerInnen zu gewinnen. Das parallel vermittelte methodische Repertoire zunächst zu qualitativen, später quantitativen Erhebung und Analyse von Daten ermöglicht ihnen eine stärker systematisierte Reflexion ihrer Unterrichtserlebenisse sowie der Lernprozesse der SchülerInnen. Gemeinsam mit vertieftem fachdidaktischen und sachunterrichtsdidaktischen Wissen werden diese Erfahrungen als Voraussetzung angesehen, weitergehende eigene Forschungsfragen zu entwickeln (vgl. Schön 1983), denen beispielsweise in einem weiteren Unterrichtspraktikum im Master oder in Abschlussarbeiten (BA-, MA-Thesis) nachgegangen werden kann. Erst mit den eigenen Forschungsarbeiten durchlaufen die Studierenden einen vollständigen Forschungszyklus (Reitinger 2013) und diskutieren ihre Ergebnisse im Kontext der aktuellen fachdidaktischen Diskussion (Huber 2009). Der Fokus auf die subjektive Relevanz der Forschungsfragen für den eigenen Lernprozess der Studierenden ermöglicht – analog einer forschenden Haltung in der Berufspraxis (vgl. Altrichter und Posch 2007) – eine Umsetzung des Anspruchs Forschenden Lernens (Huber 2009, S. 11) bereits in der Studienphase.

Literatur

Altrichter, H. & Posch, P. (2007): *Lehrerinnen und Lehrer erforschen ihren Unterricht. Unterrichtsentwicklung und Unterrichtsevaluation durch Aktionsforschung.* Bad Heilbrunn: Klinkhardt.

Boelhauve, U. (2005): Forschendes Lernen – Perspektiven für erziehungswissenschaftliche Praxisstudien. In: A. H. Hilligus; H.-D. Rinkens, H.-D. (Hrsg.): *Zentren für Lehrerbildung – Neue Wege im Bereich der Praxisphasen.*. Münster, S. 103-126.

Fölling-Albers, M.; Hartinger, A. & Mörtl-Hafizović, D. (2004): Situiertes Lernen in der Lehrerbildung. In: *Zeitschrift für Pädagogik*, 50, S. 727–747.

Heinrich-Dönges, A.; Manz, L.; Reinhoffer, B.; Weitzel, H. (i. Vorb.): *Forschend Sachunterricht studieren – Integration des forschenden Lernens in die Modulstruktur des Sachunterrichtsstudiums.* In: GDSU-Journal, 8.

Helmke, A. (2009): *Unterrichtsqualität und Lehrerprofessionalität. Diagnose, Evaluation und Verbesserung des Unterrichts.* Seelze-Velber.

Huber, L. (2009): Warum Forschendes Lernen nötig und möglich ist. In: L. Huber, L.; J. Hellmer, J.; F. Schneider (Hrsg.): *Forschendes Lernen im Studium. Aktuelle Konzepte und Erfahrungen.* Bielefeld, S. 9-35.

Huber, L. (2017): *Quelle und Verzweigungen des „Forschenden Lernens" – vielfältige Entwicklungen, notwendige Unterscheidungen.* Vortrag: Forschendes Lernen – The wider view. Münster: 25. September 2017.

Kahlert, J.; Fölling-Albers, M.; Götz, M.; Hartinger, A.; Wittkowske, St. (Hrsg.) (2015): Handbuch Didaktik des Sachunterrichts. 2. Aufl., Bad Heilbrunn: UTB; Klinkhardt,

Kunter, M.; Kleickmann, T.; Klusman, U. & Richter, D. (2011): Die Entwicklung professioneller Kompetenz von Lehrkräften. In: M. Kunter; J. Baumert; U. Klusmann; S. Krauss & M. Neubrand (Hrsg.): *Professionelle Kompetenz von Lehrkräften. Ergebnisse des Forschungsprogramms COACTIV.* Münster: Waxmann, S. 55-68.

Reitinger, J. (2013): *Forschendes Lernen. Theorie, Evaluation und Praxis in naturwissenschaftlichen Lernarrangements.* Immenhausen bei Kassel: Prolog.

Schön, D. A. (1983): *The reflective practitioner - How professionals think in action.* New York: Basic Books.

Wahl, Diethelm (2006): *Lernumgebungen erfolgreich gestalten. Vom trägen Wissen zum kompetenten Handeln.* 2., erw. Aufl. Bad Heilbrunn: Klinkhardt.

Sönke ZANKEL, Kiel; Cindy LEONHARDT, Kiel; Tobias HEINZ, Kiel

Das Kieler Meta-Modell Forschenden Lernens. Transparenz in Lernprozessen mit dem Ziel der Forschenden Grundhaltung

Einleitung

Die Umsetzung und Berücksichtigung Forschenden Lernens (FL) wird im Schulunterricht und der Lehrkräftebildung und dort insbesondere für die Praxisphasen gefordert. Es zielt auf einen „Forschenden Habitus" (Helsper und Kolbe 2002), der jedoch bisher nur begrenzt theoretisch fundiert und praxisbezogen ausgestaltet worden ist. Aus hochschuldidaktischer Sicht ist z. B. noch unklar, inwiefern FL gesamtkonzeptionell verankert werden könnte. Als hinderlich erweist sich, dass die Lehrkräftebildung in der ersten Phase oft fragmentiert ist (Anselm und Janka 2016, 9).

Im Folgenden wird ein Überblick über das Kieler Modell Forschenden Lernens gegeben, das sich als Meta-Modell versteht, da es versucht Ausbildungsphasen, die Schlussfolgerungen für die berufliche Praxis sowie das Lernen der Schülerinnen und Schüler in den Blick zu nehmen und dies fachlich, aber auch überfachlich herzuleiten und zu begründen.[1]

Herleitung des Forschenden Lernens (Ebene 1)

Die gesellschaftlichen, wirtschaftlichen und technischen Veränderungen der vergangenen Jahrzehnte sind gravierend. Beispielsweise nimmt das weltweite Wissen exponentiell zu, hier genügt allein ein Blick auf die Zunahme der veröffentlichten Bücher: 1995 waren es 270 000 Titel, 2007 bereits 976 000 (Burke 2014, 295). Das Internet hat zudem die Geschwindigkeit der umlaufenden Informationen deutlich erhöht. Die Bürger/innen stehen vor der Aufgabe, die vorhandenen Informationen kritisch zu bewerten, dies haben die Diskussionen um „Fake News" verdeutlicht.

Neben dieser Relevanz für den demokratischen Staat spielt die Informationsbewertung, die im FL zentral ist, auch für die jetzigen und künftigen Arbeitnehmerinnen und Arbeitnehmer eine große Rolle. So sieht eine Studie zum Arbeitsmarkt im Jahre 2030 „einen verstärkten Bedarf an koordinierenden,

1 Eine ausführliche forschungsbasierte und mit Praxisbeispielen versehene Darstellung des Modells wird 2018 in dem Band „Vernetzung in der Lehrerbildung an der CAU" erscheinen, der im Rahmen des von der *Qualitätsoffensive Lehrerbildung* geförderten Projekts „LeaP – Lehramt mit Perspektive an der Christian-Albrechts-Universität zu Kiel" entsteht.

forschenden, kommunikativen, kreativen und entscheidungsintensiven Tätigkeiten.“ (Vogler-Ludwig et. al. 2016, 23). FL wird in dem Kieler Meta-Modell also nicht nur fachspezifisch, sondern auch auf Grund politischer, gesellschaftlicher und ökonomischer Herausforderungen hergeleitet.

Forschendes Lernen in der universitären Lehrerbildung (Ebene 2)

1. FL sollte ein zentraler methodischer Zugang in den Fachwissenschaften und in den Fachdidaktiken darstellen. Als Lösungsansatz des „triadischen Dilemmas der Lehrerbildung“, das neben der Segmentierung in isolierte Ausbildungsphasen die inhaltliche Fragmentierung und Marginalisierung des Lehramts an den Hochschulstandorten umfasst (Anselm & Janka 2016, 9), gilt eine intensivere strukturelle und inhaltliche Vernetzung der an der Lehrkräftebildung beteiligten Akteure und Institutionen. Hier leistet der Ansatz des Forschenden Lernens einen wichtigen Beitrag zur Verbindung von Wissenschaftsanspruch und Praxisrelevanz: Wenn es um die forschende Grundhaltung geht, dann kann sie beispielsweise in einem Seminar auch anhand eines Gegenstands gelehrt werden, der nicht zwangsläufig und unmittelbar in der Schule Anwendung finden wird. Denn mittelbar ist die Praxisrelevanz sehr wohl vorhanden, wenn den Studierenden transparent gemacht wird, dass es um das Erlernen von Reflexionsprozessen und die Ausbildung einer solchen Haltung geht. Es wird also angestrebt, den Studierenden ein bedeutendes Element sowohl in den Fachwissenschaften als auch in den Fachdidaktiken transparent zu machen.

2. Gleiches gilt für das FL in den Praxisphasen. Evaluationen weisen darauf hin, dass die Studienprojekte im Praxissemester von den Studierenden kritisch gesehen werden, wobei die Ursachen hierfür noch ungeklärt sind. Bisher wurde in Evaluationen kein Fokus darauf gelegt, inwiefern es den Lehrenden gelingt, die Bedeutung des Forschenden Lernens im Sinne der Ausprägung einer forschenden Grundhaltung zu vermitteln. Nur wenn dies erfolgreich ist, werden die Studierenden das auf den ersten Blick nicht praxisrelevante Studienprojekt als sinnvoll bewerten.

3. FL sollte als Unterrichtsmethode auch den Studierenden vermittelt werden. Dies ist insofern wichtig, da z. B. Lehrkräfte der naturwissenschaftlichen Fächer als Ursachen dafür, dass Schülerinnen und Schüler in ihrem Unterricht nicht oder kaum eigenständig Experimente durchführen, u. a. fehlende Angebote an den Universitäten, entsprechende Verfahren kennenzulernen, angeben (Schmidt 2016, 92).

Reflexive Grundhaltung (Ebene 3)

Lehrkräfte sind nicht nur gefordert, die Schülerinnen und Schüler fachlich auszubilden, sie auf die Gesellschaft und das Berufsleben vorzubereiten, ihnen die genannten Kompetenzen wie Problemlösungsfähigkeit zu vermitteln, sondern von ihnen werden ebenso Reflexionsfähigkeiten hinsichtlich der eigenen Tätigkeit verlangt. Das heißt, die Lehrkräfte sollten in der Lage sein, (ihren eigenen) Unterricht reflektieren zu können, ebenso ihre Rolle in der Schulgemeinschaft als ein Teil der Schulentwicklung (KMK 2004, 12 f.). Auch sollten sie FL als Unterrichtsmethode anwenden können.

Eine besondere Herausforderung für die Realisierung der forschenden Haltung besteht dabei darin, wie diese Haltung nach der Ausbildung in der Praxis mit bis zu 30 Stunden Unterrichtsverpflichtung in der Woche von den Lehrkräften umgesetzt werden kann. Hier müssen die Lehrkräfte ad hoc und in Echtzeit agieren, während im Bereich des Forschenden Lernens lange Reflexionsphasen beispielsweise über die Wahl der Methode vorgesehen sind.

Dabei können diese Reflexionsphasen durchaus weitgehend analog zum Forschungszyklus verlaufen: Am Anfang steht ein schulisches Problem vs. Fragestellung/Hypothese, die Lehrkraft handelt in der Praxis vs. Forschungsmethode, es gibt ein Ergebnis vs. die erhobenen Daten. Die forschende Grundhaltung zeigt sich in der konkreten Realisierung von Phasen, in denen die Lehrkraft bewusst ihre Handlungen reflektiert und anschließend die Reflexionsergebnisse in neues Handeln überträgt.

Hier kann nur skizziert werden, wie sich die forschende Haltung in der Praxis konkretisieren kann, an welchen Schritten sie sichtbar wird. Zugleich soll sie damit auch für künftige empirische Forschungen operationalisierbar gemacht werden. Konkret zeigt sich dies u.a. anhand folgender Kriterien: kollegiale sowie institutionalisierte Fallberatung, regelmäßiges Einholen vom Feedback der Schülerinnen und Schüler sowie der Schulleitung (hinsichtlich der eigenen Rolle in der Schulentwicklung), Fortbildungen besuchen, Veröffentlichungen zu den Fächern und den Bildungswissenschaften verfolgen, sich bei anderen Schulen und Schulnetzwerken informieren und vor allem Erkanntes im Alltag umsetzen.

Forschende Haltung bei den Schüler/innen (Ebene 4)

FL darf nicht bei der Lehrkräftebildung aufhören, wenn die Ausbildung der forschenden Grundhaltung nicht nur fachspezifisch, sondern auch ökonomisch, gesellschaftlich und politisch begründet wird. FL muss in die schulische Praxis transferiert werden, so dass die erlernte Methodik dort Anwendung finden kann. Hierbei sollen die Schüler/innen einerseits die Wege der Erkenntnisgewinnung in den Fächern kennenlernen und letztlich anwenden können. Andererseits geht es auch bei ihnen um die Reflexion des eigenen Handelns sowie der gesellschaftlichen Bedingungen und Entwicklungen, womit zugleich der Rückbezug zur Herleitung des Forschenden Lernens erfolgt.

Literatur

Anselm, Sabine; Janka, Markus (Hg.) (2016): Vernetzung statt Praxisschock. Konzepte, Ergebnisse, Perspektiven einer innovativen Lehrerbildung durch das Projekt Brückensteine. Göttingen: Edition Ruprecht (Pädagogische und didaktische Schriften, Band 14).

Burke, Peter (2014): Die Explosion des Wissens. Von der Encyclopédie bis Wikipedia, Berlin: Wagenbach.

Helsper, Werner; Kolbe, Fritz-Ulrich (2002): Bachelor/Master in der Lehrerbildung — Potential für Innovation oder ihre Verhinderung? In: *ZfE* 5 (3), S. 384–400. DOI: 10.1007/s11618-002-0057-z.

KMK [Sekretariat der Ständigen Konferenz der Kultusminister der Länder in der Bundesrepublik Deutschland] (2004): Standards für die Lehrerbildung: Bildungswissenschaften. Beschluss der Kultusministerkonferenz vom 16.12.2004 https://www.kmk.org/fileadmin/Dateien/veroeffentlichungen_beschluesse/2004/2004_12_16-Standards-Lehrerbildung.pdf, zuletzt geprüft am: 29.10.2017.

Schmidt, Doris (2016): Modellierung experimenteller Kompetenzen sowie ihre Diagnostik und Förderung im Biologieunterricht, Berlin: Logos.

Vogler-Ludwig Kurt/Düll, Nicola/Kriechel, Ben (2016): Arbeitsmarkt 2030 – Wirtschaft und Arbeitsmarkt im digitalen Zeitalter, Bielefeld: W. Bertelsmann.

Teil 4:
Vorträge zur
Gestaltung von Lehre und Prüfungen

Katharina ABERMETH, Kiel; Sebastian BARSCH, Kiel

(HI)STORIES?! Legenden unter der Lupe. Ein Modell zur Verzahnung von Hochschul- und Fachdidaktik

Das Wort „postfaktisch“ wurde von der Gesellschaft für deutsche Sprache e.V. zum Wort des Jahres 2016 gekürt. Hierin spiegelt sich eine schwierige gesellschaftliche Veränderung, die bis in die politischen Debatten hineinreicht: Statt auf Fakten und eine fundierte Argumentation wird Meinungsbildung zunehmend durch Emotionalisierung betrieben und durch Ängste gesteuert. Auch im Netz wird Geschichte vermehrt politisiert, oft indem fachwissenschaftlich nicht haltbare Erklärungsmuster als „Wahrheit“ verkauft werden.

Hier setzt das vorgestellte Lehrprojekt an, bei dem Geschichtsstudierende die Arbeit von HistorikerInnen im digitalen Zeitalter selbst erfahren und als MultiplikatorInnen wirken sollen. Dazu wurde ein Lernsetting konzipiert, in welchem angehende Geschichtslehrkräfte sich zum einen in Blogbeiträgen mit der Dekonstruktion historischer Mythen befassen, zum anderen in einer Forschungswerkstatt Lernstationen für SchülerInnen erstellen. Zielsetzung beider Formate ist es, mithilfe eines forschungsbasierten Ansatzes die historische Urteilsfähigkeit sowohl der Studierenden als auch der SchülerInnen zu fördern sowie den gesellschaftlichen Auftrag von Universität in den Fokus zu nehmen und den Zusammenhalt der demokratischen Gesellschaft zu stützen. „(HI)STORIES?! Legenden unter der Lupe“ ist ein Modellversuch, bei dem die Hochschuldidaktik der Universität Kiel, die Geschichtsdidaktik und die Kieler Forschungswerkstatt miteinander kooperieren. Ziel ist, ein auf forschendem Lernen basierendes Teamteaching-Lehrkonzept zu entwickeln, welches auf andere Fächer übertragbar ist.

Der geschichtsdidaktische Hintergrund

Historisches Lernen soll subjektorientiert und problemorientiert sein. Gleichzeitig ist bekannt, dass in der Schule sehr oft noch das Gegenteil vorherrscht und eine tatsächliche Problemorientierung, welche sich auf die individuellen Fragestellungen der SchülerInnen bezieht, nicht erreicht wird (Virta 2002). Dies ist erstaunlich, da die überwiegende Zahl der Geschichte Lehrenden die fachdidaktischen Theorien kennt und als Basis für die Unterrichtsgestaltung ansieht, das eigentliche Unterrichtshandeln jedoch oft davon abweicht zugunsten weniger aktivierenden Unterrichtsformen (Voet/de Wever 2016). Die Reformierung der Lehramtsstudiengänge etwa durch die Einführung von Praxisphasen mit Anteilen forschenden Lernens und praxisbegleitenden Reflexionsanlässen, welche praktische Erprobungen in der

Hochschule begleiten, soll auch eine stärkere Theorie-Praxis-Verzahnung im Studium erreichen. Die Studierenden sollen über die Reflexionen ihres professionellen Lehrerhandelns und durch Anwendung Forschenden Lernens in ihrer professionellen Entwicklung gefördert werden sowie einen Anlass zur Überprüfung und Adaption subjektiver Theorien und Skripte erhalten (Barsch 2016). Die wissenschaftsorientierte Gestaltung praktischer Phasen mit einer intensiven Begleitung und Reflexion der in ihnen stattfindenden Prozesse soll subjektive Theorien bewusstmachen. Durch die Kontextualisierung von Wissen und die Anbahnung einer Problemlösefähigkeit soll die Haltung eines „reflektierenden Praktikers“ (Schön 1983) gefördert werden.

Das Projekt versucht, außerhalb lehrplanorientierten Unterrichts schülerorientierte Unterrichtsszenarien als Good-Practice erfahrbar zu machen und Studierende im Sinne eines didaktischen Doppeldeckers im ersten Schritt selbst forschungsorientiert lernen zu lassen, um anschließend die eigenen reflektierten Lernerfahrungen für SchülerInnen aufzubereiten. Vor dem Hintergrund der bereits skizzierten Bedingung, dass Geschichte im öffentlichen Raum zunehmend politisiert und „entwissenschaftlicht“ wird, erarbeiteten die Studierenden zunächst in Zweierteams einen Eintrag für einen Blog[1]. Ihre Aufgabe bestand darin, einen populären Geschichtsmythos (etwa „Hitler baute die Autobahn“) zu dekonstruieren und in einer Sprache, die nicht nur auf ein akademisches Publikum zielte, historisch plausibler darzustellen. Hier nutzten die Studierenden Methoden der Geschichtswissenschaft, indem sie Quellen und Darstellungen analysierten und eine eigene Narration erstellten. Gleichzeitig befassten sie sich mit Themen der Wissenschaftskommunikation und Public History. Die zweite Phase war durch die Planung und Durchführung eines praktischen Tages geprägt, an dem Studierende eigens erarbeitete Stationen zum historischen Faktencheck und der Überprüfung historischer Mythen mit SchülerInnen einer 7. Klasse eines Kieler Gymnasiums durchführten. Der Tag fand in der Kieler Forschungswerkstatt[2] statt, einem an die Universität Kiel angegliederten Lernort, der Lernenden außerhalb des Klassenraums die Bildungseinrichtung „Universität“ als Ort des Forschens und Erfahrens näher bringt. Das Schülerlabor ermöglicht SchülerInnen und angehenden Lehrkräften zudem einen tieferen Einblick in forschungsbasiertes Lehren und Lernen, indem es einen Raum für Erprobungen neuer Unterrichtskonzepte schafft.

Durch die doppelte Herangehensweise – erfahren und weitergeben – sollte erreicht werden, dass vorhandene Skripte über „guten Geschichtsunter-

[1] https://legendenunterderlupe.wordpress.com
[2] http://www.forschungs-werkstatt.de/zeitwerk

richt" aufgebrochen werden und eine stärkere Schülerorientierung verinnerlicht wird. Dabei wurde davon ausgegangen, dass die erfahrenen Schwierigkeiten einen positiven Einfluss auf die Gestaltung der Lernstationen haben, insofern Probleme nicht nur theoretisch antizipiert, sondern praktisch erfahren wurden. Indem die Studierenden gleichzeitig forschend die Gelingensbedingungen dieses Unterrichts analysierten, sollte zusätzlich ein höherer Grad an Reflexionstiefe erreicht werden. Beide Prozesse – das Erstellen des Blogbeitrags und die Planung und Durchführung der Lernstationen – wurde durch geleitete Reflexionsanlässe begleitet.

Der hochschuldidaktische Hintergrund

Aus hochschuldidaktischer Perspektive handelt es sich um ein Lernarrangement, welches forschungsbasiertes und mediengestütztes Lernen, blendedlearning-Formate mit individuellen Unterstützungseinheiten im persönlichen Kontakt, erste praktische Erfahrung als angehende Lehrkräfte, Erfahrung im Projektmanagement und in der Teamarbeit vereint. Es wurden also wichtige fachwissenschaftliche Lernbereiche wie Quellenkritik und Forschungsstandanalysen mit Kompetenzorientierung kombiniert.

Während die Studierenden die meiste Zeit in Teams zusammengearbeitet haben, wurden sie in der eigenverantwortlichen Projektarbeit durch verschiedene Maßnahmen unterstützt: Nach einer gemeinsamen fünfwöchigen Einarbeitung in Thematik und Methodik wurde grundlegendes Material auf einer Plattform bereitgestellt und Meilensteine für die Teamarbeit definiert. Sukzessive wurden die Studierenden immer mehr in eigene Planung und Verantwortlichkeit entlassen, während sie durch ständiges prozessbegleitendes Feedback und Coachingangebote unterstützt wurden.

Um dieses umfassende Lernarrangement professionell theoretisch zu entwickeln und praktisch zu gestalten, wurde im Teamteaching (Kricke/Reich 2016) gearbeitet. Die Studierenden wurden durch ein Team von insgesamt vier Lehrenden (aus Geschichtsdidaktik, Hochschuldidaktik, Forschungswerkstatt) begleitet. Die Lehrenden brachten dabei sehr unterschiedliche Kompetenzen und Vorerfahrungen mit, wodurch es gut gelang, den verschiedenen kompetenzbasierten Lernzielen gerecht zu werden sowie auf verschiedene Lernbedürfnisse und heterogene Voraussetzungen der Studierenden einzugehen. Das Teamteachingformat trug allerdings nicht nur zur Bereicherung der Lerngruppe, sondern auch zur Weiterentwicklung der einzelnen Lehrpersonen bei.

Statt dozierendenzentrierter Lehre wurde Lern- und Erfahrungsraum gestaltet. Es ging darum, die Bedeutung des Ausprobierens und Nachjustieren erfahrbar zu machen. Ziel war es, von einer reinen Lernergebnisorientierung hin zu einer Lernprozessorientierung zu kommen. Um dies zu fördern, wurden Instrumente aus den Bereichen Coaching und Feedback eingesetzt, welche die Reflexion der eigenen Lernpräferenzen und -strategien unterstützten sowie eine erste Beschäftigung mit der eigenen Lehrpersönlichkeit der angehenden Geschichtslehrkräfte anregten. Denn die Grundannahme ist, dass die Lehrperson – ob in Schule oder Universität – die entscheidende Einflussgröße für gelingende Lehre und produktive Lernraumgestaltung ist (Hattie/ Zierer [2]2017).

Dieses Projekt hat exemplarisch gezeigt, dass Teamteachingformate erfolgversprechend sind, um verschiedenen hochschuldidaktischen und hochschulpolitischen Anforderungen gerecht zu werden. Dazu zählen das forschende Lernen mit einem hohen Praxisbezug, die Vorbereitung auf potentielle Berufsfelder sowie den Transfer von Wissen in Schule und Gesellschaft zu unterstützen. Gleichzeitig wird durch dieses Format der einzelne Lehrende nicht überfordert; stattdessen wird vielmehr die Kooperation mit internen und externen ExpertInnen angeregt. Die Hochschuldidaktik kann durch die Begleitung solcher Formate und die Übernahme eigener Anteile konkret und abgestimmt auf die verschiedenen Fachbedürfnisse und Fachkulturen unterstützen. Perspektivisch kann hierdurch außerdem schrittweise mehr Interdisziplinarität und Multiperspektivität im Studium gelingen, sowie ein Brückenschlag zwischen Fachwissenschaft, Fachdidaktik und Hochschuldidaktik erzielt werden.

Literatur

Barsch, S. (2016). Förderung der inklusiven Haltung bei angehenden Geschichtslehrkräften durch universitäre Praxisphasen. In Kühberger, Chr./ Schneider, R. (Hrsg.), *Inklusion im Geschichtsunterricht. Zur Bedeutung geschichtsdidaktischer und sonderpädagogischer Fragen im Kontext inklusiven Unterrichts* (121-135). Bad Heilbrunn: Klinkhardt.

Hattie, J. (2008). *Visible Learning. A Synthesis of Over 800 Meta-Analyses Relating to Achievement*. London: Routledge.

Hattie, J., Zierer, K. ([2]2017). *Kenne deinen Einfluss!: "Visible Learning" für die Unterrichtspraxis*. Baltmannsweiler: Schneider Verlag Hohengehren.

Kricke, M., Reich, K. (2016). *Teamteaching. Eine neue Kultur des Lehrens und Lernens.* Weinheim und Basel: Beltz Verlag.

Schön, D. (1983). *The Reflective Practitioner. How Professionals Think in Action*. New York: Basic Books.

Virta, A. (2002). Becoming a history teacher: observations on the beliefs and growth of student teachers. *Teaching and Teacher Education,* 18, 687-698.

Voet, M., De Wever, B. (2016). History teachers' conceptions of inquiry-based learning, beliefs about the nature of history, and their relation to the classroom context. *Teaching and Teacher Education,* 55, 57-67.

Eva ANSLINGER, Bremen; Christine BARP, Bremen

Bremer Leben –aus Biographien lernen: Sozialwissenschaftliche Berufsorientierung durch forschendes Lernen und Studieren

Einleitung: Stichworte wie Arbeit 4.0 und Digitalisierung der Arbeitswelt verweisen nicht nur auf die eine zunehmende Diversifizierung von Arbeit und Beruf sondern auch auf eine zunehmende Heterogenität und Ausdifferenzierung von Berufsbiografien. Um junge Menschen auf diese immer komplexer werdenden Bedingungen des Arbeitsmarktes vorzubereiten, wird von politischer und wirtschaftlicher Seite eine zielgerichtete Berufsorientierung für *alle* Schulformen gefordert. Insbesondere unter Berücksichtigung gesellschaftlicher Wandlungsprozesse ist zu konstatieren, dass die klassische Berufsorientierung, die eine Berufsberatung mit einer Qualifikationsausbildung verbindet (Zurstrassen 2016), eine umfassende Orientierung nicht (mehr) zu leisten vermag. Ein möglicher Lösungsansatz besteht darin, berufliche Orientierung konzeptionell um eine sozialwissenschaftliche Komponente zu ergänzen, in der das Subjekt im Kontext der gesellschaftlichen Bedingungen der Arbeits- und Berufswelt betrachtet wird (Hedtke 2013, Famulla 2013).

Ein Blick in die Praxis zeigt jedoch, dass diese Perspektive bisher deutlich unterrepräsentiert ist (vgl. Famulla 2013, 25), weswegen die Zentren für Arbeit und Politik (zap) und der Didaktik der Sozialwissenschaften (ZeDis) der Universität Bremen in Zusammenarbeit mit zwei Schulen und Unternehmen ein Konzept entwickelt und bereits mehrmals durchgeführt haben, indem mit Methoden des forschenden Lernens und Studierens eine *sozialwissenschaftlich ausgerichtete Berufsorientierung* erprobt wird.

Sozialwissenschaftliche, forschungsorientierte Berufsorientierung: Berufsorientierung wird hier als eine berufsbezogene Allgemeinbildung (Hedtke 2013) verstanden, die durch eine Auseinandersetzung mit der sozialen Wirklichkeit dazu beitragen soll, eigene Ressourcen zu reflektieren und diese im Sinne einer politischen und berufsbiographischen Urteilskompetenz in das politische und berufliche Selbstbild zu integrieren (Anslinger/Partetzke 2016). Dieses Berufsorientierungsverständnis kann u.E. nur sinnvoll mit einer Lebensweltorientierung im Sinne Klees et.al. (2016) gedacht werden. Sie betonen, angelehnt an Habermas, die strukturellen Komponenten (Kultur, Gesellschaft und Person) der Lebenswelt und begründen, dass diese vor allem im Projektlernen und in forschenden Lernprozessen zu Tage treten würden (ebd.). Insbesondere die Arbeit mit Methoden der qualitativen Sozialforschung bietet durch ihre Orientierung an Einzelfällen die Möglichkeit, verschiedene Einflüsse kultureller, institutioneller und gesellschaftlicher Deutungen auf individuelles Handeln und Denken hin zu entschlüsseln. Es wird somit im Sinne der Zusammenhangskompetenz von Negt (1990) davon ausgegangen, dass gesellschaftliche Faktoren (Makroebene), sich auf Betriebe (Mesoebene) auswirken, die wiederum indirekt oder direkt die Beschäftigten (Mikroebene) beeinflussen. Ziel des Projekts ist es, dass die Forscher*innenteams diese gesellschaftlichen „Wesenszusammenhänge" (Negts 1993, 662) der Arbeitswelt erkennen und sozialwissenschaftlich angeleitet reflektieren.

Forschungsprojekt: Im hier vorgestellten Projekt „Bremer Leben" kooperieren Universität, Schulen und Unternehmen, um es Schüler*innen und Studierenden zu ermöglichen, mit Hilfe der (auto-)biographischen Forschung gemeinsam die Arbeitswelt zu erkunden und zu erforschen. Die Schüler*innen planen mit der Unterstützung von Studierenden gemeinsam den gesamten Forschungsprozess. Zwar ist sowohl die Fragestellung als auch die Erhebung einer Berufsbiographie mit der Methode des narrativen (berufsbiographischen) Interviews bindend, jedoch wird die gesamte weitere Planung – inklusive Auswahl der Interviewperson sowie Terminierung, Durchführung, Auswertung und Interpretation der Interviews – den Forscher*innen-Teams überlassen. Ziel ist es, vor dem Hintergrund der Forschungsergebnisse ein innovatives Produkt zu erstellen, wobei die Lehrkräfte an Universität und Schule den Teams bei der Bewältigung dieser komplexen Aufgabe unterstützend zur Seite stehen. Betriebsbesichtigungen bei den kooperierenden Unternehmen runden das Konzept ab.

Curriculare Rahmenbedingungen: Wesentlich für den Erfolg des Projektes ist die Einbindung des Forschungsprozesses sowohl in bestehende schulische als auch universitäre Curricula. An den teilnehmenden *Schulen* ist das Projekt im Rahmen eines s.g. *Profilkurses* in der 12. Jahrgangsstufe verortet, in dem auch die Projektarbeit (Facharbeit) angesiedelt ist. Hier bearbeiten Schüler*innen in Kleingruppen ein Projekt inklusive Produkterstellung, das im Anschluss vor einer Prüfungskommission präsentiert wird. Diese Projektarbeit ist Teil der Abiturnote, wodurch eine hohe Verbindlichkeit sichergestellt wird. Die Anbindung an die *universitäre Lehre* erfolgt im sozialwissenschaftlichen Fächerverbund in der Lehrer*innenausbildung für Oberschulen/Gymnasien und Berufsbildende Schulen. Kernanliegen der Lehre ist die Ausbildung studentischer Mentor(inn)en, die die teilnehmenden Schüler*innen in ihrem forschenden Lernprozess unterstützen. Die Studierenden erhalten über die Wahrnehmung ihrer Mentor(inn)enrolle sowie durch eine ergänzende Ausarbeitung einer didaktisch bzw. curricular orientierten Reflexion Credit Points.

Reflexion: Über die selbständige Erkundung der Arbeits- und Berufswelt wird der eingangs dargelegte Wandel der Arbeits- und Berufswelt nicht nur über die Aneignung von trägem Wissen antizipiert, sondern durch eine intensive Auseinandersetzung mit authentischen Berufsbiographien, realen Problemen sowie möglichen Lösungsstrategien erlebt und vor dem Hintergrund struktureller und gesellschaftlicher Abhängigkeiten sowie eigener Einstellungen und Erfahrungen interpretiert.

Im Sinne des forschenden Lernens und Studierens (vgl. Huber 2009) ist bei den Lernenden ein Lernzuwachs in folgenden Bereichen zu verzeichnen.

Lernzuwachs bei den Schüler*innen:

- Planung und Durchführung eines eigenen (Forschungs-)Projekts bzw. Interviews (inkl. Zeitplanung des Forschungsprozesses sowie Erstellung des Produkts),
- Kennenlernen einer sozialwissenschaftlich orientierten Forschungsmethode,
- Einleitung eines beruflich orientierten Reflexionsprozesses über Identifikation bzw. Gegenidentifikation mit der Interviewperson,
- Kennenlernen der Arbeits- und Berufswelt in ihrer Komplexität.

Lernzuwachs bei den Studierenden:

- Planung und Umsetzung eines (Forschungs-)Projekts,
- Aneignung, Aufbereitung und Vermittlung von Forschungsmethoden,
- Umgang mit Unsicherheiten im Forschungsprozess; Unterstützung/ Motivation von Schüler*innen bei Problemlagen,
- Handlungs- und Wissenschaftsorientierung als didaktische Prinzipien im (sozialwissenschaftlichen) Unterricht.

In der Evaluation zeigte sich außerdem, dass alle Lernenden durch die Methode des narrativen Interviews unterschiedliche Wirkungen des gesellschaftlichen Wandels erfahren, reflektieren und die hieraus gewonnen Erkenntnisse in ihr berufsbezogenes Selbstbild integrieren konnten.

Literatur

Anslinger, E., Partetzke, M. (2016). Das Containerschiff als Sinnbild für Lebenslanges Lernen. Förderung von Berufsorientierung durch forschendes Lernen in der gymnasialen Oberstufe In berufsbildung Berufsorientierung, Heft 160. S. 32-34.

Famulla, G.-E. (2013). Erfahrungen aus dem Programm „Schule – Wirtschaft/Arbeitsleben“. In Gewerkschaft für Erziehung und Wissenschaft (Hrsg.), Arbeitsweltorientierung und Schule. Eine Querschnittaufgabe für alle Klassenstufen und Schulformen. Bielefeld: wbv. S. 11-41.

Hedtke, R. (2013). Arbeitswelt und Schule – Perspektiven sozialwissenschaftlicher Bildung. In Gewerkschaft für Erziehung und Wissenschaft (Hrsg.), Arbeitsweltorientierung und Schule. Eine Querschnittaufgabe für alle Klassenstufen und Schulformen. Bielefeld: wbv. S. 43-66.

Huber, L. (2009). Warum forschendes Lernen nötig und möglich ist In Huber, L. et al. (Hrsg.), Forschendes Lernen im Studium. Aktuelle Konzepte und Erfahrungen. Bielefeld: UVW. S. 9-35.

Klee, A., Partetzke, M., Schröder, H. (2016). „Bremer Stadtforscher"-Projekt –ein Versuch zur lebensweltorientierten Bildung. In Oeftering, Tonio, Oppermann, Julia, Fischer, Andreas (Hrsg.), Der „fachdidaktische Code" der Lebenswelt- und / oder (?) Situationsorientierung. Fachdidaktische Zugänge zu sozialwissenschaftlichen Unterrichtsfächern sowie zum Lernfeldkonzept. Hohengehren: Schneider. S. 153-164.

Negt, O. (1990). Überlegungen zur Kategorie „Zusammenhang" als eine gesellschaftliche Schlüsselqualifikation. In Nuissel, E., Siebert, H., Tietgens, H. (Hrsg.), Literatur und Forschungsreport Weiterbildung Nr. 26. S. 11-19.

Negt, O. (1993): Wir brauchen eine zweite gesamtdeutsche Bildungsreform. In: Gewerkschaftliche Monatshefte 1993, 11. S. 657-668.

Zurstrassen, B. (2016). Berufsorientierung: Die Schüler sind doof, die Lehrer können es nicht, es bedarf noch mehr ... Text abrufbar unter: http://www.sowi-online.de/ blog/berufs-orientierung_schüler_sind_doof_lehrer_können_es_nicht_es_bedarf_noch_mehr.html

David Johannes BERCHEM, Bochum

Heimat Bochum. Ein Lehrforschungskonzept zwischen Kulturanalyse, musealen Repräsentationen und Berufspraxis

In dem zweisemestrigen Kooperationsprojekt zwischen dem LWL-Industriemuseum Zeche Hannover und dem Lehrstuhl für Ethnologie der Ruhr-Universität Bochum begaben sich Studierende des Bachelorstudiengangs Sozialwissenschaft von April 2016 bis März 2017 auf die Suche nach den vielschichtigen Sinndomänen, Symbolen sowie den unterschiedlichen Alltagsphänomenen des Polysystems Heimat in der Ruhrgebietsstadt Bochum, die seit Herbert Grönemeyers musikalischer Liebeserklärung aus dem Jahr 1984 als „Blume im Revier" gilt. Heimat, Heimatgefühle, symbolische Ortsbezogenheit und territoriale Satisfaktion, so lautete die theoretische Grundüberzeugung des Seminars, werden von den in Bochum lebenden Menschen im Zuge von kulturell normierten Praktiken der Beheimatung identitätsstiftend und unter Bezugnahme auf historische Wissensressourcen hergestellt (vgl. Egger, 2014). Im Mittelpunkt des Projektseminars stand folgendes Fragespektrum: Mit welchem kulturell tradierten Repertoire befriedigt der Mensch sein Bedürfnis nach ontologischer Sicherheit im Raum? Welche Formgestaltung haben die hiermit unmittelbar in Verbindung stehenden Praxen, Verlaufsmuster, Phänomene und Prozesse der Beheimatung auf einer alltagskulturellen Ebene? Welche Vorstellungswelten von Heimat(en) sind in den von Diversität geprägten Lebenszusammenhängen in Bochum vorhanden? Was verraten sowohl die lokalen Vergesellschaftungsphänomene als auch die identitären Pluralisierungsvorgänge der Globalisierung über das in den Sozial- und Kulturwissenschaften kontrovers diskutierte Verhältnis zwischen Raum, Gesellschaft und Kultur?

Das zweisemestrige Lehr-Lern-Format startete zu Beginn des Sommersemesters 2016 mit einem ambitionierten und für einen stark verschulten Bachelorstudiengang vielleicht auch übermotivierten Vorhaben: Innerhalb von zwei Semestern bestand die Aufgabe der TeilnehmerInnen erst einmal darin, mittels ausgewählter qualitativer Methodenbausteine (teilnehmender Beobachtung, narrativer Interviews, Wahrnehmungsspaziergänge, Oral-History-Verfahren) die Konfigurationen und Konzepte von Heimat zu erforschen. Im Anschluss sollten sie die empirisch generierten und analysierten Ergebnisse zum Thema „Heimat Bochum" in einer Laborausstellung der Öffentlichkeit präsentieren. Die Studierenden dieses Lehrforschungsprojektes erlangten somit gleich auf mehreren Ebenen signifikante Kernkompetenzen. Sie erwarben zunächst Schlüsselqualifikationen im Bereich der ethnografischen Erhebungsverfahren sowie der kulturanalytischen Auswertung der

N. Neuber, W. Paravicini, M. Stein (Hrsg.): Forschendes Lernen – The wider view. Tagungsband. Münster: WTM-Verlag 2018.

selbsterhobenen Quellenmaterialien (vgl. Ehn, Löfgren & Wilk, 2016). Durch die Überführung dieser Wissensressourcen in Arrangements, Exponate, Artefakte und andere Formen der kulturellen Repräsentation in den musealen Welten erwarben die TeilnehmerInnen des Weiteren praktische Erfahrungen im Kulturmanagement. Dieser praxisbezogenen Ausrichtung der Lehrveranstaltung lag der Gedanke zugrunde, dass Wissenschaft auch und besonders in Zeiten von „alternativen Fakten" und *science bashing* einen gesellschaftlichen Mehrwert besitzt. Das unter Anwendung wissenschaftlich erprobter und reflektierter Methoden erzeugte Wissen verblieb nicht im „Elfenbeinturm" bzw. in den „heiligen Hallen" der Universität, sondern wurde unter Einbezug museologischer Gesichtspunkte transformiert zu öffentlichem und allgemein verständlichem Wissen, das mitunter imstande ist, die mehrdimensionale und dynamische Verfasstheit von Heimat, Kultur und Gesellschaft ein Stück weit zu erklären bzw. Begründungsangebote und Interpretationsansätze für gesellschaftliches Zusammenleben in Bochum zu liefern.

Neben der Erlangung der studienordnungsrelevanten Kenntnisse auf theoretischer und methodischer Ebene war es von gesonderter Signifikanz, dass die Studierenden fundierte berufspraktische Einblicke in die Arbeitsprozesse jener Menschen erhielten, die im musealen Kulturmanagement auf langjährige und belastbare Erfahrungen zurückgreifen können. Der Leiter des LWL-Industriemuseums Zeche Hannover, Dietmar Osses, hat allen Beteiligten dankenswerterweise diese nah an der Museologie und am Ausstellungswesen angelehnte berufspraktische Perspektive eröffnet. Nach der empirischen Erkenntnisgenerierung stand im zweiten Semester die Konzeption und Realisierung der Laborausstellung „Heimat Bochum" im Fokus, bei der eine Auseinandersetzung mit praxisbezogenen Fragen zahlreiche Arbeitsschritte prägte: Welche Schreibkonventionen müssen bei der Erstellung der Museumstexte eingehalten werden? Wie sieht das Corporate Design aus? Welche Kernnarration zum Thema „Heimat Bochum" kann entwickelt werden? Was ist ein Ausstellungsdrehbuch? Was sind *key visuals*? Wie lässt sich ein musealer Dramaturgiebogen spannen, ohne dass die BesucherInnen sich nach den ersten Exponaten bereits langweilen? Durch den dramaturgischen Einsatz welcher Medien gelingt eine Art der Wissensvermittlung, die sowohl informiert und Aha-Erlebnisse generiert als auch belustigt und vergnügt? (vgl. Aumann & Duerr, 2014)

Nicht nur bei den Gruppendiskussionen zur Konzeption der Laborausstellung waren räumliches Denken sowie ein Gespür für Ästhetik und Rhetorik gefragt; auch beim Arrangieren und Aufbauen der einzelnen Abteilungen bzw. bei der Installation der Objekte, Exponate und multimedialen Informationsstationen im historischen Malakowturm des Industriemuseums Zeche Hannover konnten die Studierenden ihr organisatorisches, handwerkliches und künstlerisch-kreatives Geschick unter Beweis stellen. Hierbei dominierte das zentrale Motto des Lehrforschungsprojektes: Learning by Doing. Durch diese berufspraktische Ausrichtung, bei der die TeilnehmerInnen erste Erfahrungswerte im Bereich Museumsarbeit sammelten, kann die Ambition des Projektseminars durchaus als untypisch und unorthodox bezeichnet werden, da sich die Fakultät für Sozialwissenschaft der Ruhr-Universität Bochum nicht als klassischer Ausbildungsbetrieb versteht, der zur Erlangung eines spezifischen Anstellungsverhältnisses auf dem Arbeitsmarkt befähigt. Wie wichtig mir die Vermittlung dieser gestalterischen und ästhetischen Qualifikationen sowie die konzeptionellen und experimentellen Erfahrungen im Rahmen der Überführung der empirischen Ergebnisse in museale Arrangements und materielle Repräsentationen war, konnten die Studierenden immer dann erkennen, wenn ich mehr oder minder widerwillig Antworten auf Fragen bezüglich des Erhalts von Credit Points geben musste. Ferner wurde es zu Beginn der Projektphase als sehr wünschenswert erachtet, wenn die gesammelten Erfahrungswerte im späteren Verlauf der Karriere als Alleinstellungsmerkmal für die Besetzung eines Praktikums oder Volontariats genutzt werden könnten (vgl. Adda, Klasing & Münzel, 2015). Eine Frage hat die TeilnehmerInnen stets umgetrieben: Wie sieht die Ausstellung aus, wenn sie fertig ist? Ich musste stets erwidern, dass ich das nicht wisse, was die Fragenden m. E. immer etwas enttäuscht zurückließ. In zahlreichen Arbeitsgesprächen mit dem Leiter des Industriemuseums wurde die Ausstellung oftmals als „Wundertüte" bezeichnet. Sicherlich wurde den Beteiligten hier eine Sache besonders deutlich: Ausstellungen werden nicht vom Ende her gedacht bzw. konzipiert, sondern unterliegen einem dynamischen und mitunter eigenwilligen Entstehungsprozess, der einem wild mäandrierenden Fluss gleicht. Darum heißt es dann schlussendlich auch „Laborausstellung", weil hier Raum blieb für Experimentierfreude, zeitweiliges Scheitern, kritisches Nachdenken und Arbeitstechniken, bei denen Annahmen und Ideen verworfen und neu aufgegriffen werden dürfen. Manches blieb bis zum Ende provisorisch und unfertig oder erhob gar nicht erst den Anspruch, perfekt erscheinen zu wollen.

Die eingehende theoretische Auseinandersetzung mit Heimat sowie die Realisierung der Laborausstellung hat den Studierenden die Einnahme einer neuen Perspektive bei der Bewertung dieses scheinbar aus der Zeit gefallenen Konzeptes erlaubt. Die Beschäftigung mit dem vorgeblich antiquierten und häufig unter Senilitätsverdacht stehenden Begriff „Heimat" war alles andere als einfach und die assoziative Vielschichtigkeit stellte die TeilnehmerInnen oft vor definitorische Probleme. Denkt man an Heimat, werden kognitiv abgespeicherte Bilder, Assoziationen und Stereotype abgerufen, bspw. ein röhrender Hirsch vor einem Alpenpanorama. Die einzelnen Abteilungen der Laborausstellung präsentierten dagegen ein modernes Verständnis von Heimat, das fernab von ideologischer Vergiftung, völkischem Unterton, Scholle, Agrarromantik und der Politik der Ausgrenzung verortet war.

Grundsätzlich kamen die Forschungen in der Ruhrgebietsstadt zu dem Ergebnis, das Heimat heute eine dynamische und unabgeschlossene Suchbewegung darstellt. Heimat zeichnet sich in Bochum durch einen pluralistischen Charakter aus, gleicht einem Mosaik, das durch Beziehungen zu Orten und den damit verbundenen Gefühlen individuell zusammengestellt wird. Für die Menschen tief im Westen boten über viele Jahrzehnte Grubengold und Stahl sowie Maloche, Taubenschlag und Pils die zentralen Identitätsofferten. Seit den 1960er Jahren brachten Globalisierung, ökonomischer Strukturwandel und Mobilitätserfahrung enorme Veränderungen für Westfalen. Diese Umwälzungen wirkten sich auf die historischen Werteorientierungen der Menschen in der industriekulturell geprägten Stadt aus. Gerade in Zeiten starker Veränderungen diente der soziale Nahraum als letztes Refugium für die Revierkultur. Bochum entwickelte sich hierbei von einer Schwerindustriestadt zu einem Kultur- und Wissenschaftsstandort, der seine Herkunft aus dem Kohlenstaub nicht verschweigt, sondern zu pflegen weiß. Die von den Studierenden konzipierte Laborausstellung rückte die vielschichtigen Phänomene des Beheimatens, die kulturellen Traditionen, das geschichtliche Erbe und das Heimat-Schaffen in den Vordergrund. Hierbei reichte das Untersuchungsspektrum von der Bierbrautradition über Esskulturen, Heimatvereine und Obdachlosigkeit bis hin zu Fußballbegeisterung, Kleingartensiedlungen, jugendliche Subkulturen und StudentInnenvereinigungen.

Literatur

Adda, F., Klasing, K. & Münzel, M. (Hrsg.). (2015). *Ethnologie zwischen Beruf und Berufung. Tätigkeitsfelder und praktische Tipps zur Orientierung*. Marburg: Curupira.

Aumann, P. & Duerr, F. (2014). *Ausstellungen machen*. 2., aktualisierte Auflage. Paderborn: Wilhelm Fink.

Egger, S. (2014). *Heimat. Wie wir unseren Sehnsuchtsort immer wieder neu erfinden*. München: Riemann.

Ehn, B., Löfgren, O. & Wilk, R. (2016). *Exploring everyday life. Strategies for ethnography and cultural analysis*. Lanham: Rowman & Littlefield.

Christian DECKER, Hamburg; Anna MUCHA, Hamburg

Bridging the Gap: Vom passiven Lesen zum aktiven Forschen

1. Problemstellung

Forschendes Lernen war bereits vor 50 Jahren aktuell und zielte auf die „Beteiligung des Lernenden am Prozess der Wissenschaft“ (Huber, 1970, S. 229) ab. Im Zuge der heute viel diskutierten Kompetenzorientierung steht das Konzept als explorative Lehr-/Lernform, die geeignet ist, „Handlungskompetenzen umfassend zu fördern“ (Müller et al., 2016, S. 10), erneut im Fokus (Reinmann, 2015a). Allerdings ist Forschendes Lernen voraussetzungsvoll und birgt für viele Studierende die Gefahr der Überforderung.

Um heterogene Studierende an diese Lernform heranzuführen, haben wir in einem betriebswirtschaftlichen Studiengang im Modul *Corporate Finance* ein didaktisches Design erprobt, das den Schritt vom Lernen *über* Forschung zum Lernen *durch* Forschung (Reinmann, 2015b) erleichtern soll.

2. Forschendes Lernen: Eine Herausforderung für Studierende und Lehrende

In der Literatur werden Lernen *über* Forschung, Lernen *für* Forschung und Lernen *durch* Forschung unterschieden (Reinmann, 2015b). Lernen *über* Forschung zielt darauf ab, den Beitrag von Forschung beim Lösen von Problemen nachzuvollziehen; Lernen *für* Forschung dient dazu, methodische Kompetenzen zu erlernen, die eigene Forschung ermöglichen; und Lernen *durch* Forschung bedeutet das Bearbeiten eigener Forschungsprojekte (ebd.). Lernen *durch* Forschung setzt somit Lernen *über* und *für* Forschung voraus. Jede der Lernformen bewegt sich im Feld zwischen Rezeption und Produktion (Reinmann, 2015a).

Forschendes Lernen stellt hohe Anforderungen an die Studierenden. Es ist als Prozess komplex und in Teilen unvorhersehbar (Reinmann, 2016), so dass sich Noviz/innen im Rahmen des Prozesses ständig mit neuen Anforderungen arrangieren müssen. Zudem kann das Gelingen des eigenen Projekts nicht garantiert werden, sondern die Möglichkeit des Scheiterns besteht (Reinmann, 2016), was insbesondere bei Studierenden mit geringerer Ungewissheitstoleranz Unsicherheit auslöst. So geraten Selbst- und Emotionsregulation als erfolgsbestimmende Fähigkeiten in den Blick.

An die Lehrenden stellt das Forschende Lernen ebenfalls hohe Ansprüche. Ihnen muss eine Gratwanderung zwischen Offenheit und Rahmung, dem Gewähren-lassen der Studierenden und angemessener Unterstützung gelingen

N. Neuber, W. Paravicini, M. Stein (Hrsg.): Forschendes Lernen – The wider view. Tagungsband. Münster: WTM-Verlag 2018.

(Reinmann, 2015a). Situatives Scheitern gilt es dabei nicht per se zu verhindert, stattdessen kann dieses als *Lehrgeld* eine wertvolle Erfahrung darstellen. Zugleich besteht die Aufgabe darin, sensibel für heterogene Voraussetzungen und Bedarfe der Studierenden zu werden und auf diese einzugehen.

3. Didaktisches Design im Modul Corporate Finance

Der englischsprachige Studiengang International Business M. Sc. an der HAW Hamburg ist zugleich wissenschaftlich und anwendungsorientiert ausgerichtet. Bereits im ersten Semester werden die Studierenden modulübergreifend auf die Masterthese vorbereitet. Diese Forschungsorientierung fordert insbesondere Studierende, die ihren ersten Abschluss an einer Hochschule im Ausland erworben haben, heraus, da sie häufig Defizite im wissenschaftlichen Arbeiten aufweisen.[1] Ein praktikables didaktisches Veranstaltungsdesign sollte demnach geeignet sein, Inhalte zu vermitteln und zugleich heterogene Studierende an den Forschungsprozess heranzuführen. Im Folgenden wird dies für das Modul *Corporate Finance* beschrieben.

Phase 1: Transparente Darstellung des didaktischen Designs

Ein Kickoff-Termin dient dazu, den Studierenden das didaktische Design des Moduls nahezubringen; dabei werden das intendierte Learning Outcome ausgeführt und dessen taxonomisches Niveau (Analyse, Synthese, Beurteilung) erläutert (Anderson & Krathwohl, 2001). Zudem wird das Constructive Alignment (Biggs & Tang, 2011) der gesamten Veranstaltung dargelegt.

Phase 2: Erarbeitung ausgewählter „Seminal Papers" in Tandems

Die Studierenden rezipieren jeweils zu zweit ein ausgewähltes *Seminal Paper*. Diese Artikel sind nur im historischen und fachlichen Kontext verständlich und erfordern ein breites weitergehendes Literaturstudium; zudem sind sie in einer komplexen Form verfasst, der sich die Studierenden zunächst annähern müssen. Die Tandems recherchieren gemeinsam. Der Dozent steht jedem Tandem beratend zur Seite, was eine intensive Betreuung bedeutet und individuelle Kompetenzförderung zulässt.

Phase 3: Entwicklung einer eigenen Forschungsfrage

Sobald sich die Studierenden das Seminal Paper inhaltlich erschlossen (Lernen *über* Forschung) und in seiner Methodik (Lernen *für* Forschung) analysiert haben, erarbeiten sie sich jeweils eine eigene Forschungsfrage, die an

[1] Aus den Bewerbungsunterlagen wissen wir, dass in vielen Ländern keine Bachelorthese verlangt wird; oft fehlen zudem Module zum wissenschaftlichen Arbeiten, und methodische Grundlagen werden disjunkt vom Forschungsprozess vermittelt.

die Thematik des Artikels anknüpft. Dies kann z.B. bedeuten, dass sie das Paper im historischen Kontext beurteilen oder die Ergebnisse mit aktuellen Daten kontrastieren (Lernen *durch* Forschung). Die intensive Begleitung durch die Lehrperson ist auch in diesem Stadium elementar, da das Finden einer eigenen Problemstellung für viele Studierende der besonderen Hilfestellung sowie Ermutigung bedarf.

Phase 4: Erforschung der selbst entwickelten Problemstellung

Sobald die Forschungsfragen entwickelt sind, erforschen die Studierenden ihre selbst gewählte Problemstellung. Dies erfolgt nicht im Tandem, sondern individuell; so leistet und verfasst jede/r Studierende eine eigene Forschungsarbeit und kann somit auch individuell bewertet werden.

Phase 5: Präsentation des „Seminal Papers" und der Forschungsarbeiten

Nachdem die Forschungsberichte fertiggestellt und eingereicht sind, konzipiert jedes Tandem gemeinsam eine Präsentation, innerhalb derer sowohl die gemeinsamen Seminal Papers als auch die individuellen Forschungsarbeiten vorgestellt werden. Welche Methoden eingesetzt werden, ist den Studierenden dabei freigestellt. Wichtig ist, den Kommiliton/innen die eigenen Themen so gut wie möglich zu vermitteln und auf etwaige Verständnisfragen reagieren zu können, nicht zuletzt, weil die Präsentationsinhalte den Gegenstand einer abschließenden Klausur bilden.

4. Reflexion und Fazit

In Gesprächen mit den Studierenden nach Semesterende sowie nach Beendigung des Masterprogramms hat sich gezeigt, dass das hier porträtierte didaktische Design durchaus als herausfordernd, jedoch auch als wertvoll und sogar *charakterbildend* empfunden wurde. Die Überwindung der Kluft zwischen dem Lernen *über* Forschung und dem Lernen *durch* Forschung (Reinmann, 2015b) scheint zu gelingen: Die Studierenden erarbeiten zum großen Teil erfolgreich eigene Projekte und berichten, dass die dabei erworbenen Fähigkeiten sowohl für ihre weiteren Veranstaltungen als auch für die Masterthese einen großen Gewinn darstellen.

Einige Studierende jedoch gelingt der Schritt vom Lernen *über* Forschung zum Lernen *durch* Forschung im Rahmen des beschriebenen didaktischen Designs nicht. Unsere Erfahrungen deuten darauf hin, dass hierfür u.a. mangelnde Vorkenntnisse sowie Möglichkeiten zur Selbst- und Emotionsregulation verantwortlich sind, über die nicht alle Studierenden im gleichen Maße verfügen. Die Ambiguität des Selbststudiums und das damit verbundene

Scheitern im Kleinen auszuhalten (Reinmann, 2016), fällt vielen Studierenden schwer; jedoch scheint gerade dieser Prozess zentral dafür zu sein, sich auf inhaltlicher, methodischer und persönlicher Ebene weiterzuentwickeln.

Das Fallbeispiel soll als Muster eines integrierten didaktischen Designs dienen, das Lernen *über*, *für* und *durch* Forschung miteinander verbindet. Deutlich wird, dass das Konzept des Forschenden Lernens drei zentrale Herausforderungen bereithält:

- Die Studierenden müssen die Kluft zwischen *verstehendem Lesen* und *aktiven Forschen*, also zwischen Rezeption und Produktion (Reinmann, 2015a), überwinden. Der enge Bezug zu vorhandenen wissenschaftlichen Arbeiten, an die die eigene Fragestellung angelehnt werden kann, scheint hier hilfreich zu sein: Sie dienen als Ausgangspunkt und Anker für die eigene Forschung und helfen so dabei, Unsicherheiten zu reduzieren.
- Im Rahmen der explorativen Lernumgebung kommen die Studierenden nicht umhin, sich auch mit ihren Emotionen auseinanderzusetzen. Die Starre einer Lehrveranstaltung jedoch erschwert es heterogenen Teilnehmer/innen, sich im *eigenen* Tempo weiterzuentwickeln.
- Lehrende müssen ihre tradierte Rolle auf- und Verantwortung abgeben. Gleichzeitig gilt es, die Studierenden individuell und sensibel zu begleiten, damit sie möglichst vollzählig das Learning Outcome erreichen.

Literatur

Anderson, L. W. & Kratewohl, D. R. (2001). A taxonomy for learning, teaching, and assessing: A revision of Bloom's taxonomy of educational objectives. New York: Allyn and Bacon.

Biggs, J. & Tang, C. (2011). Teaching for Quality at University (4th ed.). Maidenhead/England: McGrawHill.

Huber, L. (1970). Forschendes Lernen. Bericht und Diskussion über ein hochschuldidaktisches Prinzip. Neue Sammlung, 3, 1970: 227-244.

Müller, C., Schäfer, M. & Thomann, G. (2016). Editorial: Problem-Based Learning – Kompetenzen fördern, Zukunft gestalten. Zeitschrift für Hochschulentwicklung, 11, 2016, 3: 9-16.

Reinmann, G. (2015a). Heterogenität und forschendes Lernen: Hochschuldidaktische Möglichkeiten und Grenzen. In B. Klages, M. Bonillo, S. Reinders & A. Bohmeyer (Hrsg.), Gestaltungsraum Hochschullehre. Potenziale nicht-traditionell Studierender nutzen. Opladen, Budrich, S. 121-137.

Reinmann, G. (2015b). Prüfungen und Forschendes Lernen. In Mieg, H. A. & Lehmann, J. (Hrsg.), Forschendes Lernen: Wie die Lehre in Universität und Fachhochschule erneuert werden kann. Campus Verlag, Frankfurt am Main, S. 115-128.

Reinmann, G. (2016). Gestaltung akademischer Lehre: semantische Klärungen und theoretische Impulse zwischen Problem- und Forschungsorientierung. Zeitschrift für Hochschulentwicklung, 11, 2016, 3: 225-244.

Margrit EBINGER, Stuttgart; Elisabeth HOLOCH, Stuttgart; Ulrike KIENLE, Stuttgart

Zielgruppengerechte Bedarfsanalyse von Konzepten zur Gesundheitsförderung bzw. Prävention – Forschendes Lernen im Integrationsseminar

1. Hintergrund

Neben Übergewicht und Adipositas sind Alkohol- und Tabakkonsum die drei Hauptrisikofaktoren für vorzeitige Mortalität in der Europäischen Region (vgl. WHO Gesundheitsreport 2015, NCD 2017). Da diese drei Risikofaktoren beeinflussbare Ursachen für lebensstilbedingte, chronische Erkrankungen sind, könnten hier effektive Präventionsmaßnahmen und Ansätze zur Gesundheitsförderung wirksam sein. Durch das 2015 in Kraft getretene Präventionsgesetz soll insbesondere die Prävention in Lebenswelten oder Settings (Kitas, Hochschulen, Betriebe, Krankenhäuser, etc.) gezielt gestärkt werden. Daher stand Prävention, als originäres Kernthema der Pflege (vgl. DBfK 2016), im Wintersemester 2016/17 im Fokus des Integrationsseminars im ausbildungsverzahnten Studiengang Angewandte Gesundheitswissenschaften für Pflege an der DHBW Stuttgart. Im dritten Studienjahr bietet sich curricular verankert die Möglichkeit eines Integrationsseminars mit dem Ziel, aktuelle gesundheitswissenschaftliche Fragestellungen im Rahmen eines lehrintegrierten Forschungsansatzes zu behandeln. Dieser Ansatz umfasst zum einen die Methodenschulung im Sinne des forschungsorientierten Lernens im Rahmen der Vorlesung, als auch die projektbezogene selbstständige Forschungsaktivität von Studierenden im Sinne eines forschungsbasierten Lernens (vgl. Healy, Jenkins 2009, S.7). Da es sich bei den Studierenden im dritten Jahr um bereits examinierte Pflegefachpersonen handelt, können Studierende aufbauend auf einer eigenständigen Bedarfserhebung effektive Maßnahmen zur Prävention und Gesundheitsförderung konzeptionell planen.

2. Methode

Die Studierenden arbeiteten in Projektgruppen mit max. fünf Personen und wählten für die Bedarfsanalyse in Eigenverantwortung eine Zielgruppe in einem spezifischen Setting aus. Ausgehend von einer umfassenden Literaturrecherche zur aktuellen gesundheitswissenschaftlichen Studienlage erhoben die Studierenden unter Verwendung der im Seminar erlernten Methodenkompetenzen den Bedarf an zielgruppenspezifischen Präventions- bzw. Gesundheitsförderungskonzepten im gewählten Setting mittels qualitativer

Interviews mit Experten, Betroffenen, Laien, etc. oder anhand von Gruppendiskussionen (Fokusgruppen). Die Methodenlehre erfolgte unter Einbeziehung des Zentrums für empirische Forschung an der DHBW Stuttgart. Die Studierenden wählten selbstständig den geeigneten Interviewtyp aus, entwickelten die Fragestellung und führten die Erhebung durch. Dabei wurden sie von zwei hauptamtlichen Professorinnen beratend begleitet. Aufbauend auf den gewonnenen empirischen Erkenntnissen entwickelten die Studierenden in der verzahnten Lehrveranstaltung Public Health zielgruppenspezifische Projektideen zur Gesundheitsförderung oder Prävention im gewählten Setting, entsprechend der Kriterien der Bundesvereinigung Prävention und Gesundheitsförderung e.V. (vgl. BVPG 2013). Eine weitere Aufgabe der Studierenden war die Erstellung eines zielgruppengerechten Promotionsvideos sowie weiteren Informationsmaterials.

3. Ergebnisse

Die insgesamt 14 Projektgruppen wählten Settings und Zielgruppen aus, die alle Lebensabschnitte umfassten, von der Beikosteinführung bei Säuglingen bis hin zum Medikamentenmanagement bei über 65-Jährigen.

Beispielhaft sollen hier die Ergebnisse der Studierendengruppe Dörr L. et al. dargestellt werden, die mit Hilfe von leitfadengestützten Interviews mit zwei Klinik-Expertinnen der pflegerischen Elternberatung die Fragestellung: „Welche Erfahrungen haben Eltern von Säuglingen mit der Informationsweitergabe bezüglich der Einführung der Beikost gemacht und welcher Unterstützungsbedarf besteht noch?“ untersucht haben. Die Auswertung der Interviews erfolgte mit einer Inhaltsanalyse nach Mayring (vgl. Mayring 2002). Die Ergebnisse zeigten eine insgesamt hohe Verunsicherung bei den Eltern aufgrund der Fülle an nicht einheitlichen und zum Teil veralteten Informationen. Darüberhinaus wurde eine zum Teil inadäquate Beratung durch vermeintliche Fachleute ohne wissenschaftlich fundierte Erkenntnisse ersichtlich. Die Studierendengruppe erstellte daraufhin ein Aufklärungsvideo für Eltern mit prägnanten, übersichtlich und wissenschaftlich fundierten Informationen zur Beikosteinführung für Eltern.

Alle Studierendengruppen reflektierten ihre methodische Vorgehensweise und Ergebnisse zunächst kritisch gegenüber den anderen Studierenden (student peer review) und präsentierten anschließend ihre Forschungsergebnisse und Projektkonzepte einer interessierten Fachöffentlichkeit. Diese Präsentation fand im Rahmen eines studentischen Symposiums unter internationaler Beteiligung von Public Health Expertinnen im Sommersemester 2017 statt.

4. Evaluation

Die Studierenden haben den gesamten Forschungsprozess und damit verbundene Bedingungen, wie z. B. die Beachtung von ethischen Implikationen, kennengelernt und selbstständig umgesetzt. Sie arbeiteten eigenverantwortlich in Gruppen und haben sich zu Expertinnen/Experten in den von ihnen gewählten Themenbereichen entwickelt (vgl. Abb. 1). Die wesentlichen Herausforderungen in der Durchführung lagen zum Ersten in der teilweise langen Suche nach teilnahmebereiten Interviewpartnerinnen und -partnern und somit hohem zeitlichen Aufwand für die Studierenden. Zum Zweiten zeigte sich, dass – versteht man qualitative Forschung nicht nur als einen methodischen Ansatz, sondern in ihrer wissenschaftstheoretischen Komplexität – die Zeit für die Auseinandersetzung mit den damit verbundenen Anforderungen zu knapp bemessen war (vgl. Mayer 2016, S.14). Zum Dritten wurden die modulübergreifenden Synergien durch die Verzahnung mit der Lehrveranstaltung Public Health von den Studierenden nicht wahrgenommen und teilweise als verwirrend eingeschätzt. Aufgrund des zusätzlichen Aufwandes zeigten die Studierenden wenig Interesse am Symposium sowie einer Publikation im geplanten Tagungsband. Andererseits hat die Lehrevaluation ergeben, dass die Studierenden die selbstständige Erarbeitung als sehr motivierend, wenn auch zeitintensiv empfanden.

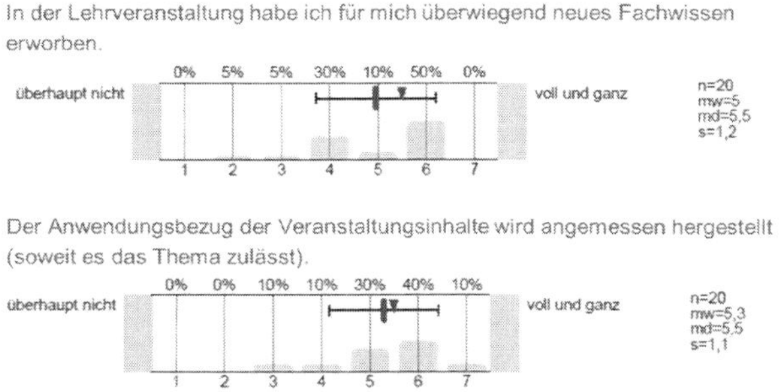

Abb. 1: Ausgewählte Lehrevaluationsergebnisse DHBW Stuttgart 2017

5. Schlussfolgerung und Ausblick

Die Studierenden wurden durch die verzahnten Lehrveranstaltungen sensibilisiert, im Rahmen ihrer zukünftigen Tätigkeit als Pflegekräfte im Gesundheitssektor, forschungsbasiert zielgruppenspezifische Möglichkeiten zur Gesundheitsförderung und Prävention einzubinden. Durch die im Integrationsseminar erworbenen Kompetenzen sind die Studierenden auch später in der Lage, gesundheitswissenschaftliche Fragestellungen strukturiert zu analysieren und Lösungsansätze bzw. Konzepte zu entwickeln. Im gewählten Setting konnten sie Kontakte knüpfen, welche die Fortsetzung der entwickelten Projekte über das Studium hinaus ermöglichen.

In der Reflexion des Gesamtprozesses konnten folgende „Lessons Learned“ identifiziert werden: die Modulverzahnung muss den Studierenden transparent dargestellt werden, z. B. durch eine Übersichtsgrafik. Erkenntnisse und Fragestellungen wissenschaftstheoretischer und methodischer Natur könnten genutzt und in nachfolgenden Lehrveranstaltungen aufgegriffen und weiter bearbeitet werden. Die individuelle Lehrveranstaltungsevaluation sollte entsprechend der Zielsetzung des Forschenden Lernens eine Selbsteinschätzung zum Kompetenzzuwachs beinhalten, um die Zielsetzung besser überprüfen zu können. Die Rückkopplung in der Beratung und Unterstützung von Studierenden kann optimiert werden, indem die Studierenden ermuntert und in die Verantwortung genommen werden, aktuelle Beratungsbedarfe im Prozess gezielt zu äußern und Angebote in Anspruch zu nehmen.

Literatur

DBFK: Das Präventionsgesetz Chancen und Herausforderungen für die Umsetzung – eine Handlungshilfe für Pflegende. Handreichung “Präventionsgesetz” Stand 01/2016.

Bundesvereinigung Prävention und Gesundheitsförderung e.V. (2013): Prinzipien guter Prävention und Gesundheitsförderung, verabschiedet am 09.04.2013.

Healey, M.; Jenkins, A. (2009): Developing Undergraduate Research and Inquiry. In: Higher Education Academy. York.

Mayer, H. (2016): Qualitative Forschung in der Konjunktur – (k)ein Anlass zur Freude? Eine Debatte über qualitative Forschung im Spannungsfeld zwischen Hochblüte und Trivialisierung und ihr Beitrag zur Evidenzbasierung der Pflege. In: Pflege & Gesellschaft 21. Jg., Heft 1, 5-19.

Mayring, Ph. (2002): Einführung in die qualitative Sozialforschung. Eine Anleitung zum qualitativen Denken. Weinheim und Basel: Beltz.

NCD Risk Factor Collaboration (NCD-RisC) (2017). Worldwide trends in body-mass index, under-weight, overweight, and obesity from 1975 to 2016. www.thelancet.com published online October 10, 2017 http://dx.doi.org/10.1016/S0140-6736 (17) 32129-3.

WHO (2015). The European Health Report 2015. Targets and beyond – Reaching new frontiers in evidence. Highlights, 2015.

Manuel FREIS, Saarbrücken

Die Erfahrung des Schreibens – Subjektivität im Praxissemester als produktive Ver(un)sicherung

Subjektivität von Studierenden im Praxissemester der Sozialen Arbeit als Chance zu begreifen und in einen hochschuldidaktisch strukturierten Lernprozess einzubeziehen, verlangt eine Ausrichtung der Praxisausbildung, die methodisch geleitet den Zugang zu Erfahrungen bahnt und methodologisch in der Lage ist, die dabei auftauchende Subjektivität im Kontext der wissenschaftlichen Auseinandersetzung einer Neurahmung zu unterziehen. Der vorliegende Beitrag möchte die Bildungspotentiale aufzeigen, welche die Erfahrung der Standortgebundenheit der eigenen Wahrnehmung im Prozess des Schreibens beinhaltet und greift dabei einerseits auf die methodologische Diskussion der „Subjekthaftigkeit der sozial-/wissenschaftlichen Erkenntnistätigkeit“ (vgl. Breuer 2003) zurück. Andererseits bezieht sich der Beitrag auf die Wissensbestände der Diskussion um die Krise der Repräsentation in der Ethnographie (vgl. Berg; Fuchs 1993).

Subjektivität im Prozess des Schreibens

Der *Erfahrung des Schreibens* kann im Zuge der Ausdifferenzierung der eigenen Wahrnehmungs- und Verbalisierungsmöglichkeiten eine besondere Bedeutung zugesprochen werden. In der erziehungswissenschaftlichen Ethnographie wird u.a. von Bettina Hünersdorf auf die Thematisierung des Selbst im Rahmen einer Fremdbeschreibung hingewiesen (vgl. Hünersdorf 2012: 46ff). Fremdes zu beschreiben, ohne dabei der Struktur der eigenen Wahrnehmungslogik zu folgen und diese offenzulegen, scheint unmöglich. Auf die Spitze getrieben wird dies im Ausspruch Heinz von Foersters: „Objektivität ist die Illusion, daß Beobachtungen ohne einen Beobachter gemacht werden könnten.“ (zit. n. Glasersfeld 1991: 17). Das Studieren am Lernort ‚Praxis‘ (vgl. Freis 2016) kann im Rahmen des Praxissemesters in der Sozialen Arbeit die eigene Subjektivität anhand von Beobachtungen der Studierenden in den Fokus der Aufmerksamkeit rücken, indem eigene Beobachtungen in Form ethnographischer Protokolle thematisiert werden. Die Verbalisierung und Explikation von Erfahrungen, bietet ihnen selbst sowie Dritten die Möglichkeit sich auf die Beschreibungen ihrer Erfahrungen zu beziehen. Dabei geraten unterschiedliche Erfahrungsmodi in den Blick der Aufmerksamkeit: (1) Das eigene Erleben der Tätigkeit als Sozialarbeiter_in und die damit verbundenen Gefühle, sowie das Erleben von Handlungs- und Entscheidungsdruck. (2) Die distanzierte Erkundung professioneller Perspektiven über z.B. Nachfragen, Reflexionsgespräche sowie die teilnehmende Beobachtung professionellen Handelns.

Die Verbalisierung dieser Erfahrungsmodi kann vier perspektivische Brüche verdeutlichen, denen Studierende in der Konfrontation mit der Praxis der Sozialen Arbeit begegnen: Dabei handelt es sich *erstens* um einen perspektivischen Bruch anhand der eigenen biographischen Erfahrungen, Vorstellungen und Einstellungen. Derartige Vor-Urteile treten in der Konfrontation mit dem kulturell Fremden – also z.B. anderen Lebenswelten und Lebensstilen – besonders deutlich zu Tage (vgl. Friebertshäuser 2008: 50ff). *Zweitens* handelt es sich um den perspektivischen Bruch, der im Zuge des vorhergehenden Studiums wissenschaftlich vorbereitet wird. Dies sind jene wissenschaftlich idealtypischen Vorstellungen und Abstraktionen, die sich in der Konfrontation mit den Einzelfällen der Praxis als sich *im* und *hinter* dem Einzelfall verbergende Fallstruktur abzeichnen. Diese werden dann zum Vor-Urteil zweiter Ordnung, welche im Kontakt mit der konkreten Praxis der Sozialen Arbeit idealtypische Gemeinsamkeiten erkennen lassen, aber auch Unterschiede bezeichenbar machen. *Drittens* findet eine Brechung in der Relationierung von wissenschaftlichem Wissen und handlungspraktischem Wissen in Form von Praktiken und der Befähigung für Praktiken statt. Studierende machen im Praxissemester die Erfahrung, dass für bestimmte Tätigkeiten und spezifische Kontexte eine Haltung und praktische Mitspielfähigkeiten von Nöten sind, die erst im Prozess des praktischen Tuns erlernt werden können und geübt werden müssen (vgl. Hirschauer 2016: 57). *Viertens* wird eine perspektivische Brechung anhand der Subjektivität der Klientel und Professionellen deutlich. Im Rahmen des Praxissemesters ergeben sich hieraus vielfache Möglichkeiten eigene Wahrnehmungs-, Denk- und Handlungsmuster anhand der eigenen Beobachtungsprotokolle zu erkennen. Für Helga Kelle stellen diese Protokolle „subjektive Verdichtungen des Beobachteten“ (Kelle 2001: 196) dar. Ihre Subjektivität haftet an ihnen. Ob man dies als Problem ansehen mag oder als Chance begreift, muss nach dem jeweiligen Kontext entschieden werden. Für den Bereich des Praxissemesters in der Sozialen Arbeit ist die subjektive Färbung der eigenen Beobachtung und deren Verbalisierung in Protokollen geradezu ein ‚Glücksfall‘, der es ermöglicht ebenjene subjektiven Wahrnehmungsschemata und -begriffe in den Blick zu nehmen, die die Kultur der Pädagogik (vgl. Friebertshäuser 2008: 51f.) begründen.

Wird hier den bislang vorherrschenden Formen der Thematisierung von Subjektivität in der wissenschaftlichen Beschäftigung gefolgt, wird ein ambivalentes Verhältnis deutlich: Die Offenlegung von subjektiven Anteilen wird zwar forschungsmethodologisch gefordert (Behse-Bartels; Brand 2009: 14), forschungspraktisch allerdings eher als Anschein von Objektivität kultiviert. Katja Mruck und Franz Breuer (2003) fragen sich: „Warum ist es so schwer, möglichst präzise und für andere nachvollziehbar ‚von uns selbst' – von unseren Vorannahmen und Wahlen, von unserem Erleben und Handeln im Forschungsprozess – zu sprechen?" (ebd.) Beide resümieren hierzu, dass es so schwierig sei, „weil die Forderung nach dem Ausschluss der Subjektivität der Forschenden einer der zentralen Imperative der wissenschaftlichen Neuzeit [...] ist, der sich durch Wissenschaftstheorien in die methodische Praxis der Einzeldisziplinen, in wissenschaftspolitische Steuerungs- und Sanktionsprozeduren und schließlich auch in unsere Köpfe, Herzen und Körper durchzusetzen vermocht [hat]." (ebd.)

Hochschuldidaktische Funktionalisierung der Krise der Repräsentation

Wenn die beschriebenen perspektivischen Brüche in den Fokus gerückt werden, wird die von Stefan Hirschauer beschriebene „Schweigsamkeit des Sozialen" (vgl. Hirschauer 2001) zur Möglichkeit, an der die Subjektivität der Studierenden kulminieren und sich Ausdruck verleihen kann. Verbalisierungswiderstände werden zu potentiellen Lernchancen im Prozess des forschenden Zugangs zur Praxis der Sozialen Arbeit. Die (Forscher-)Subjektivität, die besonders im Kontext der ethnographischen Forschung reflektiert wird, bietet einen Rahmen, in dem aus wissenschaftlicher Perspektive das ‚Subjektive' seinen Platz bekommt und thematisiert werden kann. Schreiben ohne subjektive Anteile wird dann zum Mythos (vgl. Charmaz; Mitchell 1996), subjektive Anteile werden zum Reflexionsinstrument professioneller Praxis (Völter 2013; Riemann 2008), sowie zum Mittel ein_e Professionelle_r zu werden (Bromberg 2014).

Die Erkenntnisse der Krise der Repräsentation lassen sich hochschuldidaktisch im forschenden Lernen als Reflexionsschablonen nutzen. Subjektive Erfahrungen sind dabei in einem strukturierten Prozess der hochschuldidaktischen Begleitung aufzugreifen und zu reflektieren. Eine Professionalisierung im Studium der Sozialen Arbeit kann die mit dem Prozess des Schreibens verbundenen Notwendigkeiten des (1) sich selbst in der Wahrnehmung Fokussierens, (2) des zeitlichen Reorganisierens der eigenen Wahrnehmungserfahrung, sowie (3) der Verarbeitung der Erinnerung (vgl. Hirschauer 2001: 441f.) aufgreifen und methodisch einsetzen. Die Thematisierung perspektivischer Brüche in den unterschiedlichen Reflexionsformaten der Hochschule, der Supervision und der Praxisanleitung werden dann zum Generator neuer Selbstbeschreibungen und zur Möglichkeit eigene Handlungsspielräume in der professionellen Praxis auszuloten. Die hochschuldidaktische Einbindung der Subjekthaftigkeit der (praktischen) Erkenntnistätigkeit in das Praxissemester, wird über den Prozess des forschenden Lernens als produktive Ver(un)sicherung erkennbar – als Arbeit am (professionellen) Selbst.

Literatur

Behse-Bartels, G., Brand, H. (2009). Subjektivität in der qualitativen Forschung - Der Forschungsprozess als Reflexionsgegenstand. In G. Behse-Bartels, H. Brand (Hrsg.), *Subjektivität in der qualitativen Forschung.* (S. 13-18). Opladen & Farmington Hills: Barbara Budrich.

Berg, E., Fuchs, M. (1993). Phänomenologie der Differenz. Reflexionsstufen ethnographischer Repräsentation. In: E. Berg, M. Fuchs (Hrsg.), *Kultur, soziale Praxis, Text. Die Krise der ethnographischen Repräsentation* (S. 11-108). Frankfurt a. M.: Suhrkamp.

Breuer, F. (2003). Subjekthaftigkeit der sozial-/wissenschaftlichen Erkenntnistätigkeit und ihre Reflexion: Epistemologische Fenster, methodische Umsetzungen. In: *FQS, Volume 4, No. 2, Art. 25.*

Bromberg, K. (2014). Becoming a Professional. Improving Social Action through Letter Writing in Social Work Education. In: *SW Czech and Slovak Social Work, Volume 14, No. 5, 19-34.*

Charmaz, K., Mitchell R. G. (1996). The Myth of Silent Authorship: Self, Substance, and Style in Ethnographic Writing. In: *Symbolic Interaction, Volume 19, No. 4, 285-302.*

Freis, M. (2016). Wissensbasierung und Intelligenz von Organisationen im Modus der Relationierung von Wissen. In: M. Göhlich et al. (Hrsg.), Organisation und Methode (S. 213-224). Wiesbaden: VS Verlag.

Friebertshäuser, B. (2008). Vom Nutzen der Ethnographie für das pädagogische Verstehen. Vorläufige Antworten und offene Fragen. In: B. Hünersdorf et al. (Hrsg.), Ethnographie und Erziehungswissenschaft (S. 49-64). Weinheim, München: Juventa.

Glasersfeld, Ernst von (1991). Abschied von der Objektivität. In: P. Watzlawik, P. Krieg, P. (Hrsg.), Das Auge des Betrachters (S. 17-30). München: Piper.

Hirschauer, S. (2001). Ethnografisches Schreiben und die Schweigsamkeit des Sozialen. Zu einer Methodologie der Beschreibung. In: *ZfS, Jg. 30, Heft 6, 429-451.*

Hirschauer, S. (2016). Verhalten, Handeln, Interagieren. In: H. Schäfer (Hg.), Praxistheorie. Ein soziologisches Forschungsprogramm (S. 45-70). Bielefeld: Transkript.

Hünersdorf, B. (2012). Erziehungswirklichkeit im Spannungsfeld von Systemtheorie und Ethnographie. In: B. Friebertshäuser et al. (Hrsg.), Feld und Theorie. (S. 41-57). Opladen, Berlin, Toronto: Barbara Budrich.

Kelle, H. (2001). Ethnographische Methodologie und Probleme der Triangulation. Am Beispiel der peer culture Forschung bei Kindern. In: ZSE, 21. Jg, Heft 2, 192-208.

Mruck, K., Breuer, F. (2003). Subjektivität und Selbstreflexivität im qualitativen Forschungsprozess – Die FQS-Schwerpunktausgaben. In: *FQS, Volume 4, No. 2, Art. 23.*

Riemann, G. (2009). Der Beitrag interaktionistischer Fallanalysen professionellen Handelns zur sozialwissenschaftlichen Fundierung und Selbstkritik der Sozialen Arbeit. In: R. Becker-Lenz (Hrsg.) Professionalität in der Sozialen Arbeit. (S. 287-305) Wiesbaden: VS-Verlag.

Völter, B. (2013). Professionelles Handeln wahrnehmen und reflektieren lernen. Ethnografische Praxisprotokolle als Link zwischen Studium und beruflicher Praxis. In: Sozial Extra 11/12, 26-29.

Michael FREY, Kehl

Forschendes Lernen in der Rechtswissenschaft

Durch Forschendes Lernen an Hochschulen können Student*innen frühzeitig an praxisrelevante Themen und wissenschaftliches Arbeiten herangeführt werden. Regelmäßig steigert dies die intrinsische Motivation der Student*innen. Dies gilt auch für die Rechtswissenschaft.

Wo beginnt Forschung in der Rechtswissenschaft?

Aufgrund des normativen Charakters der Rechtswissenschaft sind keine Innovationen im Sinne wirklich neuer Erkenntnissen zu erwarten, vielmehr genügt es i. S. d. Definition von Huber bereits, für Dritte interessante Erkenntnisse zu gewinnen.

Damit können in der Rechtswissenschaft bereits für Dritte, also die scientific community, interessante Erkenntnisse als Forschung bezeichnet werden. Konkret kann ein Erkenntnisgewinn – ausgehend von der systematischen Darstellung des bisherigen Wissensstands – in der Rechtswissenschaft insbesondere durch Abstraktion erreicht werden:

- Anwendung bekannter Rechtsprechung oder Literaturmeinungen auf neue Sachverhalte
- Anwendung neuer rechtlicher Meinungen auf bestehende Sachverhalte
- Anwendung neuer rechtlicher Meinungen auf neue Sachverhalte

Hinzu kommt – mit Blick auf die unterschiedlichen Ausrichtungen von Universitäten und Fachhochschulen eine weitere Abstraktionsdimension – nämlich die von der anwendungsbezogenen Forschung zur Grundlagenforschung.

Rahmenbedingungen für den erfolgreichen Einsatz des forschenden Lernens in der Rechtswissenschaft

Dabei kommt folgenden Aspekten in der Rechtswissenschaft eine zentrale Bedeutung zu:

Passende Lehr-/Lernveranstaltungen für Forschendes Lernen finden und entwickeln

Ungeeignet ist die Methode zur Vermittlung grundlegender, d.h. übergreifender inhaltlicher Kenntnisse und Kompetenzen (etwa Grundlagenvorlesungen). Ebenso wenig eignet sich die Methode für geblockte Veranstaltungen, die ohne Vorbereitungszeit in einer Semesterwoche geblockt durchgeführt werden. Nicht geeignet ist die Methode weiterhin für Lehr-/Lernveranstaltungen, in denen praktisch keine Selbstlernzeit vorgesehen ist oder die mit einer (Falllösungs-) Klausur abgeschlossen werden müssen.

Nur eingeschränkt eignet sich Forschendes Lernen für große Student*innengruppen (> 30 Student*innen).

Die Methode eignet hervorragend für Veranstaltungen, die mehr als ein Semester andauern, einen hohen Selbstlernanteil verfügen und nicht mit einer Klausur, sondern mit einer Hausarbeit oder einer Seminararbeit abgeschlossen werden.

Aus dem klassisch-universitären juristischen Lehrveranstaltungskanon eignen sich damit Veranstaltungen zur Methodenlehre, Seminare, Kolloquien oder Projektlehrveranstaltungen.

Auswahl der passenden Themen

Nur eingeschränkt geeignet ist die Methode in den Lehr-/Lernveranstaltungen, in denen es darauf ankommt, den bestehenden Wissensstand zusammenzufassen. Besser geeignet sind Lehr-/Lernveranstaltungen, in denen es um besonders neue/aktuelle rechtswissenschaftliche Fragestellungen geht, deren Detailfragen noch nicht abschließend geklärt sind oder die in Ihrer Anwendung forschungsrelevante Fragestellungen aufwerfen.

Ein hohes Maß an Anwendungsbezogenheit der Lehrveranstaltung führt zu einer höheren intrinsischen Motivation der Student*innen, einerseits weil der Bezug zur eigenen Lebenswirklichkeit leichter herzustellen ist. Außerdem ermöglicht die Anwendungsbezogenheit die Erschließung weiterer Wissenschaftszweige mit ihren Methoden (z.B. über empirische Auswertungen).

Beispielhafte Struktur und Ablauf einer zweisemestrigen Lehrveranstaltung

1. Startworkshop mit Themenwahl/Themenverteilung
2. Praxisbesuche „vor Ort“
3. Vorlesungsfreie Zeit: Einlesen und Recherche, Erstellung der Gliederung
4. Formaliaworkshop und Präsentation der Gliederung
5. Weitere Forschungstätigkeit in Zweierteams
6. Erstellung des Rohtexts bis Semesterende

7. Finalisierung und Formatierung in der anschließenden vorlesungsfreien Zeit
8. Von der Seminararbeit zum Artikel: Klausurwochenende zur Textfinalisierung, Ergebnispräsentation und Textveröffentlichung
9. Erweiterungsmöglichkeiten: Forschendes Lernen vom ersten bis zum letzten Semester

Eingesetzte Methoden

Im Rahmen dieses Aufbaus kommen zahlreiche (Mikro-)Methoden zum Einsatz:

Klassischer Vortrag, Lernen am Fall, Mindmaps zur Themenerschließung und Netzplantechnik, Gruppenarbeit in Zweiergruppen und in der Großgruppe, Web 2.0-Applikationen wie GoogleGroups zur Gruppensteuerung oder GoogleDocs zur Texterstellung.

Die Praktikerstammtische schaffen eine Veranstaltungsform, in der Probleme auf Augenhöhe diskutiert werden können.

Peer-Review-Verfahren können simuliert werden.

Innovationsgehalt des Konzepts

Innovativ ist die frühzeitige Umsetzung von forschendem Lernen in der Rechtswissenschaft unter breiter Einbeziehung von Forschung, Ausbildung und Praxis sowie die infolge der frühzeitigen Forschungsmöglichkeit gegebene Chance für die Studierenden, die gewonnenen Erkenntnisse im Rahmen des weiterführenden Studiums (Praktikumsphase, Wahl der Bachelorarbeitsthemen) vertiefen zu können; außerdem die Verbesserung des Wissenstransfers zwischen den beteiligten Akteuren

Literatur

Frey, Michael (2014): Forschendes Lernen im Bereich der rechtlichen Fragen der Erneuerbaren Energien, ZDRW 2014, 251.

Frey, Michael (2014): Forschendes Lernen im Bereich der Erneuerbaren Energien an der Hochschule Kehl, apf 2014, 294.

Wolfgang GEISE, Mönchengladbach

Forschendes Lernen im Format empirischer Forschung im Rahmen eines betriebswirtschaftlichen Masterstudiengangs – dargestellt am Beispiel eines Forschungsprojekts zum Markenmanagement

1. Einführung

Am Beispiel der Lehrveranstaltung „Ausgewählte Forschungsfragestellungen des Markenmanagements“ im Masterstudiengang Business Management an der Hochschule Niederrhein wird aufgezeigt, wie Lernen im Format empirischer Forschung konzipiert und auf der Unterrichtsebene realisiert werden kann. Hierzu wird die unterrichtliche Umsetzung forschenden Lernens exemplarisch am Projektthema „Empirische Analyse der Markenpersönlichkeit ausgewählter Lebensmittelmarken“ beschrieben.

Die Umsetzung des forschenden Lernens findet in dieser Lehrveranstaltung (einem 4-SWS-Modul) im 3. Semester des Masterstudiengangs als Wahlpflichtveranstaltung statt. Es wird hierbei ein empirisch ausgerichtetes Forschungsprojekt zu semesterweise wechselnden Fragestellungen aus dem Themengebiet „Markenmanagement“ von den Studierenden bearbeitet. Die Lehrveranstaltung ist als inhaltliche Vertiefung bzw. Ergänzung der vom Autor im 1. Mastersemester angebotenen Lehrveranstaltung „Grundlagen des Markenmanagements“ konzipiert.

2. Der Begriff des forschenden Lernens

Für den Begriff des forschenden Lernens lassen sich im wissenschaftlichen Diskurs unterschiedliche inhaltliche Auffassung bzw. Definitionen feststellen (vgl. Rueß et al. 2016, S. 24f., Huber 2014, S. 32f.). Je nach Inhalt der Lehre und des Aktivitätsniveaus der Studierenden kann dieses Lehr-/Lernkonzept z. B. verstanden werden als *forschungsbasierte Lehre* (d. h. in die Lehre fließt der aktuelle Stand der disziplinspezifischen Forschung ein), *forschungsorientierte Lehre* (d. h. Studierende werden auf eigenständiges Forschen vorbereitet, indem sie vor allem den disziplinspezifischen Forschungsprozess kennenlernen und relevante Forschungsmethoden einüben) oder als *forschendes Lernen im engeren Sinne* (vgl. Huber 2014, S. 34ff.). Bei letzterer Variante, die auch unserem Lehrveranstaltungskonzept zugrunde liegt, geht es „um ein Lernen durch Forschung bzw. Beteiligung an Forschung“ (Huber 2004, S. 32). Diese Auffassung von forschendem Lernen zeichnet sich dadurch aus, „dass die Lernenden den Prozess eines Forschungsvorhabens, das auf die Gewinnung von (…) Erkenntnissen gerichtet ist, in seinen wesentlichen Phasen (…) in selbstständiger Arbeit oder in aktiver Mitarbeit in einem übergreifenden Projekt (mit)gestalten, erfahren und reflektieren“ (Huber 2009, S. 11; vgl. hierzu auch Speck et al. 2012, S. 288).

Forschendes Lernen im Rahmen der o. g. Lehrveranstaltung meint somit, dass eine empirisch ausgerichtete, anwendungsorientierte Forschungsfragestellung aufgegriffen und von Studierenden in Form eines Forschungsprojekts weitgehend selbstständig bearbeitet wird. Die Studierenden erschließen sich dabei aktiv die einzelnen Phasen eines empirischen Forschungsprozesses und gelangen so zu themenspezifischen Erkenntnissen zur Lösung von Problemen der Markenmanagementpraxis.

3. Umsetzung des Forschungsprozesses

Die nachfolgende Abbildung zeigt die inhaltliche und zeitliche Struktur des quantitativen Forschungsprojekts. Die zeitliche Struktur ist dabei nicht als starr zu befolgen zu verstehen, sondern als flexibel umsetzbares Zeitraster. Nach der Auftaktveranstaltung durchlaufen die Studierenden vier aufeinander aufbauende Forschungsphasen in Form sog. Aufgabenblöcke. Diese das Projekt strukturierenden Elemente lassen sich wie folgt beschreiben:

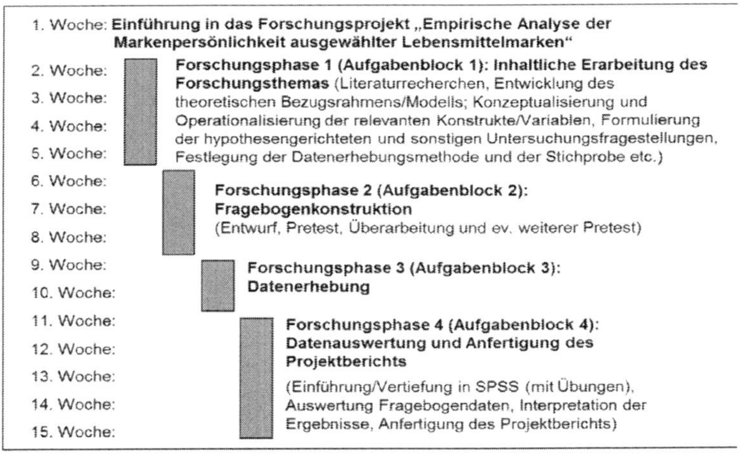

Abb.: Inhaltliche und zeitliche Struktur des Forschungsprojekts

- In der ersten Woche findet eine *Einführung in das Forschungsprojekt* statt. Das Forschungsthema wird dabei vom Lehrenden vorgegeben. Die Themenauswahl orientiert sich an den Prinzipien des Theorie-/Praxis- und des Konsumentenbezugs (Konsumentenbezug meint, dass Themen eine verhaltenswissenschaftliche Ausrichtung haben). Es ist allerdings auch möglich, dass die Studierenden ein Forschungsthema vorschlagen. In diesem Fall muss der Lehrende vor allem prüfen, ob ein solches Thema mit der inhaltlichen Ausrichtung der Lehrveranstaltung übereinstimmt und ob es sich in der zur Verfügung stehenden Zeit bearbeiten lässt (theoretische Modellierbarkeit, empirische Umsetzbarkeit, Literaturbeschaffung etc.) (bislang wurden stets die vorgegebenen Themen bearbeitet).

In der Auftaktveranstaltung wird u. a. auf die Rahmenbedingungen des Projekts eingegangen (kompetenzorientierte Lernziele, Projektmethode, Gruppenarbeit, inhaltliche und zeitliche Projektstruktur, Notenfestlegung etc.). Zu den Rahmenbedingungen zählt auch der Aspekt „Gruppenaufgaben". Diese werden entlang der einzelnen Forschungsphasen zur zielorientierten Steuerung des Projekts vom Lehrenden jeweils schriftlich vorgegeben; die Ergebnisse dieser Aufgaben sind gruppenweise im Plenum vorzustellen und zu diskutieren. Darüber hinaus wird eine erste inhaltliche Auseinandersetzung mit dem Forschungsthema vorgenommen (theoretische Verortung des Themas, seine Bedeutung für das Markenmanagement etc.). Zur weiteren selbstständigen Erarbeitung des Themas erhalten die Studierenden ein Skript mit Kopien ausgewählter Einstiegsliteratur.

- *Forschungsphase 1: Inhaltliche Erarbeitung des Forschungsthemas*

  Diese Phase ist vor allem durch die Recherche weiterer themenspezifischer Literatur gekennzeichnet. Am Ende dieser Phase sollen die einzelnen Gruppen literaturgestützt ein theoretisches Modell (= theoretischer Bezugsrahmen) rund um das zentrale Konstrukt „Markenpersönlichkeit" entwickelt haben. Ein solches Modell zeigt dabei insbesondere die Beziehungen des Markenpersönlichkeitskonstrukts zu anderen (abhängigen) Konstrukten auf (z. B. Markenloyalität, Markenzufriedenheit etc.). Die Entwicklung des Modells beinhaltet auch die Konzeptualisierung und Operationalisierung der relevanten Modellgrößen. In diesem Zusammenhang sind auch die Anforderungen an die Messung der Modellgrößen zu erarbeiten (insbesondere Reliabilität und Validität). Schließlich dient das Modell zur Herleitung von Forschungshypothesen und sonstigen Untersuchungsfragestellungen.

- *Forschungsphase 2: Fragebogenkonstruktion*

  In dieser Phase gilt es – ausgehend von den Hypothesen und sonstigen Untersuchungsfragestellungen –, das Datenerhebungsinstrument schrittweise zu entwickeln. Im hier skizzierten Markenpersönlichkeitsprojekt wurde ein standardisierter Fragebogen je Gruppe erarbeitet. Ein Pretest war Teil der Fragebogenentwicklung. Im Mittelpunkt des Entwicklungsprozesses stand dabei die Konstruktion eines Markenpersönlichkeits-Messinstruments in Form einer Multi-Item-Skala.

- *Forschungsphase 3: Datenerhebung*

  Je nach Forschungsthema findet die Datenerhebung im Feld (durch persönliche Befragung) oder online statt. Die Entscheidung hierüber wird begründet von den Studierenden getroffen, insbesondere vor dem Hintergrund der festgelegten Stichprobe. Im diesem Forschungsprojekt haben sich die Teilnehmer für eine persönliche Befragung entschieden. Damit findet Lernen im Lernortverbund statt, d. h. Lernen findet einerseits in der Hochschule (Seminarraum und PC-Raum) und außerhalb statt (Studierende agieren bei den Vor-Ort-Befragungen als Interviewer/innen).

- *Forschungsphase 4: Datenauswertung und Anfertigung des Projektberichts*

  Für die Auswertung der Fragebogendaten wird die Statistiksoftware SPSS eingesetzt. Je nach Kenntnisstand wird vom Lehrenden zu Beginn dieser Projektphase ein Einführungs- bzw. Auffrischungskurs in SPSS angeboten. Hierbei werden vor allem die für die Datenauswertung notwendigen Funktionen eingeübt (als Basis dient ein vom Lehrenden bereitgestelltes Skript mit Anwendungsbeispielen).

  Die Gliederung des Projektberichts wird ebenfalls in dieser Projektphase gruppenweise erarbeitet. Der Termin für die Abgabe der Projektberichte wird nach Absprache mit dem Lehrenden festgelegt.

Literatur

Huber, L. (2014). Forschungsbasiertes, Forschungsorientiertes, Forschendes Lernen: Alles dasselbe?. *Das Hochschulwesen, 62 (1+2),* 32-39.

Huber, L. (2009). Warum Forschendes Lernen nötig und möglich ist. In L. Huber, J. Hellmer, F. Schneider (Hrsg.), *Forschendes Lernen im Studium. Aktuelle Konzepte und Erfahrungen* (S. 9-35). Bielefeld: UniversitätsVerlagWebler.

Huber, L. (2004). Forschendes Lernen. 10 Thesen zum Verständnis von Forschung und Lehre aus der Perspektive des Studiums. *Die Hochschule, 13 (2),* S. 29-49.

Rueß, J., Gess, C., Deicke, W. (2016). Forschendes Lernen und forschungsbezogene Lehre – empirisch gestützte Systematisierung des Forschungsbezugs hochschulischer Lehre. *Zeitschrift für Hochschulentwicklung. 11 (2),* 23-44.

Speck, K. et al. (2012). Praxisbezüge im Studium durch „Forschendes Lernen" - Befunde aus der erziehungswissenschaftlichen Methodenausbildung an der Universität Oldenburg. In W. Schubarth et al. (Hrsg.), *Studium nach Bologna: Praxisbezüge stärken!?* (S. 287-298). Wiesbaden: Springer.

Ursula GIEßMANN, Köln

Digitales Publizieren und Forschendes Lernen in den Geschichtswissenschaften

Nach Huber ist „Forschendes Lernen [...] auf die Gewinnung von auch für Dritte interessanten Erkenntnissen gerichtet" (Huber 2009, S.11). Insofern sind Präsentation und Darstellung der Forschungsergebnisse zentraler Bestandteil des Konzeptes, da es entscheidend ist, die von Huber genannten „Dritten" auch zu erreichen. Digitale Publikationen stellen eine Möglichkeit dar, Ergebnisse und Thesen zeitnah, kostengünstig und frei zugänglich zu veröffentlichen, und auf diese Weise einen wichtigen Aspekt der wissenschaftlichen Arbeit umzusetzen. Am Beispiel einer im Fach Mittelalterliche Geschichte an der Universität zu Köln durchgeführten Lehrveranstaltung stellt dieser Beitrag vor, welche Chancen digitales Publizieren für das Konzept des Forschenden Lernens bereithält. In dem betreffenden Seminar wurde das Ziel verfolgt, Studierende an einem konkreten Projekt historisch forschen zu lassen und ihre Forschungsergebnisse in einem Audio-Podcasts einem größeren Publikum vorzustellen. Die Intention der Lehrperson war es dabei, die Motivation der Studierenden durch eigene und selbstgewählte Forschungsprojekte zu erhöhen und zugleich als Lehrende den Mehrwert einer Verankerung digitaler Inhalte in einer Lehrveranstaltung auszuloten. Im Folgenden werden das Projekt selbst sowie Chancen und Schwierigkeiten bei der Umsetzung thematisiert. Zuletzt werden einige Besonderheiten des digitalen Publizierens benannt und Hinweise für Lehr-Lernprojekte gegeben, die in einer ähnlichen Weise arbeiten möchten.

In dem Lehr-Lern-Projekt wurden digitale Audio-Publikationen über die Geschichte Kölns im späten Mittelalter erarbeitet. Konkret ging es um eine Spurensuche der Zeit Kaiser Maximilians (um 1500) im Köln der Gegenwart. Die Studierenden waren aufgefordert, im heutigen Köln Zeugnisse aufzufinden und einzuordnen, die über die Zeit des Übergangs vom Mittelalter zur Früher Neuzeit Auskunft geben. Anschließend war es die Aufgabe der Studierenden, auf Basis ihrer in Gruppenarbeit entstandenen Forschungen Audio-Podcasts anzufertigen und diese auf der Plattform der Gerda Henkel Stiftung (L.I.S.A.) zu publizieren. L.I.S.A. stellt eine Wissenschaftsplattform dar, die sich ebenso wie die Stiftung mit den historischen Geisteswissenschaften beschäftigt. Die Redaktion der Plattform sichert den Zugang zu den Beiträgen, so dass diese weiterhin hörbar sind.

Die inhaltliche Arbeit wurde von den Studierenden selbst geleistet. Nach einer kurzen Einführung in das Thema sowie die Methode, Geschichte vor Ort, ermittelten die Studierenden vier spezifische Räume und Gebäude, die noch

N. Neuber, W. Paravicini, M. Stein (Hrsg.): Forschendes Lernen – The wider view.
Tagungsband. Münster: WTM-Verlag 2018.

heute auf die Zeit um 1500 in Köln zurückweisen. Nach freier Aufteilung wurde in vier Gruppen zu folgenden Orten in der Kölner Innenstadt geforscht: Altermarkt, Gürzenich, St. Maria im Kapitol und Severinstor. Die hier vorgenommenen historischen Forschungen umfassten die Ermittlung und Erschließung von Forschungsliteratur und Quellen, Hypothesenbildung sowie Entwicklung und Formulierung der Argumentationen. Anschließend unternahmen alle Teilnehmer eine gemeinsame Exkursion zu den jeweiligen Gebäuden und Plätzen in der Kölner Innenstadt. Die einzelnen Gruppen stellten die Gebäude und Plätze unter Berücksichtigung ihrer spezifischen Fragestellung vor. Auf diese Weise konnte die gesamte Gruppe die jeweiligen Forschungshypothesen direkt vor Ort diskutieren. Anschließend verfassten die vier Gruppen die Skripte ihrer Podcasts, die für ein breiteres Publikum zugänglich sein sollten. Die Adressatenfrage beschäftigte dabei die Studierenden teilweise mehr als andere Aspekte. Die jeweiligen Skripte wurde in einem Peer-Verfahren Korrektur gelesen und korrigiert. Die überarbeiteten Fassungen wurden dann von der Lehrperson nochmals gelesen und im Sinne einer Qualitätssicherung mit Korrekturvorschlägen versehen.

Die Audiodateien wurden anschließend von den Studierenden mit ihren jeweiligen Smartphones – im Sinne von BYOD (Bring your own Device) – aufgenommen und geschnitten. Dabei stellte sich heraus, dass einer der Studierenden ein eigenes Tonstudio unterhielt, so dass dieser Beitrag professionell produziert wurde. Anschließend bereitete die Lehrperson die Präsentation auf der Plattform vor und übernahm die Kommunikation mit der Redaktion. Die Freischaltung erfolgte in der vorlesungsfreien Zeit (März 2015) und seither wurde die Seite über 2.000 Mal aufgerufen.

Nach eigener Aussage engagierten sich die Studierenden für ihr jeweiliges Forschungsprojekt mehr als für Studienleistungen in anderen Lehrveranstaltungen. Neben der Arbeit an den jeweiligen Quellen und der Forschungsliteratur kamen Exkursionen, Skripterstellung und Aufnahme des Podcast hinzu. Leider war es aufgrund rigider Vorgaben der Studien- und Prüfungsordnung nicht möglich, den erhöhten Aufwand der Studierenden mit mehr ECTS-Punkten anzuerkennen, was bei allen Beteiligten zu Frustrationen führte. Davon abgesehen profitierten die Studierenden aber in vielfältiger Weise von der Lehrveranstaltung: Über das Semester hinweg entwickelte sich bei einem Großteil der Studierenden eine hohe Identifikation mit ihrem Projekt. Vor allem das Einsprechen ihrer Texte sorgte für eine völlig andere Sicht auf ihre Forschungsleistung als es eine rein schriftliche Präsentation getan hätte. Der Einsatz der eigenen Stimme und des eigenen mobilen Endgeräts bzw. Tonstudios trug zu dieser hohen Identifikation bei. Studieninhalte traten so – über die thematische Auseinandersetzung mit der eigenen

Stadt und ihrer Vergangenheit hinaus – mit der individuellen Lebenswelt in Kontakt. Da die meisten Studierenden der Geschichtswissenschaften in einem späteren beruflichen Kontext mit ihrer eigenen Stimme arbeiten werden, sei es als Lehrer und Lehrerin, im journalistischen Bereich, im Tourismus, in der Öffentlichkeitsarbeit, in der Wissenschaft etc., ist es wichtig, sich mit der eigenen Stimme auseinander zu setzen und die eigenen Fähigkeiten in diesem Bereich kennenzulernen. Eine Reflexion zu dieser Frage im Nachgang des Einsprechens ergab, dass sich die wenigsten Teilnehmer*innen bislang mit diesem Aspekt ihrer professionellen Identität beschäftigt hatten. Darüber hinaus teilten zwei Studentinnen bei der Abschlussevaluation mit, dass sie nie gedacht hätten, zu solch „technischen Dingen" in der Lage zu sein – ein gelungenes digitales Empowerment. Nicht zuletzt haben die von der ersten Recherche bis zur fertigen Audio-Datei selbständig durchgeführten Forschungsprojekte aufgrund der digitalen Publikation eine hohe öffentliche Wahrnehmung erreicht.

Abschließend stellt sich die Frage, ob das Konzept „Forschendes Lernen" in dem hier vorgestellten Seminar angewendet wurde bzw. welche Modifikationen nötig erschienen, um das idealtypische Konzept in einer Disziplin wie den Geschichtswissenschaften praxistauglich zu machen, die sich traditionell einer forschungsnahen Lehre verschrieben hat. Für eine Umsetzung spricht, dass die Studierenden für die Anfertigung der Audio-Podcasts zur Kölner Stadtgeschichte nach einer inhaltlichen und methodischen Einführung den gesamten Forschungszyklus selbständig durchlaufen haben. Der Schreibprozess sowie die Podcastproduktion fanden ebenfalls selbständig statt. Darüber hinaus zeigen über 2.000 Aufrufe eindrucksvoll, dass ein Interesse von dritter Seite bestand. Gegen eine Umsetzung des Konzeptes sprechen, dass die Form der Präsentation sowie der inhaltliche Rahmen vorgegeben waren. Zudem forderten die Studierenden bei der Materialsuche und der Themenfindung eine recht enge Begleitung durch die Dozentin explizit ein. Auch eine Korrektur des Skriptes im Sinne einer Qualitätssicherung wurde verlangt. Insgesamt wurde damit das Konzept des Forschenden Lernens in dieser Lehrveranstaltung nicht in reiner Form realisiert, vermutlich beschreibt „forschungsorientierte Projektarbeit" den Charakter der Lehrveranstaltung präziser. Gleichwohl wurde durch die digitale Publikation die zu Beginn bereits angesprochene Relevanz für Dritte, die nach Huber ein Forschungsergebnis besitzen muss, eindrucksvoll nachgewiesen.

In den Geschichtswissenschaften gelingt digitales Publizieren vor allem durch Kooperationen. Die Kooperationspartner, wie etwa die Plattformen, auf denen die digitalen Inhalte präsentiert werden und für eine nachhaltige

Pflege der Webseite sorgen, erleichtern die Umsetzung solcher Projekte erheblich. Die Erzeugung eigener digitaler Tools kostet Lehrende in den Fachwissenschaften viel Zeit und auch die gemeinsame Entwicklung neuer digitaler Tools bzw. Plattformen mit den uniinternen Kollegen aus der Informatik bzw. den Rechenzentren und E-Learning-Zentren beansprucht alle Seiten sehr stark. Eine Auseinandersetzung mit der eigenen digitalen Fachkultur bei der Suche von Kooperationspartnern hingegen kann auch für den Dozenten/die Dozentin zu neuen Kenntnissen und Sichtweisen führen. Die Nutzung bereits vorhandener digitaler Tools ist zudem niederschwellig und ermöglicht es auch in der Lehre, Publikationen mit Studierenden vorzubereiten bzw. umzusetzen. Zudem lernen Studierende in den Kooperationspartnern potentielle künftige Arbeitsbereiche von Historiker*innen kennen. Mit der Einbindung externer Partner erhöht sich überdies die Reichweite der Publikationen (vgl. Bruch/Gießmann 2017, S. 47–49).

Es ist mitunter schwierig, innerhalb recht rigide formulierter Modulbeschreibungen sowie Studien- und Prüfungsordnungen Lehrformate wie Forschendes Lernen und Projektarbeit zu integrieren. Insbesondere besteht die Schwierigkeit, den erhöhten Aufwand solcher Lehrveranstaltungen mit den zu erwerbenden ECTS-Punkten und im Lehrdeputat abzubilden. Es ist daher zentral, Aspekte wie Prüfbarkeit und Bewertung im Sinne des Constructive Alignment von Beginn an mitzudenken. Dies könnte bedeuten, mit den zuständigen Stellen die Spielräume auszuloten, innerhalb derer man sich bewegt. Damit Studierende nicht am Ende frustriert aus einem Seminar gehen, für das sie viel gearbeitet und in dem sie viel gelernt haben, weil die Passung von Lehr- und Prüfinhalten nicht gegeben war. Bei Entwicklung künftiger Curricula ist es daher wünschenswert, durch offene Formulierungen möglichst flexible Rahmen zu gewähren, innerhalb derer Studierende und Lehrende sich bewegen.

Literatur

Huber, L. (2009). Warum Forschendes Lernen nötig und möglich ist. In L. Huber et al. (Hrsg.), Forschendes Lernen im Studium. Aktuelle Konzepte und Erfahrungen (S. 9–35). Bielefeld: Webler.

Bruch, J., Gießmann, U. (2017). Digitale Lehre in der Geschichtswissenschaft. Schwalbach/Ts.: Wochenschau.

Patrick GOLLUB, Münster; Marcel VEBER, Münster; David PAULUS, Münster; Markus MAREK, Münster

Forschendes Lernen in und mit Blended Learning. Individualität im Spannungsverhältnis von Lehren und Lernen in der Lehrer*innenbildung

Einleitung

Mit Zunahme der Studierendenzahlen in Lehramtsstudiengängen werden neue Anforderungen im wechselseitigen individuellen Lehren und Lernen deutlich. Ein Beispiel dafür ist das Praxissemester als verpflichtende Praxisphase. Der folgende Beitrag skizziert ein Blended-Learning-Konzept, das eine intensive Begleitung der Studierenden hinsichtlich ihres Forschungsprozesses und der Reflexion ihrer Praxiserfahrungen unter Nutzung von LMS (Moodle) ermöglicht (u.a. Erpenbeck et al. 2015). Es werden Potenziale von Forschendem Lernen im Rahmen von Blended-Learning-Szenarien expliziert, die den Mehrwert für den Professionalisierungsprozess der Studierenden aufzeigen.

Das Praxissemester am Hochschulstandort Münster

Das Praxissemester als fünfmonatiger schulpraktischer Aufenthalt im Masterstudium wurde in Nordrhein-Westfalen (NRW) mit dem Lehrerausbildungsgesetz von 2009 implementiert. Seit dem Wintersemester 2014/15 absolvieren Lehramtsstudierende am Hochschulstandort Münster diese Praxisphase, um „[…] Theorie und Praxis professionsorientiert miteinander zu verbinden […]“ (MSW NRW 2010, S. 4). Ziel ist es, „[…] die Studierenden auf die Praxisanforderungen der Schule und des Vorbereitungsdienstes wissenschafts- und berufsfeldbezogen vorzubereiten“ (ebd.).

Unter der Prämisse des Forschenden Lernens sollen die Studierenden „[…] grundlegende Elemente schulischen Lehrens und Lernens auf der Basis von Fachwissenschaft, Fachdidaktik und Bildungswissenschaften […] planen, durchführen und […] reflektieren“(MSW NRW 2016, §8 Abs. 1, Nr. 1). Umsetzung findet dies in der Durchführung von drei Studienprojekten, die universitär von den Bildungswisssenschaften und den zwei Unterrichtsfächern begleitet werden sowie in vier Unterrichtsvorhaben, bei denen die Studierenden von den Mentor*innen in der Schule und den Fachleiter*innen der Zentren für schulpraktische Lehrerausbildung betreut werden.

Bevor wir auf die didaktischen Ziele und Potenziale zu sprechen kommen, sei auf weitere „Bedingungen der Möglichkeiten“ (Gruschka 2009, S. 36) im Praxissemester hingewiesen. Wie es Terhart (2011) für die Schule formuliert hat, steht auch die Universität im Spannungsfeld von Lehranstalt und Lernwerkstatt. Einer heterogenen Studierendenschaft im Kontext einer Massenuniversität individuelle Lernprozesse zu ermöglichen und adaptive Bildungsangebote bereitzustellen, ist hierbei zentral. Eigenaktives Lernen und die Ermöglichung, eigene Erfahrungen zu sammeln, sind zentral für eine gelingende Lehrerbildung. Daher folgen unsere Veranstaltungen dem Prinzip des Pädagogischen Doppeldeckers, um Anforderungen, Chancen und Erlebnisräume zwischen Schule und Universität zu parallelisieren (vgl. Fischer, Rott & Veber 2015). Blended Learning, also die gezielte Kombination von Präsenzveranstaltungen und E-Learning, dient hierbei als methodische Klammer, um der Vielfalt der studentischen Forschungsvorhaben hinsichtlich Fragestellung, Methodik und Zielsetzung gerecht zu werden.

Die didaktischen Zielsetzungen des Forschenden Lernens sollen an dieser Stelle in aller Kürze mit den Fokussierungen, die wir in unseren Begleitveranstaltungen anstreben, dargestellt werden. Priorität hat u.a. die Ausbildung der Potenzial- und Ressourcenorientierung: „Abgezielt wird darauf, die Studierenden in den Veranstaltungen für verschiedene Facetten des Themenfelds Individuelle Förderung und Inklusive Bildung aus Sicht einer umfassenden Begabungsförderung zu sensibilisieren und sie mit Blick auf ihre individuellen Praxiserfahrungen durch theoriegeleitete Reflexionsprozesse im Professionalisierungsprozess zu unterstützen“ (Bertels, Rott & Veber 2017, S. 53). Hierbei geht es explizit um die Bearbeitung der „Theorie-Praxis-Kluft“ (Leonhard et al. 2016). Schließlich sollen die Studierenden im Rahmen der ersten Lehrer*innenbildungsphase wissenschaftliches und berufspraktisches Wissen erwerben. Indem die angehenden Lehrer*innen lernen, theoretisches Wissen systematisch und situationsadäquat als Referenz aufzusuchen sowie als Legitimation für das praktische Handeln heranzuziehen, werden ihre Qualifikation und Professionalisierung gefördert. Die Potenziale des Forschenden Lernens liegen im methodisch angeleiteten Verstehen schulischer Phänomene. Ohne einem Handlungsdruck ausgesetzt zu sein, vertiefen die Studierenden idealerweise ihr Verständnis für die unterrichtlichen Bedingungen und Hintergründe. Die Überprüfung der schul- und unterrichtsbezogenen Einstellungen und Überzeugungen spielen in Bezug auf das eben Gesagte eine herausragende Rolle.

Da wöchentliche Präsenzveranstaltungen im Münsteraner Praxissemester nicht vorgesehen sind, sekundiert Learnweb als Diskussions- und Austauschplattform, um „learning communities“ entstehen zu lassen. Auf formaler Ebene werden den Studierenden virtuell Materialien und Literatur zur Verfügung gestellt, die die Präsenzveranstaltungen dokumentieren und den Forschungsprozess unterstützen. Die Studierenden wählen angepasst an die

Erfordernisse ihrer Studienprojekte thematische und methodische Workshops, die lehrseits einen Input darstellen. Darüber hinaus absolvieren die Studierenden auf Learnweb Aufgaben, die Selbstreflexionsprozesse hinsichtlich schulpraktischer Erfahrungen anregen und begünstigen.

Kernstück der virtuellen Lernumgebung ist die Strukturierung eines systematischen Forschungsprozesses. Learnweb präsentiert den Studierenden verschiedene Teilaufgaben, die zum Studienprojekt hinführen und virtuell eingereicht werden. Es handelt sich hierbei um einen sukzessiv organisierten Prozess, bei der die nächste Aufgabe erst in Angriff genommen werden kann, wenn die vorherige vom Dozierenden als begutachtet worden ist. Die Vorteile liegen darin, dass die Hochschullehrenden kontinuierlich den Status Quo der Forschungsvorhaben einsehen können, während die Studierenden eine individuelle Rückmeldung über ihre Studienprojekte erhalten. Die Implementierung eines unterstützenden, strukturierenden Forschungsprozesses sehen wir vor dem Hintergrund mangelnder Forschungserfahrungen vieler Studierender als notwendig an. Gleichzeitig wird durch diese Vorgehensweise die Entwicklung notwendiger Forschungs- und Evaluationskompetenzen auf Seiten der angehenden Lehrer*innen gefördert.

Grenzen

Gleichwohl ist einzuräumen, dass den vielseitigen Chancen und Potenzialen auch Grenzen und Herausforderungen gegenüberstehen. Unserer Erfahrung nach bestehen erhebliche – wenn auch graduelle – Unterschiede in der qualitativen und quantitativen Nutzung des Unterstützungsangebots, was weiter beforscht werden sollte. Ohne voreilige kausale Schlussfolgerungen ziehen zu wollen, könnten die Diskrepanzen in der Konkurrenz von Forschen und Unterrichten begründet liegen. Es gibt einige Studierende, die die Forschungstätigkeit im Rahmen des Praxissemesters implizit und explizit ablehnen, bei gleichzeitiger Priorisierung der „traditionellen" Lehrer*innenaufgaben. Als Ursache ist auch die selten anzutreffende Verknüpfung der Studienprojekte mit den Unterrichtsvorhaben denkbar, wodurch die Relevanz der Studienprojekte für den künftigen Lehrberuf infrage gestellt wird. Klewin und Koch (2017) gehen gar generell von einem Mangel an „forschenden Lehrkräften" aus. Zudem sollte die Differenz von studentischem und wissenschaftlichem Forschen nicht verdrängt werden.

Unter diesen Bedingungen sehen wir in der Stärkung der (individuellen) Bedeutungskonstruktion und des Professionalisierungsprozesses eine Anforderung im Praxissemester (vgl. Combe & Gebhard 2012), damit die Studierenden die Bedeutung der Auseinandersetzung mit Theorien für die Gestaltung und Begründung professionellen Handelns erkennen. Nichtsdestotrotz kann

Learnweb, als virtuelle Lernumgebung, die notwendige „face-to-face"-Kommunikation in der Lehrerbildung nicht ersetzen. E-Learning stellt eine Ergänzung, kein Substitut des universitären Lehrangebotes dar, sollen sich die Potenziale der praktischen Erfahrungen im Praxissemester und des Forschenden Lernens entfalten können.

Literatur

Bertels, D., Rott, D. & Veber, M. (2017). Individuelle Förderung im Praxissemester. Claudia-Luca-Preis für innovative Lehre in der Lehrer/innenbildung. *news and science, 43* (1), 53-55.

Combe, A., Gebhard, U. (2012). Verstehen im Unterricht. Zur Rolle von Phantasie und Erfahrung. Wiesbaden: Springer.

Erpenbeck, S., Sauter, S. & Sauter, W. (2015). *E-Learning Blended Learning. Selbstgesteuerte Lernprozesse zum Wissensaufbau und zur Qualifizierung*. Wiesbaden: Springer.

Fischer, C., Rott, D. & Veber, M. (2015). Kompetenzorientierte Lehrerbildung durch Schülerförderung. In C. Fischer, M. Veber, C. Fischer-Ontrup & R. Buschmann (Hrsg.), *Umgang mit Vielfalt: Aufgabe und Herausforderung für die LehrerInnenbildung* (S. 77-100). Münster u.a.: Waxmann.

Gruschka, A. (2009). Erkenntnis in und durch Unterricht. Wetzlar: Büchse der Pandora.

Klewin, G., Koch B. (2017). Forschendes Lernen ohne forschende Lehrkräfte. *Die Deutsche Schule 109 (1)*, 58-69.

Leonhard, T., Fraefel, U., Jünger, S., Kosinar, J., Reintjes, C. & Richiger, B. (2016). Zwischen Wissenschafts- und Berufspraxis. Berufspraktische Studien als dritter Raum der Professionalisierung von Lehrpersonen. *Zeitschrift für Hochschulentwicklung, 11* (1), 79–98.

MSW NRW 2010 (Ministerium für Schule und Weiterbildung des Landes Nordrhein-Westfalen): *Rahmenkonzeption zur strukturellen und inhaltlichen Ausgestaltung des Praxissemesters im lehramtsbezogenen Masterstudiengang.*

MSW NRW 2016 (Ministerium für Schule und Weiterbildung des Landes Nordrhein-Westfalen): *Verordnung über den Zugang zum nordrhein-westfälischen Vorbereitungsdienst für Lehrämter an Schulen und Voraussetzungen bundesweiter Mobilität (Lehramtszugangsverordnung – LZV).*

Terhart, E. (2011). Lehranstalt und Lernwerkstatt zugleich? Anforderungen an das Bildungsprofil von Schule heute. In M. Krüger & N. Neuber (Hrsg.), *Bildung im Sport. Beiträge zu einer zeitgemäßen Bildungsdebatte* (S. 53–67). Wiesbaden: VS Verlag.

Gilbert GREEFRATH, Münster; Raphael WESS, Münster

MiRA⁺: Ein mathematikdidaktisches Lehr-Labor - Forschungsnahes Lehren und Lernen im Rahmen der QLB -

Im Rahmen der gemeinsamen „Qualitätsoffensive Lehrerbildung" von Bund und Ländern werden an der Westfälischen Wilhelms-Universität Münster Lerngelegenheiten und Strukturen in der Lehrerausbildung geschaffen, die angehende Lehrkräfte durch reflektierte Praxis auf einen produktiven Umgang mit heterogenen Lerngruppen vorbereiten.

Mathematisches Modellieren

Begrifflich erfasst das mathematische Modellieren einen bestimmten Aspekt der angewandten Mathematik und legt den Fokus auf den „Prozess des Lösens von Problemen aus der Realität" (Greefrath et al., 2013).

Sowohl in den Kernlehrplänen als auch in den Bildungsstandards wird Modellieren als eine der zentralen prozessbezogenen Kompetenzen aufgeführt. In einem vierdimensionalen Kompetenzmodell fassen Borromeo Ferri und Blum (2009) einige spezifische Fähigkeiten und Fertigkeiten zusammen, die angehende Lehrer*innen zum Unterrichten mathematischen Modellierens erwerben sollen. Demnach benötigen Lehrkräfte die Befähigung zur Planung und Durchführung realitätsbezogenen Unterrichts sowie aufgabenbezogene und diagnostische Kompetenzen in der Auswahl, der Erstellung sowie im Einsatz von Modellierungsaufgaben.

Modellierungsaufgaben ermöglichen in besonderer Weise differenzierte Bearbeitungsprozesse und bieten sich somit für den Einsatz in heterogenen Lerngruppen an. Die Konzeption eigener Modellierungsaufgaben durch Studierende bildet die Basis des mathematikdidaktischen Lehr-Labors MiRA$^+$ (Mathematik in realen Anwendungen), in welchem angehende Lehrer*innen komplexitätsreduzierte, authentische Lehr-Lern-Prozesse mit Lernenden unter besonderer Berücksichtigung von Heterogenitätsaspekten theoriegeleitet planen, durchführen und reflektieren.

Theoriegeleitetes didaktisches Handeln in Lehr-(Lern-)Laboren

Während in klassischen Schülerlaboren die teilnehmenden Schüler*innen die eindeutig auszumachende Zielgruppe darstellen, wird in ihrer Ausweitung zu Lehr-Lern-Laboren zugleich die Aus- und Weiterbildung von Lehrkräften in den Blick genommen (vgl. Dohrmann und Nordmeier, 2015).

Ein Lehr-Labor grenzt sich dementsprechend sowohl im Hinblick auf seine Anlage als auch in seiner primären Fokussierung auf die Ausbildung von

N. Neuber, W. Paravicini, M. Stein (Hrsg.): Forschendes Lernen – The wider view. Tagungsband. Münster: WTM-Verlag 2018.

Lehrkräften in der ersten Phase der Lehrerbildung gegenüber dem „klassischen“ Lehr-Lern-Labor ab.

Ein zentrales Element von Lehr-Laboren ist das theoriegeleitete Erproben praktischen didaktischen Handelns. Auch die anschließende Analyse und Reflexion der Lehr-Lern-Prozesse ist ein essentielles Merkmal. Es soll die „forschend-reflexive Haltung durch Planung, Durchführung und Beobachtung von Unterricht mit anschließender Reflexion der Lehr-Lern-Prozesse gefördert werden“ (Krofta et al., 2012).

Des Weiteren stellt die Komplexitätsreduktion einen wesentlichen Faktor von Lehr-Laboren dar, der auf verschiedene Weisen realisierbar ist; sei es durch die Unterstützung durch Kommiliton*innen und Lehrende, die Arbeit mit kleinen Lerngruppen, die Lokalisation der Lerngelegenheit in vertrauter außerschulischer Umgebung, die Beschränkung der Beobachtungsaufgaben auf ausgewählte Aspekte etc. (Dohrmann und Nordmeier, 2015). Die Reduktion der Komplexität ist darüber hinaus ein probates Mittel, um den von Tschannen-Moran, Woolfolk Hoy und Hoy (1998) beschriebenen „Praxisschock“ zu verhindern.

Konzept und Umsetzung des Lehr-Labors MiRA+

Das hier vorgestellte Lehr-Labor MiRA[+] unterteilt sich in eine Vorbereitungsphase, eine Praxisphase sowie eine Nachbereitungsphase (s. Abbildung 1). Den Mittelpunkt aller Phasen bilden Modellierungsprozesse auf der einen sowie die Sensibilisierung für und der Umgang mit Heterogenität in ihren verschiedenen Dimensionen auf der anderen Seite.

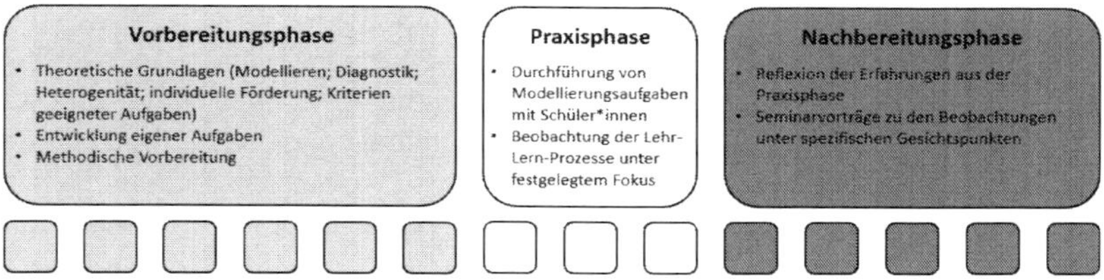

Abbildung 1: Seminarphasen und wesentliche Inhalte

Die Vorbereitungsphase des Seminars behandelt die theoretischen Grundlagen des mathematischen Modellierens sowie der semiformellen pädagogischen Diagnostik. Die Dimensionen von Heterogenität und die Grundlagen der individuellen Förderung werden ebenso diskutiert wie adaptives Lehrerhandeln in Form von Mikroadaptionen. Schließlich werden Beobachtungsbögen aus geeignete Indikatoren zu Modellierungsprozessen erstellt und Modellierungsaufgaben für den Einsatz in der Praxisphase gezielt entwickelt.

Während der 90-minütigen Projektsitzungen betreut je ein kleines Team Studierender eine Kleingruppe von Schüler*innen bei der Bearbeitung der selbsterstellten Modellierungsaufgaben. Jedes Team fokussiert seine Beobachtungen der Prozesse auf die vorher festgelegten Teilkompetenzen mathematischen Modellierens unter besonderer Berücksichtigung der auftretenden Dimensionen von Heterogenität innerhalb der Lerngruppen.

Die Nachbereitungsphase dient der Reflexion der Praxiserfahrungen aus den beobachteten Lehr-Lern-Prozessen. Im Mittelpunkt stehen dabei der Umgang mit Heterogenität, die daraus gewonnenen Erkenntnisse für die Professionalisierung der eigenen Lehrtätigkeit sowie die Konsequenzen für die Konzeption von und die Durchführung der eigenen Modellierungsaufgaben.

Zyklisches forschungsnahes Lernen im Lehr-Labor MiRA+

Die Arbeit im Lehr-Labor bietet den Lehramtsstudierenden durch forschungsnahes Lernen nahezu ideale Rahmenbedingungen theoretische, praktische und empirische Aspekte der Mathematikdidaktik zu verknüpfen. Insbesondere gilt dies, wenn es gelingt die Arbeit im Lehr-Labor als zyklisches Forschendes Lernen zu organisieren (Roth, 2015). Ein idealisiertes Modell dieses Forschenden Lernens wurde im Kontext des Entwicklungsverbundes „Schülerlabore als Lehr-Lern-Labore" entwickelt (Nordmeier et al., 2014; Roth, 2015). Eine Einordnung der einzelnen Seminarphasen des vorgestellten Lehr-Labors MiRA$^+$ (s. Abbildung 2) veranschaulicht die Einbettung forschungsnahen Lernens in die hochschulische praxisorientierte Lehrerausbildung. Dabei kann der zeitliche Ablauf des Seminars nicht vollständig dem theoretischen zyklischen Ablauf folgen – jedoch sind alle Schritte des Modells auch im Lehr-Labor MiRA$^+$ berücksichtigt.

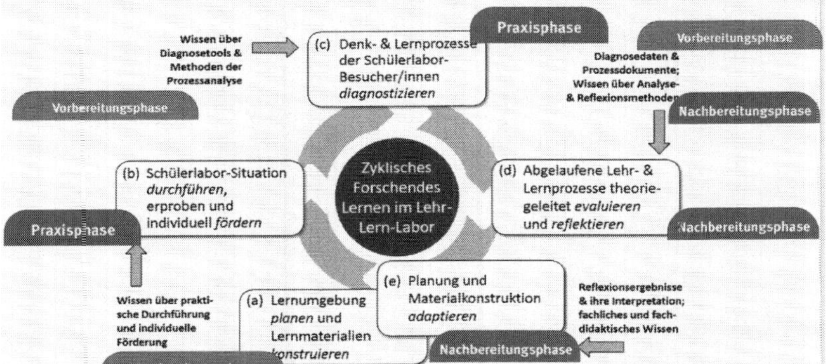

Abbildung 2: Zyklisches Forschendes Lernen (idealisiert) (Nordmeier et al., 2014; Roth, 2015)

Ausblick und Begleitforschung

Das MiRA⁺-Projektseminar wird formativ evaluiert und sukzessive weiterentwickelt, bevor eine Dissemination in die Breite der Lehrer*innenausbildung der WWU stattfindet.

Im Rahmen einer Begleitforschung wird in einer länderübergreifenden Kooperation der Frage nachgegangen werden, inwieweit sich Aspekte professioneller Kompetenz angehender Lehrkräfte zum mathematischen Modellieren durch reflektierte Praxis fördern lassen. Die Untersuchung dieser Aspekte legt ein Konstrukt nahe, welches die professionelle Kompetenz zum Lehren mathematischer Modellierung empirisch messbar macht. Erste Ergebnisse zur Güte der eingesetzten Skalen sowie des entwickelten Modells liegen bereits vor, sodass in weiteren Untersuchungen das Hauptaugenmerk auf der Entwicklung der Professionellen Kompetenz der Studierenden liegen wird.

Literatur

Borromeo Ferri, R. & Blum, W. (2009). Mathematical Modelling in Teacher Education – Experiences from a Modelling Seminar. In European Society for Research in Mathematics Education (Hrsg.), *Proceedings of CERME 6*, Lyon, France, S. 2046-2055.

Dohrmann, R. & Nordmeier, V. (2015). Schülerlabore als Lehr-Lern-Labore (LLL): Ein Projekt zur forschungsorientierten Verknüpfung von Theorie und Praxis in der MINT-Lehrerbildung. *PhyDid B – Didaktik der Physik – Beiträge zur DPG-Frühjahrstagung.*

Greefrath, G., Kaiser, G., Blum, W. & Borromeo Ferri, R. (2013). Mathematisches Modellieren - Eine Einführung in theoretische und didaktische Hintergründe. In R. Borromeo Ferri, G. Greefrath, & G. Kaiser (Hrsg.), *Mathematisches Modellieren für Schule und Hochschule; Theoretische und didaktische Hintergründe* (S. 11-37). Wiesbaden: Springer Spektrum.

Krofta, H., Fandrich, J. & Nordmeier, V. (2012). Professionalisierung im Schülerlabor: Praxisseminare in der Lehrerbildung. *PhyDid B – Didaktik der Physik – Beiträge zur DPG-Frühjahrstagung.*

Nordmeier, V., Käpnick, F., Komorek, M., Leuchter, M., Neumann, K., Priemer, B., Risch, B., Roth, J., Schulte, C., Schwanewedel, J., Upmeier zu Belzen, A. & Weusmann, B. (2014). Schülerlabore als Lehr-Lern-Labore: Forschungsorientierte Verknüpfung von Theorie und Praxis in der MINT-Lehrerbildung. Unveröffentlichter Projektantrag.

Roth, J. (2015). Lehr-Lern-Labor Mathematik – Lernumgebungen (weiter-)entwickeln, Schülerverständnis diagnostizieren. Beiträge zum Mathematikunterricht 2015, 748-751.

Tschannen-Moran, M., Woolfolk Hoy, A. & Hoy, W. K. (1998). Teacher Efficacy: Its Meaning and Measure. *Review of Educational Research, 68 (2)*, 202–248.

Ricarda GRÜBLER, Lüneburg

Forschendes Lernen von Lehramtsstudierenden in Olympiawochen

Die Einführung von praxisbetonenden Tendenzen in der Lehrerausbildung wird der von Studierenden gewünschten frühzeitigen Berufsorientierung gerecht. Gleichzeitig bieten sich schulische Praktika, Erkundungen und Fallstudien als Settings für Forschungsprojekte an. Aktuelle Beispiele dazu veröffentlichten Aeppli (2016), Neuber (2016), Schüssler u.a. (2014).

Im Folgenden wird eine Möglichkeit für eine praxisnahe Ausbildung von Lehramtsstudierenden dargestellt, die gleichzeitig mit der Chance verbunden war, durch begleitendes Forschen einen reflektierten Blick auf die eigene pädagogische Arbeit zu erhalten.

Obwohl die Forderung nach „Forschendem Lernen" seit der Denkschrift der Bundesassistentenkonferenz 1970 äußerst populär ist, scheint deren Umsetzung laut Huber (2009:1) nicht zufriedenstellend auszufallen. Zugleich werden beim inflationären Gebrauch des Begriffs „Forschendes Lernen" theoretische Bestimmungen verwischt. Nach der Bundesassistenkonferenz geht es um ein Lernen durch Forschung bzw. Beteiligung an Forschung mit bestimmten Merkmalen (BAK 1970: Textziffer 4.21), die von Huber (2009, 2014) aufgegriffen und mit weiteren Anforderungen ergänzt wurden.

Demnach sind Studierende aktiv in den Forschungsprozess einbezogen. Sie gestalten, erfahren und reflektieren den Verlauf eines Forschungsvorhabens. Zusätzlich und im Vergleich zur Bundesassistentenkonferenz (1970) wird von Huber (2009:2) der Aspekt besonders hervorgehoben, dass auch Dritte von den Erkenntnissen profitieren sollen. Für die Umsetzung dieser Ambition ist in der Lehrerbildung der Kontakt bzw. eine enge Kooperation zu den Schulen und anderen Institutionen potentieller Lernorte unumgänglich. Studierende sind besonders motiviert, wenn sie ihre eigenen Unterrichtsvorhaben beforschen. Zugleich sind auch die beteiligten Schulen sehr an den Ergebnissen der Untersuchungen interessiert. Lehramtsstudierende konzipieren und gestalten Schulsettings. Für den Forschungsprozess formulieren sie Fragestellungen und recherchieren den dazugehörigen Forschungsstand sowohl zu den zu vermittelnden Sachgegenständen als auch zur Planung und Durchführung des Untersuchungsdesigns. Sie stellen die Ergebnisse dar und interpretieren diese in Bezug auf die formulierten Fragestellungen. Lernende reflektieren den Forschungsprozess, um Schlussfolgerungen für die weitere Durchführung von Settings und Forschungen zu ziehen.

N. Neuber, W. Paravicini, M. Stein (Hrsg.): Forschendes Lernen – The wider view.
Tagungsband. Münster: WTM-Verlag 2018.

Welche Rolle spielt nun das Forschungsnahe Lernen von Studierenden im Rahmen der Olympiawoche?

Die Deutsche Olympische Akademie ist Initiator von Olympiawochen, die an Schulen durchgeführt werden. Diese stehen unter dem Motto: „Olympia ruft! Mach mit!“ und zielen auf eine wirksame Werterziehung durch Sport und andere Unterrichtsfächer. Es geht um die Förderung der Bereitschaft zu Anstrengung und um die Verbesserung der individuellen Leistung sowie um Fairnesserziehung (Deutsche Olympische Akademie 2017).

Eine Voraussetzung für forschungsnahes Lernen ist die Kooperation zwischen der Universität mit verschiedenen Schulen, die Olympiawochen durchführen. Das Ziel besteht darin, Olympiawochen an den Schulen zu konzipieren, durchzuführen und durch Forschung zu begleiten.

Folgende Ziele für das Forschungsnahe Lernen stehen im Fokus:

Die Studierenden lernen theoretische Konzepte zur Olympischen Erziehung in der Schule und zum fächerverbindenden Lernen kennen und wenden diese bei der Konzipierung der Olympischen Woche an. Sie erwerben die Kompetenz, die damit verbundene Forschungspraxis methodologisch und inhaltlich zu begreifen, durchzuführen und die Ergebnisse in Bezug auf die Forschungsfragen zu interpretieren.

Die Studierenden werden auch bei der Konzipierung des Untersuchungsdesigns einbezogen, führen die Untersuchungsmethoden durch und werten diese in Form von Portfolios und Abschlussarbeiten aus. Huber (2009: 1) verweist in Anlehnung an die Bundesassistentenkonferenz (1970) in diesem Zusammenhang auf ein wichtiges Kriterium Forschenden Lernens, der Selbstständigkeit der Studierenden bei der Formulierung von Problem- und Fragestellungen, Hypothesen.

In den Seminaren werden auf der Grundlage von Recherchen Sachanalysen und Bedingungsanalysen durchgeführt. Unter Beachtung der an der konkreten Schule herrschenden Bedingungen können Konzeptionen zu verschiedenen Themenbereichen erstellt, im Seminar präsentiert und mit Hilfe von Tipps und Diskussionsbeiträgen der andere Teilnehmer überarbeitet werden. Die inhaltlichen und forschungsbezogenen Konzeptionen werden an die Schule geschickt, mit Anmerkungen versehen und nochmals überarbeitet.

Folgende Methoden der Datenerhebung kommen bei den Olympiawochen zu Einsatz: Schülerfragebogen: Pretest, Posttest 1, Posttest 2, Lehrerfragebogen, Elternfragebogen, Narrative Interviews während der Projektwoche mit Schülern, Aufsatz zum Thema “Wie wünscht du dir ein Olympiaprojekt?“

Hinsichtlich der Durchführung der Interviewanalyse werden Studierende im Seminar geschult, um während der Olympiawoche Narrative Interviews durchzuführen, die wiederum nach eingehender Anleitung transkribiert, codiert und ausgewertet werden. Die Studierenden leisten ebenso ihren Beitrag bei der Durchführung und Auswertung der schriftlichen Befragungen sowie von Schüleraufsätzen.

Die Ergebnisse werden in Abhängigkeit zu den formulierten Fragestellungen präsentiert und interpretiert, sodass Schlussfolgerungen für weitere Untersuchungen sowie für die Organisation und Durchführung von Olympiawochen an Schulen gezogen werden können.

Hiermit wird deutlich, was nach Huber (2009: 2) das Wichtige am Prinzip des Forschenden Lernens ist, nämlich „die kognitive, emotionale und soziale Erfahrung des ganzen Bogens, der sich von der Neugier oder dem Ausgangsinteresse aus, von den Fragen und Strukturierungsaufgaben des Anfangs über die Höhen und Tiefen des Prozesses, Glücksgefühle und Ungewissheiten, bis zur selbst (mit-) gefundenen Erkenntnis oder Problemlösung und deren Mitteilung spannt".

Herausforderungen und Lösungsansätze

Im Rahmen der universitären Lehre sind Dozenten mit wechselnden Curricula und Prüfungsanforderungen konfrontiert, die nicht immer kompatibel mit forschungsnahem Lernen sind. Ellinger (2016:7) schlägt darum vor, geeignete Module und Prüfungsformen für forschungsnahes Lernen zu entwickeln, z.B. relativ offene Seminarangebote wie „Kombinierte wissenschaftliche Arbeit", „Schriftliche wissenschaftliche Arbeit" und „Praktische Leistung".

Vor den Studierenden stehen ebenfalls neue Herausforderungen. Das verlangt neben den ungewohnten Methoden auch ein höheres Maß an Motivation, Disziplin, Zeit- und Lernmanagement. Darum ist von Anfang an eine offene Transparenz in den Anforderungen und ihrer Verbindlichkeit angebracht. Studierende müssen sich darauf einstellen können, welche Zeiträume für welche Arbeitsschritte, für den Austausch und die Beratung darüber in Anspruch genommen werden.

Trotz des Anspruches auf große Selbständigkeit seitens der Studierenden, erwarten sie eine tiefgründige Begleitung beim Forschungsprozess. Vorbereitend wird der Forschungsprozess durch ein grundlegendes Methodentraining, das Kennenlernen entsprechender Software und Vorgehensweisen in speziell angestimmten Seminaren unterstützt.

Die Ausrichtung auf praxisrelevante Themen erhöht das Interesse seitens der Studierenden. Das notwendige Schreiben einer wissenschaftlichen Arbeit als Prüfungsform bzw. als Thema der Abschlussarbeit steigert auch die Motivation für eine tiefgründige Forschungsarbeit. Die Ergebnisse ließen Schlussfolgerungen für die weitere Gestaltung der Praxis und Raum für wissenschaftliche Veröffentlichungen (Ellinger 2016:6).

Die Herausforderungen für Dozent_innen bestehen vor allem in den zeitaufwendigen Konzeptionserarbeitungen und in Absprachen mit den Kooperationspartnern, mit der eigenen Fakultät und den Studierenden. Dabei ist in vielen Vorbereitungs- und Durchführungssituation eine Rolle als Berater_in einzunehmen, um den Studierenden Raum für eigene Erfahrungen zu geben. Außerdem müssen Anträge für die Bewilligung von Finanzen verfasst werden.

Das Forschungsnahes Lehren und Lernen kann auch dazu genutzt werden, eigene Lehre empirisch zu untersuchen, sich selbst in den didaktischen Kompetenzen weiter zu entwickeln und neue Ideen für Forschung aufzuspüren. Nicht zuletzt sollte das Forschende Lernen durch Untersuchungen begleitet werden, um empirische Belege für dessen Wirksamkeit zu gewinnen.

Literatur

Aeppli, J. (2016). Forschendes Lernen. In E. Jürgens (Hrsg.): Erfolgreich durch das Praxissemester (S. 151-164). Berlin: Cornelsen Scriptor.

Bundesassistentenkonferenz (1970). Forschendes Lernen – Wissenschaftliches Prüfen. Schriften der Bundesassistentenkonferenz 5. Bonn

Deutsche Olympische Akademie (2017). In: http://www.doa-info.de/olympische-erziehung.21.9.2017).

Ellinger, D. (2016). Forschungsnahes Lehren und Lernen ganz praktisch. In: Forschungsnahes Lehren und Lernen. Leuphana Universität, S. 6-7

Huber, L. (2009). Warum Forschendes Lernen nötig und möglich ist. In: L. Huber, J. Hellmer, F. Schneider (Hg.): Forschendes Lernen im Studium. Bielefeld: Universitätsverlag Webler, S. 9-35

Huber, L. (2014). Forschungsbasiertes, Forschungsorientiertes, Forschendes Lernen: Alles dasselbe? Ein Plädoyer für eine Verständigung über Begriffe und Unterscheidungen im Feld forschungsnahen Lehrens und Lernens. Das Hochschulwesen 1+2, S. 22-29

Neuber, N. (2016): Von der Theorie zur Praxis – und wieder zurück? Sportlehrerbildung als Forschungs-und Gestaltungsaufgabe. In D. Wiesche, M. Fahlenbock & N. Gissel (Hrsg.): Sportpädagogische Praxis – Ansatzpunkt und Prüfstein von Theorie (Schriften der Deutschen Vereinigung für Sportwissenschaft, 255; S.50-70). Hamburg: Czwalina.

Schüssler, R., Schwier, V., Klewin, G., Schicht, S., Schöning, A. & Weyland, U. (Hrsg.) (2014): Das Praxissemester im Lehramtsstudium – Forschen, Unterrichten, Reflektieren. Bad Heilbrunn: UTB.

Anna Katharina HEIN, Münster; Henrik STREFFER, Münster

Forschendes Lernen für Lehramtsstudierende im Projekt „WEGE in die Grundschule“

Forschendes Lernen im Bachelorstudium für das Grundschullehramt

Mit der Erneuerung des Lehrerausbildungsgesetzes in NRW im Jahr 2009 gewann das Forschende Lernen (FL) auch für das Lehramt an Grundschulen an Bedeutung. Das Modul Elementarbildung im bildungswissenschaftlichen Bachelor in Münster weist in diesem Kontext die Möglichkeit zum FL explizit aus. Die Implementation des FL in einer frühen Phase des Studiums entspricht dabei den Empfehlungen der Bundesassistentenkonferenz (1970) und trägt dazu bei, Neugierde, Diskursbereitschaft und Offenheit bei Lernenden (Huber 2009) zu ermöglichen. Für das von Beginn an zielgerichtete Lehramtsstudium an Grundschulen erscheint dies umso bedeutsamer.

Der Übergang von der Kita in die Grundschule als Ursprung für FL

Die inhaltliche Ausrichtung des Moduls auf die Erziehung und Bildung von Kindern von 0 bis 10 Jahren schließt die Behandlung von Themen zur Gestaltung des Übergangs von der Kita in die Grundschule ein. Das Thema ist dabei in Forschung und Praxis nicht neu und diskutiert immer wieder neuralgische Aspekte und Konsequenzen auch für die beruflichen Handlungsfelder von Grundschullehrkräften (Kluczniok und Roßbach 2014).

Transitionen gelten als langfristige Prozesse, in denen Kinder sich mit der Bewältigung von Diskontinuitäten und intensiven Entwicklungen auseinandersetzen müssen. Im Fokus stehen dabei häufig Fragen, inwiefern Kinder Entwicklungsaufgaben auf individueller, interaktionaler oder kontextueller Ebene bewältigen (Griebel und Niesel 2011). Das Erleben solcher Umbrüche lässt die Erforschung der Kinderperspektive zunehmend in das Blickfeld von Forschung rücken (Martschinke und Kasanmascheff 2016). Ergebnisse verlagern die Diskurse „darauf, dass die Grundschule den bisher erreichten Stand eines Kindes akzeptieren und dort ansetzen muss [...]“ (Kluczniok und Roßbach 2014) und spiegeln so auch die Verantwortung der Grundschullehrkräfte in Übergangsfragen wider. Einblicke in die Herausforderungen, denen sich Kinder im Übergang stellen sind also nicht nur für die Gestaltung des letzten Kindergartenjahres relevant, sondern insbesondere auch für die Gestaltung eines anschlussfähigen Anfangsunterrichts. Allerdings stellten Henkel und Neuß (2015) heraus, dass sowohl die Intensität als auch die Häufigkeit, in der Transitionsthemen bearbeitet werden, besonders im Studium für das Grundschullehramt im Vergleich zu anderen Ausbildungsgängen der Kindheitspädagogik gering ist und von den Studierenden auch in der Qualität nicht besonders gut bewertet wird. Hinzu kommt, dass sie diese Themen als nicht besonders relevant einschätzen.

Zentrales Anliegen des Projekts *WEGE in die Grundschule* (*W*issen, *E*rwartungen und *G*efühle von Kindern im *E*lementarbereich im Übergang *in die Grundschule*) am Institut für Erziehungswissenschaft der WWU Münster ist es daher, dass Studierende den Übergang Kita-Grundschule als ein bedeutsames Thema ihrer beruflichen Praxis wahrnehmen und sich in ihrem weiteren Studium damit auseinandersetzen.

Das Projekt nimmt die Perspektive von Kindern auf Entwicklungsaufgaben in den Blick und versucht, herauszufinden, welchen Herausforderungen sich Kinder im Kindergarten und im Schulanfang stellen. Im Rahmen des FL führen Studierende des Lehramts für die Grundschule leitfadengestützte Kinderinterviews (Heinzel 2013) zu mehreren Zeitpunkten im Zeitraum von ca. 9 Monaten vor und nach der Einschulung durch und werten diese mittels qualitativer Inhaltsanalysen (Kuckartz 2016) aus.

Einbettung des Forschungsdesigns und Differenzierungsmöglichkeiten

Inhaltlich werden Studierende im Rahmen der im Modul eingebetteten Seminare vorbereitet. Auch die Schulung zur Durchführung von Kinderinterviews ist daran angeschlossen. Die dafür vorgesehenen methodischen Schritte sind von der Erhebung über die Weiterverarbeitung bis zur Auswertung klar strukturiert. Sowohl der Interviewleitfaden als auch das Codesystem zur Auswertung wurde durch das Projektteam anhand einer vorgeschalteten Explorationsstudie unter Beteiligung von Studierenden erarbeitet und ein Methodenhandbuch für die Hauptphase entwickelt.

Studierende führen in aller Regel in Teams die Erhebungen in Kindergärten bzw. Schulklassen durch. Um ihnen dabei unterschiedliche Herangehensweisen an das FL zu ermöglichen, schlägt Fichten (2010) drei Optionen vor, die sich im Grad der Strukturierung durch Lehrende und der Selbstständigkeit von Lernenden unterscheiden: (1) Die Beteiligung von Studierenden als ‚Zaungäste' mit wenig Eigenverantwortung oder Einwirkungsmöglichkeiten, (2) den Einbezug in vorhandene Projekte als aktiv und eigenverantwortlich Forschende sowie (3) die Erforschung eigenständiger Untersuchungen im Hinblick auf die Reflexion der eigenen beruflichen Handlungspraxis.

Während die ausschließliche Durchführung und Codierung von Kinderinterviews den Studierenden zunächst im Sinne der Option (1) einen Einblick in das Projekt gewährt, fertigen Studierende in Anlehnung an (2) Hausarbeiten an, in der die geführten Interviews vor dem Hintergrund einer eigenen Fragestellung im Rahmen der oben genannten Entwicklungsaufgaben für Kinder im Übergang ausgewertet werden. Studierende haben dann die Möglichkeit, ihr Forschungsinteresse im Rahmen des WEGE-Projekts eigenständig auszudifferenzieren und auf Basis intensiver Auseinandersetzung eine Abschlussarbeit (Bachelor- und/oder Masterarbeit) anzufertigen. Orientiert an (3) steigt der Anspruch an die Eigenverantwortung, selbstständig weiterführende Fragestellungen forschungsmethodisch zu entfalten und weitere Forschungssettings auszuarbeiten. Die gewonnenen Erkenntnisse sollen hinsichtlich konkreter beruflicher Konsequenzen für die Gestaltung des Übergangs und des Anfangsunterrichts reflektiert werden.

Ergebnisse und ausgewählte Teilstudien

Bislang haben sich ca. 320 Studierende aus insgesamt 8 Seminaren seit dem Wintersemester 15/16 am Projekt beteiligt. Daraus sind mittlerweile etwa 150 Hausarbeiten, 30 Bachelor- und 8 Masterarbeiten entstanden. Weitere befinden sich derzeit in der Vorbereitung. Die angefertigten Abschlussarbeiten verfolgen in aller Regel Fragestellungen, die als Desiderata aus den Hausarbeiten entfaltet wurden.

Einige interessante Themen, die im Rahmen von Abschlussarbeiten ausdifferenziert wurden, spiegeln die hohe Motivation und Anstrengungsbereitschaft der Studierenden für das FL im WEGE-Projekt wider: Beispielsweise wurde die Einflussnahme von Schnuppertagen auf das Wissen von Kindern über Schule untersucht, erwartete Einschränkungen des schulischen Lebens auf die Vorfreude von Kindern, mögliche Geschlechterunterschiede in der Bewältigung oder die räumliche Nähe von Kita und Grundschule als begünstigender Faktor in der Übergangsbewältigung. Besonders fielen Teilstudien auf, in denen Studierende besonders ausgefallene Fragestellungen verfolgten, wie beispielsweise der Vergleich von Zwillingspaaren oder Vergleiche mit Kindertageseinrichtungen im Ausland.

Fazit und Ausblick

Durch die Beforschung der Perspektive von Kindern im Übergang wird in besonderer Hinsicht ein Beitrag zur Überwindung der „Theorie-Praxis-Kluft" (Hofer 2013) erbracht, die das FL im Modul EB im Studium leisten soll. Vor dem Anspruch, dass Lernende die eigene Berufspraxis forschend und kritisch-reflexiv untersuchen sollen, wird die Forderung danach, dass die Übergangsthematik für Studierende überhaupt erst an Relevanz gewinnen muss (Henkel und Neuß 2015), laut. Das FL kann dabei genau das leisten: Studierende erfahren durch den Zugang als Forscher die Bedeutsamkeit des Themas Übergang Kita-Grundschule für ihren eigenen Beruf, wie beispielsweise der Gestaltung eines anschlussfähigen Anfangsunterrichts (Hanke 2007). Auf dieser Basis können Studierende im Kontext des FL dann

„beruflich bedeutsames Handlungswissen aufbauen" (Fichten 2010). Ein sukzessiv aufbauendes und differenzierbares Konzept von FL, das im Bachelorstudium beginnt und bis zur Abschlussarbeit Möglichkeiten zur Vertiefung und Anknüpfung bietet, scheint dazu – zumindest unter Vorbehalt ausstehender Evaluation – ein sinnvoller Weg zu sein, Lehramtsstudierende nachhaltig zu motivieren und bedeutsame Lernerfahrungen zu ermöglichen. Die zusätzliche Möglichkeit, im Rahmen eines Praktikums im Kindergarten an Teile des bisherigen Prozesses des FL anzuknüpfen, schafft weitere Differenzierungsmöglichkeiten und Erfahrungs- und Reflexionsräume.

Literatur

Bundesassistentenkonferenz. (1970). Forschendes Lernen - Wissenschaftliches Prüfen (Schriften der Bundesassistentenkonferenz Nr. 5), Bonn.

Fichten, W. (2010). Forschendes Lernen in der Lehrerbildung. In U. Eberhardt (Hrsg.), Neue Impulse in der Hochschuldidaktik. Sprach- und Literaturwissenschaften (1. Aufl., S. 127–182). Wiesbaden: VS-Verl.

Griebel, W. & Niesel, R. (2011). Übergänge verstehen und begleiten. Transitionen in der Bildungslaufbahn von Kindern (Frühe Kindheit, 1. Aufl). Berlin: Cornelsen Scriptor.

Hanke, P. (2007). Anfangsunterricht. Leben und Lernen in der Schuleingangsphase (Studientexte für das Lehramt, Bd. 12, 2., erw. Aufl). Weinheim [u.a.]: Beltz.

Heinzel, F. (2013). Zugänge zur kindlichen Perspektive - Methoden der Kindheitsforschung. In B. Friebertshäuser, A. Langer & A. Prengel (Hrsg.), Handbuch Qualitative Forschungsmethoden in der Erziehungswissenschaft (Handbuch, 4. Aufl., S. 707–721). Weinheim: Beltz Juventa.

Henkel, J. & Neuß, N. (2015). Die Verankerung der Transitionsthematik in Studium und Ausbildung. Frühe Bildung 4 (1), 25–32. doi:10.1026/2191-9186/a000190

Hofer, R. (2013). Forschendes Lernen in der Lehrerinnen- und Lehrerbildung: Widersprüchliche Anforderungen zwischen Forschung und Profession. Beiträge zur Lehrerinnen- und Lehrerbildung 31 (3), 310–320.

Huber, L. (2009). Warum Forschendes Lernen nötig und möglich ist. In L. Huber (Hrsg.), Forschendes Lernen im Studium. aktuelle Konzepte und Erfahrungen (S. 9–35). Bielefeld: UVW.

Kluczniok, K. & Roßbach, H.-G. (2014). Probleme beim Übergang vom Kindergarten zur Grundschule - Wahrheit oder Mythos? In A. B. Liegmann, I. Mammes & K. Racherbäumer (Hrsg.), Facetten von Übergängen im Bildungssystem. Nationale und internationale Ergebnisse empirischer Forschung (S. 13–22). Münster [u.a.]: Waxmann.

Kuckartz, U. (2016). Qualitative Inhaltsanalyse. Methoden, Praxis, Computerunterstützung (Grundlagentexte Methoden, 3., durchgesehene Aufl.). Weinheim: Beltz Juventa.

Martschinke, S. & Kasanmascheff, I. (2016). „Die Mama hat das gesagt. Und das stimmt auch.". Die Entwicklung von Vor- und Einstellungen zur Schule aus Kindersicht. In K. Liebers, B. Landwehr, S. Reinhold, S. Riegler & R. Schmidt (Hrsg.), Facetten grundschulpädagogischer und -didaktischer Forschung (Jahrbuch Grundschulforschung, Band 20, S. 137–142). Wiesbaden: Springer VS.

Caroline HEINRICH, Paderborn

Das Konzept forschenden Lernens im Fach Philosophie

Das vom Land NRW für den Studiengang *Master of Education* eingeführte Praxissemester sieht für den Lernort „Universität" u. a. vor, dass die Studierenden ein Begleitforschungsseminar besuchen, das wahlweise in einem ihrer Fächer oder in den Bildungswissenschaften belegt werden kann. Im Begleitforschungsseminar, das der Idee „forschenden Lernens" verpflichtet ist (z. B. Roters et. al., 2009), sollen die Studierenden in Auseinandersetzung mit dem Praxisfeld „Schule" eine Forschungsfrage entwickeln und wissenschaftlich bearbeiten. Eine wechselseitige Durchdringung von Theorie und Praxis soll so ermöglicht werden.

Nachfolgend wird das Konzept „forschenden Lernens" im Fach Philosophie skizziert. Anschließend wird ein Überblick über die im Begleitforschungsseminar entstandenen Forschungsarbeiten gegeben.

1 Das Konzept forschenden Lernens im Fach Philosophie

Für das Konzept forschenden Lernens im Fach Philosophie ist grundlegend, den Studierenden keine Themen zur Bearbeitung vorzugeben, sondern ihnen die Aufgabe der Themenfindung zu überlassen. Die Studierenden sollen mit „scharfem Blick" und „wachem Verstand" das Praxisfeld „Schule" bzw. „Philosophieunterricht" erkunden und das, was sie aus der Auseinandersetzung mit Philosophie kennen, in die Praxis übertragen: keine Fehlschlüsse ziehen (also z. B. nicht annehmen, dass etwas, was ist, genau deshalb auch so sein soll), Problematisches aufspüren und scheinbar Selbstverständliches in Frage stellen.

Es soll nicht darum gehen, irgendein beliebiges Thema für die Forschungsarbeit ausfindig zu machen, sondern ein Thema zu finden, zu dem sie eine Beziehung haben. Ein Thema soll nicht deshalb gewählt werden, weil sich eine Methode, die die Studierenden kennen, leicht darauf anwenden lässt, sondern eine Untersuchung soll möglichst ausgehend von eigenen Erfahrungen und Beobachtungen entwickelt werden.

Aufgabe der ersten Sitzung im Begleitforschungsseminar ist es, gemeinsam zu überlegen, welche Themen interessant genug erscheinen, um genauer untersucht zu werden, welches Thema wie am besten methodisch anzugehen wäre und ob sich dies, gemessen am Aufwand, lohnt und praktikabel erscheint. In den Folgesitzungen und in zusätzlichen Sprechstunden findet anschließend eine individuelle Betreuung der Studierenden statt.

N. Neuber, W. Paravicini, M. Stein (Hrsg.): Forschendes Lernen – The wider view.
Tagungsband. Münster: WTM-Verlag 2018.

Es widerspricht dem Prinzip „forschenden Lernens“ im Fach Philosophie, dass die Freiheit der Studierenden, sich Fragen der Praxis aus einem bestimmten Erkenntnisinteresse heraus zuzuwenden, dadurch beschnitten wird, dass ihre Forschungsarbeiten am Ende benotet werden und diese Note die Gesamtnote für die Absolvierung des Praxissemesters bildet. Der Umstand der Benotung birgt die Gefahr, dass Studierende, um unkalkulierbare Risiken zu vermeiden, geneigt sind, thematisch wie methodisch auf bereits ausgetretenen Wegen zu gehen. Der Umstand der Benotung birgt zudem die Gefahr extrinsischer Motivation, die nicht zur Bildung des Einzelnen, sondern nur zur Bewältigung von außen gestellter Anforderungen führt.

Obwohl das Praxissemester durch den Gedanken von Berufsvorbereitung und Leistungszertifizierung dem von W. Benjamin formulierten Ideal der Universität entgegensteht, sollte dieses für das Konzept forschenden Lernens im Fach Philosophie bestimmend sein. Die Auseinandersetzung mit den Studierenden soll im Seminar so weit wie möglich an die Idee heranreichen, „eine Gemeinschaft von Erkennenden zu gründen an Stelle der Korporation von Beamteten und Studierten.“ (Benjamin, 1991, S. 76.)

Das Konzept forschenden Lernens im Fach Philosophie schließt ferner an Einsichten der Kritischen Theorie an, und zwar im Hinblick auf den Wert, den es der Erfahrung zubilligt, und dem Wert, den es den (scheinbar) unbedeutenden Einzelheiten, dem Inkommensurablen und den Details zuerkennt. Der Erkenntnisprozess wird vom „Begriff der ‚zeitlosen Wahrheit'“ abgelöst, da davon ausgegangen wird, dass „Wahrheit“ nicht nur eine „zeitliche Funktion des Erkennens“ ist, sondern „an einen Zeitkern [gebunden ist], welcher im Erkannten und Erkennenden zugleich steckt [...].“ (Benjamin, 1998, S. 578.) Die „völlige Verkehrung“ der Vorstellung von „subjektiver“ und „objektiver“ Erkenntnis soll nicht fortgeschrieben, sondern, wenn irgend möglich, aufgebrochen werden. Es soll nicht um „die nicht kontroverse Seite der Erscheinung“ gehen, ihren „unbefragt hingenommene[n] Ausdruck, die aus klassifizierten Daten gefügte Fassade“, sondern um das, „was jene durchbricht, in die spezifische Erfahrung der Sache eintritt, [...] und die Beziehung auf den Gegenstand anstelle des Majoritätsbeschlusses derer setzt, die ihn nicht einmal anschauen, geschweige denken [...].“ (Adorno, 1985, Aph. 43, S. 84.)

2 Überblick über entstandene Forschungsarbeiten[1]

Das Spektrum der entstandenen Arbeiten ist vielfältig: Zwei, nicht unmittelbar aus der Erfahrung des Unterrichtens resultierende Untersuchungen beschäftigten sich mit der Darstellung der Staatstheorie Platons und der praktischen Philosophie Kants in Schulbüchern. Weitere Arbeiten nahmen eigene Unterrichtserfahrungen zum Ausgangspunkt: Eine Studentin zeigte am Beispiel der als Einstieg in die Hobbessche Staatstheorie verwendeten Abbildung des „Leviathan" auf, dass diese nicht zu einer selbstredenden Erklärung für die Titelgebung von Hobbes' Werk herangezogen werden kann, und ging in didaktischer Absicht unterschiedlichen Konnotationen des „Leviathan" nach. Eine Studentin untersuchte, angeregt durch beobachteten Unterricht, wie ein Gespräch beschaffen ist, dem ein müheloser Übergang vom „Pausenhofgespräch zum Kategorischen Imperativ" gelingt, und welche Konsequenzen für das Gespräch im Philosophieunterricht daraus zu ziehen sind, und, ausgerüstet mit der Erkenntnis, dass „Interaktionsverläufe im Unterricht oft nicht planbar sind", untersuchte eine Studentin durch Auswertung von Unterrichtsmitschnitten unterschiedliche Arten von Gesprächsführungen im Philosophieunterricht. Eine Studentin, beunruhigt über die mangelnde Fähigkeit von Schülern/-innen, Argumentationen zu erkennen und selbst zu argumentieren, suchte in einer aufwendigen Untersuchung eine Antwort auf die Frage, ob sich diese Fähigkeit unter Anwendung des Toulmin-Schemas verbessern lässt. Eine andere Studentin wollte wissen, inwiefern Themen des Philosophieunterrichts von Schülern/-innen ihr alltägliches Denken beeinflussen und so zu einer Erhöhung der Reflexionsfähigkeit beitragen. Während ein Student mittels eines Experiments die Frage untersuchte, inwiefern der Einsatz von Medien wie Film und Musik gerade im Philosophieunterricht der Sekundarstufe I sinnvoll sein kann, machte eine Studentin mit den Kindern einer 7. Klasse ein mehrphasiges Gedankenexperiment, das ihnen ihre „Vorurteilsbehaftetheit" bewusst machen sollte. Das Thema „Vorurteile" griff auch ein Student auf, für den die Erfahrung, dass ethnisch, kulturell oder religiös motivierte Konfliktsituationen unter Schülern/-innen von Lehrkräften eher umgangen als angegangen werden, den Ausgangspunkt dafür bildete, diese nach ihren Einstellungen zum Umgang mit Heterogenität zu befragen.

Eine nicht allein auf den Philosophieunterricht bezogene Forschungsfrage wählte ein Student, der mittels verschiedener Unterrichtsmitschnitte untersuchen wollte, welche Art der Kommunikation zwischen Lehrkraft und

[1] Zur Überarbeitung zurückgegebene Arbeiten wurden nicht berücksichtigt. Arbeiten der ersten Praxissemester werden ausführlicher dargestellt in Heinrich/Zumpf, 2016.

Schülern/-innen welche Auswirkungen auf den Unterricht hat. Eine nicht allein auf den Philosophieunterricht bezogene Forschungsfrage wählte auch eine Studentin, die Unterrichtsstörungen in Auseinandersetzung mit bildungswissenschaftlicher Literatur und in Konfrontation mit Foucaults *Überwachen und Strafen* untersuchte. Ein Student diskutierte ausgehend von kompetenzorientiert gestellten Klausuren das Verhältnis zwischen Kompetenz und Bildung. Eine Studentin untersuchte Materialien sog. Lernbüros und interviewte dazu Schüler/-innen und Lehrer/-innen.

Neben einigen Arbeiten, die sich mit der bildungspolitischen Frage nach der Philosophie als Ersatz- bzw. Wahlfach beschäftigten, nahmen verschiedene Arbeiten auch einen Vergleich zwischen Schülern/-innen des Philosophie- und des Religionsunterrichts in den Blick. Eine Studentin untersuchte beispielsweise auf der Grundlage von Kohlbergs Moralstufenmodell, ob sich zwischen den Schülern/-innen des Fachs Philosophie und denen des Fachs Religion ein signifikanter Unterschied hinsichtlich der Reflexion von Handlungsentscheidungen zeigt.

Eine ganze Reihe von Arbeiten beschäftigte sich darüber hinaus mit dem Thema „Motivation". Eine Studentin untersuchte, welche Auswirkungen schulische Beurteilungen auf die Motivation von Schülern/-innen haben, eine andere ging in einer Längsschnittuntersuchung der Frage nach, inwiefern die Motivation der Schüler/-innen vom Textverstehen und dieses von der Methode der Texterschließung abhängig ist.

3 Ausblick

Offen bleibt, wie die Studierenden ihre Forschungen rückblickend beurteilen und ob aus ihrer Sicht der Baustein „forschendes Lernen" einen Beitrag zur Überwindung der Trennung zwischen Theorie (Studium) und Praxis (Vorbereitungsdienst) leisten kann. Ergebnisse einer bereits durchgeführten Befragung werden demnächst veröffentlicht.

Literatur

Adorno, Th. W. (1985). *Minima Moralia: Reflexionen aus dem beschädigten Leben.* Frankfurt a. M.: Suhrkamp.

Benjamin, W. (1998). *Das Passagen-Werk.* In R. Tiedemann (Hrsg.), *Gesammelte Schriften.* Bd. V. Frankfurt a. M.: Suhrkamp.

Benjamin, W. (1991). *Das Leben der Studenten.* In R. Tiedemann (Hrsg.), *Gesammelte Schriften.* Bd. II. Frankfurt a. M.: Suhrkamp 1991, S. 75-87.

Heinrich, C., Zumpf, D. (2016). *Das Paderborner Modell des Praxissemesters im Fach Philosophie* In: Beiträge zur Lehrerinnen- und Lehrerbildung (BzL). Heft 2, S. 165-172.

Roters, B., Schneider, R., Koch-Priewe, B., Thile, J. und Wildt, J. (2009). *Forschendes Lernen im Lehramtsstudium.* Bad Heilbrunn: Julius Klinkhardt.

Franziska HERRMANN, Dresden; Melanie WOHLFAHRT, Dresden

Forschungswerkstätten in der Lehrerbildung – Lernumgebungen zur Entwicklung von Haltung und professioneller Reflexivität

Werkstätten können besondere Lern- und Arbeitsorte für Kinder und Erwachsene sein. Bereits im ersten, durch John Dewey 1896 an der Universität Chicago gegründeten *Laboratorium des Lernens* (Hagstedt 2016, 29), dem Modell der heutigen Lern- und Forschungswerkstätten weltweit, zeigte sich, dass es einer ermutigenden Atmosphäre bedarf, um entspannte Lernprozesse und unbefangenes Forschen zu ermöglichen. Diese Erkenntnis findet seitdem in Konzeptionen von Lernwerkstätten Berücksichtigung und kennzeichnet ihre besondere Funktion als *Schutzzone*, um sich in Ruhe zu erproben und eigenen Fragen nachzugehen (ebd., 30). Dieses Selbstverständnis verbindet die beiden Werkstätten am Institut für Erziehungswissenschaft der Technischen Universität Dresden: Lern- und Forschungswerkstatt Grundschule (LuFo) und Erziehungswissenschaftliche Lehr- und Forschungswerkstatt (ELF) und bildet die Grundlage für das gemeinsame Projekt *Lehren, Lernen und Forschen in Werkstätten*[1]. In diesem Projekt werden derzeit angebunden an die beiden Werkstattkonzepte zwei Forschungswerkstätten entwickelt, erprobt und evaluiert (Herrmann/Wohlfahrt 2017).

Die *Lern- und Forschungswerkstatt Grundschule* versteht sich als ein Ort des Erprobens innovativer Lehr- und Lernformen. Als anregende Lernlandschaft bietet sie Raum für selbstorganisiertes, entdeckendes und forschendes Lernen, das in Seminaren Anregung und Unterstützung findet und in der freien Öffnungszeit von Studierenden als selbstverständliches Prinzip weitergeführt wird (Hoffmann/Herrmann/Schweda demn.). Die *Didaktische Forschungswerkstatt zum kreativen Schreiben* (näher dargestellt ebd.) bildet ein solches Angebot der Unterstützung im Format des forschenden Lernens, das dazu anregt, Schreibwerkstätten zu sozialwissenschaftlichen Themen des Sachunterrichts zu entwickeln, mit Grundschulkindern zu erproben und in diesem Rahmen eigene Forschungsprojekte zu realisieren (Herrmann 2017).

Die begleitende Evaluation ist als qualitativ empirische Studie angelegt und nimmt *schöpferische Prozesse* (Stenger 2002) beim forschenden Lernen besonders in den Blick. Der Begriff ist der Kunstdidaktik entlehnt und fasst

[1] Das Projekt *Lehren, Lernen und Forschen in Werkstätten* ist Teil des Maßnahmenpakets „Synergetische Lehrerbildung im exzellenten Rahmen" (TUD-Sylber), der Qualitätsoffensive Lehrerbildung an der Technischen Universität Dresden, gefördert durch das Bundesministerium für Bildung und Forschung.

weit mehr als die Beschreibung eines Schaffensprozesses oder der Herstellung eines Produktes. Das Wesen des *schöpferischen Prozesses* liegt in der Verwandlung, die sich z. B. durch eine neue Erkenntnis oder einen (z.B. künstlerischen) Schaffensprozess in einer Person vollzieht. Von Bedeutung ist dabei weniger das Ergebnis oder die Sache, die dabei neu entsteht als vielmehr, was dieser Prozess für die betreffende Person bedeutet. Manchmal zeigt sich ein *schöpferischer Prozess* als das „schlagartige Aufspringen einer neuen Sicht“ (Stenger 2002, 37 f), wie z.B. ein *Einfall*, der einen Forscher „morgens oder nachts, plötzlich oder langsam dämmernd, während der Arbeit oder beim Spiel“ überfällt (Glaser/Strauss 2010, 263). Das Schöpferische beim Forschen liegt demnach nicht in der Art des *Einfalls* selbst, sondern darin, wie der *Prozess des Einfallens* die forschende Person verändert.

Folgende Fragen leiten die Untersuchung: Inwiefern und auf welche Weise finden bei den Studierenden schöpferische Prozesse beim forschenden Lernen statt? Inwiefern und auf welche Weise gewinnen die Studierenden neue Perspektiven auf Kinder im Sinne der neueren pädagogischen Kindheitsforschung (Honig/Lange/Leu 1999)? Die Erhebung der Daten erfolgt durch Aufzeichnung und Transkription von Auswertungsgesprächen im Seminarverlauf sowie durch den Arbeitsauftrag an die Studierenden, innerhalb der Seminararbeit ein Kapitel zur persönlichen Reflexion des Forschungsprozesses zu schreiben. Ausgewertet werden die Daten nach dem Verfahren der Grounded Theory (Srauss/Corbin 1996).

Nach der ersten Sichtung von 11 Reflexionskapiteln aus zwei unterschiedlichen Seminardurchläufen lassen sich folgende Thesen als erste Ergebnisse festhalten: Die Begegnung mit den Kindern im Zusammenhang mit dem Konzept des kreativen Schreibens scheint bei den Studierenden neue Perspektiven auf Kinder zu eröffnen und führt gleichzeitig zum Nachdenken über die eigene Rolle als Lehrer/in. Die Öffnung hin zur Mehrperspektivität wird durch das offenbar tief sitzende (schulische) Paradigma „Richtig und Falsch“ erschwert. Unsicherheiten und Krisen werden im Forschungsprozess individuell verschieden erfahren, bearbeitet und überwunden. Das selbstständige vertiefte Literaturstudium nimmt eine Schlüsselrolle auf dem Weg zu (persönlichen) neuen Erkenntnissen ein. Die Studie wird 2019 abgeschlossen und anschließend publiziert.

Die *Erziehungswissenschaftliche Lehr- und Forschungswerkstatt* (ELF) bietet Studierenden der verschiedenen Lehrämter im Rahmen praxisorientierter Lehrveranstaltungen in Peer-Learning-Settings Raum, berufliche Handlungskompetenzen anzubahnen oder zu vertiefen. Teil dieses Projekts ist das Seminarkonzept *Erziehungswissenschaftliche Forschungswerkstatt*, in dem Studierende in die Theorie wissenschaftlichen Arbeitens eingeführt werden, in einem eigenen Studienprojekt einen Forschungsprozess durchlaufen und sich damit reflexiv in der Seminararbeit auseinandersetzen.

Das Ziel des Seminars ist es, nicht nur die Studierenden methodisch auf die Abschlussarbeit vorzubereiten, sondern vor allem bestehende monoperspektive Haltungen gegenüber der Wissenschaft und Gesellschaft aufzubrechen, Antinomien zu begegnen, Herausforderungen anzunehmen und ergebnisoffen einen Prozess zu durchlaufen. *Peer-Learning*, Austausch und Reflexion des eigenen Vorgehens sowie eine engmaschige Betreuung werden dabei als unterstützende Instrumente eingesetzt. Insbesondere der Einsatz von Tutor/innen schafft ein geschütztes Arbeitsklima, in dem Fehler erlaubt sind und der Peer als Spiegelbild erfolgreicher Studienforschung steht (Hellmer 2009, S. 220).

Grundlage für die Evaluationsstudie der Forschungswerkstatt ist *Meyers Kompetenzstufenmodell* (2003), das eine kognitive, affektiv-wertende und pragmatische Domäne mit jeweils 3 Teildimensionen auf 5 Stufen abbildet. In Rückbezug auf das theoretische Modell, sich (weiter-)entwickelnder Kompetenzen und dem *Driften* von Einstellungen, soll die Evaluation ergründen: Inwieweit verändert sich die Wahrnehmung von Forschung und Wissenschaft bei den Studierenden während des Seminars? Und: Inwieweit werden durch das Seminar Kompetenzen und Einstellungen auf- bzw. ausgebaut, die zu einer „forschenden Haltung" beitragen? Die Evaluation arbeitet mit Methodentriangulation und verschränkt dabei Daten eines halbstandardisierten Pre-Post-Design-Fragebogens mit den Ergebnissen qualitativer Gruppenbefragungen, die zum Seminarabschluss durchgeführt werden sowie der qualitativen Inhaltsanalyse von studentischen Arbeiten.

Ergebnisse des ersten Zyklus' lassen erkennen, dass sich die Wahrnehmung von Wissenschaft und Forschung bei den Studierenden sichtlich verändert, dass Theorie nicht mehr als unumstößlich angesehen wird, sondern als Wissensbestand hinterfragt und auf Praxis bezogen wird, dass sich Mehrperspektivität als Betrachtungsweise und Bewertungskriterium einstellt – sich eine *forschende Haltung* (Schlömerkemper 2006) anbahnt.

Die Ergebnisse beider Studien zeigen bereits deutlich, dass in Forschungswerkstätten sehr anspruchsvolle und komplexe Lernprozesse stattfinden, die auf die Entwicklung von Haltung und professioneller Reflexivität abzielen.

Literatur

Glaser, B. G./Strauss, A. L. (2010). Grounded Theory. Strategien qualitativer Forschung. Bern: Verlag Hans Huber, Hogrefe AG.

Hagstedt, H. (2016). Lernen im Selbstversuch: Wie Studienwerkstätten sich über forschende Lerngelegenheiten definieren können. In S. Schude, D. Bosse, J. Klusmeyer

(Hrsg.) *Studienwerkstätten in der Lehrerbildung - Theoriebasierte Praxislernorte an der Hochschule* (S. 27-36). Wiesbaden: Springer.

Hellmer, J. (2009). Forschendes Lernen an Hamburger Hochschulen – Ein Überblick über Potentiale, Schwierigkeiten und Gelingensbedingungen. In L. Huber, J. Hellmer, F. Schneider (Hrsg.) *Forschendes Lernen im Studium – Aktuelle Konzepte und Erfahrungen* (S. 200-223). Bielefeld: UVW.

Herrmann, F. (2017). Geheimnisse kreativen Schreibens zu bedeutsamen Themen. In Deutscher Kinderschutzbund, Landesverbände Sachsen, Thüringen und Sachsen-Anhalt (Hrsg.) *„Einer schwimmt im Geld“ – Kinder über arm und reich* (S. 96-98). Neu-Ulm: AG SPAK.

Herrmann, F., Wohlfahrt, M. (2017). Forschend lernen – In der Praxis bestehen. Wie Forschungswerkstätten in der Lehrerbildung dazu beitragen können, Herausforderungen der Schulpraxis zu meistern. In *Neue Sächsische Lehrerzeitung, 4*, 20-21.

Hoffmann, J., Herrmann, F., Schweda, M. (demn.). Lesen, Schreiben, Sehen, Zeichnen, Erzählen ... und darüber ins Gespräch kommen – in der Lern- und Forschungswerkstatt Grundschule an der TU Dresden. In R. Baar, A. Feindt, S. Trostmann (Hrsg.) *Lernwerkstätten als pädagogisch-didaktischer Lern- und Erfahrungsraum. Potential und Herausforderung für Lehrerbildung und kindheitspädagogische Studiengänge* (i.V.). Bad Heilbrunn: Klinkhardt.

Honig, M.-S., Lange, A., Leu, H. R. (Hrsg.) (1999). Aus der Perspektive von Kindern. Zur Methodologie der Kindheitsforschung. Weinheim und München: Juventa.

Huber, L. (2009). Warum Forschendes Lernen nötig und möglich ist. In L. Huber, J. Hellmer, F. Schneider (Hrsg.) *Forschendes Lernen im Studium* (S. 9-35). Bielefeld: Universitätsverlag Webler.

Meyer, H. (2003). Skizze eines Stufenmodells zur Analyse von Forschungskompetenz. In A. Obolenski, H. Meyer (Hrsg.) *Forschendes Lernen -Theorie und Praxis einer professionellen LehrerInnenausbildung* (S. 99–115). Bad Heilbrunn: Klinkhardt.

Rombach, H. (1994). Der Ursprung. Philosophie der Konkreativität von Mensch und Natur. Freiburg: Rombach Druck und Verlagshaus.

Schlömerkemper, J. (2006). Forschender Habitus im Lehrberuf. In A. Obolenski, H. Meyer (Hrsg.) *Forschendes Lernen -Theorie und Praxis einer professionellen LehrerInnenausbildung* (S.187–198). Oldenburg: DIZ-Verlag.

Stenger, U. (2002). Schöpferische Prozesse. Phänomenologische Analysen zur Konstitution von Ich und Welt. Weinheim und München: Juventa.

Strauss, A. L., Corbin, J. M. (1996). Grounded Theory: Grundlagen qualitativer Sozialforschung. Weinheim: Psychologie Verlags Union.

Barbara HOLUB, Wien; Monika MUSILEK, Wien

Lernräume als Innovation für Forschendes Lernen

1. Einleitung

Im Zuge der Reform der Lehrer/innenbildung in Österreich wurden an der Pädagogischen Hochschule Wien (u. a.) Forschendes und Entdeckendes Lernen sowie Medienbildung als übergreifende Bildungsschwerpunkte und Forschungsschwerpunkte verankert. Damit einhergehend wurden Lernräume installiert, die in diesen Bereichen für Lehre, Forschung und Schulentwicklung vielfältige Möglichkeiten eröffnen. Als vorbereitete Lernumgebungen bieten sie den Studierenden der Aus-, Fort- und Weiterbildung Inputs für einen innovativen Unterricht sowie Möglichkeiten zu fachlicher und methodisch-didaktischer Kompetenzerweiterung.

Die Lernräume der PHW sind als Orte gedacht, an denen selbstständiges, selbstbestimmtes, forschendes und entdeckendes Arbeiten angeregt wird. Lernen und Lehren soll hier erlebt und darüber reflektiert werden, um Unterricht dahingehend gestalten zu können.

2. Forschen lernen in der Forscher/innenwerkstatt

Die Zurückhaltung von Lehrer/innen naturwissenschaftliche Themen im Unterricht der Grundschule zu vermitteln, zeigt sich bereits in der Praxisausbildung der Studierenden. So haben Umfragen an der Pädagogischen Hochschule Wien ergeben, dass Studierende sich bereits im Studium scheuen naturwissenschaftliche Themen in ihrem Praxisunterricht aufzugreifen (Bertsch 2014). Als Gründe hierfür wurden vor allem die geringen Kenntnisse an Fachwissen und an den damit verbundenen geeigneten Methoden genannt. Studierende fühlten sich oft für den naturwissenschaftlichen Unterricht nicht genügend ausgebildet (e.d.). Um dem entgegen zu wirken, wurden an der Pädagogischen Hochschulen Wien eine Forscher/innenwerkstatt als Lernraum mit Fachbezug zum naturwissenschaftlichen Sachunterricht installiert (Holub 2017).

Die Forscher/innenwerkstatt bietet sowohl für Studierende als auch für Schüler/innen Möglichkeiten für eine fachliche und forschende Auseinandersetzung mit unterschiedlichen Themen des Sachunterrichts. Als Spezialraum der Praxisvolksschule wird sie von den Lehrer/innen im Rahmen des Sachunterrichts regelmäßig mit ihren Klassen besucht. Vorbereitete Forscherkisten, wie z.B. zu Chromatographie, Wasserdruck oder Magnetismus, bieten mit Hilfe von Anleitungen den Kindern Möglichkeiten, weitgehend selbstständig und eigenverantwortlich zu arbeiten. Die Forscherkisten sind als Lernarrangements zu verstehen, die Phänomene aufzeigen, Interesse hervorrufen und zum Fragenstellen anregen sollen (Holub 2016). Im Rahmen der Ausbildung bietet die Forscher/innenwerkstatt für Studierende als Naturwissenschaftsraum ebenfalls eine Lernumgebung zur Erweiterung ihrer fachlichen Kenntnisse. Indem sie in der Forscher/innenwerkstatt in unterschiedlichen Rollen agieren können, haben sie zusätzlich die Möglichkeit, Unterricht, Material und Prozesse aus verschiedenen Perspektiven zu beleuchten und zu erforschen.

3. Forschendes Lernen erleben in der Lernwerkstatt

Mit der Einrichtung der Lernwerkstatt NawiMa 2017 wurden an der Pädagogischen Hochschule zwei Lernräume geschaffen, die Schwerpunkte für den naturwissenschaftlichen und mathematischen Unterricht setzen. Lernwerkstatt als didaktischer Raum definiert sich hier über die drei Kategorien – Raumverständnis, Raumgestaltung und Materialangebot. Die Lernwerkstatt wird als Raum verstanden, der Studierende zum Forschen und Entdecken einlädt, der sie zum Lernen inspiriert, aber ihnen gleichzeitig ausreichend Freiraum zulässt, um eigene Wege zu gehen. Die angehenden Lehrer/innen sollen durch den Raum und seine Gestaltung zum selbständigen offenen Arbeiten eingeladen und inspiriert werden, handlungsorientiert zu entdecken und zu forschen. Sie erfahren aktiv an sich selbst entdeckendes und forschendes Lernen und erweitern dadurch ihre naturwissenschaftlichen und mathematischen Kompetenzen. Das Konzept der Lernwerkstatt NawiMa findet zum einen in diversen Seminaren im Curriculum für die Primarstufenausbildung Verankerung, zum anderen besteht die Möglichkeit die Lernwerkstatt selbständig zu besuchen und als Lernort zu nützen. Hier wird versucht der Forderung Hagstedts zu entsprechen, Lernwerkstatt als „mathetische Lernumgebung“ im Studium zu sehen (Hagstedt 2014, S.123).

4. Mathematik entdecken und erforschen im Haus der Mathematik

Das Haus der Mathematik (HdMa) - ursprünglich als Science Center und außerschulischer Lernort für Schüler/innen konzipiert – wurde vor einigen Jahren an der Pädagogischen Hochschule neu installiert. Mit seiner Erlebniswelt und einem eigenen Museumsbereich nimmt es nunmehr eine wichtige Position in der mathematischen Ausbildung der Studierenden ein. In der Erlebniswelt können mathematische Phänomene entdeckt, erkundet und erforscht werden. Dies geschieht über interaktive Exponate (Exhibits), welche mathematische Problemstellungen (be-)greifbar machen, zum entdeckenden Lernen auffordern und spielerisches Erkennen von Mustern, Strukturen und Strategien ermöglichen. Das HdMa steht den Studierenden im Rahmen ihrer

Ausbildung zur Verfügung und es wird von unterschiedlichen externen Besuchergruppen genutzt. So besuchen unter anderem pro Jahr mehr als 1500 Schüler/innen aus ganz Österreich diesen Lernort. Speziell als Explainer ausgebildete Studierende fungieren als Lernbegleiter/innen, um Besucher/innen bei der selbsttätigen Erkundung mathematischer Phänomene zu unterstützen. Den Besucher/innen wird einerseits Raum und Zeit gegeben, sich mit den Exhibits selbsttätig auseinanderzusetzen, aber ihr Lernen wird auch professionell begleitet, indem beobachtet und analysiert wird, um wenn nötig Impulse zu geben und so einen Dialog des mathematischen Verstehens anzuregen.

HdMa on tour wurde als mobile Version entwickelt und besteht aus 31 Exhibits. Diese Wanderausstellung kann von Schulen in ganz Österreich ausgeliehen werden und steht als mathematische Lernraum Lehrkräften und Schüler/innen an ihrem Schulstandort für einen befristeten Zeitraum zur Verfügung. Begleitend zu jeder Station unterstützen methodisch/didaktische Erläuterungen und versuchen zum Nachdenken und zur tiefergehende Auseinandersetzung mit dem einzelnen Exhibit anzuregen.

4. Lernräume zur digitalen Bildung

In einer digital vernetzten Welt muss Bildung aus technologischer, gesellschaftlich-kultureller und anwendungsbezogener Perspektive in den Blick genommen werden (GI 2016). Die Lernräume zur digitalen Bildung an der PH Wien (Maker Lab (MAL), Media Lab (MEL), Education Innovation Studio (EIS) und Future Learning Lab (FLL)) fungieren in diesem Sinne auf unterschiedliche Weise als Innovationspunkte für digitale Bildung.
Das Education Innovation Studio (EIS) steht für die Verbindung analoger und digitaler Zugänge zu unserer Welt. Schüler/innen, Studierende und Lehrende lernen in spielerischen Lernsettings Phänomene zu simulieren, zu visualisieren und zu verändern. Robotik, Coding und Design Thinking for Kids bieten altersgerechte Möglichkeiten, digitale Aspekte unserer Lebens- und Arbeitswelt zu erschließen. Dabei werden informatisches Denken, digitale Kompetenzen und Skills des 21. Jahrhunderts vermittelt und geschult.

Das Future Learning Lab (FLL) ist ein Lernraum, der für alle Unterrichtsfächer nutzbar ist. Es folgt einer pädagogischen und didaktischen Konzeption des EUN Schoolnet und des Projekts Klassenzimmer der Zukunft. Die Lernräume bieten eine Lernumgebung für das Erlernen und Lehren digitaler Kompetenzen und gliedern sich in sechs Lernzonen mit unterschiedlichem Fokus auf (Investigate, Create, Present u.a.).

Das Maker Lab (MAL) ist als Erweiterung des herkömmlichen Werkraumes zu sehen und wird als offene Werkstätte in der Lehre genutzt. Um eigene

Unterrichtsmaterialien produzieren zu können, befinden sich im MAL Geräte wie Lasercutter, Schneidplotter, Thermopressen und 3D Drucker. Ein wesentliches Merkmal des MAL die Verbindung von Modellierung am Computer (2D, 3D) mit handwerklicher Fertigung und künstlerisch-kreativer Gestaltung. Im Media Lab (MEL) kommen unter dem Motto „Mach dich sichtbar und hörbar" unterschiedliche Tools für Audio- und Videoproduktionen zum Einsatz.

5. Zusammenfassung

Die Lernräume der Pädagogischen Hochschule Wien ermöglichen einerseits inhaltliche und fachliche Vertiefung mit dem Lerngegenstand, andererseits bieten sie ein breites Feld, um Lehr/Lernprozesse zu erforschen. Allein der Aufbau dieser didaktischen Räume verlangte unweigerlich nach einer Auseinandersetzung mit den unterschiedlichen Konzeptionen und dem differenten Verständnis von Lernräumen. Forschendes und entdeckendes Lernen wird hier erlebt, über das eigene Lernen reflektiert, Lehren durchdacht und erprobt. Kurzgefasst, es sind Orte, wo innovatives Lernen und Lehren auf verschiedensten Niveaustufen in den unterschiedlichsten Kontexten angeregt und weiterentwickelt werden kann, um letztendlich Unterricht zu verändern.

Literatur

Bertsch, C. (2014): Lehrer/innenprofessionalisierung im naturwissenschaftlichen Elementarunterricht – Kompetenzentwicklung von Volksschullehrkräften im Rahmen einer zweijährigen Fortbildungsreihe zu Forschendem Lernen im Sachunterricht. In Fridrich, C. et al (Hrsg.), *Forschungsperspektiven 5* (S. 29 – 43) Wien; Berlin; Münster: Forschungsperspektiven/PHW.

GI Gesellschaft für Informatik (2016): Bildung in der digitalen vernetzten Welt („Dagstuhl Erklärung"). Abrufbar unter https://gi.de/themen/detail/dagstuhl-erklaerung-bildung-in-der-digital-vernetzten-welt-1/ [13.11.2017]

Hagstedt, H. (2014): Unterrichtsentwicklung braucht anspruchsvolle Lernumgebungen. In Hildebrandt, E./Peschl, M./Weißhaupt, M. (Hrsg.): *Lernen zwischen freiem und konstruiertem Tätigsein*. (S. 123-136). Bad Heilbrunn: Verlag Julius Klinkardt.

Holub, B. (2017): Auf dem Weg zur Lernwerkstatt. Die Forscher/innenwerkstatt der Pädagogischen Hochschule Wien – ein Entwicklungsprojekt. In: Kekeritz, M. et.al. (Hrsg.): Lernwerkstattarbeit als Prinzip. S.147-157. Bad Heilbrunn: Verlag Julius Klinkhardt.

Holub, B. (2016): Stärkung des Sachunterrichts im Fokus des Regionalen Kompetenzzentrums für Naturwissenschaften und Mathematik der Pädagogischen Hochschule Wien. In: Giest, H., Pokorny, B. (Hrsg.) *GDSU-Journal*. Klett-Verlag.

Birgit Susanne LEHNER, Freiburg; Anja SCHULZ, Freiburg; Eva-Maria BITZER, Freiburg

Forschendes Lernen im Studienprogramm Gesundheitspädagogik – impulsgebend für die Lehrerbildung?

Das Studienprogramm Gesundheitspädagogik der Pädagogischen Hochschule Freiburg setzt einen interdisziplinären Ansatz in Lehr- und Prüfungsformaten um. Ausgehend von den fachlichen und methodischen Herangehensweisen der Bezugsdisziplinen beleuchtet und erforscht es mehrperspektivisch gesundheitsrelevante, individual- und bevölkerungsbezogene Fragestellungen und Themenbereiche. Bezugsdisziplinen der Gesundheitspädagogik sind Public Health, die Humanbiologie und ihre Didaktik, Psychologie, Soziologie, Sport- und Ernährungswissenschaften und ihre Didaktik. In diesem Beitrag stellen wir unser Verständnis Forschenden Lernens (FL) in der Gesundheitspädagogik anhand von Lehr- und Prüfungsformaten beispielhaft dar.

Das Verständnis FL im Studienprogramm Gesundheitspädagogik

In interdisziplinären Studiengängen wie der Gesundheitspädagogik fördert das Prinzip des FL eine Realisierung der horizontalen und vertikalen Integration von Bezugsdisziplinen und Inhalten (Gerhardus, Schilling & Voss, 2017). Die horizontale Integration erweitert die spezifischen Inhalte der einzelnen Fachdisziplinen durch die mehrperspektivische Betrachtung eines gesundheitsrelevanten Themas (z.B. Herz-Kreislauf-Erkrankung, Diabetes mellitus, etc.). Dies ermöglicht den Studierenden, die unterschiedlichen Erklärungsmodelle aus den verschiedenen Bezugsdisziplinen gegenüber zu stellen, um Potenziale, Limitationen und Synergien daraus abzuleiten. Die daraus resultierende Erweiterung des Perspektivenrepertoires befähigt Studierende, komplexe gesundheitsbezogene Problemstellungen bearbeiten zu können (Euler, 2005; Gerhardus et al., 2017). Darüber hinaus begünstigt dieser Ansatz ein nachhaltiges Lernen, da Erkenntnisprozesse, aufgrund der horizontalen Integration, mehrmals durchlaufen werden (Hofhues & Mallwitz, 2016). Durch das Prinzip des FL wird die vertikale Integration von Theorien, Inhalten, Methodenkompetenzen und ihre Anwendung gefördert. Hier erfolgen die Theorievermittlung und die praktische Anwendung gemeinsam in mehreren Semesterblöcken. Die Integration ermöglicht die praktische Anwendung und die Aneignung angemessener umfassender Inhalte und Methodenkompetenzen aufeinander abzustimmen (Gerhardus et al., 2017).

Das Bachelor- und Masterstudienprogramm Gesundheitspädagogik der Pädagogischen Hochschule Freiburg setzt FL in verschiedenen Lehr-Lernarrangements und extracurricularen Aktivitäten um. Vorstellen möchten wir die sogenannten Projektseminare im ersten und fünften Fachsemester des Bachelorstudiengangs. Sie integrieren jeweils verschiedene Bezugsdisziplinen und haben einen empirischen Teil, der in der Regel außerhalb der Hochschule stattfindet.

Umsetzung FL am Beispiel von Projektseminaren

In den Projektseminaren durchlaufen Studierende möglichst selbstständig und eigenverantwortlich den gesamten Forschungsprozess (vgl. Bundesassistentenkonferenz (BAK), 1970, 14 f.), von der Entwicklung der Fragestellung, des Untersuchungsdesigns, der Auswahl geeigneter Methoden und Instrumente, der Durchführung, Ergebnisauswertung und Interpretation sowie der Ergebnisdarstellung und Reflexion. Die Projektseminare im ersten Fachsemester zielen darauf ab, dass Studierende Fragestellungen und Ziele entwickeln, den eigenen Lernprozess inhaltlich und zeitlich strukturieren lernen und Unterstützungsbedarf erkennen. Die Projektseminare im fünften Fachsemester fokussieren stärker auf die Anwendung wissenschaftlich fundierter und methodisch angemessener Konzepte für gesundheitspädagogische Projekte. Die Inhalte sind auf Praxisprobleme ausgerichtet, die Studierende auf Basis eigener Erkenntnisse, konstruktiver Weiterentwicklung und kritischer Reflexion bewältigen (vgl. Euler, 2005). Für die Ausgestaltung und Umsetzung des Themas sind die Studierenden größtenteils selbst verantwortlich; Lehrende verstehen sich als Prozessbegleitende. Die Seminare schließen mit einem Projektbericht und einer mündlichen Präsentation ab; in die Bewertung fließen auch der gesamte Prozess und der Projektablauf mit ein. Inhaltlich erarbeiteten die Studierenden in den letzten Jahren eine Vielfalt an Themen z. B. Gesundheit in der Ausbildung in Berufsfachschulen, Rückengesundheit für Pflegekräfte in Pflegeeinrichtungen, evidenzbasierte Gesundheitsinformation, Games4Health – Steigerung der körperlichen Aktivität durch Bildschirmmediennutzung, Radiobeiträge zu verschiedenen Themen (z. B. Essverhalten & Ernährungstrends, Schmerzen, Angst), soziale Generationenbeziehungen in Mehrfamilienhäuser und Quartierstreffs etc.

Neben Forschungs- und Reflexionskompetenzen können fachübergreifende Kompetenzen, wie Team-, Kommunikations- oder Konfliktfähigkeit durch kooperatives Arbeiten in den Projektseminaren gefördert werden (vgl. Kergel & Hepp, 2016). Durch die Zusammenarbeit mit dem PH-Radio der Pädagogischen Hochschule können Studierende in Projektseminaren auch Medienkompetenzen erlangen bzw. erweitern.

Die Chancen der Projektseminare sehen unsere Studierenden insbesondere darin, Fachwissen in einem Themenbereich zu vertiefen, interdisziplinär zu arbeiten und als Studierende eines nicht professionsorientieren Studiengangs in die Öffentlichkeit zu treten. Die professionelle Weiterentwicklung erleben die Studierenden als einen großen Nutzen für die Vorbereitung auf die berufliche Tätigkeit. Unsere Erfahrungen decken sich mit den Ergebnissen einer Kursevaluation aus der Perspektive von Bachelor-Studierenden von Cremers (2017). In der Studie zeigte sich, dass Studierende durch Lehrformate FL einen Zuwachs an Kreativität, Verantwortungsbewusstsein und Selbstreflexivität sowie eine persönliche und professionelle Weiterentwicklung erfahren. Weiterhin erhöhte sich das Bewusstsein im Hinblick auf die Bedeutung von interdisziplinärem Arbeiten und der Netzwerkarbeit im eigenen Forschungsprojekt. Mit der Arbeit im Forschungsprojekt verbunden ist eine Reduktion der Angst, Fehler zu begehen. Dieser reflexive Schritt in der Hochschullehre ermöglicht einen Abgleich der erhofften Zielkompetenzen durch das FL mit der subjektiven Zielerreichung durch Studierende und somit eine Nutzenbewertung des FL in der Praxis (Feindt & Wischer, 2017).

Herausforderungen aus Sicht unserer Studierenden bestehen im organisatorischen Aufwand (Steuern und Organisieren von Treffen in der Arbeitsgruppe und mit externen Projektpartnern) und darin, den Wünschen und Erwartungen der Projektpartner bzw. Stakeholder gerecht zu werden. Darüber hinaus erleben die Studierenden das Spannungsfeld zwischen hohen wissenschaftlichen Standards und in der Praxis Möglichem als herausfordernd.

Dozierende stellen einerseits den Studierenden Raum für deren Entwicklungsprozess zur Verfügung. Andererseits bedarf es der professionellen Begleitung hinsichtlich inhaltlicher, forschungsmethodischer, motivationaler oder auch sozialemotionaler Bedürfnisse. (vgl. Karber & Wustmann, 2015). Dozierende in der Gesundheitspädagogik sehen in den Projektseminaren eine anspruchsvolle und komplexe Seminarsteuerung mit unterschiedlichen Gruppendynamiken. Aufgrund der relativ hohen Beratungsintensität erleben Dozierende eine Online Lernplattform zum Austausch und Teilen von Material für die Projektgruppen bei dieser Seminarform als sehr nützlich. Insbesondere bei der Kooperation mit externen Projektpartnern spielt das „Aushalten" von Unsicherheiten hinsichtlich der Prozesse und des Projekterfolgs eine Rolle sowie letztendlich die Frage der Bewertung (Bericht und Präsentation vs. Prozesse und ggfs. „Produkte").

Abschließend möchten wir festhalten, dass sich die Projektseminare als fächerübergreifende Integration Forschenden Lernens durch die Entwicklung von Forschungskompetenzen und einer mehrperspektivischen Denkweise in unterschiedlichen Settings gut eignen. Die Integration von Inhalten und fachspezifischen methodischen Herangehensweisen im Rahmen von Projektseminaren kann auch in der Lehrerbildung ein gewinnbringendes Format sein. Die Beispiele des Studienprogramms Gesundheitspädagogik dienen als Anregung für den Diskurs um die Professionalisierung und Qualifizierung durch FL in der Hochschulausbildung.

Literatur

Bundesassistentenkonferenz (BAK) (1970). *Forschendes Lernen - Wissenschaftliches Prüfen* (Schriften der BAK, Bd. 5, 2. Aufl.). Bonn: BAK.

Cremers, P.H.M. (2017). Student-framed inquiry in a multidiscipinary bachelor course at a Dutch university of applied science. *CUR Quarterly, 37* (3), 40–45.

Euler, D. (2005). Forschendes Lernen. In S. Spoun & W. Wunderlich (Hrsg.), *Studienziel Persönlichkeit. Beiträge zum Bildungsauftrag der Universität heute* (S. 253–272). Frankfurt/New York: Campus Verlag.

Feindt, A. & Wischer, B. (2017). Begründungen, Ziele und Formen Forschenden Lernens - ein Reflexionsangebot für den Einstieg. In R. Schüssler, A. Schöning, V. Schwier, S. Schicht, J. M. Gold & U. Weyland (Hrsg.), *Forschendes Lernen im Praxissemester. Zugänge, Konzepte, Erfahrungen* (S. 139–146). Bad Heilbrunn: Verlag Julius Klinkhardt.

Gerhardus, A., Schilling, I. & Voss, M. (2017). Public Health als anwendungsorientiertes Fach und Multidisziplin - "Forschendes Lernen" als Antwort auf die Herausforderungen für Lehren und Lernen? *Das Gesundheitswesen, 79* (3), 141–143.

Hofhues, S. & Mallwitz, M. (2016). Forschendes Lernen "zu Ende" denken. In D. Kergel & B. Heidkamp (Hrsg.), *Forschendes Lernen 2.0. Partizipatives Lernen zwischen Globalisierung und medialem Wandel* (S. 247–262). Wiesbaden: Verlag für Sozialwissenschaft.

Karber, A. & Wustmann, C. (2015). Forschendes Lehren und Lernen. In R. Egger, C. Wustmann & A. Karber (Hrsg.), *Forschungsgeleitete Lehre in einem Massenstudium* (S. 37–54). Wiesbaden: Springer Fachmedien.

Kergel, D. & Hepp, R. D. (2016). Forschendes Lernen zwischen Postmoderne und Globalisierung. In D. Kergel & B. Heidkamp (Hrsg.), *Forschendes Lernen 2.0. Partizipatives Lernen zwischen Globalisierung und medialem Wandel* (S. 19–43). Wiesbaden: Verlag für Sozialwissenschaft.

Holger LIMBERG, Flensburg

Englischunterricht in der Sekundarstufe erforschen: Das Praxissemester in Flensburg aus fachdidaktischer Sicht

Einleitung

Seit dem WS 2014/15 gibt es das Praxissemester an der Europa-Universität Flensburg in den Master-Studiengängen für das Lehramt an Grundschulen und Lehramt an Sekundarschulen. Im 3. Fachsemester verbringen Studierende 10 Wochen in einer Schule in Schleswig-Holstein (oder im Ausland) und erkunden dort umfassend das Praxisfeld. Sie erleben die Vielfalt der Schulwelt, lernen die professionellen Aufgaben einer Lehrkraft genauer kennen und erproben sich im selbstgestalteten Unterricht (Großmann, Bach & Winkel 2016). Ihre Erfahrungen vor Ort und die persönliche Entwicklung als angehende Lehrkraft dokumentieren sie in einem Portfolio, welches die biografisch-reflexiven Kompetenzen fördern soll. Eine weitere wichtige Zielsetzung des Praxissemesters besteht in der Vertiefung der Kompetenz zum forschenden Lernen, welche durch eine Forschungsarbeit mit Schwerpunkt in einem Unterrichtsfach oder in der Pädagogik durchgeführt wird. In diesem Beitrag wird der Blick auf das Fach Englisch gerichtet. Es soll gezeigt werden, was Flensburger Studierende im Praxissemester mit Schwerpunkt Englischunterricht in der Sekundarstufe erforscht haben und wie sie dabei vorgegangen sind.

Forschendes Lernen im Unterrichtsfach Englisch

Forschendes Lernen im Unterrichtsfach Englisch ist im weitesten Sinne Teil von fremdsprachendidaktischer Forschung, „die sich mit dem Erwerb, Lernen und Lehren von fremden Sprachen bzw. Zweitsprachen beschäftig[t] und diese mit differenzierten gegenstandsangemessenen Methoden erforsch[t]“ (Burwitz-Melzer et al. 2016: 1). Dies geschieht mit einem klaren Anwendungsbezug, der darin besteht, die Qualität des Fremdsprachenunterrichts zu verbessern. Natürlich ist so ein praktisches Ziel für studentische Forschungsarbeiten sehr hoch gegriffen. Entscheidend ist vielmehr, dass das Handeln von angehenden Englischlehrkräften durch Erkennen, Verstehen und Erklären von komplexen Lehr- und Lernsituationen optimiert bzw. professionalisiert werden kann. Die eigene professionelle Entwicklung soll durch ein kleines, klar eingegrenztes Forschungsvorhaben unterstützt werden, bei dem der eigene oder fremder Unterricht – hier aus fachdidaktischer Perspektive – untersucht wird. Studierende sollen eine forschend-reflektierende Haltung entwickeln und einen distanzierten Blick auf Schule und Unterricht einnehmen (Schüssler et al. 2014: 139).

Verschiedene Zugänge zum Praxisfeld Schule und Unterricht sind denkbar (u.a. historisch, theoretisch-konzeptionell, empirisch). Forschungsvorhaben im Flensburger Praxissemester mit Schwerpunkt Englisch sind empirisch angelegt und beruhen auf einer datengeleiteten Untersuchung zu einer konkreten Forschungsfrage. Bislang haben 19 Studierende in den ersten drei Durchgängen des Praxissemesters ihre Arbeit zum Forschenden Lernen im Fach Englisch mit Bezug auf die Sekundarstufe durchgeführt. Ihre Forschungsfragen sind allesamt aus der Unterrichtspraxis erwachsen, was das subjektive Erkenntnisinteresse und die persönliche Bedeutsamkeit des jeweiligen Themas und der Forschungsfrage unterstreicht. Von den fünf Varianten des Bielefelder Leitkonzepts zur standortspezifischen Ausgestaltung des Praxissemesters finden sich hier besonders die Forschung über die eigene unterrichtspraktische Tätigkeit (im Sinne von Aktionsforschung), die Forschung in fremdem Unterricht (z.B. ethnografisch) und die Einzelfallarbeit zu Diagnose und Förderung (vgl. Schüssler et al. 2014: 145-151).

Beispiele fachdidaktischer Forschung im Praxissemester

Thematische Schwerpunkte dieser Forschungsarbeiten gliedern sich bislang in folgende Bereiche: Diagnostik, Interaktionsforschung, Lehrwerks- und Materialienforschung, Lern- und Lernerforschung (vgl. Caspari 2016: 14-15). Ein wichtiges und häufig gewähltes Thema englischdidaktischer Forschung ist die Wortschatzarbeit, die im Englischunterricht bisweilen manchmal stiefmütterlich behandelt wird. Zu diesem Thema haben Studierende beispielsweise untersucht, welche Methoden Lehrkräfte bei der Einführung neuer Wörter benutzen oder ob Wortschatzarbeit mit Hilfe einer App gefördert werden kann. Darüber hinaus haben Studierende sich mit Forschungsfragen bezüglich des Einsatzes von Lehrwerken im Englischunterricht, zum Umgang mit Fehlern, zur Einsprachigkeit, zum bilingualen Unterricht und zur Inklusion auseinandergesetzt.

Das übergeordnete Ziel modernen Fremdsprachenunterrichts besteht darin, eine (interkulturelle) kommunikative Handlungskompetenz auszubilden. Neben Wortschatz als einem zentralen Element, spielen bei der Entwicklung einer kommunikativen Kompetenz in der englischen Sprache noch weitere Kompetenzbereiche eine wichtige Rolle: Hör-/Sehverstehen, Sprechen, Lesen, Schreiben und Sprachmittlung. Anhand eines weiteren Beispiels soll angedeutet werden, was Studierende in Bezug auf diese zentralen fremdsprachlichen Kompetenzbereiche forschend entdeckt haben. Eine Studierende hat im 8. Jahrgang an einer Gemeinschaftsschule untersucht, inwiefern sich die Leistungen der Schüler*innen in der funktionalen kommunikativen Kompetenz „Schreiben“ zwischen dem Basis- und Erweiterungskurs unterscheiden. Dazu hat sie auf Grundlage eines Vorschlags zur Leistungsmessung eine

Schreibaufgabe entwickelt, bei der die Schüler*innen einen schriftlichen Bericht zu einem interessanten Ereignis an der Schule als Email an die Partnerschule in den USA verfassen mussten. Diese Texte wurden nach inhaltlichen und sprachlichen Kriterien quantitativ ausgewertet. Die Ergebnisse zeigen, dass die Schüler*innen im Erweiterungskurs zwar komplexere Satzstrukturen und einen schwierigen Wortschatz benutzen, aber zum Teil auch mehr Fehler in ihren Texten produzieren. Dies liegt vermutlich an einer höheren Risikobereitschaft für den Gebrauch von komplexen Satzstrukturen und legt nahe, so das Fazit dieser Arbeit, dass in beiden Kursen auf unterschiedlichen Niveaustufen gearbeitet und mit gezielten Schwerpunkten die Schreibkompetenz gefördert werden sollte (was bislang nicht der Fall war). Solche Erkenntnisse sind nicht nur für die Studierenden subjektiv bedeutsam und möglicherweise handlungsleitend für die eigene Unterrichtspraxis, sie können auch an die jeweilige Schule zurückgespielt werden, um einen nachhaltigen Effekt im Lehren und Lernen der englischen Sprache zu bewirken.

Methodik

Die methodischen Vorgehensweisen zur Datensammlung in Schule und Unterricht sind auf die konkreten Forschungsfragen abgestimmt. So hat die Studierende im oben beschriebenen Beispiel einen diagnostischen Test zur Schreibkompetenz in Anlehnung an eine bestehende Lernerfolgskontrolle genutzt, um schriftliche Lernerleistungen zu einem bestimmten Zeitpunkt zu erheben. Ihr Test kann als summativ, nicht-standardisiert, informell, *small-scale* und *low-stakes* klassifiziert werden. Das Spektrum an empirischen Forschungsmethoden aus den bisherigen Forschungsarbeiten umfasst sowohl quantitative als auch qualitative Verfahren, insbesondere mittels Fragebögen und Interviews. Beide Erhebungsmethoden sind auch in der fremdsprachendidaktischen Forschung stark verbreitet. Dies liegt vermutlich an einer geringeren methodischen Zugangshürde für die Datengewinnung in Schule während der Praxisphase, aber auch daran, dass viele fachdidaktische Untersuchungsgegenstände aus der Außenperspektive nur schwer beobachtbar sind. Triangulationen aus verschiedenen Erhebungsmethoden oder Datenauswertungsverfahren, im Sinne von *mixed methods* oder *mixed methodologies* wurden im Rahmen von studentischer Forschung im Praxissemester bislang nicht angewendet und sind auch angesichts der Komplexität kaum zu erwarten. Sicherlich besteht aus fachdidaktischer Sicht noch Handlungsbedarf, Studierende für eine Forschungsaufgabe besser vorzubereiten und ihnen die Erforschung von gesteuerten Lehr- und Lernprozessen im Englischunterricht auf unterschiedlichen Niveau- und Entwicklungsstufen methodisch und methodologisch näherzubringen.

Evaluation des Praxissemesters

Eine fachbezogene Evaluation des Praxissemesters liegt bislang nicht vor, so dass sich die bisherigen Erkenntnisse aus Befragungen von Flensburger Studierenden für Englisch nicht differenziert darstellen lassen. Die Selbsteinschätzungen von Studierenden zeigen allgemein eine sehr kritische Sicht auf die Forschungsaufgabe, sowohl was deren Sinnhaftigkeit als ein Element im Rahmen dieser Praxisphase betrifft, als auch die damit verbundene Belastung, die mit Schwierigkeiten beim Finden einer relevanten Forschungsfrage, bei der Wahl einer gegenstandsangemessenen Forschungsmethode und beim Schreiben des Forschungsberichts einhergehen (vgl. Bach 2015). Dies scheint sich mit Ergebnissen anderer Evaluationsstudien zum Praxissemester zu decken, obwohl die empirische Befundlage hierzu bislang noch unbefriedigend ist (Weyland & Wittmann 2011: 56). Fachinterne Lehrevaluationen zu den Begleitseminaren im Flensburger Praxissemester zeigen dagegen, dass Studierende die Betreuung im Fach Englisch durchaus positiver bewerten als dies die ersten Ergebnisse der universitätsweiten Evaluationsstudie zum Praxissemester andeuten. Dies bedarf einer weiteren gründlichen Untersuchung, damit auch aus Sicht der Fächer und damit der Fachdidaktiken die divergierenden Erwartungshaltungen und die forschungsmethodischen Herausforderungen in Zukunft besser eingeschätzt und bewältigt werden können.

Literatur

Bach, A. (2015). *Das Praxissemester in der Lehrerinnen- und Lehrerbildung: Ergebnisse einer Evaluationsstudie zum Praxissemester an der Europa-Universität Flensburg*. Flensburg: Zentrum für Lehrerinnen- und Lehrerbildung.

Burwitz-Melzer, E., Mehlhorn, G., Riemer, C., Bausch, K.-R. & Krumm, H.-J. (2016). Fremdsprachendidaktik und Sprachlehr-/lernforschung. In Dies. (Hrsg.), *Handbuch Fremdsprachenunterricht* (S. 1-7). Tübingen: Francke.

Caspari, D. (2016). Grundfragen fremdsprachendidaktischer Forschung. In D. Caspari, F. Klippel, M. K. Legutke & K. Schramm (Hrsg.), *Forschungsmethoden in der Fremdsprachendidaktik* (S. 7-21). Tübingen: Narr.

Großmann, K., Bach, A. & Winkel, J. (2016). Das Praxissemester an der Europa-Universität Flensburg. In R. Schüssler, A. Schöning, V. Schwier, S. Schicht, J. Gold & U. Weyland (Hrsg.), *Im Praxissemester forschend Lernen - Umsetzung in Schule, Universität und Studienseminar* (S. 81-87). Bad Heilbrunn: Klinkhardt.

Schüssler, R., Schwier, V., Klewin, G., Schicht, S., Schöning, A. & Weyland, U. (Hrsg.) (2014). *Das Praxissemester im Lehramtsstudium: Forschen, Unterrichten, Reflektieren*. Bad Heilbrunn: Klinkhardt.

Weyland, U. & Wittmann, E. (2011). Zur Einführung von Praxissemestern: Bestandsaufnahme, Zielsetzungen und Rahmenbedingungen. In U. Faßhauer, B. Fürstenau & E. Wuttke (Hrsg.), *Grundlagenforschung zum Dualen System und Kompetenzentwicklung in der Lehrerbildung* (S. 49-60). Opladen: Budrich.

Nicole MARMÉ, Heidelberg; Jens-Peter KNEMEYER, Heidelberg

Lucycity – eine Konzeption für den forschenden Unterricht am Beispiel Nanotechnologie

1. Einleitung

Die Gesellschaft und das verfügbare Wissen wandeln sich durch Globalisierung und Digitalisierung in nie dagewesener Geschwindigkeit. Durch zukünftige Entwicklungen, bspw. künstliche Intelligenz, dürfte sich dieser Prozess noch weiter beschleunigen. Dies führt dazu, dass sich die Anforderungen an die jungen Generationen dramatisch ändern. So werden heute auf dem Arbeitsmarkt neben fachlichem Wissen viele weitere Kompetenzen, besonders die Fähigkeit zu lebenslangen Lernen gefordert (Barell, 2010). Dies führte dazu, dass sich neuere Bildungspläne stärker auf die Vermittlung von Kompetenzen fokussieren. Viele der geforderten Kompetenzen können durch forschendes Lernen gefördert werden. Dies gilt insbesondere wenn der Forschungsprozess möglichst umfassend abgebildet wird. Dazu gehört eigenständiges Arbeiten an längeren wissenschaftlichen Projekten, inklusive (eigener) Fragestellung, Planung und Durchführung von Experimenten/Untersuchungen, Auswertung, Interpretation der Daten und Kommunikation der Ergebnisse. Forschendes Lernen kann aber auch zu Schwierigkeiten führen, beispielsweise bezüglich der Ergebnissicherung, Erfüllung des Lehrplans oder des Zeitmanagements. Mit *Lucycity* ist ein Lehr/Lernkonzept entstanden, dass vielen der genannten Schwierigkeiten entgegenwirkt (Knemeyer, Keller, & Marmé, 2010; Marmé, Kneißel, & Knemeyer, 2011). Das Konzept wird im Folgenden an einem Umsetzungsbeispiel aus der Nanotechnologie erläutert.

Nanotechnologie ist zurzeit nur selten Thema in der Schule und findet sich kaum in den Bildungsplänen, obwohl sie als Schlüsseltechnologie des 21. Jahrhunderts mit vielen Chancen und Risiken gilt. Für das Jahr 2020 wird mit einem Weltmarktvolumen von Nano-Produkten von bis zu drei Billionen US-Dollar gerechnet (Roco, Mirkin, & Hersam, 2011). Vor diesem Hintergrund wurden spezielle Angebote (einwöchige Nano-Orientierungs-Akademien) entwickelt, um Mädchen der gymnasialen Oberstufe an das Thema heranzuführen und zur Aufnahme eines entsprechenden Studiums zu motivieren. Aus den Akademien lassen sich zwar einzelne Bausteine, beispielsweise Synthese von Nanopartikeln (nach Anleitung) in die Schule übertragen (Marmé, Aupperle-Pauls, Pauls, & Knemeyer, 2014), für ein alltagstaugliches, forschendes Lernen sind aber viele Anpassungen nötig.

2. Das Unterrichtskonzept Lucycity

Lucycity ist eine virtuelle Lernstadt, in der verschiedene fiktive Firmen und Einrichtungen angesiedelt sind, die mit ihren Internetseiten den Hintergrund für unterschiedlichste Projekte, von Kosmetikherstellung (Seeberg, Jannack, Knemeyer, & Marmé, 2011) bis zum Bau beleuchteter Kunstwerke (Knemeyer, Hörner, & Marmé, 2015) bilden. Die Lucycity-Projekte sind prinzipiell ähnlich aufgebaut und erstrecken sich über mindestens zehn Unterrichtsstunden. Je nach Gegebenheiten und Anforderungen können sie individuell angepasst werden.

Abteilungsleiterkonzept. Alle Projekte zielen (wie das forschende Lernen) auf die Förderung verschiedener Kompetenzen ab. Eine wichtige Rolle spielt hierbei die Teamfähigkeit, besonders die teaminterne Organisation. Deshalb werden die Schülergruppen nach dem Abteilungsleiterkonzept gebildet. Dabei werden nach kurzen Bewerbungsgesprächen einige SchülerInnen als AbteilungsleiterInnen ausgesucht, die dann ihre Abteilungen zusammenstellen. Diese tragen für ihre Gruppen die Verantwortung und dienen als AnsprechpartnerInnen für die Lehrkraft. Die Organisationsform ermöglicht auch bei sehr freiem Arbeiten eine gute Strukturierung der Klasse.

Der Auftrag. Das Projekt beginnt mit der Erteilung eines Auftrages. Die Teams bekommen ein Anschreiben der Nano Research Association (NORA), in dem sie beauftragt werden ein neues Nano-Spray mit Lotuseffekt zu untersuchen.

„Wir beauftragen Sie, mit dem Spray behandelte Oberflächen bezüglich des Abperlverhaltens von Wasser eingehend zu untersuchen. Es soll gezeigt werden, für welche Oberflächen eine Behandlung sinnvoll ist und für welche Materialien das Spray nutzlos ist. Hierzu müssen geeignete standardisierte Versuche, Versuchsaufbauten und Vorschriften entwickelt werden,.... Sie werden die Gelegenheit haben uns Ihre Ergebnisse am ___ (Zeitpunkt des Projektendes) *in einem 10-minütigem Vortrag zu präsentieren.“* [1]

Als Nanospray kann ein Schuhspray mit Nanoeffekt verwendet werden. Die Wahl der Oberflächenmaterialien steht den SchülerInnen zwar frei, es kann aber auch ein Stück Holz, Dachziegel, Papier und Stoff bereit gelegt werden. Neben dem Erarbeiten fachlicher Inhalte, beispielsweise Lotuseffekt, liegt die Schwierigkeit dieses Auftrages in der Konzeption reproduzierbarer Experimente zur Untersuchung des Abperverhaltens. Ist ein geeigneter Versuchsaufbau entwickelt, beispielsweise eine schiefe Ebene mit einstellbarem Steigungswinkel, besteht die nächste Herausforderung in der übersichtlichen

[1] Das Anschreiben kann unter www.didaktik-aktuell.de/index.php/fuer_Lehrer heruntergeladen werden.

Dokumentation, Auswertung und Interpretation der Ergebnisse, sowie in der Vorbereitung der Präsentation.

Internetseiten. Da die firmeneigene Internetseite (nora.lucycity.de) den Hintergrund für mehrere Projekte liefert, finden sich hier sehr viele Informationen, von Anwendungsgebieten der Nanotechnologie bis hin zu Chancen und Risiken. Für das hier vorgestellte Projekt sind die Informationen über nanostrukturierte Oberflächen und den Lotuseffekt von besonderem Interesse. Die Internetseiten erhöhen die Authentizität des Projektes, wodurch die Schülermotivation gesteigert werden soll. Außerdem dienen sie der schülergerechten Darstellung von fachlichen Inhalten, als Startpunkt weiterführender Recherche und als Teil eines gemeinsamen Wissensfundaments, das sich in Klassenarbeiten abfragen lässt.

Mitarbeiterseminare. Die meist geäußerte Kritiken an sehr freien Unterrichtsmethoden mit eigenen Forschungsfragen sind fehlende Erfüllung des Lehrplans und der Erwerb diffusen und sehr unterschiedlichen Wissens, welches sich nur schwer abprüfen lässt. Um dem entgegenzuwirken, wurden in das Lucycity-Konzept Mitarbeiterseminare eingeführt. Diese unterbrechen die selbstgesteuerten Arbeitsphasen in regelmäßigen Abständen, um allen SchülerInnen gemeinsam wichtige (lehrplan- oder klausurrelevante) Inhalte zu vermitteln. Die Mitarbeiter-Seminare dauern ein bis zwei Unterrichtsstunden und können im Frontalunterricht, aber auch in anderen Formen durchgeführt werden. Prinzipiell kann die Lehrkraft die Seminare auf die jeweiligen Anforderungen anpassen. Besonders durch die Zahl und Länge kann die Projektlaufzeit gesteuert werden. Mögliche Seminarthemen sind: Womit beschäftigt sich die Nanotechnologie?; Anwendungsgebiete; Chancen und Risiken; Lotuseffekt; Versuchsplanung; physikalische Eigenschaften von Nanopartikeln.

Ergebnisdokumentation. Die SchülerInnen sollen während des Projektes ein Portfolio führen, in dem sie alle Arbeiten und die fachlichen Inhalte, mit denen sie sich beschäftigen, dokumentieren und reflektieren und in dem sie ihren Fortschritt beurteilen und anstehende Aufgaben benennen. Das Portfolio dient nicht nur der Lehrkraft zur Schülerbeurteilung, sondern soll in erster Linie den SchülerInnen helfen, ihre Arbeiten zu strukturieren.

Präsentation. Jedes Projekt endet mit einer Präsentation der Ergebnisse. In dem hier vorgestellten Auftrag wird ein 10-minütigerVortrag verlangt, in dem die entwickelten Versuchsaufbauten und Ergebnisse vorgestellt werden sollen. Zusätzlich kann auch ein wissenschaftlicher Text gefordert werden und ein Training zum wissenschaftlichen Schreiben (Flechsig, Knemeyer, & Marmé, 2017a) durchgeführt werden. Um die Texte objektiv zu bewerten und qualifiziertes Feedback zu geben kann ein entsprechendes Kompetenzraster für wissenschaftliche Texte herangezogen werden. (Flechsig, Knemeyer, & Marmé, 2017b).

4. Diskussion und Ausblick

Forschendes Lernen wird in Schulen nur selten umgesetzt, da viele LehrerInnen bei freien Aufgabenstellungen einen Kontrollverlust und mangelnde Struktur befürchten. Das Lucycity-Konzept bietet für die SchülerInnen sehr offene Aufgabenstellungen und viele Freiheiten. Die Struktur des Abteilungsleiterkonzepts ermöglicht der Lehrkraft sich mit den einzelnen Gruppen zu beschäftigen. Durch die Internetseiten und die Mitarbeiterseminare werden in ausreichendem Maße die Kontrolle über zentrale Lerninhalte behalten und mit dem Portfolio und ggf. dem Kompetenzraster stehen geeignete Bewertungsmöglichkeiten zur Verfügung. Dieses allgemeine Konzept lässt sich auf viele Projekte übertragen und könnte einen Beitrag zur Implementierung forschenden Lernens in den Schulunterricht liefern.

Literatur

Barell, J. (2010). Excerpts from "Problem-Based Learning: The Foundation for 21st Century Skills". In J. Bellanca & R. Brandt (Hrsg.), *21stcentury skills: Rethinking how students learn* (S. 175–199). Bloomington: Solution Tree Press.

Flechsig, A., Knemeyer, J.-P., & Marmé, N. (2017a). Schreibtraining – Wissenschaftliches Schreiben im naturwissenschaftlichen Unterricht. didaktik-aktuell. https://doi.org/10.13140/RG.2.2.22283.69923

Flechsig, A., Knemeyer, J.-P., & Marmé, N. (2017b). Kompetenzraster für die Bewertung wissenschaftlicher Schülertexte. didaktik-aktuell.
https://doi.org/10.13140/RG.2.2.19339.39207

Knemeyer, J.-P., Hörner, L., & Marmé, N. (2015). Electronic Design – Physik im Kunstunterricht. In S. Bernholt (Hrsg.), *Heterogenität und Diversität - Vielfalt der Voraussetzungen im naturwissenschaftlichen Unterricht* (S. 250–252). Kiel: IPN.

Knemeyer, J.-P., Keller, C., & Marmé, N. (2010). *Teamorganisiertes Problemlösen (TOP) im Naturwissenschaft und Technik-Unterricht- Lucy's Diner (Ein Unterrichtsprojekt für die Klassen 8 - 10)*. Heidelberg: didaktik-aktuell

Marmé, N., Aupperle-Pauls, A., Pauls, F., & Knemeyer, J.-P. (2014). „Zwerge" aus dem Minilabor. *CHEMKON*, 21(4), 181–187.

Marmé, N., Kneißel, I., & Knemeyer, J.-P. (2011). Die virtuelle Lernstadt Lucycity im naturwissenschaftlichen Unterricht. In D. Höttecke (Hrsg.), *Naturwissenschaftliche Bildung als Beitrag zur Gestaltung partizipativer Demokratie* (S. 303–305). Münster: LIT-Verlag.

Roco, M. C., Mirkin, C. A., & Hersam, M. C. (2011). *Nanotechnology research directions for societal needs in 2020: summary of international study*. Springer.

Seeberg, S., Jannack, V., Knemeyer, J.-P., & Marmé, N. (2011). Marmétics - ein Kosmetikprojekt in der virtuellen Lernstadt Lucycity. In D. Höttecke (Hrsg.), *Naturwissenschaftliche Bildung als Beitrag zur Gestaltung partizipativer Demokratie* (S. 306–308). Münster: LIT-Verlag.

Matthias MÜLLER, Jena; Lucas GEITEL, Jena

Mathematische Experimente als Basis für Forschendes Lernen - Konzeption und empirische Befunde des SFZ Mathematik mit digitalen Werkzeugen

Obwohl das forschende Lernen im regulären Mathematikunterricht nicht den überwiegenden Teil der Unterrichtszeit einnimmt, ist es von entscheidender Bedeutung für die Kompetenzentwicklung der Lernenden. Die Aneignung von Heuristiken ist für die Bahnung von Erkenntnisprozessen immanent. Das experimentelle Arbeiten birgt eine hohe Motivation, die die Lernenden nachhaltig für ein Thema begeistern kann. Aus diesen Gründen ist es wichtig, den Lernenden über den regulären Mathematikunterricht hinaus Raum zum Experimentieren, Forschen und Entdecken zu geben.

In dem Beitrag wird der theoretisch-didaktische Rahmen eines außerschulischen Lernortes, die Konzeption des Schülerforschungszentrums Mathematik mit digitalen Werkzeugen, vorgestellt. Erste empirische Befunde im Sinne einer Evaluation der Konzeption veranschaulichen die wissenschaftliche Begleitung des Projektes. Abschließend soll ein Beispielexperiment das Konzept verdeutlichen und die Nutzung der digitalen Werkzeuge illustrieren.

1. Schülerforschungszentrum Jena

Das Schülerforschungszentrum (SFZ) ist ein Netzwerk von Schulen und Fakultäten der Friedrich-Schiller-Universität in Jena. Die verschiedenen Bildungseinrichtungen bündeln ihre Kräfte, um den Lernenden attraktive und innovative Lernumgebungen zu ermöglichen. Der WITELO e.V. übernimmt die Organisation der Netzwerkpartner. Die Stadt hat die Trägerschaft inne. Unterstützt wird das SFZ durch die Stiftung für Innovation und Forschung Thüringen und die Joachim Herz Stiftung.

Ein wichtiger Teil des SFZ stellt der Bereich Mathematik mit digitalen Werkzeugen dar. An sechs Thüringer Schulen werden Forscherclubs zum Teil im regulären Unterricht angeboten. Darüber hinaus besteht ein zentrales Angebot an der Friedrich-Schiller-Universität. Durch einen forschend-entdeckenden Arbeitsansatz sollen die Lernenden in ihrer Neugier und in ihrem Interesse an Mathematik und den Naturwissenschaften bestärkt werden. In ihrer explorativen Tätigkeit sollen sie unterstützt und für die Teilnahme an entsprechenden Wettbewerben wie z.B. Jugend forscht befähigt werden. Die Konzeption des SFZ Mathematik mit digitalen Werkzeugen liefert den theoretisch-didaktischen Rahmen.

N. Neuber, W. Paravicini, M. Stein (Hrsg.): Forschendes Lernen – The wider view. Tagungsband. Münster: WTM-Verlag 2018.

2. Konzeption SFZ Mathematik mit digitalen Werkzeugen

Forschendes Lernen ist ein umfassender Begriff, der in seinem Kern besser als entdeckendes Lernen bezeichnet werden kann. Damit ist gemeint, dass der Lernende im Mittelpunkt des Geschehens steht. Es laufen Prozesse im Unterricht ab, die zu einem Verständnis von Konzepten und Beziehungen führen. Dabei werden größtmögliche mathematische Aktivitäten bei den Lernenden mit Unterstützung der Lehrkraft erzeugt. Die mathematische Diskussion besitzt einen wichtigen Stellenwert (Mehlhase 1994, S. 10). Unter Lernen wird in diesem Zusammenhang im Sinne Deweys (1951) der folgende Prozess verstanden: *Durch Erfahrung lernen heißt, das, was wir den Dingen tun und das, was wir von ihnen erleiden, nach rückwärts und vorwärts miteinander in Verbindung zu bringen* (Mehlhase 1994, S. 25). Speziell mathematisches Lernen kann als aktiver Aufbau bzw. Konstruktion von kognitiven Strukturen beschrieben werden. Die Strukturen entstehen in komplexen Handlungsabläufen in adäquaten Handlungskontexten aufgrund einer Aufmerksamkeitsverlagerung auf die relevanten Stellen für eine mathematische Operation, die als Bindeglieder der vorhanden formalen Konzepte fungieren. Über diese Stellen der Aufmerksamkeit kann später das Gelernte wieder reaktiviert und auch verfeinert werden. Das heißt, die kognitiven Strukturen werden weiterentwickelt, das Individuum hat dazu gelernt (Dörfler 1991/ Mehlhase 1994, S. 53).

Bei diesem Prozess können digitale Werkzeuge das Verständnis mathematischer Begriffe und Verfahren unterstützen sowie zum operativen Umgang damit beitragen. Es muss grundsätzlich bemerkt werden, dass der Einsatz eines Werkzeugs Form und Inhalt der Arbeit verändert (Mehlhase 1994, S. 142). Es gibt einen engen und komplementären Zusammenhang zwischen den Konzepten und den Werkzeugen, den Mitteln der Tätigkeit, die sich wechselseitig bestimmen (Dörfler 1991, S. 53). Diese Wechselwirkung beschreibt die instrumentale Genese. Dabei kann der Lernende aufgrund der Verwendung des Werkzeugs und der Auseinandersetzung mit dem mathematischen Konzept, das Werkzeug vom unverstandenen Artefakt zum gezielt verwendeten Instrument weiterentwickeln. Die instrumentale Genese ist ein zentraler Bestandteil der Trias Task-Technique-Theory (Drijvers 2004). Die fachdidaktische Theorie der Task-Technique-Theory bildet die theoretische Grundlage für die empirische Begleituntersuchung.

3. Erste Befunde einer empirischen Evaluation

Die Begleituntersuchung erfolgt anhand von Vergleichskriterien, die zu einer differenzierteren Diagnostik und Förderung beitragen können. Die Erarbeitung etwaiger Vergleichskriterien verlangt einen ganzheitlichen Ansatz, der u.a. leistungsmotivationale Aspekte umfasst, die geschlechts- und begabungsspezifisch eventuell unterschiedliche Ausprägungen besitzen können. Die Längsschnittstudie umfasst den Untersuchungszeitraum von zwei Schuljahren (16/17 & 17/18) mit vier Messzeitpunkten (T1, T2, T3, T4) Die Stichprobe beinhaltet alle Teilnehmer des SFZ Mathematik mit digitalen Werkzeugen in Thüringen. Die Studie weist im Sinne der Methodentriangulation ein Mix-Method-Design auf. Quantitative Elemente beinhalten einen erprobten Fragebogen zu leistungsmotivationalen Aspekten (Selbstkonzept, Attribution und Interessen) mit Vier-Punkt-Likertskalen (Benölken 2013). Qualitative Elemente sind die pädagogisch-ikonologische Bildinterpretation in drei Schritten: Bildanalyse, Kontextanalyse, komparative Analyse (Schulze 2013).

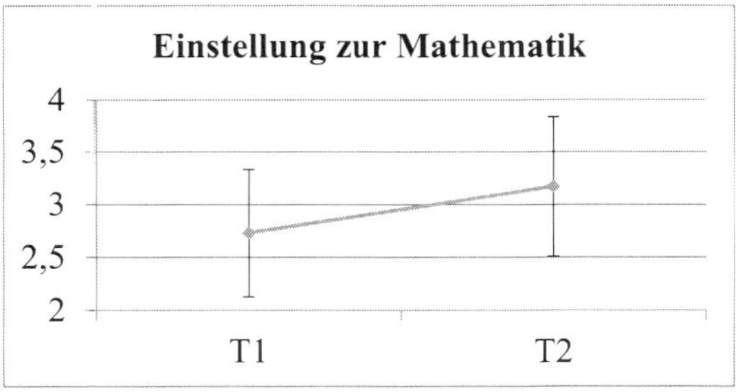

Abb. 1: *Vergleich des leistungsmotivationalen Aspektes Einstellung zur Mathematik: N=35, Anfang T1 und Ende T2 des SJ 16/17, Vierpunkt-Likertskala, arithmetisches Mittel dreier Items*

Es zeigt sich, dass sich die Einstellung zur Mathematik bei den Teilnehmern signifikant ($\alpha = 0{,}015$; Wilcoxon Test) verbessert hat. Die verbesserte Einstellung zur Mathematik wird zum Beispiel auch in den Schülerprodukten (Handzeichnungen) des Lerneden A213U deutlich. Die Darstellung des Bildes von Mathematik wirkt am T2 farbenfroher, vielseitiger und facettenreicher. Interessant sind die Anker (Kugel und Formeln), die fest mit der Mathematik verbunden werden. Spannend ist die Glühbirnen-Symbolik, die einen Heureka-Moment verdeutlichen könnte.

T1 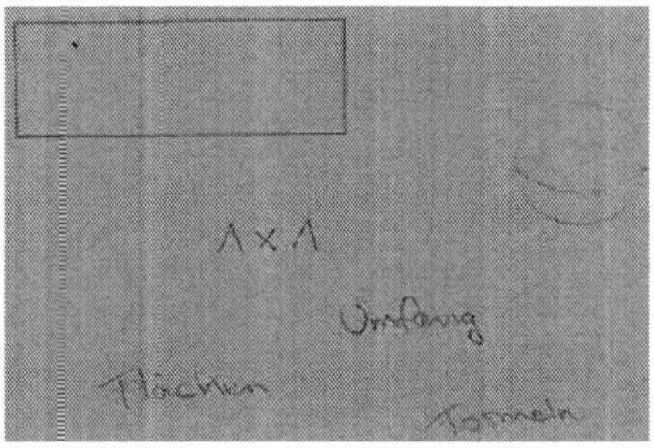

T2 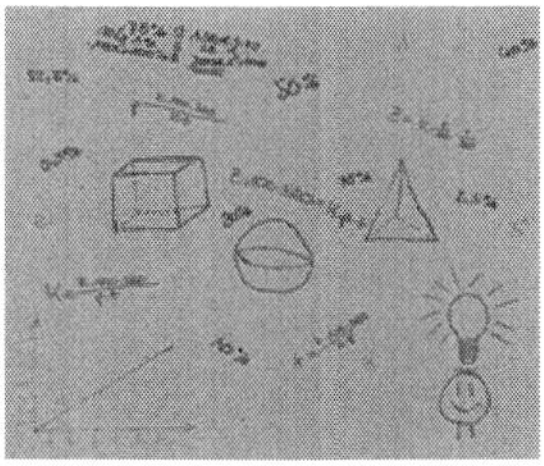

Abb. 2: *Schülerprodukte (Handzeichnungen) zum leistungsmotivationalen Aspekt Einstellung zur Mathematik (Bild von Mathematik): Lernende A213U; Anfang T1 und Ende T2 des SJ 16/17.*

4. Experiment: Länger als gedacht?

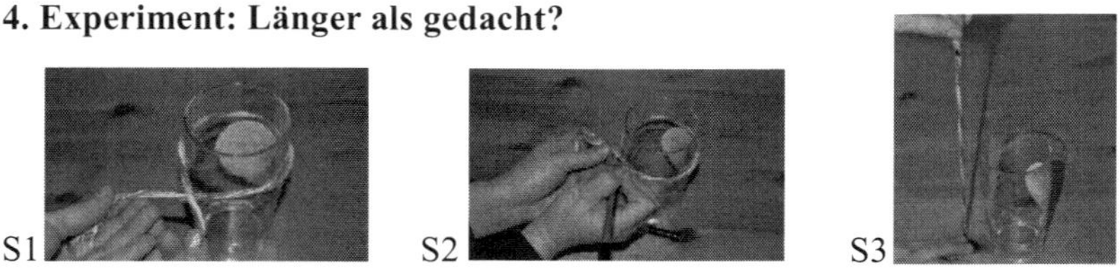

Abb. 3: *Durchführung des Experimentes Länger als gedacht in 3 Schritten.*

a) Wickle den Strick um das Glas, sodass ein geschlossener Kreis entsteht. Es eignet sich, die Stellen des Strickes zu kennzeichnen, durch die der Kreisumfang des Glases definiert wird.

b) Entwickle eine Hypothese, wie sich die definierte Länge des Strickes zur Höhe des Glases verhält. (Es gibt drei Möglichkeiten: $l < h$, $l > h$, $l = h$)

c) Überprüfe deine Hypothese, indem du die Länge des Strickes im Vergleich zur Höhe darstellst. *Wie kann man das Ergebnis erklären?*

Visuell trügt der erste Eindruck des Verhältnisses zwischen Umfang und Höhe des Glases (Kreiszylinder). Der Umfang eines Kreises ist $u = d \cdot \pi$. Beim Blick auf einen Kreiszylinder wird meist nur der Durchmesser wahrgenommen und dieser ins Verhältnis zur Höhe gesetzt. Der Umfang ist jedoch um den Faktor π, also ca. das Dreifache, größer. Dieses Experiment kann der Ausgangspunkt für viele weitere spannende Fragen sein. Die Lernenden haben sich z. B. mit Kreiszylindern beschäftigt, deren Höhen den Umfängen gleichen. Die Eigenschaften haben sie mithilfe der Software GeoGebra erkundet. Final haben sie sich auf die Suche nach Gebäuden (Türmen) in ihrer Umgebung gemacht, die diesem Verhältnis entsprachen.

Literatur

Benölken, R. (2014). Begabung, Geschlecht und Motivation. *Journal für Mathematik-Didaktik*. 35. S. 129–158.

Dewey, J. (1951). *Wie wir denken. Eine Untersuchung über die Beziehung des reflektiven Denkens zum Prozess der Erziehung*. Morgarten.

Drijvers, P. (2004). Learning algebra in a computer algebra environment. *The International Journal of Computer Algebra in Mathematics Education*. 11 (3). S. 77-89.

Dörfler, W. (1991). Der Computer als kognitives Werkzeug und kognitives Medium. In W. Dörfler (Hrsg.), *Schriftenreihe Didaktik der Mathematik Band 21. Computer – Mensch – Mathematik*. Hölder-Pichler-Tempsky.

Schulze, T. (2013). Bildinterpretation in der Erziehungswissenschaft. In B. Frieberthäuser; A. Langer; A. Prengel (Hrsg.), Handbuch Qualitative Forschungsmethoden in der Erziehungswissenschaft. Beltz Juventa.

Mehlhase, U. (1994). *Informations- und kommunikationstechnische Grundbildung in einem forschenden Mathematikunterricht*. Franzbecker.

Renate NOCON-STOFFERS, Münster

Forschendes Lernen und Unterrichtsvorhaben im Praxissemester – Anatomie einer Feindschaft!?

1. Problemaufriss

Forschendes Lernen ist Leitkategorie im Praxissemester NRW. Dessen besonderes Potenzial für die Professionalisierung angehender Lehrkräfte wird darin gesehen, dass sich in der Schulpraxis viele Möglichkeiten einer sinnstiftenden Praxis-Theorie-Verknüpfung in einem authentischen Lernsetting ergeben. Alle im Praxissemester vorgesehenen Lernformate, d.h. auch Unterrichtsvorhaben, sollen im Modus Forschenden Lernens entstehen und als Elemente der Professionalisierung eine forschende Lernhaltung fördern (vgl. Steuergruppe 2014, MSW NRW 2010). Diese soll Studierenden ermöglichen, ihr zukünftiges Handlungsfeld erforschen zu können.

Jedoch konnotieren Studierende Unterrichtsvorhaben nicht mit Forschendem Lernen, sondern reduzieren es auf Studienprojekte (vgl. Nocon-Stoffers, 2017). Bisweilen sehen sie Unterrichten und Forschen als konkurrierende Komponenten an. Ihr Wunsch zu unterrichten ist deutlich größer als ihre Forschungsbereitschaft. Entsprechend einseitig fallen die Erwartungen an das ZfsL aus (ebd.). Aktuellen Studien zufolge erschließt sich Studierenden die Relevanz Forschenden Lernens im Praxissemester teilweise gar nicht, da es nicht mit ihrem Bild vom Lehrerberuf harmoniert (vgl. z.B. MSW NRW 2016, Fichten 2017). Eine Vielzahl an Definitionen für Forschendes Lernen erweitert die Problematik zudem auf theoretischer bzw. inneruniversitärer Ebene. Diese reichen von einem engen Forschungsverständnis im Sinne objektiv neuer Erkenntnisse bis zu methodisierter Praxisreflexion (vgl. Aeppli 2016).

Hinsichtlich dieser Problematik wurden im Workshop Affinitäten zwischen Forschendem Lernen und der Planung, Durchführung und Reflexion von Unterrichtsvorhaben aufgezeigt und anhand eines konkreten Unterrichtsvorhabens exemplarisch überprüft. Zudem wurde die Frage gestellt, wie Forschendes Lernen im Kontext von Unterrichtsvorhaben unterstützt werden und gelingen kann. Mögliche didaktisch-methodische Schwerpunkte bei Unterrichtsvorhaben, Praxisbegleitung und Reflexionsgespräch wurden diskutiert, die die Entwicklung einer forschenden Lernhaltung im Kontext von Unterrichtsvorhaben unterstützen können.

2. Forschendes Lernen und Unterrichtsvorhaben – Anatomie einer ziemlich guten Freundschaft

Liegt einem Unterrichtsvorhaben ein konstruktivistisches Lehr-Lernverständnis zu Grunde und ist es adaptiv ausgerichtet, ist der Planungs- und auch Durchführungsprozess von quasi-experimentellen Überlegungen, Fragestellungen und Theoriebezügen geprägt. Fernab von der Vollstreckung eines „wasserdichten“ Plans geht es bei hochwertigen Unterrichtsvorhaben um Erkundung, Vergewisserung und Anpassung an vielfältige, teils antinomische Bedingungen. Im Zuge dessen sind Offenheit, Flexibilität, Reflexivität und Diskursbereitschaft im Umgang mit der eigenen Planung Indikatoren für eine professionell agierende, lernende (angehende) Lehrkraft. So gesehen ist die Planung und Durchführung von Unterrichtsvorhaben ein forschend-kreativer Prozess und harmoniert mit Elementen Forschenden Lernens. In der folgenden Gegenüberstellung werden wesentliche Schritte Forschenden Lernens (z.B. nach Huber 2009) mit der Planung und Durchführung eines Unterrichtsvorhabens verglichen (vgl. Abb.1).

<table>
<tr><th>Forschendes Lernen</th><th>Planung, Durchführung und Reflexion von Unterrichtsvorhaben</th></tr>
<tr><td>1. Wahrnehmen eines Ausgangsproblems</td><td>1. Diagnostizieren einer Lernausgangslage</td></tr>
<tr><td>2. Finden einer Fragestellung</td><td>2. Fixierung von Fragestellungen und Handlungsoptionen</td></tr>
<tr><td>3. Erarbeiten von Informationen und theoretischen Zugängen (Forschungslage)</td><td rowspan="2">3./4. Erarbeiten von Informationen und theoretischen Zugängen im Planungsprozess: Forschungslage zum Gegenstand, zur didaktisch-methodischen Aufbereitung, Theoriebezüge bei Begründungen didaktisch-methodischer Entscheidungen</td></tr>
<tr><td>4. Auswahl und Aneignung von Methoden</td></tr>
<tr><td>5. Entwickeln eines Forschungsdesigns</td><td>5. lerngruppen- und theoriebasierte Planung eines Unterrichtsvorhabens</td></tr>
<tr><td>6. Durchführung einer forschenden Tätigkeit</td><td>6. Durchführung des geplanten Unterrichtsvorhabens</td></tr>
<tr><td>7. Erarbeitung und Präsentation der Ergebnisse</td><td>7. Interpretation des Unterrichtsgeschehens und des Lernertrags</td></tr>
<tr><td>8. Reflexion des gesamten Prozesses</td><td>8. Reflexion von Planung und Durchführung des Unterrichts</td></tr>
</table>

Abb.1: Affinitäten zwischen Forschendem Lernen und Unterrichtsvorhaben (eigene Darstellung modifiziert nach Huber, 2009)

Über diese Schritte hinaus könnten auf der Mikroebene unterrichtlicher Planung, Durchführung und Reflexion weitere Fragestellungen und Handlungsoptionen identifiziert und bspw. im Rahmen des handelsüblichen didaktisch-methodischen Kommentars fixiert werden.

3. Erkundungen in einem studentischen Unterrichtsvorhaben

Im Workshop stellte Felix Ostermann sein im Praxissemester durchgeführtes Unterrichtsvorhaben im Fach Sport vor, das anschließend mit Forschendem Lernen in Beziehung gesetzt wurde (vgl. Abb.1 u. Nocon-Stoffers/Ostermann 2017). Ausgangspunkt für das Unterrichtsvorhaben zum Thema *Wir entwickeln unsere eigenen Tischtennisspiele und verbessern taktische und technische Grundlagen* sind Beobachtungen in zwei sechsten Klassen. Während die eine recht geschlossen unterrichtet wird, gestaltet die Lehrkraft in der Parallelklasse Sportunterricht offen. Herr Ostermann schätzt erstere als kognitiv leistungsstark und motorisch heterogen ein. Zudem nimmt er wahr, dass motorisch inaktive SchülerInnen den Unterricht bisweilen stören. (vgl. Abb. 1, Phase 1). Die Fragestellungen, die sich für den Studierenden hinsichtlich der Lernausgangslage ergeben, lauten: *Wie nimmt die Klasse, die bisher überwiegend eng geführte, deduktive Vermittlungsmethoden kennengelernt hat, offene und induktive Vermittlungsmethoden an? Wie kann ich einen reibungslosen Ablauf gewährleisten? Wie kann ich die Schülerinnen und Schüler individuell fördern? Welches Spielvermittlungskonzept wende ich an?* (Phase 2). Gemäß Phase 3/4 recherchiert er Informationen zum Tischtennisspiel, zur Sportspielvermittlung, zu offenen und induktiven Lernformen sowie individueller Förderung. Er plant das Unterrichtsvorhaben, dokumentiert Fragestellungen (Phase 5) und führt es durch (Phase 6). Die Reflexion des Unterrichtsgeschehens verläuft in Mikrozirkeln von Stunde zu Stunde, um bisherige Planungsentscheidungen ggf. flexibel anzupassen und weitere zu treffen. Herr Ostermann reflektiert, dass Unterrichtsstörungen weiterhin vorhanden sind und fragt sich, wie motorisch inaktive SchülerInnen sinnvoll eingebunden werden können (Phase 2,7-8). Im Sinne professioneller Selbsterkundung konstatiert er, dass offene Vermittlungsansätze im Sportunterricht mit einem hohen organisatorischen Aufwand einhergehen, der (in diesem Fall) mit einer hohen Einsatzbereitschaft und Spielfreude seitens der Lerngruppe – trotz ungewohnter Methodik – belohnt wird. Er bilanziert, dass offener Sportunterricht kognitive Prozesse und Sozialkompetenzen fördern kann. Auch die Erprobung des sog. Taktikspielkonzepts hat sich seiner Ansicht nach bewährt. Im Beratungsgespräch werden u.a. Möglichkeiten einer stärkeren Einbindung von motorisch inaktiven SchülerInnen zur Prävention von Unterrichtsstörungen erörtert und weitere Erkundungsideen festgehalten. Zudem werden kongruente Strukturen zwischen Forschendem

Lernen und Unterrichtsvorhaben thematisiert. Retrospektiv bewertet Herr Ostermann die an seinen eigenen Fragen und Selbstbeobachtungsaufträgen orientierte Beratung positiv und dokumentiert Lernerfahrungen, -ergebnisse und weitere Fragestellungen.

4. Unterstützung Forschenden Lernens im Rahmen von Unterrichtsvorhaben

Das Beispiel verdeutlicht, dass Unterrichtsvorhaben ihr Professionalisierungspotenzial entfalten können, wenn Studierende sie forschend angehen, eine Fragehaltung entwickeln und Rückmeldungen von ZfsL und Schule für das eigene Lernen nutzen. Vor Durchführung eines erforschenden Unterrichtsvorhabens ist bspw. die schriftliche Fixierung von Vorüberlegungen (Formulierung von Fragen, Hypothesen, Abwägungen von Alternativen, Begründungen der getroffenen Entscheidungen, verbleibenden offenen Fragen, ...) hilfreich. Nach der Praxisbegleitung kann ein reflexiver Bericht über erfüllte Planungserwartungen, aufgetretene Schwierigkeiten, Abweichungen von der Planung, Rückbezüge zur ursprünglichen Fragestellung, Ableitungen neuer Fragestellungen, Beratungsergebnisse, Perspektiven usw. Reflexionsprozesse vertiefen und sichern. Diese Dokumentation (z.B. im Portfolio) sollte im Vorbereitungsdienst zur Verstetigung Forschenden Lernens aufgegriffen und habitualisiert werden.

Literatur

Aeppli, J. (2016). Forschendes Lernen. In E. Jürgens (Hrsg.), *Erfolgreich durch das Praxissemester. Gestaltung, Durchführung, Reflexion* (S. 151-164). Berlin: Cornelsen.

Fichten, W. (2017). Forschendes Lernen in der Lehrerbildung. In R. Schüssler et al. (Hrsg.), *Forschendes Lernen im Praxissemester. Zugänge, Konzepte, Erfahrungen* (S. 30-38). Bad Heilbrunn: Verlag Julius Klinkhardt.

Ministerium für Schule und Weiterbildung (MSW) NRW (2016). Das Praxissemester auf dem Prüfstand. Beilage Schule NRW 11/2016.

Ministerium für Schule und Weiterbildung (MSW) NRW (2010). Rahmenkonzept Praxissemester.

Nocon-Stoffers, R. (2017, i. Dr.). Wider den heimlichen Lehrplan im Praxissemester! – Wie Forschendes Lernen Sportstudierender am ZfsL unterstützt werden kann. In N. Ukley & B. Gröben (Hrsg.), *Forschendes Lernen im Praxissemester. Begründungen, Befunde und Beispiele aus dem Fach Sport*. Wiesbaden: VS-Springer.

Nocon-Stoffers, R., Ostermann, F. (2017, i. Dr.). „Wie nimmt eine Klasse 6 offene Lernformen im Tischtennis an, die bisher eher eng geführt wurde?“ – Forschendes Lernen im Rahmen eines Unterrichtsvorhabens im Praxissemester. In N. Ukley, B. Gröben (Hrsg.), *Forschendes Lernen im Praxissemester. Begründungen, Befunde und Beispiele aus dem Fach Sport*. Wiesbaden: VS-Springer.

Steuergruppe Praxissemester Münster (2014). Orientierungsrahmen Praxissemester für die Ausbildungsregion Münster.

Britta NOLTE, Leer; Johann SJUTS, Leer; Stephan ULRICHS, Leer

Forschendes Lernen im Referendariat – Professionalisierung durch Praxisforschung im Fremdsprachenunterricht

1. Einführung

Infolge der empirischen Wende hat die Evidenzbasierung Einzug in die Pädagogik gehalten. Ideen und Konzepte bieten ohne empirische Fundierung keine ausreichende Sicherheit für Handlungen und Entscheidungen in Schule und Unterricht. Stets sind Erkenntnisse aus der Bildungs-, Unterrichts- und Lehr-Lern-Forschung wie auch aus der Schul- und Professionsforschung einzubeziehen. Das bedeutet zugleich, dass die Lehrerausbildung sich selbst an Evidenzbasierung auszurichten und angehenden Lehrkräften ein evidenzbasiertes Professionswissen zu vermitteln hat. Somit gehört ein berufsfeldbezogenes forschendes Lernen, kurz „Praxisforschung", zum festen Bestandteil sowohl der 1. als auch der 2. Phase der Lehrerausbildung.

Praxisforschung zielt darauf, in Interaktion mit der Umgebung Antworten auf Fragen zu erhalten, die in der eigenen Berufspraxis entstehen, um diese zu optimieren (van der Donk & van Lanen 2016:27). Berufsfeldbezogenes forschendes Lernen kann Lerngelegenheiten schaffen, aus denen durch die analytische Auseinandersetzung mit einer beruflichen Standardsituation eine Kompetenz für ein professionelles Handeln erwächst. Zudem bildet es die Voraussetzung für dessen berufslange Weiterentwicklung: „Die ideale Lehrkraft von heute ist eine forschende. Sie denkt kritisch über ihre Unterrichtserfahrungen nach, fragt sich, ob der Unterricht gut genug für ihre Schülerinnen und Schüler ist, und sammelt und bearbeitet Informationen, um darauf eine handfeste Antwort zu bekommen" (Bruggink & Harinck 2012:46).

Der skizzierte Anspruch kann auf vielfältige Weise seinen Niederschlag im Referendariat finden. Die im Vorbereitungsdienst in Niedersachsen verpflichtend einzureichende schriftliche Arbeit bietet in besonderer Weise eine Möglichkeit, sich auf evidenzbasierte Weise mit den Fragen der eigenen Berufspraxis auseinanderzusetzen und somit für Wissen, Können und Wollen ein ausgewiesenes Maß an Abstützung und Absicherung zu schaffen. Daher hat das Studienseminar Leer für das Lehramt an Gymnasien eine Neuorientierung der schriftlichen Arbeit als Studie zur Praxisforschung vorgenommen (Sjuts 2012, Sjuts & Ehrig 2014). Sie ist keine Miniaturausgabe der bisherigen Hausarbeit mit recht ausführlicher Dokumentation von Planung, Durchführung und Auswertung von Unterricht, sondern eine wissenschaftsbezogene Arbeit mit dem Charakter einer Studie. Als Anforderung gilt, dass die schriftliche Arbeit sich einerseits auf die Kompetenzentwicklung von

Schülerinnen und Schülern und andererseits auf die Wirkung des eigenen beruflichen Handelns bezieht.

Im Hinblick auf den Fremdsprachenunterricht sind in den Studien zur Praxisforschung in den vergangenen Jahren zahlreiche konkrete Fragestellungen aus dem Tätigkeitsfeld der angehenden Lehrkräfte untersucht worden. Diese Studien befassen sich insbesondere mit der Effektivität unterschiedlicher Methoden zur Ausbildung funktionaler kommunikativer Kompetenzen in den modernen Fremdsprachen Englisch, Französisch und Niederländisch, wie die folgenden Themen verdeutlichen:

- Eine Studie zur Effektivität der mündlichen Spontankorrektur im Vergleich zu nachbereitenden Korrekturphasen im Französischunterricht (Schuljahrgang 9, Gymnasium)
- Einsatz des Lesetagebuches zur Förderung von Lesekompetenz im Englischunterricht – exemplarisch untersucht anhand der Lektüre „Angela“ von James Moloney (Schuljahrgang 11, Gymnasium)
- Erweiterung der Aussprachekompetenz im Niederländischunterricht – eine Studie zur Wirksamkeit von kognitivem und kontextgebundenem Aussprachetraining (Schuljahrgang 11, Gesamtschule)

Wesentliche Impulse für die Professionalisierung durch Praxisforschung sind zwei phasen-, institutionen- und grenzübergreifenden Projekten zu verdanken, an denen das Studienseminar Leer beteiligt gewesen ist, der Lehrerausbildung im Verbundprojekt OLAW (in Kooperation mit der Universität Oldenburg) und der von der *Nederlandse Taalunie* geförderten Praxisforschung in der Lehrerausbildung in Leer und Leeuwarden (in Kooperation mit der Noordelijke Hogeschool Leeuwarden). Konzepte des Studienseminars Leer zum berufsfeldbezogenen forschenden Lernen sind an verschiedenen Stellen dargelegt worden (Sjuts 2012 sowie Sjuts & Ehrig 2014).

2. Eine Studie zum Vokabellernen im Fach Französisch

Anhand des Themas „Untersuchung der Wirksamkeit von Vokabellernen mit einem Computerprogramm im Hinblick auf Lernmotivation und Behaltensleistung im Französischunterricht des Schuljahrgangs 6 des Gymnasiums“ soll nun die Vorgehensabfolge a) Forschungsinteresse und theoretische Grundlagen, b) Forschungsdesign und Ergebniszusammenfassung, c) Fazit und Reflexion dargestellt werden.

a) „Vokabeln – zentrales Problem des Französischunterrichts?“ – so hinterfragt Poletti (2000:4) die Wortschatzarbeit beim Sprachenlernen, denn die Realität zeigt eine hohe Vergessensrate bei Lernern, welche auf eine fehlende langfristige Verankerung der Wörter im mentalen Lexikon zurückzuführen ist. Wortschatz ist essentiell für Kommunikation, seine Aneignung jedoch ist sehr komplex und das von Schülerinnen und Schülern vorwiegend angewandte Listenlernen gilt als ineffektiv (vgl. Poletti 2000, Aßbeck 2000, Nieweler 2006). Laut Leupold (2010:235) wird Vokabellernen von Lernern „als diejenige Aktivität erlebt, bei der vermutlich am stärksten [...] motivationale Interferenz gespürt wird", denn das Fehlen von Wörtern führt zu Frustration, Erfolg dagegen zu einem positiven Selbstwertgefühl. Aus lernpsychologischer Sicht (vgl. Aßbeck 2000, Kolacki 2006) ist daher individuell angepasstes Vokabellernen von zentraler Bedeutung für die Behaltensleistung. Die neuere Fachdidaktik (u. a. Lüders 2005, Nieweler 2006) und die niedersächsischen Lehrpläne schlagen u. a. didaktisierte PC-Vokabeltrainer vor, um individuelles Lernen zu ermöglichen. Zudem hat der Computer ein nachgewiesenes hohes Motivationspotenzial (vgl. Kraus 2005).

Aus dem theoretischen Lösungsansatz ergab sich folgende Fragestellung für den Französischunterricht einer 6. Klasse, in der sich die oben genannte Problematik widerspiegelte: Kann das Lernen mit dem PC-Vokabeltrainer *Teachmaster* die Behaltensleistung, die Motivation und den Spaß des Vokabellernens im Vergleich zum Listenlernen durchschnittlich erhöhen? Dabei galt es folgende Hypothesen zu untersuchen:

1. Es zeigen sich deutliche Unterschiede in der Behaltensleistung beim Lernen mit *Teachmaster* im Vergleich zum Listenlernen. 2. Das computergestützte Vokabellernen weist durchschnittlich eine bessere Behaltensleistung auf und ist somit effizienter als Listenlernen. 3. Die Lernmotivation und der Spaß beim Vokabellernen steigern sich durchschnittlich im Vergleich zum Listenlernen.

b) Die Untersuchung fand im Französischunterricht einer Klasse 6 mit 22 Schülerinnen und Schülern statt. Sie erfasste zunächst das Vokabellernverhalten und Einstellungen dazu, bevor das Programm *Teachmaster* eingeführt wurde. Der Lern- und Erhebungszeitraum umfasste zweieinhalb Monate. Im Vergleich zu Vokabeltests vor dem Erhebungszeitraum, als alle noch mit Listen lernten, erfolgte die Überprüfung der Behaltensleistung mit vier Vokabeltests (davon einem Langzeittest). Mit einem zweiten Fragebogen wurden abschließend Meinungen zum Lernen mit *Teachmaster* (u. a. Einschätzungen zu Motivation, Spaß, Behaltensleistung, Lernverhalten) erhoben.

Alle Hypothesen konnten verifiziert werden. Es ergab sich eine Steigerung aller Lerner (100%) bei normalen Vokabeltests (durchschnittlich um 4,53 P) und bei 19 Lernern (86%) im Langzeittest (durchschnittlich um 3,68 P). 13 Lerner (59,1%) waren im Vergleich motivierter, 15 (68,2%) hatten im Vergleich mehr Spaß. Das Vokabellernen fiel 20 Lernern (90,9%) leichter. 16 (72,7%) hatten das Gefühl, Vokabeln mit *Teachmaster* auch langfristig besser zu behalten. 77,3% der Lerner wollten weiter mit *Teachmaster* arbeiten.

Das Lernen am PC war aber nicht für alle gleich effektiv bzw. konnte nicht bei allen Motivation und Spaß steigern, sodass es keine passende Lernmethode für alle war. Das Lernen mit *Teachmaster* konnte in der Breite auch nicht das Hauptproblem der Akzentsetzung beheben.

c) Die Ergebnisse stimmen mit dem in der Forschung dargestellten positiven Lerneffekt durch regelmäßiges Wiederholen, individuelles Lernen sowie durch motivierendes Arbeiten mit dem PC grundsätzlich überein. Das Lernen mit einem PC-Programm ist eine Möglichkeit von vielen, um das Vokabellernen außerhalb des Unterrichts zu ergänzen, die Behaltensleistung zu verbessern und mit mehr Motivation Vokabeln zu lernen. Vokabellernen ist aber so individuell wie die Lerner selbst. Aufgrund der geringen Probandenzahl kann die Studie auch keine Repräsentativität beanspruchen. Zudem konnte eine Beeinflussung durch äußere Faktoren nicht ganz ausgeschlossen werden. Weiterhin stellt sich die Frage nach der Langzeitbehaltensleistung und das langfristige Motivationspotenzial des PC-Programms.

Literatur

Bruggink, M. & Harinck, F. (2012): De onderzoekende houding van leraren: wat wordt daaronder verstaan? In: Tijdschrift voor Lerarenopleiders. 33 (3), p. 46-53.

Donk, C. van der & Lanen, B. van (2016): Praktijkonderzoek in de school. Bussum

Sjuts, J. (2012): Schriftliche Arbeiten im Vorbereitungsdienst und ihre Bedeutung für das Berufsprofil von Lehrerinnen und Lehrern. In: SEMINAR – Lehrerbildung und Schule. Heft 1, 2012, S. 143-150

Sjuts, J. & Ehrig, D. (Hrsg.) (2014): Professionalisierung durch Praxisforschung. Schriftliche Arbeiten zur Stärkung eines evidenzbasierten Handelns im Berufsfeld Schule. Leer.

Aßbeck, J. (2000) „‚Der Lehrer sollte öfter abfragen …' Vokabellernen zu Hause und im Unterricht." In: Der fremdsprachliche Unterricht Französisch 3/2000. 33-37.

Kolacki, H. (2006) „Wortschatzarbeit individuell." In: Der fremdsprachliche Unterricht Französisch Heft 83. 2-7.

Kraus, A. (2005) „Umgang mit Neuen Medien: Chancen für einen innovativen Französischunterricht" In: Der fremdsprachliche Unterricht Französisch Heft 76. 2-7

Leupold, E (2010) Französisch lehren und lernen. Das Grundlagenbuch. Seelze.

Lüders, J. (2005) „Wortschatzlernen mit der Lernkartei?" In: PRAXIS Fremdsprachenunterricht 1/2005. 24-27

Meyer, S. (2009) Teachmaster. Online verfügbar unter: www.teachmaster.de

Nieweler, A. (2006) Fachdidaktik Französisch. Tradition, Innovation, Praxis. Stuttgart.

Polleti, A. (2000) „Vokabeln – zentrales Problem des Französischunterrichts?" In: Der fremdsprachliche Unterricht Französisch 3/2000. 4-9.

Antje ROGGENKAMP, Münster

Forschendes Lernen mit Artefakten –exemplarisch betrachtet

Wie ermöglicht man Studierenden eine Forschungsfrage zu entwickeln? Die folgenden Überlegungen zeigen auf, wie auf der Grundlage methodisch kontrollierter Analyse von Gesprächen im Religionsunterricht (RU) - ausgehend von dem Problem der Unterrichtsentwicklung - eine Forschungshaltung entwickelt werden kann. Exemplarisch wird das Ineinander gemeinsamer und individueller Analyseschritte im Rahmen einer konkreten Forscherwerkstatt beschrieben.

Zur Entwicklung einer Forschungsfrage

a) Das pädagogische Problem

Unterrichtstheorien werden grundsätzlich im Rahmen der Schulpädagogik, zumeist im Zusammenhang der allgemeinen Didaktik diskutiert. Gerade deren Leistungen für die Unterrichtsforschung aber wurden in den letzten zwei Jahrzehnten kritisch verhandelt: Dies gilt sowohl für die ältere bildungstheoretische Didaktik, als auch für die von Heimann, Otto und Schulz entwickelte lehr- bzw. lerntheoretische Didaktik (Lüders 2014, 836). Jüngere Schulpädagogen beschreiben Unterricht als ein komplexes, durch „doppelte Kontingenz" (Scheunpflug 2012, 29) – Lehrperson und Schülerinnen und Schüler (SuS) begegnen einander als „black boxes" – gekennzeichnetes Geschehen, in dem Emergenzkonstellationen die Herausbildung neuer Strukturen in Richtung auf die Wirkungsfrage präzisieren.

Während Lüders in quasi-experimentellen Versuchen die Wirkung der Einübung von Regeln der Kommunikation untersucht – es geht ihm um das charakteristische Muster „Initiation-Response-Feedback" (IRF) –, begreifen Meseth, Proske und Radtke Unterrichten als soziale Praxis, die sich nicht kausal ableiten lässt, sondern im Umgang mit doppelter Kontingenz auf Zeit und damit auf Wiederholung setzt (Meseth/Proske/Radtke 2012, 225). Dabei fragen sie nach Umsetzung und Einlösung von Erwartungsstrukturen, die sie als eine dem Unterricht vorgeschaltete pädagogische Kommunikation in Form der Sach-, Sozial- und Zeitdimension darstellen (Meseth/ Proske/Radtke 2011, 238). Eine systemtheoretisch informierte Unterrichtstheorie eröffne neue Perspektiven für die empirische Bildungsforschung und führe auf der Ebene der Themen (Sachdimension) und der themenbezogenen Kommunikation (Sozialdimension) zur Frage nach dem Emergenz-Potential, also der Ordnungsbildung, zurück. Proske schlägt vor, die Zeitdimension nicht nur vom Lehrplan, sondern auch von kulturwissenschaftlichen Gedächtnistheorien her zu verstehen (Proske 2009). Dabei scheinen aus meiner

Sicht zwei Elemente wichtig: einerseits wird die doppelte Kontingenz dadurch reduziert, dass es zu einem Zugriff auf vergangene Ereignisse kommt, die Teilnehmer kennen sich auf Grund der gemeinsamen Schulzeit. Andererseits ermöglicht der kommunikative Rückbezug auf einen Unterrichtsgegenstand die Überprüfung der pädagogischen Ordnung als Frage nach der IRF-Struktur (Meseth/ Proske/Radtke 2012, 235).

Im Unterschied zur bildungstheoretischen Unterrichtstheorie, die Unterricht in ihrem normativen Erwartungshorizont nach dem Gelingen individueller Bildungserlebnisse beurteilt, zeigt die kommunikationstheoretische Modellierung, dass die pädagogische Ordnung des Unterrichts unter Bedingungen modernen Massenunterrichts die individuelle Adressierung der SuS für die kollektive Teilhabe aller SuS an der Darstellungsstruktur notwendig instrumentalisiert: Nicht nur die Lehrkraft beobachtet die SuS darauf hin, ob deren Beiträge zum Thema passen. Auch die SuS können beobachten, auf welche Art von Beiträgen die Lehrkraft positiv reagiert. Im Sinne der nicht mehr vorhandenen Gelingenserwartung wird auch dann etwas gelernt, wenn sachliche Erwartungen enttäuscht werden, soziale Zumutungen und zeitliche Diskontinuitäten sich auftun. Setzt die jüngere Wirkungsforschung also voraus, dass von den SuS insbesondere solche Beiträge geliefert werden, von denen sie annehmen, dass die Lehrkraft sie hören möchte? Oder stellt sie umgekehrt den Habitus sozialer Erwünschtheit in Frage (Meseth/Proske/Radtke 2012, 236-239)?

b) Das religionspädagogische Problem

Das Fach Religion ist artefaktbezogen: Jedem Unterricht liegt ein Artefakt, d.h. ein von Menschen gemachter Gegenstand – Bild, Text, Video, Musik etc. – zu Grunde, der sich zur jeweils vorfindlichen Kultur in ein Verhältnis setzt. Vor diesem Hintergrund ergeben sich für die Unterrichtstheorie des Faches spezifische Aufgabenstellungen. Betrachtet man das Geschehen im RU jenseits von bildungstheoretisch-normativen Gelingens- und lerntheoretisch-fundamentierten Erwartungserwartungen, legen sich Zeit-, Sozial- und Sachdimension als analytische Instrumentarien nahe: Geht es bei der Zeitdimension um die Frage des Rückbezugs auf das Artefakt sowie eine entsprechende Regelhaftigkeit des Rückbezugs (IRF), so wird auf der Ebene der Sozialdimension nach sozialem Gedächtnis und vor allem nach Abweichungen gefragt, die sich aus dem direkten Bezug auf das Artefakt ergeben und die gegenseitigen Erwartungserwartungen enttäuschen. Auf der Ebene der Sachdimension geht es nicht um die Aneignung richtigen Wissens oder die eine Interpretation des Wissens, sondern um die Frage, ob vielfältige Interpretations- und Deutungsansätze durch den Umgang mit einem oder mehreren Artefakten möglich werden. Die aus der Auseinandersetzung mit der Literatur gewonnene Forschungsfrage lautet also: Was können pädagogische Unterrichtstheorien in Hinblick auf forschendes Lernen im RU leisten?

Forschendes Lernen in der Forscherwerkstatt

Um das forschende Lernen in das Studium sukzessive zu integrieren, hat das Seminar für Praktische Theologie und Religionspädagogik an der WWU eine Forscherwerkstatt gegründet. Sie tagt alle zwei Wochen und steht Studierenden aus (Haupt-) Seminaren, aber auch allen, die sich mit Studienprojekten, Bachelor- oder Masterarbeiten befassen, offen. Organisiert wird sie von einem Grundstamm an Hilfskräften, die Hilfestellungen bei der Transkription, aber auch bei der methodologisch-inhaltlichen Forschung (Zweit- und Fremdcodierung) leisten.

Im Hintergrund steht die Umsetzung eines didaktischen Konzepts, das an den Universitäten Göttingen und Oldenburg ursprünglich für die Kirchenpädagogik entwickelt, inzwischen an der WWU abgewandelt und dem Seminar- und Ausbildungsunterricht zugrunde gelegt wird. Das Konzept macht die Artefaktbezogenheit von RU bewusst (Roggenkamp 2017).

Der RU wird in Form von Quasi-Experimenten aufgezeichnet und transkribiert (f4-transskipt). Anschließend werden die Transkripte mit Hilfe des Programms MaxQdA auf verdichtete Gesprächssequenzen hin untersucht, die ihrerseits im Rahmen der Dokumentarischen Methode formulierend und reflektierend interpretiert werden. Die eigentliche Forschungsfrage ist individuell in Auseinandersetzung mit der Sekundärliteratur durch kontrastive und typologisierende Analyseschritte zu erarbeiten. Alle vier Schritte werden im Rahmen der Forscherwerkstatt fremd codiert (Przyborski/ Wohlrab-Sahr 2014, 292-305).

Theologisieren mit Artefakten als Beitrag zum Forschenden Lernenden?

Was lernen nun Studierende beim forschenden Lernen mit Artefakten in der Forscherwerkstatt? Zunächst einmal eröffnet der Ansatz eine Sensibilisierung für den hohen Stellenwert von Artefakten im RU. Darüber hinaus ermöglicht die methodisch kontrollierte, reflektierende Interpretation zu erkennen, dass ein geregelter Rückbezug auf Artefakte im Rahmen des IRF-Verfahrens den Umgang mit unerwarteten Äußerungen erleichtert und vielfältige Deutungsperspektiven durch SuS eröffnet.

Das forschende Lernen treibt ferner die Ausbildung eigener Fragestellungen (s.o.) voran: Während die Wahrnehmung spezifischer Gesprächsstrategien mit Hilfe der kontrastiven Analyse auf der Zeit-, Sozial- und Sachebene hilft, künftige (Unterrichts-) Situationen zu antizipieren, ermöglicht die Herausarbeitung impliziter Haltungen der Unterrichtenden auf der Ebene der Typologisierung, eigene unbewusste Strategien einer Theologie für, von und mit Kindern (Zimmermann 2015) zu durchdenken. Theologisieren als Umgang mit einer möglichen „Wahrheitsfrage" profitiert vom Verzicht auf eine spezifische inhaltliche Regelgeleitetheit (Zimmermann 2016), hängt aber auch von einer ergebnisoffenen Suche (Knauth 2016) ab.

Zumindest von der Haltung her, scheint mir dieser Ansatz ein Weg zu sein, auf dem schließlich auch das theologisierende Unterrichtsgespräch voranschreiten könnte: Die Unverfügbarkeit von Religion lässt sich nicht nur in der Zeit- und Sozial-, sondern auch in der Sachdimension beschreiben. Und dies dürfte sich für Studierende nicht zuletzt als entlastend erweisen.

Literatur

Knauth, T., Die Wahrheitsfrage als Herausforderung interreligiösen Lernens. In ZPT 68/2016, 85-97

Lüders, M., Erziehungswissenschaftliche Unterrichtstheorie. In ZfPäd 16/2014, 832-849.

Meseth, W./ Proske, M./ Radtke, F.-O., Kontrolliertes Laissez faire. Auf dem Weg zu einer Kontingenz gewärtigen Unterrichtstheorie. In ZfPäd 14/2012, 223-242.

Meseth, W./ Proske, M./ Radtke, F.-O., Was leistet eine kommunikationstheoretische Modellierung des Gegenstandes „Unterricht"? In Meseth, W. / Proske, M./ Radtke, F.-O., (Hrsg.), Unterrichtstheorien in Forschung und Lehre, Bad Heilbrunn: Klinkhardt, 2011, 223 -240.

Proske, M., Das soziale Gedächtnis des Unterrichts: eine Antwort auf das Wirkungsproblem der Erziehung? In ZfPäd 11/2009, 796-814.

Przyborski, A./ Wohlrab-Sahr, M., Qualitative Sozialforschung. Ein Arbeitsbuch, München: Oldenbourg Wissenschaftsverlag, 4. Auflage 2014, 292-305.

Roggenkamp, A., Artefaktorientierte Didaktik – einige grundsätzliche Überlegungen zu einer neuen „Konzeption", ZPT 69/2017, 257–269.

Scheunpflug, A., Die Religionspädagogik aus der Perspektive Allgemeiner Pädagogik. In Kropac, U./ Langenhorst, G. (Hrsg.), Religionsunterricht und der Bildungsauftrag der öffentlichen Schulen. Begründung und Perspektiven des Schulfaches Religion, Babenhausen: LUSA, 2012.

Zimmermann, M., Kann Kindertheologie auch unwahr sein? Ein Plädoyer für differenzierte Bewertungskriterien in der Kindertheologie. In ZPT 68/2016, 58-72.

Zimmermann, M., Kindertheologie. In WiReLex 2015 http://www.bibelwissenschaft.de/wirelex/das-wissenschaftlich-religionspaedagogische-lexikon/lexikon/sachwort/anzeigen/details/kindertheologie/ch/e896a1f3592c244d5e931a7deec25c41/ (Abruf: 24.10.2017)

Tommy SCHAFRAN, Essen; Jennifer STEMMANN, Essen

Industrie 4.0 mittels 3D-Druck im Unterricht erlebbar machen. Forschendes Lernen als Methode im Schulunterricht

Als Reaktion auf eine sich vernetzende Arbeitswelt (Industrie 4.0) rückt digitale Bildung auch in Schulen stärker in den Fokus. Durch die einhergehende Veränderung der Bildungsanforderungen reduziert sich der Anpassungsprozess aber nicht nur auf den Einsatz digitaler Medien, sondern macht digitale Arbeitsprozesse und neue Technologien zum Unterrichtsgegenstand. Laut dem Bericht „The Future of Jobs“ gilt die Fähigkeit, komplexe Probleme zu lösen, mit 36 Prozent als zentrale Kompetenz der Zukunft, gefolgt von sozialen Fähigkeiten (19 Prozent) und Prozessfähigkeiten (18 Prozent) [World Economic Forum (2016)]. Die im Rahmen von Bildungsprozessen oft intendierte Förderung von Problemlösekompetenzen erfordert einen stärkeren Praxisbezug, in dem reale Arbeitsmittel zum Bildungsmedium werden. Forschendes Lernen spielt somit nicht nur in der akademischen Bildung eine Rolle, sondern wirkt auch als Unterrichtsmethode zur Berufsvorbereitung gewinnbringend.

Als Instrument für eine praktische Umsetzung im Unterricht und die frühzeitige Vorbereitung auf viele Berufsfelder eignet sich bspw. der 3D-Druck (additives Fertigungsverfahren), da hierbei viele Kernkompetenzen zur Anwendung kommen, die für die Zukunft unabdingbar sein werden [Fastermann, P., Ciric, D. (2014)., VDI. (2016)]. Zudem wird der Technologie des 3D-Drucks eine kontinuierlich steigende Relevanz nachgesagt. Diese Entwicklung belegt auch die Prognose eines US-amerikanischen Marktforschungs- und Beratungsunternehmens. Demnach wird die jährliche Wachstumsrate der weltweiten 3D-Druckindustrie auf 27 Prozent geschätzt [Fastermann, P. (2016)]. Das internationale Marktforschungsunternehmen Technavio prognostiziert für den privaten Sektor sogar eine Wachstumsrate von jährlich 56 Prozent bis zum Jahr 2020. In den Handlungsfeldern des VDI (Verein Deutscher Ingenieure) werden als Anwender der 3D-Drucktechnologie verschiedene Bereiche, von der Automobilindustrie bis hin zum Werkzeugbau, genannt. In diesem Zusammenhang werden unter anderem auch die Bereiche Kunst und MINT-Unterricht erwähnt [VDI (2016)].

Im Rahmen des Schulunterrichts können Schülerinnen und Schüler abhängig von einer Forschungsfrage, die gemäß dem Ansatz des forschenden Lernens [vgl. Huber, L. (2009)] auch von ihnen selbst aufgestellt werden kann, dreidimensionale Objekte computerbasiert entwerfen, modifizieren und herstellen (ausdrucken). Für die praktische Einbindung der 3D-Drucktechnologie

N. Neuber, W. Paravicini, M. Stein (Hrsg.): Forschendes Lernen – The wider view. Tagungsband. Münster: WTM-Verlag 2018.

in den Unterricht eignet sich, neben einer Vielzahl verschiedener 3D-Druckverfahren, insbesondere das Strangablegeverfahren FDM (Fused Deposition Modeling). Die Vorteile dieses Verfahrens sind eine relativ hohe Benutzerfreundlichkeit, ein günstiger Anschaffungspreis und die Verwendungsmöglichkeit gesundheitsunbedenklicher Materialien.

Die Hürden, die sich in einem kostenintensiven Equipment sowie einer aufwändigen Einarbeitung in die Thematik widerspiegeln, sollen bspw. mithilfe des EFRE.NRW-geförderten Projekts *FlexLab^plus^ Industrie 4.0* beseitigt werden [http://www.fom.de/forschung/kompetenzcentren/kcq/forschungsprojekte]. Ziel des Projektes ist die Entwicklung von mobilen Experimentiersets, die neben technischen Komponenten und Werkzeugen auch didaktische Materialien enthalten, womit die Experimente ohne größere Vorbereitung in den Unterricht integriert und kostenlos von Lehrenden an (Hoch-)Schulen durchgeführt werden können. Andere erfolgreich im Unterricht durchgeführte Projekte zeigen bereits, wie kreatives und technisches Hintergrundwissen am Beispiel des 3D-Drucks im Unterrichts vermittelt werden kann [Leupold, A., Glossner, S. (2006)].

Der 3D-Druck bietet in Lehr- und Lernkontexten, wie zuvor angedeutet, eine Vielzahl von Möglichkeiten, entsprechende Fach- und Querschnittskompetenzen zu entwickeln, sowie ein Verständnis für Prozessketten und den Wissenstransfer zu schaffen [VDI (2016)]. Im Folgenden werden die jeweiligen Vorteile durch den Einsatz des 3D-Drucks im Schulunterricht, in Anlehnung an den VDI [VDI (2016)], näher erläutert.

Entwicklung von Fach- und Querschnittkompetenzen

Projekte, die die Objektherstellung mittels 3D-Druck zum Ziel haben, ermöglichen es, Lernprozesse von der ersten Idee bis zum Ergebnis zu unterstützen. Weiterhin fördern sie Kompetenzen und Fähigkeiten wie das räumliche Vorstellungsvermögen, die Kreativität, aber auch Problemlösekompetenzen und Kooperationsfähigkeiten (soziale Fähigkeiten).

Erfahren von Prozessketten

Die Erfahrungen in der Anwendung sind für Schülerinnen und Schüler realitätsnah, da der Projektverlauf wie in der beruflichen Praxis in der Entwicklung meist nicht vorhersehbar ist. Ein kontinuierliches Reflektieren, Überprüfen, Evaluieren und Adaptieren der Lern- und Arbeitsschritte an veränderte Bedingungen ist somit erforderlich. Darüber hinaus werden die Schülerinnen und Schüler durch das hohe Maß an eigener Beteiligung motiviert, müssen zugleich aber auch mit Frustration und Misserfolg umgehen und sich immer wieder motivieren, um ihr Ziel zu erreichen.

Möglichkeiten des Wissenstransfers

Mit Anwendung des 3D-Drucks zur Herstellung von Bauteilen wird interdisziplinäres Arbeiten und das Übertragen von Wissen in unterschiedliche Kontexte ermöglicht (z. B. im Rahmen eines kreativen oder fächerübergreifenden Projektes). Die Lernerfahrungen reichen hierbei von der anfänglichen und abstrakten Modellierung bis hin zur praktischen Nutzung der 3D-Drucker und abschließender anschaulicher Bertachtung der Bauteile.

Voraussetzung für einen erfolgreichen Einsatz des 3D-Drucks im Unterricht sind Erfahrung und Kenntnis über Rahmenbedingungen sowie der sichere Umgang mit der technischen Hard- und Software des Lehrenden oder ggf. Lernenden. Dieser Bereich wird im Folgenden nur sehr grob dargestellt und es ist angehenden sowie interessierten Lehrkräften empfohlen, idealerweise ein entsprechendes Weiterbildungsangebot wahrzunehmen.

Rahmenbedingungen: technische Hard- und Software

Für die unterrichtspraktische Anwendung eignet sich das FDM-Verfahren sehr gut. Als zu verwendendes Material sei an erster Stelle der biologisch abbaubare Kunstsoff PLA (Poliactide) zu nennen. Das Angebot an FDM-3D-Druckern ist am Markt sehr groß. Zusätzlich wird erwartet, dass die Preise für 3D-Drucker im privaten Sektor noch weiter sinken werden [Fastermann, P. (2016)].

Die Modellierung eines Objektes beginnt mit einer 3D-Software, in der ein dreidimensionales Modell des zu druckenden Objektes erstellt wird. Dieses Modell wird anschließend in das häufig verwendete und druckfähige STL-Format exportiert und abgespeichert. Der Markt an 3D-Software ist ebenfalls sehr groß und für den Bildungssektor werden vereinzelt auch kostenlose Lizenzen angeboten. Bei der Software ist zunächst zwischen professioneller Software für den gewerblichen Bereich und Software, die insbesondere Hobby-Tüftler anspricht, zu unterscheiden.

Software, die im Unterricht verwendet wird, muss speziellen Anforderungen entsprechen. Schülerinnen und Schüler nutzen sie in der Regel nicht dauerhaft und nicht in professioneller Absicht. Sie haben unterschiedliche und oft geringe Vorkenntnisse und es fehlt die Zeit, sich aufwändig in wechselnde Applikationen einzuarbeiten. Unter diesen Voraussetzungen ergeben sich folgende Anforderungen an eine für den Unterricht geeignete Software [QUA-LiS NRW (2016)]:

- Ihr Funktionsumfang sollte begrenzt sein oder zielgerichtet eingeschränkt werden können.
- Die Icons sollten intuitiv verständlich und nicht zu zahlreich sein.

- Eine deutschsprachige Benutzerführung erleichtert den Umgang.
- Die Software sollte absturzsicher sein.
- Die Möglichkeit eines programmtechnisch raschen und flüssigen Wechsels der Ansichten und der Abbildungsgröße ist notwendig.

Neben der 3D-Software wird zusätzlich eine sogenannte Slicer-Software benötigt, welche aus dem 3D-Modell einen druckfähigen Programmcode generiert. Diese Software wird meist vom Hersteller des 3D-Druckers kostenlos zum Download zur Verfügung gestellt. Auf eine Empfehlung, sowohl für 3D-Drucker als auch 3D-Software, wird an dieser Stelle jedoch bewusst verzichtet, da sich die Auswahl nach dem jeweiligen Anwendungsfall richtet.

Fazit

Um den 3D-Druck erfolgreich im Unterricht einzusetzen, sind Erfahrung und Kenntnis über Rahmenbedingungen sowie der sichere Umgang mit der technischen Hard- und Software dringend zu empfehlen. Hierbei können jedoch auch die Lernenden im Umgang mit der Hard- oder Software mehr Erfahrung aufweisen und somit stellenweise die Rolle des Lehrenden einnehmen [Peißl, M. (2016)].

Bei Berücksichtigung der genannten Rahmenbedingungen ermöglicht der Einsatz der zukunftssicheren Technologie in der Schulbildung den Erwerb und die Anwendung von Schlüsselkompetenzen. Der Einsatz kann außerdem das gute und nachhaltige Lernen fördern und zu dem Erfolgserlebnis, „am Ende des Tages“ etwas selbst Geschaffenes in den Händen zu halten, führen.

Literatur

Fastermann, P., Ciric, D. (2014). fabucation. *3D-Druck in der Schule (S. 1-6)*. Braunschweig: Fabmaker.

Fastermann, P. (2016). 3D-Druck. *Wie die generative Fertigungstechnologie funktioniert*. Berlin Heidelberg: Springer.

Huber, L. (2009). Warum Forschendes Lernen nötig und möglich ist. In: Huber, L. et al. (Hrsg.), *Forschendes Lernen im Studium* (S. 9–35). Bielefeld: Webler.

Leupold, A., Glossner, S. (2016). 3D-Druck, Additive Fertigung und Rapid manufacturing. *Rechtlicher Rahmen und untern. Herausforderung* (S.1–26). München: Vahlen.

Peißl, M. (2016). Making an Schulen. *Potentialanalyse eines Workshops über 3D-Druck, VR-Brillen und Podcasting* (S. 27–45). Norderstedt: BoD - Books on Demand.

QUA-LiS NRW (2016). 3D-Druck in der Schule. *Informationen und Orientierung für den Einstieg in den Unterricht* (S. 15–24). Soest: QUA-LiS.

VDI (2016). Handlungsfelder. *Additive Fertigungsverfahren* (S. 9–16). Düsseldorf: VDI.

World Economic Forum (2016). The Future of Jobs. *Employment, Skills and Workforce Strategy for the Fourth Industrial Revolution* (S. 3–32). Cologny/Geneva (Schweiz): World Economic Forum.

Michael SCHART, Tokio

Forschend Lernen im universitären Fremdsprachenunterricht

1. Einleitung

Forschendes Lernen beruht auf der Annahme, dass aktive Aneignungsprozesse zu einem tiefer verarbeiteten, persönlich relevanteren und somit beständigeren Wissen führen. Im Fall der Lehramtsausbildung verbindet sich diese lerntheoretische Begründung mit professionstheoretischen Überlegungen: eine „fragend-entwickelnde und kritisch-reflexive Haltung" (Fichten 2017:155), so die Erwartung, hilft künftigen Lehrerinnen und Lehrern dabei, die beruflichen Anforderungen souveräner zu bewältigen, mit der Komplexität und der Dynamik des unterrichtlichen Geschehens zurecht zu kommen und sich kontinuierlich weiterzuentwickeln (für den Bereich DaF siehe Mohr & Schart 2016). Denkt man diese beiden Begründungslinien konsequent zu Ende, wäre es folgerichtig, dass Lehrkräfte ihre in der Ausbildung erworbenen Kompetenzen auch für die Lernprozesse in ihren Klassenräumen nutzen; diese zum einen forschend begleiten und es zum anderen als eine permanente Aufgabe betrachten, Phasen Forschenden Lernens in ihre Unterrichtsgestaltung zu integrieren. Wie dies in der Praxis des universitären Fremdsprachenunterrichts bereits auf Anfängerniveau realisiert werden kann, möchte der vorliegende Beitrag am Beispiel eines Programms für Deutsch als Fremdsprache an einer japanischen Universität darstellen.

2. Forschendes Lernen und Exploratory Practice

In der Fremdsprachendidaktik wurden in den zurückliegenden Jahrzehnten zahlreiche Konzepte diskutiert, die mehr oder weniger deutliche Überschneidungen zum Forschenden Lernen aufweisen. Dazu zählen beispielsweise das Problembasierte Lernen, das Autonome Lernen oder das Entdeckende Lernen. Der Neuigkeitswert des Forschenden Lernens im Rahmen der Fremdsprachendidaktik sollte daher nicht überbewertet werden. Sein innovatives Potenzial liegt vor allem in zwei Punkten: der Übertragung wissenschaftlicher Vorgehensweisen auf institutionalisiertes Lernen und der Zielsetzung, „auch für Dritte interessante Erkenntnisse" zu gewinnen (Huber 2009: 11).

Bei dem Versuch, diese beiden Ideen in unterrichtliche Praxis zu übersetzen, stößt man jedoch gerade in den ersten Lernmonaten auf erhebliche Widerstände. Eine forschende Herangehensweise gehört bislang nicht zu jenen Lehr- und Lernformen, die man für einen Anfängerunterricht in einer Fremdsprache erwartet. Im Aufbau der Lehrwerke spiegelt sich diese Situation be-

N. Neuber, W. Paravicini, M. Stein (Hrsg.): Forschendes Lernen – The wider view. Tagungsband. Münster: WTM-Verlag 2018.

sonders anschaulich. Auch wenn sich zuweilen Elemente entdeckenden Lernens finden lassen, gehören nicht selbstständig forschende Individuen zu ihrem Leitbild, sondern Gruppen von Lernenden, die mehr oder weniger gleichförmig einer vorgezeichneten Progression folgen. Die Lernenden sollen sich – parallel zur Entwicklung der Kompetenzen in der Fremdsprache – bereits kodifiziertes Wissen in Form sprachlicher Regelhaftigkeiten aneignen. Somit scheinen für das Forschen und die Produktion neuen Wissens weder Notwendigkeit noch Möglichkeiten zu bestehen.

Anknüpfungspunkte für Forschendes Lernen ergeben sich jedoch dann, wenn man von einem etwas modifizierten Verständnis der Begriffe „Wissen" und „Forschen" ausgeht. Als Grundlage bietet sich Deweys ([1916]; 1993:198) Argumentation an, der darauf hinweist, dass alles Denken letztlich Forschung sei und als eigenständige Leistung anerkannt werden müsse, selbst wenn die Erkenntnisse „bereits der ganzen übrigen Welt restlos und zweifelsfrei bekannt" seien. Forschendes Lernen wird für den fremdsprachlichen Anfängerunterricht zu einem didaktisch handhabbaren Konzept, sobald man die „für Dritte interessanten Erkenntnisse" in Anlehnung an Dewey als neues lokales Wissen interpretiert. Forschendes Lernen in diesem Sinne verfolgt in erster Linie das Ziel, das gemeinsame Lernen in einem bestimmten Kontext erfolgreicher zu gestalten. Ob dabei zugleich ein Beitrag zu einem Wissenschaftsgebiet generiert wird, erscheint unerheblich.

In der Fremdsprachendidaktik wird dieses Verständnis von Forschendem Lernen besonders prominent von Allwright (2005) und Hanks (2017) vertreten, die sich dezidiert von einem wissenschafts- und methodenorientierten Vorgehen lösen. In ihrem Ansatz, den sie als *Exploratory practice* bezeichnen, wirken alle am Unterricht Beteiligten auch am Prozess des Forschens mit und ergründen gemeinsam einzelne Aspekte des Lehrens und Lernens. Die Alltagstauglichkeit dieses Konzepts zeigt sich vor allem darin, dass Aufgabenformate aus dem alltäglichen Unterricht als potenzielle Datenquellen wahrgenommen und dafür genutzt werden, ein besseres Verständnis für die Vorgänge im Klassenraum zu entwickeln. Der besondere Reiz dieses Ansatzes liegt darin, dass sich in ihm die Bemühungen der Lehrkräfte um Professionalisierung synergetisch mit dem Interesse der Lernenden an selbstbestimmten, motivierenden Lernprozessen verbinden lassen.

3. Forschendes Lernen im DaF-Anfängerunterricht

Im Folgenden möchte ich nun anhand einiger Beispiele beschreiben, wie in einem Programm für Deutschlandstudien an der Juristischen Fakultät einer japanischen Universität die Idee der *Exploratory practice* mit Leben gefüllt wird. Aufgrund des beschränkten Raumes kann die Darstellung nur einen groben Überblick bieten. Detailliertere Informationen zum betreffenden Programm und einzelnen Projekten finden sich auf www.DaF-in-Japan.org.

Entscheidend für die Konzeption Forschenden Lernens im genannten Unterrichtskontext ist, dass sich das Streben um Erkenntnisgewinn nicht darauf beschränkt, sprachliche Regularitäten zu ergründen. Das Programm verfolgt aufgrund seiner Einbindung in den Fachbereich Jura/ Politikwissenschaft von Beginn an das Ziel, sprachliches Lernen und inhaltliches Lernen eng zu verzahnen. Deshalb wird der forschende Blick immer wieder auch auf gesellschaftliche Fragestellungen gelenkt, wobei die interkulturelle Dimension und der Vergleich der Lebenswelten in Deutschland und Japan von besonderem Interesse ist.

Als ein dritter Bereich, auf den sich das Forschende Lernen richtet, tritt die Lernsituation selbst hinzu. Die Studierenden beginnen das Programm mit einer sehr eingeschränkten Vorstellung davon, was Fremdsprachenunterricht sein und bewirken kann. Daher steht zunächst die gemeinsame Reflexion des Lernens selbst im Fokus der Erkundungen. So werden die Studierenden gleich in der ersten Lehrveranstaltung dazu angeregt, ihre bisherigen Erfahrungen mit dem Fremdsprachenlernen zu reflektieren und zu analysieren. Auch die Evaluationsergebnisse früherer Jahrgänge des Programms werden dann in diese Analyse einbezogen. Schließlich befragen die Studierenden Kommilitoninnen und Kommilitonen in höheren Studienjahren zu deren Erfahrungen und formulieren auf dieser Grundlage die Regeln und Ziele für die Zusammenarbeit im Kurs, die später immer wieder hinterfragt werden.

Dieser Austausch bezüglich der Lernprozesse und der Einstellungen zum Lernen nimmt vor allem im ersten Studienjahr einen relativ breiten Raum ein, weil die meisten Studierenden einem für sie vollkommen neuen Konzept von Fremdsprachenunterricht begegnen. Dieser verläuft von Beginn an inhalts- und aufgabenorientiert, kennt somit weder grammatische Progression noch Lehrwerke. Sprachliches Wissen erarbeiten sich die Studierenden weitgehend selbständig, indem sie in den Unterrichtsmaterialien nach Regelmäßigkeiten suchen und eigenständig Recherchen anstellen. Einzelne Aufgaben werden dazu genutzt, gemeinsam über den angemessenen Gebrauch der Fremdsprache zu reflektieren. Somit entsteht aus den Produkten der Lernenden immer wieder neues Datenmaterial, an dem sie gemeinsam einzelne Aspekte des Sprachgebrauchs untersuchen. Beispielsweise gehen sie an ihren eigenen Essays der Frage nach, mit welchen sprachlichen und inhaltlichen Elementen sich ein Text gestalten lässt, den Dritte als lesenswert empfinden.

Diese forschende Haltung zur fremden Sprache wird schließlich ebenso hinsichtlich der fremden Kultur und Gesellschaft gefördert, auch wenn die geringen fremdsprachlichen Kompetenzen diesem Zugang zunächst relativ enge Grenzen setzen. Als Beispiel kann eine Aufgabe aus dem zweiten Semester genannt werden. Die Studierenden verfassen für die deutsche Seite von Wikipedia Einträge über Dinge oder Personen aus Japan. Dafür ist nicht nur eine umfassende sprachliche Recherche notwendig, sondern auch eine inhaltliche Auseinandersetzung mit dem betreffenden Themenbereich. Dass diese Einträge später häufig von Fachleuten im deutschsprachigen Raum erweitert werden, stellt für die Studierenden immer wieder eine motivierende Erfahrung dar. Zugleich zeigt sich hier besonders anschaulich, wie Forschendes Lernen zu für Dritte interessantem Wissen führen kann, ohne zugleich wissenschaftlichen Ansprüchen genügen zu müssen.

Bereits in den ersten Wochen des Programms wird auf diese Weise versucht, den Grundstein für eine offene Einstellung gegenüber Forschendem Lernen zu legen, das einen wichtigen Bestandteil des vierjährigen Programms darstellt. Empirische Forschungsprojekte, die seit mehr als zehn Jahren in diesem Kontext durchgeführt werden, bestätigen, dass sich Forschendes Lernen auch im universitären Fremdsprachenunterricht erfolgreich realisieren lässt. Voraussetzung dafür ist jedoch, dass ein gemeinsames Verständnis dessen entwickelt wird, was angemessenes und effektives Lernen an der Universität ausmacht. Zugleich wird deutlich, wie wichtig es ist, dass die Zusammenarbeit in den Kursen als ein dialogischer Prozess gestaltet wird, in den sich alle Beteiligten einbringen können (siehe z.B. Schart 2015).

Literatur

Allwright, D. (2005). Developing principles for practitioner research: The case of exploratory practice. *The Modern Language Journal* 89, 353-366.

Dewey, J. (1993). Demokratie und Erziehung. Eine Einleitung in die philosophische Pädagogik. [1916], Weinheim: Beltz.

Fichten, A. (2017). Forschendes Lernen in der Lehramtsausbildung. In: Mieg, H.A. & Lehmann, J. (Hrsg.). Forschendes Lernen: Wie die Lehre in Universität und Fachhochschule erneuert werden kann. Frankfurt/M.: Campus, 155-164.

Hanks, J. (2017). Exploratory practice in language teaching: Puzzling about principles and practices. London: Palgrave Macmillan.

Huber, L. (2009) Warum Forschendes Lernen nötig und möglich ist. In: L. Huber, J. Hellmer, F. Schneider (Hrsg.). Forschendes Lernen im Studium. Bielefeld: Webler, 9-35.

Mohr, I. & Schart, M. (2016). Praxiserkundungsprojekte und ihre Wirksamkeit in der Lehrerfort- und Weiterbildung. In: Legutke, M. & Schart, M. (Hg.) (2016). Fremdsprachendidaktische Professionsforschung. Tübingen: Narr, 291-321.

Schart, M. (2015). Interaktiv-dialogisches Lernen im CLIL-Unterricht. In: Krings, H. P. & Kühn, B. (Hrsg.) Fremdsprachliche Lernprozesse. AKS-Verlag: Bochum, 251-264.

Björn SENFT, Paderborn; Simon OBERTHÜR, Paderborn; Holger FISCHER, Paderborn

Forschendes Lernen in der Informatik – In praxisnaher Projektgruppe einen Softwareentwicklungsprozess erforschen

1. Einleitung

Softwareentwicklung bedeutet nicht ausschließlich die Automatisierung bestehender und gutverstandener Routinen, sondern ebenfalls die Unterstützung und Gestaltung der Arbeit von hochqualifizierten Fachkräften mit innovativen Softwaresystemen (Pfeiffer & Suphan 2015) als Teil des digitalen Wandels. Vor allem letzterer Fall zeichnet sich durch schwer abtrennbare Bereiche, neue und unsichere Kontexte sowie einer ständigen Weiterentwicklung der Arbeitsprozesse aus (Meise et al. 2017). Dies ist ebenfalls charakteristisch für die beiden Projekte Zentrum Musik – Edition – Medien (ZenMEM)[1] und Historisches Paderborn App (HiP-App) (Greulich et al. 2016) für die wir einen auf diese Herausforderungen abgestimmten Softwareentwicklungsprozess entwickeln.

Das Besondere an diesem Softwareentwicklungsprozess ist, dass er zugleich Forschungsgegenstand und Forschungsprozess ist. Zum einen sind klassische Entwicklungsprozesse darauf ausgelegt etablierte Routinen zu automatisieren bzw. entlang eines bestehenden technischen Pfades zu optimieren, wodurch für diese Herausforderungen ein anderer Softwareentwicklungsprozess gefunden werden muss. Zum anderen sollen innovative Softwaresysteme entwickelt werden, deren genaue Ausgestaltung unklar ist und die sich im Einsatz beweisen müssen. Hier muss das zu entwickelnde Softwaresystem in seinem einzusetzenden Kontext erforscht werden. In diesem Beitrag stellen wir dar, wie wir forschendes Lernen verwenden, um den Softwareentwicklungsprozess als auch die Gestaltung des Softwaresystems mithilfe einer studentischen Projektgruppe zu erforschen.

2. Ziele und Betrachtungsgegenstände der Projektgruppe

Im Masterstudiengang Informatik der Universität Paderborn ist für die Studierende ein Praxisprojekt im Umfang von 30 ECTS, die sich über zwei Semester verteilen, vorgesehen. Den Rahmenrichtlinien[2] entsprechend soll in einer Gruppe von bis zu 16 Studierenden Teamarbeit und Organisation praktisch erprobt werden. Die Studierenden lernen einen umfangreichen Entwicklungsprozess in eigener Anschauung im Team kennen und werden in

[1] http://www.zenmem.de
[2] http://cs.uni-paderborn.de/studium/studienelemente/rahmenrichtlinien/projektgruppen/

ihrer Persönlichkeitsbildung unterstützt. Inhaltlich werden sie an aktuelle Forschungsthemen, die typischerweise aus dem Interessengebiet des Veranstalters stammen, herangeführt. In unserem Fall ist dies der Softwareentwicklungsprozess. Nur lässt sich dieser ohne einen umliegenden Rahmen nur schwer erforschen, besonders durch Studierende, die noch nicht über das Erfahrungswissen eines Experten (Benner 1984) verfügen.

Unsere Projektgruppe ist daher in den Kontext der HiP-App eingebettet, bei dem es vordergründig um die Entwicklung einer App, die die Geschichte Paderborns auf ansprechende Art und Weise erfahrbar macht. Dies hilft den Studierenden sich auf ein konkretes Ziel zu fokussieren und Erfahrungen in der Entwicklung von Softwaresystemen in solchen Umgebungen zu machen.

Zudem sollen sie lernen, wie ein formativer und summativer Forschungsprozess für die Erforschung des Softwareentwicklungsprozesses und des Produktes aufgebaut werden kann. Dieser Forschungsprozess orientiert sich an der Grounded Theory (Strauss, Corbin & Niewiarra 1996) und dem Design Thinking (Plattner, Meinel & Leifer 2010) als iterative und inkrementelle Forschungsprozesse. Dadurch ergeben sich für die Projektgruppe die drei Betrachtungsgegenstände Produkt, Softwareentwicklungsprozess und Forschungsprozess.

3. Umsetzung

Da die Prüfungsordnung keine durchgängige Veranstaltung vorsieht, ist die Projektgruppe so gestaltet, dass jedes Semester eine neue gestartet werden kann und sich formal so zwei Projektgruppen überlappen können. Hierdurch haben wir im Schnitt insgesamt 16 Studierende pro Semester, die auf zwei Teams aufgeteilt werden. Ein Team besteht jeweils zur Hälfte aus Studierenden, die bereits ein Semester absolviert haben und zur anderen aus Studierenden, die neu dazugekommen sind. Dadurch erneuert sich die Projektgruppe jedes Semester und die Studierenden haben die Möglichkeit den Wissenstransfer zu üben, aber auch kritisch eigene Vorgehensweisen zu hinterfragen. Zur Unterstützung des forschenden Lernens durch die Studierende setzen wir vorrangig *Retrospective Meetings*, *Studierendengespräche*, *Taskforces, Steering Meetings* und *Design Thinking Workshops* ein.

Die *Retrospective Meetings* bzw. Sprint Reviews sind eine Methode aus Scrum (Schwaber & Beedle 2002). In Scrum, wie auch in unserem Fall, haben wir die Entwicklungstätigkeit in fest definierte Zeitblöcke, so genannte Sprints, unterteilt. Nach jedem Sprint (in der Regel eine Woche) findet in den Teams eine Analyse der positiven als auch negativen Maßnahmen sowie eine Diskussion derer Verbesserung statt. Die Ergebnisse werden in Protokollen in einem Wiki System festgehalten und dienen so einer formativen

Evaluation des Softwareentwicklungsprozesses. Zudem werden teamübergreifend die aktuellen Herausforderungen in Zusammenarbeit mit den Veranstaltern regelmäßig im *Steering Meeting* diskutiert.

Zusätzlich finden hierzu jedes Semester individuelle Gespräche zwischen den Studierenden und den Veranstaltern statt. Diese sind an *Mitarbeitergespräche* (Winkler & Hofbauer 2010) angelehnt. Im ersten Gespräch zum Ende des Semesters werden gemeinsam mit dem Studierenden Ziele für das nächste Semester festgelegt, das Einleben in der Projektgruppe besprochen und Impulse für die eigene Reflektion und Weiterentwicklung gesetzt. Dies ist bewusst an das Ende des ersten Semesters gelegt, damit die Studierenden ein realistischeres Bild haben über das was in der Projektgruppe erreicht werden kann. Im zweiten Gespräch wird das Gelernte sowie die seit Beginn der Projektgruppe erlebten Veränderungen reflektiert.

Mithilfe der *Taskforce* werden Impulse für die fachliche Auseinandersetzung in verschiedenen Bereichen wie Anforderungsanalyse, Architektur oder Qualitätssicherung gesetzt. Dies geschieht in enger Zusammenarbeit zwischen den Studierenden und den Veranstaltern und dient dazu, neben der Produktentwicklung die fachspezifische Forschung nicht aus den Augen zu verlieren.

Zusätzlich führen wir mit den Informatik-Studierenden und Studierenden aus den Kulturwissenschaften *Design Thinking Workshops* durch. Hierdurch lernen die Studierenden interdisziplinär zusammenzuarbeiten und ihre eigenen Anschauungsweisen und Vorgehensweisen zu hinterfragen. Zusätzlich erlernen sie hierdurch einen Forschungsprozess um iterativ Produkte und Ideen zu entwickeln, zu evaluieren und zu verbessern.

4. Ergebnisse

Ergebnisse dieser Umsetzung sind Prozessverbesserungen die iterativ implementiert und formativ evaluiert werden. Teilweise erhalten sie einen Regelcharakter, da diejenigen, die dies aufgestellt haben, nicht mehr da sind und die Neuen nicht wissen, woher diese kamen. Dadurch lernen die Studierenden aber auch bestehenden Regeln zu hinterfragen und Optimierungen vorzuschlagen und auszuprobieren. Im Allgemeinen zeigt sich dieses Vorgehen als sehr wertvoll, um den Studierenden einen auf experimentieren ausgerichteten Softwareentwicklungsprozess näherzubringen. Aber auch um einen solchen Softwareentwicklungsprozess überhaupt zu entwickeln, trotz der sehr hohen Komplexität durch die Wechselwirkungen zwischen den verschiedenen Stakeholdern, Aufgabenbereichen und der Domäne für das das Softwaresystem entwickelt wird.

5. Diskussion

Wir haben mit der Projektgruppe eine Umgebung geschaffen, in der ein Softwareentwicklungsprozess für den digitalen Wandel praxisorientiert erforscht wird. Hierfür geben wir ihnen Hilfsmittel an die Hand, die es ihnen ermöglichen, selbstständig zu forschen und einen Prozess formativ zu evaluieren sowie iterativ zu verbessern. Nichtsdestotrotz müssen von außen Impulse gesetzt werden, um den Studierenden zu helfen, sich in ihrer Forschung in diesem zwangsweise komplexen Feld zu fokussieren.

Literatur

Benner, P. (1984). From novice to expert. *Menlo Park.*

Greulich, M., Oberthür, S., Karthaus, N., Schmidt, A., Wilk, N. M., Stog, K. & Senft, B. (2016). Mobile Anwendungen als multimodale Medien zur Vermittlung vormoderner Artefakte. Die ‚Historisches Paderborn'-App – ein interdisziplinäres Forschungs- und Lehrprojekt. In Burr, E. (Hrsg.), *DHd 2016 Modellierung, Vernetzung, Visualisierung: die Digital Humanitis als fächerübergreifendes Forschungsparadigma: Konferenzabstracts.*

Meise, B., Mexin, Y., Schloots, F., Senft, B., & Wawilow, A. (2017). Interdisziplinäre Forschung als Basis nachhaltiger Entscheidungsprozesse in der Softwareentwicklung. In Wulfsberg, J., Redlich, T. & Moritz, M. (Hrsg.). *1. interdisziplinäre Konferenz zur Zukunft der Wertschöpfung : Konferenzband.*

Pfeiffer, S., & Suphan, A. (2015). The labouring capacity index: Living labouring capacity and experience as resources on the road to industry 4.0.

Plattner, H., Meinel, C., & Leifer, L. (Eds.). (2010). *Design thinking: understand–improve–apply.* Springer Science & Business Media.

Schwaber, K., & Beedle, M. (2002). *Agile software development with Scrum* (Vol. 1). Upper Saddle River: Prentice Hall.

Strauss, A. L., Corbin, J. M., & Niewiarra, S. (1996). *Grounded theory: Grundlagen qualitativer sozialforschung.* Beltz, Psychologie-Verlag-Union.

Winkler, B., & Hofbauer, H. (2010). Das Mitarbeitergespräch als Führungsinstrument. *Handbuch für Führungskräfte und Personalverantwortliche, 4.*

Christian SIEG, Münster

Forschen, Lernen, Schreiben und Differenzierung in einer literaturwissenschaftlichen Forschungswerkstatt

Das Lehrprojekt erprobt unter dem Label ‚Forschungswerkstatt' ein Lehrformat, mit dem die Lehrziele des Aufbaumoduls Literatur am Germanistischen Institut der WWU Münster besser erreicht werden sollen. Studierende erwerben im Aufbaumodul die Kompetenz, Texte nach literaturwissenschaftlichen Standards zu verfassen sowie Fragestellungen für ihre erste germanistische Hausarbeit zu entwickeln und Probleme zu definieren. Schwierigkeiten zeigen sich hinsichtlich dieser Zielvorgaben insbesondere bei der Vermittlung der für die wissenschaftliche Schreibpraxis unerlässlichen Theorie- und Methodenkompetenz. Hier setzt das Lehrprojekt im Sinne des Forschenden Lernens an: Anstatt Theorien und Methodenwissen durch Forschungstexte exemplarisch mit dem Ziel vorzustellen, dass dieses in die spätere Abfassung der Seminararbeiten einfließt, wird methodisches und theoriegeleitetes Schreiben im Seminar erprobt. Lernen wird dabei nicht als Rezeption von wissenschaftlichen Forschungsergebnissen verstanden, sondern als eine aktive Teilnahme am wissenschaftlichen Prozess der Erkenntnisgewinnung (Fichten, 2010, S. 129). Dem liegt die bildungstheoretische Prämisse zugrunde, dass Methodenkompetenz nur durch die wissenschaftliche Praxis zu Handlungskompetenz werden kann. Verzichtet wird daher auf die abstrakte Einführung in Methoden und Theorien. Die Studierenden wählen gleich am Anfang der Forschungswerkstatt einen Forschungsgegenstand (Hörspiel) aus, über den sie anschließend einen Lexikoneintrag für ein Wiki verfassen. Methoden- und Theoriefragen stellen sich für die Studierenden damit in praktischer Hinsicht: Welche Bedeutung haben der sozial- und politikgeschichtliche Kontext, die Person des Autors, das Medium Radio und die Literaturgeschichte für das zu erforschende Hörspiel?

Der Forschungsprozess wird dabei von den Studierenden selbst gestaltet. Angestrebt wird die Ausbildung von Experten für historische Kontexte, diskursanalytische und medientheoretische Ansätze sowie narratologische Analysen. Das studierendenzentrierte Lernarrangement setzt darauf, dass Fragen von den Studierenden selbst generiert und Reflexionen selbst angestoßen werden. Dennoch sind hier auch Impulse des Lehrenden gefragt. Der Lehrende beschränkt sich nicht auf die Gestaltung der Lernumgebung, sondern dient auch der Motivation und Orientierung der studentischen Forschung. Insbesondere soll er den Studierenden nicht bekannte Kontexte erschließen, auf Forschungsergebnisse sowie Hilfsmittel verweisen und auf die Einhaltung methodischer Standards sowie die Reflexion des jeweiligen Wissensstands hinwirken. Ziel dieses Dialogs mit den Studierenden ist die Einübung einer wissenschaftlichen Haltung, die nicht nur fachliche Kompetenzen, sondern auch „reflexive Qualifikationen" einschließt (Arnold und Schüßler, 2002, S. 131).

1. Forschungsgegenstand und -zyklus

Das Forschungsfeld ‚Hörspiel in den 1950er-Jahren' eignet sich aus mehreren Gründen hervorragend für ein forschendes Lehrprojekt. Da es ein Forschungsdesiderat darstellt, sind die Studierenden hier nicht mit einer Vielzahl von Forschungstexten zu ihrem jeweiligen Hörspiel konfrontiert. Die politischen und kulturellen Kontexte sind hingegen bestens erforscht, sodass auf diese Erkenntnisse zurückgegriffen werden kann. Gerechnet werden kann zudem mit rudimentärem historischen Vorwissen. Auch unter methodischen Gesichtspunkten ist der Forschungsgegenstand interessant: Die Hörspielproduktion von Mitgliedern der Gruppe 47, die fokussiert wird, war konträren Einflussfaktoren ausgesetzt (dem Nomos des literarischen Felds, einer spezifischen Medienlogik des Radios, der Marktorientierung des Rundfunks und politischer Loyalitäten), die jeweils methodisch unterschiedlich analysiert werden müssen.

Den Studierenden wird am Anfang des Seminars ein zu analysierendes Hörspiel zugewiesen. Die Vorauswahl des Forschungsgegenstands führt dazu, dass die Studierenden nicht den ganzen Forschungszyklus durchlaufen, wie es Huber mit seinem Modell für das Forschende Lernen empfiehlt (Huber, 2014, S. 35). Die erste Phase, in der sich das „Wahrnehmen eines Ausgangsproblems oder Rahmenthemas" (Huber, 2014, S. 33) vollzieht, findet sich im Lehrprojekt nicht abgebildet. Die Einschränkung des Forschungszyklus begründet sich nicht nur pragmatisch (zu wenig Zeit, Hörspielmanuskripte und -mittschnitte müssen bereitgestellt werden), sondern auch didaktisch. Die Zuweisung des Hörspiels und die damit einhergehende Konstituierung von Forschungsgruppen zu diesem Hörspiel ermöglicht es, einen (für die Literaturwissenschaft unüblichen) kollektiven Forschungsprozess zu organisieren, der einen dialogischen Rahmen etabliert. Die Studierenden können so ihre Probleme und Unsicherheiten im niedrigschwelligen Austausch mit Peers formulieren und so einen reflektierten Zugang zum wissenschaftlichen Schreiben gewinnen. Forschen als kollektiven Prozess zu organisieren, fördert zudem Handlungskompetenzen. Die Studierenden lernen Gruppenprozesse zu koordinieren, Probleme zu formulieren und zu lösen, Entscheidungen begründet zu treffen sowie Feedback zu geben und anzunehmen.

2. Arbeitsweise und Differenzierung

Die Studienleistung der Forschungswerkstatt besteht in der Erarbeitung und Abfassung eines Lexikonartikels über das zugewiesene Hörspiel, wobei jeweils fünf Studierende in verschiedenen Expertenrollen für einen Eintrag verantwortlich sind. Bei einer Teilnehmerzahl von 30 Studierenden ergeben sich sechs Hörspielgruppen. Die Studierenden arbeiten zusätzlich in fünf Gruppen zusammen, in denen sie sich zu Experten ausbilden, die in ihrer jeweiligen Hörspielgruppe für die Analyse des Hörspiels mithilfe der angeeigneten Theorie oder Methode verantwortlich sind.

Mit der kooperativen Ausrichtung antwortet das Projekt auf die Heterogenität der Lerngemeinschaft und versucht durch differenzierte Lernsettings der Diversität gerecht zu werden. Leistungsschwächere Studierende können sich in den praktisch orientierten Gruppenarbeiten nicht dem Seminargeschehen entziehen, sondern müssen aktiv eine Rolle für sich definieren. Sie können einen ihnen adäquaten Anteil am Forschungsprozess übernehmen, der sich an ihren bildungsbiografischen Hintergründen, ihren Lerntypen und auch an persönlichkeitsbezogenen Aspekten orientiert (Satilmis, 2017, S. 420). Fortgeschrittene Studierende können ihre Kommilitoninnen und Kommilitonen unterstützen und werden so als Forschende in ihren Kompetenzen anerkannt. Die Aufteilung der Forschungsarbeit in zwei Gruppen unterstützt diesen Differenzierungsprozess und zielt darauf ab, dass alle Studierende in ihren Hörspielgruppen als Experten adressiert werden. Dies ermöglicht auch leistungsschwächeren Studierenden, den Forschungsprozess aktiv voranzubringen und die damit einhergehende Wertschätzung zu erfahren. Ähnlich wie bei der Lernmethode ‚Gruppenpuzzle' können die Studierenden dabei Unterstützung in ihrer jeweiligen Methodengruppe erfahren. Ihren Expertenstatus erarbeiten sie sich nicht allein, sondern im Dialog mit Peers. Das Zusammenspiel von Hörspiel- und Methodengruppen dient darüber hinaus der Qualitätskontrolle. Methodenwissen kann nur erfolgreich transferiert werden, wenn es konkret dazu beiträgt, das jeweilige Hörspiel zu analysieren. Nicht Schlagworte werden in der Schreibarbeit benötigt, sondern ein Wissen, das in die Schreibpraxis einfließen kann. Die Arbeit in zwei Gruppen ermöglicht eine stärkere Strukturierung der Lernsituation, die Lernende entlastet. Schließlich wird die praxisorientierte Lernsituation auch dem Umstand gerecht, dass Leistungsstärke und -schwäche sich immer auf spezifische Kompetenzen beziehen. Die diversen Praktiken, die Studierenden in verschiedenen Konstellationen vollziehen, bringt die Diversität der Studierenden positiv zum Ausdruck, da Schwächen in bestimmten Bereichen durch Stärken in anderen Feldern kompensiert werden können. Heterogenität kann insofern durch Forschendes Lernen auch gefördert werden (Satilmis, 2017, S. 424).

3. Anstatt eines Fazits: Forschendes Lernen im dritten Fachsemester?

Im dritten Fachsemester besitzen Studierende nur ein rudimentäres Wissen über ihre Disziplin und verfügen kaum über Erfahrungen mit der Lektüre von Forschungsliteratur. Wie Forschungsbeiträge aufgebaut, welche Fragestellungen üblich und welche Hilfsmittel verfügbar sind, ist den meisten Studierenden nicht bekannt. Das Lehrprojekt startet daher mit einem Sitzungsblock, der sich nicht am Forschenden Lernen orientiert, sondern Hilfsmittel und Forschungstexte exemplarisch vorstellt. Gemeinsam analysiert und besprochen werden Texte, die als Modell für den zu schreibenden Lexikoneintrag fungieren können. In diese Aufwärmphase fällt auch die erste Schreibübung: Das Abfassen eines Abstracts ermöglicht es den Studierenden, den Aufbau und die Argumentationsweise von wissenschaftlichen Texten sowie den Einsatz von Methoden zu studieren. Die gemeinsame Diskussion der ersten Schreibprodukte hilft bei der Konstituierung der kooperativen Arbeitsformen und erprobt mit dem Schreiben eine wesentliche Kompetenz literaturwissenschaftlicher Forschung.

Literatur

Arnold, R. & Schüßler, I. (2002). Weiterbildung im Beruf – Weiterbildung als Beruf. In H.-U. Otto u. a. (Hrsg.), *Erziehungswissenschaft: Professionalität und Kompetenz* (S.115–137). Opladen: Leske & Budrich.

Fichten, W. (2010). Forschendes Lernen in der Lehrerbildung. In U. Eberhardt (Hrsg.), *Neue Impulse in der Hochschuldidaktik* (S. 127–182). Wiesbaden: VS Verlag.

Huber, L. (2014). Forschungsbasiertes, Forschungsorientiertes, Forschendes Lernen: Alles dasselbe? Ein Plädoyer für eine Verständigung über Begriffe und Unterscheidungen im Feld forschungsnahen Lehrens und Lernens. *Das Hochschulwesen*, 62 (1+2), 32–39.

Satilmis, A. (2017). Forschendes Lernen und Heterogenität. In Mieg, H. & Lehmann, J. (Hrsg.), *Forschendes Lernen. Wie die Lehre in Universität und Fachhochschule erneuert werden kann* (S. 419–428). Frankfurt, New York: Campus.

Ulrike STADLER-ALTMANN, Bozen; Gernot HERZER, Bozen; Edwin KEINER, Bozen; Paul RESINGER, Bozen; Beatrix AIGNER, Bozen; Gerda VIDESOTT, Bozen; Annemarie SAXALBER, Bozen

Perspektivwechsel: Forschendes Lernen in einem Modul? Hochschuldidaktische Lehrkooperation zwischen Universität, Schule und Kindergarten in Südtirol[1]

1. Forschendes Lernen in einem universitären Lehrmodul

Jedes Studium an einer Universität muss Teilnahme an Wissenschaft und dadurch einen Perspektivwechsel aus der rezeptiven zu einer aktiven Forschungshaltung ermöglichen. Unterschiedliche Einstellungen, multiple Arbeitsweisen, nicht lineare Abläufe und widersprüchliche Ergebnisse von Forschung sollten für Studierende erfahrbar werden (vgl. Huber 2009), um zum einen den universitären Wissensaufbau transparent zu machen und zum anderen selbstständiges Forschen zu ermöglichen. Der Ansatz des Forschenden Lernens hat es deshalb auf die Beteiligung des Lernenden am Prozess der Wissenschaft abgesehen. Folgende Bestimmungsmerkmale sind für den Prozess der Forschenden Lernens nach Huber (1970) unabdingbar:

Eine **selbstständige Wahl des Themas** durch den Studierenden, gleichgültig, ob ihm das Problem durch eigene Arbeit, Beratung, Diskussion oder Beobachtung bewusst geworden ist.

Eine **selbstständige (Forschungs-)Strategie**, besonders in der Entscheidung der Auswahl möglicher Methoden, Versuchsanordnungen, Recherchen usw.. Dabei sind die forschend-lernenden Studierenden beraten, jedoch nicht vor Fehlern und Umwegen geschützt.

Wie in jedem Forschungsprozess sind **Irrtümer und Umwege** Bestandteil der Arbeit. Jedoch bieten diese blinden Flecken auch Chancen für Zufallsfunde, fruchtbare Momente und unerwartete Nebenergebnisse.

Die **Prüfung des Ergebnisses** hinsichtlich seiner Abhängigkeit von Hypothesen und Methoden muss am Ende des Forschungsprozesses stehen.

Letztendlich muss die **Darstellung des Resultats** so erfolgen, dass die Bedeutung der Forschungsanstrengung und des Ergebnisses klar und der Weg zu ihm nachprüfbar wird.

[1] Dieser Text ist eine aktualisierte und erweiterte Version von „Hybrid Spaces: forschendes Lernen – Forschen lernen" (2018), erschienen in L. Pilypaitytė und H.-St. Siller (Hrsg.) Schulpraktische Lehrerprofessionalisierung als Ort der Zusammenarbeit, Springer VS.

Durch die Umsetzung der Methode des Forschenden Lernens in einem Lehrmodul sollen die Studierenden einen vollständigen Forschungsprozess kennenlernen und durchlaufen. So wird Forschung nachvollziehbar und für Studierende verstehbar.

2. Modul – Forschungsmethoden im pädagogischen Bereich, Bewertung und Weiterentwicklung von Kindergarten und Grundschule

Im Rahmen des bildungswissenschaftlichen Studiums an der Freien Universität Bozen (unibz) wird das Konzept des Forschenden Lernens genutzt, um folgende Kompetenzen bei den Studierenden aufzubauen und zu vertiefen:

- Förderung berufsspezifischer Kompetenzen
- Förderung forschungsspezifischer Kompetenzen
- Förderung berufsfeldbezogener Forschungskompetenzen

Das Modul besteht aus vier unterschiedlichen Lehrveranstaltungen, zwei Vorlesungen und zwei vertiefenden Seminaren. Die Vorlesung „Forschungsmethoden im pädagogischen Bereich" führt in die Grundlagen empirischer Forschung ein. In der Vorlesung „Evaluationsprozesse und Weiterentwicklung von Kindergarten und Grundschule" werden Kindergarten und Grundschule als organisierte gesellschaftliche Institutionen mit den ihnen inhärenten Forschungsansätzen bzw. -möglichkeiten betrachtet. Im Seminar „(Südtiroler) Rahmenrichtlinien für Kindergarten und Schule zu den Kompetenzen: Bildungsziele, Portfolio, Bewertung und Beurteilung" steht die inhaltliche und praxisorientierte Auseinandersetzung mit dem Curriculum, den gültigen Rahmenrichtlinien für den Kindergarten und die Schule im Mittelpunkt. Im Seminar „Wissenschaftliches Schreiben und Vorbereitung auf die Masterarbeit" erhalten die Studierenden einen Überblick über wissenschaftliche Textformen, von den „kleineren" (Exzerpt, Hausarbeit, Protokoll) bis zu den „größeren" (wissenschaftlicher Artikel, Masterarbeit) Schreibformen. Systematisch wird der Zusammenhang zwischen sozialwissenschaftlichen Forschungsmethoden und der dazugehörigen wissenschaftlichen Darstellung reflektiert und verständlich gemacht. Letztendlich zielt das Seminar auf die Vorbereitung für die wissenschaftliche Abschlussarbeit (Masterarbeit) ab. Die Aufgaben der Studierenden in diesem Modul (nach Huber 1970 & 2009) richten sich auf eine Aktivierung des noch trägen Wissens (vgl. Renkl 1996) in einem situativen Forschungskontext. Bezogen auf die oben genannten Bestimmungsmerkmale des Forschenden Lernens wählen die Studierenden sich ein Thema selbstständig und entwickeln eine eigene Forschungsfrage in und parallel zur Vorlesung „Forschungsmethoden im pädagogischen Bereich". Sie entwickeln eine selbstständige Forschungsstrategie, indem sie eine Methode in der Vorlesung „Evaluationsprozesse und Weiterentwicklung von Kindergarten und Grundschule“ auswählen. Im Seminar „(Südtiroler) Rahmenrichtlinien für Kindergarten und Schule zu den Kompetenzen: Bildungsziele, Portfolio, Bewertung und Beurteilung“ werden die gewählten Forschungsideen in Bezug zur Südtiroler Bildungslandschaft diskutiert und so das Risiko an Irrtümern und Umwegen im Forschungsprozess verdeutlicht. Konkrete Unterstützung in der Ausarbeitung ihrer Forschung erhalten die Studierenden im Seminar „Wissenschaftliches Schreiben und Vorbereitung auf die Masterarbeit“. Die bewertungsrelevante Modulabschlussprüfung ist als Posterpräsentation und -disputation konzipiert und schließt mit dieser Form der wissenschaftlichen Darstellung und Diskussion des Forschungsprozesses und seiner Ergebnisse das Forschende Lernen im Modul ab.

Darüber hinaus müssen die Studierenden mit den Bildungsinstitutionen in Südtirol kooperieren, da sie ihre Forschung im Praxisfeld durchführen. So kommt es auch zu einem Übertrag von Forschungsideen in die pädagogische Praxis und – umgekehrt – zu einer Prüfung der Relevanz der Forschungsidee und des Forschungsprozesses im Alltag des pädagogischen Praxishandelns.

3. Forschung zum Lehrmodul

Dieses Modul wurde im Wintersemester 2015/16 erstmals durch die Dozierenden gemeinsam abgestimmt und in der beschriebenen Form durchgeführt. In der bisherigen Lehrevaluation (WS 2015/16 bis WS 2017/18) berichten die Studierenden von einer großen Zufriedenheit mit der Theorie-Praxis-Verknüpfung, bezogen auf erziehungswissenschaftliche Forschung, im Modul insgesamt und in den einzelnen Lehrveranstaltungen. Im ersten Durchgang des Modul (WS 2015/16) fühlten sich die Studierenden aber noch sehr unsicher in Bezug auf die Form der Prüfung, die ihnen in methodischer Hinsicht unbekannt war. In den folgenden Semestern konnten die Lehrenden den Studierenden durch eine detailliertere Einführung in die wissenschaftliche Methode der Posterpräsentation und durch Beispiele aus der erfolgten Modulprüfung diese Unsicherheit nehmen.

In den Modulabschlussprüfungen zeigt sich der beabsichtigte Kompetenzzuwachs der Studierenden durchaus individuell unterschiedlich; er konnte aber nach den zuvor im Syllabus “Forschungsmethoden im pädagogischen Bereich, Bewertung und Weiterentwicklung von Kindergarten und Grundschule“ (2015) beschriebenen Kompetenzen transparent überprüft werden. Zudem haben die inhaltliche und methodische Gestaltung der studentischen Forschungsprojekte deutlich an Gehalt gewonnen. So wurde die thematische Auswahl breiter und die Studierenden in ihrem Vorgehen und bei ihren Posterpräsentationen sicherer.

In der studentischen Forschung zum Modul (Leitner & Ladurner 2016) wurde ersichtlich, dass sich Gestaltung und Struktur des Moduls etabliert haben und die Studierenden sowohl mit den kooperierenden Lehrveranstaltungen als auch mit der Modulabschlussprüfung mehr als zufrieden sind. Dass viele Studierende ihre im Modul gewählte Forschungsfrage in ihrer Masterarbeit vertiefen und ausarbeiten, kann ebenfalls als Erfolg des Moduls gesehen werden.

In Ergänzung zur Evaluation des Moduls ist in diesem Studienjahr auch eine Analyse der Inhalte, der forschungsmethodischen Umsetzung sowie der Ergebnisse aus den studentischen Forschungsprojekten anhand der Kriterien geleiteten Analyse der Poster vorgesehen.

Literatur

FL² Forschendes Lernen – Lehrende Forschung (2015) (Hrsg.), *Formen Forschenden Lernens an der Fachhochschule Potsdam*, Potsdam, 2. Aufl.

Huber, L. (2009). Warum Forschendes Lernen nötig und möglich ist. In L. Huber, J., Hellmer & F. Schneider (Hrsg.), *Forschendes Lernen im Studium. Aktuelle Konzepte und Erfahrungen*, Bielefeld: UniversitätsVerlagWebler, S. 9 – 35.

Huber, L. (1970), Forschendes Lernen. Bericht und Diskussion über ein hochschuldidaktisches Prinzip, *Neue Sammlung* 10(3): 227-244. http://pub.uni-bielefeld.de/publication/1781678 [letzter Zugriff: 1. Juli 2016].

Leitner, E., Ladurner, M. (2016), *Studentenevaluation des Moduls „Forschungsmethoden im pädagogischen Bereich“*. unibz: Brixen. Unveröffentlichtes Poster.

Renkl, A. (1996), Träges Wissen: Wenn Erlerntes nicht genutzt wird, *Psych. Rundschau* 47 (2): S. 78-92.

Syllabus “Forschungsmethoden im pädagogischen Bereich“ (2015), http://www.unibz.it/de/public/university/welcome/ViewCoursePdf.customhandler?examId=58386 [letzter Zugriff: 29/10/2017].

Christian STOLL, Berlin

Forschendes Lernen im Lehr-Lern-Labor – digitale Medien im berufsfachlichen Unterricht

Digitale Medien im berufsfachlichen Unterricht sind eine Herausforderung nicht nur für die Infrastruktur von Berufsschulen (Kollegschulen, Oberstufenzentren, Berufsgymnasien etc.). In der Lehrkräftebildung stellen digitale Medien bzw. der Umgang mit computergestützten Lehr-Lern-Arrangements ebenfalls eine Herausforderung dar. Vor diesem Hintergrund soll ein Einblick in ein aktuelles fachdidaktisches Forschungsprojekt im Rahmen der Qualifizierungsoffensive Lehrkräftebildung an der TU Berlin im Fachgebiet Berufliche Fachdidaktik / Berufspädagogik erfolgen. Im Zentrum der Betrachtung steht das elektrotechnische Lehr-Lern-Labor. Dieses Modul ist curricular eingebettet in ein gemeinsames Projekt von Fachdidaktik und Fachwissenschaft. Unterrichtsplanung, -durchführung und -reflexion im Zusammenhang mit forschenden Lernen sind die Kernthemen der Lehrveranstaltung. Zunächst wird das Konzept Schülerlabor erläutert und wie Schülerlabore in der Lehrkräftebildung eingesetzt werden können. Darauf aufbauend wird der Ablauf des Lehr-Lern-Labors Elektrotechnik der TU Berlin und die Begleitforschung dargestellt.

Schülerlabore

Schülerlabore sind außerschulische MINT-Lernorte. Im Mittelpunkt dieser Lernorte steht das eigenständige experimentieren bzw. eigenständige Handeln der Lernenden. Hierbei kommen didaktische Konzept wie Forschendes Lernen bzw. Forschendes Experimentieren zur Anwendung (Haupt et al., 2013, S. 3ff.). Im deutschsprachigen Raum werden Schülerlabore von unterschiedlichen Institutionen aus unterschiedlichen Motivationen heraus betrieben. Der Bundesverband ("LernortLabor - Bundesverband der Schülerlabore e.V.") sieht das Primärziel darin, Interesse und Verständnis für Natur- und Ingenieurwissenschaften zu fördern und motivationale sowie kognitive Effekte zu erzielen. Der Fokus liegt auf der Nachwuchsförderung im Bereich der MINT-Berufe und MINT-Studiengänge, da hier ein Mangel zu verzeichnen ist (ebd., S. 5f.). Die Prozesse innerhalb eines Schülerlabors haben positive Auswirkungen auf die Motivation von Lernenden (Brandt et al., 2008). Der Besuch eines Schülerlabors kann ein großes, lang anhaltendes aktuelles Interesse bei Lernenden erzeugen und deren Fähigkeitsselbstkonzept steigern. Hierfür wird die Betreuung, die Atmosphäre und der authentische Einblick in die Wissenschaft verantwortlich gemacht (Pawek et al., 2012, S. 90f.).

Lehr-Lern-Labore

Eine neuere Entwicklung ist eine praxisnahe fachdidaktische-fachwissenschaftliche Ausbildung für Lehramtsstudierende mit Hilfe des Konzepts Schülerlabor: das Lehr-Lern-Labor. Das Wort Lern(en) im Ausdruck Lehr-Lern-Labor steht für die Schüler/innen Perspektive. Das Wort Lehr(en) fokussiert Lehramtsstudierende. Studierende erstellen Materialien, planen den Ablauf des Labors und führen ihn durch (Haupt et al., 2013, S. 6f). Lehr-Lern-Labore unterscheiden sich von Schülerlaboren dahingehend, dass die Lehramtsausbildung im Mittelpunkt steht (Völker & Trefzger, 2010, S. 1f). Wie klassische Schülerlabore sind diese ein Experimentier- und Forschungsangebot für Schulklassen, in dem Schüler/innen in, von Lehramtsstudierenden entwickelten, Lehr-Lern-Arrangements eigenständig arbeiten. Lehr-Lern-Labore eignen sich dazu didaktische und methodische Ausbildung von Lehramtsstudierenden, speziell im Hinblick auf die Betreuung von Schüler/innen, die selbstständig arbeiten sollen, zu vertiefen (ebd., S. 2).

Krofta et al. (2012) weisen auf eine Lücke zwischen Theorie und Praxis in der Lehrkräftebildung hin. Lehr-Lern-Labore sind ein Versuch diese Lücke zu schließen (Krofta et al., 2012, S. 2). Sie bieten einen idealen Ort für forschendes Lernen, in denen Theoriebildung und Praxisorientierung zugleich stattfinden kann (Rehfeldt et al., 2016, S. 1). Inhaltlich wird versucht die Bereiche Fachwissenschaft, Fachdidaktik und Bildungswissenschaft miteinander zu Verknüpfen. Eine Verknüpfung dieser verschiedenen Anteile kann zu Synergieeffekten führen (Krofta et al., 2012, S. 1). Des Weiteren kommen Völker und Trefzger zu dem Ergebnis, dass Lehr-Lern-Labore die Handlungskompetenzen von Lehramtsstudierenden besonders im sozial-kommunikativen Bereich verbessern und die didaktisch-methodische Ausbildung vertiefen können (ebd., S. 4ff). Darüber hinaus ermöglicht die Konzeption, Durchführung und Reflexion der Unterrichtseinheiten innerhalb des Lehr-Lern-Labors Studierenden Erfahrungswissen, Handlungsmuster und Kompetenzen für den eigenen Unterricht zu entwickeln und zu fördern (Völker & Trefzger, 2010, S. 3).

Krofta & Nordmeier (2014, S. 1) weisen darauf hin, dass die Selbstwirksamkeitserwartung bei Studierenden in Praxisphasen abnehmen. Dies wird auf eine Überforderung durch die Komplexität von Praxissituationen zurückgeführt. Sie schlagen vor, Studierende in kleineren Schritten an die Herausforderungen des Lehrberufs heran zu führen, um ein Gefühl der Sicherheit zu gewinnen. Dies sollen die Lehr-Lern-Labore mit einer komplexitätsreduzierten, geschützten Lehr-Lern-Umgebung im universitären Kontext und kleinen Lerngruppen ermöglichen.

Aufbau und Struktur des Lehr-Lern-Labors Elektrotechnik

Das Mastermodul Lehr-Lern-Labor Elektrotechnik (8 ECTS) an der TU-Berlin fand das erste Mal im Sommersemester des Jahres 2017 statt und ist für Lehramtsstudierende der Fachrichtung Elektrotechnik ein Pflichtmodul. Im Fokus des Lehr-Lern-Labors Elektrotechnik steht neben der Planung, Durchführung und Reflexion von Unterricht die Entwicklung der Medienkompetenz der Studierenden. Bei der Kompetenzentwicklung in Handhabung, Einsatz und Anwendung von digitalen Medien bzw. computergestützten Lehr-Lern-Arrangements im Kontext von Lehre besteht ein großer Bedarf in der Lehrkräftebildung. Die Studierenden setzen sich mit Software-Tools wie bspw. Simulationssoftware, Software zum Entwerfen elektrischer Schaltungen, Software zur Audio- und Videobearbeitung auseinander und beurteilen inwiefern diese Medien den Inhalt, das Ziel und/oder die Planung unterstützen. Sie erarbeiten die Potentiale und Grenzen und stellen sich den Herausforderungen beim Einsatz innerhalb von Unterrichtssequenzen.

Lehr-Lern-Labore lassen sich in eine Vorbereitungsphase, eine Praxisphase und eine Reflexionsphase unterteilen (Krofta & Nordmeier, 2014, S. 4). In der Vorbereitungsphase setzen sich die Studierenden fachlichen und fachdidaktischen Fragestellungen auseinander. Es wird eine Sachanalyse erarbeitet, bei der eine elektrische Schaltung im Mittelpunkt steht. Auf Grundlage der Sachanalyse, unter Beachtung der Rahmenbedingungen und der zu Verfügung stehenden digitalen Medien sind die Studierenden in der Lage Entscheidungen zu treffen. Daraus wird eine Unterrichtseinheit entwickelt. In der Praxisphase bekommt jede Studierendengruppe die Möglichkeit ihr Unterrichtskonzept mit Schülergruppen eines Oberstufenzentrums zu erproben. Die Unterrichtsphase dient ebenfalls der Beantwortung aus der Literatur entwickelter Fragestellungen nach Kriterien die theoriegeleitet erarbeitet wurden. Mit den Erkenntnissen aus der Reflexion wird die Unterrichtseinheit angepasst, überarbeitet und von den Studierenden erneut durchgeführt. Die Vorstellung der eigenen Erkenntnisse in Verbindung mit Reflexionsprozessen ist der Schwerpunkt der Reflexionsphase. Der Abschluss bildet eine Verschriftlichung der persönlichen Reflexion der beiden Unterrichtseinheiten.

Begleitforschung

Die Begleitforschung soll folgende Fragen beantworten:

1. Inwiefern können Lehr-Lern-Labore Lehramtsstudierende dazu befähigen, digitale Medien hinsichtlich ihrer didaktischen Eignung, Potentialen und Grenzen zu beurteilen und

2. inwiefern können Lehr-Lern-Labore Lehramtsstudierende dazu befähigen, computergestützter Lehr-Lern-Arrangements zu entwerfen und zielgerichtet einzusetzen.

Das Forschungsdesign beinhaltet leitfadengestützte Interviews mit den Studierenden zu Beginn des Semesters und die Auswertung der schriftlichen Reflexionen, welche von den Studierenden zum Ende des Semesters angefertigt werden.

Fazit

Lehr-Lern-Labor können ein geeignetes Angebot sein, um Forschendes Lernen im Lehramtsstudium zu verankern. Bezogen auf das Konzept des Lebenslangen Lernens in Verbindung mit dem späteren Berufsalltag von Lehrkräften ergibt sich hier die Möglichkeit Theorie und Praxis, Fachwissenschaft und Fachdidaktik sowie analoge und digitale Medien bzw. Unterrichtsmedien miteinander zu verzahnen. Für größere Praxisphasen wie das Praxissemester können hier in einem geschützten Bereich erste selbsterstellte Lehr-Lern-Arrangements erprobt, dadurch Selbstwirksamkeitserwartung entwickelt und damit der Einstieg in Lehrvorhaben bzw. die Planung, Durchführung und Reflexion erleichtert werden. Dieses Modul ist notwendig, um den Umgang mit digitalen Medien bzw. computergestützten Lehr-Lern-Arrangements zu üben und in der Lehrkräftebildung zu verankern.

Literatur

Brandt et al. (2008). Was bewirken außerschulische Experimentierlabors? Ein Kontrollgruppenexperiment mit Follow up-Erhebung zu Effekten auf Selbstkonzept und Interesse. *Zeitschrift Für Padagogische Psychologie, 22*, 5-12.

Haupt, O. J. et al. (2013). Schülerlabor – Begriffsschärfung und Kategorisierung. *MNU*, 66 Jg., H. 6, S. 324–330.

Krofta, H. et. al. (2012). Professionalisierung im Schülerlabor: Praxisseminare in der Lehrerbildung. *Tagungsband Didaktik der Physik – Frühjahrstagung.*

Krofta, H. & Nordmeier, V. (2014). Bewirken Praxisseminare im Lehr-Lern-Labor Änderungen der Lehrerselbstwirksamkeitserwartung bei Studierenden. *Tagungsband Didaktik der Physik – Frühjahrstagung.*

Pawek, C. et. al. (2012). *Schülerlabore als interessensfördernde außerschulische Lernumgebungen. Außerschulische Lernorte – Beiträge zur Didaktik, igu-cge.org.*

Rehfeldt et al. (2016). Fächerübergreifende Wirkungen von Lehr-Lern-Labor-Seminaren: Adaption für die Fächergruppen Englisch, Geschichte und Sachunterricht. In Bernholt (Hrsg.), *Implementation fachdidaktischer Innovation im Spiegel von Forschung und Praxis: Gesellschaft für Didaktik der Chemie und Physik.* Jahrestagung 2016. Kiel: IPN.

Völker, M. & Trefzger, T. (2010). Lehr-Lern-Labore zur Stärkung der universitären Lehramtsausbildung. *Didaktik der Physik - Frühjahrstagung – Hannover.*

Jörg STRATMANN, Weingarten

Kompetenzorientiertes und forschendes Lernen an der Pädagogischen Hochschule Weingarten

Im Beitrag werden zwei Lernarrangements beschrieben, innerhalb derer verschiedene Formen des kompetenzorientierten forschenden Lernens umgesetzt werden.

Bevor die beiden Lernszenarien erläutert werden, wird geklärt, was unter Kompetenz und kompetenzorientierter Lehre verstanden wird.

1. Kompetenzorientierte Lehre mit E-Portfolios

Die einzelnen Kompetenzdefinitionen unterscheiden sich zum Teil stark (Volk & Miller, 2013, S. 19ff.), so dass im Folgenden zunächst einmal geklärt wird, was hier unter Kompetenz verstanden wird. Der Begriff Kompetenz wird in diesem Beitrag im Sinne von beruflichen Handlungskompetenzen verwendet: Es wird davon ausgegangen, dass Studierende im Rahmen ihres Studiums Kompetenzen erwerben, die ihnen später ein erfolgreiches Handeln im Beruf ermöglichen. Erpenbeck & Rosenstiel (2003) fassen unter Kompetenzen „Dispositionen selbstorganisierten Handelns", die eine Person in die Lage versetzen, „in Situationen mit unsicheren Ausgang sicher zu handeln." (ebd. S. XI). Ein weiteres Modell stammt von Euler & Hahn (2004), welches berufliche Handlungskompetenz in die Bereiche Sach-, Sozial- und Selbstkompetenz mit den Dimensionen Wissen, Einstellungen und Fertigkeiten gliedert (Euler & Hahn, 2004, S. 129f.).

Soll ein Eindruck von den Kompetenzen einer Person gewonnen werden, geht dies nur über die Beobachtung der Person in einer ganz konkreten Situation, in der diese eine Handlungsausführung (Performanz) zeigt. Durch die Betrachtung der gezeigten Handlungsausführung kann nun auf die dahinterliegende Kompetenz geschlossen werden. Ein Problem dabei ist, dass die Performanz nicht mit der Kompetenz gleichgesetzt werden kann. Die gezeigte Performanz ist immer nur eine Teilmenge der Kompetenz einer Person. Je häufiger die Performanz einer Person beobachtet wird, desto zuverlässiger kann jedoch auf die zugrundeliegenden Kompetenzen dieser Person geschlossen werden (Stratmann, Preußler, & Kerres, 2009a).

Im Folgenden werden die beiden Lehrveranstaltungen beschrieben, in denen die Studierenden zur Dokumentation ihrer Aktivitäten ein E-Portfolio nutzen, innerhalb von diesen sie ihre selbst erstellten Artefakte sammeln (Stratmann, Preußler, & Kerres, 2009b). Neben der inhaltlichen Auseinandersetzung mit den der jeweiligen Veranstaltung zugrundeliegenden Themen sind

N. Neuber, W. Paravicini, M. Stein (Hrsg.): Forschendes Lernen – The wider view. Tagungsband. Münster: WTM-Verlag 2018.

die folgenden übergeordneten Zielsetzungen mit diesen verbunden: Die Studierenden sollen …

- für die Bedeutung von theoretischen Überlegungen / Modellen sensibilisiert werden, mit deren Hilfe sie ihr zukünftiges Handeln planen und durchgeführte Aktivitäten reflektieren können.
- Kompetenzen in Bezug auf Forschung entwickeln, welche sie dazu in die Lage versetzen, Forschungsbefunde zu lesen und in deren Reichweite einzuschätzen, eigene Forschungsfragen zu generieren, sowie ein passendes Forschungsdesign zu entwickeln und anzuwenden.
- eine positive Haltung gegenüber Forschung entwickeln, so dass Studierende Forschung als ein Werkzeug sehen, mit dessen Hilfe sie ihr eigenes berufliches Handeln systematisch erfassen und reflektieren können und welches damit einen wesentlichen Beitrag im Rahmen ihrer Professionalisierung leistet.

2. Forschendes Lernen im Lehramt

Bei der hier betrachteten Veranstaltung handelt es sich um die Begleitveranstaltung zum integrierten Semesterpraktikum. Im Rahmen der Veranstaltung haben die Studierenden die Möglichkeit, sich intensiv mit einer schulischen Situation auseinanderzusetzen, die sie als schwierig erlebt haben. Die Beschäftigung mit dieser Situation stellt das eigene Forschungsprojekt dar, welches die Studierenden innerhalb ihres E-Portfolios bearbeiten.

Das Vorgehen innerhalb des Forschungsprojektes orientiert sich am Inquiry-Prozess nach (Dewey, 1986). 1. Zunächst geht es darum, dass die Studierenden die Situation identifizieren, die für sie irritierend war (unbestimmte Situation), 2. daran schließt sich an, dass genauer benannt wird, was das Problem innerhalb der Situation war (Institution des Problems), 3. in einer intensiven Auseinandersetzung mit in diesem Zusammenhang relevanter Literatur entwickeln die Studierenden mögliche Lösungen für ihr identifiziertes Problem (Konkretisierung der Problemlösung), 4. im nächsten Schritt geht es um „vernünftiges Begründen“ was die gemachten Überlegungen für ein Handeln in einer zukünftigen Situation bedeuten. Im letzten Schritt wird überprüft, ob sich die entwickelte Problemlösung in der Praxis bewährt. Hierzu müssen die Studierenden auch überlegen, wie sie dieses Bewähren systematisch mit Hilfe von empirischen Methoden erfassen möchten (Janssen et al., 2013).

3. Forschendes Lernen im BA Medien- und Bildungsmanagement

Innerhalb dieser Veranstaltung entwickeln die Studierenden ausgehend von einem Bildungsproblem ein mediendidaktisches Design (Kerres, 2013, S.

296ff.). Die Veranstaltung ist im Sinne des flipped-classrooms, einer Sonderform des Blended-Learning, gestaltet. Hierbei findet die Inhaltsvermittlung mit Hilfe von Videos und Lerntexten außerhalb der Veranstaltungszeit statt, so dass innerhalb der einzelnen Sitzungen an Leitfragen bzw. den eigenen mediendidaktischen Projekten gearbeitet werden kann.

Eine Evaluation aus dem Sommersemester 2016 hat ergeben, dass die Studierenden (n=48) die Videos als hilfreich für ihren eigenen Lernprozess sehen, Mittelwert von 3,96 auf einer fünfstufigen Ratingskala mit den Ausprägungen (1. stimmt gar nicht, bis 5. stimmt völlig). Die Umfrage hat zudem ergeben, dass sich der größte Teil der Studierenden Videos mit einer Länge von max. 15 Min. (40,43%) bzw. 10 Min. (34,04%) wünschen. Die Akzeptanz der Videos ist hoch, hier ergab sich ein Mittelwert von 4,19.

Im Rahmen dieser Veranstaltung durchlaufen die Studierenden alle Phasen eines mediendidaktischen Projektes. Anhand des ADDIE-Modells, ein Modell des instructional-system-designs (Niegemann, 2008, S. 19f.), wird im Folgenden kurz angedeutet, welche forschungsbezogenen Aktivitäten innerhalb der einzelnen Phasen anknüpfen können, wobei innerhalb der Lehrveranstaltung nur die ersten beiden Phasen im Fokus stehen.

In der 1. Phase (Analyse) geht es darum, relevante Daten für das mediendidaktische Projekt mit Hilfe von Analysen zu erheben, dies kann etwa eine Zielgruppenanalyse sein. Hierzu können sich die Studierenden etwa mit der Auswahl, der Entwicklung und dem Einsatz eines Fragebogens beschäftigen (Kerres, 2013, S. 287). In der Phase des Didaktischen Designs (2.) entwickeln die Studierenden ausgehend von den während der Analyse-Phase erhobenen Daten ein mediendidaktisches Design – innerhalb dieser Phase ist die Auseinandersetzung mit Ergebnissen der empirischen Lehr-/Lernforschung zentral, um begründet Entscheidungen, die den Lehr-/Lernprozess begünstigen, zu treffen. Die Phase Development (3.) dient z. B. der technischen Umsetzung des Projektes und ist nicht Bestandteil der Veranstaltung. In den Phasen 4 (Implementation) und 5 (Evaluation) geht es um die Gestaltung des Einführungsprozesses und die Evaluation des eigenen Projektes. Im Rahmen der Veranstaltung sind diese beiden Phasen nur am Rande von Bedeutung, hier überlegen die Studierenden nur grob, wie sie den Implementierungsprozess formativ evaluieren, bzw. innerhalb der fünften Phase, mit Hilfe welcher Messgrößen sie den Erfolg des Projektes evaluieren würden.

4. Zusammenfassung

In beiden Szenarien werden Formen forschenden Lernens umgesetzt. Im ersten Lernszenario ist das Durchlaufen eines eigenen Forschungsprozesses das zentrale Element. Innerhalb des zweiten Szenarios steht die Auseinandersetzung mit empirischen Befunden der Lehr-/Lernforschung im Fokus. Ausgehend von u.a. solchen Befunden werden mediendidaktische Entscheidungen begründet.

Beide Szenarien können innerhalb der Matrix von Reinmann (2013, S. 6f.) den produktiven Lernformen zugeordnet werden, innerhalb des ersten Szenarios setzen sich die Studierenden mit dem Forschungsprozess auseinander, im zweiten geht es um die Analyse und Beurteilung von Forschungsergebnissen.

Literatur

Dewey, J. (1986). *Volume 12: 1938. Logic: The Theory of Inquiry.* (J. A. Boydston, Hrsg.) (Bd. 12). Carbondale: Southern Illinois University Press.

Erpenbeck, J., & Rosenstiel, L. von. (2003). *Handbuch Kompetenzmessung: Erkennen, verstehen und bewerten von Kompetenzen in der betrieblichen, pädagogischen und psychologischen Praxis.* Schäffer-Poeschel.

Euler, D., & Hahn, A. (2004). *Wirtschaftsdidaktik.* Stuttgart: Utb.

Janssen, M., Schnebel, S., Stratmann, J., & Wiedenhorn, T. (2013). Das Weingartener Modell der Lehrerbildung Verschränkung von Theorie und Praxis im Schulpraktikum. In C. Bremer & D. Krömker (Hrsg.), *GMW 2013: E-Learning zwischen Vision und Alltag. Zum Stand der Dinge* (S. 136–147). Münster, New York, München. Berlin: Waxmann.

Kerres, M. (2013). *Mediendidaktik: Konzeption und Entwicklung mediengestützter Lernangebote* (4.). München: Oldenbourg.

Miller, D., & Volk, B. (2013). *E-Portfolio an der Schnittstelle von Studium und Beruf.* Münster: Waxmann Verlag GmbH.

Niegemann, H. M. (2008). *Kompendium multimediales Lernen.* Berlin, Heidelberg: Springer.

Reinmann, G. (2013, Dezember). *Forschungs- und Berufsorientierung in der akademischen Lehre.* Zürich. Abgerufen von http://gabi-reinmann.de/wp-content/uploads/2013/12/Vortrag_Zuerich_Dez2013.pdf

Stratmann, J., Preußler, A., & Kerres, M. (2009a). Lernerfolg und Kompetenz bewerten - didaktische Potenziale von Portfolios in Lehr-/Lernkontext. *MedienPädagogik*, (18), 1–19.

Stratmann, J., Preußler, A., & Kerres, M. (2009b). Lernerfolg und Kompetenz: Didaktische Potenziale der Portfolio-Methode im Hochschulstudium. *Zeitschrift für Hochschulentwicklung (ZFHE), Jg.4*(Nr.1), 90–103.

Albin WAID, Linz

Make research work! Forschungslehre in der Lehrerinnenbildung.

Reitinger, Haberfellner, Brewster & Kramer (2016, S. vii) konstatieren eine nach wie vor weite Verbreitung direkter Instruktion und Heteronomie in Bildung und Gesellschaft und leiten daraus die Forderung ab, der Förderung von Selbstbestimmung und Neugierde oberste Priorität zu geben (ebd.). Forschendes Lernen steht damit im Kontext der Selbstbestimmungstheorie nach Ryan & Deci (2017) und stellt zahlreiche Fragen an Hochschuldidaktik und Pädagogische Psychologie, denen in diesem Beitrag am Beispiel von forschendem Lernen in der Forschungslehre nachgegangen werden soll.

1 Problemstellung

Die in der Ausbildung von Primar- und Sekundarstufenlehrerinnen und Lehrern situierte hochschuldidaktische Initiative *Make research work* fand in den Studienjahren 2015/16 und 2016/17 an der Pädagogischen Hochschule der Diözese Linz ihren Anfang. Die Problemstellung hatte sich zuvor aus Beobachtungen und Erfahrungen des Autors bei der Betreuung von Studierenden im Erstellen ihrer Bachelorarbeit ergeben. Die der Themenwahl und dem Forschungsprozess vorangegangenen forschungsnahen Lehrveranstaltungen waren mitunter völlig an ihnen vorübergegangen, was sich in rudimentären inhaltlichen und methodischen Kenntnissen und dem daraus resultierenden Erleben von Überforderung äußerte. Aus diesem Grund wurde es notwendig, sowohl in der Forschungslehre als auch in der Beratung und Begleitung von Studierenden während des komplexen und anspruchsvollen Erstellungsprozesses ihrer Bachelorarbeit gezielt neue Wege zu gehen. *Make research work* bietet an, (1) Kontinuität herzustellen, auch wenn diese im Curriculum nicht vorgesehen ist, (2) Forschungslehre von Beginn an so zu konzipieren, dass ein Kontinuum von forschungsbasiertem, forschungsorientiertem und forschendem Lernen möglich wird (Huber, 2017) sowie (3) auf der Grundlage einer Positiven Pädagogischen Psychologie Lehre so zu gestalten, dass Anschluss- und Begeisterungsfähigkeit hergestellt und die Erfüllung psychologischer Grundbedürfnisse im Sinne der Selbstbestimmungstheorie nach Ryan & Deci (2017) unterstützt werden können.

2 Das Herstellen von Kontinuität

Die Fragmentierung von hochschulischer und universitärer Lehre wird zunehmend diskutiert (Huber, 2017). Dabei erscheint es in einer Zeit der Modularisierung und Verschulung von Studiengängen nahezu utopisch, größere modulübergreifende Projekte im Curriculum zu verankern. Auch wenn dies in hohem Maße wünschenswert, sinnvoll und auch notwendig wäre, braucht es hochschuldidaktische bottom-up Initiativen, die von einzelnen Lehrpersonen, oder besser: von Teams mit Visionskraft und Veränderungsmut initiiert werden. *Make research work* verdankt seine Existenz auch dem glücklichen Umstand, dass (1) die Abhaltung mehrerer aufeinander aufbauender Lehrveranstaltungen möglich war und (2) viele Studierende diese Lehrveranstaltungen auch konsekutiv inskribieren konnten. Begleitangebote im Sinne eines bedürfnisorientierten Gruppencoachings während des Forschungsprozesses rundeten das hier vorgestellte Lehr- und Betreuungsprogramm *Make research work* ab.

3 Forschendes Lernen in der Forschungslehre

Huber (2017) differenziert zwischen forschungsbasiertem, forschungsorientiertem und forschendem Lernen. Mit dem Blick auf das von ihm verwendete Phasenmodell wird klar, dass diese drei Bereiche nicht getrennt voneinander zu denken sind, sondern vielmehr ineinander übergehen. Die Frage nach dem Zeitpunkt einer adäquaten Methodenexposition bleibt dabei allerdings virulent und wird unterschiedlich diskutiert. Für *Make research work* steht der Anspruch im Vordergrund, sämtliche Bemühungen innerhalb der Forschungslehre von Beginn an auf ein persönliches Forschungsprojekt auszurichten, das im Idealfall zu einer theoretisch fundierten und empirisch abgesicherten Abschlussarbeit führt. Doch wie gelingt es, Studierende für die eigenständige Konzeption einer Forschungsarbeit zu gewinnen? Eine Positive Pädagogische Psychologie will hier entsprechende Handlungsansätze liefern.

4 Die Gestaltung von Forschungslehre auf der Grundlage einer Positiven Pädagogischen Psychologie

Auf der Mikro-Ebene des Seminars geht es im Sinne einer zeitgemäßen Positiven Pädagogischen Psychologie darum, das Seminar als einladenden Ort zu gestalten, an dem es möglich wird, gemeinsam eine stärkende Erfahrung zu machen (Hüther, 2011) und Sinn und Freude zu erleben (Dolan, 2015). So wird es möglich, dass Studierende sich mit den für sie wirklich wichtigen und aktuellen Themen und Fragen einbringen und Theorie, Empirie, Praxis und Lebenswelt miteinander verbinden. Was auf den ersten Blick vielleicht romantisch klingt, trägt vielmehr einer zeitgemäßen Definition des Lernbegriffs Rechnung: Lernen als Veränderung der Erlebens-, Wissens- und Verhaltensstruktur des Menschen auf der Grundlage von Erfahrung, die neben den in der Pädagogischen Psychologie prominent beforschten kognitiven Aspekten immer auch eine emotionale, motivationale und soziale Dimension miteinschließt und den Menschen somit ganzheitlich in seinem Wesen anspricht (vgl. Forsyth, 2016, S. 5). Forsyth (2016, S. 3) betont in diesem Zusammenhang auch die Bedeutung von Intentionalität für hochschulische und universitäre Bildungsprozesse und empfiehlt Lehrenden, ihre Intentionen mit den Methoden, die sie verwenden, in Einklang zu bringen (vgl. Forsyth, 2016, S. 35). Die Intentionen von *Make research work* sind klar: Es geht darum, Studierende beim Erstellen ihrer Bachelorarbeit bestmöglich zu unterstützen. Doch wie lässt sich dieses Ziel feiner granulieren (Reinmann, 2017)? Auf der Grundlage systematisch reflektierter Hochschullehre können feinere Ziele auf Studierendenseite sein: (1) das Ausmaß eines Forschungsvorhabens rechtzeitig begreifen, (2) Phänomene wahrnehmen und Fragen stellen, (3) eine inhaltliche (Forsyth, 2016, S. 20f.) sowie methodische Basis erwerben, (4) kontinuierlich daran arbeiten (Silvia, 2007) sowie (5) dranbleiben, auch wenn es schwierig wird.

Damit sind im Kontext von forschendem Lernen in der Forschungslehre auch psychologische Aspekte angesprochen, die es explizit zu thematisieren gilt. Bolker (1998) und Silvia (2007) erinnern uns daran: Forschen und Schreiben sind komplexe und anspruchsvolle Prozesse, die durch einschränkende Beliefs torpediert werden können (vgl. hierzu auch Meyers & Nix, 2011, S. 176). Eine Psychologie des Forschens und Schreibens kann hier klärend und unterstützend wirken. Auf der Seite der Lehrenden gilt es im Sinne einer studierendenfokussierten Lehrorientierung (vgl. Braun, Weiß & Seidel, 2014, S. 445; Ryan & Deci, 2017, S. 351-381) (1) Anschlussfähigkeit herzustellen, (2) Bewusstseinsbildung im Hinblick auf forschendes Lernen zu betreiben, (3) Studierende ganzheitlich zu aktivieren (emotional, kognitiv, motivational, sozial), (4) implizite psychologische Aspekte gezielt aufzugreifen und anzusprechen, (5) inhaltliches und methodisches Basiswissen zu vermitteln bzw. (6) im Sinne des forschenden Lernens die Aneignung und den Aufbau adäquater Wissensstrukturen begleitend zu unterstützen. Auf der Ebene der didaktisch-methodischen Gestaltung von Seminaren zu *Make research work* haben sich die folgenden Elemente besonders bewährt: (1) Input in Form von Arbeit mit Impulstexten als Einstimmung auf die gemeinsame Seminarzeit, (2) Blitzlichtrunden zur Aktivierung, Partizipation und Positionierung aller Beteiligten, (3) eine formative und adaptive Gestaltung der Lehr- und Lerninhalte, (4) das Format der Herz-Zeit zum kollegialen Austausch, (5) das Führen von Probeinterviews im Seminar und die Reflexion im Hinblick auf die eigene Gesprächsführung und die Theorie der Interviewführung, (6) Settings zum kreativen Schreiben, (7) Soziometrie zur Mobilisierung und Positionierung der Gruppe zu relevanten und interessierenden Merkmalen im Raum sowie (8) synchrones wissenschaftliches Arbeiten.

5 Limitationen

Der hier vorgestellte Ansatz unterliegt zahlreichen Limitationen: (1) es handelt sich zum jetzigen Zeitpunkt um Einzelprojekte von Studierenden, bei denen der kooperative Gedanke in der Erstellung von wissenschaftlichen Arbeiten noch keine Anwendung findet, (2) *Make research work* stellt lediglich eine hochschuldidaktische Initiative auf Individualniveau dar und bedarf einer systematischen Implementierung, (3) die in der Folge im Sinne einer Implementations- und Innovationsforschung nach Hasselhorn, Köller, Maaz & Zimmer (2014) rigoros zu beforschen und empirisch zu untermauern ist. Auch eine Positive Pädagogische Psychologie stellt einen jungen Ansatz dar, der in Entwicklung und auf entsprechende Resonanz der hier angesprochenen Disziplinen angewiesen ist.

Literatur

Bolker, J. (1998). How to Write Your Dissertation in 15 Minutes a Day. New York: Holt Paperbacks.

Braun, E. Weiß, Th. & Seidel, T. (2014). Lernumwelt Hochschule. In T. Seidel & A. Krapp (Hrsg.), *Pädagogische Psychologie*. Weinheim: Beltz.

Dolan, P. (2015). Absichtlich glücklich. Wie unser Tun das Fühlen verändert. München: Pattloch.

Forsyth, D. (2016). College Teaching. Practical Insights From the Science of Teaching and Learning. Washington: APA.

Hasselhorn, M., Köller, O., Maaz, K. & Zimmer, K. (2014). Implementation wirksamer Handlungskonzepte im Bildungsbereich als Forschungsaufgabe, *Psychologische Rundschau, 65 (3),* 140-149.

Huber, L. (2017). Quelle und Verzweigungen des Forschenden Lernens: Vielfältige Entwicklungen – notwendige Unterscheidungen. Keynote. Forschendes Lernen – the wider view. Universität Münster, 25.9. 2017.

Hüther, G. (2011). Was wir sind und was wir sein könnten. Ein neurobiologischer Mutmacher. Frankfurt: S. Fischer.

Meyers, P. & Nix, S. (2011). As We Speak. How to Make Your Point and Have It Stick. New York: Atria.

Reinmann, G. (2017). Lernen durch Forschung – aber welche. Keynote. Forschendes Lernen – the wider view. Universität Münster, 27.9. 2017.

Reitinger, J., Haberfellner, C., Brewster, E. & Kramer, M. (Hrsg.). (2016). Theory of Inquiry Learning Arrangements. Research, Reflection, and Implementation. Kassel: Kassel University Press.

Ryan, R. & Deci, E. (2017). Self-Determination Theory. Basic Psychological Needs in Motivation, Development, and Wellness. New York: The Guilford Press.

Silvia, P. (2007). How to Write a Lot. A Practical Guide to Productive Academic Writing. Washington: APA.

Daniel WANGLER, Osnabrück

‚teach back' als (handlungs-)wirksames Element forschenden Lernens - Ein Beispiel aus dem Lehramtsstudium Sport

1. Einleitung: Forschendes Lernen in der Lehramtsmasterphase

Der Beitrag versteht sich als hochschuldidaktischer Impuls, der auf eine konkrete Seminarkonzeption aus Lehramtsmasterstudiengängen im Fach Sport an der Universität Osnabrück zurückgreift. Im Anschluss an eine hintergrundlegende Einleitung (1) wird in der gebotenen Kürze die konzeptionelle Idee des ‚teach back' vorgestellt (2). Entlang von Studierendenrückmeldungen (3) wird das Element schließlich kritisch bewertet sowie eine Verknüpfung zu anderen Lehr-Lernformaten hergestellt.

Zum Wintersemester 2014/2015 wurde im Rahmen der sogenannten ‚GHR-300-Reform' in Niedersachsen auch in Osnabrück die dreisemestrige Praxisphase für Masterstudierende im Lehramt Grund-, Haupt- und Realschule eingeführt (vgl. Katenbrink et al., 2014). Parallel dazu belegen die Studierenden das ‚Projektband Forschendes Lernen' in einem ihrer Studienfächer. Es erstreckt sich wie die Praxisphase über drei Semester. Im ersten Mastersemester besuchen sie zunächst ein Vorbereitungsseminar, in dem sie ein Forschungsprojekt planen. Im zweiten Semester führen sie begleitend zum fünfmonatigen Praxisblock, in dessen Rahmen die Studierenden an einer Schule hospitieren und eigenverantwortlich unterrichten, die geplante Forschung mit Unterrichts- oder Schulbezug im Feld durch. Im Auswertungsseminar im dritten Semester bereiten sie ihre Ergebnisse auf und kommunizieren sie gegenüber Dritten.

Die Gestaltung des Projektbandes im Fach Sport orientiert sich dabei an Huber (2009), der den Durchlauf eines gesamten Forschungsprozesses in selbständiger Arbeit oder in aktiver Mitarbeit in einem übergreifenden Projekt" (ebd., S.11) vorschlägt, bei dem die Studierenden Forschung „(mit)gestalten, erfahren und reflektieren" (ebd.)(s. auch Abb. 1). Aufgrund der strukturell bedingten zeitlichen Überschneidung des Auswertungsseminars im dritten Mastersemester (in der Folge: alter Jahrgang) mit dem neuen Vorbereitungsseminar im ersten Semester (in der Folge: neuer Jahrgang)(s. Abb. 1), entstand die Idee, die beiden Veranstaltungen stärker miteinander zu verknüpfen. Beispielsweise stellt der junge Jahrgang seither einen Teil der Fachöffentlichkeit dar, gegenüber der der alte Jahrgang seine Ergebnisse vorstellt und diskutiert. Darüber hinaus wurden weitere Verknüpfungen konstruiert, wovon das Element ‚teach back' nun vorgestellt und bezogen auf sein didaktisches Potenzial diskutiert werden soll.

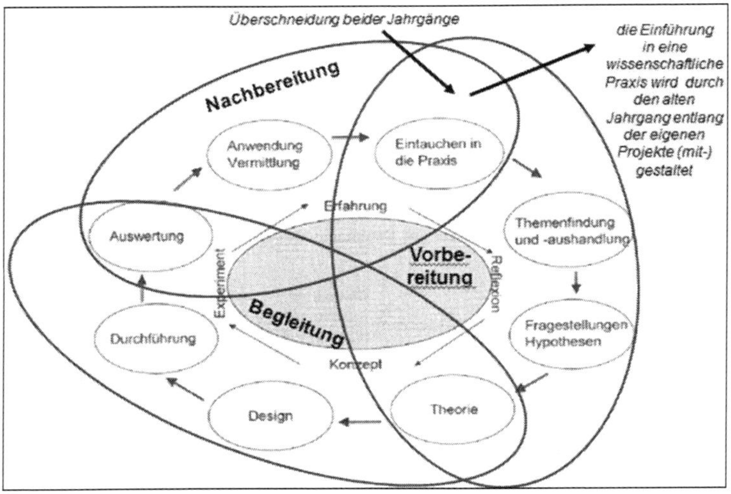

Abbildung 1. Ablauf und Überschneidung der Seminare Forschenden Lernens. Eigene Überarbeitung von Schneider & Wildt (2009, S.58).

2. teach-back als hochschuldidaktisches Element Forschenden Lernens

‚Teach back' ist ursprünglich ein Terminus aus Arzt-Patienten-Gesprächen. Hierbei bitten Mediziner_innen ihre Patient_innen, in eigenen Worten beispielsweise eine Medikationsanweisung wiederzugeben, um zu überprüfen, ob entsprechende Hinweise verstanden wurden. Im schuldidaktischen Konzept ‚Lernen durch Lehren' sind ebenfalls Elemente des ‚teach back' als Möglichkeit der Überprüfung von Gelerntem aufgehoben. Darüber hinaus geht die maßgeblich von Martin (2000) empirisch fundierte Methode lerntheoretisch auf weitere Aspekte ein: Lernende entwickeln eine explorative Haltung gegenüber Lerngegenständen und erfahren sich autonom hinsichtlich bestimmter didaktischer Entscheidungen. Das kooperative Arbeiten in einer Kleingruppe fordert und fördert kommunikative und organisatorische Kompetenzen. Außerdem werden durch die Unterscheidung von Wichtigem und Unwichtigem metakognitive und metareflexive Kompetenzen angebahnt. Schließlich kommt es in den performativen Anteilen des Lehrens zu Kompetenzerleben (vgl. hierzu Kelchner & Martin, 1998, S.2ff).

Die didaktischen Potenziale des ‚Lernen durch Lehren' sind auch hochschuldidaktisch rezipiert (vgl. Grzega, 2003), finden in verschiedenen Methoden vor allem auch implizit Anwendung. Bereits beim klassischen Referat oder auch bei einem Gruppenpuzzle wechseln die Studierenden in die dozierende Rolle und müssen – oft in Gruppen – o.g. Schritte durchlaufen.

Für die strukturelle Verzahnung von Vorbereitungs- und Nachbereitungsseminar im eingangs beschriebenen Projektband wurden Gedanken des schuldidaktischen Konzeptes und des teach-back-Elementes übernommen. Dabei geht es weniger um eine Überprüfung des Gelernten durch Dritte als vielmehr um ein Tiefenlernen der Studierenden selbst und die Erfahrung, dass sie auf Grundlage erworbener Forschungskompetenzen ihre Expertise nun ihren Nachfolger_innen im Projektband vermitteln können. Im Rahmen des Vorbereitungsseminars beschäftigen sich einzelne Sitzungen mit der Einführung in zentrale Forschungskompetenzen (z.B. wissenschaftliches Recherchieren, Schreiben und Zitieren, das Finden und Formulieren einer geeigneten Fragestellung, eine Grundlegung in Form eines Exposés, grundlegende Prinzipien und Methoden von Forschung etc.). So bestand für die Studierenden des alten Jahrgangs die Aufgabe darin, entlang ihrer konkreten Arbeiten in den vergangenen zwei Semestern und auf Grundlage von einschlägiger Literatur studierendenorientierte Einführungsveranstaltungen für den jüngeren Jahrgang zu gestalten und durchzuführen. Die theoretischen Inhalte wurden dabei an praktischen Beispielen aus der eigenen Forschungserfahrung ausgestaltet. So konnte lerntheoretisch auf Seiten der Lehrenden eine erneute und tiefere – im Hinblick auf Lernzieltaxonomien wurden vor allem auch analytische, synthetische und bewertende Anteile angesprochen – Auseinandersetzung evoziert werden. Für den neuen Jahrgang konnte gleichzeitig Neugier und Motivation angebahnt werden, sodass sie aus ihrer Perspektive vermeintlich recht theoretische und für angehende Lehrkräfte möglicherweise nicht immer nachvollziehbare Inhalte, durch Personen vermittelt bekamen, die ihr Studienfach teilen und die gleichen Prozesse durchlaufen haben, welche ihnen selbst nun bevorstehen.

3. O-Töne der Studierenden

Von den Studierenden wurde das Konzept durchaus positiv bewertet, wie folgende Zitate aus einer Seminarevaluation zeigen:

Auf Seiten der *Lernenden stellte sich tatsächlich Motivation ein*: „Es kam keine Langeweile auf und dadurch, dass die Studis die Sitzung vorbereitet haben, habe ich mich teilweise stärker eingebracht" (S_1w). Auch auf Seiten der *Lehrenden des alten Jahrgangs* kamen positive Rückmeldungen: „In unterschiedlicher Hinsicht kann man durch diese Herangehensweise lernen. 1. beide Seiten: Wissenschaftliche Kommunikation unter den Studierenden wird gefordert/gefördert. 2. Als studierender Referent: Vorbereitung auf die spätere Schulpraxis, da Lerninhalte für die Schüler ebenfalls anschaulich/praxisnah aufbereitet werden sollen. 3. Als Zuhörer: Unmittelbare Vertiefung der Lerninhalte (innerhalb einer Gruppe)". Dabei war die *Fachlichkeit durch enge Betreuung seitens des Dozierenden* sichergestellt: „Ergänzend fand ich es gut, dass du die Inhalte stets ergänzt hast/ergänzen konntest. Meiner Meinung nach zählt zur Lehre nämlich auch, dass man Input seitens der Dozenten etc. gut vermittelt bekommt" (S_2w). Auch durchaus kritischen Einschätzungen wurde etwas Positives abgewonnen: „Hierzu ist mir als erstes eingefallen, dass wir es im Voraus als lästig empfunden haben, weil wir mit der geforderten Thematik (Exposé) bereits ‚abgeschlossen' hatten. Allerdings haben wir während der Vorbereitung auf die Sitzung gemerkt, dass wir uns ziemlich gut mit der Erstellung eines Exposés auskennen. Folglich ist es uns leicht gefallen die Inhalte vorzubereiten und auch anschaulich für die Studenten zu gestalten" (S_1w).

Drei Semester für Forschendes Lernen ist eine günstige Rahmenbedingung für die Implementation von ‚teach-back', die jedoch den meisten Dozierenden nicht zur Verfügung steht. Aus der Perspektive des Autors lässt sich die Idee aber auch in andere Settings übertragen (vgl. hierzu auch Grzega, 2003). So könnte mit Studierenden zu Beginn eines Forschungsprojektes vereinbart werden, dass es mit Abschluss der Forschung zu einer Transferleistung in anderen Kontexten kommt, beispielsweise eine Expertenrolle in einem Methodenseminar, die für den Studierenden die o.g. Effekte eines ‚Lernen durch Lehren' einbringt, allen voran Kompetenzerleben, die darüber hinaus sicherlich auch über Creditpoints gewürdigt werden können.

Literatur

Grzega, J. (2003). LdL in universitären Kursen. Ein hochschuldidaktischer Weg zur Vorbereitung auf die Wissensgesellschaft. Zugriff zuletzt am 01.10.2017 unter http://www.ldl.de/material/berichte/uni/ldl.pdf.

Huber, L. (2009). Warum forschendes Lernen nötig und möglich ist. In L. Huber, J. Hellmer, & F. Schneider (Hrsg.), *Forschendes Lernen im Studium: Aktuelle Konzepte und Erfahrungen* (S. 9–35). Bielefeld: UVW.

Katenbrink, N., Wischer, B. & Nakamura, Y. (Hrsg.)(2014). *Forschendes Lernen in der Osnabrücker Lehrerausbildung. Konzepte und Erfahrungen.* Münster: MV

Kelchner, R. & Martin, J.P. (1998). „Lernen durch Lehren" In J.-P. Timm (Hrsg.), *Englisch lernen und lehren – Didaktik des Englischunterrichts* (S. 211-219). Berlin: Cornelsen.

Martin, J.-P. (2000). Lernen durch Lehren: ein modernes Unterrichtskonzept. *Schulverwaltung Bayern, 3*, 105-110.

Schneider, R. & Wildt, J. (2009). Forschendes Lernen und Kompetenzentwicklung. In L. Huber, J. Hellmer, & F. Schneider (Hrsg.), *Forschendes Lernen im Studium: Aktuelle Konzepte und Erfahrungen* (S. 53–59). Bielefeld: UVW

Teil 5:
Vorträge zu Wirkungen

Karin ASCHENBRUECKER, Augsburg; Kathrin NATTERER, Augsburg*

Forschendes Lernen - Effekte auf das fachliche Selbstkonzept und auf Interessen von SchülerInnen am Beispiel Faserverbund

Innovative, neue Stoffe und Technologien sind in den MINT-Fächern an allgemeinbildenden Schulen bisher noch wenig etabliert, lassen aber aufgrund ihrer gesellschaftlichen Relevanz für fachdidaktische und für Unterrichtsforschung unter entsprechenden Bedingungen Potenzial erwarten. Überlegungen zu einem angemessenen fachdidaktischen Design in forschungsnahen, anwendungsorientierten Bereichen legen die Frage nahe, ob sich das Konzept des Forschenden Lernens (FL) in diesem Kontext bewährt bzw. welche Effekte sich mit Forschendem Lernen hier im Vergleich zu stärker darstellendem Unterricht nachweisen lassen (Aschenbrücker 2017, 21). Im BMBF-Projekt Forschendes Lernen Faserverbund (FoLF) im Rahmen des Projektes MAI Bildung im Spitzencluster MAI Carbon[1], das die Grundlage dieses Beitrages ist, wurden fachdidaktisch anwendungsorientierte, projektartige curriculare Unterrichtseinheiten (UE) zum FL konzipiert und – eingebunden in den Unterricht – im Kontrast zu stärker darstellenden UE zum gleichen Thema im Verlauf mehrerer Jahrgangsstufen erprobt. Die UE zum FL wurden – u.a. differenziert nach Lern-/Leistungsniveau - nacheinander in den Jahrgangsstufen 7 bis 10 in allgemeinbildenden Schulen (Sekundarbereich I und II) in Verbindung mit einem professionellen, authentischen außerschulischen Lernort (Forschungslabor) und unter Einbezug von Experten erprobt. Die UE zum FL zielen im Ergebnis auf das Gewinnen neuer Erkenntnisse, die auch für Dritte von Interesse sein können (u.a. Huber 2009) und orientieren sich an den wesentlichen Phasen eines Forschungsprozesses (problemhaltige Ausgangslage, Entwicklung von Fragen und Hypothesen, Informationen, Auswahl von Methoden, Design, Durchführung, Präsentation, Reflexion). Es wurde untersucht und mittels Pre-Post-Fragebögen erhoben, inwieweit die beteiligten SchülerInnen durch zunehmend eigenständiges, leittextgestütztes forschungsnahes Arbeiten an verschiedenen anwendungsorientierten Fragen zum Thema Leichtbau am Beispiel Faserverbundwerkstoffe schrittweise entsprechend definierte Kompetenzen erwerben und ob es gelingt, im Idealfall eine Haltung des „Wissenwollens“, des analytischen und

[1] Das Projekt MAI Bildung im Spitzencluster MAI Carbon wurde aus Mitteln des Bundesministeriums für Bildung und Forschung unter dem Förderkennzeichen 03MAI04A gefördert und vom Projektträger Jülich betreut. Alle Partner agieren auf dem Technologiefeld Hochleistungs-Faserverbundwerkstoffe, und hier insbes. auf dem Gebiet der carbonverstärkten Kunststoffe (CFK).

reflektierten Denkens zu fördern (Aschenbrücker 2017). Das Erhebungsmodell, das den Befragungen zugrunde liegt und sich ebenfalls in den Leitfäden der ergänzend durchgeführten Interviews mit im Projekt beteiligten Lehrpersonen widerspiegelt, ist an das Prozess-Produkt-Paradigma in Anlehnung an Terhart 2009, 184 und Dunkin/Biddle 1974, 38, ergänzt um Elemente zur Unterrichtswirksamkeit und Unterrichtsqualität nach Kiel 2009, 774 angelehnt. Erhoben wurden individuelle Voraussetzungsvariablen, wie das methodisch-fachliche Selbstkonzept (SK), fachliches, emotionales und berufliches Interesse, Kontextvariablen (z.B. Sozialklima), Soziodemographika, Prozessvariablen (in diesem Fall UE zum FL, Lernumgebung, Lernort), sowie die individuellen Produktvariablen methodisch-fachliches SK, fachliche, emotionale, berufliche Interessen, künftiges Fachinteresse und Kenntnisse/Wissen. Die Ergebnisse der hier dargestellten Auswertungen sprechen u. a. für eine positive Entwicklung des fachlich-methodischen SK und der Interessen durch FL im Quer- und Längsschnitt. Die Befunde der qualitativen Erhebung deuten positive Effekte des FLs auf Lernmotivation, Interesse und Nachhaltigkeit des Lernens an. Darüber hinaus fördert FL wohl in erheblichem Maße die wahrgenommene Selbstkompetenz sowie praktische und methodische Kompetenzen. Die Auswertung der hier aufgeführten Daten aus dem Projekt wurde in einem Mixed-Methods-Approach vorgenommen, in dem quantitative und qualitative Methoden kombiniert wurden. 645 SchülerInnen der hier dargestellten 7. und 8. Jahrgangsstufe aus ausgewählten Mittel-, Realschulen und Gymnasien wurden zwischen Juni 2013 und April 2015 vor und nach den jeweiligen UE befragt. Die erhobenen Daten wurden überwiegend mittels T-Tests und Regressionen in SPSS ausgewertet. Das Alter der SchülerInnen betrug im Durchschnitt 13,1 bzw. 14,1 Jahre, 36% der Probanden waren weiblich, 64% männlich. Die LehrerInneninterviews wurden mit sechs weiblichen und drei männlichen Lehrpersonen der drei beteiligten Schulformen im Alter von 28 bis 60 Jahren mit einer Berufserfahrung zwischen zwei und 32 Jahren geführt und sind damit als heterogenes Sample einzuordnen. Die Auswertung erfolgte mittels qualitativer Inhaltsanalyse in Maxqda. Ein wesentliches Ergebnis der Befragungen ist, dass sowohl die UE mit Forschendem Lernen (E) als auch die UE mit stärker darstellendem Unterricht (K) zu einer signifikanten Steigerung des fachlich-methodischen Selbstkonzeptes (SK) führt. Dies ist in Jahrgang 7 (K: MW_{vor} = 2,49, MW_{nach} = 2,76; E: MW_{vor} = 2,44, MW_{nach} = 2,59) ebenso wie in Jahrgang 8 der Fall (K: MW_{vor} = 2,3, MW_{nach} = 2,46; E: MW_{vor} = 2,43, MW_{nach} = 2,64). Deskriptiv sind die Mittelwerte der weiblichen Schüler stets kleiner als die der männlichen und bei beiden Geschlechtern sind die Mittelwerte nachher durchgängig größer als vorher. Allerdings ist ein hohes SK Voraussetzung für einen signifikanten Anstieg des methodisch-fachlichen

SK durch die UE mit FL. D.h. „gute“ SchülerInnen profitieren besonders von dem Konzept des FLs. Zudem treten nur bei einem hohen SK signifikante Geschlechtsunterschiede auf. Von Jahrgangsstufe 7 zu 8 bleibt das methodisch-fachliche SK in E konstant, in K nimmt es teils ab, was auf die Nachhaltigkeit des FLs hindeutet. Das fachliche, berufliche und emotionale Interesse nehmen signifikanten Einfluss auf das fachlich-methodische SK (in Jg. 7 etwas stärker als in Jg. 8). In E herrscht ein stärkerer Zusammenhang zwischen den Interessen und dem SK als in K. Umgekehrt beeinflusst das SK das fachliche, berufliche, emotionale und künftige Interesse ebenfalls sehr stark. Fachliches und emotionales Interesse bleiben über die Jahrgangsstufen konstant und männliche Schüler haben sowohl vor als auch nach der UE ein größeres Interesse als weibliche. Besonders bei dem beruflichen Interesse bestehen signifikante Unterschiede zwischen E und K sowie und nach Geschlecht. In E zeichnet sich in beiden Jahrgangsstufen ein signifikant größeres berufliches Interesse ab als in K. Schüler sind interessierter an einem Beruf im Bereich Faserverbund als Schülerinnen. Das künftige Interesse an der Thematik Faserverbund ist in E größer als in K, was wiederum für die Nachhaltigkeit FLs spricht. Erwähnenswert sind zudem die Auswirkungen FLs auf Wissen und Kenntnisse der SchülerInnen, welche in Jg. 7 bei 83% und in Jg. 8 bei 65% der SchülerInnen zunehmen. Die Gesamtpunktzahl steigt um 25% bzw. 6% in Jg. 7 bzw. 8. Das fachdidaktische Konzept des FLs ist folglich zur Vermittlung der Inhalte gut geeignet. Aus der Codierung der Interviews ergab sich ein Codierschema mit insgesamt 208 Codes, dessen Kategorien sich in die Überkategorien Charakteristika des Konzeptes FL (*Differenzierung von konventionellem Unterricht (32), Motivation der Lehrkraft zur Umsetzung (31), Curricularer Bezug(10)*) und Effekte FLs unterteilen lassen. Die Effekte beinhalten *Motivation und Interesse der SchülerInnen (19), nachhaltige Lerneffekte (20), Erwerb von Sachwissen (4), Förderung von Selbstkompetenz (17), Förderung von Team- und Kommunikationskompetenz (5), Förderung praktischer und methodischer Kompetenzen (16)* und *Einfluss auf berufliche Interessen und Orientierung (8)*. Darüber hinaus wurden *Schülerverhalten und –beurteilung (11), Umgang mit Herogenität (26)* sowie *Grenzen des FLs und Verbesserungsvorschläge* (9) codiert bzw. identifiziert. Im Mittelpunkt des Interesses stehen Effekte des FL. Auf die Motivation und das Interesse der SchülerInnen sowie auf nachhaltige Lerneffekte lässt sich aus Aussagen, wie z.B.: *„ja, es (FL) ist motivierender für die Schüler und wenn (e)s ordentlich festgehalten wird, denk ich auch, dass (die SchülerInnen) dabei viel lernen, ... das ganze länger behalten“* schließen. LehrerInnen sprechen dem fachdidaktischen Konzept des FL auf dem Gebiet Faserverbundtechnologie motivationale, nachhaltige und interessensfördernde Wirkungen zu, wie in weiteren Kontexten bereits belegt (z.B. Bell,

2007) und im Vorfeld dieser Studien vermutet. Explizit wird ebenfalls der Erwerb von Fachwissen, beispielsweise *„Materialkenntnis ... und ... die physikalischen Eigenschaften“* genannt, welcher durch FL besonders gefördert wird. Die Förderung der Selbstkompetenz, die Entwicklung einer Haltung des „Wissenwollens“ bzw. eines Forschenden Habitus erwähnen LehrerInnen folgendermaßen: *„nicht nur die Fachkompetenz, sondern die Selbstkompetenz, das jetzt auch herausfinden zu wollen, ... selber herausfinden wollen, ... dieses Grundinteresse (wird deutlich erkennbar gefördert)*“. Die Befunde stehen u.a. im Einklang mit den Studien von Euler 2010 und Pawek 2009. Insgesamt ergänzen und bestätigen bisher die Befunde der qualitativen Studie zum Teil die Erkenntnisse der quantitativen Auswertungen. Im Kern zeigen beide Studien überwiegend positive Effekte des FLs. Erfolg und Umsetzung sind jedoch mit Herausforderungen verbunden, die z.T. gleichzeitig Limitationen der Studien darstellen und die im Vorfeld bzw. zukünftig zu meistern sind (Aschenbrücker 2017). Die Ergebnisse der bisher ausgewerteten Daten zeigen den bedeutenden Mehrwert des fachdidaktischen Konzepts des FL, der maßgeblich in einem nachhaltigen Wissens- und Kompetenzerwerb, der Steigerung des methodisch-fachlichen Selbstkonzeptes sowie in der Steigerung der Lernmotivation und der künftigen und beruflichen Interessen liegt.

Literatur

Aschenbrücker, K. (2017). Forschendes Lernen von SchülerInnen im Forschungslabor am Beispiel Faserverbund. In: *Ergonomie aktuell*, Ausgabe 018, TUM, München.

Bell, T. (2007). Entdeckendes und forschendes Lernen. In S. Mikelskis-Seifert & T. Rabe (Hrsg.): *Fachmethodik Physik-Methodik. Handbuch für die Sekundarstufe I und II* (S. 70-81). Berlin: Cornelsen Verlag Scriptor.

Dunkin, M. J., & Biddle, B. J. (1974). *The study of teaching*. New York: Holt, Rinehart & Winston.

Euler, M. (2010). 25 Schülerlabore: Lernen durch Forschen und Entwickeln. In: Kircher et al. (Hrsg.): *Physikdidaktik. Theorie und Praxis*. Berlin: Springer

Huber, L. (2009). Warum Forschendes Lernen nötig und möglich ist. In: Huber/Hellmer u.a. (Hrsg.): *Forschendes Lernen im Studium. Aktuelle Konzepte und Erfahrungen*, Bielefeld: UVW.

Kiel, E. (2009). Unterrichtsforschung, in Tippelt/Schmidt (Hrsg.): *Handbuch Bildungsforschung*, Wiesbaden: Verlag für Sozialwissenschaften.

Pawek, C. (2009). *Schülerlabore als interessefördernde außerschulische Lernumgebungen für Schülerinnen und Schüler aus der Mittel- und Oberstufe*, Diss. Kiel. Verfügbar unter: http://www.dlr.de/schoollab/Portaldata/24/Resources/dokumente/Diss_Pawek.pdf

Terhart, E. (2009): *Didaktik. Eine Einführung*, Stuttgart: Reclam.

Bea BLOH, Münster; Martina HOMT, Münster; Lars BEHRMANN, Münster; Sina SCHÜRER, Münster; Jennifer WEẞELER, Münster; Stefanie VAN OPHUYSEN, Münster

Zu Forschendem Lernen befähigen - Konzeption und Evaluation der Lehre im Kontext des Praxissemesters an der WWU Münster

Seit einigen Jahren zeigt sich eine bundesweite Tendenz zur Einführung verlängerter Praxisphasen in der Lehramtsausbildung, mittlerweile wurde in elf Bundesländern das Praxissemester eingeführt (Weyland & Wittmann, 2015). Wenngleich „Forschendes Lernen" in diesem Zusammenhang als ertragreiches Ausbildungsparadigma gilt (Rothland & Boecker, 2014) und demgemäß in vielen Konzeptionen zum Praxissemester als wesentlicher Bestandteil desselben aufgeführt wird (Weyland & Wittmann, 2015), gibt es weder Konsens darüber, was unter Forschendem Lernen verstanden wird (Huber, 2014), noch sind die Umsetzungsformen, Lernprozesse und Wirkungen hinlänglich empirisch erforscht (Rothland & Boecker, 2015). Gemäß des neuen nordrhein-westfälischen Lehrerausbildungsgesetzes (LABG, 2009) wurde auch an der Westfälischen Wilhelms-Universität (WWU) Münster das Praxissemester für alle Lehramtsstudierenden verpflichtend eingeführt. Wir stellen im Folgenden die theoretische Konzeption Forschenden Lernens und das darauf gründende Lehr-Lernkonzept für das Praxissemester vor, wie es am Institut für Erziehungswissenschaft durch die Arbeitsgruppe Forschungsmethoden/Empirische Bildungsforschung entwickelt und im Kontext des bildungswissenschaftlichen Studiums umgesetzt wird.

1. Verzahnung von Theorie und Praxis durch Forschendes Lernen

Forschendes Lernen stellt im Kontext des Lehrerberufs eine Professionalisierungsstrategie dar, bei der aufgrund theoretischer Vorüberlegungen und schulpraktischer Erfahrungen Fragen an das eigene Handeln entwickelt und auf Basis systematisch generierter Daten/Informationen beantwortet werden. Im Sinne des *experiential learnings* nach Kolb (2015) werden beim Forschenden Lernen ausgehend von konzeptionellem, explizit verfügbarem Wissen spezifische Situationen aufgesucht bzw. hergestellt, in denen dann konkrete episodische Erfahrungen generiert werden. Durch Reflexion und Interpretation werden diese Erfahrungen dann wieder in konzeptionelles Wissen überführt. Es resultiert ein Kreislauf, bei dem durch gezieltes *Handeln* (Aufsuchen bzw. Herstellen entsprechender Situationen) bzw. durch *Reflexion* die wechselseitige Überführung von (theoretischem) konzeptionellem Wissen einerseits in (praktische) Erfahrung andererseits gelingt. Das Forschende Lernen konkretisiert die Prozesse von Handeln und Reflexion unter Rückgriff auf den klassischen Prozess empirischer Forschung. Zusammenfassend lässt sich Forschendes Lernen somit definieren „als ein zyklischer, an den Phasen eines empirischen wissenschaftlichen Forschungsprozesses orientierter Lernprozess, der theorie- und erfahrungsbasiert dem individuellen Erkenntnisgewinn im beruflichen Kontext und damit der Ermöglichung professionellen Handelns dient" (van Ophuysen, Behrmann, Bloh, Homt und Schmidt, 2017, S. 282)

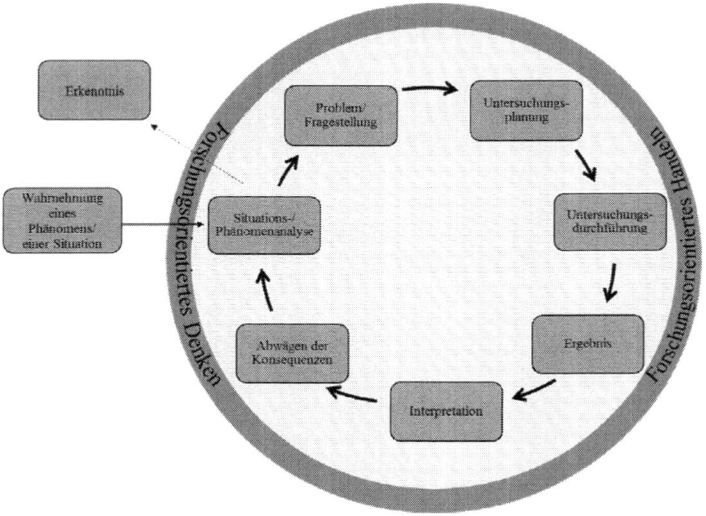

Abbildung 1: Prozess des Forschenden Lernens

2. Befähigung zu Forschendem Lernen durch bildungswissenschaftliche Lehrangebote

Um sich dieser Art des Lernens zu nähern, führen die Studierenden im Praxissemester drei Studienprojekte – davon eines in den Bildungswissenschaften – durch. Laut Rahmenkonzept der WWU sollen sie dabei aufgrund theoretischer Vorüberlegungen und schulpraktischer Gegebenheiten eigenständig handlungsrelevante Fragen entwickeln, entsprechende Daten erheben und auswerten und die Befunde dokumentieren (WWU, 2014a). Zur Vorbereitung auf das Praxissemester und die Studienprojekte besuchen die Studierenden Lehrveranstaltungen, „die an der Entwicklung einer forschenden Grundhaltung ausgerichtet sind" (WWU, 2014b, S. 1643).

In einer tutoriell begleiteten Vorlesung steht die Befähigung zum *forschungsorientierten Handeln* im Vordergrund. Die Studierenden erwerben im Vorlesungsteil zunächst deklaratives Wissen über quantitative und qualitative Untersuchungsdesigns, Erhebungsmethoden und Auswertungsverfahren, welches in den darauffolgenden Tutoriumsterminen durch anwendungsbezogene Aufgaben und Kleingruppenarbeiten prozeduralisiert wird. In dem sich anschließenden bildungswissenschaftlichen Projektseminar mit dem inhaltlichen Fokus auf Unterrichtsqualität werden sowohl *das forschungsorientierte Handeln* als auch *das forschungsorientierte Denken* fokussiert. Neben fachinhaltlichen Kenntnissen zu Unterrichtsqualität und -entwicklung werden forschungsmethodische Fähigkeiten zur Durchführung und Dokumentation des Studienprojektes sowie Kompetenzen für das professionelle Lehrerhandeln mittels forschender und reflexiver Aktivitäten vermittelt. So werden bspw. durch die Analyse von Unterrichtsvideos die systematische und reflektierte Wahrnehmung und Informationsverarbeitung geschult und die Erklärung von Wahrnehmungsverzerrungen und Urteilstendenzen unter Hinzunahme empirischer Daten thematisiert. In beiden Lehrveranstaltung sollen neben den für die Durchführung der Studienprojekte erforderlichen Wissens- und Fähigkeitskomponenten auch positive Überzeugungen hinsichtlich des Nutzens Forschenden Lernens für den schulischen Berufsalltag generiert werden (vgl. van Ophuysen et al., 2017).

3. Die Erforschung des Forschenden Lernens

Rund um das eigene Lehrangebot zum Praxissemester haben wir eine Reihe von Evaluations- und Forschungsaktivitäten etabliert, die auf drei Ebenen verortet werden können. Auf der *Makroebene* wird die Einbettung des Lehr-Lernkonzepts in die Hochschule und Lehrerausbildung fokussiert, bspw. indem der Implementationsprozess des Forschenden Lernens untersucht wird. Auf der *Mesoebene* werden die Qualität und Wirksamkeit des Lehr-Lern-Konzeptes erforscht und evaluiert, bspw. indem Veränderungen von forschungsmethodischem Wissen und Können und von Einstellungen gegenüber Forschendem Lernen analysiert werden. Auf der *Mikroebene* werden in experimentellen Studien konkrete hochschuldidaktische Elemente auf ihre Wirkung überprüft, bspw. der Effekt der Konfrontation mit eigenen Urteilsverzerrungen auf die Bereitschaft zu systematischer Informationssuche.

In den forschungsmethodischen Vorlesungen (ca. n=700) sowie in den Projektseminaren (ca. n=180) der Arbeitsgruppe werden seit dem Wintersemester 2014/15 regelmäßig zu zwei bis drei Zeitpunkten im Semester quantitative Daten mittels Fragebögen und Wissenstests erhoben. Ebenfalls im Längsschnitt werden zehn Studierende während ihres Praxissemesters durch ausführliche, leitfadengestützte Interviews begleitet. Punktuell werden diese breit angelegten Erhebungen durch spezifische, (quasi-)experimentelle Studien ergänzt.

Die Befunde auf der Mesoebene zeigen, dass die Vermittlung von Wissen und Fähigkeiten sowie die Intentionsbildung im Rahmen der universitären Vorbereitungsphase auf das Praxissemester erfolgreich gelingen. Jedoch nehmen während der schulischen Praxisphase selbst sowohl der eingeschätzte Nutzen Forschenden Lernens als auch die Intention, forschungsorientiert zu handeln ab. Qualitative Analysen zum Implementationsprozess des Forschenden Lernens geben Hinweise darauf, dass die Vernetzung innerhalb der Hochschule sowie zwischen der Hochschule und den Schulen verbesserungswürdig ist und die mangelnde Vernetzung zu Irritationen auf Seiten der Studierenden führt.

4. Ausblick

Es bietet sich an, zukünftig die Prozesse in den Schulen sowie die Verzahnung zwischen Hochschule und Schule stärker in den Blick zu nehmen und bspw. mittels eines qualitativen Forschungsansatzes tiefergehend zu untersuchen, um mögliche Ursachen für die Abnahme der oben genannten Komponenten zu suchen. Darüber hinaus wird die weitere Begleitung der Studierenden über das Referendariat und den Berufseinstieg hinweg angestrebt, um die Nachhaltigkeit Forschenden Lernens bzw. der im Praxissemester erworbenen Wissensbestände, Fähigkeiten und Einstellungen zu untersuchen.

Literatur

Kolb, D. A. (2015). *Experiential learning. Experience as the source of learning and development.* Upper Saddle River, NJ: Pearson Education.

Rothland, M., & Boecker, S. K. (2014). Wider das Imitationslernen in verlängerten Praxisphasen. Potential und Bedingungen des Forschenden Lernens im Praxissemester. *Die deutsche Schule, 106*(4), 386-397.

Rothland, M. & Boecker, S. K. (2015). Viel hilft viel? Forschungsbefunde und -perspektiven zum Praxissemester in der Lehrerbildung. *Lehrerbildung auf dem Prüfstand, 8*(2), S. 112-134.

Van Ophuysen, S., Behrmann, L., Bloh, B., Homt, M. & Schmidt, J. (2017). Die universitäre Vorbereitung angehender Lehrkräfte auf Forschendes Lernen im schulischen Berufsalltag. *Journal for Educational Research Online, 9*, 274-303.

Westfälische Wilhelms-Universität Münster [WWU] (2014a). *Orientierungsrahmen Praxissemester für die Ausbildungsregion Münster.* Münster.

Westfälische Wilhelms-Universität Münster [WWU] (2014b). *Ordnung für das Praxissemester der Westfälischen Wilhelms-Universität Münster vom 10. Juni 2014.* Münster.

Weyland, U., & Wittmann, E. (2015). Langzeitpraktika in der Lehrerausbildung in Deutschland. Stand und Perspektiven. *Journal für LehrerInnenbildung, 15*(1), 8-21.

André BRANDHORST, Bielefeld; Paul GOERIGK, Bielefeld; Anke SCHÖNING, Bielefeld

„Die Menschen möchten doch Lehrer werden und nicht Forscher." – Die Perspektive der Lehrenden auf das Forschende Lernen im Praxissemester.

Einleitung

An der Geschäftsstelle der Bielefeld School of Education (BiSEd) wird das Projekt „Wissenschaftlichkeit in der Lehrerbildung" durchgeführt, das sich zum Ziel gesetzt hat, handlungsleitende Orientierungen der verschiedenen am Praxissemester beteiligten Akteure (Studierende, Lehrende, Fachleitungen, Lehrkräfte) zu rekonstruieren und füreinander verständlich zu machen. Ausgehend von der Prämisse, die Akteursperspektiven bei der Planung und Umsetzung des Forschenden Lernens im Praxissemester stets mitzudenken (vgl. Leitkonzept 2011), begreift sich das Projekt als Teil der Qualitätssicherung, indem die Verständigung der Akteure untereinander gefördert werden soll und diese ihren konstruktiven Dialog vertiefen können. Die Perspektive der Lehrenden ist insbesondere aufgrund der „anspruchsvolle[n] didaktische[n] Aufgabe" (Fichten 2017, 37) bei der Realisierung Forschenden Lernens von Interesse,

1. Die Perspektive der Lehrenden an der Universität

Die Begleitung der Studierenden im Praxissemester wird als Gelingensbedingung für die Aneignung einer forschenden Grundhaltung als Teil der Professionalisierung angesehen (Weyland/ Wittmann, 2015). Mit Blick auf die Rolle und Aufgaben universitär Lehrender bei der Begleitung Studierender wird die ihnen zugeschriebene Wichtigkeit plausibel. Sie haben für die studentischen Forschungsprozesse im Praxissemester eine besondere Bedeutung als Lernbegleiter und zu ihren Aufgaben gehören u.a. die Vermittlung von Forschungsmethoden, die Transformation von thematischen Interessen Studierender hin zu Forschungsfragen, die Beratung Studierender im Forschungsprozess sowie die abschließende Bewertung der studentischen Forschungsprojekte. Daher wird die Perspektive der universitären Lehrenden ernst genommen, indem typische Relevanzsetzungen dieser Gruppe im Rahmen von Gruppendiskussionen rekonstruiert werden. Dies wird mithilfe der Dokumentarischen Methode erreicht, bei der davon ausgegangen wird, dass Akteure über ein geteiltes Wissen verfügen, das sie aufgrund ähnlicher Erfahrungsräume erlangten. Ziel ist dabei, die kollektiv geteilten Orientierungsmuster zu rekonstruieren, die in der Kommunikation der Akteure innerhalb der Gruppen als selbstverständlich vorausgesetzt werden (vgl.

N. Neuber, W. Paravicini, M. Stein (Hrsg.): Forschendes Lernen – The wider view. Tagungsband. Münster: WTM-Verlag 2018.

Bohnsack 2014). Besonders gut werden diese rekonstruierbar, wenn einer Gruppe zugeschriebene Akteure sich über ihren Erfahrungsraum betreffende Themen diskutieren. Hinsichtlich der Perspektive der Lehrenden konnten für eine erste Gruppendiskussion drei nicht-professorale Lehrende aus drei Fachdidaktiken als Diskutanten gewonnen werden, die über Anforderungen an Studierende und deren Forschungsprojekte im Praxissemester – im Weiteren als *Studienprojekte* bezeichnet – sowie über ihr Verständnis von und ihre Erfahrungen mit Forschendem Lernen im Praxissemester diskutierten. Im Folgenden werden erste Ergebnisse vorgestellt.

2. Wissen der Lehrenden über die Angemessenheit studentischer Forschungsprojekte

Unter den fachdidaktisch Lehrenden besteht ein konjunktives Wissen darüber, was den Rahmen angemessener studentischer Forschungsprojekte im Praxissemester konstituiert, i.e. welche Art des Forschens und welche Verwendung von Theorie „im Rahmen" von Studienprojekten liegen und welche Forschung und welcher Gebrauch von Theorien als unangemessen betrachtet – und somit nicht „im Rahmen" liegen. Dieses Wissen wird, orientiert an der Frage, welche Kriterien bei der Beurteilung der Angemessenheit von Studienprojekten von fachdidaktisch Lehrenden angelegt werden, im Folgenden skizziert. So bewegen sich die Studienprojekte in einem Spannungsfeld von *Forschung*, *Theorie* und *Praxis*. In der Gruppendiskussion wird *Praxis* unstrittig als sehr relevant gesetzt und über deren Relevanz nicht diskutiert. Insofern ist festzustellen, dass *Praxis* als nicht diskussionswürdige Selbstverständlichkeit behandelt wird.

Die Lehrenden stellen fest, dass sie sich selbst nicht als Forschungsexperten sehen und distanzieren sich von Forschenden, die in der Gruppendiskussion als Expertinnen und Experten bezeichnet werden, die in alle Forschungsmethoden eingearbeitet sind. Dieses Verständnis der Lehrenden führt somit zu einem hohen Anspruch an Forschung, der in Studienprojekten nicht eingelöst werden kann. Allerdings gebe es nicht-wissenschaftliche Formen des Forschens, die angemessen für die Studienprojekte seien. Studentisches Forschen im Praxissemester sei nach dem Ziel zu beurteilen, Lehrkräfte auszubilden. Lehrkräfte werden dabei grundlegend von Forschenden unterschieden. Während wissenschaftliche Forschung, die in der Universität stattfindet, für Studienprojekte als unangemessen kommuniziert wird, erscheint das Forschen, das zur Entwicklung eines forschenden Blicks genutzt werden kann, dann legitim, wenn es „schulnah" ist.

Auch *Theorie* wird von den Lehrenden nicht unkritisch hingenommen. Der Gebrauch von Theorie wird als angemessen kommuniziert, wenn sie der Beurteilung von Unterrichtqualität oder Lehrerhandeln sowie der theoriegeleiteten Reflexion der Praxis dient. Dagegen wird Theorie, die nicht in einem instrumentellen Verhältnis zur Praxis steht, allein in der Universität verortet, sie gilt für Studienprojekte als unangemessen und wird folgerichtig außerhalb des Rahmens verortet.

Die Nutzbarkeit wissenschaftlicher Theorie und wissenschaftlicher Forschung wird entlang ihrer Funktionalisierung für die Praxis bzw. für die Handlungsfähigkeit der Studierenden in der Praxis beurteilt. *Theorie* wird nach ihrer Nutzbarkeit für eine Reflexion beurteilt, die der Praxis der angehenden Lehrkraft dient. *Forschen* wird nach seiner Nutzbarkeit für die Entwicklung eines forschenden Blicks beurteilt, der der Praxis der angehenden Lehrkraft dient. Da sowohl bei der Beurteilung der Angemessenheit der Anwendung von Theorie als auch bei der Beurteilung der Angemessenheit des Forschens im Rahmen von Studienprojekten das zentrale Kriterium die Instrumentalisierung für die Praxis ist, diese selbst aber nicht weiter legitimiert werden muss, sprechen wir von einem *Primat der Praxis*.

4. Verortung des Forschenden Lernens

Forschendes Lernen wird von den Lehrenden als Konzept diskutiert, das an der wissenschaftlichen Forschung orientiert ist und wie diese nicht den instrumentellen Charakter der Ausbildung für die Praxis berücksichtigt. Es wird in die Nähe des wissenschaftlichen Forschens gestellt[1] und daher außerhalb des Rahmens von Studienprojekten verortet.

[1] Eine endgültige Gleichsetzung wird zwar vorgeschlagen, aber nicht angenommen: darüber liegt kein geteiltes Wissen zwischen den Teilnehmenden vor

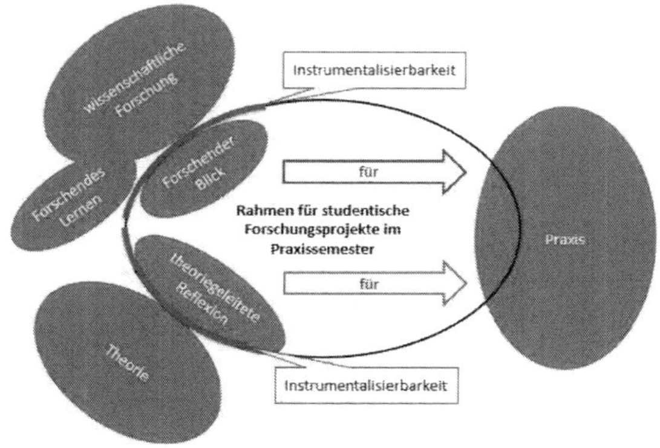

Abbildung 1

4. Fazit und Ausblick

Die ersten Analyseergebnisse zeigen, dass Forschendes Lernen als unangemessene Art der Forschung für das Praxissemester bestimmt wird. Die Lehrenden versuchen das Problem als ein begriffliches auszuflaggen, was jedoch nicht recht gelingen will und letztlich durch die Setzung eines *Primats der Praxis* auch nicht gelingen kann: das *Primat der Praxis* lässt sich durch eine rein begriffliche Neubestimmung nicht auflösen. Die fachdidaktisch Lehrenden reformulieren das Konzept Forschenden Lernens im Praxissemester auch nicht etwa fachdidaktisch spezifisch, sondern lehnen es vielmehr ganz ab. Perspektivisch wird der Blickwinkel der fachdidaktisch Lehrenden anhand einer Gruppendiskussion mit Lehrenden der Bildungswissenschaften ergänzt.

Literatur

Bohnsack, R. (2014): Rekonstruktive Sozialforschung. 9., überarb. und erw. Aufl. Opladen: UTB GmbH.

Fichten, W. (2017): Forschendes Lernen in der Lehrerbildung. In: Schüssler, R., Schöning, A., Schwier, V., Schicht, S., Gold, J. & Weyland, U. (Hrsg.): Forschendes Lernen im Praxissemester. Zugänge, Konzepte, Erfahrungen. Bad Heilbrunn: Klinkhardt, 30-38.

Leitkonzept (2011): Leitkonzept zur standortspezifischen Ausgestaltung des Bielefelder Praxissemesters. http://www.bised.uni-bielefeld.de/praxisstudien/praxissemester/bielefelder_ausgestaltung/bielefelder_ausgestaltung/Bielefelder_Leitkonzept/leitkonzept.pdf [Zugriff 27.11.2017]

Weyland, U. & Wittmann, E. (2015): Langzeitpraktika in der Lehrerausbildung. In: journal für lehrerInnenbildung. Wien, 8-21.

Andrea DIRSCH-WEIGAND, Darmstadt; Vera BANDMANN, Darmstadt; Heribert WARZECHA, Darmstadt

Von KI^{2}VA zu iGEM - Mit interdisziplinären Studienprojekten vom forschungsorientierten zum forschenden Lernen

Die TU Darmstadt hat seit 2012 in fast allen Fachbereichen interdisziplinäre KI^{2}VA-Projekte in der Studieneingangsphase eingeführt. Mit ihren lösungsoffenen Aufgabenstellungen, der Einarbeitung in Forschungs- und Entwicklungsmethoden und den Forschungsstand, der selbstständigen Projektorganisation und der Ergebnispräsentation vor externen Fachexperten umfassen diese Studieneingangsprojekte wesentliche forschungsbezogener Lernaktivitäten (Rueß et al. 2016) und zeigen die von Reinmann 2016 formulierte konzeptionelle Verwandtschaft von projektbasiertem und forschendem Lernen.

Welche Lernziele sollen mit den KI^{2}VA-Projekten erreicht werden?

Um einschätzen zu können, inwieweit bereits die Studieneingangsprojekte den Aufbau von Forschungskompetenzen, Teamfähigkeit und Motivation für folgende Lehrforschungsprojekte fördern, wurden Studierende aus dem Fachbereich Biologie befragt, die sowohl an einem KI^{2}VA-Studieneingangsprojekt als auch am studentischen iGEM-Forschungs-projekt teilgenommen haben. Forschungskompetenzen sind nach Böttcher und Thiel (2016) zentrales Fachwissen, Recherche-, Methoden-, Kommunikations- und Reflexionskompetenz. Unabdingbar für die spätere Beteiligung an Forschungsprojekten ist zudem die Fähigkeit zur interdisziplinären Teamarbeit, z.B. sich auf andere Fachperspektiven einzulassen und die eigene Fachperspektive verständlich zu machen, ein gemeinsames Verständnis von Aufgaben, Zielen und systematischem Vorgehen zu entwickeln sowie Teamarbeit und Interessenkonflikte zu moderieren (Steinheider et al. 2009). Auf der affektiven Ebene sollen eine positive Einstellung zu Teamarbeit und die Motivation für Forschungsprojekte gestärkt werden.

Wie arbeiten Studierende in den KI^{2}VA- und iGEM-Projekten?

KI^{2}VA ist ein Qualitätspakt-Lehre-Vorhaben der TU Darmstadt und steht für **K**ompetenzaufbau durch **I**nterdisziplinäre und **I**nternationale **V**ernetzung von **A**nfang an (Förderkennzeichen 01PL16048). Im KI^{2}VA-Schwerpunkt Studienprojekte bearbeiten Studierende aus den ersten drei Semestern in interdisziplinären Teams eigenverantwortlich eine authentische, komplexe, lösungsoffene und gesellschaftlich relevante Problemstellung. Sie werden dabei durch Fach- und Teamtutoren unterstützt und können sich Rat bei Fachexperten holen. Am Ende präsentieren sie ihr Lösungskonzept vor einer

Fachjury. Ein Beispiel aus der Biologie ist das Projekt *IBP²* (2013), in dem Studierende der Informatik, Biologie, Politikwissenschaft und Philosophie ein IT-System für ein Flüchtlingscamp konzipierten, das Funktionen zur Registrierung sowie Verwaltung von Gesundheits-, Versorgungs- und Bildungsleistungen und für die politische Mitbestimmung und Partizipation einschloss. Ein weiteres Beispiel ist das Projekt *Fliegen(de) Doktoren* (2016), in dem angehende Biologen, Soziologen und Philosophen gentechnische Lösungswege entwickelten, um eine „Impfmücke" gegen eine hochbedrohliche Epidemie einzusetzen und den Einsatz mit einer Aufklärungskampagne und kritischen Reflexion der gesellschaftlichen und ethischen Folgen zu begleiten.

Das Kürzel iGEM bezeichnet die **i**nternational **G**enetically **E**ngineered **M**achine Competition und bezeichnet einen weltweiten studentischen Wettbewerb in der Synthetischen Biologie, den die iGEM Foundation jährlich ausrichtet. Für den Wettbewerb schließen sich Studierende aus verschiedenen Fächern und Semestern für ein Sommersemester zu einem Team zusammen, wählen selbst ein Forschungsthema, werben Ressourcen ein, setzen ihr Forschungsvorhaben praktisch im Labor um und präsentieren es im Herbst anlässlich einer großen Tagung in Boston vor einer international besetzten Fachjury. Für die Bewertung zählt auch der Bereich der sogenannten *human practices* was die Technikfolgenabschätzung und Wissenschaftskommunikation beinhaltet. Beispiele sind: *Von Müll zu Moneten* (2012) und *Intelligente Pflaster* (2017). Im ersten Beispiel sollten genetisch modifizierte Mikroorganismen PET (Polyethylenterephthalat) so verstoffwechseln, dass die Stoffwechselprodukte wieder als Ausgangsstoff für chemische oder pharmazeutische Anwendungen dienen können. Im zweiten Fall ging es darum, Mikroorganismen so zu verändern, dass sie in der Lage sind Chitosan zu synthetisieren, das mit seinen wundheilenden Eigenschaften die Basis für ein intelligentes Pflaster sein soll, das zudem Entzündungen der Wunde mittels Farbveränderung anzeigen kann.

Welche Kompetenzen erwerben die Studierenden?

Mehrfache Evaluierungen der KI²VA-Projekte belegen, dass die Fähigkeit und Bereitschaft gefördert wird, strukturiert in interdisziplinären Teams zu arbeiten (Dirsch-Weigand et al. 2015; Koch et al. 2017). Die KI²VA-Projekte in der Biologie erreichen hier hohe Durchschnittswerte (m) zwischen 4 (stimmt) und 5 (stimmt sehr). Im Projekt *Fliegen(de) Doktoren* mit 90 Teilnehmern liegen die Werte beispielsweise bei m = 4.11 für das Item *Aufgrund der Teilnahme an der Veranstaltung kann ich mir vorstellen, mit meinen Teammitgliedern auch zukünftige Projekte zu bearbeiten* und m = 4,15 für

Aufgrund der Teilnahme an der Veranstaltung habe ich verstanden, wie man die Bearbeitung einer Projektaufgabe im Team gliedern und planen kann.

Um den Aufbau von Forschungskompetenzen zu überprüfen, wurden Studierende befragt, die an einem KI²VA- und an einem iGEM-Projekt teilgenommen haben. Der Fragebogen enthielt die Items zur Erfassung von Forschungskompetenzen von Böttcher und Thiel (2016) und Fragen zur Stärkung der Forschungsmotivation. Der Fragebogen wurde an 122 Studierende versendet, 12 Studierende antworteten.

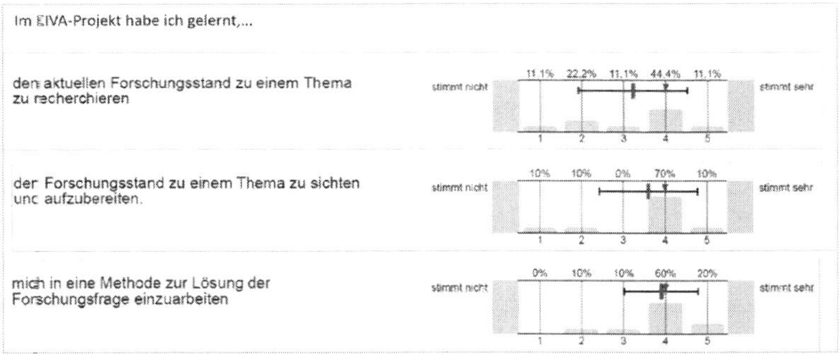

Abbildung 1: Aussagen zum Erwerb von Forschungskompetenzen in KI²VA (n=10)

55% der Studierenden berichteten, sie hätten gelernt, den aktuellen Forschungsstand zu einem Thema zu recherchieren; 80% haben nach ihrer Einschätzung gelernt, den Forschungsstand zu sichten und aufzubereiten und 80% bestätigten einen Kompetenzzuwachs darin, sich in Lösungsmethoden zur Forschungsfrage einzuarbeiten (Abb. 1).

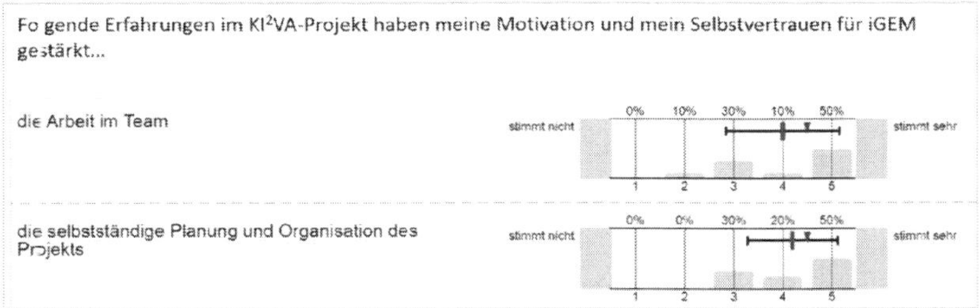

Abbildung 2: Aussagen zu den Motivationsfaktoren für forschendes Lernen in KI²VA (n=10)

Die Antworten zur Motivationswirkung der KI²VA-Projekte fielen überraschenderweise sehr polar aus: 50% der Teilnehmer stimmten der Aussage zu *Die Teilnahme am KIVA-Projekt hat mich motiviert, am iGEM-Projekt teilzunehmen,* 50% stimmten der Aussage nicht zu. Als Motivationsfaktoren wurden die Arbeit im Team und die selbstständige Planung und Organisation des Projekts benannt (Abb. 2). Das Projektthema oder Interesse an Methoden spielten eine nachgeordnete Rolle.

Fazit und Schlussfolgerungen

Zusammenfassen lässt sich feststellen, dass in den K^2VA-Projekten der Aufbau von interdisziplinären Teamkompetenzen bereits gut und der Aufbau von Forschungskompetenzen selektiv geling. Die Hauptmotivation für das spätere Lehrforschungsprojekt iGEM lässt sich auf die Arbeit im Team und eigenständige, selbstorganisierte Arbeitsweise zurückführen. Erleben sich die Studierenden in diesen beiden Punkten als kompetent, ist zu erwarten, dass ihre Forschungsmotivation dadurch gestärkt wird. Unser Plädoyer ist daher, dass interdisziplinäre Teamarbeit und selbstorganisiertes Arbeiten sowohl in den ersten als späteren Semestern immer wieder in Studienprojekten trainiert werden, damit Studierende Motivation und Kompetenzen für Forschung und Entwicklung aufbauen und festigen können.

Literatur

Böttcher, F. & Thiel, F. (2016). Der Fragebogen zur Erfassung studentischer Forschungskompetenzen. Ein Instrument auf der Grundlage des RMRK-W-Modells zur Evaluation von Formaten forschungsorientierter Lehre. *Neues Handbuch Hochschullehre,* Kap. I 2.11, Berlin: DUZ Verlags- und Medienhaus.

Dirsch-Weigand, A., Koch, F. D., Pinkelman, R., Awolin, M., Vogt, J. & Hampe, M. J. (2015). Looking Beyond One's Own Nose Right from the Start: Interdisciplinary Study Projects for First Year Engineering Students. In: *Proceedings of 2015 International Conference on Interactive Collaborative Learning* (ICL), September 20-24, 2015, Florence, Italy. http://www.weef2015.eu/Proceedings_WEEF2015/proceedings/papers/Contribution1221.pdf (14. Aug. 2017).

Koch, F. D., Dirsch-Weigand, A., Awolin, M., Pinkelman, R. J. & Hampe, M. J. (2017). Motivating first-year university students by interdisciplinary study projects. *European Journal of Engineering Education* 42/1, 17-31.

Reinmann, G. (2016). *Gestaltung akademischer Lehre zwischen Fall-, Problem- Projekt- und Forschungsorientierung.* Redemanuskript. http://gabi-reinmann.de/wp-content/uploads/2016/06/Vortragsmanuskript_Zuerich_Juni2016.pdf (28. Sep. 2017).

Rueß, J., Gess, C. & Deicke, W. (2016). Forschendes Lernen und forschungsbezogene Lehre - empirisch gestützte Systematisierung des Forschungsbezugs hochschulischer Lehre. *Zeitschrift für Hochschulentwicklung* 11/2, 23-44.

Steinheider, B., Bayerl, P. S., Menold, N. & Bromme, R. (2009). Entwicklung und Validierung einer Skala zur Erfassung von Wissensintegrationsproblemen in interdisziplinären Projektteams (WIP). *Zeitschrift für Arbeits -und Organisationspsychologie*, 53/3, 121 –130.

Melanie FABEL-LAMLA, Hildesheim; Ulrike SCHÜTTE, Hildesheim; Peter FREI, Hildesheim; Katrin HAUENSCHILD, Hildesheim; Barbara SCHMIDT-THIEME, Hildesheim; Dennis WOLFF, Hildesheim

Forschendes Lernen im Praxissemester. Vorstellungen und Potentiale aus Sicht von Studierenden

1. Ausgangslage

Im Zuge der Neustrukturierung der Masterstudiengänge Lehramt an Grundschulen sowie Lehramt an Haupt- und Realschulen in Niedersachsen sind seit dem Wintersemester 2014/15 ein Langzeitpraktikum von 18 Wochen und das „Projektband", das parallel zur Praxisphase ebenfalls über drei Semester läuft und der Leitidee des Forschenden Lernens folgt, systematische Bestandteile der Masterstudiengänge. Als Leitgedanke dieser sogenannten GHR-300-Reform wird in den Handreichungen des Niedersächsischen Verbunds zur Lehrerbildung formuliert, dass in allen Phasen der Lehrerbildung sowohl der Bezug auf das Berufs- und Handlungsfeld ‚Schule' als auch auf wissenschaftliche Theoriebestände und Forschungsergebnisse erforderlich sei (vgl. Niedersächsischer Verbund zur Lehrerbildung 2012). Im Rahmen der neuen Masterkonzeption sollen also Handlungswissen und Wissenschaftswissen gleichwertig miteinander verbunden werden. Hierfür sollten während der Praxisphase *„Lernarrangements geschaffen werden, die den Studierenden sowohl umfängliche eigenständige Handlungs- und Reflexionsräume bereitstellen als auch intensive Phasen einer stärker theoriebezogenen, forschenden Handlungsanalyse zulassen"* (ebd., S. 6).

Mit der Parallelität und Verknüpfung von Praxisphase und Forschendem Lernen soll also in Niedersachsen dem Theorie-Praxis-Problem auf spezifische Weise begegnet werden: Neben der Einsozialisation in das berufspraktische Handeln in der Praxisphase soll im Projektband gleichzeitig und gleichgewichtig ein wissenschaftlich fundierter, forschungsorientierter und reflexiver Zugang zur Schulpraxis eröffnet werden. Über empirische Forschung und theoretische Reflexion sollen die Studierenden eine forschend-reflexive Grundhaltung gegenüber der vorgefundenen Praxis und dem eigenen Handeln auf- bzw. weiter ausbauen. Diese Figur der Verknüpfung – so ließe sich mit Rothland und Boecker (2014) zuspitzend folgern – schreibt dem Forschenden Lernen in längeren Praxisphasen somit eine spezifische Funktion zu: Forschendes Lernen dient hier als Korrektiv hinsichtlich der Gefahr einer unreflektierten Imitation der beobachteten schulischen Praxis im Sinne einer Meister-Lehre.

2. Wissenschaftliche Begleitforschung zum „Projektband"

2.1 Überblick über das Forschungsdesign

Im Rahmen einer wissenschaftlichen Begleitforschung zur Umsetzung des Projektbands an der Universität Hildesheim untersuchen wir längsschnittlich die unterschiedlichen Bedeutungszuschreibungen und Adaptionsformen in Bezug auf das Forschende Lernen bei den verschiedenen beteiligten Akteurinnen und Akteuren. Das Projekt besteht aus mehreren eng zusammenhängenden Teilstudien, die je unterschiedliche Forschungszugänge sowie Fragestellungen aufweisen, wobei im vorliegenden Beitrag der Fokus auf der zweiten Studierendenbefragung (N = 210) liegt, die am Ende der Vorbereitungsveranstaltung zum Projektband durchgeführt wurde.

2.2 Ergebnisse der Studierendenbefragung – Eine Auswahl

Im Folgenden werden die fünf häufigsten Antwortkategorien auf die jeweils offen gestellten Fragen (Mehrfachnennungen möglich) aufgezeigt:

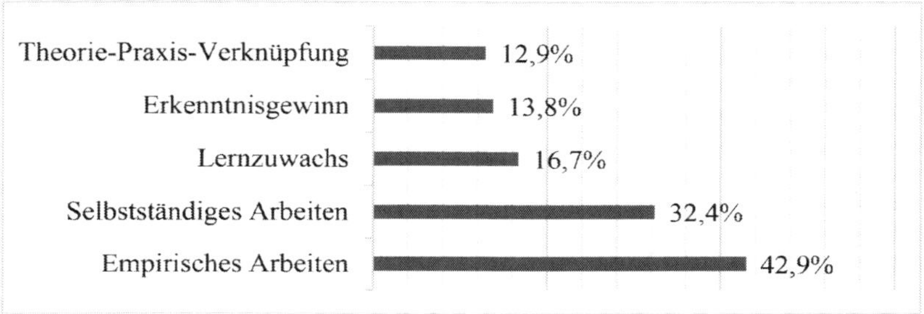

Abbildung 1: Studentische Vorstellungen von Forschendem Lernen

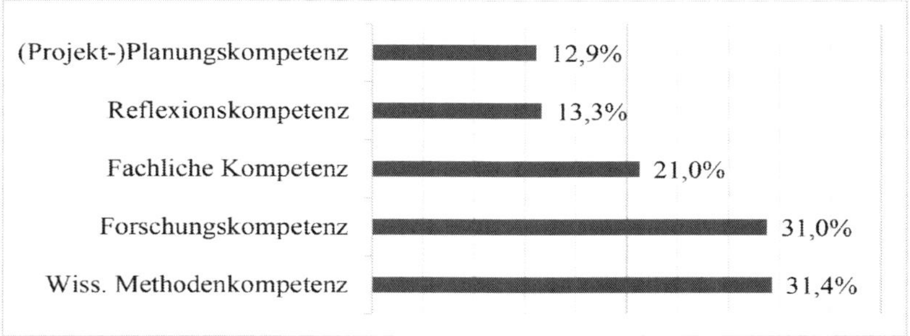

Abbildung 2: Einschätzung der Studierenden in Bezug auf den eigenen Kompetenzerwerb in der Vorbereitungsveranstaltung

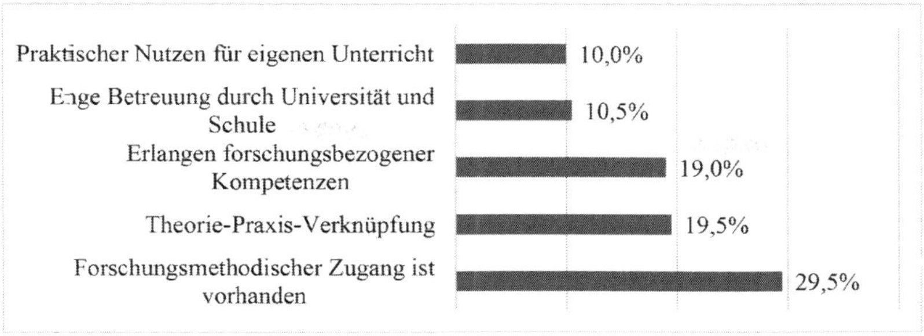

Abbildung 3: Chancen der Parallelität von Projektband und Praxisphase aus Sicht der Studierenden

3. Diskussion der Ergebnisse

Die Äußerungen der Studierenden zeigen ein heterogenes Bild hinsichtlich der Fragen, was mit dem hochschuldidaktischen Konzept des Forschenden Lernens verbunden wird, welche Kompetenzen vermittelt werden (sollen) und welche Chancen die parallele Durchführung von Projektband und Praxisphase bietet.

Bei den Studierenden dominiert die Vorstellung, dass Forschendes Lernen die Kenntnis und sachgerechte Anwendung von Forschungsmethoden umfasst, die es selbstständig in eigenen Forschungsprojekten umzusetzen gilt, um neue Erkenntnisse zu generieren (s. Abb. 1). Auch die Nennungen zu den in der Vorbereitungsveranstaltung erworbenen Kompetenzen – wissenschaftliche Methoden-, Forschungs- und fachliche Kompetenzen – verweisen darauf, dass das Studienelement Projektband (bisher) als Teil der wissenschaftlichen Ausbildung wahrgenommen wird, das kaum Berührungspunkte zur Praxis aufweist. Nur ein kleiner Teil der Studierenden sieht Bezüge zur eigenen pädagogischen Praxis und verweist etwa auf Anstöße zur Entwicklung der Reflexionskompetenz (s. Abb. 2). Bei der expliziten Frage nach den Chancen der parallelen Durchführung von Projektband und Praxisphase zeigt sich, dass eher pragmatische Überlegungen auf Seiten der Studierenden überwiegen. So biete etwa die schulische Praxis einen optimierten Feldzugang und begünstige die Findung von Forschungsfragestellungen. Eine Verknüpfung von Theorie und Praxis oder auch der Zugewinn für den eigenen Unterricht aufgrund der Parallelität wird hingegen nur von wenigen Studierenden angeführt (s. Abb. 3).

4. Fazit und Ausblick

Die ersten Ergebnisse regen aus unserer Sicht zu weiteren Überlegungen und Fragen an:

- Die möglicherweise verkürzte Wahrnehmung des Konzepts des Forschenden Lernens durch die Studierenden hängt sicherlich auch mit den unterschiedlichen Vorstellungen und konzeptionellen Angeboten im Projektband seitens der Lehrenden zusammen. Den Zusammenhängen zwischen dem Konzept des jeweiligen Projektbandes und den Vorstellungen und Kompetenzentwicklungen der Studierenden gilt es in der wissenschaftlichen Begleitforschung weiter nachzugehen.
- Auch auf der Ebene der curricularen und strukturellen Verankerung lassen sich die Ergebnisse als Indiz dafür lesen, dass aufgrund der strukturell unzureichenden Verzahnung von Projektband und Praxisphase die möglichen Potentiale Forschenden Lernens von den Studierenden nicht gesehen bzw. nicht genutzt werden. Einschränkend ist dabei jedoch anzumerken, dass die Ergebnisse als vorläufig zu interpretieren sind, da der Zeitpunkt der Erhebung *vor* dem Praxisblock stattgefunden hat.
- Möglicherweise stellen die hohen Erwartungen, Zielsetzungen und Wirksamkeitserwartungen, die mit dem Konzept des Forschenden Lernens verbunden sind, und insbesondere auch die Vorstellung der Vermittlung einer wissenschaftlich-reflexiven Haltung der Studierenden in verlängerten Praxisphasen eine Überforderung für alle Beteiligten dar. Für die Aneignung eines forschenden Blicks auf die pädagogische Praxis ist Distanz und Entlastung vom Handlungsdruck nötig, die in den Praxisphasen gerade nicht gegeben scheint. Insofern wäre zu diskutieren, ob die Parallelität tatsächlich zielführend ist.

Diese ersten Befunde der wissenschaftlichen Begleitforschung zum Forschenden Lernen im Projektband bieten Anlass, der Frage weiter nachzugehen, wie eine gewünschte wissenschaftlich-reflexive Haltung gegenüber der schulischen Praxis im Studium angebahnt werden kann und ob und auf welche Weise die verschiedenen hochschuldidaktischen Konzepte des Forschenden Lernens hier wirksam werden.

Literatur

Niedersächsischer Verbund zur Lehrerbildung (2012). *Handreichung des Verbunds zur Implementierung der Praxisphase in die Masterstudiengänge für die Ausbildung von Grund-, Haupt- und Realschulkräften.* Verfügbar unter:
http://www.lehrerbildungsverbund-niedersachsen.de/dateien/Handreichung_Implementierung_Praxisphase_GHR_300_2012.pdf (Zugriff: 20.09.2017).

Rothland, M. & Boecker, S. K. (2014). Wider das Imitationslernen in verlängerten Praxisphasen: Potenzial und Bedingungen des Forschenden Lernens im Praxissemester. *Die Deutsche Schule, 106(4),* 386-397.

Natalia FAST, Bielefeld; Fynn BERGMANN, Bielefeld; Golo FASSBECK, Bielefeld; Bernd GRÖBEN, Bielefeld; Nils UKLEY, Bielefeld; Marcus WEGENER, Bielefeld

Forschendes Lernen im Kontext der Professionalisierung von (Sport)Lehrkräften – eine Zwischenbilanz

Das Forschende Lernen – verstanden als unter Anwendung wissenschaftlicher Methoden selbstständig durchgeführter, theoriebezogener und kritisch-reflexiver Forschungsprozess (vgl. Fichten, 2017, S. 31) – prägt als hochschuldidaktischer Ansatz das Bielefelder Praxissemester. Durch die Planung, Durchführung und Auswertung von Unterrichtsvorhaben und Studienprojekten soll bei den Studierenden eine forschende Grundhaltung angebahnt, Reflexivität gefördert und letztlich ein Beitrag zu ihrer Professionalisierung geleistet werden (vgl. Leitkonzept, 2011, S. 2).

Dem Modell der „doppelten Professionalisierung“ (Helsper, 2001) folgend, liegt der Fokus auf der Entwicklung sowohl fachdidaktischer als auch forschungsmethodischer Kompetenzen. Die Ausprägung der damit einhergehenden reflexiv-forschenden Haltung erfolgt über das Forschende Lernen und ist für eine empirie- und theoriebasierte Reflexion (sport)unterrichtlichen Handelns förderlich. Sie kann als eine Voraussetzung dafür gelten, dem Handlungsdruck in der Praxis begegnen zu können (vgl. Fast, Gröben, Kastrup, Kirchhoff, Ukley & Wegener, 2016; Neuweg, 2011). Dies hat insbesondere für Sportstudierende eine hohe Relevanz, da diese traditionell als Sportlerin bzw. Sportler das Lehramtsstudium beginnen und einen Rollen- bzw. Perspektivwechsel zur Sportlehrerin bzw. zum Sportlehrer mit entsprechender Kompetenzentwicklung in fachdidaktischer Hinsicht zu vollziehen haben, um nicht Gefahr zu laufen, die aus der eigenen Sportbiografie bekannten Handlungsmuster zu imitieren. Die Herausforderungen eines Schulsports mit Bildungs- und Erziehungsauftrag sind vielfältig, ein umfassendes didaktisch-methodisches Wissens ist daher notwendig (vgl. Fast et al., 2016). Hinzu kommt die Fähigkeit, das eigene Handeln im Unterricht, das stets von Irritationen bzw. Krisen geprägt ist, reflektieren zu können. Insofern ist neben fachlicher Expertise der Aufbau von Erfahrungen, Methoden und Techniken kritisch-reflexiver Distanzierungsfähigkeit ein zentrales Merkmal einer im Studium anzustrebenden doppelten Professionalisierung. „*Professionell* (Hervorheb. im Original) im Sinne einer Abgrenzung gegenüber alltäglichen Reflexionsnotwendigkeiten wird diese Fähigkeit aber erst durch den Rekurs auf Wissensbestände von wissenschaftlicher Dignität, um in konkreten Entscheidungsfragen auch verantwortbar agieren zu können“ (Gröben & Ukley, i. Dr.). Bevor sich Studierende im Praxissemester erproben können, sollte die Entwicklung einer reflexiv-forschenden Grundhaltung bereits im Bachelorstudium angebahnt werden – mit dem Ziel, dass diese Haltung im Praxissemester handlungsleitend ist. Wie aber entwickelt sich im Sinne dieser Haltung die Einstellung von Studierenden zur methodengeleiteten Erforschung des Unterrichts? Dieser Frage wird im Folgenden unter Bezug auf zwei an der Universität Bielefeld durchgeführte Studien nachgegangen.

Befunde zur Professionalisierung durch das Forschende Lernen

Eine quantitative Fragebogenstudie (N=475) im Rahmen des Bi^{professional}[1] Teilprojekts *Forschendes Lernen im Praxissemester* zur Einstellung von Sportstudierenden hinsichtlich des Forschenden Lernen im Kontext ihrer Professionalisierung sowie möglichen Veränderungen im Studienverlauf zeigt folgendes interessantes Ergebnis: Während Sportstudierende der Aussage „eine professionelle Sportlehrkraft erforscht ihren Unterricht mit wissenschaftlichen Methoden" insbesondere zu Beginn des Masterstudiums verstärkt zustimmen, stehen sie ihr nach dem Praxissemester signifikant ablehnender gegenüber. Der deutliche Anstieg der Zustimmung zu MA-Beginn dürfte vor allem mit der im Rahmen von Vorbereitungsveranstaltungen diskutierten Frage einhergehen, was eine professionelle Sportlehrkraft auszeichnet. Aus professionstheoretischer Sicht gelingt es zu diesem Zeitpunkt durch die Explikation *beider Seiten* der doppelten Professionalisierung, einen Beitrag zu einer reflexiv-forschenden Haltung zu leisten. Am Ende des Studiums verschiebt sich diese Relevanzsetzung jedoch, sodass die Zustimmung zur Erforschung des eigenen Unterrichts mit wissenschaftlichen Methoden absinkt. Diese Wendung entsteht möglicherweise durch die wahrgenommene Realität in der Praxisphase, den damit verbundenen Praxisschock oder auch dadurch, dass unter den Lehrkräften nur wenige reflexiv-forschende Vorbilder erkannt werden. So wird die im Studium entwickelte Haltung auf die Probe gestellt und unter dem Handlungsdruck der Praxis kommen Studierende dabei offenbar zu dem Schluss, dass die reflexive Erforschung des eigenen Unterrichts nicht in dem Maße bedeutsam für ihr professionelles Handeln als Sportlehrkraft ist, wie sie es vorher dachten (vgl. Wegener & Faßbeck, i. Dr.).

Warum Studierende zu diesem Schluss gelangen, soll nun auf Grundlage einer qualitativen Studie in Form von Gruppendiskussionen mit Studierenden, die nach Abschluss des Praxissemesters im Rahmen der Reflexionsveranstaltung im Fach Sport durchgeführt wurde, dargestellt werden. Hierbei

[1] Das Vorhaben Bi^{professional} wird im Rahmen der gemeinsamen Qualitätsoffensive Lehrerbildung von Bund und Ländern aus Mitteln des Bundesministeriums für Bildung und Forschung gefördert (Förderkennzeichen 01JA1608).

wurde der Einfluss von Elementen des Forschenden Lernens auf die Professionalitätsentwicklung von Sportstudierenden untersucht. In Bezug auf Studienprojekte als kleinformatige Forschungsarbeiten wird ein positiver Einfluss auf die Professionalisierung in der subjektiv empfundenen Sinnhaftigkeit der Projekte gesehen. Nach Ansicht der Studierenden ergibt sich diese Sinnhaftigkeit im Wesentlichen durch zwei Faktoren: Zum einen erweist sich das Studienprojekt als gewinnbringend, wenn es ein Thema bearbeitet, das bedeutungsvoll für den zukünftigen SportlehrerInnenberuf und insbesondere für das eigene Handeln im schulischen (Unterrichts)Alltag ist. Zum anderen werden Studienprojekte als förderlich für die Professionalisierung identifiziert, wenn sie für die (eigene) Schule bedeutsame Fragen als Forschungsanlässe bearbeiten (vgl. Ukley & Bayer, i. Dr.; Fast, i. Dr.). Wenn aber die Erfahrung, dass Forschendes Lernen zu einem professionellen Handeln im Sportunterricht führt, nicht gemacht wurde, so gerät die vorab entwickelte reflexiv-forschende Grundhaltung ins Wanken.

Des Weiteren bringt diese Studie das Ergebnis hervor, dass einige Studierende in der Durchführung des Studienprojekts keinen Beitrag für die eigene Professionalisierung sehen, weil die Forschungstätigkeit eindeutig nicht ihrem Professionsverständnis entspricht. Die offensichtliche Diskrepanz zwischen dem, was Studierende unter einer professionellen Sportlehrkraft verstehen und dem professions*theoretischen* Verständnis im Sinne einer doppelten Professionalisierung ist verantwortlich dafür, dass die Sinnhaftigkeit Forschenden Lernens vielfach nicht gesehen wird (vgl. Fichten, 2017, S. 36; Fast 2017, i. Dr.). So kann der Mangel eines theoretischen Verständnisses von Professionalität kombiniert mit den Erfahrungen in der Praxis, dass der Sportunterricht auch ohne eine reflexiv-forschende Grundhaltung funktioniert, als eine eher ernüchternde Zwischenbilanz gesehen werden.

Konsequenzen für das Forschende Lernen im Fach Sport

Dem Leitprinzip des Forschenden Lernens folgend stellt sich nun die Frage, welche Konsequenzen aus dieser Zwischenbilanz für die (Sport)LehrerInnenausbildung gezogen werden können. Erstens ist eine konsequente und vor allem kontinuierliche Thematisierung der doppelten Professionalisierung notwendig. Schon zu Beginn des Bachelorstudiums sollte den Studierenden die forschungsgestützte Reflexion des eigenen Unterrichts als wesentliches Merkmal professionellen Handelns deutlich gemacht und auf diese Weise ein wissenschaftlich-reflexiver Habitus bereits frühzeitig *ausgebildet* werden. Dazu sollte neben der didaktisch-methodischen Ausbildung auch parallel und sukzessive die Entwicklung forschungsmethodischer und reflexiver Kompetenzen von Beginn an in allen Veranstaltungen verfolgt werden. Zweitens sollte der forschend-reflexive Habitus im Studium *gefestigt* werden, damit er resistenter gegen Erfahrungen im Praxissemester ist, die die entwickelte Einstellung erschüttern könnten. In diesem Kontext wäre hervorzuheben, dass alle Phasen der Lehramtsausbildung kein Rezeptwissen oder vermeintliche Wahrheiten vermitteln, sondern vielmehr die Ungewissheiten aufnehmen und in Forschendes Lernen umsetzen sollten (vgl. Wegener & Faßbeck, i. Dr.).

Literatur

Fast, N. (i. Dr.). „Ich weiß, also kann ich" – Wie das Forschende Lernen gelingen und zur Professionalisierung von Sportstudierenden im Praxissemester beitragen kann. In N. Ukley & B. Gröben (Hrsg.), *Forschendes Lernen im Praxissemester – Begründungen, Befunde und Beispiele aus dem Fach Sport*. Wiesbaden: VS-Springer.

Fast, N., Gröben, B., Kastrup, V., Kirchhoff, D., Ukley, N. & Wegener, M. (2016). Entwicklung eines reflexiv-forschenden Habitus im Format des Lehramtsstudiums des Fachs Sport. In C. Heim, R. Prohl, H. Kaboth (Hrsg.), *Bildungsforschung im Sport* (Schriften der Deutschen Vereinigung für Sportwissenschaft, 256, S. 222-223). Hamburg: Feldhaus.

Neuweg, G. H. (2011). Das Wissen der Wissensvermittler. In E. Terhart, H. Bennewitz & M. Rothland (Hrsg.), *Handbuch der Forschung zum Lehrerberuf* (S. 451-477). Münster: Waxmann.

Fichten, W. (2017). Forschendes Lernen in der Lehrerbildung. In R. Schüssler, A. Schöning, V. Schwier, S. Schicht, J. Gold & U. Weyland (Hrsg.), *Forschendes Lernen im Praxissemester. Zugänge, Konzepte, Erfahrungen* (S. 30-38). Bad Heilbrunn. Klinkhardt.

Gröben, B. & Ukley, N. (i. Dr.). Forschen im eigen(tlich)en Sinne. In N. Ukley & B. Gröben (Hrsg.), *Forschendes Lernen im Praxissemester – Begründungen, Befunde und Beispiele aus dem Fach Sport*. Wiesbaden: VS-Springer.

Helsper, W. (2001). Praxis und Reflexion: Die Notwendigkeit einer „doppelten Professionalisierung" des Lehrers. *Journal für Lehrerinnenbildung,* 1 (3), 7-15.

Ukley, N. & Bayer, F. (i. Dr.). Forschendes Lernen konkret – Vom theoretischen Verständnis zur praktischen Umsetzung. In N. Ukley & B. Gröben (Hrsg.), *Forschendes Lernen im Praxissemester – Begründungen, Befunde und Beispiele aus dem Fach Sport*. Wiesbaden: VS-Springer.

Universität Bielefeld (2011). *Leitkonzept zur standortspezifischen Ausgestaltung des Bielefelder Praxissemesters*. Zugriff am 23. Oktober 2017 unter http://www.bised.uni-bielefeld.de/praxisstudien/praxissemester/bielefelder_ausgestaltung/bielefelder_ausgestaltung/Bielefelder_Leitkonzept/leitkonzept.pdf.

Wegener, M. & Faßbeck, G. (i. Dr.). Zur (De-)Professionalisierung der Sportstudierenden im Praxissemester. In N. Ukley & B. Gröben (Hrsg.), *Forschendes Lernen im Praxissemester – Begründungen, Befunde und Beispiele aus dem Fach Sport*. Wiesbaden: VS-Springer.

Gianpiero FAVELLA, Kaiserslautern

Unter welchem Kontext wirkt forschungsnahes Lehren und Lernen wie? Einblicke in eine Forschungsstrategie[1].

1 Thematische Einführung

Obwohl forschungsnahes Lehren und Lernen breit umgesetzt wird, scheinen Analysen zur Wirkung bzw. Wirksamkeit bisher die Ausnahmen zu sein, zumal diese weitgehend den jeweiligen Standort berücksichtigen (vgl. exempl. Fichten 2010). Im Rückgriff auf die Realistic Evaluation (RE) kann die Wirkung bzw. Wirksamkeit im Detailgrad von Kontext, Mechanismus und Outcome (KMO-Konfigurationen) unterschieden werden. Die Identifizierung von KMO-Konfigurationen stellt vor dem Hintergrund fehlender Standortvergleiche eine geeignete Analysestrategie dar, um die unterschiedlichen Umsetzungsvarianten forschungsnahen Lehrens und Lernens auf der Makro-, Meso-, und Mikroebene in den Hochschulen zu untersuchen. Der Beitrag sucht daher eine Antwort auf die Frage, wie eine Analysestrategie ausgerichtet sein kann, die Wirkmechanismen hochschuldidaktischer Angebote als Ausgang ihrer Erkenntnisabsicht nimmt.

2 Wirkmechanismen hochschuldidaktischer Angebote

Zur Beantwortung der Ausgangsfrage sind drei Unterfragen zu unterscheiden: Mit welchem Ansatz können Wirkmechanismen identifiziert werden (2.1), mit welchem hochschuldidaktischen Modell können Wirkmechanismen als hochschuldidaktische identifiziert werden (2.2) und schließlich gibt eine Reflexion über die methodische Umsetzung Auskunft darüber, wie der empirische Zugang zu Wirkmechanismen hochschuldidaktischer Angebote zu denken wäre (2.3).

2.1 Metarahmen: Realistic Evaluation

Um wirksame Praktiken oder Wirkmechanismen zu identifizieren, bietet sich der Metarahmen der RE an, der von Ray Pawson und Nick Tilley (1997) begründet wurde. Die RE ist in Abgrenzung zu den Black-Box- und Grey-Box-Verfahren entstanden. Black-Box-Verfahren zielen darauf, die intendierten Effekte zu evaluieren, jedoch ohne einen Rückschluss auf die Bedingungen, durch die die Effekte entstanden sind, zu ziehen. Grey-Box-Verfahren zielen zwar darauf, die Bedingungen und die Zusammenhänge von Effekten zu betrachten, beschreiben jedoch nicht, wie diese zustande kommen.

[1] Ich bedanke mich beim BMBF für die Förderung des Projekts Forschungsorientierung in der Studieneingangsphase „FideS" – Fokus Lehrerbildung (Fördernummer: 01PB14013B).

Die RE verortet sich bei den White-Box-Verfahren und zählt zu den theoriebasierten Evaluationen, deren Absicht es ist, gegenstandsnahe Theorien des Programms zu entwickeln (vgl. Haunberger/Baumgartner 2017, S.123). Derart angesetzt wird forschungsnahes Lehren und Lernen nicht als Methode, sondern als Programm verstanden. Zu den zentralen theoretischen Komponenten der RE zählen der Kontext, der Mechanismus und der Outcome. Im Folgenden werden die drei theoretischen Komponenten der KMO-Konfiguration erläutert:

Kontext: Der Kontext gibt Auskunft darüber, welche Prozesse und Umstände eben gerade dieser Intervention förderlich oder hinderlich sind. Kontextbetrachtungen können auf verschiedenen Ebenen geschehen: auf der politischen, organisationalen oder sozialen Ebene. Die Kontextabhängigkeit kann neben geographischen auch sozialstrukturelle Angaben enthalten, die implizit „Normen, Werte, Beziehungen und soziale Regeln des Programmumfeldes mit ein[beziehen; Verf.]“ (Haunberger/Baumgartner, 2017, S.126). Die Abhängigkeit eines Kontextes führt eine eigenlogische Ziel-Mittel-Relationierung mit sich, die sich von anderen Standorten unterscheidet.

Mechanismus: Pawson und Tilley verdeutlichen am Mechanismus, wie untersucht werden kann, inwieweit die für den Outcome bedeutsamen Begründungen und Ressourcen der Stakeholder Einfluss auf die Outcomes haben (vgl. 1997, S.407f.). Diese Komponente fokussiert der Mechanismus, er beinhaltet das kontingente Zusammenwirken von Elementen oder Handlungsschritten einer Maßnahme und lenkt die Frage weg von „whether a program works“ zu „*what it is about a program* that makes it works“ (Pawson/ Tilley 1997, S.409, Hervorh. i. Orig.).

Outcome: Diese Komponente der Maßnahme ist in der RE nicht lose entkoppelt vom Kontext und Mechanismus. Die wirksamen Praktiken in einem Kontext bedingen, dass es überhaupt zu einem Outcome kommen kann.

Um jedoch die KMO-Konfigurationen auf hochschuldidaktische Lehr- und Lernkonzepte beziehen zu können, diese also gegenstandsnah zu identifizieren, muss eine Theorie oder ein Modell aus dem Gegenstandsbereich ex-ante herangezogen werden.

2.2 Gegenstandskonstituierendes Modell: Hochschuldidaktische Handlungsebenen

Es ist eine gegenstandskonstituierende Frage, wie die Wirkungsprozesse hochschuldidaktischer Lehr- und Lehrkonzepte – hier das des forschungsnahen Lehrens und Lernens – beobachtet werden können. Die hochschuldidaktischen Handlungsebenen benennen die möglichen kontextspezifischen

Wirkzieldimensionen, die durch das forschungsnahe Lehren und Lernen als Programm ausgelöst werden. Insgesamt benennt Karl-Heinz Flechsig (1975) fünf Handlungsebenen, die sich in der Systemperspektive auf der Makro-, Meso- und Mikroebene sortieren lassen: *Makroebene:* Auf der *ersten* Handlungsebene verortet Flechsig (ebd.) organisatorische, finanzielle, personelle und strukturelle Rahmenbedingungen der Hochschule. *Mesoebene:* Auf der *zweiten* Handlungsebene werden die Studiengänge verortet. Die *dritte* Handlungsebene umfasst Phasen oder Teilbereiche von Studiengängen, die aus aktueller Sicht die Modulebene bezeichnen. *Mikroebene:* Auf der *vierten* Handlungsebene sind die einzelnen Lehrveranstaltungen angesiedelt, in denen die Lehrenden die Durchführung verantworten. Die konkrete Lernsituation – also Handlungsebene *fünf* – und das soziale Geschehen ist ein Teil davon, wie die Lehrveranstaltung geplant wird.

Die hochschuldidaktischen Handlungsebenen geben Auskunft darüber, auf welcher Ebene Wirkmechanismen ausgelöst und welche wirksamen Praktiken für welche Ebene in welchem Modus unternommen werden.

2.3 Methodische Umsetzung: Fallstudie

Auskunft über Wirkmechanismen forschungsnahen Lehrens und Lernens geben zu wollen, macht die Art und Weise, wie der empirische Zugang umgesetzt werden kann, begründungspflichtig. Empirisch-qualitativ orientierten Fallstudien wird in der Wirkungsforschung ein besonderer Stellenwert zugeschrieben (vgl. Neuweg 2015, S.56f.): Denn in ihnen „kann mehr von dem enthalten bleiben, was man wissen muss, um einen neuen Fall zu verstehen, als im Modelldenken der abstrahierenden Variablen. Die Argumentationsform der Fallstudie ist nicht induktiv-deduktiv, sondern beruht auf Analogien, auf einem Denken von Fall zu Fall. Damit kommt sie den Anforderungen des pädagogischen Alltags, aber auch dem Denkstil von Praktikern entgegen" (Brügelmann 2015, S.48). Fallstudien gehen über die variabel-orientierten Momentaufnahmen hinaus und erlauben, kontextsensible „Entwicklungen, Prozessabläufe und Ursache-Wirkungs-Zusammenhänge nachzuvollziehen" (Borchardt/Göthlich 2009, S.36). Fallbestimmungen, die auf den Hochschultyp oder die Disziplin zielen, erkunden kontrastierend-fallvergleichend die Gemeinsamkeiten und Unterschiede im Rekurs der Implementierungsstrategien forschungsnahen Lehrens und Lernens. Hochschulen oder Disziplinen können dahingehend untersucht werden, welche wirksamen Praktiken von welchen Personengruppen hervorgebracht werden. Ziel ist es, explorativ KMO-Konfigurationen auf den verschiedenen hochschuldidaktischen Handlungsebenen zu identifizieren bzw. zu untersuchen, ob und wenn ja, *wie* diese bei der Erzeugung von Wirkmechanismen ineinandergreifen.

3 Implikation für die weitere Forschung

Mit dem dargelegten Vorgehen kann die Frage beantwortet werden, wie forschungsnahes Lehren und Lernen seine Wirksamkeit über die verschiedenen hochschuldidaktischen Handlungsebenen erzeugt, wenn zugleich fallvergleichend beobachtet werden kann, welche Interessen oder Zielbestimmungen in den jeweiligen Ebenen kontextspezifisch eingebunden sind. Eine an der „Logik der realistischen Erklärung" (Pawson/ Tilley 1997, S.412) orientierte Wirkungsforschung hebt die ‚soziale Blindheit' der Black-Box- und Grey-Box-Verfahren auf, um die sozialen Prozesse, Regelmäßigkeiten oder Muster in den hochschuldidaktischen Angeboten sichtbar zu machen. Die aus den Fallstudien befundeten Wirkungsgefüge liefern Aussagen darüber, wie die jeweilige Anwendung und Ausprägung forschungsnahen Lehrens und Lernens vonstattengeht. Die Ergebnisse können einerseits dafür genutzt werden, um forschungsnahes Lehren und Lernen auf vergleichbare Kontexte zu übertragen und andererseits, um das evidenzorientierte Gestaltungswissen von hochschulischen Lehr- und Lernbedingungen auszuweiten.

Literatur

Borchardt, A., Göthlich, S. E. (2009). Erkenntnisgewinnung durch Fallstudien. In S. Albers, D. Klapper, U. Konradt, A. Walter, J. Wolf (Hrsg.), *Methodik der empirischen Forschung*. (S. 33-48). 3. Aufl., Wiesbaden: VS Verlag.

Brügelmann, H. (2015). *Vermessene Schulen – standardisierte Schüler. Zu Risiken und Nebenwirkungen von PISA, Hattie, VerA & Co*. Weinheim: Beltz.

Fichten, W. (2010). Konzepte und Wirkungen forschungsorientierter Lehrerbildung. In J. Abel, G. Faust (Hrsg.), *Wirkt Lehrerbildung? Antworten aus der empirischen Forschung* (S.271-282). Münster u.a.: Waxmann.

Flechsig, K.-H. (1975). *Handlungsebenen der Hochschuldidaktik.* Verfügbar unter: https://ub-deposit.fernuni-hagen.de/receive/mir_mods_00000204. Abgerufen am: 28.09.2017.

Haunberger, S., Baumgartner, E. (2017). Wirkungsevaluation in der Sozialen Arbeit mittels Realistic Evaluation: empirische Anwendungen und methodische Herausforderungen. Eine systematische Literaturreview. *Zeitschrift für Evaluation*, 16(1), S.121-145.

Neuweg, H. G. (2015). Evidenzbasierte Lehrerbildung. *Journal für Lehrerinnen- und Lehrerbildung*, 15(4), S. 54-58.

Pawson, R., Tilley, N. (1997). An Introduction to Scientific Realist Evaluation. In E. Chelimsky, W. Shadish (Hrsg.), *Evaluation for the 21st Century: A Resource Book* (S. 405-418). Sage: Thousand Oaks

Cornelia FRANK, Hohenheim

Lehrpersönlichkeits-Coaching als Starter Kit für die interdisziplinäre forschungsnahe Lehre

1. Einführung: Lehrpersönlichkeiten als „Blind Spot"

„Zurück auf Los", „Quantensprung", „ergebnisoffene Experimentierwerkstatt" – ein facettenreiches Antwortspektrum auf die Frage, was interdisziplinäre forschungsnahe Lehre für Dozierende bedeutet. Insbesondere die erstgenannte Einschätzung, wonach sich sogar einige fachwissenschaftlich langjährig Erprobte bei der interdisziplinären forschungsnahen Lehre wieder „zurück auf Los" katapultiert betrachten, verweist auf deren enorme zusätzliche Herausforderungen. In der Tat prägen Unsicherheiten, Unwägbarkeiten und Ambiguitäten den interdisziplinären forschungsnahen Lehr- und Lernprozess, den zu bewältigen für Lehrende wie Studierende ein ebenso lohnenswertes wie anspruchsvolles Unterfangen ist. Wird hierbei innerhalb der Zielgruppe der Studierenden unterschiedlichen Lerntypen und Lebenswirklichkeiten zunehmend Rechnung getragen, wird den Lehrenden selbst – erstaunlicherweise – eine vergleichbar differenzierte Aufmerksamkeit (bislang) nicht zuteil; weder in der wissenschaftlichen Forschung noch in der Individualförderung an Hochschulen.

2. These: Interdisziplinäre forschungsnahe Lehre als Identitätsfrage

Bei der interdisziplinären forschungsnahen Lehre sehen sich Lehr- und Forscherpersönlichkeiten mit der Notwendigkeit konfrontiert, ihr bisheriges Rollenkonzept an den veränderten Lehr- bzw. Forschungskontext anzupassen, gar neue Antworten auf die beiden identitären Gretchenfragen zu finden: „Wer bin ich als forschungsnahe Lehr- und interdisziplinäre Forscherpersönlichkeit?" Und: „Welcher Anteil fällt in meiner Wissenschaftspersönlichkeit stärker ins Gewicht, der Lehr- oder der Forscherpersönlichkeitsanteil?"

Mithin: *Interdisziplinäre forschungsnahe Lehre macht (auch) was mit den Lehrenden und bedarf der Möglichkeit einer professionell begleiteten Lehrpersönlichkeits-Weiterentwicklung*, so die These des vorliegenden Beitrags.

Vorgestellt werden Reflexionsfragen, deren Beantwortung – gleichsam eines maßgeschneiderten Starter Kits – für die Weiterentwicklung individueller Lehrpersönlichkeiten fungiert. Zugrunde liegt hierbei die Auffassung, wonach es unterschiedliche gleichwertige Ausprägungen von Lehrpersönlichkeiten gibt, und somit auch verschiedene authentische Lehrstile zur Gestaltung von interdisziplinären forschungsnahen Lernprozessen. Letztere umfassen gleichermaßen das „forschungsbasierte", „forschungsorientierte" und „forschende Lernen" (Huber 2014).

3. Lehrpersönlichkeits-Coaching als Selbsterforschungsreise

Beim Lehrpersönlichkeits-Coaching verbinde ich Erkenntnisse aus der Rollentheorie, der Persönlichkeits- und Führungspsychologie zu einem ganzheitlich ausgerichteten Zugang, der sich an den Kriterien, Prinzipien und Qualitätsstandards von Coaching orientiert, wie sie der Deutsche Bundesverband Coaching (DBVC 2012) definiert hat. Da ich Lehren als situatives Führen betrachte, beinhaltet die Stärkung von Lehrkompetenzen auch Führungskompetenzen. Im Kern geht es beim Lehrpersönlichkeits-Coaching darum, sich seiner selbst wie auch des eigenen Ressourcenreichtums gewahr zu werden, und diesen im Einklang mit der eigenen Wertehierarchie für die Entfaltung eines subjektiv stimmigen Lehr-, Betreuungs- und Führungsstils nutzbar zu machen. Je nach Anliegen des Klienten bzw. der Klientin steht die Klärung von lehr-, lehrpersönlichkeits- oder führungspersönlichkeitsbezogenen Fragen im Mittelpunkt. Exemplarische Anliegen sind:

- Wie kann ich Studierende trotz frustrierender Erfahrungen, wie etwa Schwierigkeiten bei der Datenerhebung, (wieder) zur Forschung motivieren?
- Möchte ich forschend Lehren und ergebnisoffen mit den Studierenden zusammenarbeiten? Oder lieber mit einem weniger unwägbaren forschungsbasierten Lehrformat beginnen? Was passt (im Moment) besser zu mir als forschende Lehr- bzw. lernende Forscherpersönlichkeit?
- Was macht der kleinere Wissensvorsprung, den ich bei der interdisziplinären Lehre in meiner „schwächeren zweiten" Disziplin ggf. gegenüber den Hauptfach-Studierenden habe, mit mir? Fühle ich mich noch ausreichend kompetent, um in meinem Sinne ein „guter" Dozent zu sein? Kann ich ggf. verstärkt auf andere Quellen der Kompetenz zurückgreifen, z.B. Methodenkompetenz oder Projektführungskompetenz?

Wie insbesondere die letzten beiden Anliegen widerspiegeln, sehen sich Lehrpersönlichkeiten insbesondere bei der interdisziplinären forschungsnahen Lehre damit konfrontiert, ihr bisheriges Rollenverständnis auf die Passung an den neuen Lehr- bzw. Führungskontext hin zu überprüfen.

4. Interdisziplinäres forschungsnahes Lehren ist situatives Führen

Nach rollentheoretischer Lesart beeinflusst das Rollenkonzept einer Lehr- bzw. Führungspersönlichkeit ihr Rollenhandeln im interdisziplinären forschungsnahen Lehrkontext. Letzterer verlangt der Lehrpersönlichkeit – je nach Situation – unterschiedliche Arten von Führung in den Dimensionen „motivationale Orientierung" (Dörr et al. 2016), „Entscheidungen" (Storch 2011), „Kommunikation" (Schulz von Thun 2005; Sonntag et al. 2016) und „Konflikte" (Wawrzinek 2013; Eilles-Matthiesen 2017) ab. Autoritative

Führung, bei der die Lehrpersönlichkeit nichtverhandelbare, wenn auch klar kommunizierte Setzungen vornimmt (z.B. Methode der Datenerhebung, Teilnahmebedingungen); kollegiale Führung bei gemeinsam entschiedenen Fragen im Laufe des Forschungsprozesses (z.B. Forschungsfrage oder Bearbeitungszeit für Teilaufgaben); charismatische Führung als visionäres Rollenvorbild (z.B. bei der Begeisterung für ein Forschungsgebiet oder der Motivation bei Frustrationserlebnissen). In Anbetracht der facettenreichen Lehr-

Rollenhandeln in der interdisziplinären forschungsnahen Lehre

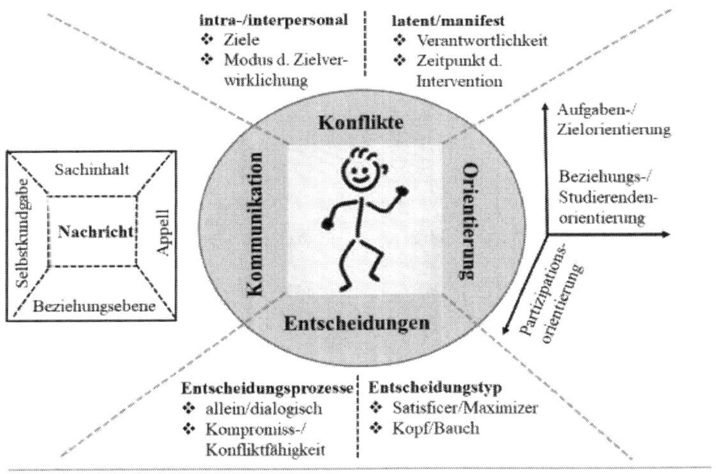

Quelle: Eigene Zusammenstellung

bzw. Führungsanforderungen im interdisziplinären forschungsnahen Lehrkontext stellt sich für Dozierende die Frage, inwiefern ihr bestehendes Rollenkonzept einer Transformation bedarf.

Grundsätzlich setzt sich das Rollenkonzept einer Lehrpersönlichkeit aus einem individuell geprägten Mischungsverhältnis von unterschiedlichen Rollensegmenten zusammen, wie etwa „Wissensvermittler“, „Dienstleister“, „Prüfer“, „Motivator“, „Forschender“ oder „Forschungskoordinator“, mit den jeweilige persönlichkeitsspezifischen Wahrnehmungs-, Denk- und Gefühlsmustern. Eben dieses individuelle Mischungsverhältnis steht nun mit Blick auf die interdisziplinäre forschungsnahe Lehre auf dem Prüfstand. Zwei häufige Schlüsselfragen hierbei sind:

- Bedarf es einer veränderten Gewichtung der bestehenden Rollensegmente, indem beispielsweise das Rollensegment des „Forschenden“ oder „Forschungskoordinators“ stärker gewichtet wird als jenes des „Wissensvermittlers“?
- Bedarf es der Entwicklung eines neuen Rollensegments, wie z.B. jenes des „Lernenden Lehrenden“?

5. Plädoyer: Individualcoaching für TrägerInnen von Lehrinnovationen

Nach rollentheoretischer Lesart erhöhen konfligierende Rollensegmente die Wahrscheinlichkeit von Konflikten in Lehr-/Lernprozessen, wohingegen harmonisierende Rollensegmente das Gelingen von Lehr-/Lernprozessen begünstigen. Umso gebotener ist es, dass Lehrpersönlichkeiten sich ihres Rollenverständnisses gewahr sind, und dieses ggf. an die spezifischen Herausforderungen interdisziplinärer forschungsnaher Lehre anpassen. Dies betrifft zum einen die Gewichtung der einzelnen Rollensegmente, zum anderen das angestrebte Rollenhandeln in den Dimensionen „motivationale Orientierung“, „Entscheidungen“, „Kommunikation“ und „Konflikte“. Idealerweise eröffnen Hochschulen ihren Lehrpersönlichkeiten – als TrägerInnen von Lehrinnovationen – diese Möglichkeit in Form eines Individualcoachings.

Literatur

Deutscher Bundesverband Coaching (2012). *Leitlinien und Empfehlungen für die Entwicklung von Coaching als Profession. Kompendium mit den Professionsstandards des DBVC.* Osnabrück: DBVC, 4., erweiterte Auflage.

Dörr, S., Hund, A. & Inderst, F. (2016). Motiv-Profil-Analyse: Ein wirksames Instrument für die Diagnose und Entwicklung von Führungskompetenzen im Wissenschaftskontext am Beispiel des Leadership Excellence Programms für Nachwuchsgruppenleiter/innen am Karlsruher Institut für Technologie (KIT). *Personal- und Organisationsentwicklung in Einrichtungen der Lehre und Forschung, 2,* 47-54.

Eilles-Matthiesen, C. (2017). Der Konfliktnavigator. Das Modell der vier Lösungsfelder im Konflikt-Coaching. *Coaching Magazin, 3,* 22-26.

Huber, L. (2014). Forschungsbasiertes, Forschungsorientiertes, Forschendes Lernen: Alles dasselbe? Ein Plädoyer für eine Verständigung über Begriffe und Unterschiede im Feld des forschungsnahen Lehrens und Lernens. *HSW, 1+2*, 22-29.

Schulz von Thun, F. (2005). *Miteinander reden 1. Störungen und Klärungen. Allgemeine Psychologie der Kommunikation.* Hamburg: Rowohlt, 41. Auflage.

Sonntag, M., Rueß, J., Ebert, C., Friederici, K. & Deicke, W. (2016). *Forschendes Lernen im Seminar. Ein Leitfaden für Lehrende.* Berlin: Bestbefore/BolognaLab.

Storch, M. (2011). *Das Geheimnis kluger Entscheidungen: Von Bauchgefühl und Körpersignalen.* München: Piper.

Wawrzinek, U. (2013). *Vom Umgang mit sturen Eseln und beleidigten Leberwürsten. Wie Sie Konflikte kreativ lösen.* Stuttgart: Klett-Cotta.

Katrin GLAWE, Paderborn

Forschen und Reflektieren im Praxissemester – Chancen und Grenzen für die Professionalisierung aus Sicht von Grundschullehramtsstudierenden

Forschen und Reflektieren gelten als Schlüsselkompetenzen in der aktuellen Lehrerausbildung (Wissenschaftsrat 2017) und obliegen demnach einem hohen Professionalisierungsanspruch, der sich seit der Einführung des Praxissemesters in NRW vor allem in dieser Praxisphase „entlädt".

Studierende des Lehramtes sollen hier die Rollen des Lerners, Lehrers und Forschers einnehmen und den Anforderungen aus Wissenschaft und Praxis gerecht werden. Das Erwartungsszenario an das Praxissemester und die dort zu werbenden Kompetenzen sind als sehr aufgeladen zu bezeichnen und verdeutlichen den professionalisierungsrelevanten Anspruchsdiskurs für alle beteiligten Akteure. Um diesem gerecht zu werden, entwickelten sich in den letzten Jahren unterschiedliche Konzepte des Forschenden Lernens (Koch-Priewe & Thiele 2009). An der Universität Paderborn wird im Grundschullehramt eine Konzeption verfolgt, die im Wesentlichen zwei Varianten hervorbringt: Zu einen sollen die Studierenden den Prozess des Forschens als eigenaktiven, selbstständigen Prozess erleben und zum anderen sollen die hier erlebten Erfahrungen zu einer forschend-reflexiven Haltung führen, die professionstheoretisch begründet ist und auf Erfahrungslernen aufbaut. Dieser offene, distanzierende und fragende Habitus entwickelt sich insbesondere durch den Prozess der Reflexion (Fichten 2017). Forschendes Lernen vollzieht sich im Sinne einer Überprüfung des eigenen pädagogischen Handelns, die Distanzierung vom Gegenstand sowie die Einnahme anderer Perspektiven (Korthagen 1999). Die Schlüsselkompetenzen des Forschens und Reflektierens sind demnach eng miteinander verwoben und bedingen sich idealerweise gegenseitig. Das Paradigma des ‚reflecitve practitioner' impliziert zwei wesentlichen Reflexionsgegenstände: Das Reflektieren zur Optimierung der Praxis und das Reflektieren des eigenen Handelns (Schön 1983). Aus diesen theoretischen Vorüberlegungen leitet sich die spezialisierte These dieses dargestellten Dissertationsvorhabens ab, dass insbesondere das Forschen mit und das Forschen über Kinder für Studierende des Grundschullehramtes besondere Chancen für den dargestellten Professionalisierungsdiskurs bietet. Es wird davon ausgegangen, dass Studierende als „Kinderforscher" durch den Perspektivwechsel und die Nähe zur späteren beruflichen Praxis in der Grundschule dem Forschen einen erhöhten Sinn zuschreiben und die Relevanz des Aufbaus einer forschenden, reflexiven Haltung erkennen. Deshalb wurde im Arbeitsbereich Grundschulpädagogik der Universität

Paderborn das Zentrum für KinderBildungsForschung, kurz KiBi-Z genannt, gegründet, um Studierende bei der Umsetzung dieser Ansprüche zu unterstützen (Büker & Meier 2017). Diese Lern- bzw. Forschungswerkstatt ist insbesondere auf Kinder-, Unterrichts- und Professionsforschung spezialisiert und wird unter anderem von den Praxissemesterstudierenden gerne besucht, da diese zumeist keine forschungsevidenten Vorkenntnisse haben, da eine Vorbereitung auf das Forschen in dieser Praxisphase in den Vorsemestern nicht obligatorisch ist. Aus diesem speziellen Setting wurden, in dem hier dargestellten Dissertationsvorhaben, Studierende nach dem Praxissemester mittels Leitfadeninterviews befragt. Dabei wurden sowohl Studierende, die mit Kindern geforscht haben, als auch solche, die Erwachsene in ihrer Stichprobe gewählt haben, berücksichtigt, um zu einem späteren Zeitpunkt eine Fallkontrastierung zu generieren. Folgende Forschungsfragen waren dabei von zentralem Interesse: *Worüber reflektieren Grundschullehramtsstudierende im Rückblick auf ihr eigenes Forschungsprojekt? Welche Relevanz hat das Forschende Lernen im Praxissemester aus Sicht ehemaliger Praxissemesterstudierenden auf die Entwicklung einer forschend-reflexiven Haltung? Welchen Einfluss nimmt dabei insbesondere die Forschung mit Kindern ein?* Um diesen Fragen gerecht werden zu können, wurden ausschließlich Studierende in die Stichprobe miteinbezogen, die das Begleitforschungsseminar in den Bildungswissenschaften mit Grundschulspezifik absolviert haben. Da die Konzeptionen und Anforderungen der praxissemsterbegleitenden Seminare sehr unterschiedlich sind, sollte durch die Auswahl insbesondere das wissenschaftliche Forschen als eigenaktiver Prozess zentrales Kriterium sein. In diesem begleitenden Seminar lernen die Studierenden das Forschen anhand eines sogenannten „11-Punkte-Plans“, der alle Forschungsphasen in Gänze umfasst. Um das o.g. Forschungsinteresse zu ergründen, wurde in den Interviewsettings mit den Studierenden eine „Zeitreise“ begangen, in der sie retroperspektivisch auf das Praxissemester zurückblicken sollten, gegenwartsperspektivisch das aktuelle Studium betrachten sollten und zukunftsperspektivische Gedanken über ihr späteres Berufsfeld äußern sollten. Diese episodischen Erzählmomente wurden durch Leitfadeninterviews gestützt. Erste Ergebnisse, die mittels der Inhaltsanalyse generiert wurden, werden im Folgenden dargestellt. Bei der Wahl von reflektionswürdigen Gegenständen in Bezug auf den Forschungsprozess äußerten sich die Studierenden insbesondere zu der Methodik und zu ihren Ergebnissen. Auffallend bei der Reflektion über das Forschungsinstrumentarium war, das insbesondere die „Kinderforscher“ im Nachhinein bedauert haben, dass sie ein quantitatives Verfahren angewandt haben und durch die Rahmung des Forschungsprojektes keine Möglichkeit hatten, die erlangten Daten durch weitere qualitative Verfahren zu vertiefen, um insbesondere die Äußerungen der Kinder zu verstehen.

Bei der Betrachtung der Ergebnisse kristallisierte sich eine Abwertung der eigenen Ergebnisse heraus, da die Stichprobenzahl als nicht repräsentativ, die Relevanz für die Wissenschaft als nicht existent und vor allem das Interesse seitens der Schulen als unzureichend eingestuft wurde. Dennoch äußerten sich die Studierenden im Hinblick auf die eigene Erfahrung mit der Datenauswertung und Ergebnisdarstellung sehr positiv, da diese für sie persönlich als gewinnbringend bezeichnet wurden sowie für den Lernzuwachs und als Bestätigung der erworbenen Forschungskompetenz sozusagen als „Endprodukt" stünden.

Im Hinblick auf die visionäre Beurteilung von Forschungskompetenz für das spätere Berufsfeld, lassen sich Aussagen extrahieren, denen eine hohe Relevanz als auch solche, denen eine niedrige Relevanz von Forschung für das pädagogische Handeln in der Praxis zuzuschreiben sind. Äußerungen, die eine hohe Relevanzzuschreibung zulassen, beinhalten Aspekte des Wahrnehmens forschungswürdiger Phänomene im Kontext von Schule, des Reflektierens von eigenem pädagogischen Handelns sowie des Einnehmens verschiedener Perspektiven, um Grundschule in seiner Komplexität verstehen und verbessern zu können. Studierende, die dem Forschen eine niedrige Relevanz für das spätere berufliche Handlungsfeld zusprechen, behaupteten, dass das Forschen zu einem kleinen Teil des Studiums gehöre und lediglich zur Benotung der Praxisphase seitens der Universität diene. Forschen habe bereits im weiteren Verlauf des Studiums keine Bedeutung mehr, sei in der Praxis überhaupt nicht einsetzbar und würde lediglich der Sicherung des wissenschaftlichen Nachwuchses dienen, waren exemplarische Äußerungen zu dieser Kategorie.

Betrachtet man demgegenüber die Relevanz von Forschung mit Kindern, so ergeben sich durchaus interessante Äußerungen. Dadurch habe man gelernt, wie wichtig es sei, Kinder zu verstehen und deren Perspektive einnehmen zu können. Die Forschung mit Kindern wirke sich ebenso positiv auf die Partizipation von Schülerinnen und Schülern aus, da man Kinder in das Unterrichtsgeschehen besser miteinbeziehen könne, wenn man um ihre Meinung weiß und kindliche Bedürfnisse berücksichtige. Großes Potential lässt sich in der Forschungstätigkeit mit Kindern in Bezug auf das Interesse und die Sinnhaftigkeit von Forschen in der Praxis vermuten. Denn insbesondere die „Kinderforscher" äußerten sich sehr positiv bezüglich der Forschungsfreude, des gegenseitigen Gewinns von Forschungsdaten für das eigene Handeln sowie für das Wohl der Kinder als auch in Bezug auf die Relevanz des Aufbaus einer fragenden reflektierenden Haltung. Das Interesse an Forschungsprojekten, in denen die Schülerinnen und Schüler beforscht werden, geht demzufolge mit einer erhöhten Relevanz- und Sinnzuschreibung des Aufbaus eines Habitus einher, der Forschen zur Optimierung von Praxis und dabei der Verbesserung und Reflektion des eigenen pädagogischen Handelns als notwendig erscheinen lässt.

Zusammenfassend lässt sich feststellen, dass die Transparenz von Sinn und Relevanz des Forschens im Studium nicht obligatorisch von Studierenden erkannt wird, wenngleich die Ansprüche der Lehrerausbildung hier langfristige Wirkungen im Bereich des Aufbaus von eingangs erläuterten Schlüsselkompetenzen erzielen sollen. Gewinnversprechend erscheint der Zugang über Forschungsprojekte, die es den Studierenden ermöglichen, praxisnahe Phänomene in Betracht zu ziehen und dabei insbesondere die Perspektive von Kindern zu berücksichtigen, da vor allem Grundschullehramtsstudierende hier zu erhöhten Relevanzzuschreibungen im Hinblick auf den Aufbau einer forschend-reflexiven Haltung zugunsten der Optimierung ihres späteren beruflichen Handelns gelangen.

Literatur

Büker, P. /Meier, S. (2017). Forschende Annäherungen an die kindliche Perspektive: Das Paderborner Zentrum für Kinderbildungsforschung als spezialisierte Hochschullernwerkstatt für Lehramtsstudierende. In Kekeritz, M. et al. (Hrsg.), *Lernwerkstattarbeit als Prinzip - Möglichkeiten für Lehre und Forschung. Tagungsbandzur 8. internationalen Fachtagung der Hochschullernwerkstätten* (S. 46-58). Bad Heilbrunn: Klinkhardt.

Fichten, W. (2017). Forschendes Lernen in der Lehramtsausbildung. In Mieg H. A. & Lehmann J. (Hrsg.), *Forschendes Lernen. Wie die Lehre in Universität und Fachhochschule erneuert werden kann* (S.155-164). Frankfurt am Main: Campus.

Huber, L. (2014). *Forschungsbasiertes, Forschungsorientiertes, Forschendes Lernen: Alles dasselbe?* (S. 22-29). Hochschulforschung, 1+2.

Koch-Priewe, B./Thiele, J. (2009). Versuch einer Systematisierung der hochschuldidaktischen Konzepte zum Forschenden Lernen. In Wildt, J. et al. (Hrsg.), *Forschendes Lernen im Lehramtsstudium* (S. 271-292). Bad Heilbrunn: Klinkhardt.

Korthagen, F. (1999). *Linking Reflection and Technical Competence: the logbook as an instrument in teacher education.* In: European Journal of Teacher Education, Vol. 22, No. 2/3, (S. 191-207).

Schön, D. A. (1983). *The Reflective Practitioner. How Professionals Think in Action.* New York: Basic Books.

Wissenschaftsrat (2017). *Strategien für die Hochschullehre. Positionspapier.* Berlin. URL: https://www.wissenschaftsrat.de/download/archiv/6190-17.pdf

Jana GROß OPHOFF, Freiburg

Der Effekt forschungsorientierter Lehrangebote an der Pädagogischen Hochschule Freiburg

1. Einleitung

Angesichts der sich durch wissenschaftlichen Fortschritt ständig wandelnden Wissens- und Informationsgesellschaft sind forschungsbezogene Kompetenzen nicht nur für gesellschaftliche Teilhabe zentral , sondern grundlegend für Bildungsprozesse, insbesondere mit Blick auf eine kontinuierliche Professionalisierung pädagogischer Berufe. Dies lässt sich nach Fichten und Meyer (2014) dreierlei begründen: Aus bildungstheoretischer Sicht kann eine forschende Haltung eine aktive Auseinandersetzung mit wissenschaftlichen Inhalten begünstigen, während aus lerntheoretischer Sicht forschendes Lernen die Fähigkeit zum selbständigen bzw. selbstreflexiven Lernen unterstützt. Aus professionstheoretischer Sicht ermöglicht ein forschender Blick sowohl im Studium als auch im Beruf eine theoriegeleitete und kritisch-reflexive Auseinandersetzung mit Praxisproblemen.

Auch wenn der Anspruch, Forschungskompetenz in der Ausbildung akademischer Berufe zu vermitteln, letztlich nicht neu ist (BAK, 1970), hat er mittlerweile Einzug in Standards und Definitionen von Zielkompetenzen für bildungswissenschaftliche Studiengänge gefunden (BAG-BEK, 2009; Kultusministerkonferenz, 2004). Damit verbunden ist das Ziel forschungsorientierter Lehre, Studierende bei der Entwicklung einer forschend-reflexiven Haltung zu unterstützen. Dies wiederum ermöglicht, wissenschaftlich fundierte Informationen zielgerichtet erschließen, durchdringen, kritisch reflektieren und auf konkrete Problemstellungen im Bildungsbereich anwenden zu können (Groß Ophoff, Schladitz, Lohrmann & Wirtz, 2014). Zur Erfassung entsprechender Kompetenzen in bildungswissenschaftlichen Studiengängen wurde in dem durch das BMBF geförderte Projekt *Learning the Science of Education* (LeScEd; FKZ: 01PK11009A) ein Testinstrument theoriegeleitet entwickelt und basierend auf einer Stichprobe von mehr 1300 Studierenden an sechs deutschen Hochschulen normiert (Groß Ophoff et al., 2014; Groß Ophoff, Wolf, Schladitz & Wirtz, 2017). Darauf basierend können mit dem Ziel der Lehrevaluation für bildungswissenschaftliche Forschungskompetenz die drei Kompetenzfacetten Informationskompetenz, Statistische Kompetenz und evidenzbasiertes Schlussfolgern unterschieden werden. Die in diesem Beitrag vorgestellten Ergebnisse gehen zurück auf zwei Studien an der Pädagogischen Hochschule Freiburg (PHF), in denen das beschriebene Testinstrument zur Lehrevaluation eingesetzt wurde.

N. Neuber, W. Paravicini, M. Stein (Hrsg.): Forschendes Lernen – The wider view.
Tagungsband. Münster: WTM-Verlag 2018.

Die Pädagogischen Hochschulen sind vor ungefähr 50 Jahren aus den Pädagogischen Akademien und Lehrerbildungsanstalten hervorgegangen (Meissner, Vogel & Horn, 2012). Während in den meisten deutschen Bundesländern die Pädagogischen Hochschulen zu wissenschaftlichen Hochschulen aufgewertet bzw. in existierende Universitäten integriert wurden, wurden sie in Baden-Württemberg als unabhängige, auf bildungswissenschaftliche und fachdidaktische Lehre und Forschung spezialisierte Hochschulen erhalten. Ihr Studienangebot wurde über die Jahre zunehmend erweitert in Hinsicht auf Bildung während der gesamten Lebensspanne (z.B. Studiengang Kindheitspädagogik, Decker-Ernst, Stahl & Wittmann, 2016), auf spezialisierte Themen (z.B. Studiengang Gesundheitsbildung), aber auch um Weiterbildungsangebote und die Möglichkeit eines berufsbegleitenden Studiums wie z.B. im Masterstudiengang *Unterrichts- und Schulentwicklung* (Rollett, Blumschein & Jurjevic, 2016).

2. Seminar „Einführung in das wissenschaftliche Arbeiten“ im Bachelor-Studiengang Frühe Bildung/Kindheitspädagogik

Das Seminar wurde im Wintersemester 2013/14 angeboten mit dem Ziel, den 82 teilnehmenden Studierenden in ihrem ersten Semester grundlegende wissenschaftliche Arbeitstechniken (z.B. Lesestrategien) zu vermitteln und in (qualitative und quantitative) Forschungsmethoden einzuführen. Der erste Teil des Seminars fand als zweitägige Blockveranstaltung zwei Wochen vor Semesterbeginn statt und konzentrierte sich auf die Einführung in das Studienprogramm und die PHF. Der zweite Teil fand im 14-tägigen Abstand während des Semesters in Form von mehreren anderthalbstündigen Sitzung statt, in denen die Studierenden eine schriftliche Semesterarbeit entwickelten und gestützt auf Peer-Feedback überarbeiteten.

Zu Beginn des Seminars sowie in der letzten Sitzung wurde der LeScEd-Test eingesetzt und die Ergebnisse den Studierenden zurückgemeldet: Es konnte in allen drei Kompetenzfacetten ein signifikanter Zuwachs von kleiner bis mittlerer Effektstärke aufgezeigt werden, wobei v.a. Studierende von dem Seminarangebot profitiert zu haben scheinen, die von Anfang an daran teilgenommen hatten (ausführlich siehe Groß Ophoff, Schladitz, Leuders, Leuders & Wirtz, 2015).

3. Masterstudiengang Unterrichts- und Schulentwicklung

Dieser viersemestrige Studiengang wurde 2014 eingeführt, woran insgesamt 16 Lehrkräfte teilgenommen haben. Hochschuldidaktisch wurde ein Blended-Learning-Konzept verfolgt mit dem Ziel, den Studierenden Fähigkeiten zu unterstützen, Studien hinsichtlich ihrer methodischen Qualität und Aussagekraft einordnen und kritisch beurteilen zu können sowie neue Fragestellungen zur Unterrichts- und Schulentwicklung abzuleiten, in Forschungsdesigns zu überführen und eigenständig Forschungsprojekte durchzuführen: Während der Selbstlernphasen wurden Lerninhalte über eine Online-Lernplattform bereitgestellt und die Studierenden durch Lerncoaches an der PHF begleitet. Die Präsenzphasen umfassten vier Wochenenden im Semester, in denen flankiert durch Beiträge von ausgewiesenen Wissenschaftler/innen Arbeitsstände und -ergebnisse präsentiert, diskutiert und vertieft erarbeitet wurden. Die Studierenden hatten dabei kontinuierlich Gelegenheit, sich mit wissenschaftlicher Evidenz zu befassen, die im Hinblick auf ihre Qualität und Bedeutung für die pädagogische Praxis interpretiert und diskutiert wurden, u.a. im Rahmen schriftlich zu verfassender Portfolios, Projekt- und Hausarbeiten und ihrer empirischen Masterarbeit.

Der LeSeEd-Test wurde zu Beginn des ersten Semesters (2014) und zum Ende des vierten Semesters (2016) eingesetzt. Dabei zeigten die Lehrkräfte zu Studienbeginn deutlich schwächere Leistungen als z.B. Lehramtsstudierende im zweiten oder dritten Semester – und das trotz der naheliegenden Vermutung, dass es sich um eine äußerst engagierte und interessierte Gruppe handelte. Im Verlauf von vier Semestern haben sich die Lehrkräfte v.a. in Informationskompetenz und evidenzbasiertem Schlussfolgern signifikant verbessert (ausführlich siehe Kittel, Rollett & Groß Ophoff, in Druck) und befanden sich am Ende ihres Studiums im mittleren Leistungsbereich.

4. Ausblick

In diesem Beitrag wurden zwei Konzepte forschungsorientierter Lehre an der PHF vorgestellt, die nachweislich zu einem Kompetenzzuwachs auf Seiten der Studierenden geführt haben. Um Kompetenzen wie z.B. zu vermitteln, erscheint es daher geboten, gezielt forschungsorientierter Lehrangebote auch in Studiengängen zu implementieren, die für pädagogische Berufe in der Praxis qualifizieren.

Daher wurde an der PHF im Zuge der Umstellung der allgemeinbildenden Lehramtsstudiengänge auf eine Bachelor/Master-Struktur im Wintersemester 2015/16 eine interdisziplinäre Arbeitsgruppe gegründet (M. Degenhardt, B. Fritzsche, J. Groß Ophoff, J. Leuders, T. Leuders, T. Weidenfelder), die sich im Rahmen der Weiterentwicklungsmaßnahme *Förderung der Forschungsorientierung im Lehramt* (gefördert durch das MWK im Programm Lehrerbildung in Baden-Württemberg) hochschulübergreifend und fachübergreifend für eine Konzeption zur Stärkung der Forschungsorientierung im Lehramtsstudium einsetzt – was ganz im Sinne forschenden Lernens (Huber, 2006) weiterhin begleitend erforscht werden sollte.

Literatur

Bundesarbeitsgemeinschaft Bildung und Erziehung in der Kindheit e.V. (BAG-BEK). (2009). *Qualifikationsrahmen für BA-Studiengänge der „Kindheitspädagogik"/ „Bildung und Erziehung in der Kindheit"*. Zugriff am 13.09.2014 unter http://www.ku.de/fileadmin/18/Praxis/BAG-BEK-BA-QR-final030110.pdf.

Bundesassistentenkonferenz. (1970). *Forschendes Lernen – wissenschaftliches Prüfen* (Neuaufl. nach der 2. Aufl., Motivierendes Lehren und Lernen in Hochschulen: Praxisanregungen). Bielefeld: UVW Universitäts Verlag Webler.

Decker-Ernst, Y., Stahl, E. & Wittmann, G. (2016). Einblicke in den BA Kindheitspädagogik. Vor und nach der Reakkreditierung. *PH-FR*, 14-15.

Fichten, W. & Meyer, H. (2014). Skizze einer Theorie forschenden Lernens in der Lehrer_innenbildung. In E. Feyerer, A. Hirschenhauser & K. Soukup-Altrichter (Hrsg.), *Last oder Lust? Forschung und Lehrer_innenbildung* (S. 11–42). Münster: Waxmann.

Groß Ophoff, J., Schladitz, S., Leuders, J., Leuders, T. & Wirtz, M. (2015). Assessing the development of educational research literacy: the effect of courses on research methods in studies of educational science. *Peabody Journal of Education, 90* (4), 560-573.

Groß Ophoff, J., Schladitz, S., Lohrmann, K. & Wirtz, M. (2014). Evidenzorientierung in bildungswissenschaftlichen Studiengängen: Entwicklung eines Strukturmodells zur Forschungskompetenz. In W. Bos, K. Drossel & R. Strietholt (Hrsg.), *Empirische Bildungsforschung und evidenzbasierte Reformen im Bildungswesen* (S. 251-276). Münster: Waxmann.

Groß Ophoff, J., Wolf, R., Schladitz, S. & Wirtz, M. (2017). Assessment of Educational Research Literacy in higher education. Construct validation of the factorial structure of an assessment instrument comparing different treatments of omitted responses. *Journal for Educational Research Online, 9* (2), 35-66.

Huber, L. (2006). Forschendes Lernen in Deutschen Hochschulen: Zum Stand der Diskussion. In A. Obolenski & H. Meyer (Hrsg.), *Forschendes Lernen. Theorie und Praxis einer professionellen LehrerInnenausbildung* (S. 15–36). Oldenburg: Didaktisches Zentrum.

Kittel, D., Rollett, W. & Groß Ophoff, J. (in Druck). Profitieren berufstätige Lehrkräfte durch ein berufsbegleitendes weiterbildendes Studium in ihren Forschungskompetenzen? *Bildung & Erziehung*.

Kultusministerkonferenz. (2004). *Standards für die Lehrerbildung: Bildungswissenschaften. Beschluss der Kultusministerkonferenz vom 16.12.2004.* Zugriff am, 15.09.2010 unter http://www.kmk.org/fileadmin/veroeffentlichungen_beschluesse/2004/2004_12_16-Standards-Lehrerbildung.pdf

Meissner, D., Vogel, E. & Horn, K.-P. (2012). Lehrerausbildung in Baden-Württemberg seit 1945. Angleichungs- und Abgrenzungsprozesse. In C. Cramer (Hrsg.), *Lehrerausbildung in Baden-Württemberg. Historische Entwicklungslinien und aktuelle Herausforderungen.* (S. 33-62). Jena: IKS Garamond.

Rollett, W., Blumschein, P. & Jurjevic, D. (2016). MA Unterrichts- und Schulentwicklung (MUSE). Wie hat sich der berufsbegleitende Masterstudiengang bisher entwickelt? *PH-FR*, 10-11.

Stefan HAHN, Bielefeld; Sebastian Udo KUHNEN, Bielefeld

Welches Arbeitsbündnis zwischen Lehrenden und Lernenden brauchen selbstständige Lernprozesse im Medium der Wissenschaft?

Dieser Beitrag nimmt die pädagogischen Arbeitsbündnisse zwischen Lehrende und Lernende in individualisierten Prozessen des forschenden Lernens in den Blick und fragt nach dem Einfluss verschiedener Aspekte dieses Bündnisses auf die Qualität der individualisierten Lernprozesse.

1. Lernen „im Medium der Wissenschaft" am Oberstufen-Kolleg

Mit der Formel „im Medium der Wissenschaft" soll hier angedeutet werden, dass das Betreiben von Wissenschaft und das Forschen als methodisch kontrollierte Form der – auch – subjektiven Erkenntnisgewinnung nicht erst an der Hochschule beginnt, sondern bereits vorher angebahnt und eingeübt werden sollte. Forschende Tätigkeiten sind in ihrer Komplexität steigerungsfähig und eine Hinführung zum selbstständigen wissenschaftlichen Wissens- und Kompetenzerwerb kann deshalb bereits in der Oberstufe einsetzen. Die Autoren vertreten damit einen Begriff des forschenden Lernens, der auch das Forschen Lernen impliziert.

Das Oberstufen-Kolleg verfügt als Versuchsschule des Landes Nordrhein-Westfalens über eine eigene Ausbildungs- und Prüfungsordnung, die vielfältige Formen der Leistungserbringung ermöglicht, darunter mündliche, praktische und schriftliche Leistungsnachweise. Neben wenigen Klausuren haben Leistungsnachweise häufig das Format wissenschaftlicher Arbeiten, die neben der sonstigen Mitarbeit im Unterricht über das Kursbestehen entscheiden. Da die Leistungserbringung am Oberstufen-Kolleg zwar kursgebunden, jedoch hochgradig individualisiert ist, müssen es auch die pädagogischen Arbeitsbündnisse sein.

2. Pädagogische Arbeitsbündnisse

Ein Arbeitsbündnis beschreibt formal einen sozialen Vertrag über eine Zusammenarbeit. In Schule und Unterricht gehen Lehrenden und Lernende, ggf. unter Einbezug deren Eltern und Peers Arbeitsbündnisse ein, um u.a. bestehende Rechte und Pflichten, Leistungserwartungen, Prozesse des Lernens zu regeln. Pädagogische Arbeitsbündnisse entstehen in der Schule unter Zwang, enthalten viele von Seiten der Institution festgelegte Regelungen, fußen aber auf freiwilligen Commitments aller ‚Vertragspartner/innen'. Die Arbeitsbündnisse haben die Funktion stellvertretend jene Krisen zu bewältigen, die die Lernenden noch nicht alleine bewältigen können. Das bedeutet,

N. Neuber, W. Paravicini, M. Stein (Hrsg.): Forschendes Lernen – The wider view. Tagungsband. Münster: WTM-Verlag 2018.

die einzelnen Schüler/innen werden erst in der pädagogischen Interaktion mit der Lehrperson in die Lage versetzt, in eigener Autonomie die von ihnen abverlangte Rolle so auszufüllen, wie sie erwartungsgemäß ein autonomer Erwachsener einnehmen könnte. Im Kontext des selbstständigen forschenden Lernens ist die abverlangte Rolle einerseits durch Konventionen der wissenschaftlichen Gemeinschaft geprägt, andererseits durch die Kultivierung des eigenen Erkenntnisdrangs. Dies impliziert auf didaktischer Ebene eine Abkehr vom lehrgangsartigen Unterricht hin zu selbstständigen Arbeitsphasen mit Anlässen für Beratung, Rückmeldung, Überarbeitung, Präsentation und Reflexion der Prozesse.

3. Die Sicht der Kollegiat/innen auf selbstständigen Lernprozesse und die Rolle des Arbeitsbündnisses

Auf der Grundlage einer Befragung von zwei Jahrgängen zu Beginn der Hauptphase wird eine retrospektive Bewertung der Eingangsphase in Hinblick auf Bedingungen und Wirkungen selbständiger Lernprozesse vorgenommen. Die Instrumente wurden auf der Grundlage von acht qualitativen Focus-Group-Interviews mit Lehrenden entwickelt (vgl. Hahn et al., in Vorb.). Die Stichprobe umfasst n = 254 Kollegiat/innen. Bewertungen haben diese Befragten auf sechsstufigen Skalen (von ‚trifft gar nicht zu‘ bis ‚trifft voll zu‘) vorgenommen hinsichtlich

- der am Oberstufen-Kolleg erworbenen wissenschaftspropädeutische Kompetenzen (9 Items, α = .88, Beispielitems: „Während der Eingangsphase am Oberstufen-Kolleg habe ich gelernt, eine Analyse oder kleinere Untersuchung selbst zu planen“ oder „… ein Problem oder Thema mit Fachbegriffen zu beschreiben“);
- der Selbstregulationskompetenzen und der Selbsteinschätzung: (1) Metakognitionen bei der Planung individueller Leistungsnachweise (4 Items, α = .67); (2) Grad der Auswertung und Nachbereitung der Arbeit an ind. Leistungsnachweisen (5 Items, α = .87); (3) Fähigkeit zu Selbstregulation während der Arbeit an ind. Leistungsnachweisen (5 Items, α = .83); (4) Fähigkeit zur Einschätzung schulischer Stärken und Schwächen (3 Items, α = .73);
- der Voraussetzungen für ein gelingendes Arbeitsbündnis auf Seite der Lernenden: (1) Umgang mit Lernschwierigkeiten: proaktive Suche nach Unterstützung (4 Items, α = .85) vs. Verschleierung von Schwierigkeiten ggü. Lehrenden (3 Items, α = .81); (2) Offenheit für Beratung und Rückmeldung bei der individuellen Leistungserbringung (5 Items, α = .72); (3) Bedeutung der Beratung in Hinblick auf den Zugriff auf Probleme der individuellen Leistungserbringung (5 Items, α = .76);

- der Voraussetzungen für ein gelingendes Arbeitsbündnis auf Seiten der Lehrenden: (1) Stellenwert des selbstregulierten Lernens in der Eingangsphase (5 Items, α = .74); (2) Bewertung der zeitlichen Strukturen für das selbstständige Lernen in der Eingangsphase (5 Items, α = .80); (3) Bewertung der Unterstützung durch die Lehrenden (5 Items, α = .83).

Mit Hilfe von Regressionsanalysen (vgl. Urban & Mayerl 2011) wurde geprüft, inwieweit die Selbstregulationskompetenzen und Selbsteinschätzung (Modell 1), die Voraussetzungen für ein gelingendes Arbeitsbündnis auf Seiten der Lernenden (Modell 2) und auf Seiten der Lehrenden (Modell 3) jeweils die Varianz der wissenschaftspropädeutischen Kompetenzen erklären können und in welcher Weise diese Aspekte zusammenwirken (Modell 4). Die Ergebnisse der Regressionsanalysen sind Tabelle 1 zu entnehmen.

Modell 1 verdeutlicht, dass die Selbstregulationskompetenzen und die Selbsteinschätzung der Kollegiat/innen etwas über 20 Prozent der Varianz aufklären und allesamt bedeutsame Effekte aufweisen. Wer selbstständige Lernprozesse planen, steuern und nachbereiten kann und die eigenen schulische Stärken und Schwächen kennt, berichtet also eher über erfolgreiche Prozesse des forschenden Lernens.

Modell 2 nimmt die Bedingungen eines gelingenden Arbeitsbündnisses für selbstständige Lernprozesse auf Lernendenseite in den Blick. Die hier berücksichtigten Aspekte klären knapp 13 Prozent der Varianz auf, wobei es insbesondere eine Rolle spielt, dass Beratung und Rückmeldung tatsächlich eine erfolgreiche Bearbeitung von Schwierigkeiten eröffnen und die Lernenden sich eher proaktiv um Unterstützung bemühen.

Modell 3 verdeutlicht die große Bedeutung der Lehrenden in Prozessen des forschenden Lernens, da insbesondere die Unterstützung dieser Prozesse und die Gewährung von geeigneten zeitlichen Strukturen für das selbstständige Arbeiten ein Viertel der Varianz aufklärt.

Nimmt man – wie in Modell 4 geschehen – alle Variablen in eine Regressionsgleichung auf, wird fast ein Drittel der Varianz aufgeklärt. Veränderungen der β-Koeffizienten gegenüber der Modelle 1 bis 3 geben hier Hinweise auf Wechselwirkungen. Die meisten Effekte sind in Modell 4 nicht mehr signifikant. Die Unterstützung selbstständiger Lernprozesse durch die Lehrenden bleibt jedoch statistisch bedeutsam, was dafür spricht, dass im Rahmen dieser Unterstützung eben auch jene Selbstregulationskompetenzen gefördert werden, deren Effekte nun nahezu verschwunden sind. Die Unterstützung von Lehrenden wird also dann positiv bewertet, wenn sie auf die Regulation und Reflexion des Prozesses zielt.

Tabelle 1: Ergebnisse aus Regressionsanalysen

	Modell 1		Modell 2		Modell 3		Modell 4	
	ß	sig.	ß	sig.	ß	sig.	ß	sig.
Metakognitionen bei der Planung ind. Leistungsnachweise	.147	.025					.116	.060
Grad der Auswertung und Nachbereitung der Arbeit an ind. Leistungsnachweisen	.177	.005					.099	.115
Fähigkeit zur Selbstregulation während der Arbeit an individualisierten Leistungsnachweisen	.208	.001					.059	.357
Fähigkeit zur Einschätzung schulischer Stärken und Schwächen	.162	.007					.111	.048
Umgang mit Lernschwierigkeiten (aktive Suche nach Unterstützung vs. Verschleierung ggü. Lehrenden)			.172	.015			.040	.539
Offenheit für Beratung und Rückmeldung während der Arbeit an ind. Leistungsnachweisen			-.009	.906			-.002	.978
Bedeutung von Beratung und Rückmeldung in Hinblick auf den Zugriff auf Probleme			.263	.001			.103	.195
Stellenwert des selbstregulierten Lernens in der Eingangsphase					.104	.089	.111	.061
Bewertung der zeitlichen Strukturen für das selbstständige Lernen					.227	.000	.116	.085
Bewertung der Unterstützung durch die Lehrenden					.323	.000	.226	.001
Korr. R^2	.204		.132		.252		.318	

AV: Einschätzung der wissenschaftspropädeutischen Kompetenzen

5. Diskussion der Ergebnisse

Die Analysen zeigen, dass die Einschätzung wissenschaftspropädeutischer Kompetenzen dann positiv ausfallen, wenn die selbstständigen Prozesse des forschenden Lernens von Lehrenden mit genügend zeitlichen Ressourcen ausgestattet und in einem Rahmen unterstützt werden, in dem Selbstregulation einen hohen Stellenwert einnimmt. Es ist der Sache offenbar dienlich, wenn die Unterstützung auch auf die Förderung metakognitive Lernstrategien und eine gute Selbsteinschätzung zielt. Da insbesondere in Prozessen des selbstständigen forschenden Lernens den Lernenden eine proaktive Rolle im pädagogischen Arbeitsbündnis abverlangt wird, kommt der Beziehung zwischen Lehrenden und Lernenden eine große Bedeutung zu. Diese muss von Vertrauen und einer Orientierung am Lernen geprägt sein, weil sie sich sonst verselbstständigen und tendenziell zu schlechteren Lernergebnissen führen.

Literatur

Hahn, S., Kemper, A., Kuhnen, S.U., Olejnik, A., Sagasser, H., Brondies, J. & Volkwein, K. (in Vorb.). *Selbstständigkeit von Schülerinnen und Schülern in der Eingangsphase des Oberstufen-Kollegs*. Bielefeld: Unv. Manuskript.

Urban, D, & Mayerl, J. (2011). *Regressionsanalyse: Theorie, Technik und Anwendung.* 4. Aufl. Wiesbaden: VS Verlag für Sozialwissenschaften.

Beatrix HAUER, Linz

Forschendes Lernen im Mathematikunterricht – Der Einsatz des AuRELIA-Konzeptes in der Lehrer/-innenbildung

1. Einleitung

In diesem Beitrag wird ein Unterrichtskonzept zum selbstbestimmt-forschenden Lernen, das von Johannes Reitinger (2011) im (hoch)schulischen Kontext entwickelt wurde und unter dem Akronym AuRELIA (Authentic Reflective Exploratory Learning and Interaction Arrangement) vorgestellt wird, näher erläutert. Zusätzlich wird ein kurzer Einblick in Ergebnisse begleitender Untersuchungen in der Lehrer/-innenbildung gegeben.

2. Forschendes Lernen nach dem AuRELIA-Konzept

Das siebenstufige AuRELIA-Konzept für forschendes Lernen orientiert sich an den Prinzipien des selbstbestimmten, vertrauensbasierten, strukturierten und individualisierten Lernens. Es erhebt den Anspruch, sowohl lernprozessbezogene Offenheit als auch forschungsprozessorientierte Strukturiertheit zuzulassen (vgl. Reitinger & Hauer 2012, S. 299). Forschendes Lernen nach dem AuRELIA-Konzept lässt individuelles selbstständiges Fragen, Recherchieren und methodisches Vorgehen zu (vgl. Hauer & Reitinger 2012, S. 50). AuRELIA beginnt grundsätzlich mit dem Vorhandensein eines allgemeinen Entdeckungsinteresses. Ein solches kann, im Unterricht durchaus von selbst entstehen. Es gibt aber auch Möglichkeiten der bewussten Förderung und Provokation. Ein gutes Gespräch, eindrucksvolle Experimente, Rätselhaftes, Unerwartetes oder Widersprüchliches können Erkundungsbedürfnisse wecken, so Reitinger (2012, S. 99). Bewährt hat sich auch der Einsatz von Bildvignetten, Kurzvideos und die Durchführung eines Rundganges im Schulareal, um spannende Fragenstellungen, die mit Hilfe der Mathematik beantwortet werden können, zu evozieren (vgl. Hauer 2016b, S. 108f). Entschließt man sich, ein AuRELIA-Projekt anzusetzen, so ist es wichtig, die Bereitschaft der Schülern/Schülerinnen bzw. der Studierenden zur Projektdurchführung zu eruieren (Methodenkonsens) (vgl. Reitinger 2012, S. 79). Die Bildung eines allgemeinen Entdeckungsinteresses und der Methodenkonsens formen dabei die erste Stufe (Emergenz) der siebenstufigen forschungsprozessualen Struktur (vgl. Hauer & Reitinger 2012, S. 50). Neben den Kriterien für forschendes Lernen (Allgemeines Entdeckungsinteresse, Methodenkonsens, erfahrungsbasiertes Hypothetisieren, Authetisches Explorieren, Kritischer Diskurs, Empfundenes Transferbedürfnis) siehe Reitinger (2013, S. 43 f), orientiert sich das AuRELIA-Konzept zusätzlich an sechs Prinzi-

N. Neuber, W. Paravicini, M. Stein (Hrsg.): Forschendes Lernen – The wider view. Tagungsband. Münster: WTM-Verlag 2018.

pien. Diese Prinzipien sind: Vertrauen, Selbstbestimmung, Veranschaulichung, Sicherheit, Strukturierung und Personalisierung. Wird ein Lernsetting komplexer und zunehmend selbstbestimmter und daher auch weniger exakt vorhersehbar und planbar, so ist die Orientierung an den genannten Prinzipien wichtig, so Reitinger (2013, S. 46).

Stufen	Kriterien
Emergenz	Entstehung eines persönlich bedeutsamen Erkundungsinteresses; Konsensbildung bezüglich des zu durchwandernden Forschungsprozesses
Vermutung	Verbindung der Bedeutungen und Fragen aus der ersten Phase mit vorhandenem Wissen und bestehenden kognitiven Modellen; Formierung von eigenen Hypothesen
Konzeption	Gemeinsame Untersuchungsplanung
Untersuchung	Umsetzung der Konzeption
Entdeckung	Analyse der gewonnenen Daten und Erkenntnisse; Überprüfung der Vermutung
Kritische Phase	Zusammenschau und Bewertung des Ergebnisses; Zusammenschau und Bewertung des Prozesses; Entwicklung persönlicher Bedeutungskontexte
Transfer	Anwendung; Veröffentlichung (sich nach außen öffnender Diskurs)

Forschungsprozessuale Struktur des AuRELIA-Konzeptes nach Reitinger (aus 2012)

Hinweise zur konkreten Gestaltung der einzelnen Phasen können in den Beiträgen Hauer, B. (2017). Auf dem Weg zum Forschenden Lernen im Mathematikunterricht und Hauer, B. (2016b). Das Finden von Fragen im Mathematikunterricht nach dem AuRELIA-Konzept, nachgelesen werden.

Forschungsergebnisse

Im folgenden Abschnitt wird eine 2016 veröffentlichte Untersuchung, bei der die Lehrer/-innenbildung in den Fokus des Erkenntnisinteresses rückte, kurz vorgestellt. Folgende Hypothesen wurden in diesem Zusammenhang überprüft:

Hypothese 1: Die Implementierung des AuRELIA Konzeptes (in der Mathematik-Didaktik Lehrveranstaltung) steigert die Spezielle Selbstwirksamkeitserwartung hinsichtlich der Durchführung selbstbestimmt-forschender Lernarrangements.

Die Hypothese 1 wurde mittels einer vierstufigen Skala mit sieben Items wie „Ich traue mir zu, Unterricht zum selbstbestimmt forschenden Lernen zu initiieren", „Ich traue mir zu, Schüler und Schülerinnen zum Entwickeln eigenständiger Lösungsweg zu motivieren", bei 75 Studierenden gemessen und konnte großteils bestätigt werden. Die genauen Angaben zum Forschungsdesign und zu den Ergebnisse können in dem Artikel Hauer, B. (2016a). AuRELIA meets Mathematic Didactics: Inquiry Learning in Student Teacher Training nachgelesen werden.

Hypothese H2: Studierende die Unterricht nach dem AuRELIA-Konzept erlebt haben, schätzen das Ausmaß in dem sie forschendes Lernen erlebt haben höher ein als Studierende eines traditionellen Seminarsettings.

Das Konstrukt wurde, mittels eines von Johannes Reitinger entwickelten siebenstufigen, englischsprachigen Inventars „Cili" mit Fragestellungen wie: „This learning activity encouraged me to discover open questions", „During this learning activity, I really found out new insighths by myself", überprüft. Die Untersuchung zur Hypothese 2 weist hoch signifikante Ergebnisse mit sehr großem Effekt auf und zeigt, dass und inwieweit Studierende bei der Durchführung eines AuRELIA-Projektes die Kriterien des forschenden Lernens tatsächlich erleben (vgl. Hauer 2016a, S. 131 f). Nähere Informationen zum Forschungsdesign und zu den Forschungsergebnissen können ebenfalls in dem Artikel Hauer, B. (2016a). AuRELIA meets Mathematic Didactics: Inquiry Learning in Student Teacher Training nachgelesen werden.

Zahlreiche weitere Untersuchungsergebnisse und Erkenntnisse, die Studierende nach der Erprobung des AuRELIA-Konzeptes im Rahmen der Mathematik-Didaktik Lehrveranstaltung und der anschließenden Durchführung eines AuRELIA-Projektes im Rahmen der Schulpraktischen Studien gewinnen konnten, können in Hauer B. (2014). Entwicklung didaktischer Kompetenzen durch forschendes Lernen. Der Einsatz des AuRELIA-Konzeptes in der Lehrer/-innenbildung, nachgelesen werden.

Conclusio

Durchgeführte Untersuchungen (vgl. Hauer, 2016 & Hauer, 2014) zeigen, dass sich Studierende, die im Rahmen der Mathematik-Didaktik Lehrveranstaltung Forschendes Lernen nach dem AuRELIA-Konzept erprobt haben, zutrauen, Forschendes Lernen auch mit Schülerinnen und Schülern durchzuführen und zu begleiten. Zusätzlich konnte gezeigt werden, dass bei der

Durchführung des AuRELIA-Konzeptes, die Kriterien Forschenden Lernens nach Reitinger zur Entfaltung kommen (vgl. Hauer, 2016). Ebenso zeigen Untersuchungen (vgl. Hauer, 2014), dass sich die Durchführung des selbstbestimmt-forschenden Lernarrangements im Rahmen der Mathematik-Didaktik Lehrveranstaltung und die anschließende Erprobung in den Schulpraktischen Studien positiv auf die Entwicklung didaktischer Kompetenzen von Lehramtsstudierenden auswirkt.

Literatur

Hauer, B. (2017). Auf dem Weg zum Forschenden Lernen. In R. Beer, I. Benischek, A. Forstner-Eberhart & H. Schwetz (Hrsg.). *Lernen erfolgreich gestalten. Modelle und Fakten für wirksames Lehren und Lernen. Band 2.* Wien: bvl, S. 149 – 164

Hauer, B. (2016a). AuRELIA meets Mathematic Didactics: Inquiry Learning in Student Teacher Training. In J. Reitinger, C. Haberfellner, E. Brewster & M. Kramer. (Eds.). *Theory of Inquiry Learning Arrangements: Research, Reflection, and Implementation,* S. 121 – 136

Hauer, B. (2016b). Das Finden von Fragen im Mathematikunterricht. In I. Benischek, R. Beer, A. Forstner-Eberhart & H. Schwetz (2016). *Lesen, Verstehen und Lösen von Mathematikaufgaben.* Wien: Lemberger, S. 105 – 113

Hauer, B. (2014). Entwicklung didaktischer Kompetenzen durch forschendes Lernen – Der Einsatz des AuRELIA-Konzeptes in der Lehrer/-innenbildung. Aachen: Shaker

Hauer, B. & Reitinger, J. (2012). AuRELIA in der Lehrer/-innenbildung – Die Praxis forschenden Lernens in der Naturwissenschaftsdidaktik. In D. Bosse, K. Moegling & J. Reitinger (Hrsg.), *Reform der Lehrerbildung in Deutschland, Österreich und in der Schweiz. Teil II: Praxismodelle und Diskussion. Reihe, Theorie und Praxis der Schulpädagogik. Band 5.* Immenhausen bei Kassel: Prolog, S. 49 – 61

Reitinger, J. (2011). Das AuRELIA-Konzept. Interessensförderung durch methodisch-strukturierte Öffnung des naturwissenschaftlichen Unterrichts. In: A. Füchter & K. Moegling (Hrsg.). Diagnostik und Förderung: Beispiele aus der Unterrichtspraxis. Immenhausen bei Kassel, S. 107 – 120

Reitinger, J. & Hauer, B. (2012). AuRELIA in der Lehrer/-innenbildung – Evaluation forschenden Lernens als Inhalt und Methode der Naturwissenschaftsdidaktik. In D. Bosse & L. Criblez & T. Hascher (Hrsg.), *Reform der Lehrerbildung in Deutschland, Österreich und der Schweiz. Teil I: Analyse, Perspektiven und Forschung.* Reihe: Theorie und Praxis der Schulpädagogik. Band 4. Immenhausen bei Kassel: Prolog, S. 299 – 314

Reitinger, J. (2012). „*... hinter den Dingen...*“. *Exemplarische Beiträge zur Naturwissenschaftsdidaktik.* Aachen: Shaker.

Reitinger, J. (2013). *Forschendes Lernen. Theorie, Evaluation und Praxis in naturwissenschaftlichen Lernarrangements.* Reihe: Theorie und Praxis der Schulpädagogik (Band 12). Immenhausen bei Kassel: Prolog Verlag.

Verena JANNACK, Heidelberg; Jens-Peter KNEMEYER, Heidelberg; Nicole MARMÉ, Heidelberg

Einsatz von forschungsnahen Methoden im Schulunterricht – Ergebnisse einer Lehrkräftebefragung

Während die Schule lange Zeit als Lehranstalt galt, in der Wissen vermittelt wurde (Mandl 2000, S. 7), muss sie heute auch Kompetenzen bei den Schülerinnen und Schülern ausbilden, um diese auf lebenslanges Lernen nach der Schulzeit vorzubereiten (BLK 2004, S. 6). Für diese Aufgaben wurden vielfältige forschungsnahe Methoden entwickelt. Es stellt sich die Frage, inwieweit diese den Lehrkräften bekannt sind und sie im Unterricht eingesetzt werden. Dazu werden im Folgenden ausgewählte Ergebnisse zweier Lehrkräftebefragungen vorgestellt.

1. Kompetenzförderung in den Bildungsplänen

Die Förderung von Kompetenzen als schulische Aufgabe ist neben der Ausbildung von Fachwissen in den nationalen Bildungsstandards der Kultusministerkonferenz (KMK) festgelegt (KMK 2004a). Die Bildungsstandards für den mittleren Schulabschluss in den naturwissenschaftlichen Fächern betonen dabei neben der Ausbildung von Fachinhalten insbesondere die Förderung der drei Handlungsdimensionen Erkenntnisgewinnung, Kommunikation und Bewertung (exemplarisch: KMK 2004b). Diese nationalen Bildungsstandards müssen von den Ländern bei der Gestaltung der Bildungspläne berücksichtigt werden. So fordert der Bildungsplan von Baden-Württemberg beispielsweise von den Schülerinnen und Schülern die Entwicklung und Untersuchung von Hypothesen oder die Durchführung, Dokumentation und Interpretation von Experimenten (MKJS 2004, S. 174). Zur Ausbildung dieser Fähigkeiten müssen die traditionellen, lehrerzentrierten Methoden im Unterricht durch aktivierende, schülerzentrierte Methoden ergänzt werden (Rocard et al. 2007). In diesem Zusammenhang werden im Bildungsplan von Baden-Württemberg konkrete methodische Umsetzungen wie forschendes Lernen oder Projektarbeit vorgeschlagen (MKJS 2004, S. 173).

2. Methoden im Unterricht

Ausgangspunkt der Studie war die Frage, inwiefern Lehrkräfte verschiedene Methoden kennen und sie im Unterricht einsetzen. Für die Lehrkräftebefragung (N_1=60) wurde zunächst eine Liste mit 26 Methoden erstellt, die überwiegend dem Bildungsplan von Baden-Württemberg entnommen wurden und durch einzelne Sozialformen und lehrerzentrierte Methoden ergänzt wurden (Jannack 2017). Die Lehrkräfte sollten die Kenntnis und den Einsatz der Methoden im Unterricht nach folgenden sechs Kategorien beurteilen:

N. Neuber, W. Paravicini, M. Stein (Hrsg.): Forschendes Lernen – The wider view. Tagungsband. Münster: WTM-Verlag 2018.

Die Methode kenne ich und (i) wende sie regelmäßig an; (ii) wende sie nicht regelmäßig an, habe sie aber schon ausprobiert; (iii) möchte sie in Zukunft ausprobieren; (iv) werde sie nicht einsetzen; Die Methode kenne ich nicht, (v) sie würde mich aber interessieren; (vi) sie interessiert mich auch nicht. Darüber hinaus enthielt der Fragebogen offene Fragen und Fragen zum Fortbildungsverhalten, auf deren Ergebnisse hier nicht näher eingegangen werden kann.

Die Beurteilung der 26 Methoden im Fragebogen ergab, dass ein Großteil der genannten Methoden den Lehrkräften durchaus bekannt ist. Allerdings gibt es nur vier Methoden, die regelmäßig im Unterricht eingesetzt werden: Die Partner- und Gruppenarbeit, der Frontalunterricht, das fragend-entwickelnde Verfahren und Referate von Schülerinnen und Schülern (Jannack et al. 2014, Jannack 2017). Dabei handelt es sich bei der erstgenannten Methode eigentlich um eine Sozialform und die nächsten beiden können den lehrerzentrierten Methoden zugeordnet werden, sind somit also nicht oder nur sehr schlecht zur Ausbildung von Handlungskompetenzen geeignet.

Im Bereich der forschungsnahen Methoden wurden Forschendes Lernen, Entdeckendes Lernen, Projektarbeit und Handlungsorientierter Unterricht abgefragt. Diese Unterrichtskonzepte sind jeweils über 80% der Befragten bekannt, werden aber jeweils nur von etwa einem Viertel regelmäßig eingesetzt. Die Anteile beim Problemorientierten Lernen sind insgesamt etwas niedriger und werden im nächsten Absatz nochmals näher betrachtet. Die erste mögliche Erklärung, dass diese geringen Werte auf den Anteil der Lehrkräfte zurückzuführen sind, die keine Naturwissenschaft unterrichten, konnte nicht bestätigt werden.

Insgesamt entstand somit der Eindruck, dass forschungsnahe Methoden den Lehrkräften zwar bekannt sind, aber dennoch unregelmäßig im Unterricht eingesetzt werden und somit die Ausbildung von Kompetenzen bei den Schülerinnen und Schülern nur begrenzt ermöglicht wird.

3. Forschungsnahe Methoden aus Lehrersicht – Gegenargumente versus Unterrichtspraxis

Der Forschungsschwerpunkt der Arbeitsgruppe liegt im Bereich der problemorientierten Methoden, so dass vor allem diese Antworten näher betrachtet wurden: 62% der Befragten gaben an, problemorientierte Methoden zu kennen und 20% setzen diese auch regelmäßig ein (Jannack et al. 2016). Dabei überraschte vor allem der hohe Wert von 60% der Befragten, die angaben, problemorientierte Methoden zu kennen, da in durchgeführten Lehrkräftefortbildungen nur 24% angaben, die Methode vor der Fortbildung gekannt zu haben (Jannack et al. 2016). Daraus ergaben sich zwei Fragestellungen, die mit der zweiten Befragung erkundet werden sollten:

- Was sind die Gründe, dass Problemorientiertes Lernen und andere forschungsnahen Methoden nicht im Unterricht eingesetzt werden?
- Wie sieht die Unterrichtspraxis aus, wenn Lehrkräfte angeben, forschungsnahe Methoden im Unterricht einzusetzen?

Bezogen auf die erste Frage wurde bereits die Hypothese formuliert, dass den Lehrkräften die Methoden als nicht praktikabel erscheinen (Jannack et al. 2014). Diese Hypothese konnte in der zweiten Befragung (N_2=39) bestätigt werden: Zwei Drittel der Befragten gaben an, dass die Methoden zu viel Zeit benötigen und zwei Fünftel nannten die Klassengröße als Hauptargument gegen den Einsatz forschungsnaher Methoden (Jannack 2017). Fehlende Materialien wurden von jedem Sechsten genannt.

Die Lehrkräfte, die forschungsnahe Methoden in ihrem Unterricht bereits einsetzen, wurden gebeten ihre Unterrichtssequenz zu beschreiben und Angaben zur zeitlichen Ausdehnung zu machen. Außerdem sollten sie von ihren Erfahrungen während der Unterrichtssequenz berichten. Die erste Durchsicht der Fragebögen ergab, dass allein aufgrund der zeitlichen Ausdehnung der Unterrichtssequenzen, nicht davon ausgegangen werden kann, dass die Schülerinnen und Schüler in den Forschungsprozess einsteigen konnten. Lediglich eine einzelne Lehrperson berichtete von einer Arbeitsgemeinschaft, die über mehrere Jahre von den Schülerinnen und Schülern besucht wurde. Eine detaillierte Auswertung steht derzeit noch aus.

4. Fazit und Ausblick

Die beiden Befragungen haben gezeigt, dass den Lehrkräften viele, auch forschungsnahe Methoden namentlich bekannt sind. Dennoch dominieren die lehrerzentrierten Methoden im täglichen Unterrichtsgeschehen (Jannack 2017) Vor allem die forschungsnahen Methoden werden im Unterricht nicht regelmäßig eingesetzt. Bei der tatsächlichen Umsetzung im Unterricht bestehen begründete Zweifel, ob es sich bei den jeweiligen Unterrichtssequenzen tatsächlich um solche handelt, die Handlungskompetenzen bei den Schülerinnen und Schülern fördern können. In diesem Bereich steht noch eine detailliertere Auswertung des Datenmaterials aus.

Positiv festzuhalten ist, dass die befragten Lehrkräfte die Bedeutung von Fortbildungen zum Erlernen neuer Methoden erkannten (Jannack et al. 2014, 2016). Daraus ergeben sich eine Chance zur Verbreitung von Methoden und eine besondere Verantwortung bei der Gestaltung von Lehrkräftefortbildungen.

Literatur

BLK: Bund-Länder-Kommission für Bildungsplanung und Forschungsförderung (2004). Strategie für Lebenslanges Lernen in der Bundesrepublik Deutschland (Heft 115). Bonn: BLK.

KMK (Hrsg.) (2004a). Bildungsstandards der Kultusministerkonferenz, Erläuterungen zur Konzeption und Entwicklung. München: Wolters Kluwer.

KMK (Hrsg.) (2004b). Bildungsstandards im Fach Chemie für den Mittleren Schulabschluss (Beschluss vom 16.12.2004). München: Wolters Kluwer.

MKJS: Ministerium für Kultus, Jugend und Sport Baden-Württemberg (2004). Bildungsplan Gymnasium. Ditzingen: Reclam.

Rocard, M., Csermely, P., Jorde, D., Lenzen, D., Walberg-Henriksson, H. & Hemmo, V. (2007). Naturwissenschaftliche Erziehung JETZT: Eine erneuerte Pädagogik für die Zukunft Europas. Luxemburg: Amt für amtliche Veröffentlichungen der Europäischen Gemeinschaften.

Jannack, V., Flechsig, A., Knemeyer, J.-P. & Marmé, N. (2014). Problembasiertes Lernen im naturwissenschaftlichen Unterricht – Fortbildungsverhalten und Fortbildungsbedarf von Lehrkräften. In S. Bernholt (Hrsg.), *Naturwissenschaftliche Bildung zwischen Science- und Fachunterricht* (S. 459–461). Kiel: IPN.

Jannack, V., Knemeyer, J.-P. & Marmé, N. (2016a). Problembasiertes Lernen in der Lehrkräftefortbildung. *Zeitschrift für Hochschulentwicklung, 11(3)*, 39–52.

Jannack, V. (2017). Empirische Studie zum Einsatz von Problembasiertem Lernen (PBL) im interdisziplinären naturwissenschaftlichen Unterricht – Kompetenzentwicklung bei Schülerinnen und Schülern und Akzeptanz bei Lehrerinnen und Lehrern. Dissertation Pädagogische Hochschule Heidelberg (URN: urn:nbn:de:bsz:he76-opus4-2297).

Mandl, H. (2000). Was lernen wir in Schule und Hochschule: Träges Wissen? In B. Ralle & I. Melle (Hrsg.), *Chemiedidaktik auf neuen Wegen – neue Perspektiven für den Chemieunterricht* (S. 6–9). Dortmund: Universität, FB Chemie.

Margrit KAUFMANN, Bremen; Henning KOCH, Bremen

Forschendes Lernen in Communites of Practice –Studierende als Partner*innen bei der Studiengangentwicklung

Die Universität Bremen ist „eine Universität des Forschenden Lernens“, so ist es in ihrem Leitbild für Lehre festgeschrieben. Dieses institutionelle Bekenntnis kommt nicht von ungefähr. Die Universität Bremen blickt auf eine lange Tradition des Forschens im Studium zurück. Im Leitbild heißt es dazu: „Forschendes Lernen bietet allen Studierenden die Möglichkeit, sich im reflexiven Diskurs zu verantwortungsvollen und kritisch denkenden Persönlichkeiten mit starker fachlicher Kompetenz zu entwickeln“ (Leitbild für Studium und Lehre an der Universität Bremen).

Wir Autor*innen lehren im BA Studiengang Kulturwissenschaft und führen dort ein Projekt durch, in dem zum Konzept des Forschenden Lernens, zum Studienerleben und zur Studiengangsentwicklung auf kulturwissenschaftliche Art und Weise gearbeitet und geforscht wird. Dem Leitbild gemäß öffnen wir den Studierenden unsere Arbeitsfelder und lassen sie an den aktuellen Diskursen und Praxen teilhaben. Dies ist nur deswegen außergewöhnlich, da eben diese die Organisation, Durchführung und Evaluation ihres eigenen, aktuellen Studiums betreffen.

In unserem kurzen Beitrag möchten wir darauf eingehen, auf welchen Ebenen und wie wir mit Studierenden in unserem Projekt zusammenarbeiten.

Das Projekt „Forschendes Lernen als Studiengangsprofil im BA Kulturwissenschaft“ ist eines von drei Pilotprojekten zur Profilbildung, die momentan an der Universität Bremen durchgeführt werden. Nachdem sich vorangegangene Projekte zum Forschenden Lernen zunächst auf der Ebene von Einzelmodulen, dann auf der Ebene von Studiengangsphasen mit dem Forschenden Lernen auseinandergesetzt haben, stehen die aktuellen Projekte vor der Aufgabe, forschende Tätigkeiten über den gesamten Studienverlauf in den Blick zu nehmen und darüber Innovationen für die Lehre zu entwickeln, die auf inter- und intramodulare Verknüpfungen im Curriculum hinarbeiten. Wir befassen uns folglich mit der zentralen Frage, wie sich das Forschende Lernen als Studiengangsprofil konzeptualisieren und implementieren lässt.

Um die Studierendenbeteiligung an diesem Prozess zu veranschaulichen beziehen wir uns auf drei Projektebenen: Erstens sorgen wir aus dem Projekt heraus an unterschiedlichen Stellen dafür, dass eine fruchtbare *Kommunikation* über das Forschende Lernen stattfinden kann. Zweitens wird im Rahmen einer *Prozessmoderation* gemeinsam mit Studierenden und Lehrenden im

Team an der Entwicklung des Forschenden Lernens im Studiengang gearbeitet. Drittens generieren wir über *Forschungen zum Forschenden Lernen*, Erkenntnisse auf deren Basis wir Empfehlungen zur Studiengangentwicklung im Sinne des Forschenden Lernens aussprechen können.

Auf allen drei Ebenen kommt der Zusammenarbeit mit Studierenden ein besonderes Gewicht zu.

Kommunikation

Als Projekt der Studiengangentwicklung fällt uns eine Vermittlungsfunktion zu:

Auf der einen Seite vermitteln wir zwischen der Universitätsleitung mit ihren zentralen Stellen für Studium und Lehre (Konrektorat für Studium und Lehre, Referat für Studium und Lehre) und dem Fachbereich und Fach (Dekanat, Institutsleitung und Studiengangskoordination). Hier nutzen wir das Leitbild und bestehende Gremien im Bereich des Qualitätsmanagements für Lehre für unsere Anliegen. Zudem haben wir einen Lehrendenbeirat gegründet, mit dem wir uns intensiv zu fachspezifischen Formen Forschenden Lernens austauschen und der diese Diskussionen für uns in das gesamte Lehrteam trägt und dort gemeinsam mit uns vertritt. Der Lehrendenbeirat ist wichtig für uns, um die Relevanz des Forschenden Lernens im Team der Lehrenden konstant zu thematisieren.

Auf der anderen Seite befördern wir für eine fließende Kommunikation zwischen Institutsleitung, Studiengangskoordination und den beteiligten Lehrenden und Studierenden. An unterschiedlichen Stellen haben wir Möglichkeiten des Dialogs zwischen Studierenden, Lehrenden und der Institutsleitung unterstützt oder initiiert. So wird beispielsweise der „Tag für Lehre und Studium" für einen solchen intensiven Austausch genutzt. Außerdem nehmen an jährlich stattfindenden Klausurtagungen unseres Lehrteams stets auch einzelne Studierende teil, die unser Projekt begleiten und Ideen zur Weiterentwicklung einbringen. Im Zuge des Projektes ist zudem ein so genannter Kommunikationsstammtisch entstanden. Hier treffen sich Lehrende und Studierende regelmäßig und diskutieren im informellen Rahmen aktuelle Belange des Studiums. Wichtig ist daran, dass hier die Diskussionsthemen und Verbesserungsvorschläge von den Studierenden eingegeben werden. Dabei sind die Ergebnisse dieses lockeren Formats durchaus handfest und nicht zu unterschätzen. So entstanden hieraus bspw. ein Tag der Offenen Türen des Instituts, Semesterausblicke (hier werden Lehrveranstaltungen des kommenden Semesters vorgestellt), Vorschläge für Verbesserungen von Modulen oder die Organisation von modulübergreifenden Schreibwerkstätten.

Zentral für unser Projekt ist zudem der Studierendenbeirat. Dieser besteht aus engagierten und interessierten Studierenden (v.a. Studierende der Fachschaft), die uns regelmäßig zu unseren Projektvorhaben beratend zur Seite stehen.

Prozessmoderation

Für die Prozessmoderation der Studiengangsentwicklung nutzen wir die wöchentlichen Teamsitzungen und, im Besonderen, die jährlich stattfindende zweitägige Klausurtagung des Lehrteams. Hier arbeiten wir auf intensive Weise an der Fortentwicklung unseres Studiengangs im Sinne des Forschenden Lernens. Dabei knüpfen wir an aktuelle Themen des Qualitätsmanagements für Lehre an. Dazu zählen beispielsweise die Organisation von Prüfungen und Evaluationen sowie die Einhaltung von Qualitätszielen. Der Zusammenarbeit mit den Studierenden kommt hierbei eine besondere Bedeutung zu; denn wir fassen sie hier als Expert*innen für das Studienerleben im Laufe des Curriculums auf und sie entwickeln mit uns gemeinsam Ideen, wie das Forschende Lernen noch besser als Studiengangsprofil umgesetzt werden kann. Dies gilt in besonderem Masse bei Fragen zur diachronen und synchronen intermodularen Verknüpfungen.

Ein weiterer wichtiger Inhalt der Prozessmoderation liegt darin, unsere Studierenden über den Verlauf und die Schritte unseres Projektes auf dem Laufenden zu halten. Um den Studierenden gleich beim Studienbeginn mit Forschenden Lernen vertraut zu machen, organisieren wir bereits die Ausfahrt mit den Erstsemesterstudierenden im Modus des Forschenden Lernens. Möglicherweise erleben sie das Forschende Studieren in der Folge als Normalfall und spüren gleichzeitig doch die Herausforderungen, vor denen wir mit der Studiengangentwicklung stehen. Es erscheint uns wichtig, die Studierenden über die Besonderheiten des Forschenden Lernens gegenüber anderen Lernformen zu informieren und ihnen zu vermitteln, dass sich Studieren an anderen Universitäten möglichweise anders anfühlt. Regelmäßig organisieren wir zudem Tagungen für studentische Forschungsarbeiten und Posterausstellungen. Dies geschieht auch, um den Studierenden die Besonderheiten des Forschenden Lernens kontinuierlich bewusst zu machen.

Forschung

Unsere Forschungstätigkeiten fokussieren eine Mikro- und eine Makroebene des Forschenden Lernens.

Auf der Mikroebene beforschen wir die unterschiedlichen, kleinteiligen Prozessschritte und Momente des Forschenden Lernens in der Ethnologie und

Kulturwissenschaft. Dabei haben wir uns an den Phasen kulturwissenschaftlich-ethnografischen Forschenden Lernens (vgl. Kaufmann 2013) orientiert und uns für die tiefere Bearbeitung von vier ausgewählten Forschungsprozessschritten entschieden. Dazu haben wir in Form von Freewritings mit Studierenden Daten erhoben. Freewriting ist ursprünglich eine Methode des Kreativen Schreibens. Sie bietet jedoch die Möglichkeit, die Studierenden zur Selbstreflexion darüber anzuregen, was „gerade eigentlich mit ihnen geschieht" und ermöglicht es im Anschluss das Geschriebene zu reflektieren und der Prozessanalyse zugänglich zu machen. Unsere studentischen Mitarbeiter*innen unterstützen uns bei der umfangreichen Datenerhebung und reicheren darüber hinaus das entstandene Material mit ihren Interpretationen und Rückschlüssen für die Gestaltung des Forschenden Lernens an.

Auf der Makroebene blickten wir auf tatsächlich erlebte individuelle Studienverläufe und befragen diese nach inter- und intramodularen Verknüpfungen im Rückblick auf das Curriculum. Die Datenerhebung führen wir dabei in Form von retrospektiven Einzelinterviews mit Studierenden in der Abschlussphase durch. So entstehen Narrative des erlebten Studienverlaufes mit Schwerpunkten auf dem Erleben des Forschenden Lernens, der Kompatibilität und Verknüpfungen von Modulen.

Von uns angeleitet und geschult, werden diese Interviews auch von den im Projekt mitarbeitenden Studierenden durchgeführt. Damit sichern wir die Datenerhebung aus der Studierendenperspektive und tragen dem Rollenkonflikt Rechnung, der daraus entsteht, dass wir sowohl als Lehrende als auch als Forschende im Institut tätig sind. Leicht könnte es zu sozial erwünschten Antworten kommen, die die Studierenden äußern, um uns als Lehrenden gerecht zu werden. Die fundierte methodische Ausbildung der studentischen Mitarbeiter*innen nach Absolvierung der entsprechenden Module und die partnerschaftliche, vertrauensvolle Zusammenarbeit mit den Studierenden als Partner*innen im Projektteam geben ein Beispiel dafür, wie wir uns als *Communities of Practice* begreifen.

Fazit:

Um das Forschende Lernen als gelebte Practice in unserer Community zu kultivieren, setzen wir auf kollaborative Gestaltungsformen in der Umsetzung und Implementierung des Forschenden Lernens und haben hier Möglichkeiten der Zusammenarbeit mit Studierenden vorgestellt. Unser Ziel ist, dass sich nicht nur bei den Lehrenden, sondern auch unter den Studierenden eine Kultur des Forschenden Lernens weiter entwickelt und etabliert, die jeweils an den nächsten Studierendenjahrgang weitergegeben wird.

Karina Karolina KEDZIOR, Bremen; Imke GERKENSMEIER, Bremen

The Good, the Bad and the Ugly: Wirkung von forschungsbasierter Lehre im Bachelorstudiengang Psychologie

Bachelor Psychologie als forschungsbasiertes Studium

In der Psychologie gibt es eine lange Tradition, Lehre und Forschung zusammen zu bringen. Dieser Beitrag bezieht sich auf unser Modul *Psychologische Forschungsmethoden*, das in der Studieneingangsphase (2.-3. Fachsemester) an der Universität Bremen angeboten wird.

Lehre im Modul *Psychologische Forschungsmethoden*

Die pädagogischen Ziele unseres Moduls *Psychologische Forschungsmethoden* werden im Sinne der forschungsbasierten Lehre nach den folgenden Prinzipien umgesetzt:

1) Lehre soll Studierenden-orientiert sein,
2) Lehre soll selbständiges, aktives, kooperatives Lernen fördern,
3) Lehre soll problem-orientiert sein (Huber, 2014).

Warum ist eine solche forschungsbasierte Lehre pädagogisch wertvoll? Die theoretischen Modelle zeigen, dass forschungsbasierte Lehre eine innovative Alternative gegenüber traditioneller (frontaler) Lehre darstellt (Brew, 2013; Huber, 2014). Laut den Modellen wirkt forschungsbasierte Lehre deshalb als eine effektive Lehr- und Lernmethode, weil die Studierenden als aktive Teilnehmer (statt passive Zuschauer) beteiligt sind und der Forschungsprozess (statt nur Forschungsinhalte) gelehrt wird (Brew, 2013; Huber, 2014).

Mehrere Studien haben untersucht, wie die Studierenden als Empfänger von forschungsbasierter Lehre die pädagogische Qualität diese Lehre beurteilen. Psychologiestudierende berichten, dass sie sich an einem lehrbegleitenden Forschungsprojekt beteiligen würden, um aktiv mitarbeiten zu können und ihre theoretischen Kenntnisse praktisch umzusetzen (Wennike et al., 2017). Studierende, die individuell oder in Gruppen an Forschungsprojekten beteiligt waren, berichten von einen Zuwachs an akademischem Engagement aufgrund der Lösung von authentischen Problemen, von erhöhtem Enthusiasmus für Forschung sowie von emotionaler Entwicklung (verbesserte Motivation und Selbstvertrauen) und Spaß an Teamarbeit (Chang, 2005; Koch et al., 2017; Meixner, 2017; Nadelson et al., 2015; Russell et al., 2007; Wallin et al., 2017). Insgesamt glauben Studierende, dass die enge Verbindung zwischen Lehre und Forschung ein wichtiges Merkmal von Hochschulbildung ist, welches die Qualität der Bildung für die Studierenden verbessert (Hajdarpasic et al., 2015).

Forschungsbasierte Lehre muss aber nicht unbedingt aktive Forschungsprojekte beinhalten, die normalerweise zusätzliche Zeit, Personal und Ausstattung verlangen. Auch mit wenig Ressourcen können forschungsbasierte Elemente in der Lehre eingebaut werden. Beispielsweise beinhaltet unser Modul *Psychologische Forschungsmethoden* die folgenden forschungsbasierten Elemente:

1) Beispiele aus der wissenschaftlichen Literatur, um die Theorie aus der Vorlesungen zu veranschaulichen,
2) aktive Bearbeitung von wöchentlichen Aufgabenzetteln in kleinen Gruppen während der Seminare,
3) Prüfungsleistung basierend auf kürzlich veröffentlichten Studien.

Evaluation des Moduls *Psychologische Forschungsmethoden*

Um die Wirkung unserer forschungsbasierten Lehre untersuchen zu können, haben wir die studentische Meinung aus formalen Modulevaluationen und informellen Diskussionen mit Studierenden der letzten 3 Jahre (2014-2017) zusammengefasst (Abbildung).

The Good (gute Wirkungen)	• Einblick in das Tätigkeitsfeld aktiv forschender Psychologen • Inhalte können anhand der Forschungsbeispiele leichter erfasst und verstanden werden • Bereitet auf weiteres Studium und späteres Arbeiten vor • Englischkenntnisse werden verbessert • Kritisches Betrachten von Wissenschaft wird geschult
The Bad (schlechte Wirkungen)	• Studien stellen (zusätzlich zur Theorie) zu viel Stoff dar • Unklarheit darüber, wie Studien in der Klausur abgefragt werden • Vor der praktischen Forschung muss zunächst theoretisches Wissen vermittelt werden • Praxisanteil bei forschungsbasiertem Lernen noch zu gering
The Ugly (enttäuschende Wirkungen)	• Einseitige Auswahl der behandelten Studien (vor allem Studien der Lehrenden) • Ernüchternde Erkenntnis, dass Forschung nicht perfekt ist: o Veröffentlichungsverfahren sind z.T. subjektiv o Qualität von Peer-Reviews schwankt ist limitiert o Statistische Tests werden teilweise falsch angewendet und/oder Ergebnisse fehlerhaft berichtet o Wissenschaftlicher Betrug ist schwer zu erkennen

Abbildung. Evaluation des Moduls *Psychologische Forschungsmethoden*

In Übereinstimmung mit den theoretischen Modellen (Brew, 2013; Huber, 2014) berichten unsere Studierenden mehrere positive Wirkungen der forschungsbasierten Lehre. Auch ohne aktiv zu forschen fördert unsere Lehre assoziatives Lernen, weil interessante Beispiele länger in Erinnerung bleiben als Fakten ohne praktischen Bezug. Im Gegensatz zu passivem Konsum von Wissen nutzen Studierende kritisches Denken, um mehrere Themen miteinander zu verbinden und so ein holistisches Verständnis des Themas zu gewinnen (Brew & Mantai, 2017). Unsere Lehre zeigt das Tätigkeitsfeld im eigenen Fach, bereitet auf das weitere Studium bzw. spätere Arbeit vor und verbessert Soft-Skills wie das Fachenglisch. Forschungsbasierte Lehre sollte somit so früh wie möglich angeboten werden, weil sie auf die Zukunft vorbereitet (Russell et al., 2007) und den Übergang von Studierenden zum aktiven Denker ermöglicht (Brew & Mantai, 2017).

Allerdings bevorzugen nicht alle Studierenden die forschungsbasierte Lehre, weil sie mit dem Material und der Vorbereitung für die Prüfungsleistung überfordert sind (vermutlich, weil rein theoretische Lehre besser für das Auswendiglernen geeignet ist). Genauso wie manche Lehrende (Brew & Mantai, 2017) wünschen sich auch manche unserer Studierenden, zunächst Theorien kennenzulernen, bevor sie mit der Forschung konfrontiert werden. Im Gegensatz dazu wünschen sich andere Studierende komplette praktische Forschungsprojekte, die aber Ressourcen verlangen, um erfolgreich umgesetzt werden zu können (Koch et al., 2017; Meixner, 2017). Besonders enttäuschend für die Studierenden ist es, dass sie Forschung als Feld mit vielen Fragen und Limitationen, wenig Lösungen und keinen absoluten Wahrheiten kennen lernen.

Die Wirkung von forschungsbasierter Lehre kann mit einer Erklärung der pädagogischen Einstellung und Erwartungen der Lehrenden verbessert werden. Obwohl die Einbindung von eigenen Werken im Modul als Beweis für die Subjektivität der Lehrenden interpretiert werden kann (Hajdarpasic et al., 2015), stellen solche Materialien die Expertise der Lehrenden dar, die für eine Projektbetreuung wichtig sein können. Die richtige Balance in der Vermittlung von Theorie und Praxis kann den Studierenden zeigen, dass sie schon sehr früh in der Lage sind, Forschung zu verstehen und sie kritisch zu bewerten.

Fazit

Forschungsbasierte Lehre ist anspruchsvoll, weil sie Kenntnisse aus mehreren Quellen integriert. Sie fördert assoziatives Lernen sowie kritisches Denken, was wichtig für das weitere Studium und die Arbeitswelt ist. Die Wirkung der Lehre kann mit expliziten Erklärungen der pädagogischen Einstellung und der Prinzipien des wissenschaftlichen Denkens verbessert werden.

Literatur

Brew, A. (2013). Understanding the scope of undergraduate research: A framework for curricular and pedagogical decision-making. *Higher Education, 66*(5), 603-618.

Brew, A., & Mantai, L. (2017). Academics' perceptions of the challenges and barriers to implementing research-based experiences for undergraduates. *Teaching in Higher Education, 22*(5), 551-568.

Chang, H. (2005). Turning an undergraduate class into a professional research community. *Teaching in Higher Education, 10*(3), 387-394.

Hajdarpasic, A., Brew, A., & Popenici, S. (2015). The contribution of academics' engagement in research to undergraduate education. *Studies in Higher Education, 40*(4), 644-657.

Huber, L. (2014). Forschungsbasiertes, Forschungsorientiertes, Forschendes Lernen: Alles dasselbe? Ein Plädoyer für eine Verständigung über Begriffe und Unterscheidungen im Feld forschungsnahen Lehrens und Lernens. *Das Hochschulwesen, 62*(1+2), 22-29.

Koch, F., Dirsch-Weigand, A., Awolin, M., Pinkelman, R., & Hampe, M. (2017). Motivating first-year university students by interdisciplinary study projects. *European Journal of Engineering Education, 42*(1), 17-31.

Meixner, J. (2017). *A qualitative content analysis: conducting research during the course of undergraduate study. An assessment in psychology at the University of Bremen.* Bachelorarbeit, Universität Bremen.

Nadelson, L. S., Warner, D., & Brown, E. (2015). Life's lessons in the lab: a summer of learning from undergraduate research experiences. *Journal of STEM Education, 16*(3), 5-12.

Russell, S. H., Hancock, M. P., & McCullough, J. (2007). Benefits of undergraduate research experiences. *Science, 316*(5824), 548.

Wallin, P., Adawi, T., & Gold, J. (2017). Linking teaching and research in an undergraduate course and exploring student learning experiences. *European Journal of Engineering Education, 42*(1), 58-74.

Wennike, N., Holtz, T., Bürger, J., Lüdders, L., Gerkensmeier, I., & Kedzior, K. (2017). Forschung in der Studieneingangsphase: Motivationen der Studierenden im Bachelor Psychologie. *forsch! Studentisches Online-Journal der Universität Oldenburg, 5*(1), 345-354.

Julian MIOTK, Koblenz

Forschendes Lernen am Beispiel interreligiöser Projekte in der Religionslehrer*Innenbildung

Einleitung

Bereits vor 47 Jahren wurde von der Bundesassistentenkonferenz (BAK) das Forschende Lernen als die didaktische Leitperspektive der Hochschulbildung postuliert (vgl. BAK 1970). Seit dem Empfehlungsschreiben des Wissenschaftsrats aus dem Jahr 2001 widerfährt dem Format an Hochschulen und Universitäten eine kleine Renaissance (vgl. Meyer; Peters; Schüller 2016, 16).

Im bisher spärlich geführten religionspädagogischen Diskurs zum Forschenden Lernen wird grundsätzlich moniert, dass nur eine geringe Verbindung zwischen wissenschaftlicher Religionspädagogik und praktischem Religionsunterricht (RU) besteht (vgl. ebd.). Zur Umsetzung von Projekten zum Forschenden Lernen mit Studierenden ist grundsätzlich eine thematische Einbindung sinnvoll.

Wie die Analyse deutscher Hochschulen und theologischer Fakultäten offenlegt, schreitet die Sensibilisierung der Studierenden für interreligiöse Kompetenzbildung in der Hochschullandschaft immer weiter voran (vgl. Miotk 2013, 277ff.). Dementsprechend können die Absolvent*Innen Kenntnisse über Judentum und Islam sowie über interreligiöses Lernen entwickeln (vgl. Schröder 2009, 206). Unbeantwortet bleibt allerdings die Frage nach der Leistungsfähigkeit von hochschuldidaktischen Methoden, die eine interreligiöse Kompetenzentwicklung fördern. Kurzum: Formate, die das Potenzial des Forschenden Lernens im Kontext der interreligiösen Kompetenzbildung enthalten, sind bisher weder von der Hochschullandschaft wahrgenommen noch empirisch untersucht worden. Das hiermit vorgestellte Forschungsvorhaben unternimmt somit den Versuch das Format des Forschendes Lernens produktiv mit der interreligiösen Kompetenzentwicklung von Studierenden zu koppeln.

Einblicke in die triangulativen Evaluationsergebnisse

Das religionspädagogische Seminar „Forschendes Lernen am Beispiel interreligiöser Projekte“ wurde an der Pädagogischen Hochschule Heidelberg im Rahmen der Religionslehrer*Innenbildung durchgeführt. Das Seminarkonzept[1] orientiert sich dabei am Ablaufmodell des Forschungsprozesses nach Wildt (vgl. 2009, 5f.) und an dem Zyklus des Forschenden Lernens nach

[1] Für die Darstellung des Seminarkonzepts vgl. Miotk, J., Oberle, R. 2017, 55ff.

Huber (vgl. 2014, 23f.). Innerhalb dieses Seminarkonzepts fand eine Evaluation statt und die dabei forschungsleitende Fragestellung lautet: *Welche Leitungsfähigkeit haben Formate des Forschenden Lernens für die Entwicklung interreligiöser Kompetenzen von Studierenden?*

Für eine theoriegeleitete Systematisierung der Kompetenzen wurden in Anlehnung an Schneider und Wildt (vgl. 2009, 63f.) folgende Kompetenzstufen für die angehenden Religionslehrkräfte abgeleitet: 1. Sensibilisierung für interreligiöses Lernen; 2. Anwendung und 3. Reflexion methodisch/didaktischer interreligiöser Fragestellungen im RU.

Die durchgeführte Evaluationsstudie, die aus einer Methodenkombination – der sog. *between-methods Triangulation* – besteht, gliedert sich zum einen in standardisierte Fragebögen (durch Selbsteinschätzung des Kompetenzerwerbs) und zum anderen in leitfadengestützte Interviews, die mit den studentischen Forschungskleingruppen durchgeführt wurden. [2]

Mit Blick auf den Kompetenzerwerb der Studierenden zur fachdidaktischen Sensibilisierung für interreligiöses Lernen in der Schule (vgl. Kompetenzstufe 1) zeigt sich eine Kongruenz in den Ergebnissen der qualitativen und quantitativen Analysen. Sowohl der sehr hohe Mittelwert (MW) des Items von MW= 3,4 (auf einer vierstufigen endpunktverankerten Zustimmungsskala von 1 trifft nicht zu, bis 4 trifft voll zu) als auch die Inhaltsanalyse der Sequenz (s.u.) verdeutlichen, dass die Studierenden sensibilisiert und differenziert mit dem Thema des interreligiösen Lernens umgehen können.

Fr. Hinz	[254] Für den Religionsunterricht nehm ich mit, dass interreligiöses Lernen eben nicht nur das (*) Lernen ÜBER eine Religion ist […] sondern dass es grad auf diesen AUStausch ankommt […] [256] es von jemandem persönlich hört [262] Vielleicht jemand, wo […] dem Glauben ANgehört? Dass der vielleicht mal […] wirklich nochmal perSÖNlich beschreibt, was das für ihn bedeutet […]

Die Sequenz der Studentin Frau Hinz[3] wird in die Unterkategorie *Interreligiöse fachdidaktische Kompetenzen* eingeordnet. Diese lässt sich wie folgt definieren: Die Studierenden können grundsätzlich mit Themen und Fragestellungen des interreligiösen Lernens sensibel und differenziert (vgl. Kompetenzstufe 1; in der Unterscheidung Leimgrubers nach interreligiösem Lernen im engeren und weiteren Sinne) umgehen, religionsdidaktische Materialien auf interreligiöse Fragestellungen hin analysieren und deren Potenzial erforschen (vgl. Kompetenzstufe 3; Leimgruber 2007, 21).

[2] Die quantitativen Daten wurden mit dem Programm SPSS herausgearbeitet. Für die qualitative Erhebung wurden die Audioaufnahmen der Gruppeninterviews transkribiert und nach der Qualitativen Inhaltsanalyse (in Anlehnung an *Mayring*) ausgewertet.
[3] Alle Namen der Studierenden wurden abgeändert und sind somit anonymisiert.

Wie auch die anderen Items fachdidaktischer Kompetenzen (mit den Mittelwerten MW=3,2 und MW=3,0) zu interreligiösen Fragestellungen im RU deutlich aufzeigen, sind die Studierenden mithilfe ihres eigenen Forschungsprojekts in der Lage interreligiöse Fragestellungen im RU anzuwenden und zu reflektieren (vgl. Kompetenzstufe 2 und 3).

Diese Tendenz lässt sich zugleich durch die qualitative Analyse (s.u.) hervorheben, indem die Studierenden sensibel darin sind, religionsdidaktisches Material allgemein und für die Anwendung im RU zu bewerten und zu reflektieren. Zum Beispiel für die fachdidaktische Analyse des interreligiösen Lernens an Zeugnissen fremder Religionen kommen die beiden Studierenden (Frau Bock und Frau Hinz) zu einem wesentlichen Ergebnis ihrer interreligiösen Forschungsarbeit:

Fr. Bock	[249] diese ähm Fachdidaktik an Zeugnissen lernen, wo wir uns eingelesen jetzt haben, kommt [...] aus England und heißt glaub ich [...] 'Give to the child'[4] [251] Genau. [...] Ähm (**) war natürlich für uns sehr passend [...] Fazit: NUR auf Grundlage des Koffers [...] findet sicher noch KEIN ähm [265] interreligiöses Lernen statt, sondern [267] NUR eben (*) Lernen (*) ÜBER die Religion.

Frau Bock betont an dieser Stelle nachdrücklich, dass ausschließlich auf Grundlage des Materialkoffers zum Hinduismus kein interreligiöses Lernen, sondern ein Lernen über Religion stattfinden kann. Ergänzend zu diesem kritisch reflektierten Fazit von Frau Bock zeigt sich die Studentin Frau Hinz recht enttäuscht über den Inhalt und insbesondere die beschränkten interreligiösen, religionsdidaktischen Potenziale des Koffers:

Fr. Hinz	[330] Es wär halt SCHÖner gewesen, wenn_s wirklich doch ein Koffer gewesen wäre, wo man vielleicht das interreligiöse Lernen wirklich auch (*) geSEhen hätte, dass man nochmal ein Beispiel hat und [...] eben NICHT [...] im Endeffekt sagen muss: Ja nee, (**) kann damit jetzt doch nicht stattfinden.

Die Studentinnen zeigen in diesen Abschnitten des Transkripts sowohl Sensibilität als auch grundlegende Kompetenzen des interreligiösen Lernens (vgl. Kompetenzstufe 1). Zudem werden an dieser Stelle reflexive, interreligiös fachdidaktische Kompetenzen sichtbar, indem die Studierenden das religionsdidaktische Material mit kritisch, analytischem Blick bewerten und für weniger geeignet im engeren Sinne eines interreligiösen Lernens (nach Leimgruber) beurteilen (vgl. Kompetenzstufe 3). Daher ist es an dieser Stelle möglich, anhand der Triangulation beider Ergebnisse davon zu sprechen, dass sich die quantitativen Daten durch qualitative Sequenzen differenzierter erläutern lassen und bestätigt werden können. Der hohe quantitative Wert der fachdidaktischen Kompetenzentwicklung (mit den Mittelwerten von 3,0 und höher) kann folglich gestützt werden, womit einhergeht, dass von einer

[4] Die Studierende meint an dieser Stelle mit ziemlicher Sicherheit den zuvor im Seminar thematisierten religionsdidaktischen Ansatz *A gift to the child* von John M. Hull.

reflexiven und anwendungsbezogenen Kompetenzentwicklung interreligiöser Fragestellungen gesprochen werden kann.

Resümee und Ausblick

Sicherlich konnte dieser Auszug nur eine erste Tendenz von Potenzialen für die Zusammenführung des Forschenden Lernens und der interreligiösen Kompetenzbildung für die Religionslehrer*Innenbildung herausarbeiten und konturieren – insbesondere für die interreligiöse fachdidaktische Kompetenzentwicklung der Studierenden.

Mit der Evaluation des Seminars sollte ein erster Vorstoß einer Synthese aus Forschendem Lernen in der religionspädagogischen Hochschuldidaktik und der interreligiösen Kompetenzentwicklung von Studierenden ausgearbeitet werden. Für die Entwicklung eines ausdifferenzierten und fundierten Konzepts bedarf es weiterer umfassender sowie tiefgreifender wissenschaftlicher Untersuchungen und religionspädagogischer Analysen.

Literatur

Bundesassistentenkonferenz (1970). Forschendes Lernen – Wissenschaftliches Prüfen. Schriften der Bundesassistentenkonferenz 5. Bonn.

Huber, Ludwig (2014). Forschungsbasiertes, Forschungsorientiertes, Forschendes Lernen: Alles dasselbe? Ein Plädoyer für eine Verständigung über Begriffe und Unterscheidungen im Feld forschungsnahen Lehrens und Lernens. *Das Hochschulwesen* 62 (1+2), 32-39.

Leimgruber, S. (2007). Interreligiöses Lernen. München: Kösel.

Meyer, G., Peters, H., Schüller, S. (2016.) „Forschendes Lernen“ in der Religionspädagogik. *Religionspädagogische Beiträge*, 74, 116-127.

Miotk, J. (2013). Ausgewählte Zertifikate, Zusatzqualifikationen und Studiengänge zur Interreligiösen Kompetenzbildung an Theologischen Fakultäten und Hochschulen. In K. Boehme (Hrsg.), *Wer ist der Mensch?* (S. 277-280). Berlin: Frank & Timme.

Miotk, J., Oberle R. (2017). Forschendes Lernen in der Katholischen Religionspädagogik – Einblicke in die erste Phase der Religionslehrer*Innenbildung an der Pädagogischen Hochschule Heidelberg. In U. Kiehne et al. (Hrsg.), *Lehrerbildung im Kontext von forschendem Lernen, Inklusion und Interdisziplinarität* (S. 49-61). Berlin: Logos.

Schneider, R., Wildt, J. (2009). Forschendes Lernen und Kompetenzentwicklung. In L. Huber et al. (Hrsg.), *Forschendes Lernen im Studium. Aktuelle Konzepte und Erfahrungen*. Bielefeld (S.53-69). Bielefeld: UVW.

Schröder, B. (2009). Zur Ausbildung evangelischer Religionslehrerinnen und -lehrer in Deutschland und in ihrer Vorbereitung auf den „Trialog“. In ders. et al. (Hrsg.), *Was ist ein guter Religionslehrer? Antworten von Juden, Christen und Muslimen* (S. 205-212). Berlin: Frank & Timme.

Wildt, J. (2009). Forschendes Lernen und Kompetenzentwicklung. In L. Huber et al. (Hrsg.), *Forschendes Lernen im Studium. Aktuelle Konzepte und Erfahrungen* (S. 53-69). Bielefeld: UVW.

Isabelle NIENTIED, Münster; Martin SCHLUTOW, Münster

Forschendes Lernen im Praxissemester aus der Perspektive angehender Geschichtslehrkräfte: Chance zur Professionalisierung oder Lernhindernis?[1]

Forschendes Lernen hat zurzeit als hochschuldidaktisches Konzept im Rahmen der Lehrerbildung Konjunktur. Lehramtsstudierende sollen während des Praxissemesters nicht Handlungsroutinen erlernen, sondern vielmehr den Nutzen wissenschaftlichen Wissens für späteres professionelles Lehrerhandeln erkennen, weshalb der Durchführung eigener Forschungsprojekte an der Praktikumsschule eine Schlüsselstellung zukommt (Weyland 2014, 10). Über die Ziele des Forschenden Lernens herrscht damit zumindest relative Einigkeit; hingegen ist die Frage, wie die am Praxissemester beteiligten Akteure das Forschende Lernen wahrnehmen, weitgehend ungeklärt. Die Vorstellungen der Studierenden zum Forschenden Lernen im Rahmen ihres *geschichtsdidaktischen* Studiums sind dabei überhaupt noch nicht erforscht worden. Die Untersuchung beschäftigt sich daher mit den Fragen, 1) wie Studierende des Faches Geschichte das Forschende Lernen im Rahmen des Praxissemesters wahrnehmen, 2) ob sie sich durch die geschichtsdidaktischen Forschungsprojekte auf dem Weg zum *Reflective Practitioner* (Schön 1983) sehen und 3) ob sich Veränderungen der Vorstellungen zum Forschenden Lernen im Laufe des Praxissemesters erkennen lassen.

Zur Studierendenperspektive auf Praktikumserfahrungen liegen in fächerübergreifender Perspektive vielfältige, aber widersprüchliche Befunde vor. Tina Hascher zum Beispiel spricht von einem „Mythos Praxis“: Studierende schätzten ihren eigenen Kompetenzzuwachs in Praktika durchweg als sehr positiv ein, dabei lernten sie jedoch nur teilweise das, was durch das Praktikum intendiert war (Hascher 2012, 122-123). Auch die empirischen Studien zur studentischen Forschung im Kontext der Lehrerbildung verweisen auf widersprüchliche Wahrnehmungen dieses didaktischen Konzepts (vgl. etwa Feindt 2007 und Holtz 2014). Die geschichtsdidaktische Forschung hat sich dem Themenfeld Praxissemester bislang nur in Ansätzen genähert. Allein Christoph Wilfert hat mit Hilfe von Leitfadeninterviews untersucht, „ob und wie sich das Praxissemester auf die fachdidaktische Kompetenzentwicklung auswirkt“ (2016, 193). Er gelangt dabei zu dem Befund, dass das Praxissemester dieser Entwicklung „sowohl zu- als auch abträglich sein kann“ (2016, 205).

[1] Für eine ausführlichere Darstellung der Studie vgl. Nientied & Schlutow (2017).

In der vorliegenden Studie stehen die Vorstellungen der befragten Studierenden zu einem zentralen Konzept ihrer Ausbildung im Fokus. Terminologisch lassen sich Vorstellungen von Lehramtsstudierenden unter Rückgriff auf professionstheoretische Ansätze eingrenzen. In Hinblick auf Kognitionen über Unterricht und den Lehrberuf differenziert Ludger Schröer zwischen Alltagswissen bei Schülern, individuellen didaktischen Theorien bei Studierenden und Referendaren sowie subjektiven Theorien bei erfahrenen Lehrkräften (2015, 25). Jede „Stufe" unterscheidet sich von der vorigen durch eine gesteigerte Wissenschaftlichkeit. Studierende verfügen auf Grund erster pädagogischer und fachdidaktischer Lehrveranstaltungen bereits über grundlegende wissenschaftliche Konzepte. Wie Schröer anmerkt, bleiben diese jedoch unscharf konturiert (2015, 26). Die Vorstellungen von Studierenden zum Forschenden Lernen sind somit vermutlich auf der Schnittstelle zwischen Alltagswissen und ersten individuellen didaktischen Theorien zu verorten.

Um die Studierendenperspektive auf das Forschende Lernen im Praxissemester Geschichte zu erheben, wurden insgesamt 114 Studierende des Instituts für Didaktik der Geschichte der WWU Münster zu drei verschiedenen Zeitpunkten befragt (vor, während und nach dem Praxissemester). Die Datenerhebung wurde in Form einer offen gehaltenen schriftlichen Befragung durchgeführt. Zunächst wurden die Vorstellungen der Studierenden zum Forschenden Lernen erfragt, ihre Erfahrungen mit dem Konzept (falls zutreffend) sowie ihre Sicht auf die Bedeutung der Forschungsprojekte für ihre professionelle Laufbahn. Weitere Schreibaufträge befassten sich mit Durchführungsproblemen, förderlichen Faktoren für die Umsetzung der Studienprojekte sowie sonstigen Bemerkungen. Ein Fachbezug wurde explizit eingefordert. Auf Grund zeitlicher und personaler Ressourcen wurde von einer echten Longitudinalstudie abgesehen. Die Entwicklung der Vorstellungen zum Forschenden Lernen wird somit an drei unterschiedlichen Kohorten gezeigt. Die Auswertung der Fragebögen erfolgte inhaltsanalytisch-kategorienbildend und in einem zweiten Schritt deskriptiv-statistisch.

Für alle drei Erhebungszeitpunkte kann als wichtiges Ergebnis der Studie zunächst festgehalten werden, dass die Vorstellungen der Studierenden stark divergieren. Im Einzelnen lassen sich aus den schriftlichen Äußerungen der Studierenden über alle drei Erhebungszeitpunkte hinweg drei zentrale Kategorien entwickeln. Zu unterscheiden ist demnach zwischen den Kategorien *Theorie vs. Praxis*, *Forschung im Fokus* und *Professionalisierung im Fokus*. 42,2% aller befragten Studierenden zeigen sehr vage Vorstellungen bezüglich der Ziele und der Relevanz des Forschenden Lernens in ihrem Lehramtsstudium. Dies geht in der Regel mit einer deutlich ablehnenden Beurteilung des Forschenden Lernens im Praxissemester einher, da der Fokus der eigenen Ausbildung in den Augen dieser Studierenden auf dem Erwerb von Handlungswissen zur Planung und Durchführung von Unterricht zu liegen habe. Universitäre Theorie und schulische Praxis werden dabei als Gegensätze wahrgenommen: *Theorie vs. Praxis* ist der zentrale Baustein dieser Vorstellungen. Für eine zweite Gruppe bedeutet Forschendes Lernen im Praxissemester vor allem eigenständiges Forschen an der Schule. Tendenziell zeigen diese Studierenden eine kritische Haltung gegenüber den Studienprojekten, da Anspruchsniveau und Arbeitsbelastung eigener Forschungsprojekte als hoch wahrgenommen werden, der Nutzen für die eigene berufliche Zukunft dagegen angezweifelt wird (Kategorie *Forschung im Fokus*). Ihr Anteil ist mit insgesamt 18,3% geringer. Nicht zuletzt verbalisiert aber eine dritte Gruppe von Studierenden sehr präzise Vorstellungen vom Konzept des Forschenden Lernens, benennt konkret den Erkenntnisgewinn und reflektiert die Rolle der Studienprojekte für den eigenen Ausbildungsprozess. Damit geht in der Regel eine positive Beurteilung des Forschenden Lernens einher. Diese Gruppe kann unter der Kategorie *Professionalisierung im Fokus* subsumiert werden und stellt einen Anteil von insgesamt 39,4%.

Über den Verlauf des Praxissemesters hinweg verändern sich die Anteile der Probanden an den einzelnen Typen in unterschiedlichem Maße. Eine deutliche Tendenz zu Professionalisierungsüberzeugungen kann jedoch nicht ausgemacht werden, da der Anteil der Gruppe *Theorie vs. Praxis* konstant hoch bleibt und auch nach Beendigung des Praxissemesters bei 36,1% liegt. Der Typ *Forschung im Fokus* tritt dagegen über den Verlauf der Erhebung hinweg immer seltener auf, was mit der fortschreitenden forschungsmethodischen Sicherheit und der Ausarbeitung der Studienprojekte zu erklären ist. Diejenigen Studierenden, die das Forschende Lernen als Chance für ihre eigene berufliche Entwicklung sehen, nehmen jedoch durchaus an der Zahl zu. Innerhalb der Gruppe „nach dem Praxissemester“ stellen sie solide 50%; demgegenüber beträgt ihr Anteil an den Befragten vor und im Praxissemester nur ca. ein Drittel (35,3% bzw. 33,3%). Auffällig ist zudem, dass konkrete Aussagen über das Studienprojekt *im Fach Geschichte* insgesamt selten im Datenmaterial zu finden sind. *Wenn* jedoch die Aussagen an den Geschichtsunterricht und historische Lehr-/Lernprozesse angebunden werden, dann geschieht dies bei Studierenden, die sich der Kategorie *Professionalisierung im Fokus* zuordnen lassen.

Insgesamt kann also nicht davon gesprochen werden, dass ein bemerkenswerter Vorstellungswandel über den Verlauf des Praxissemesters hinweg zu verzeichnen ist: Die Gruppe *Theorie vs. Praxis* verharrt vorwiegend in der

Schülerperspektive. Die Sichtstrukturen von Unterricht sind für diese Probanden zentral. Sie zeigen entsprechend keinen oder kaum einen Einblick in unterrichtliche Tiefenstrukturen und deren fachdidaktische Fundierung, was eine Erklärung für die größtenteils fehlende geschichtsdidaktische Anbindung der Aussagen im Fragebogen darstellen könnte. Auch in der Masterphase scheinen diese Studierenden noch eher über Alltagswissen bezüglich Geschichtsunterricht als über individuelle didaktische Theorien zu verfügen (Schröer 2015). Forschendes Lernen stellt für diese Studierenden damit ein Lernhindernis auf dem Weg zur unterrichtsmethodisch versierten Lehrkraft dar. 30-50% der Probanden aller Kohorten zeigen jedoch wissenschaftsförmige Vorstellungen vom Forschenden Lernen und schildern ihren eigenen Vorstellungswandel von Ablehnung zur Wahrnehmung des Forschenden Lernens als Chance zur Professionalisierung. Ob dies eine langfristige Wirkung des Forschenden Lernens im Praxissemester hin zu mehr Reflexivität darstellt, kann an dieser Stelle allerdings nicht abschließend beurteilt werden.

Literatur

Feindt, A. (2007). *Studentische Forschung im Lehramtsstudium. Eine fallrekonstruktive Untersuchung studienbiografischer Verläufe und studentischer Forschungspraxen.* Dissertation, Carl-von-Ossietzky Universität Oldenburg. Opladen/Farmington Hills: Budrich.

Hascher, T. (2012). Lernfeld Praktikum – Evidenzbasierte Entwicklungen in der Lehrer/innenbildung. *Zeitschrift für Bildungsforschung*, 2 (2), 109-129.

Holtz, P. (2014). „Es heißt ja auch Praxissemester und nicht Theoriesemester": Quantitative und qualitative Befunde zum Spannungsfeld zwischen „Theorie" und „Praxis" im Jenaer Praxissemester. In K. Kleinespel (Hrsg.), *Ein Praxissemester in der Lehrerbildung. Konzepte, Befunde und Entwicklungsperspektiven am Beispiel des Jenaer Modells* (S. 97-118). Bad Heilbrunn: Klinkhardt.

Nientied, I. & Schlutow, M. (2017). Auf dem Weg zum *Reflective Practitioner*? Forschendes Lernen im Praxissemester Geschichte aus der Perspektive von Studierenden. *Zeitschrift für Didaktik der Gesellschaftswissenschaften*, 8 (2), 143-156.

Schön, D. A. (1983). *The Reflective Practitioner. How Professionals Think in Action.* New York: Basic Books.

Schröer, L. (2015). *Individuelle didaktische Theorien und Professionswissen. Subjektive Konzepte gelingenden Geschichtsunterrichts während der schulpraktischen Ausbildung.* Dissertation, Westfälische Wilhelms-Universität Münster. Berlin: LIT.

Weyland, U. (2004). Schulische Praxisphasen im Studium: Professionalisierende oder deprofessionalisierende Wirkung? *bwp@ Berufs- und Wirtschaftspädagogik* – online, Profil 3, 1-24. Online unter: http://www.bwpat.de/profil3/weyland _profil3.pdf (zuletzt abgerufen am 19.10.2017).

Wilfert, C. (2016). Das Praxissemester als Element der universitären Geschichtslehrerausbildung. Strukturen, empirische Befunde und Perspektiven. *Geschichte in Wissenschaft und Unterricht*, 67 (3/4), 190-206.

Udo OHM, Bielefeld; Anika ZÖRNER, Bielefeld

„Wobei ich muss sagen, was mir gerade auffällt, dass wir nirgendswo was mit DaZ gemacht haben" – Forschendes Lernen in Deutsch als Zweitsprache im Spannungsfeld konkurrierender Tätigkeitssysteme

Das in der Lehrerausbildung der Universität Bielefeld für alle Studierende verpflichtende Modul Deutsch als Zweitsprache (DaZ-Modul) ist trotz der Relevanz zweitsprachlicher Entwicklung für das Fachlernen nicht curricular in das Praxissemester eingebunden und wird i.d.R. im vorhergehenden Semester absolviert. Der Beitrag geht der Frage nach, warum Studierende Forschendes Lernen (FL) im Fachgebiet Deutsch als Zweitsprache (DaZ) häufig im Widerspruch zu ihren Zielsetzungen und Handlungsoptionen im Praxissemester erfahren, obwohl im DaZ-Modul die fallbasierte Vermittlung eines begrifflichen Instrumentariums zur fachlich-systematischen Wahrnehmung und Analyse zweitsprachendidaktischer Aspekte des Fachunterrichts erfolgt.

Theoretische Fundierung Forschenden Lernens im Fachgebiet Deutsch als Zweitsprache

Die spezifische Leistung FLs wird in Anlehnung an Dewey (1938/1991: 118-120) damit begründet, dass wissenschaftliche Begriffssysteme in besonderer Weise geeignet sind, neue Sichtweisen auf die Erfahrungswelt zu etablieren. Während originäre Forschung auf Theorien, Begriffe und Hypothesen zurückgreift, um unbestimmte Situationen kontrolliert in Situationen zu transformieren, die dann zu Untersuchungsgegenständen werden können (Dewey 1938/1991: 108), dienen wissenschaftliche Begriffe und Modelle beim vorliegenden Ansatz FLs dazu, alltagsbegriffliche Bestimmungen von Unterrichtssituationen aufzugreifen und infrage zu stellen, um Erfahrungen mit Unterricht für eine wissenschaftlich fundierte didaktische Analyse und Planung zugänglich zu machen.

Die Produktivität FLs für den Kompetenzerwerb wird mit Vygotskijs Unterscheidung zwischen Alltagsbegriffen und wissenschaftlichen Begriffen (1934/2002: 274) begründet: Demnach sind „im wissenschaftlichen und im Alltagsbegriff eine unterschiedliche Beziehung zum Gegenstand und ein unterschiedlicher Akt seiner Erfassung im Denken enthalten". Während die Entwicklung der Alltagsbegriffe „in der Sphäre der Konkretheit und Empirie" beginnt und „in Richtung der höheren Eigenschaften von Bewusstheit und Willkürlichkeit" geht, beginnt die der wissenschaftlichen Begriffe „in der Sphäre der Bewusstheit und Willkürlichkeit und wächst nach unten in die Sphäre der persönlichen Erfahrung und Konkretheit" (Vygotskij

1934/2002: 347). Willkürlichkeit ist hier im Sinne von Arbitrarität zu verstehen: Während die Bedeutung von Alltagsbegriffen an Alltagserfahrungen gebunden und von diesen nicht zu trennen ist, erhalten wissenschaftliche Begriffe ihre Bedeutung aus ihrer Funktion in einem Begriffssystem, einem Modell, einer Theorie. Wissenschaftliche Begriffe erlauben dem Handelnden daher, auf Distanz zu seiner Alltagserfahrung zu gehen und seine Aufmerksamkeit systematisch auf bisher von ihm nicht beachtete Aspekte, z.B. von Unterricht, zu lenken.

Bezogen auf die Vermittlung von DaZ-Kompetenz kann mit Smagorinsky et al. (2003: 1401) daher formuliert werden, dass die Entwicklung eines eigenen Ansatzes unterrichtlichen Handelns in dialektischer Beziehung zur Entwicklung einer eigenen Konzeption unterrichtlichen Handelns steht, die als eine systematische und regelgeleitete Tätigkeit in einem sozialen Kontext hervortritt. Die für eine Konzeption unterrichtlichen Handelns konstitutiven Begriffe, begrifflichen Relationen und Modelle können somit nicht direkt vermittelt werden, sondern entstehen durch systematische Anwendung von Begriffen auf unterrichtliche Erfahrungen bzw. eigene Unterrichtstätigkeit. Obwohl FL im Praxissemester Gelegenheit für eine systematische Anwendung von im DaZ-Modul angeeigneten Begriffen bieten sollte, scheint Studierenden dies nur in Ausnahmefällen zu gelingen. Im Folgenden wird mit dem begrifflichen Instrumentarium der Tätigkeitstheorie aufgezeigt, dass dies den widersprüchlichen Anforderungen zwischen universitärer Ausbildung und schulischer Praxis geschuldet ist, die die Studierenden im Praxissemester erfahren.

Unterrichten und Forschendes Lernen als konkurrierende Tätigkeitssysteme

Den Annahmen der kulturhistorischen Schule folgend, führt Leont'ev (1984: 15 f.) die Tätigkeit als mediierende und bewusstseinsbildende Komponente zwischen Subjekt und Gegenstand ein. Der Gegenstand bildet dabei das tatsächliche Motiv der Tätigkeit und ist das, was einzelne Tätigkeiten wesentlich voneinander unterscheidet (Leont'ev 1977: 34). Engeström, der, aufbauend auf Leont'ev und Vygotskij, in seinem kollektiven Tätigkeitssystem soziale Praktiken als untrennbar

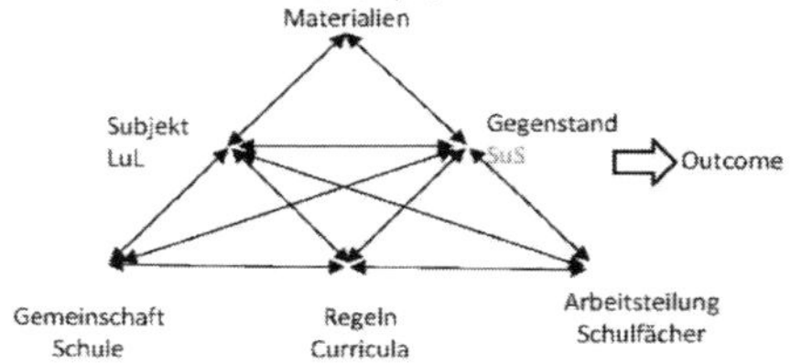

Abb. 1: Tätigkeitssystem Fachunterricht nach Engeström u.a. 2008

von funktionalen Tätigkeitssystemen in einem soziokulturellen Kontext beschreibt (Lantolf, Thorne 2006: 222), definiert, übertragen auf den Schulkontext, Schülerinnen und Schüler (SuS) bzw. das Verhältnis zwischen diesen und dem von ihnen zu erwerbenden Wissen als allgemeinen Gegenstand von Lehrerinnen und Lehrern (LuL) im Unterricht (Engeström 2008: 369). Die individuellen Handlungen von LuL im Unterricht sind durch die soziale Basis, bestehend aus der Gemeinschaft (Schule), den vorherrschenden Regeln (z.B. Curricula) und Arbeitsteilung (z.B. Schulfächer) in das kollektive Tätigkeitssystem (Fachunterricht) eingebettet (ebd.) (siehe Abb. 1).

Die Wahrnehmung widersprüchlicher Handlungsoptionen von Praxissemesterstudierenden im Tätigkeitssystem Fachunterricht lässt sich mit der Gegenstandorientiertheit von Tätigkeitssystemen erklären. Während das Tätigkeitssystem Fachunterricht durch den Gegenstand SuS bestimmt wird, bildet das Praxissemester mit dem Gegenstand der Erprobung der eigenen LuL-Rolle ein eigenes Tätigkeitssystem (siehe Abb. 2).

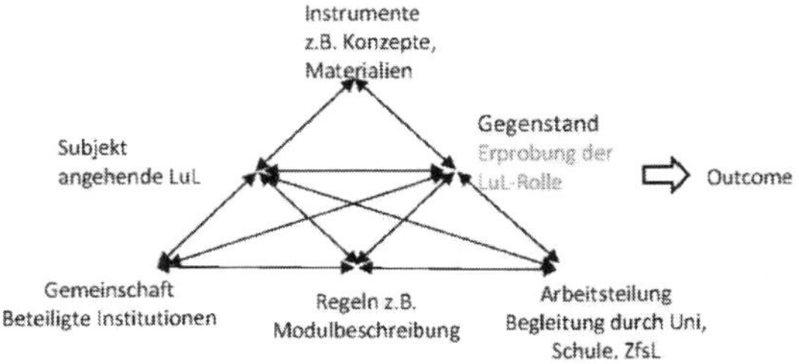

Abb. 2: Tätigkeitssystem Praxissemester nach Engeström u.a. 2008

Die sich hieraus ergebenden widersprüchlichen Handlungsoptionen nehmen die Studierenden mit Blick auf die Querschnittsaufgabe „sprachsensibler" Fachunterricht als Überforderungen wahr[1].

Da das Fachgebiet DaZ keinem Schulfach zugeordnet werden kann, sondern eine Querschnittsaufgabe aller Fächer vertritt, machen sich widersprüchliche Handlungsoptionen im Praxissemester hier besonders leicht bemerkbar. Bei der Analyse von Interviews mit Studierenden zu ihren Erfahrungen im Praxissemester konnten Inkonsistenzen in Begriffssystemen rekonstruiert werden, die darauf hindeuten, dass die im DaZ-Modul vermittelten begrifflichen Grundlagen nicht systematisch auf unterrichtliche Erfahrungen angewendet wurden. So berichtet eine Studierende, dass sie das im DaZ-Modul auf der Basis des Begriffs des *mode continuum* vermittelte Modell der mehrphasigen Entwicklung konzeptionell schriftsprachlicher Fähigkeiten im Fachunterricht (vgl. Gibbons 2006) wegen des Lehrplans nicht systematisch umsetzen

[1] Die dem Beitrag zugrunde liegenden Daten wurden im Projekt Biprofessionel erhoben. Biprofessional wird im Rahmen der gemeinsamen Qualitätsoffensive Lehrerbildung von Bund und Ländern aus Mitteln des Bundesministeriums für Bildung und Forschung gefördert (Förderkennzeichen: 01JA1608).

konnte und daher nur gelegentlich einzelne Phasen unsystematisch ausprobiert hätte, wenn Zeit dafür gewesen sei. Hier zeigt sich exemplarisch der Widerspruch zwischen den Tätigkeitssystemen: Dem Tätigkeitssystem Fachunterricht folgend (Gegenstand SuS) fühlt sich die Studierende verpflichtet, Fachwissen laut Lehrplan zu vermitteln, dem Tätigkeitssystem Praxissemester (Gegenstand: Erprobung der eigenen Lehrerrolle) folgt sie dort, wo dieses mit dem erstgenannten aus ihrer Sicht nicht in Konflikt gerät.

Professionalisierung in Deutsch als Zweitsprache als Schulentwicklungsaufgabe

Studierende fühlen sich offenbar angesichts des von Lehrplänen vorgegebenen Lernpensums zu begrifflichen Reduktionen und Trivialisierungen genötigt (vgl. Smagorinsky et al. 2003: 1404f.). Die institutionellen Zwänge des Tätigkeitssystems Fachunterricht schränken die Handlungsoptionen im Fachgebiet DaZ ein. Neben einer strategischen Beratung, die Studierende bei der Durchführung DaZ-spezifischer Projekte trotz institutioneller Vorgaben und Widerstände unterstützen kann, muss die Professionalisierung in DaZ daher unbedingt auch als Schulentwicklungsaufgabe begriffen werden. Gerade bei einer Querschnittsaufgabe wie dem „sprachsensiblen“ Fachunterricht bietet sich eine phasenübergreifende Konzeption FLs an, die einerseits die Projekte von Studierenden im Praxissemester als Impulse für Schulentwicklung betrachtet und andererseits Fachlehrkräfte über Weiterbildungsmaßnahmen zum FL professionalisiert, um dadurch einen forschenden Habitus in den Schulen zu etablieren.

Literatur

Dewey, John (1939/1991): *Logic: The Theory of Inquiry*. In: Boydston, Jo Ann (Ed.). The Later Works of John Dewey, 1925-1953, Vol. 12. Carbondale and Edwardsville: Southern Illinois University Press.

Engeström, Yrjö (2008): *Entwickelnde Arbeitsforschung. Die Tätigkeitstheorie in der Praxis*. Lehmanns: Berlin.

Gibbons, Pauline (2006): Unterrichtsgespräche und das Erlernen neuer Register in der Zweitsprache. In: Mecheril, Paul & Quehl, Thomas (Hrsg.): *Die Macht der Sprachen. Englische Perspektiven auf die mehrsprachige Schule*. Münster: Waxmann, 269-290.

Lantolf, James P.; Thorne, Steven (2006): *Sociocultural theory and the genesis of L2 development*. Oxford [u.a.]: Oxford Univ. Press.

Leont'ev, Aleksej N. (1977): Tätigkeit, Bewußtsein, Persönlichkeit. Stuttgart: Klett.

Leont'ev, Aleksej N. (1984): Der allgemeine Tätigkeitsbegriff. In: Leont'ev, Aleksej N., Leont'ev Aleksej, A.; Judin, Erik G. *Grundfragen einer Theorie der sprachlichen Tätigkeit*. Berlin: Kohlhammer, 13-30.

Smagorinsky, Peter; Cook, Leslie Susan; Johnson, Tara Star (2003): The Twisting Path of Concept Development in Learning to Teach. In: Teachers College Rec 105, 8. 1399–1436.

Vygotskij, L.S. (1934/2002). *Denken und Sprechen*. Weinheim und Basel: Beltz.

Rüdiger RHEIN, Hannover; Inge ROGGENBUCK-JAGAU, Hannover; Tanja KRUSE, Hannover

Forschendes Studieren beforschen – am Beispiel der Lehrveranstaltung „Häusliche Schularbeitspraktiken von Schüler*innen aus der Sicht ihrer Eltern“

Der Beitrag stellt die Beforschung eines forschenden Lernprojektes vor: Lehramt-Studierende hatten im Rahmen einer erziehungswissenschaftlichen Lehrveranstaltung leitfadengestützte Interviews geführt und diese mit Methoden der rekonstruktiven Sozialforschung ausgewertet. Teilnehmende dieser Lehrveranstaltung wurden nach Semesterende in fokussierten Interviews zu ihren Lern- und Studienerfahrungen in diesem Seminar befragt. Diese Befragung zielte auf eine hermeneutische Rekonstruktion studierenden Lernens in einer forschungsorientierten Lehrveranstaltung.

1. Die Lehrveranstaltung „Häusliche Schularbeitspraktiken von Schüler*innen aus der Sicht ihrer Eltern“

Die Lehrveranstaltung fand im Rahmen des Masterstudiums Master of Education. Lehramt an Gymnasien im Sommersemester 2016 an der Leibniz Universität Hannover statt. Sie war als forschendes Studierprojekt in Anlehnung an das Modell des forschenden Lernens nach Huber (2013) über drei etwa gleich lange Arbeitsphasen konzipiert: Die theoretische Vorbereitung diente der Aufbereitung der für das Thema einschlägigen Literatur, in der sich Widersprüche zwischen einer normativ aufgeladenen Programmatik zur schulischen Funktion von Hausaufgaben und einer empirisch fundierten Deskription einer häuslichen Hausaufgaben-Praxis andeuteten. Es folgte die Formulierung von Hypothesen und einer Fragestellung für die studentische Studie, deren Durchführung durch die Bereitstellung und Aneignung eines qualitativ sozialwissenschaftlich verankerten Forschungsdesigns ermöglicht wurde. Die zweite Arbeitsphase, die von der Dozentin beratend begleitet wurde, umfasste die eigenständige Feldarbeit der Studierenden, die individuell Erzählinterviews mit einem Elternteil durchführten und aussagekräftige Protokollsequenzen transkribierten, um anschließend in Arbeitsgruppen sequenzanalytische hermeneutische Interpretationen vorzunehmen. Der dritte Teil des Seminars vertiefte die von den Studierenden in den Gruppen vorgenommenen Vorabinterpretationen der Protokolle im herkömmlichen Plenum mit dem Ziel der Bündelung der Ergebnisse zu Strukturhypothesen zu der Fragestellung, welchen Sinn Eltern der dem häuslichen Arbeiten als Zwischeninstanz von Schule und Familie zuschreiben.

Da fast alle Studierenden vor Beginn des Studierprojektes erwartet hatten, dass sich die Programmatik von Hausaufgaben weitestgehend in der empirisch beobachtbaren Praxis wiederspiegeln werde, war die eigenständige Erforschung der häuslichen Praxis, die sich zur normativ-theoretischen Konzeption konträr darstellte, eine eklatante Überraschung und führte entsprechend zu teils auch ausbildungsbiografisch bedeutsamen Irritationen.

2. Bildungserfahrung als Krisenerfahrung

„Das war eine ganz neue Erfahrung"(Int. 6; 1)

Das Studierprojekt wird zu einer Kontrasterfahrung in Hinblick auf herkömmliche bildungswissenschaftliche Lehrveranstaltungen, die sich – grob skizziert – vornehmlich durch Lektüre, Rezeption und Diskussion von Forschungsergebnissen auszeichnen.

„Die Person musste ich irgendwo treffen, wo ich dann eine halbe Stunde durch (lacht) die glühende Sommerhitze laufen musste..." (Int. 1; 142-143)

Die Studentin zieht (hier auf dem Weg zur Interviewpartnerin) hinaus in eine fremde, herausfordernde Welt, in der sie sich bewähren muss. Die Begegnung mit Fremdem, das irritieren, verängstigen, in Widersprüche verwickeln, aber auch Neugier auslösen kann, lässt sich als Krise deuten, deren Bearbeitung Bildungsprozesse initiiert (vgl. Marotzki 1989, S. 159).

„Ich fand es sehr gut, dass wir nicht ähm alleine gearbeitet haben ... sondern diese Fünfergruppen... also wir mussten uns ja nicht die Interviewfrage alleine zurecht legen ..." (Int. 3; 122-123).

In der Krisenerfahrung entstehen Bedürfnisse zur Bearbeitung der Krise und zur Verarbeitung der Erfahrung. Die Peergroup der Kommiliton*innen wird als Bewährungsraum geschätzt, in dem die Aufgaben sozial geteilt werden können.

„weil sie [die Dozentin] uns dann quasi zur Seite stand." (Int. 2; 28)

Krise als Auslöser von Regression verlangt analog zur Bildungskrise nach erfahrenen Personen, hier der Dozentin, die als autonome Professionsangehörige im Sinne einer erfahrenen Forscherin das Arbeitsbündnis aufrecht erhält und die Studierenden im Bewährungsprozess des Forschens anerkennend begleitet.

„ähm ich war sehr ähm ... ja ich war schon ... sehr glücklich." (Int. 1; 3)

Emotionale Berührtheit in Bezug auf das Forschungsthema, konkretisiert durch Benennungen von Emotionen wie Glück, Begeisterung, Angst, Aufregung spielt eine Rolle. Das leiblich-emotionale Erleben steigert den Bezug zum Forschungsgegenstand.

Alterität in der Konfrontation mit dem Fremden und Leiblichkeit des Lernens im emotionalen Selbsterleben als Phänomene von Bildung (vgl. Göhlich & Zirfas 2007, S. 42 ff.) charakterisieren die Beschreibung der studentischen Bildungserfahrungen.

3. Anerkennungserfahrung

„ich bin ja jetzt schon im Master . und war es da auch und ähm habe sowas bisher noch nie gemacht also . wenn man sich so die Lehrveranstaltungen anguckt gerade in Erziehungswissenschaften sind die doch alle sehr . gleich aufgebaut eigentlich immer ähm da werden quasi Texte gelesen zu jeder . Sitzung und dann bereitet man sich vor und dann bespricht man die dann und dann bereitet man sie nach und das geht halt immer so weiter und deshalb ähm fand ich das mal ganz cool ich ich wusste ehrlich gesagt nicht dass das auf mich zukommt als ich das Seminar gewählt habe aber sie hat es ja gleich am Anfang transparent gemacht und . dann ähm war es sowas anderes . und im Nachhinein muss ich sagen ähm . war es eine gute Sache weil man eben sehr sehr viel . selbst machen musste .. was auch äh gar nicht schlecht ist also man hat . sich eben nicht nur mit theoretischen Texten befasst wie sonst eben immer sondern ähm man hat es eben selbst gemacht das hat so ein bisschen selbst .. erforscht das war ganz gut .. ja“ (Int. 6; 2-14)

Die Studentin betont ihre langjährige Erfahrung mit dem Ablauf von Lehrveranstaltungen und der allgemeinen Erwartung an die Studierenden (Texte vorbereitend zu lesen, im Seminar zu diskutieren, Gelerntes nachbereitend zu systematisieren). Allerdings nur „quasi“, denn jeder weiß, dass die Erwartung nicht konsequent einlösbar ist. Die Studentin hat weiter in ihrem bisherigen Studium erfahren, dass ihr individuelles Engagement keinen Einfluss auf den Ablauf von Lehrveranstaltungen hat. Die Studentin macht somit Gleichgültigkeitserfahrungen.

Hingegen skizziert die Studentin verschiedene Anerkennungserfahrungen im Rahmen des forschenden Studierprojektes: Anerkennung durch ein ehrliches Arbeitsbündnis – die Dozentin macht ihre Erwartungen an die Studierenden transparent und kommuniziert verbindliche Anforderungen; Anerkennung und Wertschätzung der studentischen Leistung: Das Interviewmaterial der Studierenden ist essentiell für das Gelingen des Studierprojektes; Anerkennung durch das Generieren von Forschungswissen: Die Studierenden erhalten von der Dozentin einen Forschungsauftrag, werden forschend aktiv und Erleben sich als Teil der Forschungswelt.

4. Praxiserfahrung

Die Studierenden haben die Lehrveranstaltung insbesondere als eine Praxiserfahrung verbucht, obwohl die Lehrveranstaltung als eine wissenschaftliche angelegt war. Dieser auf den ersten Blick irritierende Befund lässt sich auflösen, wenn man in Rechnung stellt, dass die Studierenden hier eine bestimmte Theorie-Praxis-Differenz zugrunde legen. Diese Theorie-Praxis-Differenz lässt sich auf das Modell akademischer Lehre von Reinmann (2016) projizieren, das drei Beziehungen zwischen Lernen und Forschung unterscheidet: Im *Lernen über Forschung* eignen sich die Studierenden bestehendes wissenschaftliches Wissen rezeptiv an; im *Lernen für Forschung* üben die Studierenden wissenschaftliches, vor allem methodisches Wissen ein, und im *Lernen durch Forschung* beteiligen sich die Studierenden produktiv an der Schaffung wissenschaftlichen Wissens – „in der Folge erweitern sie nicht nur ihr personales Wissen, indem sie sich durch Forschen neues Wissen aneignen und einüben, sondern sie erweitern auch die kollektive wissenschaftliche Wissensbasis." (S. 2)

Die von uns befragten Studierenden scheinen das Lernen *über* Forschung als den akademischen Normalfall zu erleben; sie erfahren sich selbst in der Rezeption als passiv. Die Lehrveranstaltung, die ein Lernen *durch* Forschung ermöglicht hat, eröffnete dagegen eine Kontrasterfahrung: die Studierenden erlebten sich als produktiv und als aktiv bzw. eigentätig. Die Differenz zwischen passiver Rezeption und aktiver Eigentätigkeit wurde dann als Theorie-Praxis-Differenz artikuliert. Der Wunsch nach „Praxis" drückt hier offenbar den Wunsch aus, in einer Teilnehmerperspektive aktiv an einem bedeutsamen Arbeitszusammenhang beteiligt zu werden (der dann auch ein forschender oder ein theoretischer sein kann), statt in einer Beobachterperspektive wissenschaftliches Wissen zu rezipieren.

5. Fazit:

Lehrveranstaltungen, die ein Lernen *durch* Forschung realisieren, können eine dem Wissensstand angemessene Bearbeitung ernsthafter Forschungsaufgaben ermöglichen und Arbeitszusammenhänge eröffnen, die im Kontext des Studiums als authentisch bedeutsam erfahren werden.

Literatur

Göhlich, M. & Zirfas, J. (2007). Lernen. Stuttgart: Kohlhammer.

Huber, L. (2013). Forschendes Lernen im Studium. Bielefeld: UVW-Verlag.

Marotzki, W. (1989). Strukturen moderner Bildungsprozesse. In: O. Hausmann & W. Marotzki (Hrsg.), *Diskurs Bildungstheorie* (Seite 147 - 180). Weinheim: DSV.

Reinmann, G. (2016). Forschungsorientierung in der akademischen Lehre. Impact Free 1. DOI: http://gabi-reinmann.de/wp-content/uploads/2016/05/Impact-Free-1.pdf

Teil 6:
Vorträge zu Herausforderungen

Nina BERLINGER, Münster; Marcel VEBER, Halle; Ralf BENÖLKEN, Münster

Inklusiver Mathematikunterricht – ein kooperatives Lehrprojekt zwischen Mathematikdidaktik und Bildungswissenschaften

1. Einleitung

Die verbindliche Umsetzung Inklusiver Bildung wirft u.a. die Frage auf, wie die Lehrer*innenbildung gestaltet werden kann und welche Professionalisierungskonzepte sich als tragfähig erweisen, damit Lehrkräfte auf die veränderten Herausforderungen angemessen vorbereitet sind. In diesem Beitrag werden die erste Phase der Lehrer*innenbildung fokussiert und das Seminarkonzept des Projekts „Inklusiver Mathematikunterricht" (IMU) skizziert, das auf einem schulpädagogisch-potenzialorientierten Verständnis Inklusiver Bildung aufbaut. Kennzeichnend ist insbesondere eine interdisziplinäre Anlage, d.h. ein Teamteaching von Kolleg*innen der Mathematikdidaktik und der Schulpädagogik, die sich sehr bewährt – hierzu werden einige Impressionen aus Evaluationen vorgestellt und Transfermöglichkeiten diskutiert. Detailliertere Darstellungen zu Hintergrund, Konzept und Evaluationen, an denen die Ausführungen des vorliegenden Beitrags orientiert sind, finden sich u.a. in Benölken, Berlinger und Veber (2017), Benölken, Veber, Berlinger und Hammad (2017) sowie Veber, Benölken, Berlinger und Doudis (2017).

2. Inklusion – fachdidaktische Potenziale nutzen

Die angedeutete schulpädagogisch-potenzialorientierte Fundierung des IMU-Projekts lässt sich wie folgt umreißen:

> „Im Rahmen eines schulpädagogisch verorteten Blicks auf Inklusion werden vielfältige inter- wie auch intraindividuelle Diversitätsfacetten als Ausgangspunkt eines multiprofessionellen Handelns in inklusiven Settings berücksichtigt. Dieser Anspruch geht u.a. mit umfassenden Systemveränderungstendenzen einher. Im Rahmen von Individueller Förderung wird versucht, auf die Vielfalt in Personen und Gruppen proaktiv, potenzialorientiert einzugehen (…). Auf der Ebene der Professionalisierung wird Inklusive Bildung nicht primär als sonderpädagogisches, sondern vielmehr als allgemeines schulpädagogisches Thema verstanden, dem interdisziplinär auch fachdidaktisch begegnet werden muss (…)." (Veber, 2015, S. 5)

Um eine Brücke von den sich hieraus ergebenden Derivaten und konkreten schulpraktischen Anforderungen – unabhängig von Differenzierungen zwischen gemeinsamem Gegenstand (Feuser, 2011) und gemeinsamer Lernsituation (Wocken, 1998) – zu schlagen, kommt Fachdidaktiken eine große Bedeutung zu: Hieraus konstituiert sich zugleich die Sinnhaftigkeit einer interdisziplinären Konzeption von Professionalisierungsangeboten für Lehrkräfte. Ferner wird einer einseitigen Fokussierung auf sonderpädagogische Fragen des Inklusionsdiskurses entgegengewirkt, ohne die grundsätzliche Bedeutung sonderpädagogischer Ansätze infrage zu stellen.

3. Skizze des Lehrkonzepts

Das Ziel des Seminars besteht darin, das professionelle Wissen Studierender über Möglichkeiten der Gestaltung inklusiven Mathematikunterrichts zu entwickeln. Neben kognitiven Facetten sind hier zugleich subjektiv-affektive Komponenten wie Überzeugungen und Selbstwirksamkeitserwartungen eingeschlossen. Anknüpfend an die interdisziplinäre Anlage liegt die Grundidee in einer balancierten Synthese von Postulaten aus Fachdidaktik und Inklusionspädagogik zur Gestaltung von Lehr-Lern-Prozessen unter Beachtung der fachlichen Konsistenz sowie eines durchgehend konstruktiv-forschenden Lernens. Hierfür ergeben sich als zentrale Fragestellungen, welche Einflussfaktoren bei der Gestaltung inklusiven Mathematikunterrichts zu berücksichtigen sind, wie sich konkrete mathematikdidaktische bzw. inklusionspädagogische Umsetzungen beschreiben lassen und ob diese jeweils wechselweise den Ansprüchen der anderen Disziplin genügen. Diese Aspekte werden im Seminarverlauf unter vielschichtigen Perspektiven beleuchtet, etwa hinsichtlich Überzeugungen gegenüber Inklusiver Bildung, verschiedenen Diversitätsfacetten (u.a. mathematische Begabung, Rechenprobleme, sonderpädagogische Unterstützungsbedarfe, …), diagnostischen und methodischen Fragen, schulischen Rahmenbedingungen oder kooperativen Lehrformen. Mit dem Fokus auf inklusiven Mathematikunterricht entwickeln die Studierenden zu diesen und weiteren Aspekten forschend-lernend selbst Ansätze, Konzepte u.a.m. Als Basis weiterführender Reflexionen sind im Seminarrahmen Best-practice-Vorträge, eine Hospitation in einer inklusiven Schule und Werkstattarbeiten integriert. Gemäß inklusionspädagogischer Hinweise darauf, dass inklusiver Unterricht keiner grundlegenden neuen Didaktik bedarf, lernen die Studierenden v.a. etablierte und ihnen bereits bekannte mathematikdidaktische Konzepte zu adaptieren. Eine Skizze einer konkreten Seminarsitzung findet sich beispielsweise bei Benölken, Berlinger und Veber (2017).

4. Evaluationen

Die Evaluation des Seminarkonzepts wurde langfristig in einem „mixed-method-design" angelegt. So werden neben üblichen standardisierten Lehrevaluationen beispielsweise immer wieder Reflexionsaufgaben zu spezifischen Fokussen eingesetzt (Abb. 1 zeigt ein Beispiel).

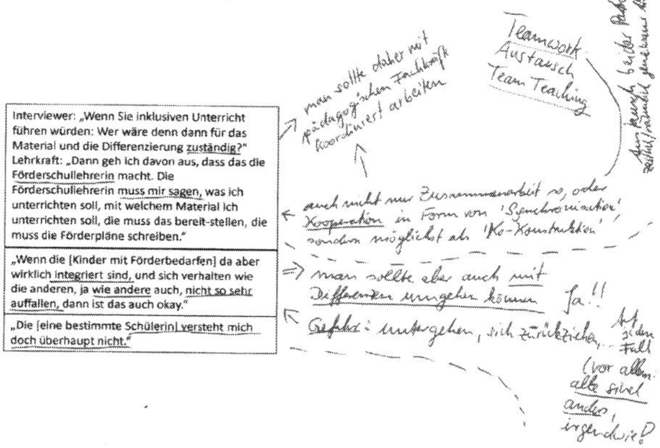

Abbildung 1: Ausschnitt aus einem Schreibgespräch zu Haltungen gegenüber Inklusiver Bildung

Darüber hinaus lassen sich die folgenden Schwerpunkte kennzeichnen:

- In einer qualitativ-rekonstruktiven Studie wurden von den Studierenden Lernlandkarten in einem Prä-Post-Design jeweils bezogen auf ihre individuellen Lernprozesse gegenüber Inklusiver Bildung im Mathematikunterricht gestaltet, um Entwicklungen ihres Professionswissens (mit kognitiven und affektiven Anteilen) gegenüber Inklusiver Bildung nachzuvollziehen. Deren pädagogisch-ikonologische Analyse wurde in Form eines partizipativen Forschungsprozesses mit Grundschullehramtsstudierenden in einer Forschungswerkstatt organisiert (s. detaillierter: Benölken, Berlinger & Veber, 2017).
- In quantitativ angelegten Untersuchung wurden anhand einer schriftlichen Befragung in einem komparativen Prä-Post-Design mögliche Veränderungen der berufsbezogenen Angst der Studierenden hinsichtlich ihrer späteren Tätigkeit an inklusiven Schulen und ihrer Überzeugungen zu inklusivem Mathematikunterrichts fokussiert (zu ersten Ergebnissen s.: Veber, Benölken, Berlinger & Doudis, 2018).

Zusammengefasst deuten die Impressionen darauf hin, dass sich die Seminarkonzeption, insbesondere die interdisziplinäre Anlage, sehr bewährt. So lässt die zuerst benannte Studie nicht nur deutlichen Wissenszuwachs durch die Seminarteilnahme erkennen, sondern insbesondere erhebliche Veränderung hin zu proinklusiven Überzeugung und Selbstwirksamkeitserwartungen. Eindrücke der schriftlichen Befragungen verfestigen diese Rekonstruktionen, etwa durch erkennbar geringere berufsbezogene Angst bei Studierenden, die das vorgestellte Seminar absolviert haben, im Vergleich zu solchen, die sich in einer vergleichbaren studienbiographischen Situation befinden, jedoch an keiner vergleichbaren Veranstaltung teilnahmen.

5. Fazit

Das in diesem Beitrag skizzierte Konzept als interdisziplinäre Anlage zwischen Schulpädagogik und Fachdidaktik bietet einen Diskussionsbeitrag für die Gestaltung der (nicht nur Mathematik-) Lehramtsbildung in inklusiven Zeiten. Die zentralen Facetten – eine schulpädagogische, potenzialorientierte Verortung, eine interdisziplinäre Anlage zwischen Inklusionspädagogik und Fachdidaktik sowie das Forschende Lernen der Studierenden in Form der Erarbeitung von Konzepten u.Ä. zu diversen Einflussfaktoren inklusiven Unterrichts – haben sich bewährt und sind als Orientierungen in andere Fachdidaktiken übertragbar. Ein großes Potenzial für eine umfassende Professionalisierung in der ersten Phase der Lehramtsbildung birgt vor diesem Hintergrund u.E. ferner die Einbettung des vorgestellten Konzepts in ein Geflecht mit vergleichbaren Veranstaltungen in anderen Fächern, mit Veranstaltungen der Bildungswissenschaften sowie mit Veranstaltungen, die spezifische Facetten von Diversität in den Blick nehmen.

Literatur

Benölken, R., Berlinger, N. & Veber, M. (2017). Das Projekt „Inklusiver Mathematikunterricht" – konzeptuelle Ansätze für Unterricht und Lehrerbildung. MNU-Journal [akzeptiert].

Benölken, R., Veber, M., Hammad, C. & Berlinger, N. (2017). Wege in Manhattan. Ein Beispiel für Potenziale natürlicher Differenzierung im inklusiven Mathematikunterricht durch Öffnungen ausgehend vom Fach. Forschung & Entwicklung Edition [akzeptiert].

Feuser, G. (2011). Entwicklungslogische Didaktik. In A. Kaiser (Hrsg.), Didaktik und Unterricht (S. 86–100). Stuttgart: Kohlhammer.

Veber, M. (2015). Potenzialorientierung – Weg und Ziel inklusiver Bildung. Schulpädagogik heute, 12, 1–22.

Veber, M., Benölken, R., Doudis, E. & Berlinger, N. (2017). Begabungsförderung "inklusiv" –theoretische Basis und praktische Umsetzung. Forschung & Entwicklung Edition [akzeptiert].

Wocken, H. (1998). Gemeinsame Lernsituationen. Eine Skizze zur Theorie des gemeinsamen Unterrichts. In A. Hildeschmidt & I. Schnell (Hrsg.), Integrationspädagogik. Auf dem Weg zu einer Schule für alle (S. 37–52). Weinheim: Juventa.

Ulrike BRUHN, Rostock

Wie hältst du es mit dem Datenschutz? Videogestütztes Forschen und Lernen im InFoLaB

1. Forschendes Lernen in der Lehrerbildung

Forschendes Lernen im Lehramtsstudium hat in den letzten Jahren zunehmend an Bedeutung gewonnen. Zurzeit werden verschiedene Varianten Forschen und Lernen zu verbinden im deutschsprachigen Raum (Huber, 2014, Rueß, Gess & Deike, 2016 & Reinmann, 2016) diskutiert. Fichten (2017, S. 34) unterscheidet zwei Varianten Forschendes Lernen in der universitären Lehramtsausbildung umzusetzen: entweder im Kontext Schulpraktischer Studien oder in Theorie-Praxis-Seminaren. So lernen die Studierenden verstärkt an eigenen oder fremden Unterrichtsvideos (Goerigk, 2017) oder forschen zu Schulentwicklungsprozessen, zu Diagnose und Förderung sowie zu eigener berufsbiografischer Entwicklung (Schüssler & Schöning, 2017, S. 45). Dabei findet die forschende Tätigkeit im Forschungsfeld Schule statt. Um Daten in der Schule erheben zu dürfen, bedarf es der Genehmigung verschiedener Behörden und Institutionen im Bildungssektor. Der Beitrag stellt exemplarisch den Verfahrensgang und die Herausforderungen dar, die für die Genehmigung der Einrichtung InFoLaB, die insbesondere videogestütztes Forschen und Lernen unterstützen soll, erforderlich waren. Es soll die Frage diskutiert werden, inwiefern umfangreiche Genehmigungsverfahren auch die Umsetzung forschungsbezogener Lehre behindern kann.

2. Forschendes Lernen im InFoLaB

Im Zuge des vom Bundesministerium für Bildung und Forschung geförderten Verbundprojektes „LEHREN in M-V“[1] wurde an der Universität Rostock ein videogestützter **In**klusions-, **Fo**rschungs-, **L**ern**a**rbeits- und **B**eratungsraum (InFoLaB) errichtet. InFoLaB bietet aufgrund der angestrebten phasenübergreifenden und inneruniversitären Kooperation von Fachbereichen, Partner-und Seminarschulen sowie Verbänden sowohl für Studierende, Referendar*innen als auch für (Hochschul-)Lehrende und Schüler*innen einen geschützten Explorations-, Erprobungs- und Informationsraum (Reinmann, 2016, S. 233 ff.), um forschungsbezogene Lehre umzusetzen. Im InFoLaB können vielfältige Lehr-Lernformate erprobt und praktische Erfahrungen in heterogenen und inklusiven Lehr-Lernsettings gesammelt werden.

[1] „LEHREN in M-V“ wird im Rahmen der gemeinsamen „Qualitätsoffensive Lehrerbildung“ von Bund und Ländern aus Mitteln des Bundesministeriums für Bildung und Forschung gefördert.

Eigens im Forschungsraum wird das hochschuldidaktische Konzept des Forschenden Lernens, insbesondere mit Videoaufnahmen verfolgt, der eine reflexive Verbindung von Theorie und Praxis ermöglicht. Forschendes Lernen soll die Verknüpfung von wissenschaftlichem Wissen und praktischem Können ermöglichen (Wildt, 2005). Es wird angestrebt, das Wissen theoretisch zu reflektieren und einen objektiveren mehrperspektivischen Blick durch situations- und fallbezogene Erfahrungen (Bromme, 1992) in der inklusiven Schulpraxis herauszubilden. Durch den Ausbau von Praxiserfahrungen an inklusiven Lernorten für alle Lehramtsstudierenden sollen Beispiele für gelungene Inklusion ermöglicht werden.

3. Räumliche und technische Ausstattung vom InFoLaB

Die Räumlichkeiten vom InFoLaB bestehen aus einem Forschungs-, einem Inklusions- und Lernarbeitsraum sowie einem Beratungsraum. Zur technischen Ausstattung vom InFoLaB gehören verschiedene IT-Systeme wie Kameras und Diktiergeräte, die z. B. Studierende und Lehrende für forschungsbezogene Lehrveranstaltungen nutzen können.

Der Inklusions- und Lernarbeitsraum wird als universitärer und schulischer Unterrichtsraum genutzt und umfasst ein stationäres videogestütztes Beobachtungslabor. Als barrierefreier Unterrichtsraum, ausgestattet mit zwei an der Wand befestigten Videokameras, bietet dieser Raum die Möglichkeit, Unterrichtssituationen zu erfassen, auszuwerten und als Lehrmaterial dauerhaft bereitzustellen. Videografie findet nachhaltigen Einsatz für heterogene und spezifisch inklusive Settings, um das eigene professionell pädagogische Handeln zu erproben und zu reflektieren. Durch die Möglichkeit der Selbst-Erforschung können u. a. blinde Flecken bei der Unterrichtswahrnehmung sowie Stärken und Schwächen des Unterrichtsstils erkannt werden.

Zudem können mittels eines Venezianischen Spiegels zwischen dem Forschungs- sowie dem Inklusions- und Lernarbeitsraum sowohl eine offene als auch eine verdeckte Unterrichtsbeobachtung durchgeführt werden.

4. Verfahrensgang der datenschutzrechtlichen Begutachtung und Genehmigung vom InFoLaB

Für die Inbetriebnahme vom InFoLaB erfolgte eine aufwendige datenschutzrechtliche Prüfung und die Erarbeitung eines umfangreichen IT-Sicherheitskonzepts. Im IT-Sicherheitskonzept werden alle infrastrukturellen, organisatorischen, personellen und technischen Maßnahmen und Methoden für die Nutzer*innen vom InFoLaB beschrieben. Dies ermöglicht Nutzer*innen vom InFoLaB für die datenschutzrechtliche Prüfung forschungsbezogener

Lehre oder eigener Forschungsprojekte auf das bereits bestehende IT-Sicherheitskonzept zurückzugreifen.

Die datenschutzrechtliche Prüfung und Genehmigung vom InFoLaB als neue strukturelle Einrichtung für Lehre, Forschung und Weiterbildung und den damit verbundenen videogestützten Forschungsvorhaben erfolgte durch die Datenschutzbeauftragte und den Gesamtpersonalrat der Universität, das Ministerium für Bildung, Wissenschaft und Kultur (MBWK) sowie dem Landesdatenschutzbeauftragten. Dieser sehr langwierige und teilweise schwierige Prozess stellte eine große Herausforderung dar. Dabei wurden sowohl inneruniversitäre als auch ministerielle Aushandlungsprozesse geführt.

Da die geplanten Lehr- und Forschungsvorhaben in Kooperation mit Schulen stattfinden, führt das MBWK einerseits die datenschutzrechtliche und andererseits die schulfachliche Prüfung durch. Des Weiteren werden im Rahmen der einzelnen Forschungsvorhaben u. a. Videodaten erhoben, gespeichert, Lehramtsstudierenden in Lehrveranstaltungen gezeigt und/oder ausgewertet. Bei diesen audiovisuellen Aufnahmen handelt es sich um personenbezogene Daten, wobei jede Art von Umgang damit datenschutzrechtlich relevant ist, da Videodaten nicht bereits bei der Datenerhebung oder –verarbeitung anonymisiert oder pseudonymisiert werden können (RatSWD, 2017). Daher war eine umfangreiche datenschutzrechtliche Begutachtung notwendig, die die Umsetzung der geplanten videogestützten forschungsbezogenen Lehr- und fachdidaktischen Forschungsvorhaben sehr stark beeinflusste.

5. Diskussion

Datenschutzrechtliche Begutachtungen können die Umsetzung Forschenden Lernens mit Videografie stark verzögern oder behindern. Aufgrund des sehr aufwendigen datenschutzrechtlichen Genehmigungsverfahrens vom InFoLaB sollten folgende Rahmenbedingungen erfüllt sein, um Forschendes Lernen im engen Sinne (Huber, 2014) sowie verschiedene Varianten Forschenden Lernens vom Typ Lernen und Forschen (Rueß, Gess & Deike, 2016) im Rahmen der Lehramtsausbildung umsetzen zu können. Auf der strukturellen und organisatorischen Ebene bieten Kooperationen mit Modellschulen, Seminar- und Ausbildungsschulen die Möglichkeit kontinuierlich u. a. videogestütztes Forschen und Lernen zu realisieren. Für die Phase der selbstständig forschenden Tätigkeit sind bereits bei der Planung verschiedener Varianten Forschenden Lernens datenschutzrechtliche und sicherheitstechnische Aspekte zu berücksichtigen. Dabei ist es förderlich, wenn Lehrende auf bereits vorhandene Mustervorlagen für Informationsschreiben und Einwilligungserklärungen für Studierende, Lehrkräfte, Schüler*innen und

Eltern zurückgreifen können. Diese Mustervorlagen sollten im Vorfeld gemeinsam in Abstimmung mit dem Datenschutzbeauftragten der jeweiligen Hochschule und demjenigen im Kultusministerium des jeweiligen Landes erarbeitet werden. Auch ein zentrales phasenübergreifendes IT-Sicherheitskonzept ermöglicht die Nutzung der Infrastruktur vom InFoLaB und befördert dadurch eine phasenübergreifende Kooperation zwischen der Hochschule und den anderen lehrerbildenden Institutionen. Solche strukturellen Einrichtungen wie InFoLaB können einen Beitrag dazu leisten, dass insbesondere verstärkt videogestütztes Forschen und Lernen in der Lehramtsausbildung umgesetzt werden kann, welches die Einhaltung der datenschutzdatenschutzrechtlichen und sicherheitstechnischen Vorgaben berücksichtigt.

Literatur

Bromme, R. (1992). Der Lehrer als Experte. Zur Psychologie des professionellen Wissens. Bern: Huber Verlag.

Fichten, W. (2017). Forschendes Lernen in der Lehrerbildung. In R. Schüssler et al. (Hrsg.), *Forschendes Lernen im Praxissemester. Zugänge, Konzepte, Erfahrungen* (S. 30–38). Bad Heilbrunn: Julius Klinkhardt.

Goerigk, P. (2017). Forschend lernen mit Videografie. In R. Schüssler et al. (Hrsg.), *Forschendes Lernen im Praxissemester. Zugänge, Konzepte, Erfahrungen* (S. 167–172). Bad Heilbrunn: Julius Klinkhardt.

Huber, L. (2014). Forschungsbasiertes, Forschungsorientiertes, Forschendes Lernen: Alles dasselbe? *Hochschulforschung, 1+2,* 22-29.

Rat für Sozial- und WirtschaftsDaten (RatSWD) (2017). *Handreichung Datenschutz.* Output 5. Berufsperiode. Zugriff am 30.10.2017. Verfügbar unter https://www.ratswd.de/dl/RatSWD_Output5_HandreichungDatenschutz.pdf

Reinmann, G. (2016). Gestaltung akademischer Lehre: Semantische Klärungen und theoretische Impulse zwischen Problem- und Forschungsorientierung. *Zeitschrift für Hochschulentwicklung, 11(5),* 225-244.

Rueß, J., Gess, C. & Deicke, W. (2016). Forschendes Lernen und forschungsbezogene Lehre – Empirisch begründete Systematisierung des Forschungsbezugs hochschulischer Lehre. *Zeitschrift Für Hochschulentwicklung, 11 (2),* 23–44.

Schüssler, R. & Schöning, A. (2017). Forschendes Lernen im Praxissemester. In R. Schüssler et al. (Hrsg.), *Forschendes Lernen im Praxissemester. Zugänge, Konzepte, Erfahrungen* (S. 39–50). Bad Heilbrunn: Julius Klinkhardt.

Wildt, J. (2005). Auf dem Weg zu einer Didaktik der Lehrerbildung? *Beiträge zur Lehrerbildung, 23 (2),* 183-190.

Julia VON DALL´ARMI, Braunschweig

Studium meets Forschung: Chancen und Herausforderungen literaturdidaktischer Empirie im Studium

Im Rahmen des niedersächsischen Masterstudiengangs GHR 300 konzipieren Studierende ein empirisches Forschungsprojekt, führen es an ihrer Praktikumsschule durch und werten im Anschluss die auf diese Art gewonnenen Daten aus. Mit der Integration empirischer Verfahrensweisen in geisteswissenschaftliche Studiengänge reiht sich die Lehramtsausbildung ein in den auch in vielen anderen Bundesländern praktizierten Trend „Forschenden Lernens". Um nun nicht einem „naiven Empirismus" (Hurrelmann 1978, S. 551), zu verfallen, bedarf es einer grundsätzlichen Auslotung allgemeiner systembezogener Voraussetzungen und fachdidaktischer Spezifika, die bei der Konzeption studentischer Forschungsprojekte Berücksichtigung finden müssen. Diese sollen im Folgenden anhand des Beispiels literaturdidaktischer ‚Leseforschung' erörtert werden.
In der empirischen Leseforschung bieten methodisch klar abgrenzbare und zugleich vielgestaltige Themenbereiche für die Studierenden umfangreiche Anregungen, die als in kleinerem Rahmen nachzuahmendes Vorbild und Inspirationsquelle für eigene Forschungsansätze gleichermaßen dienen können. So reichen die Themen von der Untersuchung der Lesetechniken (vgl. z. B. Trenk-Hinterberger et al. 2008), der überprüfenden Textkenntnisentnahme (vgl. PISA-Studie) über die einen erfolgreichen Lektüreprozess bedingenden motivatorischen Fragestellungen (vgl. z. B. Plath/Richter 2012, Philipp 2010) zur Behandlung literarischer Lesekompetenz (vgl. etwa Saupe/Leubner 2014).
Je nach Auswahl des Forschungsgegenstands bzw. der Forschungsfrage müssen quantitative und/oder qualitative Methoden angewandt werden. Die Studierenden können hierbei bereits von Richtmustern profitieren, etwa den exemplarisch durchgeführten, auf literaturdidaktische Fragestellungen zugeschnittenen quantitativen und qualitativen Methoden bei Schreier/Lietz 2006 oder Schreier 2006.
Bei der Entscheidung für quantitative Verfahren sind bei studentischen Leseforschungsprojekten jedoch gewisse Einschränkungen zu berücksichtigen, die anhand eines klassischen Beispiels, der Textverständnisüberprüfung durch standardisierte Testbögen, veranschaulicht werden sollen. In der Regel werden derartige Tests im Rahmen des Studiums in einer zumeist willkürlich zugeteilten Klasse an einer Praktikumsschule durchgeführt. Auch wenn das Zufallsprinzip dieser anfallenden Stichprobe dabei durchaus als systembedingt einzustufen, ist, so muss bedacht werden, dass die für das Forschungsdesign impulsgebenden quantitativen Studien, etwa der PISA- oder der

N. Neuber, W. Paravicini, M. Stein (Hrsg.): Forschendes Lernen – The wider view.
Tagungsband. Münster: WTM-Verlag 2018.

VERA-Test, mit einer vielfach höheren ProbandInnenzahl operieren können,[1] die letztlich für die Reliabilität der Forschungsarbeiten verantwortlich zeichnen. Die Auswahl der Signifikanztests richtet sich jedoch nicht nur nach den miteinander in Verbindung zu bringenden Skalen, sondern auch nach der Stichprobengröße oder der Grundbedingung einer (annähernd) statistischen Normalverteilung der Daten.[2] So ist insbesondere die Auswertung kleiner Stichproben mit Problemen behaftet. Zusätzlich ist bei der Konzeption eigener Tests die Validität, also die Voraussetzung, dass tatsächlich gemessen wird, was gemessen werden soll, nicht immer gewährleistet. Eine mögliche Lösung besteht deshalb in der Anwendung von bereits veröffentlichten Test-Aufgaben[3] im Klassenverbund (vgl. Dörksen 2004), um die großangelegten Ergebnisse in Form einer Mikro-Studie zu ‚überprüfen'. ist Insgesamt muss jedoch miteinkalkuliert werden, dass die kleine Testgruppe aufgrund ihrer geringen statistischen Repräsentativität möglicherweise von den veröffentlichten Ergebnissen der genannten Tests abweichen kann.

Ein teilweises Nachempfinden der Probleme, wie sie sich bei der Konzeption von VERA-, PISA- oder IGLU-Tests ergeben, ist durch das Konzipieren eigener Aufgabenformate, die den einzelnen Kompetenzstufen Rechnung tragen, aber durchaus denkbar, wie Lange und Metscher 2004 überzeugend zeigen. Die Studierenden können wertvolle Erfahrungen bei der Recherche nach in ihrem Schwierigkeitsgrad angemessenen Texten, der Formulierung von Aufgabentypen mithilfe unterschiedlicher Operatoren (vgl. hierzu z. B. Köster 2016, S. 122-205) und dem Abprüfen unterschiedlicher Kompetenzstufen[4] sowie der Auswertung der Antworten sammeln.

Dass bei der Durchführung von Forschungen mit kleineren ProbandInnengruppen aber auch durchaus brauchbare Ergebnisse hervorgebracht werden können, zeigen schließlich die die im *mixed-methods*-Design angelegten Arbeiten von Jesch zur Wahrnehmung von Autorkonzepten bei GrundschülerInnen oder von Rauch zur SchülerInnenrezeption von Lyrik. Diese eignen sich auch angesichts der (teilweise) abgedruckten Fragebögen sehr gut als Orientierungsmuster für die Studierenden.

[1] An der PISA-Studie 2000 nahmen allein in Deutschland 45.899 SchülerInnen teil (vgl. https://www.mpib-berlin.mpg.de/Pisa/PISA_im_Ueberblick.pdf, S. 4), der jährlich stattfindende VERA-Test wird von allen Dritt- bzw. Achtklässlern in Deutschland absolviert (vgl. https://www.iqb.hu-berlin.de/vera).

[2] Vgl. hierzu ein Überblick in Mayer 2013), S. 168-9.

[3] Diese sind beispielsweise abrufbar unter https://www.mpib-berlin.mpg.de/Pisa/Beispielaufgaben_Lesen.PDF; https://www.iqb.hu-berlin.de/vera/aufgaben

[4] Vgl. hierzu die Übersichten unter: http://www.uni-koeln.de/ew-fak/Deutsch/sprachfoerderung/basale_sprachfoerderung/interna/pisa/kompetenzstufen_im_lesen_nach_pisa.pdf

Insgesamt favorisieren die Rahmenbedingungen des Studiums jedoch die punktuelle Erhebung einer geringen, zu anonymisierenden Datenmenge aus einer verhältnismäßig kleinen ProbandInnengruppe. Als am beliebtesten erweisen sich deshalb zumeist hypothesengenerierende, qualitative Verfahren. Reliabilität und Validität gelten in der qualitativen Forschung als nicht zwingende Rahmenbedingungen (vgl. etwa Schreier 2006, S. 354), weshalb diese sich angesichts der geringen ProbandInnenzahlen besonders gut für die Projekte der Studierenden eignet. Statt einer anfallenden Stichprobe gilt hier die homogene oder heterogene Stichprobe „nach dem Prinzip der minimalen" oder „maximalen Ähnlichkeit" (Schreier 2006, S. 346) als sinnvoll. Bezogen auf die Leseforschung bietet sich hier beispielsweise die Einschätzung individueller Lektürepräferenzen einer kleinen SchülerInnengruppe an. Qualitative Forschung wird von den Studierenden zumeist in Form von Leitfadeninterviews und Gruppendiskussionen betrieben. Orientierung bieten etwa Meissner 2010 oder Schreier 2006.

Die obigen Ausführungen sind lediglich im Kontext eigener Erfahrungen zu verorten und können nur einen kleinen Einblick geben. Grundsätzlich lässt sich konstatieren, dass empirisches Arbeiten im Studium trotz verständlicher Grenzen wie einem eingeschränkten Zeitrahmen, einer geringen ProbandInnenanzahl und der sorgfältigen Beachtung von Auflagen des Datenschutzes[5] durchaus möglich ist. Auch dürften die Studierenden durchaus für ihren späteren Berufsalltag von den Forschungsergebnissen profitieren. Neben dem Kennenlernen wichtiger empirischer Forschungsgrundlagen vermögen selbst gewonnene Erkenntnisse möglicherweise stärker zur Berücksichtigung führen als dies durch die passive Rezeption ‚fremder' Studien gelingen könnte.

Literatur:

Dörksen, B. (2004): Lernziel „Textverstehen" – Diagnose der Lesekompetenz und Vorschläge zu ihrer Förderung in einem E-Kurs des 9. Jahrgangs einer Gesamtschule. In: J. Köster (et al.): *Aufgabenkultur und Lesekompetenz. Deutschdidaktische Positionen* (S. 91-138). Frankfurt/Main: Peter Lang 2004.

Hurrelmann, K. (1978): Programmatische Überlegungen zur Entwicklung der Bildungsforschung. In: K. Bolte: *Deutsche Gesellschaft für Soziologie (DGS) (Ed.): Materialien aus der soziologischen Forschung: Verhandlungen des 18. Deutschen Soziologentages vom 28. September bis 1. Oktober 1976 in Bielefeld* (S. 531-561). Darmstadt: Luchterhand.

Jesch, T. (2005): Autorkonzepte von Dritt- oder Viertklässlern. Ein Beitrag zur Ermittlung literarischer Kompetenz im Sinne einer pragmatisch-kognitiven Narratologie. In:

[5] Vgl. hierzu z B. die Richtlinien im Rahmen des GHR 300: http://www.nds-voris.de/jportal/?quelle=jlink&query=VVND-224100-MK-20140101-SF&psml=bsvoris-prod.psml&max=true

J. Stückrath (et al.): *Deutschunterricht empirisch. Beiträge zur Überprüfbarkeit von Lernfortschritten im Sprach-, Literatur und Medienunterricht* (S. 88-113). Hohengehren: Schneider Verlag.

Köster, J. (2016): *Aufgaben im Deutschunterricht. Wirksame Lernangebote und Erfolgskontrollen.* Seelze: Kallmeyer.

Lange, R. & Metscher, M. (2004): Wie oder wie weit kann man Textverstehen durch Testaufgaben erfassen? In: J. Köster (et al.): *Aufgabenkultur und Lesekompetenz. Deutschdidaktische Positionen* (S. 33-42). Frankfurt/Main: Peter Lang.

Mayer, H. O. (2013): *Interview und schriftliche Befragung. Grundlagen und Methoden empirischer Sozialforschung.* München: Oldenbourg.

Meissner, A. (2010): Domänenspezifisches Vorwissen und literarisches Verstehen. Erste Ergebnisse einer qualitativ-empirischen Studie zur Interpretation von Lyrik. In: I. Winkler (et al.): *Poetisches Verstehen. Literaturdidaktische Positionen – empirische Forschung – Projekte aus dem Deutschunterricht* (S. 133-147). Baltmannsweiler: Schneider Verlag Hohegehren.

Philipp, M. (2010): Lesen Empeerisch. Eine Längsschnittstudie zur Bedeutung von peer groups für Lesemotivation und -verhalten. Springer Berlin.

Plath, M. & Richter, K. (2012): *Lesemotivation in der Grundschule. Empirische Befunde und Modelle für den Unterricht.* Weinheim :Beltz/Juventa.

Rauch, M. (2005): Lyrik im Alltag von Schülerinnen und Schülern der Klassenstufen 1-6: ein Siegener Projekt. In: J. Stückrath (et al.): *Deutschunterricht empirisch. Beiträge zur Überprüfbarkeit von Lernfortschritten im Sprach-, Literatur und Medienunterricht* (S. 114-130). Baltmannsweiler: Schneider Verlag Hohengehren.

Saupe, A., Leubner, M. (2014): *Lesestrategien für die Hypothesenbildung und die Erschließung von Handlungen. Eine empirische Studie zum literarischen Textverstehen.* Baltmannsweiler: Schneider Verlag Hohengehren.

Schreier, M. (2006): Qualitatives Untersuchungsdesign. In: N. Groeben (et al.): *Empirische Unterrichtsforschung in der Literatur- und Lesedidaktik. Ein Weiterbildungsprogramm* (S. 343-360). Weilheim/München: Juventa 2006.

Schreier, M. & Lietz, P. (2006): Quantitative Datenerhebungsverfahren. In: N. Groeben (et al.): *Empirische Unterrichtsforschung in der Literatur- und Lesedidaktik. Ein Weiterbildungsprogramm* (S. 361-398). Weilheim/München: Juventa.

Trenk-Hinterberger, I., Nix, D., Rosebrock, C. & Gold, A. (2008): Förderung der Leseflüssigkeit bei schwachen Leser(inne)n in der sechsten Jahrgangsstufe: Erste Ergebnisse einer Interventionsstudie. In: B. Hofmann (et al.), *Checkpoint Literacy. Tagungsband 1 zum 15. Europäischen Lesekongress 2007 in Berlin* (S. 182-194). Berlin: Deutsche Gesellschaft für Lesen und Schreiben (DGLS Beiträge, 7)

Internetlinks:

http://www.nds-voris.de/jportal/?quelle=jlink&query=VVND-224100-MK-20140101-SF&psml=bsvorisprod.psml&max=true (Zugriff: 14.10.17)

https://www.iqb.hu-berlin.de/vera; (Zugriff: 14.10.17)

https://www.iqb.hu-berlin.de/vera/aufgaben; (Zugriff: 14.10.2017)

https://www.*mpib*-berlin.mpg.de/Pisa/Beispielaufgaben_Lesen.PDF; (Zugriff: 14.10.17)

http://www.uni-koeln.de/ew-fak/Deutsch/sprachfoerderung/basale_sprachfoerderung/interna/pisa/kompetenzstufen_im_lesen_nach_pisa.pdf; (Zugriff: 14.10.2017)

https://www.mpib-berlin.mpg.de/Pisa/PISA_im_Ueberblick.pdf (Zugriff: 14.10.17)

Katharina DUTZ, Oldenburg; Helmer WEGNER, Oldenburg

Reparatur und Nutzungsdauerverlängerung - inter- und transdisziplinäre Zugänge zur Bildung für nachhaltige Entwicklung

Die Kultur der Reparatur ist mit der Entwicklung der Technik und daher mit der Kulturgeschichte des Menschen auf das Engste verknüpft (vgl. Heckl, 2013). Seit einigen Jahrzehnten wird jedoch in den westlichen Industrieländern auf die Aufrechterhaltung der Reparaturbereitschaft und -fähigkeit zunehmend weniger Wert gelegt. Wie dramatisch sich das Bewusstsein vom Wert der Reparatur gewandelt hat, belegen nicht zuletzt die drastisch anwachsenden Müllberge, insbesondere hervorgerufen durch Wegwerfmentalität, obsoleszenzbedingte Nutzungsdauerverkürzung sowie durch die Abnahme des Bewusstseins für die Möglichkeit der Reparatur defekter Gegenstände. So wurden im Jahr 2014 ca. 1,8 Mio. Tonnen Abfall im Bereich der Elektro- und Elektronikgeräte deutschlandweit registriert (vgl. Baldé et al., 2015). Betrachtet man den Zeitraum von 2011 bis 2015, sind allein die Zahlen der Entsorgung von Elektrogeräten schwindelerregend: 96,1 Millionen Handys, 34,1 Millionen Set-Top-Boxen und 20 Millionen Röhrenbildschirme (vgl. Prakash et al., 2015) wurden zu Müll verwandelt. Aber nicht nur die Entsorgung, sondern auch die Produktion geht mit enormen Problemen einher. Beispielsweise enthalten die zuvor genannten Geräte signifikante Mengen wertvoller Rohstoffe, wie z.B. Edelmetalle, Metalle seltener Erden wie Neodym und Praseodym sowie Tantal und Indium. Die Gewinnung dieser Rohstoffe ist mit erheblichen Umweltzerstörungen und sozialen Verwerfungen verbunden (vgl. Empa, 2012). Durch die nicht fachgerechte Entsorgung z. B. in Ghana gehen diese Metalle zudem unwiederbringlich verloren (UBA, 2017).

Westliche Gesellschaften, die ein maßgeblicher Teil des Problems sind, entwickeln derzeit Ansätze zu einer Lösung. Ein Umdenken und Rückbesinnen ereignet sich seit 2009 mit der Gründung von Repair Cafés, in denen die Reparatur eine Renaissance erfährt. In Deutschland existieren bereits über 600 Repair Cafés und ein Ende der Neugründungen ist nicht abzusehen (anstiftung, 2017). Um diesen Trend zu stärken, ist es von entscheidender Bedeutung, dass Politik, Wirtschaft und Bildung den Prozess unterstützen. Im Rahmen der Bildung für Nachhaltige Entwicklung muss ein Verständnis für den Zusammenhang von ungebremstem sowie nicht nachhaltigem Konsum und Umweltbelastungen entwickelt werden. Durch einen handlungsorientierten Unterricht kann das Bewusstsein für nicht nachhaltiges Handeln schon früh geschärft werden, indem Kinder und Jugendliche für die Konsequenzen des eigenen Handelns sensibilisiert werden und Handlungsalternativen aufgezeigt bekommen. Aber auch die Lehrkräfte signalisieren einen Bedarf an Weiterbildung in diesem Bereich. Insofern ist es konsequent, diesen Bereich schon in die Lehramtsausbildung zu implementieren und sowohl im Bachelor- als auch im Masterstudium anzusiedeln.

Derzeit aber spiegelt sich die durch die Reparaturbewegung wiederbelebte Wahrnehmung der Reparatur als Möglichkeit der Nutzungsdauerverlängerung und Müllvermeidungsstrategie im Bildungsbereich nicht wider. Finden sich aus den achtziger Jahren noch vergleichsweise häufig fachdidaktische Aufsätze zur Reparatur, insbesondere des Fahrrades, und in den Neunzigern auch zur Reparatur des PC, ist das Thema Reparatur seither nur noch in Aufsätzen zur beruflichen Bildung präsent.

Diesem Umstand möchte das von der DBU (Deutsche Bundesstiftung Umwelt) geförderte Projekt RETIBNE (Reparaturwissen und -können als Element einer technischen und informatischen Bildung für nachhaltige Entwicklung) entgegenwirken. Die Arbeitsgruppe Technische Bildung der Universität Oldenburg widmet sich mit diesem Forschungsprojekt der Wiedereinbindung der Reparatur als Bildungsaufgabe in die jeweiligen Lehramtsstudiengänge und als Unterrichtsinhalt im Technik-, Werk- und Informatikunterricht allgemeinbildender Schulen. Die Implementierung der studiengangspezifischen Inhalte erfolgt an acht Universitäten. Hierzu werden Unterrichtsmaterialien und -methoden entwickelt, die einerseits den Schwerpunkt auf die handwerkliche Tätigkeit der Reparatur setzen und anderseits die Reparatur in den Kontext der Nachhaltigkeit stellen. Alle Partner haben es sich zur Aufgabe gemacht, die Themen nicht nur in den Studiengang zu integrieren, sondern gleichermaßen selber Materialien mit den Studierenden zu entwickeln und diese an Schulen und außerschulischen Lernorten zu erproben. Ziel ist es, die Schülerinnen und Schüler in die Lage zu versetzen, bei technischen Artefakten Fehlerquellen zu identifizieren und deren Funktionstüchtigkeit wiederherzustellen sowie nachhaltiges Handeln als Norm zu etablieren.

An der Universität Oldenburg erfolgt die Entwicklung der Unterrichtsmaterialien systematisch unter Einbezug der Studierenden des Faches Technik in verschiedenen Modulen des Studiengangs. Dabei sind die Studierenden neben dem kreativen Prozess der Themenfindung an konkreten Entwicklungsschritten – wie beispielsweise dem Erstellen von Unterrichtsverläufen, Arbeitsblättern und Reparaturanleitungen – sowie der Erprobung und Optimierung des Materials beteiligt. So wird es den Studierenden ermöglicht, „[...]

universitär begleitete Forschungsvorhaben zu verstehen, bei denen Lehramtsstudierende systematisch und forschungsmethodisch kontrolliert einen vollständigen Forschungsprozess durchlaufen, um auf diese Weise eine schul- und unterrichtsbezogene Fragestellung eigenständig in der jeweiligen Schule zu bearbeiten." (Fichten, 2012, S.11). Dieses Vorgehen nimmt die Forderung der Universität auf, deren zentrales Ziel es ist, die beiden Säulen Forschung und Lehre stark miteinander zu verzahnen (vgl. Universität Oldenburg, 2017). Der Erkenntnisgewinn für Schul- und Unterrichtsentwicklung steht im Mittelpunkt dieser Praxisforschung. Die Forschungsfragen ergeben sich aus den Problemen der pädagogischen Praxis. Die Studierenden lernen, jene Bedarfe zu diagnostizieren, die sie für die Entwicklung der Unterrichtsmaterialien berücksichtigen müssen (vgl. Fichten, 2012).

Im Studiengang Technik werden die Studierenden in unterschiedlicher Gewichtung in das Forschungsprogramm eingebunden:

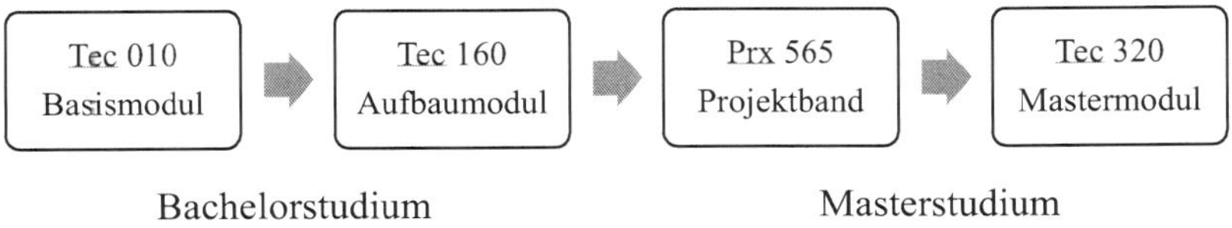

Bereits im Basismodul Tec 010, das von den Studierenden in der Regel im ersten oder zweiten Semester besucht wird, werden die Teilnehmenden an die Praxisforschung herangeführt. Durch einen stark gesteuerten Prozess sind sie in die Entwicklung einer Unterrichtsmethode eingebunden, die es Schülerinnen und Schülern ermöglichen soll, die gesellschaftlichen Auswirkungen ihres eigenen alltäglichen Handelns auf anschauliche Weiser zu erfahren.

Im Aufbaumodul Tec 160 entwickeln die Studierenden projektbezogene Unterrichtsmaterialien. Hierunter fallen beispielsweise sogenannte Unterrichtsbausteine, die bei einem Umfang von jeweils ca. 90 Minuten kleine Upcycling-Aufgaben und deren Bedeutung für die Nutzungsdauerverlängerung von Artefakten thematisieren. Alternativ konstruieren und fertigen die Teilnehmenden eine mobile Fahrradwerkstatt in Form eines Fahrradanhängers, der im Technikunterricht von Schülerinnen und Schülern nachgebaut und anschließend als mobiles Repair-Café eingesetzt werden kann.

Das Projektband Prx 565 ist das forschungsintensivste der hier aufgeführten Module und Teil des Masterstudiums. Neben der Entwicklung von Unterrichtsmaterialien stehen insbesondere die forschungsgeleitete Erprobung und die Entwicklung neuer Materialien im Vordergrund. Hierzu formulieren die Studierenden zunächst Forschungsfragen und stellen Überlegungen zum

Forschungsdesign an, um anschließend die Nutzung der Materialien im Unterricht zu evaluieren. Beispielsweise werden den Lernenden selbst gedrehten Video-Tutorials vorgestellt und deren Qualität mittels eines Fragebogens untersucht.

Im Mastermodul Tec 320 sind die Studierenden ebenfalls mit der Entwicklung von Unterrichtsmaterialien betraut. Hier werden Video-Tutorials zu verschiedenen Reparatur- und Upcycling-Aufgaben gedreht, die im Technikunterricht als alternatives Medium zur Baustufentafel oder Bauanleitung eingesetzt werden können.

Durch die wiederkehrend forschungsorientierte Auseinandersetzung mit unterrichtsrelevanten Inhalten ist es den Studierenden möglich, ein tiefgehendes Verständnis über die Praxisforschung zu erlangen. Dabei wird zu Beginn des Studiums zunächst ein niedrigschwelliger Zugang ermöglicht. Erst mit fortgeschrittenem Semester wird der Grad der Komplexität durch stärkere Eigenverantwortlichkeit und intensivere Forschungsbeteiligung erhöht.

Literatur

Heckl, W.M. (2013). *Die Kultur der Reparatur*. München: Carl Hanser Verlag.

Baldé, C.P., Wang, F., Huismann, J. (2015). *The global e-waste monitor- 2014. Quantities, flows and resources*. Bonn: United Nations University.

Prakash, S., Dehoust, G., Gsell, M., Schleicher, T. (2015). *Einfluss der Nutzungsdauer von Produkten auf ihre Umweltwirkung* (S. 25). Dessau-Roßlau: Umweltbundesamt.

Empa. Materials Science & Technology. (2012). Medienmitteilung. UN-Bericht. *Zusätzliche Verschärfung des Elektroschrottproblems in Afrika durch Importe aus Europa*. Dübendorf: Empa.

Fichten, W. (2012). Über die Umsetzung und Gestaltung Forschenden Lernens im Lehramtsstudium. Verschriftlichung eines Vortrags auf der Veranstaltung „Modelle Forschenden Lernens“ in der Bielefeld School of Education. In Didaktisches Zentrum (Hrsg.), *Schriftenreihe. Lehrerbildung in Wissenschaft, Ausbildung und Praxis* (S. 11). Oldenburg: Didaktisches Zentrum.

anstiftung. (2017). *Netzwerk Reparatur-Initiativen*. Verfügbar unter: https://anstiftung.de/selbermachen/reparatur-initiativen [30.11.2017].

UBA Umweltbundesamt. (2016). *Elektroschrott in Ghana: Auch Hilfe aus Deutschland gefragt*. Verfügbar unter: http://www.umweltbundesamt.de/themen/elektroschrott-in-ghana-auch-hilfe-aus-deutschland [30.10.2017].

Universität Oldenburg. (2017). *Das Lehrprofil: forschen@studium*. Verfügbar unter: https://www.uni-oldenburg.de/lehre/qualitaetspakt-lehre/forschen-at-studium/das-lehrprofil-forschenstudium/ [30. 10. 2017].

Frédéric FALKENHAGEN, Siegen; Andreas RÖSENER, Vechta

„Könnt ihr das mal für uns herausfinden?“ – Schülerinnen und Schüler als Auftraggeber forschenden Lernens

Forschendes Lernen als Teil der reflexiven Praxis ist ein Desideratum der aktuellen Lehramtsausbildung. In seiner bisherigen Anwendung wird jedoch häufig moniert, dass selbst wenn die Forschung im schulischen Umfeld durchgeführt wird, die Funktionslogik noch komplett auf den universitären Kontext ausgerichtet ist.

Unser Ansatz zur Verbesserung der lehramtsbezogenen Professionalisierung mit forschendem Lernen beruht auf zwei Säulen:

1. Thema und Frage eines studentischen Forschungsprojekts aus dem schulischen Kontext heraus durch Schülerinnen und Schüler (SuS) formulieren zu lassen. SuS als Auftraggeber*innen und Adressat*innen der Forschung ermöglichen und erfordern eine intensive Auseinandersetzung mit und Zuschnitt auf den Lebensraum Schule. Hierzu ist es uns wichtig, dass die SuS bewusst nicht als Objekte der reflexiven Praxis und des forschenden Lernens konzipiert und wahrgenommen werden, sondern bewusst als Klient*innen des praktischen Handels der Profession (vgl Schön 1983) in den Prozess eingebunden sind. Dies ist im Kontext der Fachwissenschaft naheliegender, da die SuS hier seltener traditionellen Objektrollen unterliegen.

2. Den kollektiven Erkenntnisprozess der Studierenden ins Zentrum des Forschenden Lernens zu stellen, um Strategien und Techniken des kooperativen und kollaborativen Arbeitens in der Forschung und in der auf SuS bezogenen Arbeit zu betonen. So soll die gewünschte kollektive reflexive Praxis des Berufsfelds im universitären Kontext im Sinne eines angeleiteten selbsttätigen Ateliers (s. Schön 1988) erprobt werden. Nach Healey (2005) ist dieses Lehrkonzept forschendes Lernen im engeren Sinne, da Studierende selbstbestimmt auf Basis eines allgemeinen Forschungsauftrags (eigene Erkenntnisproduktion mit externen Rahmenbedingungen) forschen.

Ausgestaltung und Durchführung

Auftraggeber*innen der Studierenden waren die SuS eines Leistungskurses Politik-Wirtschaft am Gymnasium Antonianum in Vechta. Am Ende der Unterrichtsreihe zum Bildungs- und Teilhabepaket, die problembasiert durchgeführt wurde, standen offene Fragen zur Auswirkung dieser Maßnahme im regionalen Umfeld der SuS. Da die Bedeutung der Bewertung und Beforschung von öffentlichen Politiken bereits in der Unterrichtsreihe thematisiert wurde, war die Idee einer Auftragsvergabe nicht unnatürlich. In einer Doppelstunde wurde die Idee und die konkreten Fragen von den SuS unter Anleitung beider Lehrenden (Schule und Universität) entwickelt. Die auftragnehmenden Studierenden wurden aus einem Modul im Professionalisierungsbereich des Bachelorstudiums, das auch im Fachbachelor Sozialwissenschaften verankert war, der Universität Oldenburg rekrutiert. Das Modul zur Politik im Mehrebenensystem bietet sich sowohl inhaltlich als auch von der Vielfalt der Studierendenprofile für ein solches Projekt an. Die Studierendengruppe wurde mit einem Workshop zur Projektarbeit vorbereitet, um in tutorierter Autonomie weiterarbeiten zu können. Der Hochschullehrende bot sowohl für die Organisation als auch die Inhalte Vorlagen, mögliche Quellen und Zeitpläne an, die von den Studierenden verwendet oder ignoriert werden konnten. Außerdem stellte er die Infrastruktur für die Forschung und (fast) unbegrenzte Beratung zur Verfügung. Das erwartbare Forschungsfeld wurde von ihm so weit vorbereitet, dass die Studierenden sicheren Zugang erwarten konnten. Zu Beginn der Vorlesungszeit hat der Schullehrende als Vertreter seiner SuS den Auftrag überbracht.

Die Organisation innerhalb der Forschungsgruppe fand in thematischen Gruppen statt, die dem Vorschlag des Lehrenden sehr nah kamen. Die Verwendung der Materialien ging leicht über das vorbereitete Maß hinaus. Der Zeitplan hat insbesondere in der Auswertungsphase deutliche Probleme bereitet, da durch fehlende Erfahrung der Zeitaufwand deutlich unterschätzt wurde.

Die SuS als Adressat*innen sind von der Operationalisierung der Forschungsfrage bis zur Redaktion des Ergebnisberichts nie in den Hintergrund getreten. Der Abschlussbericht ist hierdurch schulgerecht strukturiert worden und hat die Vermittlungshürde zu seinen Klient*innen (s. Schön 1983) hervorragend gelöst. Der Bericht wurde den SuS von zwei Studierenden und dem Hochschulehrenden am Ende des Semesters vorgestellt und überreicht.

Bilanz der Durchführung und Bewertung

Die Rückmeldungen der Studierenden waren insgesamt sehr positiv. Insbesondere wurde der Schulbezug hervorgehoben und die anwendungsorientierte Illustration des Wertes forschenden Handelns und Wissens für die Praxis. Die Reflexion über die Möglichkeiten und Sinn von Forschung wurde angestoßen. Ein langfristiger Beitrag zur reflexiven Praxis ist wahrscheinlich. Während die Selbstbestimmtheit im Forschungsprozess positiv angemerkt wurde, war ihre Folge, der große Zeitdruck durch einige unerfahrene Planungen, einer der größten Kritikpunkte. Das andere Problemfeld aus Sicht der Studierenden war die zeitweise unbefriedigende Gruppendynamik, insbesondere das Trittbrettfahrertum einzelner Studierender. Aus Lehrendensicht waren hier die Aushandlungsprozesse in der Gruppe interessant, die den Aufwand und Kosten einer Disziplinierung gegen den Nutzen der Konformität abgewogen haben.

Auf schulischer Seite haben die Lehrenden besonders den abschließenden Austausch zwischen SuS und Studierenden als wissenschaftspropädeutisch sehr wertvoll empfunden, da sie hier einen Problempunkt ihrer Tätigkeit sehen.

Für den Hochschullehrenden hat sich ein sehr angenehmes Seminar ergeben, in dem er die Lernprozesse der Studierenden konkret beobachten konnte und die Studierenden sehr aktiv und engagiert erlebt hat. Die Lernintensität und ihre langfristige Wirkung auf die Arbeit zumindest einzelner Studierender war erheblich höher als in anderen Seminaren. Diese Erfolge sind jedoch mit einem extrem hohen Aufwand in der Vorbereitung erkauft.

Der Erfolg dieser Art von Veranstaltungen beruht vor allem auf einem sehr engen und vertrauensvollen Verhältnis zwischen den Lehrenden beider Standorte und ihrem Willen zur Zusammenarbeit sowie zum Lernen voneinander.

Die erste Hürde ist die Themenfindung, da nur wenige Themen überhaupt in beiden Arenen Relevanz und Legitimität haben. Hierbei ist es erforderlich gemeinsam tief in die Programme und Lehrinhalte einzutauchen und auf vielfältige Weise zu reformulieren und anzupassen. Ob diese potentiellen Themen dann auch die Möglichkeit einer Schnittstelle bieten ist jedoch ungewiss, da der Abstand der schulischen und universitären Behandlung u.U. nicht einfach zu überbrücken ist. An beiden Standorten steht dann noch die Frage der Durchführbarkeit: Kann der Unterricht so stattfinden? Kann er es zu einem passenden Zeitpunkt? Ist diese Frage überhaupt beforschbar? Geht dies auch mit studentischen Mitteln innerhalb des Semesterturnus? Kann man die Ergebnisse sinnvoll zurückspielen? Wie geht man mit Nullergebnissen um?

Das Timing ist ein eigener Aspekt, da die Kalender nur zu den Herbst- und Osterferien sinnvolle Übergangstermine von Schulfragen an Hochschulveranstaltungen ermöglichen. Aber auch im Vorfeld findet die Lehrplanung an Universitäten meist zu einem Zeitpunkt statt, an dem im System Schule noch nicht klar ist, auf welchen Grundlagen der Stundenplan erstellt werden muss. Ein vertrauensvolles Verhältnis zur Schulleitung und ein Vorgriff auf eventuell beliebte Lerngruppen oder Stufen sind hier nicht weniger wichtig als ein genauer Blick auf die Prüfungsordnungen und Modulbeschreibungen im

Hochschulbereich, um eine konzeptionell ungewohnte Veranstaltung in die akkreditierte Modulstruktur einzupassen.

Das Ergebnis darf hierbei nicht aus den Augen verloren werden. Es muss sowohl in der Schule wie auch an der Hochschule legitim sein und den Bedürfnissen der Beteiligten entsprechen. Auf universitärer Seite muss die Wissenschaftlichkeit der Arbeitsweisen und des Produktes gewahrt bleiben. Gleichzeitig müssen die Lernergebnisse zumindest grundsätzlich denen des Referenzmoduls entsprechen, ohne dass die Arbeitsbelastung der Studierenden aus dem Ruder läuft. Auf schulischer Seite haben die SuS eine verständliche Antwort auf ihre Frage verdient, dies gebietet auch ihre Eigenschaft als Auftraggeber*innen. Gleichzeitig sind auch hier Lernziele im Rahmen der Lehrpläne zu beachten und da Unterrichtszeit ein knappes Gut ist, muss klar sein, dass sich hier nicht nur die Universität profilieren will, sondern die SuS wirklich etwas mitnehmen können. Die Wissenschaftspropädeutik und die Bedeutung von wissenschaftlichen Erkenntnissen für den politischen Entscheidungsprozess (ein Themenbereich, der im Lehrmaterial etwas kurz behandelt war) können hier gute Aspekte sein, sind aber kein Blankoscheck.

Der inhaltliche Vorbereitungsaufwand ist dadurch besonders hoch, dass de facto gemeinsam eine große Lehreinheit für Schule und Universität geplant werden muss. Hierbei sind mehrere Tage gemeinsamer Arbeit und Reflexion über die Lernwege der Beteiligten sowie regelmäßige Abstimmungsgespräche neben der inhaltlichen Arbeit notwendig. Dies ist umso wichtiger als dass der Wiederverwendungswert dieser Arbeit gering ist. Eine Wiederholung der Forschung ergibt universitär nur wenig Sinn und wäre auch in der Schule nicht legitim, da der letzte Jahrgang bereits die Antwort auf die Frage bekommen hat. Wie die Studierenden nehmen die Lehrenden bestenfalls die Methoden der Arbeit und ihre Netzwerke mit in ihre weitere Arbeit. Aber auch auf diese Weise kann das eigene Repertoire an Heuristiken erweitert werden und die reflexive Praxis des Lehrenden (an Schule oder Universität) auf diese Weise auch bereichert werden.

Literatur

Healey, M. (2005) Linking research and teaching: disciplinary spaces, in: R.Barnett (Ed.) Reshaping the university: new relationships between research, scholarship and teaching, 30-42. Maidenhead: McGraw-Hill/Open University Press.

Schön, Donald (1983) The reflective Practioner – how professionals think in action. New York: Basic Books.

Schön, Donald (1988) Educating the reflective Practioner. San Francisco: Jossey-Bass.

Sophia FALKENSTÖRFER, Köln; Caren KEELEY, Köln; Alexandra L. ZEPTER, Köln

Die Zwei-Disziplinen-Profilgruppe: Interdisziplinäres Forschendes Lernen im Praxissemester

Ein Kooperationsprojekt zwischen dem Fach Deutsch und dem Förderschwerpunkt Geistige Entwicklung

Ziel dieses Beitrags ist es, ein neues Studienprojekt-Format für das Praxissemester zur Diskussion zu stellen, das wir derzeit an der Universität zu Köln entwickeln, erproben und erforschen: das Konzept der Zwei-Disziplinen-Profilgruppe, das dazu beiträgt, einen neuralgischen blinden Fleck in der akademischen Ausbildung von Sonderpädagoginnen und Sonderpädagogen zu belichten. Im Fokus steht die systematische und methodisch fundierte Anregung von *interdisziplinärem* Denken – ein Denken, das für Sonderpädagogik-Studierende durch den Anspruch, in ihrer späteren Profession durchgängig fachdidaktisches/-wissenschaftliches und förderschwerpunktbezogenes Wissen zueinander in Bezug zu setzen, von eminenter Bedeutung ist, in den herkömmlichen Studiengängen aber bis dato kaum adressiert wird. Vor dem Hintergrund von Inklusion und der im Kontext aufgeworfenen Forschungsdesiderata (vgl. u.a. Gebele/Zepter 2016) zielt die Zwei-Disziplinen-Profilgruppe in diesem Rahmen darauf ab, die Chancen, die das Praxissemester als Zugang zu schulischen Lebenswelten bereithält (vgl. Falkenstörfer/Keeley 2016), durch ein Forschendes Lernen, das nicht nur Theorie und Praxis verzahnt, sondern überdies genuin interdisziplinär perspektiviert wird, noch tiefer auszuschöpfen.

1. Das herkömmliche Kölner Modell des Praxissemesters

Seit dem Wintersemester 2014/2015 wird das Praxissemester an der Universität zu Köln für alle Lehramtsstudierenden durchgeführt. Es ist im zweiten Semester des Masterstudiums verortet und auf den Zeitraum von ca. fünf Monaten angelegt. Damit bildet es einen zentralen Bestandteil des viersemestrigen Lehramts-Masterstudiengangs (M.Ed.) in NRW. Da es Teil der universitären Ausbildung ist, besteht es (a) aus einem wissenschaftsorientierten Schulforschungsteil, d.h. dem Studienprojekt, das am Lernort Schule durchgeführt und dabei vonseiten der Hochschule betreut, und (b) einem schulpraktischen Teil, der auf erste Unterrichtserfahrungen abzielt und von den Zentren für Lehrerinnenbildung (ZfsL) begleitet und unterstützt wird.

Im Lehramt für sonderpädagogische Förderung, in dem zwei Förderschwerpunkte und zwei Fächer studiert werden, entscheiden sich die Studierenden vor dem Praxissemester im Rahmen ihrer Schulauswahl für ihren ersten oder zweiten Förderschwerpunkt und für eines ihrer zwei Fächer und bekommen anhand dieser Vorauswahl eine Schule zugewiesen. Für das Studienprojekt treffen sie im regulären Modell eine weitere Wahl und führen es *entweder* in dem gewählten Förderschwerpunkt *oder* dem gewählten Fach durch. Das heißt, die universitäre Begleitung erfolgt entsprechend nur im Förderschwerpunkt oder nur im Fach.

Wesentlich für das Gelingen des Praxissemesters ist überdies die Vorbereitung durch die Universität, die im Semester vor dem Praxissemester, also im ersten Semester des M.Ed. situiert ist. Im regulären Modell werden die Studierenden zunächst zehn Wochen lang in drei so genannten Standardgruppen — im Lehramt für sonderpädagogische Förderung im festgelegten Förderschwerpunkt und in ihren zwei Fächern — vorbereitet. In den letzten vier Wochen finden sie sich anschließend in ihrer Profilgruppe ein; d.h., in dem Förderschwerpunkt oder Fach, in dem sie im Folgesemester ihr Studienprojekt durchführen. Dort wählen die Studierenden ein Thema, aus dem sie eine Forschungsfrage und ein passendes methodisches Vorgehen zu deren Bearbeitung entwickeln. Dabei steht das Forschende Lernen im Vordergrund; der Forschungsgegenstand ist im schulischen Alltag zu verorten und kann z.B. die eigene oder fremde unterrichtspraktische Tätigkeit oder auch Schulentwicklungsprozesse in den Blick nehmen.

Das substanzielle Potenzial des Praxissemesters liegt in der unmittelbaren Verknüpfung von Theorie und Praxis bzw. auch andersherum in der Rückführung der praktischen Erfahrungen unter dem Aspekt der theoriegeleiteten Reflexion. Das Ziel des Studienprojekts ist es dementsprechend, dass die Studierenden die Kompetenzen erwerben, ihren Praxiserfahrungen gegenüber eine wissenschaftliche Frage- und Beobachtungshaltung einzunehmen, um die eigene Berufspraxis kritisch zu reflektieren und weiterzuentwickeln.

Trotz dieser offensichtlichen Pluspunkte ergibt sich eine Schwachstelle im regulären Modell aus der Unverbundenheit der Standardgruppenphasen. Die betreffenden Seminare sind unabhängig voneinander aus Perspektive der ausrichtenden Disziplinen heraus konzipiert. Eine Verknüpfung der Inhalte und eine Weiterführung der unterschiedlichen Perspektiven im Rahmen des schulpraktischen Teils finden nicht statt. Noch misslicher erscheint uns darüber hinaus, dass sich alle Sonderpädagogik-Studierenden bei der Betreuung ihres Studienprojekts grundsätzlich zwischen Förderschwerpunkt und Fach entscheiden müssen. Der Mangel an interdisziplinärem Lehrformat, der hier zutage tritt, betrifft gleichwohl bis dato noch immer die gesamte sonderpädagogische Ausbildung und beschränkt sich nicht allein auf das Praxissemester. Im Rahmen der jüngsten Diskurse um Inklusion pointiert dazu u.a.

Olsen (2016: 103) sehr treffend: „dass die Sonderpädagogik und die Fachdidaktiken stark voneinander getrennte Disziplinen sind, die sich gegenseitig kaum wahrnehmen beziehungsweise […] sich offensichtlich nicht die Mühe machen, dem selbstverständlichen Wissen der anderen Disziplin adäquat nachzuspüren.“ Sonderpädagogik-Studierende sind derart generell und so auch im Praxissemester gefordert, das jeweils im Fach und im Förderschwerpunkt erworbene Wissen *in Eigenleistung* zueinander in Bezug zu setzen – ein Anspruch, der oftmals überfordern kann. Bei dieser Schieflage setzt das Konzept der Zwei-Disziplinen-Profilgruppe an.

2. Die Zwei-Disziplinen-Profilgruppe

Im WS 2016/2017 startete das von uns entwickelte Kooperationsprojekt mit einem ersten, vom Zentrum für Lehrerinnenbildung (ZfL) Köln unterstützten Piloten. In dem neuen Format erarbeiten die Studierenden in einer ‚Zwei-Disziplinen-Profilgruppe‘ ein interdisziplinäres Studienprojekt und werden dabei durchgehend von zwei Dozentinnen, jeweils eine aus den beiden Disziplinen — Sonderpädagogik im Förderschwerpunkt Geistige Entwicklung und Fach Deutsch — betreut und auch benotet. Das Projekt stellt auch an sich ein interdisziplinäres Forschungsprojekt dar, das bei der Forschungsfrage ansetzt, wie Theorien und empirische Erkenntnisse aus Fach und Förderschwerpunkt — hinsichtlich exemplarischer Forschungsfragen — zueinander in Bezug gesetzt werden können. Ziel ist es, den Studierenden die forschungsbezogene Kooperation der beiden Disziplinen und derart *interdisziplinäres Denken* exemplarisch bzw. unterstützend *aufzuzeigen*, um sie im Sinne der Ausbildung des professionellen Selbstkonzepts dazu zu befähigen, unterrichtsbezogene Fragestellungen (disziplinenübergreifend) metatheoretisch reflektiert bzw. wo nötig interdisziplinär zu bearbeiten.

Ein konzeptionelles Prinzip der Zwei-Disziplinen-Profilgruppe bildet die ausschließlich *gemeinsame* Betreuung. Workshops, bei denen alle Beteiligten (Studierende der Zwei-Disziplinen-Profilgruppe, Falkenstörfer, Keeley, Zepter) anwesend sind und — im Sinne eines interdisziplinären Forschungsprozesses — gemeinsam diskutiert und reflektiert werden kann, wechseln sich ab mit Einzelberatungen, die gleichfalls nur im Lehr-Tandem angeboten werden. Die Beratung aus dem Fach wird derart von der Beratung aus dem Förderschwerpunkt unmittelbar reflektiert bzw. ergänzt und umgekehrt. Im Sinne des Forschenden Lernens werden die Studierenden auf diese Weise befähigt, in ihrem Studienprojekt ihr Fach mit ihrem Förderschwerpunkt *zusammenzudenken*. Die einzelnen Bausteine des Piloten im Überblick:

3. Ausblick

Erste Evaluationsergebnisse lassen aufscheinen, dass die Qualität des Forschenden Lernprozesses der Studierenden durch die interdisziplinär ausgerichtete Doppelbetreuung in substanziellem Maße wächst und das interdisziplinäre Format ein zentrales Desiderat der Sonderpädagogik-Ausbildung bedient. Das Konzept wird in den kommenden Semestern weiterentwickelt.

Literatur

Gebele, D., Zepter, A.L. (Hrsg.)(2016). *Inklusion: Sprachdidaktische Perspektiven. Theorie, Empirie, Praxis*. Reihe KöBeS (Kölner Beiträge zur Sprachdidaktik). Band 11. Duisburg: Gilles & Francke.

Falkenstörfer, S., Keeley, C. (2016). Chance Praxissemester. Ein neuer Zugang zu schulischen Lebenswelten durch Forschendes Lernen. *Teilhabe 4/2016, Jg. 55*, 174-179.

Olsen, R. (2016). Lust, Niemandes Schaf zu sein… Anmerkungen zur Problematik der Textauswahl im inklusiven Literaturunterricht. In: D.A. Frickel, A. Kagelmann (Hrsg.), *Der inklusive Blick. Die Literaturdidaktik und eine neues Paradigma. Beiträge zur Literatur- und Mediendidaktik*. Frankfurt a.M.: Peter Lang. Bd. 33, 61-87.

Matthias FISCHER, München

Lehrende zwischen studentischer Ausbeutung und beruflicher Sackgasse? Kreative Gedanken zum Nexus Forschung und Lehre aus Lehrendensicht

1. Einleitung

Das Feld der forschungsnahen Lehre hat in den vergangenen Jahren eine begrüßenswerte Ausdifferenzierung erfahren. Im vergangenen Jahr präsentierten Rueß et al. (2016) ein innovatives Klassifikationsschema, das zwischen dem Grad der Aktivierung auf Seiten der Studierenden und dem inhaltlichen Schwerpunkt unterschied. Neben Ordnungsversuchen dieser Art bestehen theoretische Überlegungen zum Zusammenhang von forschendem Lernen und dem allgemeinen menschlichen Lernprozess (Wildt 2009) sowie zur Frage nach der Gestaltung von Lehr-Lernsettings im akademischen Feld mit dem Anspruch einer Bildung durch Forschung (Reinmann 2016). Im Grunde ist forschungsnahe Lehre bei diesen Ansätzen ein Mittel zur umfassenden Kompetenzentwicklung der Studierenden (Gess et al. 2017). Dies hat seine Berechtigung insoweit, als Hochschullehre ihre Legitimation wohl hauptsächlich aus dem studentischen Lernen zieht (oder ziehen sollte).

Doch nicht nur im Sinne des Humboldtschen Bildungsideals, sondern in der realen universitären Praxis sind Hochschullehrende zugleich immer auch Forschende, die sich oft der scheinbaren Unvereinbarkeit von Forschungserfolg und Lehrengagement ausgesetzt sehen. Diese Perspektive und etwaige Lösungsvorschläge haben allerdings in der didaktischen Literatur vergleichsweise wenig Beachtung gefunden, obwohl generell ein großer Graubereich anzunehmen ist, der etwa darin besteht, dass Promovierende die Ergebnisse studentischer Abschlussarbeiten in ihre Dissertation einfließen lassen und diese explizit zu diesem Zwecke ausschreiben. In einem anderen Artikel des Autors (Fischer, in Begutachtung) wurde versucht, sich diesem als „lehrendes Forschen“ definierten Themengebiet durch eine theoretische Übersicht möglicher Vorgehensweisen zu nähern. Es wurde zwischen drei Ansätzen der Nutzung von Lehre für die eigene Forschung (1. Scholarschip of Teaching and Learning; 2. Lehrendes Forschen im engeren Sinne; 3. Forschungsreflexive Lehre) differenziert, die durch verschiedene Zielsetzungen (1. Forschung über die eigene Lehre; 2. Einbindung der Studierenden in laufende Forschung; 3. Konsolidierung bestehender Forschung durch studentisches Feedback) jeweils andere Lehransätze erfordern.

Unter der oben genannten Überschrift hingegen sollte sich dem Thema auf der ZfL-Tagung ganz praxisbezogen genähert werden, indem Lehrende und

DidaktikerInnen die Chance hatten, in kreativer Atmosphäre sowie im Austausch miteinander potenziellen Synergieeffekten im scheinbaren Spannungsfeld zwischen Forschung und Lehre nachzuspüren.

2. Lehrende zwischen akademischer Karriereorientierung und Leidenschaft für die Lehre

Gerade engagierte Lehrende an Universitäten sehen sich hin und wieder mit der Notwendigkeit konfrontiert, das Engagement für ihre Studierenden bei Vorgesetzten oder dem Kollegium zu rechtfertigen. Oft ist dies mit der impliziten Aufforderung verknüpft, ihre Aufgaben als Forschende und Mitarbeitende am Institut oder im Projekt nicht zu vernachlässigen. Es entsteht hierbei der Eindruck eines Widerspruchs zwischen Forschungs- und Lehrpraxis, der in der Literatur um den sogenannten „teaching-research nexus“ seit Langem diskutiert wird (Neumann 1996). Um dieses potenzielle Spannungsfeld aufzuzeigen und zugleich die Diskussion frei von konkreten Beispielen aus dem eigenen Kollegium führen zu können, führte der Autor im Workshop zwei bewusst überspitzt angelegte Archetypen ein, die sich im Hinblick auf die akademische Schwerpunktsetzung maximal voneinander unterschieden. Um die Motive der beiden fiktiven Archetypen klarer herauszuarbeiten, wurden anschließend (ohne Anspruch auf Vollständigkeit) von den 7 Workshop-Teilnehmenden die Gründe für den jeweiligen Ansatz sowie die dahinter stehenden Bedürfnisse diskutiert:

- „Anton Ausbeuter“ hat das Vorantreiben der eigenen Forschung zur obersten Maxime erklärt. Er bindet Studierende rücksichtslos und ohne didaktischen Anspruch in die eigene Forschung ein. Lehre ist für ihn Mittel zum Zweck, die eigene Forschung voranzutreiben. *Die Gründe für Antons Verhalten sahen die Teilnehmenden des Workshops beispielsweise in zeitlichen Restriktionen (beispielhaftes Zitat, das Anton in den Mund gelegt wurde: „Der Tag hat nur 24 Stunden“), einem aus dem Berufsbild des Wissenschaftlers abgeleiteten Desinteresse an der Lehre („Mein Hauptberuf ist Wissenschaftler“) sowie der Rechtfertigung durch die im Gegenzug für das studentische Engagement erteilten Credit Points („Die Studis erhalten ja Credits“). Antons Bedürfnisse wurden beispielsweide darin gesehen, „Vorbild für gute Wissenschaft sein“, „Anerkennung durch den Erfolg in der Forschung erhalten“, sowie den Studierenden „eigene Erfahrungen aus seiner Studienzeit widerspiegeln“ zu wollen.*
- „Siggi Superlehrer“ hingegen ist Lehrender aus Leidenschaft. Er beherrscht das didaktische Methodenset und hat Freude daran, seinen Stu-

dierenden abwechslungsreiche Seminare zu bieten. Lehre ist für ihn Lebensaufgabe. Auch wenn dabei die eigene Forschung oft zu kurz kommt. *Die Teilnehmenden des Workshops vermuteten, dass Siggis Verhalten durch ein Verantwortungsgefühl gegenüber den Studierenden („Ich habe doch Verantwortung") sowie aus idealistischen Gründen („Wenn ich es nicht mache, macht es keiner"; „Ich möchte Neugier wecken"; „Studierende sollen eine Identität als Forschende entwickeln") hervorgerufen werde. Dementsprechend beschrieben sie seine Bedürfnisse etwa als „Die Studierenden verzaubern wollen", „Die akademische Kultur mitgestalten" (zu der die Lehre maßgeblich beitrage), oder „Anerkennung und Wertschätzung aus der Lehre ziehen".*

Ausgehend von dieser klaren Gegenüberstellung wurde als dritter Archetyp „Diana Dialektika" eingeführt. Diana, so die Erzählung, hat ein Faible für gute Lehre – und fragte die Workshop-Teilnehmenden ganz direkt, wie sie ihre Leidenschaft für Lehre besser für ihre eigene Forschung nutzen könnte. Mit dieser „Aufgabenstellung" wurde zur Phase des Brainstormings übergeleitet, in der die Teilnehmenden nach kreativen Lösungsvorschlägen für Diana suchten. Als Grundlage für die abschließende Diskussion wurden erste Ideen zudem anhand von spontan anzufertigenden Zeichnungen konkretisiert.

Aus Platzgründen muss sich die Darstellung der Ideen auf selektive Beispiele beschränken. Eine Idee sah vor, aus der regulären Semestertaktung auszusteigen, um in den Sommermonaten besonders motivierten Studierenden (möglicherweise gegen Bezahlung und als studentische Hilfskräfte) Einblicke in reale Forschungsprojekte zu gewähren. Um die Kluft zwischen Studierenden und der realen Forschung zu verkleinern und die Hemmschwelle für das Interesse von Studierenden an der Teilnahme an Forschungsprojekten zu senken, wurde zudem vorgeschlagen, einen „Blick hinter die Fassade" zu gewähren, indem während der regulären Lehrveranstaltungen gezielt Beispiele für die Nicht-Perfektion von Forschung präsentiert würden. Eine andere Idee schlug einen „Zukunftstag für Forschung" vor, um Studierende ähnlich wie bei einer Messe zur Berufsorientierung für die Mitarbeit in der Forschung zu begeistern. Es wurde Diana empfohlen, gezielt Lehrveranstaltungen im eigenen Forschungsgebiet durchzuführen, um auf diese Weise regelmäßig kleine Bausteine der eigenen Forschung einzubauen und studentisches Feedback einzuholen. Und es wurde vorgeschlagen, während der Lehrveranstaltung immer wieder Räume für die Befassung der Studierenden mit Dianas Forschungsinhalten zu schaffen, um durch diese zu neuen Ideen inspiriert zu werden, aber auch im Anschluss über die daraus resultierende

Lernerfahrung zu reflektieren. In eine ähnliche Richtung zielte der Vorschlag, mit den Studierenden das wissenschaftliche Schreiben zu üben, um die Qualität der abgegebenen Hausarbeiten zu steigern und diese für die Teilnahme an kleineren Tagungen zu nutzen.

3. Implikationen

Die strukturellen Zwänge, denen sich insbesondere junge Lehrende an deutschen Hochschulen ausgesetzt sehen (z.B. befristete Verträge, Publikationsdruck, begrenzte finanzielle und zeitliche Ressourcen, Belohnung für erfolgreich gestellte Forschungsanträge) und die sie zu einer Prioritätensetzung zwingen, machen klar, dass es kein Patentrezept zur Verknüpfung der Lehre mit der eigenen Forschung gibt. Zudem sind die spezifischen Voraussetzungen zu diesem Nexus sicher abhängig vom jeweiligen Kontext. Oft mag es bereits ein Fortschritt sein, wenn „lehrendes Forschen" in der individuellen Planung überhaupt als Projekt mit eigenen Ressourcen anerkannt wird.

In der Workshop-Diskussion gab es aber auch den Vorschlag, selbst bei strukturellen Hürden wie hohen Studierendenzahlen oder begrenzter Vertragslaufzeit die Nutzung der Lehre für die Forschung nicht von Beginn an auszuschließen, sondern gezielt nach Synergieeffekten zu suchen. Didaktische Einrichtungen könnten hier als wertvolle Unterstützung dienen, um innovative Ansätze mit dem nötigen pädagogischen Know-how zu umrahmen.

Literatur

Fischer, M. (in Begutachtung). Kompetenzmodell Lehrendes Forschen. Eine pragmatische Heuristik zur Verzahnung von Forschungs- und Lehrpraxis. *Neues Handbuch Hochschullehre.*

Gess, C., Deicke, W. & Wessels, I. (2017). Kompetenzentwicklung durch Forschendes Lernen. In H.A. Mieg, & J. Lehmann (Hrsg.), *Forschendes Lernen. Wie die Lehre in Universität und Fachhochschule erneuert werden kann.* (S.79-90) Frankfurt/New York: Campus.

Neumann, R. (1996). Researching the teaching-research nexus: A critical review. *Australian Journal of Education, 40*, 5–18.

Reinmann, G. (2016). Forschungsorientierung in der akademischen Lehre. *Impact Free 1.*

Rueß, J., Gess, C. & Deicke, W. (2016). Forschendes Lernen und forschungsbezogene Lehre–empirisch gestützte Systematisierung des Forschungsbezugs hochschulischer Lehre. *Zeitschrift für Hochschulentwicklung, 11*, 23–44.

Wildt, J. (2009). Forschendes Lernen: Lernen im „Format "der Forschung. *journal hochschuldidaktik, 20,* 4–7.

Fotoprotokoll zum Workshop: http://www.prolehre.tum.de/ueber-uns/publikationen/

Annette FLECHSIG, Heidelberg; Jens-Peter KNEMEYER, Heidelberg; Nicole MARMÉ, Heidelberg

Studie zur Förderung von wissenschaftlichem Schreiben im naturwissenschaftlichen Unterricht

1. Einleitung

Am Ende eines Forschungsprozesses steht in der Regel die Publikation der Ergebnisse. Dieses sollte beim Einsatz von Forschenden Lernen in der Schule abgebildet werden. Viele SchülerInnen (wie Studierende) haben allerdings Probleme wissenschaftliche Texte zu verfassen. Die Ursachen von Schreibschwierigkeiten sind individuell unterschiedlich und sehr vielfältig. Sie sind unter anderem in einer fehlenden Sicherheit der/s Schreibenden bezüglich seiner eigenen Schreibkompetenz, fehlender Kenntnis über die Komplexität des wissenschaftlichen Schreibprozesses sowie in unzureichender Schreibvorbereitung begründet, wobei entsprechende Kompetenzen von den Hochschulen vorausgesetzt werden (Kruse 1993). Durch Einführung von wissenschaftlichem Schreiben in den schulischen Unterricht könnte Schreibproblemen bewusst vorgebeugt werden. Deshalb wurden verschiedene Materialien und Konzepte entwickelt und evaluiert, die der Förderung von wissenschaftlichem Schreiben im naturwissenschaftlichen Unterricht dienen sollen.

2. Materialien und Studiendesign

Alle SchülerInnen bearbeiten zunächst ein Training zum wissenschaftlichen Schreiben, in dem die Kennzeichen wissenschaftlicher Texte sowie Grundlagen zum korrekten Zitieren und Bibliographieren vermittelt werden. Außerdem gibt es Übungen in den Bereichen: Unterscheidung zwischen wissenschaftlichen und pseudowissenschaftlichen Texten, Formulieren, Argumentieren, Zitieren und Bibliographieren (Flechsig 2017a,b). Anschließend führten die SchülerInnen einer Interventionsgruppe ein wissenschaftliches Forschungsprojekt durch, eine Kontrollgruppe nahm am regulären Unterricht teil.

Das Forschungsprojekt basiert auf dem Lehr-/Lernkonzept *Lucycity* (Marmé 2011 a,b). Die Lernenden erhalten hierbei einen problemorientierten naturwissenschaftlichen Forschungsauftrag einer fiktiven Firma. Diesen bearbeiten sie in Gruppen über mehrere Unterrichtsstunden und dokumentieren die dabei gewonnenen Forschungsergebnisse in Form eines wissenschaftlichen Artikels, welchen sie darüber hinaus in der Online-Zeitschrift *Lucycity Science Magazine* (www.lsm.lucycity.de) veröffentlichen können.

Da eine abschließende objektive und qualifizierte Bewertung der SchülerInnentexte insbesondere für Lehrkräfte in den naturwissenschaftlichen Fächern aufgrund der fehlenden philologischen Ausbildung häufig schwierig ist, wurde ein Kompetenzraster speziell für die Bewertung von naturwissenschaftlichen Texten entwickelt. In diesem sind die vier Basiskompetenzen *„Sprachrichtigkeit"*, *„Wissenschaftliche Darstellungsformen"*, *„Objektivität"* und *„Verständlichkeit"* mit entsprechenden Subkompetenzen aufgeführt, für die jeweils verschiedene Kompetenzstufen formuliert sind (Flechsig 2017c). Als Grundlage dienten Vorarbeiten von Becker-Mrotzek, Böttcher (2012) und Eysel (2006).

3. Erste Ergebnisse

Um zu untersuchen, ob sich durch ein Schreibtraining in Verbindung mit einem Lucycity-Projekt das Schreiben von wissenschaftlichen Texten im naturwissenschaftlichen Unterricht fördern lässt, wurden die verfassten SchülerInnentexte mithilfe des Kompetenzrasters beurteilt. Im Folgenden werden exemplarisch ausschließlich Teilergebnisse der Basiskompetenz *„Verständlichkeit"*, die sich in die Subkompetenzen *„Argumentationsstruktur"*, *„Adressatenbezug"*, *„Fachsprache"* und *„Problemdefinition"* untergliedert, vorgestellt. Für jede einzelne Subkompetenz sind vier Kompetenzstufen von „keine Kompetenz vorhanden" (Stufe 1) bis zur vollständig ausgebildeten Kompetenz (Stufe 4) formuliert. Insgesamt konnten 120 SchülerInnentexte (69 Texte entstammen der Interventionsgruppe und 51 Texte der Kontrollgruppe) für die Bewertung herangezogen werden. Hinsichtlich der Subkompetenz „Argumentationsstruktur" zeigte sich sowohl in der Interventions- als auch Kontrollgruppe eine deutliche Dominanz der Kompetenzstufe 4. 87% der Texte der Interventionsgruppe sowie 98% der Texte der Kontrollgruppe wiesen eine logische Argumentationsstruktur auf. Weitere 11,6% der Texte der Interventionsgruppe zeigten eine überwiegend logische Argumentationsstruktur (Kompetenzstufe 3). Ähnliche Ergebnisse ließen sich bei der Subkompetenz „Fachsprache" feststellen. Die Mehrzahl beider Schülergruppen (79,4% bzw. 84,3%) schafften es, einen Text in der dritten Person oder im Passiv zu verfassen und erreichten die Kompetenzstufe 4. Nur ein geringer Teil der SchülerInnen beider Gruppen schrieb aus der Ich-Perspektive. In der Subkompetenz „Adressatenbezug" wurde in beiden Gruppen fast ausschließlich Kompetenzstufe 4 beobachtet.

Alle drei Subkompetenzen zeigen keine signifikanten Unterschiede zwischen der Interventions- und Kontrollgruppe. Allerdings werden in beiden Gruppen generell sehr hohe Kompetenzstufen erreicht, obwohl andere Studien berichten, dass viele SchülerInnen Texte nicht mehr sinnvoll gliedern und strukturieren können sowie keinen ausreichenden Adressatenbezug in ihren schriftlichen Veröffentlichungen herstellen können (Hoppe 2003). Möglicherweise liegen die guten Ergebnisse in der Durchführung des Schreibtrainings begründet, da es explizit auf die in den Subkompetenzen überprüften Inhalte eingeht.

Bezüglich der Subkompetenz „Problemdefinition" wurde in der Beurteilung der Schülertexte darauf geachtet, ob eine Fragestellung, Aufgabenstellung oder Zielsetzung formuliert wurde. Hierbei zeigten sich signifikante Unterschiede zwischen der Interventions- und Kontrollgruppe. Knapp 75% der SchülerInnen der Interventionsgruppe formulierten eine eindeutige Fragestellung bzw. Zielsetzung (Kompetenzstufe 3) Weitere 7,3% der SchülerInnentexte haben die Fragestellung zusätzlich wissenschaftlich begründetet (Kompetenzstufe 4). In der Kontrollgruppe hingegen formulierten nur 18% der SchülerInnen eine Fragestellung bzw. Zielsetzung (Stufen 3 oder 4). Knapp 70% der SchülerInnen nannten gar keine Fragestellung bzw. Zielsetzung (Stufe 1). Da im Schreibtraining diese Kompetenz nicht explizit vermittelt wurde, ist dieses Ergebnis mit großer Wahrscheinlichkeit auf die Durchführung des Forschungsprojektes zurückzuführen. Struger (2012) hebt in seiner Arbeit die Bedeutung von eigenständig erarbeiteten Fragestellungen für die Vermittlung wissenschaftlicher Schreibkompetenzen hervor. Da *Lucycity*-Projekte die Formulierung eigener Forschungsfragen fördern, könnten sie somit ein geeigneter Ausgangspunkt zur Förderung von Kompetenzen im wissenschaftlichen Schreiben im naturwissenschaftlichen Unterricht sein.

Neben der Beurteilung der SchülerInnentexte wurden ebenfalls Veränderungen von kognitiven und metakognitiven Schreibstrategien der SchülerInnen hinsichtlich des wissenschaftlichen Schreibens vor dem Schreibtraining (Prä-Test) und nach dem Unterrichtsprojekt (Lucycity/regulärer Unterricht (Post-Test)) über einen Fragebogen erhoben. Die Schreibstrategien wurden anhand der vier Bereiche „Sammeln", „Planen", „Verfassen" und „Überarbeiten" überprüft. Im Prä-Post-Vergleich ließen sich in der Interventions- und Kontrollgruppe in allen vier Teilbereichen der Schreibstrategien signifikante positive Veränderungen feststellen, wobei diese in der Interventionsgruppe in allen Bereichen, insbesondere beim „Verfassen" und „Überarbeiten", stärker waren. Die in beiden Gruppen festgestellten signifikanten Verbesserungen lassen sich vermutlich auf die Teilnahme am Schreibtraining zurückführen. Die darüber hinaus in der Interventionsgruppe festgestellten positiven signifikanten Verbesserungen könnten sich aus der Teilnahme am Lucycity-Projekt ergeben haben. Die Option, dass die SchülerInnen ihren eigens verfassten Text in einer Online-Zeitschrift veröffentlichen dürfen, könnte einen positiven Einfluss gehabt haben, da Becker-Mrotzek und Böttcher (2012) bereits festgestellt haben, dass sich Schreibkompetenzen insbesondere durch das Angebot von Veröffentlichungsmöglichkeiten verbessern lassen.

4. Fazit

Es konnte gezeigt werden, dass sich durch den Einsatz eines Schreibtrainings und eines problemorientierten Unterrichtprojektes Verbesserungen in Teilkompetenzen des wissenschaftlichen Schreibens eingestellt haben. Perspektivisch könnte dies dazu beitragen, die oben aufgeführten Schreibprobleme bei Studierenden an der Hochschule zu reduzieren.

Literatur

Becker-Mrotzek, M., Böttcher, I. (2012). *Schreibkompetenz entwickeln und beurteilen.* [Sekundarstufe I/II] (4. überarb. Neuaufl.). Berlin: Cornelsen.

Eysel, C. (2006). *Interdisziplinäres Lehren und Lernen in der Lehrerbildung. Eine empirische Studie zum Kompetenzerwerb in einer komplexen Lernumgebung*. Berlin: Logos Verlag.

Flechsig, A., Glaser, J., Jannack, V., Knemeyer, J.-P., Marmé, N. (2017a). Wissenschaftliches Schreiben im naturwissenschaftlichen Unterricht". *GDCP „Implementation fachdidaktischer Innovationen im Spiegel von Forschung und Praxis,* 440-443.

Flechsig, A., Knemeyer, J.-P., Marmé, N. (2017b). Schreibtraining - Wissenschaftliches Schreiben im naturwissenschaftlichen Unterricht. DOI: 10.13140/RG.2.2.22283.69923.

Flechsig, A., Knemeyer, J.-P., Marmé, N. (2017c). *Kompetenzraster für die Bewertung wissenschaftlicher Schülertexte*. DOI: 10.13140/RG.2.2.19339.39207.

Hoppe, A. (2003). Grundlinien in der Entwicklung des Schreibunterrichts der letzten 40 Jahre: didaktische Theoriebildung und Schulpraxis. In A. Hoppe & K. Ehlich (HRSG), *Mitteilungen des Deutschen Germanistenverbandes* H. 2/3, 160-171.

Kruse, O. (1993). *Keine Angst vor dem leeren Blatt. Ohne Schreibblockaden durchs Studium*. Frankfurt: Campus.

Marmé, N., Kneißel, I., Knemeyer, J.-P. (2011a). Die virtuelle Lernstadt Lucycity im naturwissenschaftlichen Unterricht. *Naturwissenschaftliche Bildung als Beitrag zur Gestaltung partizipativer Demokratie*, 303–305.

Marmé, N., Knemeyer, J.-P. (2011b). Lucycity – eine virtuelle Lernstadt. *Naturwissenschaftliche Bildung als Beitrag zur Gestaltung partizipativer Demokratie*, 300–302.

Struger, J. (2012). Von der Frage zum Text. Empirische Befunde und didaktische Ansätze zur Förderung wissenschaftlicher Schreibkompetenz in der Schule und Hochschule. In U. Preußer & N. Sennewald (Hrsg.), *Literale Kompetenzentwicklung an der Hochschule* (S. 185–200). Frankfurt am Main: Peter Lang GmbH, internationaler Verlag der Wissenschaften.

Matthias GREIN, Göttingen

Fachkultur Französisch als Gegenstand und Voraussetzung der Reflexion forschenden Lernens

1. Einleitung und fachdidaktische Ausgangsposition

Der Französischunterricht in Deutschland wird seit ca. 20 Jahren als in einer Krise befindlich bezeichnet, wofür nicht nur, aber gerade auch die Lehrenden in Verantwortung genommen werden. Deren Praxis wird als nicht mehr zeitgemäß sowie zu sehr an Fehlern bzw. Korrektheitsnormen und sprachlichen Strukturen orientiert beschrieben (Reinfried & Kosch, 2003, 23). Dabei gilt der Französischunterricht aber als wenig empirisch erforscht (vgl. z.B. Schmelter, 2016, 124).

Dementsprechend finden sich zwei Desiderate der Französischdidaktik, die möglicherweise miteinander verbunden sind, zumindest aber nebeneinander stehen: wenig empirische Forschung einerseits und eine sich reproduzierende unterrichtliche Praxis, die – wenn auch ohne solide empirische Basis – als nicht immer adäquat beschrieben wird.

Im Folgenden wird dargestellt, wie diese beiden Herausforderungen in der Konzeption eines Seminars zum Forschenden Lernen im Master of Education Französisch angenommen und bearbeitet wurden. Dafür werden die Rahmenbedingungen beschrieben und der für Professionalisierung als zentral verstandene Reflexionsbegriff zugespitzt. Die doppelte Herausforderung wird weiter in Bezug auf das grundlagentheoretische Verständnis von Fachkultur und mit Bezug auf Ethnographie als empirischer Herangehensweise aufgegriffen.

2. Curricularer und organisatorischer Rahmen

Im Master of Education im Fach Französisch an der Universität Göttingen führen die Studierenden zwei Praktika durch, je eines pro Fach und von der jeweiligen Fachdidaktik betreut. Einerseits ein fünfwöchiges „Fachpraktikum“ (vgl. Schädlich, 2016), das auf eigenen Unterricht der Studierenden ausgerichtet ist, und andererseits ein vierwöchiges „Forschungspraktikum“. In dem separaten „Forschungspraktikum“ ist eigener Unterricht optional, was als relativ gute Bedingung gewertet wird (Weyland & Wittmann, 2016, 24), da es einen Fokus auf Forschendes Lernen und dessen Reflexion theoretisch ermöglichen soll.

3. Reflexion und forschendes Lernen

Reflexion gilt als zentraler Begriff für die Professionalisierung von Lehrpersonen, was umso mehr für Forschendes Lernen gilt:

„Gemeinsam ist allen Modellen, dass bisher das Forschende Lernen vor allem auf unterschiedliche Formen von Reflexionsfähigkeit und auf Teilhabe am wissenschaftlichen, auch methodenorientierten Diskurs zu zielen scheint. Gemeinsamer Nenner scheint eine Ausrichtung auf die universitär zu erlangenden reflexiven Kompetenzen zu sein“ (Koch-Priewe & Thiele, 2009, 279).

Koch-Priewe & Thiele beziehen sich dabei auf ihre Rekonstruktion sechs verschiedener hochschuldidaktischer Modelle Forschenden Lernens, von denen hier vor allem dasjenige „mit dem Schwerpunkt der Reflexion biografischer Zugänge zum Lehrberuf“ (Koch-Priewe & Thiele, 2009, 279) interessant ist. Denn die Reproduktionskraft im und durch Französischunterricht erscheint wie dargestellt sehr groß, weshalb ein reflexiver Zugang angestrebt wird, der dies aufgreift. Damit ist die Erwartung verbunden, spezifische Sinnkonstruktionen bezüglich Fach und Fachgegenstand, bei der sich insbesondere positive Erfahrungen als Schüler/innen und als Studierende zeigen (vgl. Blotzheim, 2005), hinterfragbar zu machen.

In den folgenden Kapiteln geht es darum, wie dieser Ansatz durch ethnographische Fachkulturforschung umgesetzt werden kann.

4. Schulische Fachkulturen

Fachkultur als Forschungsgegenstand: Fachkulturen werden hier als über den reinen Fachgegenstand hinausgehende typische Aspekte des jeweiligen Fachunterrichts verstanden. Im Fall von Französisch werden wie dargestellt u.a. die Orientierung an Grammatik und Fehlern genannt. Willems (2007) hat z.B. im Vergleich der Fächer Physik und Deutsch unterschiedliche Raumordnungen und Diskussionskonventionen rekonstruiert, die auf Hierarchisierungsprozesse innerhalb und zwischen Fachkulturen verweisen. Die fachkulturelle Prägung von Lehrpersonen ist aber für Schule kaum erforscht (vgl. Trautmann, 2007).

Der diesem Verständnis von Fachkultur zugrundeliegende Kulturbegriff ist historisch, dynamisch, auf implizites Wissen und soziale Sinneinheiten bezogen (Willems, 2007, 21ff). So sind starke Fachkulturen ebenso denkbar wie die Möglichkeit einer Überlagerung durch z.B. Schulkultur oder Milieus der Schüler/innen und auch eine eine homogene Fachkultur innerhalb einer Schule ist keinesfalls notwendig vorausgesetzt. Damit ist ein grundlagentheoretisches Kulturverständnis vorgegeben, es besteht jedoch eine gegenstandstheoretische, empirische Offenheit. Dies stellt auch den Ausgangspunkt für das Verständnis von Fachkultur als Voraussetzung Forschenden Lernens dar.

Fachkultur als Voraussetzung: „Schulunterricht ist möglicherweise die soziale Situation, die uns am vertrautesten überhaupt ist" (Breidenstein 2010, 207), was umso deutlicher für das bzw. die eigenen Fächer und die spezifische jeweilige Fachsozialisation (vgl. Blotzheim, 2005) gelten dürfte. Ausgehend von der Annahme biographischer Involviertheit mit Französisch ist daher zu fragen, wie kann die Studierenden diese implizite Fachsozialisation und damit fachkulturelle Sozialisation durch Forschendes Lernen hinterfragen können.

5. Ethnographie: Forschungsmethode und systematische Befremdung

Dafür bietet sich ein ethnographisches Vorgehen an, das einerseits eine etablierte Methode der Fachkulturforschung darstellt (vgl. Willems, 2007), andererseits die Befremdung des Eigenen systematisiert und somit als Prinzip der Reflexion fachkultureller Sozialisation aufgefasst wird:

„[D]ie Hauptaufgabe einer Ethnographie schulischen Unterrichts liegt darin, das, was alle kennen, mit neuen Augen zu betrachten, es muss darum gehen, das, was uns selbstverständlich ist, auf Distanz zu bringen, um es erst dadurch in neuer Weise der sozialwissenschaftlichen Analyse zu erschließen" (Breidenstein, 2010, 207).

Dementsprechend ist das Ziel eine spezifische Reflexion, nämlich die der Fachsozialisation durch die Praxis der selbstbefremdenden Forschung von Fachunterricht. Dies soll unter anderem durch einen offenen Umgang mit dem Vorwissen und dem Eigenanteil bei Datenerhebung, -analyse und Ergebnispräsentation geschehen.

6. Fazit und Ausblick

Die beiden eingangs skizzierten Herausforderungen der Französischdidaktik, ein Mangel an empirischer Forschung und die Reproduktion nicht mehr zeitgemäßer Unterrichtspraxis, wurden in dem beschriebenen Rahmen eines Seminars zu Forschendem Lernen aufgegriffen. Aus Platzgründen konnte hier nur eine theoretische Darstellung erfolgen, bei der Begründungen aus Fachdidaktik und Erziehungswissenschaft zu dem dargestellten Design konvergieren. Sowohl die erfolgten Reflexionsprozesse als auch die Forschungsergebnisse der Studierenden müssen daher weiter verfolgt und selbst systematisch analysiert werden.

Literatur

Blotzheim, D. (2005). Überlegungen zur Vermittlung und zum Erwerb biographischer Kompetenz in der Sportlehrerausbildung. *Bildungsforschung*, 2, 1-13.

Breidenstein, G. (2010). Einen neuen Blick auf schulischen Unterricht entwickeln: Strategien der Befremdung. In F. Heinzel et al. (Hrsg.), *"Auf unsicherem Terrain". Ethnographische Forschung im Kontext des Bildungs- und Sozialwesens* (S. 205-215). Wiesbaden: Springer.

Koch-Priewe, B. & Thiele, J. (2009). Versuch einer Systematisierung der hochschuldidaktischen Konzepte zum Forschenden Lernen. In B. Roters et al. (Hrsg.), *Forschendes Lernen im Lehramtsstudium. Hochschuldidaktik, Professionalisierung, Kompetenzentwicklung* (S. 271-292). Bad Heilbrunn: Klinkhardt.

Reinfried, M. & Kosch, A. (2003). Sprachvermittlung in der Krise? Die Entwicklung des Französischunterrichts in Deutschland seit dem Élysée-Vertrag. *Dokumente. Zeitschrift für den deutsch-französischen Dialog,* 59, 17-27.

Schädlich, B. (2016). Das Fachpraktikum Französisch: Ort der Entwicklung reflexiver Handlungskompetenz für Studierende im Master of Education? Eine Projektskizze. *Zeitschrift für romanische Sprachen und ihre Didaktik*, 10, 69-90.

Schmelter, L. (2016). Entwicklungen in der Französischdidaktik - ein subjektiver Blick auf die Zeit zwischen 2005 und 2015. *Fremdsprachen Lehren und Lernen*, 45, 114-129.

Trautmann, M. (2007). Fachkultur Englisch – Was wissen wir darüber? In J. Lüders (Hrsg.), *Fachkulturforschung in der Schule* (S. 137-149). Opladen & Farmington Hills: Budrich.

Weyland, U. & Wittmann, E. (2016). Praxissemester en vogue. In R. Schüssler et al. (Hrsg.), *Forschendes Lernen im Praxissemester – Zugänge, Konzepte, Erfahrungen* (S. 17-29). Bad Heilbrunn: Klinkhardt.

Willems, K. (2007). *Schulische Fachkulturen und Geschlecht. Physik und Deutsch – natürliche Gegenpole?* Bielefeld: transcript.

Elke KATZ, Leipzig

Forschendes Lernen am Schülerforschungszentrum der Universität Leipzig - Eine Herausforderung für Schüler_innen und Coachs

1. Einleitung

Das Arbeiten in vielseitigen Projekten am Schülerforschungszentrum „almaLab“ der Universität Leipzig / Fakultät für Physik und Geowissenschaften ermöglicht bei beteiligten Schüler_innen ein lebendiges sowie nachhaltiges Lernen. Mathematisch-physikalisch interessierte Schüler_innen von Realschulen und Gymnasien arbeiteten nach ihrem Unterricht forschend unter dem Dach des SFZ, am GYPT-Zentrum. Die Heterogenität der Gruppe der Jugendlichen ist eine Herausforderung für die Coachs. Im Vortrag wird das forschende Lernen zweier sehr unterschiedlicher Projektteilnehmer_innen am GYPT-Zentrum betrachtet. Während aller Projektphasen wurden beide Schüler_innen beobachtet und befragt. Untersucht wurde der individuelle Zuwachs ihrer physikalischen Kenntnisse, ihrer Handlungs- und Problemlösekompetenz sowie ihrer Sprachenkompetenz. Rückschlüsse für die zukünftige Gestaltung von geeigneten Lernumgebungen am Schülerforschungszentrum werden gezogen.

Arbeit am GYPT-Zentrum

Was versteht man unter „Forschendem Lernen“ am GYPT-Zentrum Leipzig? Das „Forschende Lernen“ ist eine Methode am SFZ, die im Zentrum der naturwissenschaftlichen Bildung und Erziehung liegt. „Lernen wird dabei nicht als bloße Wissensanhäufung verstanden, sondern als ein ergebnisoffener und dynamischer Prozess, bei dem das forschende Individuum im Mittelpunkt steht.“[1] Zu dem diesjährigen GYPT-Wettbewerb meldeten sich zwei Teams über das SFZ „almaLab“ der Universität Leipzig an. Im Team 1 befanden sich zunächst drei Realschüler der Jahrgangsstufe 9. Im Team 2 schlossen sich drei Schüler der 10. Klasse von allgemeinbildenden sowie beruflichen Gymnasien der Klassenstufe 10 und 11 zusammen. Es wurde ein erstes gemeinsames Meeting geplant, bei dem alle Informationen zu dem Wettbewerb vorgestellt und besprochen worden. Danach wählten die Schüler_innen aus dem Aufgabenpool eine Aufgabe für sich aus und bearbeiteten diese. Der GYPT-Coach nahm während des gesamten Bearbeitungsprozesses der Aufgabe die Funktion des Beraters und Begleiters wahr. Die Schüler_innen bearbeiteten individuell jeweils eine selbstausgewählte For-

[1] Quelle: http://www.forschendes-lernen.net/index.php/was-ist-forschendes-lernen.html

N. Neuber, W. Paravicini, M. Stein (Hrsg.): Forschendes Lernen – The wider view. Tagungsband. Münster: WTM-Verlag 2018.

schungsaufgabe, durchliefen dabei in Anlehnung an den gesamten Projektprozess mit dem dazu parallel ablaufenden Lernzyklus nach Wildt. Die Jungforscher_innen hinterfragten ihre Messergebnisse und konnten entsprechend ihrer Ergebnisse die Experimentierphasen mehrmals durchlaufen. Das Ziel für alle Teilnehmer_innen bestand darin, dass sie eine englischsprachige Präsentation für das Physiktournier vorbereiten sowie ihre Arbeit präsentieren und verteidigen sollten.

Untersuchung zur inhaltlichen Verbesserung des pädagogischen Konzepts am GYPT-Zentrum

Parallel zur Schülerprojektphase verlief eine begleitende Untersuchung, um zum einen die Ausgangssituation der Projektteilnehmer_innen mit ihren bereits vorhandenen Kompetenzen und zum anderen eine Weiterentwicklung ihrer Fach- und Handlungskompetenzen am Ende des Physikturniers festzustellen. Dabei sollten Probleme und Schwierigkeiten während der einzelnen Projektforschungsphasen aufgespürt werden.

Weiterhin wurde untersucht, ob das methodische Vorgehen, die beratende sowie begleitende Tätigkeit des Coaches ausreichend und richtig war. Außerdem sollte man den Fragen nachgehen, wie man die GYPT-Teilnehmer_innen von den Realschulen beim Durchlaufen ihres Forschungsprozesses noch besser motivieren und stärken kann. Und es sollte nicht die Frage nach neuen Möglichkeiten von Unterstützungen vergessen werden, die die Teilnehmer_innen zukünftig erhalten sollten, um ihre physikalischen Fähigkeiten und Fertigkeiten und somit wichtige Fach-und Handlungskompetenzen weiter ausbilden und fördern zu können.

Als Leitlinien für die Untersuchung wurden folgende Thesen entworfen:

(1) Durch die Teilnahme am GYPT-Wettbewerb verbessern die Schüler ihre mathematischen sowie physikalischen Kenntnisse und Fachsprache.

(2) Die Teilnehmer verzeichnen einen individuellen Zuwachs ihrer Handlungs- und Problemlösekompetenz im Sinne des forschenden Lernens.

(3) Das Schülerforschungszentrum ist ein geeigneter Partner für die Förderung und Unterstützung junger MINT-Talente.

Untersuchungsmethoden

Durch die beiden heterogenen Teams und die Individualität der Teilnehmer_innen bot sich als Untersuchungsmethode die Einzelfallstudie an. Aus jeder Gruppe wurde eine Person bewusst ausgewählt. Das Auswahlkriterium bestand in dem unterschiedlichen Bildungsgang der Schüler_innen: Realschule und Gymnasium und dem daraus resultierenden recht unterschiedlich stark vorhandenem Fachwissen sowie ausgebildeten Kompetenzen.

Dieses Kriterium schaffte eine große Untersuchungsbreite, denn die beiden Probanden beschrieben zwei Grenzfälle. Auf der einen Seite wurde der beste Realschüler der Klassenstufe 9 und auf der anderen Seite die hochbegabte Gymnasialschülerin der Klassenstufe 10 hinsichtlich ihres Fachwissens sowie der Handlungs- und Sprachenkompetenzen ausgewählt und untersucht. Das Ziel der Einzelfallstudien bestand darin, zu erfahren, welche Art von Unterstützung notwendig ist, um diese möglichen „Grenzfallschüler_innen" in ihrer zukünftigen Projektarbeit zu stärken und zu fördern.

Um diese Einzelfallanalysen durchführen zu können wurden entsprechende Kriterien festgelegt und der Einsatz entsprechender Arbeitsmittel geplant und zur Untersuchung eingesetzt. Als Untersuchungskriterien eigneten sich die Bildungsstandards des Faches Physik mit ihren Kompetenzbereichen Fachwissen - als inhaltliche Dimension, Erkenntnisgewinnung, Kommunikation und Bewertung - als Handlungsdimensionen.[2] Sie dienten der signifikanten Erfassung und dem Beurteilen vorhandenen Fachwissens, Fähigkeiten und Fertigkeiten über den gesamten Zeitraum der Projekt- sowie Wettbewerbsphase.

Für die wissenschaftliche Untersuchung der entsprechenden Kompetenzen wurden die Arbeitsmittel: die Befragung mittels einzelner Fragebögen, die Beobachtungsmethode (Beobachtungsprotokoll) während aller Projektphasen, sowie ein Final-Interview geplant und durchgeführt. Ein Vergleich der Ausgangskompetenzen mit den weiterentwickelnden „Endkompetenzen" und der daran anschließenden Schlussfolgerung sollte herausstellen, welche Maßnahmen für die zukünftige bessere Förderung von GYPT-Teilnehmer_innen an Realschüler und Gymnasien notwendig sind.

Um ein annähernd ausreichendes zufriedenstellendes Untersuchungsergebnis zu erlangen- wurden die Gütekriterien:

0 Einsteiger: besitzt noch keine Kenntnisse/Fähigkeiten;

1 Anfänger: Grundkenntnisse;

2 Fortgeschrittener: besitzt erweiterte Grundkenntnisse;

3 Experte: besitzt umfassende Spezialkenntnisse;

für eine feinere Beurteilung formuliert und festgelegt. Durch die Fragebögen wurden Kriterien zur Selbsteinschätzung des Kompetenzentwicklungsstan-

[2] Quelle: http://www.kmk.org/fileadmin/Dateien/veroeffentlichungen_beschlusse/2004/2004_12_16-Bildungsstandards-Physik-Mittleren-SA.pdf

des vor und nach dem Projekt durch die Teilnehmer_innen anonym gestellt und abgefragt.

Dagegen sind in den Beobachtungsbögen die Kompetenzen des Faches Physik aufgelistet und entsprechend mit Gütekriterien und Beobachtungsnotizen versehen worden. Dadurch konnten recht schnell wichtige Merkmale der Probanden entsprechend der Bildungsstandards festgehalten und beurteilt werden.

Mit einem nach dem Wettbewerb geplanten und durchgeführten Experteninterview wurden die beiden ausgewählten Probanden über ihren Wissenszuwachs und ihre Kompetenzentwicklung befragt. Die inhaltliche Gestaltung des Interviews wurde anhand der Bildungsstandards und ihrer Kompetenzbereiche in Anlehnung ihres Projektthemas geplant und durchgeführt.

Schlussfolgerungen für eine zukünftige erfolgreiche Projektarbeit am GYPT-Zentrum Leipzig

Um genaue Antworten gegeben zu können, wird Bezug auf die anfänglich formulierten Thesen genommen.

Zur These I: Zwischen den Jungforsch_innen und dem Coach soll während aller Projektphasen des forschenden Lernens ein Dialog so entstehen, dass zwischen beiden kleine Forschungspläne angelegt und abgeglichen werden können. Auf die Verbesserung der Fachsprache wird im Dialog geachtet.

Zur These II: Anfang September 2017 erscheinen die neuen 17 anspruchsvollen Physikaufgaben bei German Young Physicists` Tournament. Um allen Teilnehmer_innen einen ruhigen Forschungseinstieg zu ermöglichen, werden für die zukünftigen GYPT-Teilnehmer_innen in den sächsischen Oktoberferien 2017 dreitägige Experimentier- und Forschungstage geplant und durchgeführt. So erhalten alle Schüler_innen einen Einblick an die Anforderungen und können an diese Projektarbeit des „Forschenden Lernens" herangeführt werden. Der GYPT-Coach kann dabei Schwächen aber auch Stärken der Teilnehmer_innen erkennen und Maßnahmen zur Verbesserung einleiten. Sie werden außerdem auf die Verteidigung und Diskussionsrunde in englischer Sprache vorbereitet.

Zur These III: Wenn Schüler_innen am GYPT-Projekt teilnehmen möchten und Schwächen im mathematischen sowie physikalischen Fachwissen sowie in den physikalischen Fähigkeiten und Fertigkeiten aufweisen, dann erhalten sie trotzdem vielfältige Unterstützung. Sie werden bestärkt beim der Aneignen von Fachwissen und forschenden Handeln. Sie werden befähigt an einem MINT-Wettbewerb erfolgreich teilzunehmen.

Michelle MALLWITZ, Frankfurt am Main

(Mit)Gestaltung und Reflexion als unterstützende Faktoren einer Sozialisation in die Wissenschaft

Sozialisation in die Wissenschaft ist eines der Ziele forschenden Lernens, da gerade durch das forschende Lernen Wissenschaft „als sozialer Prozess erfahren werden" (Huber 2009) soll. Sozialisation in Wissenschaft versteht Huber (2017), in Anlehnung an Humboldt, als „beginnende Teilhabe an der Arbeit und Gemeinschaft der Wissenschaft Treibenden" (ebd., S. 102). Diese Teilhabe wird im forschenden Lernen zur Mitgestaltung. Huber setzt dies in Zusammenhang mit dem Begriff der Reflexion als „Bewusstmachen der Tätigkeiten und Erfahrungen, der mehr oder oft minder bewusst getroffenen Entscheidungen, des Erkenntnisprozesses und der auf ihn einwirkenden Faktoren" (ebd., S. 102). Dabei sind sowohl der Begriff der Reflexion als *Reflexion über das eigene Lernen* wie auch der Begriff der *(Mit)Gestaltung des eigenen Lernens* konzeptionell wenig betrachtet (vgl. Hilzensauer 2008 sowie GMW 2008). Der vorliegende Beitrag möchte explorativ Thesen zum Zusammenhang von Mitgestaltung und Reflexion im Zuge der Sozialisation in Wissenschaft entwickeln und unter Rückgriff auf die Beteiligungsforschung ein Modell zur Systematisierung von Formaten der (Mit)Gestaltung anbieten.

Annäherung an den Begriff „Mitgestaltung"

Ist in der Literatur von studentischer Mitgestaltung die Rede, so fokussiert dies unter dem Begriff *studentische Partizipation* hochschulpolitische Beteiligung in Gremien der akademischen Selbstverwaltung (vgl. Ditzel/Bergt 2013), sowie – im Zuge der Bologna-Reformen – die Einbeziehung in der Qualitätssicherung (vgl. Winter 2005). Auch in der Lehre wird immer öfter von (Mit)Gestaltung der Studierenden gesprochen. Im forschenden Lernen ist sie nach der Definition Hubers (2009) Wesenselement, aber auch in anderen Bereichen tritt sie zutage, wie eine Sammlung von Beispielen im Rahmen eines Themen-Tisches der Gesellschaft für Medien in der Wissenschaft 2008 zeigt, die von Lehrformaten und studentisch entwickelten Projekten bis hin zu speziellen Förderfonds und der Zusammenarbeit von zentralen Einrichtungen mit studentischen TutorInnen reicht (vgl. ebd.). Die Teilnehmenden kamen zu dem Schluss, „dass allen Projekten eine ähnliche Vorstellung von studentischer Mitgestaltung zu Grunde liegt: Mitgestaltung beschränkt sich nicht auf eine formale Mitbestimmung, wie sie Studierenden beispielsweise in Hochschulgremien zugestanden wird. Mitgestaltung meint vielmehr, eigene Ideen und Bedürfnisse in einen offenen Bildungsraum einzubringen und als aktiver Lernender an deren Umsetzung mitzuarbeiten" (ebd.). (Mit)Gestaltung kann somit sowohl eine formelle Einbindung studentischer VertreterInnen beispielsweise in die Entwicklung einer Studienordnung als auch die Mitgestaltung konkreter Lernszenarien durch TeilnehmerInnen einer Lehrveranstaltung meinen. In diesen Kontexten wird das Mitgestalten des Bildungsraums zur Sozialisation in selbigen.

Annäherung an den Begriff „Reflexion"

Wie der Begriff der (Mit)Gestaltung, so ist auch der Begriff der Reflexion im Kontext der Lehre in häufigem Gebrauch; zum forschenden Lernen gehört sie nach Huber (2017) „‚selbstverständlich'" dazu (ebd. 101). Allerdings schränkt er ein: „Aber vielleicht steckt, wie so oft, in dem selbstverständlichen Vorkommen des Worts auch ein Problem: Das Problem nämlich, dass keineswegs so selbstverständlich ist, was jeweils darunter verstanden wird" (ebd.) An diesem Punkt setzt auch die Kritik Hilzensauers (2008) an, der zwischen einer Reflexion über den Lerngegenstand, die beispielsweise in Portfolios vertreten sei, und einer Reflexion über das Lernen selbst unterscheidet. Bezogen auf Letzteres klagt er: „Über die Reflexion des Lernens im Speziellen wird man gar nicht fündig, ebenso wenig gibt es befriedigende methodische Anleitungen für die Reflexion über das Lernen" (ebd., S. 16). Reflexion über das Lernen stellt für Hilzensauer „die Fähigkeit dar, sich seiner eigenen Lernprozesse bewusst zu sein und diese durch Reflexion positiv beeinflussen zu können" (ebd., S. 10). Häcker, Hilzensauer und Reinmann (2008) führen aus, dass es gerade mit Blick auf das lebenslange Lernen elementar sei, die Stärken und Schwächen des eigenen Lernens zu kennen, um so „Lernstrategien in unterschiedlichen Kontexten auch effektiv" (ebd., S. 1) anwenden zu können. Gegenstand einer solchen Reflexion über das eigene Lernen seien nicht nur internale Aspekte, sondern auch „situativ-institutionelle Rahmenbedingungen" (ebd., S. 2), seien sie nun hilfreich oder hemmend. Es scheint fast trivial auszuführen, dass die Bedeutung der Reflexion, wenn sie für das lebenslange Lernen gilt, erst recht für eine Sozialisation in Hochschulen als Ort andauernden Forschens und Lernens gelten muss. Denn, wie Hilzensauer (2008) erläutert, bildet Reflexion „als Grundprinzip für die Entwicklung von Kompetenzen [...] die Basis für eine Selbstbestimmung im Lernprozess" (ebd., S. 2).

Zwischenfazit

Sozialisation in Wissenschaft als Ziel forschenden Lernens vollzieht sich ‚zwangsläufig', wenn Studierende ihren Lernprozess mitgestalten. Folgt man der Definition Hilzensauers, dass die Reflexion des eigenen Lernprozesses die Reflexion über situativ-institutionelle Faktoren einschließt, dann liegt es nahe, Formen der (Mit)Gestaltung als Reflexionsanlässe zu betrachten, da gerade dann „Ideen und Bedürfnisse" (GMW 2008) artikuliert, diskutiert und damit reflektiert werden. (Mit)Gestaltung bietet dann Anlässe zur Reflexion, wenn man „nicht nach neuen oder anderen Strategien bei einem Misserfolg im Lernen sucht, sondern nach den Gründen des Misserfolges selbst" (Hilzensauer 2008, S. 4). Diese (Mit)Gestaltung beziehungsweise die Reflexion über förderliche und hinderliche Faktoren und die damit erworbene Selbstständigkeit der/des Lernenden braucht ein Einüben und muss „sich erst entwickeln – über verschiedene Bereiche und Stufen hinweg. Sie kann sich aber nur entwickeln, wenn ihr jeweils so viel Raum wie nur möglich gegeben wird" (Huber 2009, S. 10). Wie aber lassen sich Räume der (Mit)Gestaltung einordnen?

Versuch einer Systematisierung

Ditzel und Bergt (2013) schlagen die „Organisiertheit des Partizipationsprozesses" (ebd., S. 180) und den Grad der angestrebten Veränderung als Systematisierungskriterien für Formen der (Mit)Gestaltung vor. Damit unterscheiden sie allerdings nur zwischen informellem Engagement im studentischen Kontext und Engagement in hochschulpolitischen Strukturen (vgl. ebd.). Unter Rückgriff auf die Beteiligungsforschung soll daher ein alternatives Modell vorgestellt werden. Viel zitiert in diesem Kontext ist die sogenannte Beteiligungsleiter von Sherry Arnstein (2007 [1969]). Arnstein differenziert auf Basis der Einflussmöglichkeiten, die den Beteiligten gegeben werden, unterschiedliche Stufen (vgl. ebd.: 233), die hier in adaptierter Form von Konsultation bis Selbstbestimmung wiedergegeben sind:[1]

Abb. 1: Eigene Abbildung in Anlehnung an Arnsteins Beteiligungsleiter (übersetzte Fassung nach Nanz u. Fritsche 2012)

Diese Beteiligungsleiter kann als Anknüpfungspunkt dienen, verschiedene Arten der (Mit)Gestaltung in der Lehre nach dem Ausmaß der studentischen Gestaltungsmöglichkeiten zu klassifizieren. So kann für die Stufe der *Konsultation* etwa die Lehrveranstaltungsevaluation ein Beispiel sein. Als *inszenierte Mitwirkung* können beispielsweise Lehrveranstaltungsevaluationen

[1] Arnsteins (2007 [1969]) Modell beinhaltet zusätzlich zu dieser Darstellung noch die Stufen Information und Manipulation. Auf beide wird mit Blick auf den Fokus des Beitrags an dieser Stelle verzichtet.

wahrgenommen werden, deren Ergebnisse nicht ausgewertet und weitergeleitet werden. Unter *partnerschaftlicher Kooperation* kann die Arbeit in den Studienkommissionen gefasst werden. Von Mitbestimmung kann unter anderem bezüglich des Lehrkontrakts nach Vorbild der Universität Bremen gesprochen werden, der nur im Konsens mit Studierenden geschlossen werden kann (vgl. Müller/Voegelin 2002). *Selbstbestimmung* etwa tritt bei den sogenannten Autonomen Tutorien an der Goethe-Universität Frankfurt auf, innerhalb derer Studierende selbst die Themen auswählen und die Lehrveranstaltungen selbst abhalten (vgl. Goethe-Universität 2017).

Das Stufenbild sollte nicht dazu verleiten, dies so zu verstehen, dass Studierende sich die Stufen ‚hocharbeiten' müssen. Folgt man aber der Annahme, dass die Selbstständigkeit als Element und gleichzeitig Basis (forschenden) Lernens sich entwickeln muss und dass Reflexion über die situativen und institutionellen Faktoren des eigenen Lernens dies begünstigen kann, so lässt sich die These aufstellen, dass die Reflexionsanlässe auf jeder Stufe zunehmen aber auch, dass der Reflexionsprozess auf jeder Stufe voraussetzungsvoller wird. Nicht zuletzt fördern gerade solche Anlässe, „in denen Interessen artikuliert und vertieft verfolgt werden können und in denen man sich mit anderen verständigen oder zusammentun muss" nachhaltiges Lernen (Huber 2009, S. 19).

Ausblick

Der vorliegende Beitrag kann den Zusammenhang von Reflexion und Partizipation mit Blick auf die Sozialisation in die Wissenschaft nur anreißen. Die entwickelten Thesen und das aus der Beteiligungsforschung adaptierte Modell können als Grundlage für eine weitere Exploration dienen.

Nicht näher eingegangen werden konnte in diesem Beitrag auf die Diskussion darüber, dass zwar die Möglichkeiten zur Mitgestaltung zunehmen, die Beteiligung der Studierenden aber abnimmt (vgl. u.a. Winter 2005). Die Analyse von Ditzel und Bergt (2013) legt nahe, dass Anreize zur Partizipation dann gegeben sind, wenn die Themen eine große Nähe zu den Belangen der Studierenden haben. Dies sei neben studentischen Strukturen vor allem mit Blick auf den eigenen Studiengang und die damit verbundenen Lehrenden gegeben (vgl. ebd.). Damit liegt der Schluss nahe, dass vermehrte Möglichkeiten zur (Mit)Gestaltung des eigenen Lernprozesses auch die Partizipation im Hochschulfeld als solche stärken können. Ein lohnendes Unterfangen könnte es daher sein, den Zusammenhang zwischen hochschulpolitischer Partizipation und der (Mit)Gestaltung von Lernszenarien zu untersuchen und förderliche Faktoren für studentische (Mit)Gestaltung mit Blick auf die unterschiedlichen Konstellationen herauszuarbeiten.

Literatur

Ditzel, B., Bergt, T. (2013). Studentische Partizipation als organisationale Herausforderung – Ergebnisse einer explorativen Studie. In S. M. Weber et al. (Hrsg), *Organisation und Partizipation, Organisation und Pädagogik* (S. 177–186). Wiesbaden: Springer Fachmedien.

Gesellschaft für Medien in der Wissenschaft e.V. (GMW) (2008). *Partizipation von Studierenden an Hochschulen als offene Innovationsstrategie? Fallbeispiele, Erfahrungen und Perspektiven. Dokumentation eines Thementisches auf der 13. Jahrestagung der Gesellschaft für Medien in der Wissenschaft in Krems (Österreich).* Verfügbar unter http://uni-engagiert.de/files/GMW08-Thementisch_Ergebnisdarstellung.pdf [04.02.2018].

Goethe-Universität Frankfurt am Main (2017). *Autonome Tutorien am Fachbereich 10.* Verfügbar unter https://www.uni-frankfurt.de/41623048/autonome_Tutorien [04.02.2018].

Häcker, T., Hilzensauer, W., Reinmann, G. (2008). Editorial zum Schwerpunktthema "Reflexives Lernen". *bildungsforschung, 5*, (2). Verfügbar unter http://www.bildungsforschung.org/Archiv/2008-02/editorial/ [04.02.2018].

Hilzensauer, W. (2008). Theoretische Zugänge und Methoden zur Reflexion des Lernens. Ein Diskussionsbeitrag. *bildungsforschung, 5* (2). Verfügbar unter http://www.bildungsforschung.org/Archiv/2008-02/lernvermoegen/ [04.02.2018].

Huber, L. (2009). Warum Forschendes Lernen nötig und möglich ist. In L. Huber et. al (Hrsg.), *Forschendes Lernen im Studium* (S. 9-35) Bielefeld: Universitätsverlag Webler.

Huber, L. (2017). Reflexion. In Mieg, H. A., Lehman, J. (Hrsg), *Forschendes Lernen. Wie die Lehre in Universität und Fachhochschule erneuert werden kann* (S. 101-114) Frankfurt: Campus.

Müller, W.; Voegelin, L. (2002). *Studierende als Mitgestalter/innen der Hochschulentwicklung*? Verfügbar unter http://ids.hof.uni-halle.de/documents/t1196.pdf. [04.02.2018].

Nanz, P.; Fritsche, M. (2012). *Handbuch Bürgerbeteiligung. Verfahren und Akteure, Chancen und Grenzen.* Bonn: Bundeszentrale f. Politische Bildung.

Arnstein, S. (2007 [1969]). A Ladder of Citizen Participation. Journal of the American Institute of Planners (1969). In LeGates, R. T., Stout, F. (Hrsg.), *The city reader. 4. Auflage* (S. 233-244) London, New York: Routledge.

Winter, M. (2005). Mitwirkungschancen der Studierenden bei Qualitätssicherung und Studienstrukturreform. *Beiträge zur Hochschulforschung, 27* (2), 27, 122–130.

Simone PETZOLDT, Marburg

Biografiearbeit und forschendes Lernen als Professionalisierungsstrategie für angehende Philosophie- und Ethiklehrer und -lehrerinnen

Die Veranstaltung ProfiWerk nimmt eine zentrale Stellung der Theorievermittlung innerhalb der Marburger Praxismodule ein, die im Rahmen der Qualitätsoffensive Lehrerbildung entwickelt wurden. Fachliche und fachdidaktische Inhalte in theoriebasierter Vorbereitung auf die Praxisphase sind feste Bestandteile der Veranstaltung, in der die Studierenden sich auf den Kern ihres jeweiligen Faches fokussieren.

Biografiearbeit

Für die Fächer Ethik und Philosophie hat sich die Verknüpfung von Fachinhalten mit der methodisch angeleiteten Reflexion der je eigenen Positionen der Studierenden als zielführend erwiesen. Das Seminar schlägt eine Brücke von dem Wissens- und Kompetenzerwerb hin zur Verhältnisbestimmung von Person und Fachgegenstand. Denn die Fachgegenstände fordern dazu auf, eine Haltung zu beziehen, sie bleiben nicht wie z.B. in naturwissenschaftlichen Fächern als Wissensbestand unpersönlich. Das Seminarformat leitet so gesehen zum Kern der Fächer, da der klassische Wissensbestand in der Philosophie (auf Schulebene) vor allem dann Relevanz haben kann, sofern er als Grundlage des aktiven Philosophierens dient. Philosophieren aber bedeutet, begründete und rechtfertigungsbedürftige Urteile abzugeben, die nie losgelöst von der eigenen Haltung sind, sei es zustimmend oder ablehnend – in beiden Fällen ist die Klärung eigener Intentionen vorwegzunehmen, um nicht in einen neigungsabhängigen Meinungsaustausch zu geraten. Die angeleitete Reflexion und Explikation der je eigenen Kontextualität haben zum Ziel, das Verstehen ideengeschichtlicher Gehalte zu vertiefen. Durch die Befragung des zumeist intuitiv bleibenden Verhältnisses von Person und philosophischem Inhalt kann zum einen die je eigene Wirkung auf das Textverstehen verdeutlicht werden, zum anderen erhellt das Subjekt die Wirkung des Textes für sich selbst. Diese dialektische Wirkung wird durch die Extraktion von spezifischen Voraussetzungen der je eigenen Tradition, der Reflexion der eigenen Herkunft, das Kommunizieren darüber und die analytische Annäherung durch Distanznahme an die eigene Geschichte unterstützt und wahrnehmbar gemacht. Das Setting der biografischen Reflexionsarbeit im Seminarkontext ermöglicht neben dem persönlichen Nach-Denken der eigenen Geschichte zugleich einen Austausch mit Kommilitoninnen und Kommilitonen zum Zwecke der Perspektiverweiterung und Verschie-

N. Neuber, W. Paravicini, M. Stein (Hrsg.): Forschendes Lernen – The wider view. Tagungsband. Münster: WTM-Verlag 2018.

bung von Denkhorizonten – in Relation zu den jeweiligen Fachgegenständen. Der Rückgriff auf die individuelle vorphilosophische Haltung und ihre mehrperspektivische Reflexion können in Rückbindung an philosophische Texte und Ideengeschichte im Sinne von Gadamers Hermeneutischem Zirkel Reflexionsprozesse einleiten, die die Klärung von Verstehensstrukturen zum Ziel haben. Darüber hinaus deckt diese Form der Biografiearbeit Relevanzen philosophischer und ethischer Fragen für die eigene Person auf. Die philosophischen Fragen werden also dem Un-persönlichen enthoben, wodurch das Nachdenken und Bewusstwerden der je eigenen Haltung zum eigentlichen Ausgangspunkt des Philosophierens wird. Das Verständnis um die spezifische Voreingenommenheit des eigenen Denkens und Handelns ermöglicht ein kritisches Bewusstsein und eine Einsicht in die Kontextualität dessen, womit sich die Studierenden beschäftigen. An dieser Stelle trifft die biografische Reflexionsarbeit auf den Kern der philosophischen Disziplin und somit auf eine weitere Intention, denn die Philosophie selbst versteht sich als Wissenschaft, die ganz unterschiedliche geltungsbeanspruchende Positionen der Welt- und Selbstdeutung besetzt, die weitgehend nur unter dem Anspruch einer gemeinsamen Rechtfertigungsstruktur zusammenzufassen sind. Der Rückgriff auf die eigene vorphilosophische Haltung und das Gespräch darüber stellt die je eigene Welt- und Selbstdeutung in Abgrenzung anderer dar, ohne sie unbegründet zu delegitimieren. Aus fachdidaktischer Perspektive bedeutet diese Einsicht der Verknüpfung von Fachgegenstand und Person auch ein methodisches Potential für den Schulunterricht, an das z.B. die Arbeit an der Ambiguitätstoleranz angeschlossen werden kann.

Forschungsarbeit

Im Gesamtzusammenhang des Seminars öffnet das forschungsbasierte Lernen eine weitere Perspektive von Reflexion. Im Zentrum der Forschungstätigkeit steht die Interviewplanung, -durchführung und -analyse von selbstempfundenen Herausforderungen und Schwierigkeiten während des Fachpraktikums von Mitstudierenden, die dieses bereits durchlaufen haben. Hier schließt sich der Kreis zur biografischen Reflexion, da intuitiv auch die je eigenen Erwartungen an den praktischen Teil befragt werden können. Darüber hinaus erfordert die qualitative Methode der Forschung, in diesem Fall die Objektive Hermeneutik, eine gezielte Distanznahme zu den Kommilitoninnen und Kommilitonen, insbesondere in der Auswertung, die vorbereitend für die Analyse der eigenen Reflexionsergebnisse wirken soll. Dass vor allem die Übernahme der Forscherperspektive eine ungewohnte Situation für die Studierenden ist, zeigte sich im Seminargespräch, in dem Unsicherheiten bezüglich der Methode deutlich wurden. Wie weit darf man bei der Interpretation des Gesagten gehen? Welche Fallhypothesen sind angemessen, welche schießen über das Ziel hinaus oder diskreditieren die befragten Personen gar? Diese anvisierte Rollenirritation dient dem Heraustreten aus dem Kreis aus gewohnten Anforderungen und deren Entsprechungen – einer nur lernenden Haltung. Die Studierenden sind aufgefordert, dahingehend selbst die Grenzen auszuloten oder sie mithilfe der Forschungsgemeinschaft abzustecken. Mitreflektiert werden innerhalb des Forschungsprozesses auch die eigenen Rollen während des Interviews und die Interpretation des Gesagten. Die Arbeit an den Interviews intendiert, dass die Studierenden sich nicht nur als Teilnehmerinnen und Teilnehmer eines Seminars im passiven Sinne verstehen, sondern sich mit den Schwierigkeiten der Forscherrolle konfrontieren. Diese drückt sich z.B. in der ethischen Verantwortungsübernahme für die Befragten aus, die eine Herausforderung darstellte. An dieser Stelle wird wiederum der Bezug zum Ausbildungsziel deutlich, da hier wie dort ein stetiges Hinterfragen des eigenen Handelns notwendig ist, das stets rechtfertigungsbedürftig bleibt. So steigen sie in den Forschungsprozess ein, durch den 1. der universitäre Forschungsauftrag mitgestaltbar wird, durch den 2. die Studierenden einen Bezug zum Lehrerhandeln herstellen können und, um auf die fachliche Ebene zurückzukommen, der 3. eine weitere Dimension der Reflexion ermöglicht. Die fachliche Anknüpfung durch die Methode der Objektiven Hermeneutik, bietet eine weitere Möglichkeit, Texterzeugnisse methodisch geleitet zu interpretieren und einen Entstehungskontext darzustellen. Zudem fokussiert die Objektive Hermeneutik den Zusammenhang von Sprache und sozialen Handlungsstrukturen, was die Schärfung der Aufmerksamkeit auf sprachliche Handlungen zur Folge haben kann – auf die Schüler gerichtet – was aber auch auf die Wirkmächtigkeit der eigenen Sprache verweist, gerade im Zusammenhang eigener Sprechakte im Klassenraum. Es zeigt sich also, dass die Objektive Hermeneutik als Methode den fachlichen Interpretationshorizont erweitert und zudem auf das Berufshandeln vorausweist.

Durchführung des Seminars

Das Seminar ist in drei Blöcke eingeteilt, beginnend mit der biografischen Arbeit. In diesem Block reflektieren die Seminarteilnehmer Einflüsse der Innenperspektive, der Sozialisation sowie dem Zeitgeschehen und der Ideengeschichte, die abschließend metareflexiv auf persönliche Handlungsmuster und -strukturen hin untersucht werden. Diese Interpretationsarbeit steht in einem engen Zusammenhang mit dem späteren Lehrerhandeln, sei es durch das Nachdenken über den eigenen Standpunkt, dessen argumentative Begründung eines der Unterrichtsziele von Ethik und Philosophie ist oder sei es durch das Üben der selbstreflexiven Beobachtung, die Voraussetzung für

Unterrichtsanalyse und Professionalisierung des Lehrerhandelns im Allgemeinen ist. Auf den Ergebnissen der biografischen Reflexion aufbauend folgt ein fachdidaktisch-methodischer Block, der beginnend mit dem hermeneutischen Zirkel einen Bezug zum ersten Teil des Seminars herstellt. Zur Frage stehen wiederum persönliche Zugänge, Verständnisweisen und Erschließungsmethoden von Fachtexten, die vor dem Hintergrund des ersten Blocks reflektiert werden und durch methodische Übungen vertieft werden. Das angestrebte Lernziel ist die Erkenntnis, philosophische Theorien als Erzeugnisse von Reflexionen wahrzunehmen, die ebenfalls kontextgebunden sind – die Perspektive auf jene als historische Texterzeugnisse. Darüber hinaus wirken sie bis in die Gegenwart, in der sich die Kontexte und Interpretationen grundlegend verändert haben. Dieser Ansatz soll helfen, eigene Verstehensschwierigkeiten aufzuschlüsseln und zu einer Beweglichkeit innerhalb der Fachtradition zu führen, um, vorausblickend auf das Lehrerhandeln, Schülerinnen und Schüler in ihrem Verstehensprozess zu unterstützen. Der Forschungsblock schließt sich dem vorigen an. Dafür erstellen die Studierenden in Eigenregie ein Interview, in dem sie Kommilitoninnen und Kommilitonen befragen, die das Praktikum bereits absolviert haben. Die vorgegebene Fragerichtung dreht sich um spezifisch fachliche Herausforderungen beim Unterrichten der Fächer Ethik und Philosophie. Die Auswertung mittels der Objektiven Hermeneutik erweitert und vertieft den Inhalt des vorigen Blocks um eine weitere Perspektive, im Sinne des Nachvollzugs von Verstehensprozessen. Die Auswertungsergebnisse schlagen sich ganz konkret nieder, da sie in einem interdisziplinären Austauschrahmen reflektiert werden und als Anregungen für weitere seminaristische Veranstaltungen aufgenommen werden. Darüber hinaus bieten die konkreten Antworten der Kommilitonen einen Ausblick auf das bevorstehende Praktikum. Dieses Konzept forschenden Lernens steht zwar nicht im engeren Sinne in der Tradition von Ludwig Hubers Verständnis der Sache, dennoch haben die Studierenden mit angemessenem Aufwand eine Forschungsmethode ausprobiert, den Wechsel von der Studierendenperspektive zur (irritierenden) Forscherperspektive vollzogen, Ergebnisse hervorgebracht, aus denen die Weiterentwicklung seminaristischer Veranstaltungen hervorgeht und somit wesentliche Lernimpulse aus der forschenden Arbeit eines Fachthemas generieren können.

Literatur

Gadamer, H.-G. (1990): Wahrheit und Methode. Grundzüge einer philosophischen Hermeneutik (6.Aufl.). Tübingen: J.C.B. Mohr.

Huber, L. (2003): Forschendes Lernen in Deutschen Hochschulen. Zum Stand der Diskussion. In A. Obolensky/H. Meyer (Hrsg.), *Forschendes Lernen. Theorie und Praxis einer professionellen LehrerInnenausbildung* (S. 15-36). Bad Heilbrunn: Julius Klinkhardt.

Evelyn REINMUTH, Hohenheim

Fallbeispiel für ein interdisziplinäres FL Projektformat im Rahmen von Humboldt reloaded

Das QPL Projekt „Humboldt reloaded" an der Universität Hohenheim ermöglicht Studierenden, schon im Grundstudium Forschungsprojekte durchzuführen (www.humboldt-reloaded.uni-hohenheim.de/interdisziplinaere-projekte). In der zweiten Förderphase liegt ein besonderer Fokus auf der Durchführung interdisziplinärer FL Projekte (ID FL Projekte). Das Konzept, welches zur Koordination und Durchführung fächerübergreifend vernetzter Kooperationsprojekte erarbeitet wurde, soll vorgestellt und anhand von einem Fallbeispiel erläutert werden.

In den ID FL Projekten, die durch Humboldt reloaded geplant und koordiniert werden, kooperieren mindestens zwei Humboldt reloaded Projekte aus verschiedenen Fachbereichen der Universität Hohenheim. Im Vordergrund steht hierbei die Beantwortung einer gemeinsamen ID FL Forschungsfrage. Im Fallbeispiel lautete die ID FL Forschungsfrage: Was steckt eigentlich hinter den kontroversen Diskussionen um Spekulationen mit (Lebensmittel-)Rohstoffen?

Im Falle des Fallbeispiels gab es zusätzlich ein Vorläuferprojekt, das nicht interdisziplinär war und dessen Ergebnisse Hintergrundwissen für das ID Projekt lieferten. Ein Teil der Studierenden des Vorläuferprojekts waren zudem Teilnehmer des ID FL Projekts. Dies erleichterte den „Neuen" den Einstieg in das Themenfeld. Das Vorläuferprojekt beschäftigte sich in diesem Fall mit der Frage, wie ein Future bezogen auf Rohmilch für den europäischen Markt aussehen müsste. Dieser Rohmilchfuture befand sich zum damaligen Zeitpunkt in der Entwicklung (Reinmuth et al., 2017). Solch ein Vorläuferprojekt ist jedoch nicht zwingend notwendig.

Im ID FL Projekt kooperierten der Lehrstuhl für Produktionstheorie und Ressourcenökonomik im Agrarbereich der Fakultät Agrarwissenschaften (Fak. A) und der Lehrstuhl für Bankwirtschaft und Finanzdienstleistungen der Fakultät Wirtschaftswissenschaften (Fak. W). Jeweils drei Studierende bearbeiteten insgesamt sechs verschiedene Fragestellungen, die in einem Bezug zur ID FL Fragestellung standen.

Die Art und Weise, wie die wissenschaftlichen Ansätze/Methoden im Laufe des ID FL Projekts, das in der Regel ein Semester dauert, verbunden werden, hängt immer von der (ID) Themenwahl und den beteiligten Teilprojekten ab.

N. Neuber, W. Paravicini, M. Stein (Hrsg.): Forschendes Lernen – The wider view. Tagungsband. Münster: WTM-Verlag 2018.

In diesem Projekt gab es für die Studierenden die Möglichkeit, während der Beantwortung der eigenen Fragestellung, z.B. durch die Bearbeitung von Daten der anderen Projektteilnehmer, einen Einblick in deren Arbeit und methodische Vorgehensweise zu erhalten. Dies erhielten beispielsweise die Studierenden der Fak. W dadurch, dass sie Zeitreihendaten für Futures und Milchpreise im Institut für Landwirtschaftlichen Betriebslehre, mit den dort verwendeten Modellen, analysieren durften. Erkenntnisse aus diesem Einblick wurden in die Beantwortung der eigenen Fragestellung einbezogen.

Zusätzlich wurde ein Rhetoriktraining durchgeführt, mit dem Ziel, den Studierenden zu verdeutlichen, wie man richtig diskutiert. Am Ende der halbtägigen Einheit, die durch einen externen Trainer durchgeführt wurde, mussten die Studierenden die beiden gegensätzlichen Argumentationspositionen einnehmen und einen Diskurs simulieren. Die Erkenntnisse aus dem Diskurs verdeutlichten nochmals die Komplexität des Themas.

An Gesamtprojekttreffen, an denen alle Teilnehmer und Projektbetreuer der Teilprojekte zusammenkommen, werden die Zwischenergebnisse/Arbeitsstände präsentiert und diskutiert. Nach einer gewissen Einarbeitungsphase, die jeweils projektabhängig ist, werden zusätzlich interdisziplinäre Fragestellungen vergeben, die durch Studierendentandems eigenständig beantwortet werden müssen. Im Fallbeispiel mussten die Tandems den Zusammenhang des eigenen Themas mit dem des Kooperationspartners anhand einer ID Fragestellung, die durch die Humboldt ID Koordination vorgegeben wurde, erarbeiten. Das gemeinsame Arbeitsergebnis sollte auf max. einer PowerPoint-Folie dargestellt und am darauffolgenden Treffen präsentiert werden. Die Verbindung zur übergeordneten Fragestellung wurde wiederum durch eine Diskussion in der Gruppe hergestellt.

Das gemeinsame Arbeitsergebnis wird mindestens in einem gemeinsamen Poster auf der Humboldt reloaded Tagung, die immer einmal jährlich stattfindet, präsentiert. Zusätzlich schreibt jedes Teilprojekt noch einen Abstract für den Tagungsband.

Das entwickelte Projektkonzept ermöglicht es, dass ID FL Projekte nicht nur durch die Kooperation von sehr eng miteinander verwandten Fachgebieten entstehen können. Dies entspricht der Realität vieler Kooperationsprojekte, egal ob es sich um Forscherverbände oder Projektarbeiten in einem anderen Kontext handelt. Das beschriebene Projektformat wird in verschiedenen Kontexten weiterentwickelt und als Lehrformatvorlage für interessierte Lehrende in der Zukunft zur Verfügung gestellt werden.

Es ist anzumerken, dass das präsentierte ID FL Projektformat lediglich einen Teil der ID Projekte im Rahmen des Humboldt reloaded Projekts darstellt.

Nicht alle Humboldt reloaded ID FL Projekte werden durch die Koordinationsstelle des Projekts koordiniert und weichen deshalb von dem hier beschriebenen Projektformat ab.

Förderung: Humboldt reloaded wird mit den Mitteln des Bundesministeriums für Bildung und Forschung unter dem Förderkennzeichen 01PL16003 gefördert.

Literatur

Reinmuth, E., Angermüller, T., Schmidt, D., Tennert, J. (2017). Interdisziplinäres Lehrprojekt zum Thema Food Commodities. In L. Nadig und U. Egle (Hrsg.), *2017: CARF Luzern 2017. Controlling.Accounting.Risiko.Finanzen. Konferenzband. Schriften aus dem Institut für Finanzdienstleistungen Zug IFZ. Band 43.* (S. 605-613). Luzern: Verlag IFZ – Hochschule Luzern – Wirtschaft.

Anna ROSEN, Freiburg

Sprachwissenschaft stärkt Fachdidaktik: Forschendes Lernen zum Erwerb von Kernkompetenzen für Fremdsprachenlehrende

In diesem Beitrag geht es um Forschendes Lernen an der Schnittstelle von Sprachwissenschaft und Fachdidaktik in der universitären Fremdsprachenlehrerbildung. Es wird ein Lehrkonzept vorgestellt, das zeigt, wie Forschendes Lernen gewinnbringend eingesetzt werden kann, um die wissenschaftliche Bildung mit praktischer Relevanz zu verbinden und Kernkompetenzen für die Vermittlung von Fremdsprachen zu fördern.

1. Relevanz des Lehrkonzepts

Forschendes Lernen, das sprachwissenschaftliche Inhalte und fachdidaktische Fragestellungen integriert, wird in der fremdsprachlichen Lehrerbildung an deutschen Universitäten bislang kaum umgesetzt. Zwar ist Forschendes Lernen mittlerweile vielerorts im lehramtlichen Masterstudium um das Praxissemester herum verankert, doch wird es fast nie explizit und systematisch in der Verknüpfung von Sprachwissenschaft und Fachdidaktik durchgeführt. Dabei wird seit Jahren sowohl in Prüfungsordnungen als auch in der fachdidaktischen Literatur ganz allgemein Forschendes Lernen und eine engere und systematischere Verzahnung von Fachwissenschaften und Fremdsprachendidaktik gefordert (vgl. z.B. GymPO I, Schocker-v. Dithfurth 2001, Schumann & Steinbrügge 2008, Radatz 2016). Studierenden einer Fremdsprache ist jedoch meist völlig unklar, in welch erheblichem Maß ihre linguistische Ausbildung ihnen später im Lehrberuf nutzen kann. Umfragen unter Lehramtsstudierenden belegen stets aufs Neue, dass sie die vorhandenen Berührungspunkte zwischen ihren linguistischen Studieninhalten und dem Unterrichten einer Fremdsprache im späteren Beruf nicht oder kaum wahrnehmen (vgl. z.B. Mukherjee 2002: 189-199, Thörle 2008: 131). Ebenso beklagen Fachdidaktiker, dass Lehramtsstudierende im Studium zwar genügend linguistisches Fachwissen erwerben, dieses später aber nicht angemessen in der unterrichtlichen Praxis anwenden können und nur über unzureichende diagnostische Fähigkeiten für eine erfolgreiche Fremdsprachenvermittlung verfügen (vgl. z.B. Polzin-Haumann 2008).

An dieser Ausgangslage setzt die mit dem baden-württembergischen Landeslehrpreis 2017 ausgezeichnete Lehrveranstaltung „Applying Linguistics in the Foreign Language Classroom“ an. Sie beschreitet neue Wege, indem sie konsequent Sprachwissenschaft und Fremdsprachendidaktik verknüpft und es Lehramtsstudierenden im Fach Englisch ermöglicht, in eigenen Forschungsprojekten authentische Schülersprache zu untersuchen. Die aktive Auseinandersetzung mit dem Phänomen Schülersprache beim Forschenden Lernen erlaubt den Studierenden, Schlüsselkompetenzen für ihren künftigen Beruf zu erlangen, ohne schon unter dem Druck der Praxis zu stehen.[1]

2. Didaktisch-methodische Konzeption

Aufgrund der Zielsetzungen gliedern sich die Kursinhalte in vier aufeinander aufbauende Einheiten, die nach einem allgemeinen Einstieg zu den Zusammenhängen zwischen Sprachwissenschaft und Englischunterricht die Phasen des Forschenden Lernens (s. Huber 2014) abbilden. Zu Beginn des Kurses wird den Teilnehmerinnen und Teilnehmern anhand von Bildungsplänen, Schulbüchern, Forschungsliteratur und eigenen Lernerfahrungen aufgezeigt, wie vielfältig die Berührungspunkte zwischen Sprachwissenschaft und heutigem Englischunterricht sind. Während es für die Studierenden beispielsweise schnell einsichtig ist, dass phonetisches und phonologisches Wissen zur Vermittlung von Aussprache notwendig ist, sorgt die Erkenntnis, dass auch linguistische Themen wie die Geschichte der englischen Sprache oder die Bedeutung des Englischen als *lingua franca* im Bildungsplan aufgeführt sind, für Überraschungen.

Im Anschluss begleitet die Lehrveranstaltung die studentischen Forschungsprojekte, deren Daten eigens für dieses Lehrkonzept an mehreren Freiburger Gymnasien vorab erhoben wurden. Sie bestehen aus Mitschnitten von Unterrichtsgesprächen, Aufnahmen von Schülerinterviews und schriftlichen Arbeiten aus der Unter-, Mittel- und Oberstufe. Nach einer Einheit zu theoretischen Vorüberlegungen analysieren die Studierenden in Teams jeweils die Daten einer Schulstufe sowohl quantitativ wie qualitativ und diagnostizieren Stärken und Schwächen der Lernersprache. Über den Untersuchungsfokus ihrer Projekte entscheiden die Studierenden selbst. Er kann je nach Beschaffenheit der Daten beispielsweise auf grammatischen Fragen, auf dem Wortschatz oder auf Kommunikationsstrategien liegen. Praxisnah erlernen die angehenden Fremdsprachenlehrerinnen und -lehrer dabei linguistische Online-Werkzeuge, wie z.B. Korpora oder Kollokationswörterbücher, für die Korrektur von Lernersprache effektiv einzusetzen, ihr Wissen zu Zweitspracherwerb anzuwenden und ihren Umgang mit Fehlern zu reflektieren.

[1] Zu solchen Vorteilen des Forschenden Lernens siehe z.B. Huber (2009, 2014). Dort finden sich auch Definition und Beschreibung des Ansatzes des Forschenden Lernens, so wie er für das hier vorgestellte Lehrkonzept verstanden wird.

Zuletzt präsentieren die Teams ihre Projektergebnisse, so dass alle Kursteilnehmerinnen und -teilnehmer einen umfassenden Überblick über die Entwicklung von Lernersprache über die Stufen des Gymnasiums hinweg gewinnen und gemeinsam Herausforderungen beim komplexen Umgang mit Lernersprache diskutieren können. Die intensive Auseinandersetzung mit echten Schülerdaten in eigenen Forschungsprojekten erlaubt den angehenden Fremdsprachenlehrkräften somit die Entfaltung einer Kernkompetenz beim Unterrichten – Lernersprache sprachwissenschaftlich fundiert, analytisch und reflektiert bewerten zu können.

3. Evaluation und Herausforderungen des Lehrkonzepts

Die Lehrveranstaltung wurde im Sommersemester 2014 erstmals angeboten und seitdem mehrfach wiederholt und weiterentwickelt. Wie die überdurchschnittlich guten Prüfungsleistungen und die engagierte Mitarbeit belegen, haben die Teilnehmerinnen und Teilnehmer am Ende der Lehrveranstaltung tatsächlich die vielfältigen Berührungspunkte zwischen Sprachwissenschaft und dem erfolgreichen Vermitteln einer Fremdsprache erkannt und diese systematische Thematisierung samt der Forschungsprojekte für sich als wertvoll erachtet. Dieses Ergebnis zeigt sich auch in den stets sehr guten Evaluationen des Seminars, wobei die Teilnehmerinnen und Teilnehmer vor allem auch die hohe Relevanz für ihren künftigen Beruf hervorheben.

Bei einem solchen Lehrkonzept lassen sich allerdings auch drei Herausforderungen ausmachen: Es ist zum einen eine Lehrkraft nötig, die fundierte Kenntnisse und Lehrerfahrungen sowohl in der Fachdidaktik als auch in der Sprachwissenschaft hat. Dieser Anforderung könnte aber zum Beispiel auch mit Tandemunterricht begegnet werden. Zum anderen stellt die Datenerhebung im Zyklus des Forschenden Lernens eine Herausforderung dar. Für diese Lehrveranstaltung wurde sie aus praktischen Gründen vorab geleistet, da sie das Zeitbudget eines Seminars sprengen würde, aufwändiger Organisation bedarf und das Einverständnis von Schulklassen, Eltern und Schulleitungen voraussetzt. Damit geht allerdings auch ein wichtiger Baustein des Forschenden Lernens, der sich mit auf den Lerneffekt auswirkt, verloren. Denkbar wäre es hier, eine solche Veranstaltung zeitnah mit dem Praxissemester zu verbinden, um Daten durch die Studierenden selbst erheben lassen zu können. Drittens stellt sich die Frage nach weiteren Möglichkeiten zur Veröffentlichung der studentischen Forschungsergebnisse über das Plenum des Seminars hinaus. Schließlich können die Ergebnisse tatsächlich auch für Mitstudierende, Fachdidaktiker, Lehrkräfte und Schülerinnen und Schüler interessant sein.

Die didaktische Entscheidung aber, dass sich die Studierenden über den Ansatz des Forschenden Lernens aktiv mit Lernersprache beschäftigen, hat sich im Nachhinein als besonders glücklich erwiesen. So werden zum einen komplexe Prozesse beim Fremdsprachenlernen konkret erfahrbar und nachvollziehbar gemacht, zum anderen Schlüsselkompetenzen für einen reflektierten, wissenschaftlich begründeten Umgang mit Lernersprache im schulischen Fremdsprachenunterricht erworben. Somit zeigt die Lehrveranstaltung, wie der oft geforderte Brückenschlag zwischen akademischer Bildung und professionell-praktischer Relevanz in der universitären Lehrerbildung gelingen kann.

Literatur

GymPO I (vom 31.07.2009). Verordnung des Kultusministeriums Baden-Württembergs über die Erste Staatsprüfung für das Lehramt an Gymnasien. http://www.landes recht-bw.de/jportal/?quelle=jlink&query=GymLehrPr1V+BW&psml=bsbawueprod.psml&max=true (letzter Zugriff 30.04.2017)

Huber, L. (2009). Warum Forschendes Lernen nötig und möglich ist. In L. Huber et al. (Hrsg.), *Forschendes Lernen im Studium: aktuelle Konzepte und Erfahrungen* (S. 9–35). Bielefeld: Universitätsverlag Webler.

Huber, L. (2014). Forschungsbasiertes, Forschungsorientiertes, Forschendes Lernen: Alles dasselbe? Ein Plädoyer für eine Verständigung über Begriffe und Entscheidungen im Feld forschungsnahen Lehrens und Lernens. *Das Hochschulwesen*, 62(1-2), 32–39.

Mukherjee, J. (2002). *Korpuslinguistik und Englischunterricht: Eine Einführung*. Frankfurt a. M.: Peter Lang.

Polzin-Haumann, C. (2008). Lernziel kommunikative Kompetenz: Beitrag zu einem Dialog von (romanistischer) Sprachwissenschaft mit Sprachlehrforschung und Fremdsprachendidaktik. In A. Schumann & L. Steinbrügge (Hrsg.), *Didaktische Transformation und Konstruktion. Zum Verhältnis von Fachwissenschaft und Fremdsprachendidaktik* (S. 147–166). Frankfurt a. M.: Peter Lang.

Radatz, H.-I. (2016). Von der Zusammenarbeit zwischen Linguistik und Fachdidaktik: Plädoyer für eine phänomenologische Linguistik mit didaktischem Aha-Effekt. In D. Reimann et al. (Hrsg.), *Sprachdidaktik Spanisch - Deutsch. Forschungen an der Schnittstelle von Linguistik und Fremdsprachendidaktik*. Romanistische Fremdsprachenforschung und Unterrichtsentwicklung, Bd.6 (S. 7–22). Tübingen: Narr.

Schocker-v. Ditfurth, M. (2001). *Forschendes Lernen in der fremdsprachlichen Lehrerbildung*. Tübingen: Gunter Narr.

Schumann, A. & Steinbrügge, L., Hrsg. (2008). *Didaktische Transformation und Konstruktion. Zum Verhältnis von Fachwissenschaft und Fremdsprachendidaktik*. Frankfurt a. M.: Peter Lang.

Thörle, B. (2008). Zur Beziehung zwischen Sprachwissenschaft und Fachdidaktik in der Ausbildung von FranzösischlehrerInnen. In A. Schumann & L. Steinbrügge (Hrsg.), *Didaktische Transformation und Konstruktion. Zum Verhältnis von Fachwissenschaft und Fremdsprachendidaktik* (S. 131–146). Frankfurt a. M.: Peter Lang.

Paul S. RUPPEL, Bochum; Ines GOTTSCHALK, Bochum

Kooperative Prozesse qualitativen Forschens im Rahmen eines interdisziplinären sozialwissenschaftlichen Studiums

Der Beitrag diskutiert entlang zweier im sozialwissenschaftlichen Curriculum verankerter Lehrforschungsprojekte Chancen und Herausforderungen studentischer Kooperation im Rahmen Forschenden Lernens (FL). Dabei wird zum einen auf kooperative Prozesse und deren Bedeutung für die Kompetenzentwicklung der Studierenden eingegangen. Zum anderen wird das von Lehrenden auszuhandelnde Spannungsverhältnis fokussiert, Studierende einerseits wissenschaftlich und in der Gruppenarbeit anzuleiten, und andererseits eigenständig und resultatsoffen forschen zu lassen.

Zielsetzungen und Gestaltungsmerkmale Forschenden Lernens an der Ruhr-Universität Bochum am Beispiel zweier Lehrforschungsprojekte

Die im Zukunftskonzept der Lehre der Ruhr-Universität Bochum (RUB) formulierten Gestaltungsmerkmale Forschenden Lernens sollen u.a. eine kritisch-reflexive Teilhabe der Studierenden an wissenschaftlicher Praxis ermöglichen und gleichzeitig deren fachwissenschaftliche und methodische sowie soziale Kompetenzen fördern. Dazu setzt das Zukunftskonzept auf Selbstständigkeit und große Freiheitsgrade in der Prozessgestaltung gepaart mit wissenschaftlichem Anspruch und öffentlicher Ergebnispräsentation. Insgesamt wird ein Lehrforschungsformat angestrebt, das von „Gemeinschaftlichkeit/Miteinander/Gemeinsinn" (Zukunftskonzept, S. 2) geprägt ist. Vor dem Hintergrund eigener Projekterfahrungen werden kooperative Strukturen und mit ihnen einhergehende Prozessdynamiken fokussiert. Dabei wird skizziert, wie das Gestaltungsmerkmal Gemeinschaftlichkeit/Miteinander/Gemeinsinn insbesondere im Kontext studentischer Peer-to-Peer-Forschung die Realisierbarkeit der weiteren Gestaltungsmerkmale Selbstständigkeit, Wissenschaftlicher Anspruch und Offenheit/Freiheit erleichtern oder erschweren kann.

Die vorgestellten Lehrforschungsprojekte werden an der Fakultät für Sozialwissenschaft der RUB angeboten und sind der inSTUDIESplus Projektlinie *Forschendes Lernen*[3] *– fach- und studiengangübergreifend lernen und adäquat prüfen* unter Leitung von Prof. Dr. Jürgen Straub zugeordnet. Ziel von inSTUDIESplus ist es, die curriculare Verankerung von Formaten Forschenden Lernens u.a. mit Fokus auf die Förderung von peer-learning-Elementen im Übergang von der Bachelor- in die Masterphase sowie zur Promotion voranzutreiben. Die beiden zweisemestrigen Projekte sind interdisziplinär und bereichsübergreifend angelegt und nutzen im Rahmen des Forschungsprozesses Methoden der qualitativen Sozialforschung und damit Zugänge, die ihrerseits durch die Forderung nach Offenheit gekennzeichnet sind (Mey & Ruppel, 2018/im Druck). Das Projekt *Öffentliche Sozialforschung: Engagement in der Ruhr-Metropole* (Zajak & Gottschalk) wird sowohl im BA- als auch im MA-Studium angeboten. Beforscht werden u.a. auf Basis von qualitativen Interviews und unter Einbezug der Öffentlichkeit zivilgesellschaftliche Entwicklungen, wie die des Flüchtlingsengagements. Im Projekt *Qualitative Methoden der Text- und Bildanalyse* (Straub & Ruppel) steht hingegen die intensive Anwendung qualitativer Auswertungsmethoden im Vordergrund. Den wechselnden empirischen Gegenstand liefern laufende Promotions-Projekte, an welchen die teilnehmenden Masterstudierenden andocken.

Die Kooperation zwischen Studierenden im Peer-to-Peer-Modus

Eine zentrale Form der Kooperation ist die Bildung von studentischen Forschungsgruppen, in denen eine gemeinsame Fragestellung erarbeitet, sich gegenseitig bei der Datenerhebung bzw. -analyse unterstützt und ein (Forschungs-) Bericht bzw. Essay verfasst wird. Die Arbeit im Team wird gefördert, da sie u.E. als kooperative und arbeitsteilige Praxis authentischer Forschung am nächsten kommt – wobei zu diskutieren bliebe, inwiefern „studentische" Forschung als „authentische" Forschung verstanden werden kann oder soll. Ziel beider Projekte ist, Studierende ihre Vorhaben möglichst selbstbestimmt anlegen und umsetzen zu lassen, was für Lehrende bedeutet, weitgehende Autonomie zu gewähren (bzw. mitunter kontrafaktisch zu unterstellen) und als heteronom erlebte Vorgaben möglichst zu vermeiden (bzw. gelegentlich erwünschte Anleitungen zu verwehren).

Die Formierung der (Themen-) Gruppen und die Entwicklung eines Forschungsdesigns findet nach Einführung in Inhalte und Methoden unter flankierender, bedarfsgerechter Unterstützung durch die Lehrenden statt. Ihnen kommt hierbei vor allem die Aufgabe zu, die Umsetzbarkeit der Vorhaben im Blick zu halten und etwaig angezeigte Modifikationen der Forschungsdesigns anzuregen. *De facto* ist die Formation von Gruppen in der Größe von zwei bis vier Personen, die über die gesamte Laufzeit zusammenarbeiten, die Regel. Thematische und methodische Überschneidungen zwischen individuellen Vorhaben sehr explizit herauszustellen, hat sich als gute Möglichkeit erwiesen, zur Arbeit in der Gruppe anzuregen.

Die Formation und Zusammenarbeit in der Gruppe löst unterschiedliche Prozessdynamiken aus, die nicht nur forschungsnahe, sondern auch berufsqualifizierende Qualifikationen aufbauen helfen können. Stichwort Soziale Kompetenz: Die Studierenden müssen sich innerhalb eines Oberthemas für gemeinsame Unterthemen und eine einheitliche methodische Vorgehensweise entscheiden. Dies erfordert nicht nur eine gewisse Aushandlungs- und Kompromissbereitschaft, sondern schult auch den Umgang mit der Aufteilung von Aufgaben im Team, mitsamt den darin liegenden Konflikten. Die Gruppendynamiken im Blick zu halten, ohne übermäßig zu kontrollieren, ist u.E. ein gangbarer Weg. Die Empfindung „in einem Boot" zu sitzen, setzt sich i.d.R. im Verlauf aller Projekte durch, wodurch Verantwortlichkeiten entstehen, das Projekt zusammen erfolgreich abzuschließen. Dass Peer-to-Peer-Forschung in der Gruppe generell eine vergleichsweise weitreichende Übernahme von Selbst- und Fremdverantwortung impliziert, erscheint offensichtlich.

Die Begleitung kann Lehrende in einen Zielkonflikt führen. Einerseits soll Raum zur Herausbildung einer kritisch-fragenden Haltung und zur Verwirklichung des Anspruchs weitgehend selbstständiger wissenschaftlicher Arbeit eröffnet und gewährt werden. Andererseits können Projekte vom Scheitern bzw. unvollendeten Abbruch bedroht sein, wenn Lehrende zu geringe Vorstrukturierungen anbieten. U.E. ist es Ermessenssache, welchem Gestaltungsmerkmal hier Vorrang gegeben wird, da interindividuelle Differenzen in Bezug auf Ambiguitätstoleranz und Vertrauen in positive Resultate nie vollends kontrollierbarer Forschungs- bzw. Interpretationsprozesse bestehen (Straub, 1999, S. 201ff.), die gruppeninterne Aushandlung und Abstimmung mit Lehrenden erfordern. Können Studierende Fragestellung und Methoden möglichst frei wählen, werden insbesondere die Selbstständigkeit und Aushandlungsfähigkeit in der Gruppe gestärkt. Darunter kann die wissenschaftliche Relevanz und Qualität des Vorhabens leiden, etwa wenn zu breite, zu offene oder vage Fragestellungen bearbeitet werden oder diese mit zu starken Vorannahmen behaftet sind. Zudem bleibt zu diskutieren, inwiefern die Herausbildung einer kritisch-fragenden Haltung der Studierenden eine weitgehend selbstständige Bearbeitung des Vorhabens bedarf oder inwiefern dafür Anstöße durch Lehrende nötig sind. So verzichten wir bspw. auf die Vorgabe von Forschungsfragen, nicht jedoch darauf, erste Ideen gemeinsam weiterzuentwickeln oder bei Bedarf grobe Themenvorschläge zu unterbreiten. Nicht zuletzt mögen einige strukturierende Interventionen eher dem Wunsch der Lehrenden geschuldet sein, Projekte möglichst „rund" zu bekommen, z.B. um für eigene Forschungsprojekte optimal zu profitieren – oder schlicht um etwaige schlechte Evaluationen und negative Berichterstattung zu vermeiden. Beim FL „selbstständige Studierende in einer forschenden und fragenden Haltung zu bestärken" (Zukunftskonzept, S. 2), deutet mit der implizierten Aufforderung an Lehrende eine partielle Versöhnung der mitunter nur schwer vereinbaren Anforderungen an. U.E. ist es geboten, nicht nur die Gruppenformierung bedarfsgerecht zu begleiten, sondern auch zum Ende des Projekts die Gruppenarbeit angemessen abschließen zu helfen. Die Zusammenarbeit geht bisweilen über das Lehrforschungsprojekt hinaus. Hier ist es uns als Lehrende wichtig, klar zu kommunizieren, in welcher Form und wie lange wir den Kooperierenden flankierend zur Seite stehen möchten oder können.

Neben dem Peer-to-Peer-Modus sind auch Kooperationen zwischen Studierenden und inner- wie außeruniversitären AkteurInnen, insbesondere (Post-) DoktorandInnen, externen WissenschaftlerInnen und PraktikerInnen, Teil hier diskutierter Projekte. Diese AkteurInnen wirken im Rahmen des Forschungsprozesses, bei der öffentlichen Ergebnispräsentation und zuweilen anschließenden gemeinsamen Publikationen (Zajak & Gottschalk, 2018/im Druck) mit. Ohne an dieser Stelle auf kooperative Prozesse jenseits des Peer-to-Peer-Modus weiter eingehen zu können, sei zumindest erwähnt, dass wir diese Elemente als besonders geeignete Triebfedern forschungsnaher Kompetenzentwicklung erfahren. Diesbezüglich bleibt jedoch zu diskutieren, inwiefern es in Lehrforschungsprojekten auch ein Übermaß an Kooperationen geben kann und obligatorische öffentliche Präsentation für alle Beteiligten in ähnlichem Maße förderlich sind. Gleichwohl ist unser Eindruck, dass die Zusammenarbeit im Peer-to-Peer-Format Studierende die Aneignung von partiell selbstgestaltbaren Forschungsprozessen erfahren lässt. Dadurch wird die im Zukunftskonzept formulierte möglichst frühe aktive Beteiligung am wissenschaftlichen Denken und Arbeiten gefördert und es findet eine Einsozialisation in Forschung als gelebte Praxis statt. Studierende erwerben dabei nicht nur fachwissenschaftliche und methodische, sondern auch forschungsnahe, berufsqualifizierende sowie soziale Kompetenzen. Durch die hier nur angedeutete Kooperation mit externen AkteurInnen und die öffentliche Ergebnispräsentation werden zudem wirklichkeitsnähere Lehr- und Lernformen gestaltet, welche die Studierenden mit der für sie mitunter neuen Erfahrungsdimension der realweltlichen Konsequenzialität ihres forschenden Handelns konfrontieren und die Ausbildung oben genannter sowie organisatorischer und publikatorischer Kompetenzen fördern können.

Literatur

www.rub.de/studium/pdf/zukunftskonzept_lehre.pdf

Mey, G. & Ruppel, P. S. (2018/im Druck). Qualitative Forschung. In O. Decker (Hrsg.), *Sozialpsychologie und Sozialtheorie. Band 1: Zugänge*. Wiesbaden: Springer VS.

Straub, J. (1999). *Handlung, Interpretation, Kritik. Grundzüge einer textwissenschaftlichen Handlungs- und Kulturpsychologie*. Berlin: de Gruyter.

Zajak, S. & Gottschalk, I. (2018/im Druck). (Hrsg.). *Flüchtlingshilfe als neues Engagementfeld. Chancen und Herausforderungen des Engagements für Geflüchtete*. Baden-Baden: Nomos-Verlag.

Silvia THÜNEMANN, Bremen

Was tun wir, wenn wir Forschung beraten? Überlegungen zu einer voraussetzungsreichen begleitenden Maßnahme des Forschenden Studierens

Ausgangssituation

Im Zuge veränderter Studienstrukturen und der Ausweitung von Praxisphasen wird dem Forschenden Studieren[1] große Bedeutung zugesprochen. Seminargebundene Formate sowie verschiedenste Vorhaben, Forschendes Studieren curricular zu verankern, sind von der Einsicht getragen, dass aus professionstheoretischer Perspektive eine begleitende Forschungsberatung unerlässlich ist. So führt der All-Anspruch Forschendes Studieren (forschend lehren, über Forschung lehren, beraten, Praxisforschung begleiten, Forschungsergebnisse in wissenschaftliche Diskurse einbetten etc.) zu einer großen Herausforderung für Dozierende. Der Beitrag möchte im Kontext der LehrerInnenbildung den Blick auf die Forschungsberatung konzeptionell schärfen: anhand ihrer Besonderheiten (1), der zentralen Anforderungen an Beratende (2) sowie der Ansprüche an die Beratungspraxis (3).

1. Besonderheiten des Formates Forschungsberatung

Der Begriff der Forschungsberatung stellt hinsichtlich seiner Spezifizierung im Beratungskontext eine Sonderform dar, weil drei konstitutive Merkmale von Beratung eine Irritation erfahren: die Freiwilligkeit, die Distanz der Beratenden und die Eindeutigkeit des Beratungsgegenstandes.

Die Freiwilligkeit der Ratsuchenden, eigentlich ein unerlässliches konstituierendes Merkmal von Beratung (Schlee 2012:20; Thomann 2011:19), ist in der Forschungsberatung nicht immer gegeben. Zwar ist der Besuch der Sprechzeiten freiwillig, häufig aber geben Dozierende verbindliche Beratungstermine vor, um einen Überblick über den Forschungsprozess im Praxisfeld zu behalten. Es gilt zu reflektieren, wie unter Bedingungen einer verordneten, somit konzeptuell widersprüchlichen Beratung beraten werden kann.

[1] Die Bremer Forschungswerkstatt Erziehungswissenschaft verwendet den Begriff des Forschenden Studierens, verstanden als hochschuldidaktisches Konzept, durch das Studierende mittels eigener Forschungsaktivitäten einen forschenden Habitus, Reflexionsvermögen und Professionswissen erlangen (Tietjen & Thünemann 2017). Zudem betont der Begriff, anders als der allgemein gehaltene Begriff des Forschenden Lernens (Huber 2014), die Verortung des Konzeptes in der universitären Ausbildungsphase.

N. Neuber, W. Paravicini, M. Stein (Hrsg.): Forschendes Lernen – The wider view. Tagungsband. Münster: WTM-Verlag 2018.

Beratende sind in der Regel Außenstehende, d.h. nicht hierarchisch in das System der Ratsuchenden eingebunden. Anders verhält es sich bei den Akteuren in der Forschungsberatung, deren „Rollenstrauß" (Thomann 2011:15) vielfältig ist: Die Beratenden sind zugleich Lehrende, oft sogar Bewertende, also mit der Klientel in einem asymmetrischen Machtgefüge im Ausbildungskontext verstrickt. Diese Konstellation kann, wenn die sich widersprechenden Logiken der Rollenanteile nicht transparent werden, zu einer unklaren Beratungsbeziehung und, seitens der Dozierenden, zu einem diffusen Beratungsverständnis führen.

In der Forschungsberatung ist auch der Blick auf den Beratungsgegenstand nicht eindeutig. Forschungsberatung heißt nicht, nur Forschung zu beraten. Als flankierende Maßnahme des Forschenden Studierens fokussiert sie zudem auf die ersten Professionalisierungsbemühungen der Studierenden und erfordert das Einbringen von Wissensimpulsen wie Reflexionsanlässen.

Festzuhalten ist, dass Forschungsberatung konzeptionell im Spannungsbogen zwischen eher direktiver ExpertInnenberatung und eher reflexiver Prozessberatung angelegt ist (Seel 2014:236). Professionelle Forschungsberatung erfordert, ständig die Facetten dieses Spannungsbogens auszuloten und keinen ‚Schlendrian' im Beratungsalltag zuzulassen. Das ist eine große Herausforderung angesichts der Vielzahl der zu beratenden Studierenden.

2. Zentrale Anforderungen an Forschungsberatende

Um diesen Spannungsbogen ausloten zu können, benötigen Beratende Kompetenzen auf drei Ebenen:

Es bedarf *fachlicher Expertise* zur Vermittlung von Fachwissen. Dazu gehört auch das Wissen um den Begründungszusammenhang des Forschenden Studierens in der LehrerInnenbildung der jeweiligen Fachtradition. Auf diesen Begründungszusammenhang sollte in der Beratung Bezug genommen werden, um den ‚Mehrwert' des Forschenden Studierens aufzuzeigen.

Zweitens braucht es das *Wissen um ‚neuralgische Stellen'* des Forschungsprozesses (Idel & Thünemann 2014:81), also solchen zentralen Gelenkstellen, die mit erhöhtem Beratungsbedarf einhergehen und oftmals störanfällig sind. Eine professionelle Forschungsberatung erfordert ein Gespür dafür, wann klare fachliche Inputs notwendig sind (z.B. bei der Datenerhebung) und wann eine zurückhaltende Prozessberatung (Themenfindung, Forschungsfrage, Reflexion der eigenen Rolle im Feld) angemessen ist.

Drittens bedarf es einer guten *Beratungskompetenz*. Neben dem Wissen um Aufbau und Gestaltung von Beratungssituationen, wie es die einschlägige

Beratungsliteratur vermittelt (Thomann & Pawelleck 2013:39) und dem Einsatz offener Fragen (Thoman 2011:117) ist insbesondere die Kultur des Zuhörens bedeutsam. Denn anlog zur Asynchronität schöpferischer Prozesse sind im Forschungsprozess Momente einer kreativen Unbestimmtheit zu finden. Sie zeigen sich in (Forschungs-)Krisen oder Verschwierigungsfiguren und werden auf sprachlicher Ebene geführt. Studierende berichten vom komplizierten Nicht-Finden eigener Forschungsfragen oder in dichter Metaphorik vom ‚Untergehen' in Teilergebnissen. Hier gilt es, individuellen Findeprozessen nicht vorschnell eine Richtung zu geben und sprachliche Anzeichen der Relevanzsetzungen aufseiten der Studierenden herauszuhören. Anselm Strauss betont in einem Interview mit Gerd Riemann die Kultur des Zuhörens: „I learned you have to really listen to students to find out where they are. (...) Don't lay your own trip on this person." (Riemann 2005:6) ‚Find out where they are', stellt die von den Beratenden geforderte Responsivität heraus, durch die Erkenntnisinteressen der Studierenden sichtbar und bearbeitbar werden. Die Kultur des Zuhörens ist also auch eine Kultur des Fragens, des Verstehen-Wollens, die Zeit bedarf.

3. Ansprüche an die Beratungspraxis

Wie kann eine so verstandene Beratungspraxis konkret aussehen? Neben der Kultivierung des Zuhörens, die sich auf den sprachlichen Ausdruck des Beratungsanliegens konzentriert, können Beratende informelle Schreibanlässe nutzen, um Studierende in ihrer Reflexivität anzuregen. Hierzu bietet die Reflexive Grounded Theory eine Auswahl informeller Schreibformate an, die in diesem Forschungsstil als konzeptionelle und erkenntnisgenerierende Werkzeuge fest eingeschrieben sind (Breuer et al. 2017:169ff). Formate wie Forschungstagebücher, Memos oder Storylines sind nicht dem linearen Darstellungsduktus von Qualifikationsarbeiten geschuldet; sie dienen der persönlichen Auseinandersetzung der Studierenden mit dem Forschungsgegenstand und regen zu einem kreativen Umgang mit den Daten an. Beispielsweise kann in langwierigen Forschungsvorhaben die Storyline, also die Ausformulierung eines ‚roten Fadens', Studierenden helfen, Distanz zur Binnenperspektive der Datenauswertung zu schaffen, die reine Deskription zu verlassen und dazu überzugehen, anhand zentraler Foki „die Geschichte analytisch zu erzählen" (Strauss & Corbin 1996:96) und somit eine sequentielle Ordnung der Forschungsergebnisse zu zeigen.

Fazit und perspektivische Überlegungen

Forschung zu beraten stellt DozentInnen vor komplexe Herausforderungen. Sie sind gefordert, kontextsensibel, fachbezogen und mit einem hohen Maß an kommunikativem Gespür zu beraten und sich dabei im Kontinuum Belehrung – Beratung – Begleitung bewegen zu können: eine große Herausforderung, weil HochschuldozentInnen zwar zu ExpertInnen ihres Fachs, nicht aber speziell für Beratung ausgebildet sind. Damit sich die Forschungsberatung angesichts des hochschulpolitischen Diskurses um Forschendes Studieren professionalisieren kann, muss die Leerstelle in der hochschulinternen Weiterbildung zur Forschungsberatung geschlossen werden. Der Nordverbund schulbezogene Praxisforschung nimmt sich derzeit dieser Leerstelle an und entwickelt ein Weiterbildungskonzept zur Forschungsberatung (AG Forschungsberatung im Nordverbund 2017).

Literatur

AG Forschungsberatung im Nordverbund (Bentler, A., Bührmann, T., Kunze, I., Stiller, K.-T. & Thünemann, S.) (2017). Forschungsberatung in der LehrerInnenbildung. Handreichung und Materialien. Unveröffentlichte Handreichung des Nordverbundes schulbezogene Praxisforschung.

Breuer, F., Muckel, P. & Dieris, B. (2017). *Reflexive Grounded Theory. Eine Einführung für die Forschungspraxis.* Wiesbaden: Springer Fachmedien.

Huber, L. (2014). Forschungsbasiertes, Forschungsorientiertes, Forschendes Lernen: Alles dasselbe? Ein Plädoyer für eine Verständigung über Begriffe und Entscheidungen im Feld forschungsnahen Lehrens und Lernens. *Das Hochschulwesen,* 62 (1+2), 32–39.

Idel, T.-S. & Thünemann, S. (2014). „Hineinstolpern ins Feld" – Überlegungen zu möglichen Transfereffekten in der Pilotphase von Praxisforschung. In S. Hahn et al. (Hrsg.), *Transfer von Praxisforschungsergebnissen. TriOS – Forum für schulnahe Forschung, Schulentwicklung und Evaluation,* 9, 75–90.

Riemann, G. (2005). Zur Bedeutung von Forschungswerkstätten in der Tradition von Anselm Strauss. Mittagsvorlesung, 1. Berliner Methodentreffen Qualitative Forschung. In: http://www.berliner-methodentreffen.de/material/2005/riemann.pdf; Zugriff: 26.10.2017.

Schlee, J. (2012). *Kollegiale Beratung und Supervision für pädagogische Berufe.* Stuttgart: Kohlhammer.

Seel, H.-J. (2014). *Reflexivität als Profession.* Göttingen: Vandenhoeck & Ruprecht

Strauss, A. & Corbin, J. (1996). *Grounded Theory: Grundlagen Qualitativer Sozialforschung.* Weinheim: Beltz PsychologieVerlagsUnion.

Tietjen, S. & Thünemann, S. (2017). Forschendes Studieren in der Lehrer_innen bildung. In http://www.fb12.uni-bremen.de/de/forschungswerkstatt-ew/forschendes-studieren.html, Zugriff: 26.10.2017.

Thomann, G. (2011). Grundlagen der Beratung für die Hochschullehre. In G. Thomann, M. Honegger & P. Suter (Hrsg.), *Zwischen Beraten und Dozieren. Praxis, Reflexion und Anregungen für die Hochschullehre. Forum Hochschuldidaktik und Erwachsenenbildung,* 2. Bern:hep verlag, 12–32.

Thomann, G. & Pawelleck, A. (2013). *Studierende beraten.* Opladen: Barbara Budrich.

Matthias VÖLCKER, Göttingen; Alexander BRUNS, Freiburg

Praxis erforschen, theoretische Rückschlüsse ziehen: Forschungsbegleitetes Lernen und Arbeiten mit Grounded Theory

1. Einleitung

Am Ende ihres Studiums stehen Studierende vor der Herausforderung eine (empirische) Abschlussarbeit zu schreiben, das erlernte theoretische und methodisch-methodologische Wissen im Rahmen einer eigenen kleinen Forschungsarbeit ‚einzusetzen' und den Forschungszyklus eigenständig zu durchlaufen. Der Aufsatz stellt das damit verbundene Prozessgeschehen in den Mittelpunkt. Am Beispiel einer Abschlussarbeit[1] aus dem Bachelorstudiengang Sozialwissenschaften an der Universität Göttingen geht der Beitrag der Frage nach, wie Studierende im Verlauf eines solchen Forschungsprozesses begleitet und zu empirisch fundierten Aussagen über ihren Forschungsgegenstand gelangen können. Wir gehen wie folgt vor: Nach einführenden Überlegungen (2) werden wir den begleiteten Forschungsprozess am Beispiel darlegen (3) und reflektieren (4).

2. Forschungsbegleitetes Arbeiten als Prozessgeschehen

Die Verbindung von Forschung und Lehre bildet eine der identitätsstiftenden Merkmale der Universität. Das universitäre Selbstverständnis baut in Lehr-Lernkontexten nicht nur darauf auf Wissen und empirische Erkenntnisse zu vermitteln, sondern initiiert (idealerweise) auch *ein Bildungsgeschehen*, das nicht ausschließlich auf registrierender Bestandsaufnahme basiert, sondern auf Affizierungen durch den Gegenstand baut und von eigenständigen Deutungsversuchen getragen ist (vgl. Pany 2015: 24). Forschung als eine Form des Lernens fokussiert dabei Forschungsgegenstände und Fragestellungen, die mit einem systematischen, reflexiv-kritischen und methodisch-methodologisch angeleiteten Blick analysiert werden sollen. Das bedeutet v.a. auch Studierenden Teilhabemöglichkeiten an entsprechenden Prozessen und wissenschaftlichen Diskursen zu eröffnen, sie in (Forschungs-)Prozesse einzubinden und Ermöglichungsräume für den wissenschaftlichen Erkenntnisprozess zu schaffen (vgl. Karber/Wustmann 2015: 43f.). Dabei werden Studierende (idealerweise) auch in Forschungsaktivitäten verwickelt, die jenseits ‚trockener' theoretischer und/oder methodischer Wissensvermittlung die

[1] Bruns, A. (2016): „Dass er sieht, was für ne hübsche Freundin er hat…": Eine qualitativ-empirische Analyse des identitätstheoretischen Potentials des Selfies anhand subjektiver Inszenierungsstrategien. Abschlussarbeit (unveröffentlicht).

Verknüpfung von Theorie und Empirie in eigenen Forschungszusammenhängen ermöglichen.

Forschungsbegleitende und forschungsgeleitete Lehr-Lernformen knüpfen hier an, fokussieren ein Lernverständnis und die Initiierung eines Lerngeschehens als Prozess, die nicht in den äußeren Lernanforderungen ihren Ausgangspunkt haben, sondern vielmehr unmittelbar auf Erkenntnis- und/oder Handlungsproblematiken aufbauen und Studierenden die Auseinandersetzung mit eigenen Fragestellungen ermöglichen. Unerlässlich ist es diesen Prozess zu strukturieren, zu begleiten und Studierende zu unterstützen.

3. „Dass er sieht, was für ne hübsche Freundin er hat…“: Eine empirische Analyse des identitätstheoretischen Potentials des Selfies

Exemplarisch wollen wir einen solch begleiteten Prozess anhand seiner Kernmerkmale an einem Beispiel skizzieren. Die zugrundeliegende Abschlussarbeit beschäftigte sich mit bildzentrierten Kommunikationsformen am Beispiel des Selfie-Phänomens. Ziel der Untersuchung war es Verwendungsstrategien des Selfies zu rekonstruieren und verstehen zu lernen. Methode und Methodologie der Grounded Theory wurden aufgrund ihres explorativen Charakters verwendet (Strauss/Corbin 2010).

Nachdem das Forschungsthema, die Forschungsfrage(n) wie auch die Untersuchungsmethode gewählt wurden, ging es an die inhaltliche Umsetzung. Das damit verbundene Prozessgeschehen folgt einem strukturiertem Aufbau, wird durch Lehrveranstaltungen, gruppenbezogene und individuelle Arbeitsformen begleitet und ist als Rahmenmodell der Abbildung 1 zu entnehmen:

Abb. 1: Rahmenmodell – Prozess, Strukturierung und Begleitung von Abschlussarbeiten

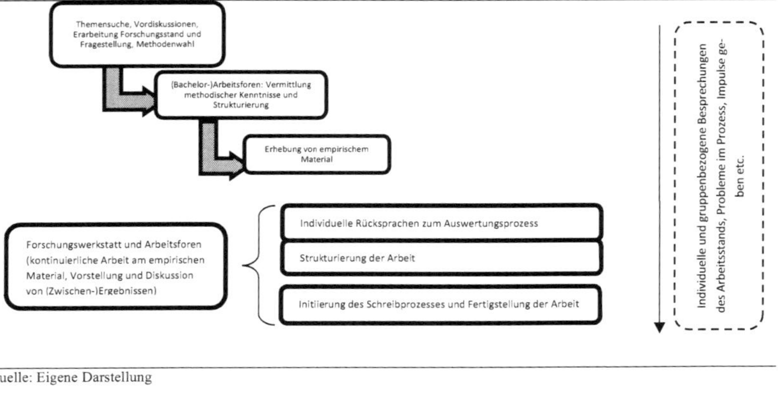

Quelle: Eigene Darstellung

Das Rahmenmodell strukturiert den Arbeitsprozess:

1) Zuerst werden im Rahmen von Lehrveranstaltungen (z.T. in Seminaren, v.a. Forschungswerkstätten bzw. Master- und Bachelorarbeitsforen) und individuellen Gesprächen Forschungsideen diskutiert, der Forschungsstand erarbeitet, Forschungsfragen formuliert und mit den Studierenden die methodisch-methodologischen ‚Werkzeuge' für die Untersuchungen erarbeitet. Arbeitsprozesse werden regelmäßig diskutiert und reflektiert, wobei Studierende gemeinsam mit anderen aber auch selbständig arbeiten.
2) Hieran schließen sich Vorbereitung und Durchführung von Feldphase(n) an. Sowohl in der Vorbereitung dergleichen (Entwicklung von Leitfadeninterviews etc.) aber auch bei den ersten Schritten ins Forschungsfeld werden Studierende begleitet, einzelne Arbeitsschritte diskutiert und reflektiert. Der Erhebungsprozess erfolgt selbstständig.
3) Hieran schließt die Arbeit am Material an. Vor allem im Rahmen von Forschungswerkstätten und individuellen Gesprächen wird das Material aufbereitet, kodiert, Zwischenergebnisse diskutiert und interpretiert. Grundlage hierfür ist ein iteratives Vorgehen und ein beständiges Arbeiten am Material und dessen sukzessive Erschließung. Daran knüpfen Strukturierung und Initiierung des Schreibprozesses an.

Für vorliegende Untersuchung bedeutete dies folgendes: Nach Wahl des Themas und der Entwicklung der Forschungsfrage erfolgte eine Erschließung von Methode und Methodologie (Grounded Theory) und die Vorbereitung und Durchführung von Datenerhebungen. Letztgenannte erfolgten nach den Prinzipien des theoretischen Samplings. Insgesamt wurden sechs Interviews mit jungen Erwachsenen im Alter von 21-26 Jahren geführt. Neben dem offenen Kodieren, der Identifizierung von Phänomenen und Kodes, standen insbesondere die im axialen Kodieren relevanten Prozesse der Identifizierung, Beschreibung und Dimensionierung von Kategorien und Zusammenhängen ebenso wie Aspekte der Kontrastierung im Mittelpunkt. Hierbei war insbesondere das Konzept theoretischer Sensibilität von Bedeutung. Gemeint ist damit „die Fähigkeit, Einsichten zu haben, den Daten Bedeutungen zu verleihen, die Fähigkeit zu verstehen und das Wichtige vom Unwichtigen zu trennen" (Strauss/Corbin 1998: 25) und ein Bewusstsein für die Bedeutung von Daten im Kontext ihrer sozialtheoretischen wie lebensweltbezogenen Zusammenhänge zu erhalten. Die Bearbeitung des Materials und der interpretatorische Zugriff erfolgten eigenverantwortlich *und* begleitet in gruppenbezogenen Veranstaltungsformaten (s.o.) und es gelang auf diese Weise, die in den Kodes identifizierten Funktionen des Selfies als Kommunikationsmittel in verschiedenen Zusammenhängen und Funktionen systematisch herauszuarbeiten und zu erschließen. Dabei identifizierte Kodes wie auch Kategorien verdeutlichten, dass vor allem die kommunikativen Komponenten des Selfies für die sie Produzierenden im Kommunikationsgeschehen relevant sind. Es zeichnete sich zum einen eine elementare Bedeutung des Selfies in Paarbeziehungen und der Beziehungspflege ab und zum anderen seine Bedeutung im Zusammenhang mit öffentlichkeitswirksamen Selbstinszenierungspraktiken. Vor allem letztgenannten war eine implizite Maximierungslogik inhärent, die in Verbindung mit dem Konzept der Selbstvermarktung als Ökonomisierung des Selbst rekonstruiert werden konnte.

4. Fazit

Der hier knapp skizzierte Forschungsprozess steht für eine Fülle an empirischen Arbeiten von Studierenden, die in ihrer eigenen Forschungspraxis im Rahmen von Abschlussarbeiten begleitet werden. Freilich ist es unerlässlich diesen Prozess zu rahmen, Studierende zu unterstützen und beständig zu motivieren. Darüber hinaus fokussiert die Verknüpfung von theoretischem und methodischem Wissen, eigenständiger Forschungstätigkeit und gruppenbezogenen Feedback- und Interpretationsprozessen auch ein Lerngeschehen. In diesem wird Lernen als (soziales) Handeln begriffen, das begründet erfolgt, in den Forschungsinteressen der Studierenden seinen Ausgangspunkt findet und auf aktive, selbstbestimmte, problemlösende wie unterstützende Formen des Arbeitens ausgerichtet ist. Forschungsbegleitende wie forschungsgeleitete Lehr-Lernformen operieren hierbei als Verbindungsglieder, die Studierende nicht nur mit dem Forschungszyklus vertraut machen, *sondern sie das Zusammenspiel aus Theorie, Methode und empirischem Material erfahren lassen*, Studierenden also Gelegenheitsstrukturen für das Stellen und Bearbeiten von *eigenen* Forschungsfragen zu eröffnen und diese *gemeinsam* zu bearbeiten.[2]

Literatur

Karber, A. & Wustmann, C. (2015). Forschendes Lehren und Lernen. Perspektiven der Akteurinnen und Akteure in den Blick nehmen und erforschen. In R. Egger, C. Wustmann & A. Kerber (Hrsg.), *Forschungsgeleitete Lehre in einem Massenstudium. Bedingungen und Möglichkeiten in den Erziehungs- und Bildungswissenschaften* (S. 37-54). Wiesbaden: VS-Verlag.

Strauss, A. & Corbin, J. (2010). Grounded Theory. Grundlagen qualitativer Sozialforschung. Weinheim: Beltz.

Pany, D. (2015). Das Humboldt´sche Ideal der Einheit von Forschung und Lehre – Dimensionen eines Erfolgskonzepts. In A. Dorfer-Novak, D. Pany & L. Schee (Hrsg.), *Forschung im Hörsaal – Methoden und Modelle forschungsorientierter Lehre* (S. 13-34). Graz: Grazer Beiträge zur Hochschullehre.

Völcker, M. & Bruns, A. (2018). Die digitale Selbstdarstellung: Praxis und individuelle Relevanz des Selfies (in Überarbeitung).

[2] Der Arbeitsprozess in vorliegendem Beispiel endete nicht mit der Abgabe der Abschlussarbeit. Da sich mit Blick auf das Datenmaterial weiterführende Fragen stellten, wurden weitere Daten erhoben und dem Auswertungsprozess zugeführt. Die Ergebnisse aus diesem Forschungsprozess mündeten in einem Fachaufsatz (Völcker/Bruns 2018) und erlauben eine differenzierte Beschreibung netzgängiger visueller Selbstthematisierungen.

Teil 7: Poster

Lena BEHRENDT, Bochum; Nicola BRAUCH, Bochum

Der Ausgangspunkt des historischen Forschens. Förderung historischer Fragestellungskompetenz im Schülerlabor

Forschendes Lernen wird als vielversprechender Ansatz zur tiefergehenden Auseinandersetzung mit einem Lerngegenstand und zur Förderung unterschiedlicher fachspezifischer und fachübergreifender Kompetenzen angesehen. In diesem Lehr-Lernformat durchlaufen Studierende oder SchülerInnen weitgehend selbstständig einen Forschungsprozess, der auf die Gewinnung neuer Erkenntnisse gerichtet ist (vgl. z. B. Huber 2013). Henke-Bockschatz (2013) zeigt auf, dass das Prinzip des forschenden oder entdeckenden Lernens, das nicht vorrangig auf innovative Erkenntnisse ausgerichtet ist, beim historischen Lernen gewinnbringend eingesetzt werden kann. Gleichzeitig weist er jedoch darauf hin, dass für SchülerInnen die Steuerung des eigenen Lernprozesses eine Herausforderung darstelle und der Formulierung von Forschungsfragen dabei eine entscheidende Scharnierfunktion zukomme.

Im geschichtstheoretischen Diskurs wird Geschichtsschreibung als Antwort auf Fragen an die Vergangenheit begriffen. Damit ist die erkenntnistheoretische Annahme verbunden, dass die Vergangenheit nicht direkt zugänglich. Man kann sie nur spezifisch erforschen, indem man aus der Gegenwart Fragen an sie richtet, Quellen und Darstellungen analysiert und die Resultate dieser fragegeleiteten Analyse wiederum in plausiblen, evidenzbasierten Erklärungen zur Darstellung bringt. Historischen Fragen wird dabei die didaktische Funktion zugewiesen, historisches Denken allererst in Gang zu setzen und zu leiten (Schreiber 2007, 156). Ausgehend von einem übergeordneten Thema fokussieren historische Fragen ein spezifisches Erkenntnisinteresse über raum-zeitliche Zusammenhänge. Die Beantwortung von historischen Fragen erfordert nicht nur die evidenzbasierte Darstellung dieser Zusammenhänge, sondern darüber hinaus die kognitiv anspruchsvollere Aktivität der Urteilsbildung und Reflexion (Brauch 2016, 191).

Die wenigen bislang vorliegenden empirischen Befunde zum historischen Fragen weisen darauf hin, dass es SchülerInnen Probleme bereitet, Fragen zu entwickeln, die den genannten Kriterien entsprechen. So wurde die Hälfte der Fragen, die 16-jährige niederländische SchülerInnen in Auseinandersetzung mit Schulbuchtexten in einer Studie von Logtenberg (2012) formulierten, einem niedrigen kognitiven Niveau zugeordnet. Fragen nach Einzelheiten in der Vergangenheit (z.B. Wie viele Arbeitspausen hatten Fabrikarbeiter in England zur Zeit der Industriellen Revolution?) können erste Ansatzpunkte einer Auseinandersetzung mit einem Thema darstellen. Didaktisch

N. Neuber, W. Paravicini, M. Stein (Hrsg.): Forschendes Lernen – The wider view. Tagungsband. Münster: WTM-Verlag 2018.

besteht die Herausforderung somit darin, SchülerInnen zu unterstützen, Detailwissen mit Hilfe zunehmend abstrakter Begriffe in historische Gesamtzusammenhänge einzuordnen, d. h. zu kontextualisieren.

Für die geschichtsdidaktische Unterrichtsforschung zu Möglichkeiten der wirkungsvollen Förderung von Fragestellungskompetenz scheint der Ansatz des Forschenden Lernens besonders gut geeignet zu sein. Vor diesem Hintergrund wird derzeit in einem geschichtsdidaktischen Dissertationsprojekt untersucht, wie OberstufenschülerInnen zur Entwicklung fachspezifischer Forschungsfragen befähigt werden können. Zu diesem Zweck wird eine Studie mit quasi-experimentellem Design im Alfried Krupp-Schülerlabor der Ruhr-Universität Bochum durchgeführt.[1] Während eines Projekttages entwickeln SchülerInnen, die das Labor im Kursverband besuchen, eigene Forschungsfragen. Zur Präzisierung der Fragen und Formulierung erster Hypothesen bearbeiten sie Archivmaterial unter Berücksichtigung fachspezifischer Methoden und vollziehen so einen authentischen geschichtswissenschaftlichen Erkenntnisprozess nach. Das Lernsetting wird dabei systematisch variiert und u.a. erforscht, welche Effekte ein *Fragetraining* mit unterschiedlichen Scaffolding-Elementen hat.

Literatur

Brauch, N. (2016). "Wer nicht fragt bleibt dumm!": Geschichtswissenschaftliche Fragekompetenz als Bestandteil professioneller Geschichtslehrer_Innenkompetenz. In K. Lehmann, M. Werner, & S. Zabold (Hrsg.), Geschichtsdidaktik in Vergangenheit und Gegenwart: Vol. 10. Historisches Denken jetzt und in Zukunft. Wege zu einem theoretisch fundierten und evidenzbasierten Umgang mit Geschichte. Festschrift für Waltraud Schreiber zum 60. Geburtstag (S. 189–198). Berlin: Lit Verlag.

Henke-Bockschatz, G. (2013). Forschend-entdeckendes Lernen. In U. Mayer, H.-J. Pandel, & G. Schneider (Hrsg.), *Wochenschau Geschichte. Handbuch Methoden im Geschichtsunterricht. Klaus Bergmann zum Gedächtnis* (4. Aufl., S. 15-29). Schwalbach/Ts.: Wochenschau-Verl.

Huber, L. (2013). Warum Forschendes Lernen nötig und möglich ist. In L. Huber, J. Hellmer, & F. Schneider (Hrsg.), *Motivierendes Lehren und Lernen in Hochschulen: Vol. 10. Forschendes Lernen im Studium. Aktuelle Konzepte und Erfahrungen* (2. Aufl., S. 9-35). Bielefeld: UVW Universitäts Verlag Webler.

Logtenberg, A. (2012). *Questioning the past: Student questioning and historical reasoning. ICO dissertation series*. [S.l.], Amsterdam: ICO; Universiteit van Amsterdam.

Schreiber, W. (2007). Kompetenzbereich Historische Fragekompetenzen. In A. Körber, W. Schreiber, & A. Schöner (Hrsg.), Kompetenzen historischen Denkens. Ein Strukturmodell als Beitrag zur Kompetenzorientierung in der Geschichtsdidaktik (Bd. 2, S. 155–193). Neuried: ars una.

[1] http://www.pse.rub.de/sites/forschung/gsoes/promotionskolleg.php

Bettina BRENNEKE, Essen; Nicolle PFAFF, Essen; Tina SCHRADER, Essen; Anja TERVOOREN, Essen

Qualitative Forschung im Lehramtsstudium – Methodenlernen in online-gestützten Kurssystemen

Lehramtsstudierende forschen im Laufe ihres Studiums in Schule und Unterricht, z.B. im Praxissemester oder für ihre Qualifikationsarbeiten. Der Ansatz des Forschenden Lernens zeigt sich hier als Lernen durch Forschen. Grundlegend ist dabei der adäquate Einsatz der gewählten Forschungsmethode(n). Das MethodenLab Qualitative Forschung unterstützt als Teilprojekt von ProViel – Professionalisierung für Vielfalt (Qualitätsoffensive Lehrerbildung, gefördert vom BMBF) an der Universität Duisburg-Essen eben jene Lernprozesse, durch die sich Lehramtsstudierende qualitative Forschungsmethoden aneignen – und zwar online. Um Forschungsprojekte gezielter vorbereiten und informierter durchführen zu können brauchen sie forschungsmethodische Grundkenntnisse und -fähigkeiten. Auf Basis einer konstruktivistischen Mediendidaktik stellen wir digitale Kursräume bereit, durch die sich Studierende mit unterschiedlichen Graden an Vorwissen explorativ und gleichzeitig begleitet in autodidaktischen und sozialen Formen des Lernens (vgl. Kerres 2013) bewegen. Die entwickelten Methodenkurse für qualitative Forschungsarbeiten bauen auf drei Schwerpunkten auf:

Entlang des Forschungsprozesses erarbeiten sich Studierende **Wissen** über die jeweilige qualitative Erhebungs- oder Auswertungsmethode, d.h. sie erkennen u.a. die methodologischen Grundlagen, begreifen die Verfahrensschritte und wissen, wie Material erhoben und aufgearbeitet wird. Darüber hinaus **üben** sie, wie sie ihre methodische Arbeit vorbereiten und wie sie Erhebungen und Auswertungen konkret durchführen. Durch diese Übungen vertiefen Studierende ihre Kenntnisse und entwickeln diese zu forschungspraktischen Fähigkeiten weiter. Schließlich ist angestrebt, dass die Studierenden ihr Wissen und ihr Fähigkeiten im **Transfer** auf ihr eigenes Projekt übertragen. Sie werden dabei begleitet, ein eigenes Forschungsprojekt zu realisieren und zu reflektieren.

Forschungswerkstätten 2.0 & Netzwerke 2.0

In digitalen Forschungswerkstätten arbeiten Studierende online gemeinsam an Fachtexten sowie an ihren Projekten im Bereich der Schul- und Unterrichtsforschung, d.h. am empirischen Material und dessen Interpretation. Zum einen üben sie sich darin, einen wissenschaftlichen Diskurs zu führen (vgl. Arnold & Merkt 2006, 35), zum anderen entwickeln sie ihre eigenen

Themen und Fragestellungen, die sich vor allem in der Praxis ergeben (vgl. Fichten 2010, 143f.).

Darüber hinaus vernetzen sich Studierende orts- und zeitunabhängig miteinander, um gemeinsam zu lernen und sich gegenseitig bei der Umsetzung von eigenen Forschungsprojekten zu unterstützen. Die Netzwerke entstehen über gemeinsame Themeninteressen oder über die Wahl der jeweiligen qualitativen Forschungsmethode, sodass Beratungen auf verschieden Ebenen stattfinden (vgl. auch Huber 2017).

Begleitforschung

Das MethodenLab Qualitative Forschung erforscht begleitend, wie sich Lehramtsstudierende qualitative Forschungsmethoden aneignen. Auf der Basis von Gruppendiskussionen werden studentische Orientierungen zum Erwerb forschungsmethodischer Kenntnisse und zum forschenden Lernen im Studium rekonstruiert. Dabei interessiert auch, was passiert, wenn sie in Schule und Unterricht selbst forschen. Bisher zeigen sich zwei Modi des Umgangs mit eigenen Forschungsprojekten im Praxissemester: Im **reflexiv-aneignenden Modus** setzen sich Lehramtsstudierende kritisch mit einzelnen Phasen des Forschungsprozesses auseinander, hinterfragen ihre eigenen forschungsmethodischen Kenntnisse und Fähigkeiten und erleben forschen positiv. Im **pragmatisch-instrumentellen Modus** werden Forschungsmethoden als Handwerkszeug verstanden, das im Sinne konkreter Techniken angewandt wird. Dieser Modus wird gerahmt durch die Wahrnehmung der forschungsmethodischen Ausbildung als Überforderung im Zusammenhang der Aufgabendichte im Praxissemester. Studierende, die Forschungsmethoden pragmatisch-instrumentell anwenden, verbinden diese Überforderung mit der Unklarheit der eigenen Rolle im Praxissemester.

Literatur

Arnold, P., Merkt, M. (2006). Diskurse in akademischen Lernszenarien des E-Learning. Grundlagen, didaktische Herausforderungen und Praxisbeispiele. *Zeitschrift für E-Learning*, 1, 32–42.

Fichten, W. (2010). Forschendes lernen in der Lehrerbildung. In U. Eberhardt (Hrsg.), *Neue Impulse der Hochschuldidaktik. Sprach- und Literaturwissenschaften* (S.127–182) Wiesbaden: Springer VS.

Huber, L. (2017). Forschendes Lernen: Begriff, Begründungen und Herausforderungen. Abgerufen am 25.Oktober, 2017 von https://dbs-lin.ruhr-uni-bochum.de/ lehre laden/lehrformate-methoden/forschendes-lernen/begriff-begruendungen-und-herausforderungen/

Kerres, M. (2003): *Mediendidaktik. Konzeption und Entwicklung mediengestützter Lernangebote*. 4. überarb. u. aktual. Aufl.. München: Oldenbourg Verlag.

Anna HAAS, Berlin

Projektwerkstätten & tu projects – Forschendes Lernen in Hand von Studierenden der TU Berlin

An der TU Berlin gestalten Studierende in Projektwerkstätten (PWs) und *tu projects* (tups) Lehre und Forschung selbst. Eigenverantwortlich initiieren, konzipieren und leiten sie diese projektbasierten, forschenden Lehrveranstaltungen.

Die Projektwerkstätten entstanden als Ergebnis eines Streiks der Studierenden 1985 für bessere Studienbedingungen, zunächst in Form eines TutorInnenprogramms für fachliche und didaktische Innovation und 1988 dann als Projektwerkstätten für sozial und ökologisch nützliches Denken und Handeln. Sie sind seitdem ein fester Bestandteil des Angebots der TU Berlin. Bisher wurden schon über 100 Projekte erfolgreich durchgeführt.

Darüber hinaus gibt es seit 2012 die *tu projects*. Sie sind ein Teilprojekt des BMBF-Förderprogramms „Qualitätspakt Lehre“ und bauen konzeptionell auf den Projektwerkstätten auf. Die inhaltliche und methodische Ausrichtung der *tu projects* fokussiert stärker auf Studierende der Studieneingangsphase und die Projekte sollen dazu beitragen, die Abbrecherquote der Studienanfänger zu senken.

Eine Projektwerkstatt bzw. ein *tu project* kann jede Studentin und jeder Student gemeinsam mit anderen Interessierten auf die Beine stellen. Drei Bedingungen sollten erfüllt werden:

- Das Projekt behandelt ein Thema, das noch nicht im "normalen" Angebot der TU Berlin zu finden ist.
- Die didaktische Herangehensweise bietet eine Alternative zum Angebot an der TU Berlin.
- Das Projekt ist sowohl nachhaltig ausgerichtet, also ökologisch und/oder sozial nützlich, als auch interdisziplinär.

Der Antrag wird von zwei Studierenden aus möglichst unterschiedlichen Studiengängen bzw. unterschiedlichen Fachsemestern gestellt. Diese suchen sich dafür eine Professorin/einen Professor, die/der das Projekt unterstützt, sie aber weitestgehend selbständig arbeiten lässt. Wenn der Antrag durch die Kommission für Studium und Lehre (tups), in der auch Studierende sitzen, bzw. den Vizepräsidenten für Lehre und Studium (PWs) genehmigt wird, erhalten die Projekte jeweils 2 TutorInnen-Stellen für bis zu zwei Jahre sowie Sachmittel.

Die Projekte werden eigenverantwortlich von den TutorInnen als Lehrveranstaltungen durchgeführt und üblicherweise als Module im freien Wahlbereich angeboten. Teilnehmende Studierende können Leistungspunkte erwerben. Dieser Aspekt ist für Projektwerkstätten optional und für *tu projects* verpflichtend. Es hat sich gezeigt, dass das Interesse der Studierenden an den Projekten durch die Möglichkeit Leistungspunkte zu erwerben steigt.

Die Projekte werden jeweils von einer Professorin / einem Professor wissenschaftlich begleitet und vom Wissenschaftsladen kubus (Kooperations- und Beratungsstelle für Umweltfragen) überfachlich betreut. Dies beinhaltet eine begleitenden Moderation und Mediation sowie regelmäßige TutorInnen-Treffen zum gegenseitigen Erfahrungsaustausch und mit thematisch relevanten Inputs von kubus. Darüber hinaus wird eine Weiterbildung für die TutorInnen in Zusammenarbeit mit der QPL-Linie *tu tutor plus* angeboten, in der es um Methoden der Projektsteuerung und eine Erweiterung der didaktischen, methodischen und sozialen Kompetenzen hinsichtlich der Gestaltung und Durchführung der Projekte geht.

Während der Projektlaufzeit entwickeln die TutorInnen gemeinsam mit den studentischen Teilnehmenden innovative Lehr- / Lern- und Forschungskonzepte, erproben diese und arbeiten reflektierende Berichte aus.

Einige dieser Projekte fließen anschließend ganz oder in Teilen in die Regellehre ein. Die Projektwerkstätten und *tu projects* werden somit zu Inkubatoren für eine sich immer wieder erneuernde Lehre. Beispiele dafür sind Blue Engineering, das Seminar für Ingenieurinnen und Ingenieure mit sozialer und ökologischer Verantwortung (http://www.blue-engineering.org), die Umwelttechnisch integrierte Lehrveranstaltung UTIL (http://www.util-tu-berlin.de) und das Energieseminar (https://energieseminar.de/).

Derzeit laufen an der TU Berlin mehr als 25 Projektwerkstätten und *tu projects* parallel.

Literatur

http://www.projektwerkstaetten.tu-berlin.de

Anna HOLSTEIN, Bremen; Sabine DOFF, Bremen; Maria PETERS; Bremen; Sabine HORN, Bremen

Spiralcurriculum Lehramt³ Forschendes Studieren: Entwicklung und Erprobung in den Fächern Englisch, Geschichte und Kunst

1. Ausgangslage

In allen lehrerbildenden Studiengängen der Universität Bremen ist eine Forschungstätigkeit im Rahmen der Masterarbeit vorgesehen. Jedoch werden die dafür notwendigen methodischen Kompetenzen und erforderliche Autonomie bei der Vorbereitung, Durchführung und Evaluation bisher nur punktuell in den Curricula der lehrerbildenden Studiengänge (B.A. und M.Ed.) berücksichtigt. Mit dem Projekt *Lehramt³* (Dauer: Mai 2017 – November 2019) wird nun das übergeordnete Ziel verfolgt, Forschendes Studieren[1] systematisch und nachhaltig in einem modulübergreifenden Studiengangskonzept B.A./M.Ed. Gymnasium/Oberschule am Beispiel der Fächer Englisch, Geschichte und Kunst mit dem Schwerpunkt Integration und Vernetzung der Praxisphasen zu verankern. Hierfür wird im Projekt *Lehramt³* ein Spiralcurriculum entwickelt, eingesetzt und evaluiert.

2. Spiralcurriculum

Obwohl forschende Anteile bereits in den frühen Phasen des Studiums partiell vorhanden sind, äußern Studierende mitunter große Unsicherheiten und Skepsis bezüglich des empirischen Arbeitens im Rahmen der Masterarbeit (vgl. Komoss und Peters 2017, S. 99). Zudem sind die Praxisphasen und die zugehörigen Lehrveranstaltungen hinsichtlich des Aufbaus von Kompetenzen Forschenden Studierens nicht hinreichend miteinander vernetzt.

Im Projekt *Lehramt³* soll daher ein spiralförmiger Zuwachs von (Teil-) Kompetenzen angebahnt werden, indem Praxisphasen aufeinander aufbauend gestaltet sowie Theorie und Praxis (fächerübergreifend) miteinander vernetzt werden. Bei den Praxisphasen der lehrerbildenden Studiengänge der Universität Bremen handelt es sich um die sogenannten Praxisorientierten Elemente (POE) im B.A., das Praxissemester (PS) im M.Ed. sowie das die Masterarbeit umfassende Abschlussmodul (AM).

Im Projekt werden interdisziplinäre und fachspezifische Inhalte in einem Spiralcurriculum, welches entlang des *Research Skill Development Framework* (RSDF, Willson 2016) modelliert ist, definiert und konzeptualisiert.

[1]Hier synonym zum Diskurs des „Forschenden Lernens“ verwendet; vgl. dazu z.B. Huber 2003

Die hierfür geplanten Maßnahmen beinhalten die Überarbeitung der fachinternen Curricula sowie die Planung und Durchführung einer vertikalen und horizontalen Vernetzungsveranstaltung.

3. Evaluation

Der Zyklus der drei aufeinanderfolgenden Lehrveranstaltungen (sowohl fachinterne als auch fächerübergreifende Lehrveranstaltungen sind vorgesehen) wird im Zuge des Projekts einmal durchlaufen und sowohl formativ als auch summativ evaluiert. Auf der Grundlage der Evaluation wird das Spiralcurriculum für die Implementierung überarbeitet.

Vor Beginn der drei forschungsorientierten Praxisphasen wird jeweils ein Fragebogen zu Wünschen, Problemen sowie Verfahren im Zusammenhang mit dem Forschenden Studieren im Rahmen der Lehrerbildung eingesetzt. Das Instrument ist summativ angelegt, enthält aber auch offene Items.

In einer zunächst summativen, dann formativen Erhebung soll der Beitrag der neu gestalteten Lehrveranstaltungen in den forschungsorientierten Phasen zum Forschenden Studieren erfasst werden. Zu diesem Zweck wird ein Evaluierungsbogen aus dem Englisch Vorgängerprojekt (vgl. Doff und Prüfer 2013) in modifizierter Form eingesetzt.

Literatur

Doff, S. & Prüfer, K. (2013). Difference matters: Heterogenität als Chance und Herausforderung für den Fachunterricht Englisch – Ein Projekt zum forschenden Lernen am Fachbereich 10 (Sprach- und Literaturwissenschaften). In L. Huber, M. Kröger & H. Schelhowe (Hrsg.), *Forschendes Lernen als Profilmerkmal einer Universität. Beispiele aus der Universität Bremen* (S. 91–104). Bielefeld: UVW UniversitätsVerlag-Webler.

Huber, L. (2003). Forschendes Lernen in Deutschen Hochschulen. Zum Stand der Diskussion. In A. Obolenski & H. Meyer (Hrsg.), *Forschendes Lernen. Theorie und Praxis einer professionellen LehrerInnenausbildung* (S. 15–36). Bad Heilbrunn/Obb.: Klinkhardt.

Komoss, R. & Peters, M. (2017). Das Praxissemester an der Universität Bremen. In R. Schüssler, A. Schöning, V. Schwier, S. Schicht, J. Gold & U. Weyland (Hrsg.), *Forschendes Lernen im Praxissemester. Zugänge, Konzepte, Erfahrungen* (S. 96–103). Bad Heilbrunn/Obb.: Klinkhardt.

Willson, J. & University of Adelaide (2016). *Research Skill Development for Design and Assessment.* http://www.adelaide.edu.au/rsd/framework/interactive/. Zugegriffen: 02. August 2017.

Sylvia G. HUNDENBORN, Köln

Mögliche und wirkliche Räume. Zur künstlerisch-forschenden Auseinandersetzung mit dem Weltkulturerbe im Kontext Ästhetischer Forschung

Im Mittelpunkt des schulischen Entwicklungsprojekts ‚Weltkulturerbe in Brühl: Globale und identitätsstiftende Dimensionen der Schlösser Augustusburg und Falkenlust' am Erzb. St. Ursula-Gymnasium in Brühl steht die lokale Konkretisierung globaler Phänomene und ihrer (auch medialen) Vermitteltheit. Diese Phänomene, welche im Rahmen einer künstlerischen Auseinandersetzung mit dem Weltkulturerbe in Brühl konkret Gestalt gewinnen, werden von einer ausgewählten Lerngruppe der Jahrgangsstufe 9 im Kunstunterricht ästhetisch-forschend entdeckt – so beispielsweise über die Architektur des Rokoko, (fürstliche) Wohnkultur, Vorstellungen von Luxus, höfische Jagd, Musik und Theater. An außerschulischen Lernorten in ihrer unmittelbaren Nähe erleben die Schülerinnen und Schüler des St. Ursula-Gymnasiums projektbezogen konkrete Bereiche ihrer kulturellen Umgebung, dokumentieren diese in Form von Notizen, Protokollen, Fotografien und Interviews, setzen sich künstlerisch forschend mit diesen Bereichen auseinander und gestalten als Ergebnis ihrer ästhetisch-forschenden Tätigkeit eigene Werke (Plastik, Modedesign, Land Art, Skulptur, Installation, Malerei, Fotografie, Grafik, Architekturmodell), welche mögliche lokale / globale Bedeutungen, Orte und Diskurslinien der Kulturdenkmäler in ideengeschichtlicher oder interkultureller Perspektive künstlerisch visualisieren. Die kartographischen Eckpunkte ihrer Erfahrungen werden abschließend in Form eines Mapping – einer kartierenden Auseinandersetzung mit dem Weltkulturerbe – zum Ausdruck gebracht (vgl. Heil 2007).

Als Kunstlehrerin und ehemalige Teilnehmerin der Forschungsklasse für schul- und unterrichtsbezogene Forschung im Rahmen des interdisziplinären Projekts ‚Forschendes Lernen in der Lehrerbildung' der Universität zu Köln unterstütze ich in projektbezogener Arbeit meine Schülerinnen und Schüler beim Erleben und Erforschen ihrer kulturellen Umgebung. Im Sinne des forschenden Lernens agieren die Schülerinnen und Schüler selbst als Forscher/-innen, setzen sich über die drei Bezugsfelder der Ästhetischen Forschung (vgl. Kämpf-Jansen 2012) mit den Brühler Kulturdenkmälern – die Schlösser Augustusburg und Falkenlust sowie die dazugehörigen Garten- und Parkanlagen wurden 1984 von der UNESCO in die Liste des Weltkulturerbes aufgenommen (vgl. Hansmann, Knopp 1997) – auseinander und orientieren sich dabei an individuellen Alltagserfahrungen, an künstlerischen Strategien

N. Neuber, W. Paravicini, M. Stein (Hrsg.): Forschendes Lernen – The wider view. Tagungsband. Münster: WTM-Verlag 2018.

und Kunstkonzepten im Bereich moderner Kunst sowie an wissenschaftlichen Methoden, wobei der zu erforschende Gegenstand durch eine Vielzahl verknüpfter Annäherungsweisen aus künstlerischen, alltäglichen oder theoretischen Kontexten aufgegriffen, bearbeitet und geklärt wird. Bezieht man den pädagogischen Ansatz der Ästhetischen Forschung nach Kämpf-Jansen auf ästhetische Bildung in der gymnasialen Mittelstufe, so verbindet diese kunstdidaktische Konzeption künstlerische Praxis mit individueller Alltagserfahrung und wissenschaftlichem Theoretisieren zugunsten ganzheitlicher, selbstreflexiver Erkenntnisprozesse in Form eines interkulturellen, interdisziplinären oder epochenübergreifenden Perspektivenwechsels. Verhandeln und entwerfen Schülerinnen und Schüler die kulturelle Bedeutung, den Sinn und Inhalt von möglichen oder wirklichen Räumen und Orten im wechselseitigen Bezug, d.h. in der Verknüpfung von eigener Lebenswelt mit globalen Phänomenen, die eine Veränderung des Raums in verschiedenen Zeiten oder Kulturen spürbar macht, so wird das Weltkulturerbe in Brühl zum Ausgangspunkt eines Lernprozesses im Sinne einer räumlichen Strukturiertheit ästhetischer Erfahrung (vgl. Brenne 2013), der für Schülerinnen und Schüler die Förderung einer vernetzten, mehrperspektivischen Arbeitshaltung und für Lehrkräfte wiederum eine forschungsbasierte (ethnografische) Unterrichtsentwicklung initiieren kann.

Literatur

Brenne, Andreas (2013): ‚Im Herz der Finsternis'. Forschendes Lernen im Kontext kunstpädagogischer Suchbewegungen. In: Engels, Sidonie/Preuss, Rudolf/Schnurr, Ansgar (Hg.): Feldvermessung und Kunstdidaktik. Positionsbestimmungen zum Fachverständnis. München: kopaed. S. 93-101.

Hansmann, Wilfried/Knopp, Gisbert (1997): Schloss Brühl. Die kurkölnische Residenz Augustusburg und Schloss Falkenlust. 2. Auflage. Köln: Wienand.

Heil, Christine (2007): Kartierende Auseinandersetzung mit aktueller Kunst. Erfinden und Erforschen von Vermittlungssituationen. München: kopaed.

Kämpf-Jansen, Helga (2012): Ästhetische Forschung. Wege durch Alltag, Kunst und Wissenschaft. Zu einem innovativen Konzept ästhetischer Bildung. 3. Auflage. Marburg: Tectum.

Jonas MEIXNER, Bremen; Imke GERKENSMEIER, Bremen;
Karina Karolina KEDZIOR, Bremen

Wissenschaftlich publizieren mit Studierenden im Bachelor Psychologie. Eine qualitative Evaluation

Hintergrund: Obwohl studentische Forschung in der Bachelorlehre der Psychologie integriert ist, werden Ergebnisse selten publiziert (Kedzior, 2016). Studentische Forschungsprojekte im Rahmen des Projektes „ForstA“ (Forschend studieren von Anfang an) oder Praktika in der Abteilung für Methoden und Statistik innerhalb des Studiengangs Psychologie der Universität Bremen ermöglichen dies (Gerkensmeier, Lüdders, Kedzior, 2016). Ziel dieses Beitrags ist es, die Zufriedenheit der Studierenden im Bachelor Psychologie mit wissenschaftlichem Publizieren zu evaluieren.

Methode: Zehn Studierende aus dem Bachelorstudiengang Psychologie mit Publikationserfahrung wurden in einem 30-minütigen halb-standardisierten Interview bezüglich ihrer Erfahrungen, Herausforderungen und Verbesserungsvorschläge in Bezug auf das Publizieren befragt.

Ergebnisse und Diskussion: Die Studierenden publizierten gemeinsam mit den Dozentinnen Konferenzbeiträge oder Fachzeitschriftenartikel, was den Teilnehmenden einen Einblick in tatsächliche wissenschaftliche Arbeit ermöglichte. Diese Publikationen bestätigen, dass bereits Bachelor Studierende unter Anleitung aktive Beiträge zur Wissenschaft leisten können (Kedzior, 2016).

Die am häufigsten genannte positive Erfahrung war die von Respekt und der Einbeziehung aller gemäß ihren Stärken geprägten Gruppenarbeit. Insbesondere gefielen das schnelle Beantworten von Fragen sowie der Umstand, dass die Dozentinnen viel zusätzliche Arbeit investierten, um den Studierenden möglichst viel Hilfestellung zu leisten. Dieses erhöhte akademische Engagement außerhalb der regelmäßigen Veranstaltungen hat bei allen Beteiligten für eine angenehme und produktive Atmosphäre gesorgt. Daraus lässt sich schließen, dass wissenschaftliches Publizieren diverse Fähigkeiten erweitert, die wichtig für das weitere Studium und die Arbeitswelt sein können. Dazu gehören das Projekt-bezogene Arbeiten in Gruppen und eine erhöhte Motivation, ein Projekt abzuschließen (Koch et al., 2017).

Die häufigsten Herausforderungen waren das von den Dozentinnen vorgegebene Thema ohne die Möglichkeit an eigenen Themen zu arbeiten und der zeit- und arbeitsintensive Prozess. Doch auch trotz oder gerade wegen dieser Herausforderungen berichteten die Studierenden, dass sie dankbar dafür sind, den kompletten Publikationsprozess durchlaufen zu haben. Das Erleben und Überwinden der Hürden ermöglichte es ihnen nämlich, besser einzuschätzen, ob eine Karriere in der Wissenschaft für Sie in Frage kommen könnte. Diese Kommentare bedeuten vermutlich, dass Publizieren die emotionale Entwicklung der Studierenden beeinflusst, wie zum Beispiel den Aufbau von Vertrauen in die eigenen Ergebnisse trotz des Zeit- und Arbeitsdrucks (Chang, 2005; Koch et al., 2017) oder die Klärung der eigenen wissenschaftlichen Interessen.

Studierende wünschten sich eine klarere Kommunikation bezüglich Erwartungen und Struktur des gesamten Prozesses (Arbeit am Projekt und Publizieren). Auch wurde sich für die Einrichtung eines Pflichtmoduls ausgesprochen, welches sich explizit mit dem wissenschaftlichen Publizieren beschäftigen soll. Um mehr Studierenden zu erlauben, ihre wissenschaftlichen Arbeiten auf Konferenzen vorzustellen, plädierten einige Studierende für die Einrichtung eines Unterstützungsfonds seitens der Universität. Diese Kommentare zeigen, dass die Projekte adäquate Ressourcen verlangen, um erfolgreich zu werden (Chang, 2005; Koch et al., 2017).

Fazit: Unsere Evaluation zeigt, dass das Durchlaufen des Publikationsprozesses als effektive Lehr- und Lernmethode im Bachelor Psychologie implementiert werden könnte. Da dieser Prozess jedoch sehr eng von Dozierenden begleitet werden sollte, ist die Bereitstellung adäquater personeller sowie zeitlicher Ressourcen nötig.

Literatur

Chang, H. (2005). Turning an undergraduate class into a professional research community. *Teaching in Higher Education, 10*(3), 387-394.

Gerkensmeier, I., Lüdders, L., & Kedzior, K. K. (2016). Studentische Forschung von Anfang an: Erfahrungen des ForstA-Projektes in den Modulen Methodenlehre und Statistik im Bachelor Psychologie. *Resonanz: Magazin für Lehre und Studium an der Universität Bremen, 7*(WiSe2016/2017), 4-10.

Kedzior, K. K. (2016). Tricks of the trade: publishing with bachelor students in psychology [Vortrag]. Konferenz für forschungsnahes Lehren und Lernen, Universität Oldenburg, Deutschland, (9.-10.06.2016).

Koch, F., Dirsch-Weigand, A., Awolin, M., Pinkelman, R., & Hampe, M. (2017). Motivating first-year university students by interdisciplinary study projects. *European Journal of Engineering Education, 42*(1), 17-31.

Renate NOCON-STOFFERS, Münster

Forschendes Lernen im Praxissemester – Einstellungen von Sportstudierenden zu Implementierung, Nutzen und Gelingensbedingungen

1. Hinführung

Im Praxissemester an der WWU Münster konkretisiert sich das Konzept Forschenden Lernens in diversen Lernformaten. Studienprojekte, Unterrichtsvorhaben, Praxisbegleitungen und das Bilanz- und Perspektivgespräch sollen zu einer forschenden Lernhaltung führen und den Professionalisierungsprozess angehender Lehrkräfte unterstützen (vgl. Steuergruppe Münster 2014). In Kongruenz zu den landesweiten Evaluationsergebnissen (vgl. MSW NRW 2016) zeigt die standortspezifische Evaluation, dass Studierende dem Forschenden Lernen, insbesondere den Studienprojekten, teilweise sehr kritisch gegenüberstehen (ebd.). Eine Vielzahl an Definitionen auf theoretischer und inneruniversitärer Ebene erschwert zudem die Implementierung Forschenden Lernens (vgl. Aeppli 2016). Auch in der Praxis ist das Konzept weithin nicht präsent (vgl. Klewin/Koch 2017). Eine fachbezogene Erhebung von Sichtweisen Sportstudierender auf Forschendes Lernen im Praxissemester stellt insbesondere hinsichtlich Nutzen, Implementation und Gelingensbedingungen ein Forschungsdesiderat dar.

2. Fragestellung und Forschungsansatz

Eine an der WWU im Arbeitsbereich Bildung und Unterricht im Sport laufende Studie erhebt daher in einem schwerpunktmäßig qualitativen Zugriff, wie Sportstudierende Forschendes Lernen und eine Forschende Lernhaltung semantisieren. Zudem fokussiert die Studie, wie sich Einstellungen ändern, welchen Nutzen Sportstudierende sehen, wie Forschenden Lernen implementiert und gelingen kann. Vorgesehen sind eine schriftliche Online-Befragung mit geschlossenen und offenen Antwortformaten vor und nach dem schulpraktischen Teil (Kohorte 9/2017, n = 56) sowie leitfadengestützte retrospektive Interviews nach Abgabe der Studienprojekte. Für die Interviews werden Sportstudierende ausgewählt, die ihre Einstellung zum Forschenden Lernen geändert haben sowie diejenigen, deren Einstellung positiv bzw. negativ geblieben ist. Die Daten werden inhaltsanalytisch ausgewertet.

3. Ausgewählte Ergebnisse

Im Folgenden werden ausschnitthaft Ergebnisse der Vorstudie dargestellt, die im Sommersemester 2017 durchgeführt wurde (Kohorte 2/2017, n=35).

N. Neuber, W. Paravicini, M. Stein (Hrsg.): Forschendes Lernen – The wider view. Tagungsband. Münster: WTM-Verlag 2018.

Hinsichtlich der Implementierung Forschenden Lernens zeigen erste Ergebnisse der schriftlichen Befragung, dass drei Gruppen ausgemacht werden können. Gruppe 1 lehnt Forschendes Lernen im Praxissemester ab, sieht es in Konkurrenz zur Unterrichtsplanung und konnotiert den Lehrberuf nicht mit Forschungstätigkeit. Gruppe 2 sieht insofern eine Relevanz Forschenden Lernens im Praxissemester, als ein vertieftes Verständnis von Praxisphänomenen wahrgenommen und es als sinnvolle Vorbereitung auf die Masterarbeit erachtet wird. Eine mögliche Relevanz für den (Sport-)Lehrberuf wird nicht gesehen. Gruppe 3 steht Forschendem Lernen recht positiv gegenüber. Sowohl Gegenwarts- als auch Zukunftsbedeutung werden wahrgenommen. Letztere besteht in einer vermuteten nachhaltigen Lernhaltung, die sich durch diverse Formen von Praxisreflexion auszeichnet. Aufgrund des konkreten Anwendungsbezugs sei Forschendes Lernen im Praxissemester richtig positioniert.

Die Mehrheit der Sportstudierenden kritisiert den hohen Aufwand für drei Studienprojekte und das „ungeeignete Format von 10 Seiten". Sie schlagen vor, die Anzahl der Studienprojekte zu reduzieren, Forschendes Lernen eher in universitären Theorieveranstaltungen in Gruppen zu vermitteln und die Auswertung von Forschungsergebnissen besser vorzubereiten. Zudem sollten Studienprojekte und Unterrichtsvorhaben verknüpft werden.

Bemerkenswert ist zudem, dass vor dem Praxissemester über 80% der Befragten der Meinung sind, ein Repertoire an Forschungsmethoden sollte im Lehramtsstudium vermittelt werden und halten es für sinnvoll, Forschungsfragen exemplarisch untersucht zu haben. 43% der Sportstudierenden lehnen es jedoch ab, diese Fragestellungen in Form von Studienprojekten im Praxissemester zu untersuchen. Nach dem Praxissemester sinkt der Anteil der Befragten, die Forschendes Lernen im Sportstudium positiv sehen, um 15%. Der Anteil derjenigen, die Studienprojekte im Praxissemester ablehnen, steigt auf 73%. Ergebnisse der Interviews werden momentan ausgewertet.

Literatur

Aeppli, J. (2016). Forschendes Lernen. In E. Jürgens (Hrsg.), *Erfolgreich durch das Praxissemester. Gestaltung, Durchführung, Reflexion* (S. 151-164). Berlin: Cornelsen.

Klewin, G. & Koch, B. (2017). Forschendes Lernen ohne forschende Lehrkräfte? *Die Deutsche Schule*, 109 (1), S. 58-69.

Ministerium für Schule und Weiterbildung (MSW) NRW (2016). Das Praxissemester auf dem Prüfstand. Beilage Schule NRW 11/2016.

Steuergruppe Praxissemester Münster (2014). Orientierungsrahmen Praxissemester für die Ausbildungsregion Münster.

Sabine REISAS, Kiel; Julia SANDMANN, Kiel

Ein multiperspektivisches Modell zur Konzeptionierung Forschenden Lernens mit Praxispartnern

Komplexe Lehrinnovationen, die Forschendes Lernen (FL) und Service Learning (SL) miteinander vereinen, erfordern besondere Formen der Zusammenarbeit und der Reflexion. Um den Dialog zwischen den Beteiligten zu fördern und herausfordernden Situationen begegnen zu können, ist ein multiperspektivisches Modell hilfreich (vgl. Reisas & Sandmann, 2017).

Gelingt dies, können transformative Lernprozesse angeregt werden, die sowohl sozialen Wandel vorantreiben, als auch individuelle Entwicklung ermöglichen (vgl. Taylor, 2008). Durch die Bearbeitung relevanter Fragestellungen und Herausforderungen in konkreten sozialen Kontexten lernen Studierende Gesellschaft forschend mitzugestalten und begründete Handlungsoptionen für ihr weiteres Vorgehen zu entwickeln. Der Forschungsprozess wird für Studierende erlebbar gemacht und kritisch reflektiert. Im Dialog mit den Akteuren kann eine reflektierte Forscherhaltung entwickelt werden und Annahmen lassen sich hinterfragen. Der so erarbeitete Prozess erfährt seinen Mehrwert durch die Möglichkeit der Übertragung auf ähnliche Lehr-/Lernprozesse mit Praxisrelevanz (z. B. in der Lehrerbildung).

Ziel war es, Rahmenbedingungen und Impulse zur Konzeption und Ausgestaltung von FL/SL-Projekten aus der Untersuchung abzuleiten. Dafür wurden zunächst spezifische Herausforderungen und kritische Ereignisse identifiziert, die durch die Verknüpfung beider Formate entstehen. Im Rahmen der Untersuchung wurden dafür Lehrveranstaltungen (LV) im Planungsprozess, in der Implementierung und Nachbereitung von den Autorinnen begleitet und durch Beobachtung, Beratung und Reflexion – unter Einbezug aller Beteiligten (Lehrende, Praxispartner, Studierende, Tutorinnen und Tutoren) – analysiert.

1. Das multiperspektivische Planungsmodell

Das Modell geht von einem co-evolutionären, multiperspektivischen Planungsprozess aus. Die Mitgestaltung der Gesellschaft und die Entwicklung einer Forscheridentität werden dabei als zentrale Elemente bei der Planung und Durchführung stets berücksichtigt. Das Modell verweist auf kritische Ereignisse und Herausforderungen, die in der Verknüpfung von FL mit SL auftreten können: Die unterschiedlichen Erwartungen aller Akteurinnen und Akteure erfordern ein besonderes Vorgehen in solchen Forschungsprozessen. Es werden notwendige Reflexionsmomente im Forschungsprozess sowie Haltungen und Werte aufgezeigt, die von den Beteiligten (z. B. Lehrende, Studierende, Praxispartner, Beforschte, ggf. Tutorinnen und Tutoren sowie Mitforschende) gemeinsam normativ auszugestalten sind. Die partizipative Entwicklung ist für eine verantwortungsvolle Kooperation/Kollaboration unabdingbar. Durch den Blick auf wesentliche Merkmale (die Kommunikation untereinander, das Vermitteln von Informationen, den Umgang mit Erwartungen und nicht zuletzt die eigentliche Fragestellung) ergibt sich eine grundlegende Haltung für Lehrende in diesem Prozess. Sie ist geprägt von einer Kultur des Ermöglichens. Momente des Scheiterns sind nicht nur erlaubt, sondern erwünscht. Diese Haltung wird gestärkt durch die Klärung von Werte- und Rollenfragen und die Förderung iterativen Fragens. Lehrende können durch verschiedene Formate der Betreuung alle Beteiligten unterstützen.

2. Transfer

Das Modell lässt sich in verschiedenen Studiengängen/LV anwenden und in andere Prozesse mit Praxispartnern übertragen – insbesondere bei der grundlegenden Haltung, der Betrachtung und Analyse der kritischen Herausforderungen und der darauf abgestimmten Betreuungsformate. Durch diese Merkmale ist das Modell leicht auch in den Bereich der Lehrerbildung übertragbar. Ein weiterer Mehrwert ergibt sich durch die geförderte Sensibilisierung für andere kritische Ereignisse in ähnlichen Prozessen (z. B. Herausforderungen durch die Arbeit mit Schülerinnen und Schülern).

3. Projekt

Das Projekt erfolgreiches Lehren und Lernen – PerLe wird von 2017 bis 2020 aus Mitteln des Qualitätspakts Lehre (unter dem Förderkennzeichen 01PL17068) des Bundesministeriums für Bildung und Forschung gefördert. Es verfolgt das Ziel, die Qualität der Lehre und die Betreuung von Studierenden an der Christian-Albrechts-Universität zu Kiel zu verbessern. Dazu werden Maßnahmen in den Bereichen Studienorientierung und Studieneingangsphase, Berufsorientierung sowie Lehr-Lern-Qualifizierung und Qualitätsentwicklung der Lehre konzipiert und umgesetzt.

Literatur

Reisas, S. & Sandmann, J. (2017). Gesellschaft gestalten durch Forschendes Lernen mit Praxispartnern. Ein multiperspektives Konzept zur Planung von Lehrveranstaltungen. Online abrufbar unter: www.einfachgutelehre.uni-kiel.de/allgemein/gesellschaft-gestalten-durch-forschendes-lernen/

Taylor, E.W. (2008). Transformative Learning Theory. In S. B. Merriam (Ed.) *Third update on adult learning Theory (pp.5-15). New Directions for Adult and Continuing Education*, no.119. San Francisco: Jossey-Bass.

Elena REY MARTINEZ, Göttingen; Friederike RUNGE, Göttingen; Sandra FISCHER, Göttingen; Michael SAUER, Göttingen; Stefan HALVERSCHEID, Göttingen; Susanne BÖGEHOLZ, Göttingen

Fachdidaktische Forschungskompetenzen entwickeln in MINT und gesellschaftswissenschaftlichen Fächern

Forschendes Lernen wird im Schlözer Programm Lehrerbildung (SPL) der Georg-August-Universität Göttingen definiert als ein *überwiegend selbstständiges bzw. partizipatives Durchlaufen aller zentralen Phasen eines Forschungsprozesses* (vgl. Huber 2009, S. 11). Veranstaltungen mit Forschungsbezug können nach Huber (2014, S. 24f.) in drei Typen ausdifferenziert werden: forschungsbasiert, forschungsorientiert und forschendes Lernen.

Ziel des Projektes ist die Weiterentwicklung von fachdidaktischen Veranstaltungen in Richtung eines systematischeren Erwerbs von Forschungskompetenzen in MINT und gesellschaftswissenschaftlichen Fachdidaktiken. Dazu soll der Erwerb von Forschungskompetenzen in Veranstaltungen der entsprechenden Fachdidaktiken analysiert werden.

Mit Hilfe einer Klassifikationsmatrix von Ruess, Gess und Deike (2016) zur forschungsbezogenen Lehre, welche Aktivitätsniveaus von Studierenden (rezeptiv, anwendend, forschend) mit inhaltlichen Schwerpunkten (Forschungsergebnisse, -methoden, -prozesse) kombiniert, wurden *Curriculumanalysen* für entsprechende Veranstaltungen durchgeführt und damit ausbaufähige Veranstaltungen bestimmt. Im nächsten Schritt wurde mit *Detailanalysen* von Veranstaltungen zunächst in der Geschichtsdidaktik begonnen. Sie dienen der Schaffung von Transparenz unter den Lehrenden und ermöglichen einen zielgenauen Einsatz von Bausteinen zur Entwicklung von Forschungskompetenzen. Basierend auf Huber (2014) und dem RMKR-W-Modell zu Forschungskompetenzen von Böttcher und Thiel (2014) mit den Dimensionen Recherche-, Methoden-, Kommunikation- und Reflexionskompetenz sowie Fachlichem Wissen werden *Bausteine* für die Entwicklung von Forschungskompetenzen und Förderung der Akzeptanz von Forschung entwickelt und in bestehende Curricula integriert. Bei der Weiterentwicklung werden drei Forschungsfelder berücksichtigt: *Empirische Forschung* (u.a. Analysen beobachtbarer bzw. vorhandener Daten), *Entwicklungsforschung* (u.a. Entwicklung von Lehr-Lern-Arrangements für Schule/Lehr-Lern-Labor) und *Analyse (außer-)schulischer Vermittlungsformate* (u.a. Methodenkenntnisse und Analysen von Schulbüchern, Karten, etc.). *Erste Erprobungen von entwickelten Bausteinen* erfolg(t)en in der Biologiedidaktik und werden begleitend evaluiert. Zur Evaluation wurden bestehende Instrumente

N. Neuber, W. Paravicini, M. Stein (Hrsg.): Forschendes Lernen – The wider view. Tagungsband. Münster: WTM-Verlag 2018.

zu den Bereichen Forschungskompetenzen (Böttcher & Thiel, 2016), Nutzen von Forschungskompetenz (Vetter & Ingrisani, 2013), Überzeugungen zum Theorie-Praxis Zusammenhang (Kunter, Baumert, Leutner, Terhart, Seidel et al., 2016) sowie affektiv-motivationale Forschungskompetenz (Wessels, Gess, Ruess, Geiger und Deike, 2016) auf MINT und gesellschaftswissenschaftliche Fachdidaktiken bzw. Bildungswissenschaften angepasst.

Die nächsten Schritte umfassen weitere Detailanalysen in MINT und gesellschaftswissenschaftlichen Fachdidaktiken und die Erprobung und Evaluation der konzipierten Maßnahmen – insbesondere in den Fachdidaktiken Biologie, Mathematik und Geschichte. Auf dieser Grundlage sollen weitere (optimierte) Bausteine systematisch und kumulativ in die entsprechenden Curricula eingebunden werden.

Literatur

Böttcher, F., & Thiel, F. (2016). Der Fragebogen zur Erfassung studentischer Forschungskompetenzen - Ein Instrument auf der Grundlage des RMRK-W-Modells zur Evaluation von Formaten forschungsorientierter Lehre. In B. Berendt, A. Fleischmann, J. Wildt, N. Schaper & B. Szczyrba (Hrsg.), *Neues Handbuch Hochschullehre* (I 2.11, S. 57-74). Berlin: Raabe.

Huber, L. (2009). Warum Forschendes Lernen nötig und möglich ist. In L. Huber, J. Hellmer & F. Schneider (Hrsg.), *Forschendes Lernen im Studium* (S. 9-35). Bielefeld: Universitätsverl. Webler.

Huber, L. (2014). Forschungsbasiertes, Forschungsorientiertes, Forschendes Lernen: Alles dasselbe? *Das Hochschulwesen, 62*(1+2), 32-39.

Kunter, M., Baumert, J., Leutner, D., Terhart, E., Seidel, T., Dicke, T., Holzberger, D., Kunina-Habenicht, O., Linninger, C., Lohse-Bossenz, H., Schulze-Stocker, F., & Stürmer, K. (2016). *Dokumentation der Erhebungsinstrumente der Projektphasen des BilWiss-Forschungsprogramms von 2009-2016* (S. 47). Verfügbar unter: www.iqb.hu-berlin.fdz./studis/Billwiss/BillWiss-Skalenha [31.01.17].

Ruess, J., Gess, C., & Deike, W. (2016). Forschendes Lernen und forschungsbezogene Lehre - empirisch gestützte Systematisierung des Forschungsbezugs hochschulischer Lehre. *Zeitschrift für Hochschulentwicklung, 11*(2), 23-44.

Thiel, F., & Böttcher, F. (2014). Modellierung fächerübergreifender Forschungskompetenzen - Das RMKR-W-Modell als Grundlage der Planung und Evaluation von Formaten forschungsorientierter Lehre. In B. Berendt, A. Fleischmann, J. Wildt, N. Schaper & B. Szczyrba (Hrsg.), *Neues Handbuch Hochschullehre* (I 2.10, S. 109-124). Berlin: Raabe.

Vetter, P., & Ingrisani, D. (2013). Der Nutzen der forschungsmethodischen Ausbildung für angehende Lehrpersonen. *Beiträge zur Lehrerinnen- und Lehrerbildung, 31*(3), 321-332.

Wessels, I., Gess, C., Ruess, G., Geiger, C., & Deicke, W. (2016). *„Forschung heißt, in einen dunklen, offenen Raum zu gehen“ – Modellierung und Operationalisierung affektiv-motivationaler Forschungskompetenz in den Sozialwissenschaften. Posterbeitrag auf der 4. Jahrgangstagung der Gesellschaft für Empirische Bildungsforschung, 09.-11. März 2016 in Berlin.*

Kristina RZEHAK, Bielefeld; Martin WOLLSCHLÄGER-TIGGES, Bielefeld

Unterstützung beim Sichtbarmachen von Forschung. Eine Lehrveranstaltung zum (ingenieur-)wissenschaftlichen Schreiben

Am Fachbereich Ingenieurwissenschaften und Mathematik der FH Bielefeld werden manche fortgeschrittene Studierende in die Arbeit von Forschungsgruppen eingebunden. Die Anforderungen des wissenschaftlichen Schreibens bedeuten für diese Studierenden oft eine Herausforderung, die vom komplexen Schreibvorgang, aber auch vom Prozess des wissenschaftlichen Erkenntnisgewinns herrührt, der dem Schreiben zugrunde liegt.

Die Lehrveranstaltung „Schreiben und Forschung" knüpft bei diesen Schwierigkeiten an. Sie ist passgenau auf die Bedürfnisse der Studierenden zugeschnitten und in die Fachlehre integriert, sodass sie eine Verbindung zwischen allgemeiner Schreiblehre und spezifischer Fachlehre schafft.

1. Ausgangslage

In einer Vorabfrage formulieren die Studierenden Bedürfnisse an eine Lehrveranstaltung zum wissenschaftlichen Schreiben, die sich in zwei Bereiche zusammenfassen lassen: Es handelt sich zum einen um Bedürfnisse, die allgemeine Bereiche des wissenschaftlichen Schreibens betreffen, wie z.B. zur Literaturrecherche, zu den Bestandteilen eines wissenschaftlichen Textes, zur Wissenschaftssprache und zum Zitieren. Zum anderen suchen sie nach Schreibstrategien, um ihre eigenen Forschungsergebnisse in den Kontext der Forschungs- bzw. Wissenschaftscommunity verorten zu können.

2. Didaktik

Schreibdidaktisch verfolgt die Veranstaltung den Ansatz des „Writing in the Disciplines", bei dem davon ausgegangen wird, dass jede Disziplin ihre eigenen Erwartungen an einen wissenschaftlichen Text besitzt und sich Anforderungen an Texte zwischen den Disziplinen unterscheiden (Bean 2011). Daher wird in der Lehrveranstaltung vor allem die Spezifik einer bestimmten ingenieurwissenschaftlichen Textsorte thematisiert.

Ein zweites Merkmal, das die Lehrveranstaltung prägt, ist die enge Zusammenarbeit mit der Hochschulbibliothek. Zugrunde liegt hier die Auffassung, dass Informations- und Schreibkompetenzen aufeinander bezogen sind (Kuhlthau 2008 u.a.) und integriert vermittelt werden können. Auch der Bibliothekar gestaltet seinen Part der Lehrveranstaltung fachspezifisch.

3. Lehrveranstaltung

Da nur ein Block à viermal 45 Minuten für die Veranstaltung vorgesehen ist, wird die Sondierung der zu schreibenden Textsorte sowie vor allem der Bedürfnisse der Studierenden und der Fachlehrenden vorgeschaltet.

Zu Beginn der Lehrveranstaltung werden mit einer Kartenabfrage die Assoziationen der Studierenden zum Thema wissenschaftliches Arbeiten gesammelt. Die Abfrage zeigt, dass das Wissen der Studierenden zum wissenschaftlichen Arbeiten von der Arbeit mit praktischen Versuchen geprägt ist. Die Prinzipien des wissenschaftlichen Arbeitens (Aufzählungen der Prinzipien z.B. bei Rehborn 2015) sind ihnen also aus der Arbeit im Labor bekannt.

An dieses Wissen und an die spezifischen Erfahrungen aus dem Fach knüpft die Lehrveranstaltung an. In allen Abschnitten der Lehrveranstaltung („inhaltliche und zeitliche Planung“, „Literaturrecherche“, „Bestandteile der wissenschaftlichen Arbeit“, „Wissenschaftssprache“ und „Zitation“) werden die Prinzipien des wissenschaftlichen Arbeitens, wie sie die Studierenden aus der praktischen Arbeit mit ihren Versuchen kennen, auf den wissenschaftlichen Text bezogen, werden die konkreten Erscheinungsformen sichtbar gemacht und diskutiert. Kleine Übungen mit authentischen Beispielen unterstützen die gedankliche Übertragung der Prinzipien von den Versuchen auf den Text.

4. Reflexion

Das Konzept der Veranstaltung begegnet einem Dilemma: Werden Veranstaltungen zum wissenschaftlichen Schreiben außerhalb der Fachlehre durchgeführt, empfinden Studierende sie manchmal als abstrakt und weit weg von ihren Fachinhalten. Werden sie hingegen von den Fachlehrenden selbst durchgeführt, gerät die Vermittlung von Schreibstrategien mitunter sehr kurz. In diese Lücke stößt die Veranstaltung, in der versucht wird, auf schreibdidaktischer Basis möglichst fachnah Unterstützung beim wissenschaftlichen Schreiben zu geben.

Literatur

Bean, John (2011): Engaging Ideas. The Professor's Guide to Integrating Writing, Critical Thinking, and Active Learning in the Classroom. San Francisco: Jossey-Bass Publishers.

Kuhlthau, Carol C. (2008): From Information to Meaning: Confronting Challenges of the Twenty-first Century. *Libri 58*, 66–73.

Rehborn, Angelika (2015): Brückenkurs wissenschaftliches Arbeiten. Was Sie vor Vorlesungsbeginn wissen sollten. Konstanz, München: utb.

Constanze SAUNDERS, Berlin

Studierende forschen zu Sprachbildung: Lernforschungsprojekte eines Seminars im Master of Education

In der Lehrkräftebildung an den Berliner Universitäten spielt die Komponente der Sprachbildung eine zentrale Rolle. In einer hochschuldidaktischen Praxisforschungsstudie wurden die methodische und thematische Ausrichtung von zwölf Lernforschungsprojekten, die im Praxissemester (WS 2016/17) durchgeführt wurden, analysiert. Ziel des Beitrags ist es, eine Möglichkeit zu skizzieren, wie studentische Forschung in dem jungen Bereich der Sprachbildung/ Deutsch als Zweitsprache in der Schule und im akademischen Bereich eingeführt werden kann. Die Verbindung Forschendes Lernens (vgl. Fichten 2010, Klewin u. a. 2014) mit den Themen Sprachbildung bzw. Mehrsprachigkeit stellt derzeit m. E. noch eine Innovation dar.

Didaktisch-organisatorische Rahmung

Die Studierenden durchliefen während der Zeit ihres Praxissemesters begleitet durch eine universitäre Veranstaltung alle Forschungsphasen: sie suchten sich ein mit Fragen der sprachlichen Bildung verbundenes Thema, methodische Zugänge, erhoben Daten und werteten diese für eine Posterpräsentation am Semesterende aus. Die Reflexion des Prozesses war ein Teil des Seminarportfolios. Die Studierenden erhielten im Seminar einen Einblick in Forschungsmethoden und in die Designentwicklung; Diskussion und selbstständige Vertiefung sie betreffender Themen wurden erwartet. Die Studierenden suchten sich von der Schule vorgeschlagene oder individuell interessierende Fragestellungen, die sich auf sprachliche Fragen in der Schule bezogen.

Ergebnisse

Es zeigte sich eine Vielfalt in Themen, Methoden und Projekt-Typen. Bei letzteren waren besonders Fragen zu Schulentwicklungsprozessen und Settings der Diagnose und Förderung (v. a. Einzelfallarbeit) vertreten. Ein beliebtes Thema war die Situation von Willkommensschüler*innen in den Regelklassen sowie individuelle und gruppenübergreifende Fördermaßnahmen (inkl. des Einsatzes von Schreibrahmen oder Strategien der Sprachreflexion). Die Studierenden setzten sowohl qualitative also auch quantitative Methoden ein, wobei bei den quantitativen Instrumenten teilweise bestehende genutzt wurden. Die Analyse der Daten bedurfte besonderer Aufmerksamkeit durch die Dozentin, teilweise wurde hierzu individuell beraten.

N. Neuber, W. Paravicini, M. Stein (Hrsg.): Forschendes Lernen – The wider view. Tagungsband. Münster: WTM-Verlag 2018.

Abbildung 1 zeigt die zwölf Projekte in ihrer methodischen und thematischen Ausrichtung, inkl. Sample, und kategorisiert diese nach fünf Typen von Lehr-Lernforschungsprojekten (LLFP).

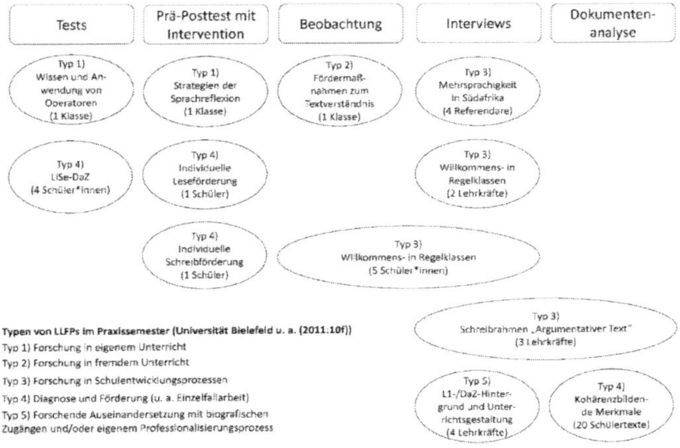

Abb. 1: Methoden, Themen und Typen der Projekte

Diskussion

Bei der Durchführung dieser Art studentischer Forschung sollten grundlegende Probleme des Forschenden Lernens bedacht werden. Für den Bereich der Sprachbildung gilt es zusätzlich zu bedenken, dass aufgetretene sprachliche Schwierigkeiten leichter zu beobachten waren als unterrichtliche Sprachbildungsmaßnahmen. Oft warfen die Ergebnisse neue Fragen für die Studierenden auf, was jedoch als sinnvoll für die Professionalisierung betrachtet wird. Es gilt zukünftig zu prüfen, inwiefern Forschungsbedarfe der Studierenden und der Schulen aufeinander abgestimmt werden sollten.

Literatur

Fichten, W. (2010). Forschendes Lernen in der Lehrerbildung. In U. Eberhardt (Hrsg.), *Neue Impulse in der Hochschuldidaktik. Sprach-und Literaturwissenschaften* (S. 127–182). Wiesbaden: VS-Verlag.

Klewin, G., Schüssler, R. & Schicht, S. (2014). Forschend lernen – Studentische Forschungsvorhaben im Praxissemester. In R. Schüssler u. a. (Hrsg.), *Das Praxissemester im Lehramtsstudium: Forschen, Unterrichten, Reflektieren* (S. 137-177). Bad Heilbrunn: Klinkhardt.

Universität Bielefeld u. a. (2011). Leitkonzept zur standortspezifischen Ausgestaltung des Bielefelder Praxissemesters. Erprobungsfassung vom 12.10.2010. Abgerufen am 25.10.2017: https://praxissemester.uni-bielefeld.de

Sabrina TIETJEN, Bremen; Maria PETERS, Bremen; Silvia THÜNE-MANN, Bremen

BOOC: Forschendes Studieren und Blended-Learning

An der Universität Bremen entsteht im Rahmen des BMBF-Projekts "Schnittstellen gestalten" (Qualitätsoffensive Lehrerbildung) das Online-Studienangebot "BOOC – Blended Open Online Course". In BOOC werden Inhalte und Tools zu empirischen Methoden und Methodologien im Forschungsfeld von Schule und Bildung digital bereitgestellt.

Die Adressat*innen sind Studierende, insbesondere im letzten Studienjahr des Masters of Education, die vor der Planung und Anfertigung der empirischen Abschlussarbeit stehen und dabei eine große Heterogenität bezüglich ihrer Prozessverläufe aufweisen. Für Dozierende, die sie in zweisemestrigen Begleitveranstaltungen dabei unterstützen, stellt eine darauf abgestimmte Lehre eine spezifische Herausforderung dar. Ausgehend von dieser Problemlage ist BOOC als Blended-Learning-Szenario konzipiert.

Didaktisches Strukturkonzept von BOOC

Das didaktische Design von BOOC verschränkt drei prozessorientierte Ebenen miteinander: Die (1) Vermittlungsebene beinhaltet multimediale Module zur Konzeption von Forschungsdesigns und zu Erhebungs- und Auswertungsmethoden. Die (2) Partizipationsebene unterstützt durch digitale Kommunikationsräume und -instrumente partizipative, interaktive und kollaborative Prozesse der Studierenden (z.B. gemeinsames Arbeiten an bild-, text- oder videobasierten Dokumenten), auch im Austausch mit den Dozierenden. Die (3) Präsentationsebene ermöglicht das fakultative Zeigen und Diskutieren von Fragestellungen, Artefakten und Ergebnissen aus studentischen Forschungsprozessen mit Peers und Dozierenden.

Forschendes Studieren in Blended-Learning-Szenarien

Im Projekt werden die Kenntnis und Anwendungspraxis empirischer Forschungsmethoden als Gelingensbedingungen Forschenden Studierens formuliert (vgl. Hellmer 2009: 218 ff.). Die Unterstützung des systematischen Auf- und Ausbaus hierfür notwendiger Kompetenzen sowie die Bereitstellung von Angeboten in Lehre und Selbststudium zur Entwicklung einer forschenden Haltung setzt sich BOOC zum Ziel.

Interaktive Tools zum Forschenden Studieren unterstützen Studierende dabei, eine Problematisierungsfähigkeit zu entwickeln, die es ermöglicht, berufsspezifische und fachbezogene Problemlagen und Fragen in reflexiver Weise identifizieren und formulieren zu können. Von der Entwicklung einer

Fragestellung durch handlungsorientierte Elemente bis zur Erstellung der M.Ed.-Abschlussarbeit erhalten Studierende Hilfen in Phasen des Selbststudiums und in kollaborativen Prozessen, wie etwa der Analyse von Datenmaterial oder der Diskussion von Forschungsergebnissen im Team. Für Lehrende bietet BOOC die Präsenzlehre ergänzende Materialien und Methoden.

Digitale Kreativtools für den Einstieg in den Forschungsprozess

Zur Entwicklung von forschungsorientierter Problematisierungsfähigkeit bietet BOOC u.a. handlungsorientierte Kreativtools, die bei der Suche nach und der Bearbeitung von Forschungsthemen zum Einsatz kommen können. Exemplarisch sei ein für BOOC programmiertes Tool genannt, das sich den visualisierenden Strategien des Concept Mappings bedient. In Prozessen des visuellen Denkens können auf diese Weise berufsspezifische und fachbezogene Themenfelder des eigenen Interesses aufgespürt, identifiziert und begrifflich strukturiert werden (vgl. Fichten und Meyer 2014: 24). Weitere Formate, die den Prozess des Forschenden Studierens begleiten und dabei unterschiedliche Lehr-Lernwege gestalten, sind u.a. Expert*inneninterviews und audiovisuelle Einblicke in Kodierprozesse sowie hypermediale Erklärvideos zu ausgewählten qualitativen und quantitativen Methoden und Best-Practice-Beispiele.

Das Online-Studienangebot BOOC integriert digitale Medien und Forschendes Studieren schließlich auf Grundlage zweier Ansätze: Medien dienen zum einen als Werkzeug, um forschungspraktische Prozesse wie Literatur- und Materialsammlung, Datenorganisation, Datenaufbereitung und -analyse zu unterstützen. Zum anderen entstehen durch die Nutzung und Gestaltung didaktisch strukturierter, individueller wie kollaborativer Module Handlungs- und Kommunikationsräume im Kontext von Bildung und Forschung, womit auch sozio-kommunikative Aspekte des Lern- und Forschungshandelns aufgegriffen werden (vgl. Hofhues, Reinmann und Schiefner-Rohs 2014).

Literatur

Fichten, W., Meyer, H. (2014): Skizze einer Theorie forschenden Lernens in der Lehrer_innenbildung. In Feyerer, E., Hirschenhauser, K. & Soukup-Altrichter, K. (Hrsg.): *Last oder Lust. Forschung und Lehrer_innenbildung* (S. 11–42). Münster: Waxmann.

Hellmer, J. (2009): Forschendes Lernen an Hamburger Hochschulen – Ein Überblick über Potentiale, Schwierigkeiten und Gelingensbedingungen. In Hellmer, J. & Schneider, F. (Hrsg.): *Forschendes Lernen im Studium* (S. 200–223). Bielefeld: UVW.

Hofhues, S.,; Reinmann, G., Schiefner-Rohs, M. (2014): Lernen und Medienhandeln im Format der Forschung. In Zawacki-Richter, O., Kergel, D., Kleinefeld, N., Muckel, P., Stöter, J. & Brinkmann, K. (Hrsg.): *Teaching Trends 2014. Offen für neue Wege: digitale Medien in der Hochschule* (S. 19–35). Münster, New York: Waxmann.

Andreas WEINER, Hannover

Forschendes Lernen in schulpraktischen Studien von Lehrkräften an berufsbildenden Schulen

Mit dem Konzept „Forschendes Lernen in schulpraktischen Studien“ erwerben Studierende Kenntnisse zur Evaluation und Erforschung von Lernsituationen und wenden Ihre Kenntnisse im Zusammenhang der Fachpraktika an.

Curriculare Einbindung

In das Curriculum des Masterstudienganges „Lehramt an berufsbildenden Schulen“ an der Leibniz Universität Hannover ist das Fachpraktikum integriert. Die Dauer des Praktikums beträgt derzeit sechs Wochen (Leibniz Universität Hannover, 2017, § 4 Abs. 4). Innerhalb des Praktikums entwickeln und erproben die Studierenden eine Lernsituation, welche den Rahmenbedingungen des Unterrichts an berufsbildenden Schulen (Handlungsorientierung, Lernfeldorientierung) entspricht (KMK, 2015, S. 3).

Die Studierenden arbeiten in Teams und werden von dem Mentor/der Mentorin sowie vom Dozenten angeleitet und betreut. Sie bearbeiten vorwiegend solche Themenstellungen, die bereits von Lehrkräften entwickelte Arbeiten weiterführen.

Erprobung einer Lernsituation im Lernfeld 2: Fertigen von Bauelementen mit Maschinen

Beispielhaft wurde eine Lernsituation vorgestellt, die Studierende im Rahmen ihres Fachpraktikums gemeinsam mit dem Mentor weiterentwickelt haben (Ketter, Landwehr, Schnitzky, 2016). Nach Analyse des Rahmenlehrplans, der Ausbildungsordnung, von Facharbeiterprüfungen und mit Hilfe von Arbeitsstudien wurde für den Ausbildungsberuf Zerspanungsmechaniker/Zerspanungsmechanikerin eine Lernsituation erarbeitet. Die Auszubildenden hatten die Aufgabe, für ein rotationssymmetrisches Bauteil geeignete Zerspanungsparameter zu finden, um die qualitativen Anforderungen zu erfüllen. Dieses kann durch Experimente an Probestücken erfolgen, bevor das Bauteil selbst hergestellt wird. Der Unterricht enthält u.a. die folgenden Phasen: Information, Planung, Ausführung sowie Kontrolle (u.a. Riedl, Schelten, 2013, S. 101-104). Im Rahmen eines Stationenlernens erwerben die Auszubildenden mediengestützt die für die Lösung des Fertigungsproblems erforderlichen Kenntnisse. Sie führen den Zerspanungsversuch im Klassenraum mit einer geeigneten Werkzeugmaschine durch. Mit Hilfe von ausgewählten Prüfmitteln bestimmen sie Längenmaße (Durchmesser und Längen) sowie die Rauheit mit Hilfe eines Tastschnittgeräts und beurteilen die Fertigungsqualität. Sie erwerben damit Kenntnisse über ein Verfahren zur Bestimmung von Parametern, die je nach betrieblicher Aufgabenstellung immer anzupassen sind.

Die primäre Aufgabe der Lehrkraft ist es hierbei, die Problemstellung für den Unterricht zu entwickeln, zu erproben und zu optimieren. Dabei gilt als optimale Lernsituation, wenn die Schülerinnen und Schüler die ihrem Ausbildungsberuf entsprechenden Aufgaben erkennen und die Selbstlernmedien so gestaltet sind, dass sie die für die Problemlösung notwendigen Kenntnisse ohne zusätzliche Schwierigkeiten erwerben sowie in einer wertschätzenden Atmosphäre gemeinsam lernen können. Zudem müssen die technischen Bedingungen zur Durchführung und Qualitätssicherung des Zerspanungsversuchs erfüllt sein.

Die universitäre Lernsituation

Die universitäre Lernsituation umfasst die begleitete Planung des Unterrichts, die Erstellung von Medien, die Erstellung eines Evaluationsdesigns, die Erhebung und die Auswertung der Daten sowie die abschließende Reflexion. Darauf bereiten sich die Studierenden in fachdidaktischen und berufswissenschaftlichen Seminaren vor. Ihre Entscheidungen werden theoretisch begründet und in einem Bericht zusammengefasst. Die Arbeiten werden Angehörigen der Profession vorgestellt und mit ihnen diskutiert.

Um die Lernsituation weiter zu entwickeln, evaluieren die Studierenden die Lernsituation. Sie erheben zum einen den Lernerfolg der Schülerinnen und Schüler, um einerseits einen individuellen Förderbedarf, andererseits solche Entscheidungen in der Unterrichtsplanung zu identifizieren, die einer Verbesserung bedürfen. Zudem erheben Sie die Akzeptanz der Lernsituation.

Literatur

Ketter, W.; Schnitzky, D.; Landwehr, D. (2016): Erprobung einer Lernsituation im Lernfeld 2 : Fertigen von Bauelementen mit Maschinen. Bericht zum Fachpraktikum. Hannover: Zentrum für Didaktik der Technik.

Kultusministerkonferenz der Länder (2015): Rahmenvereinbarung über die Berufsschule. Online: http://www.kmk.org/fileadmin/Dateien/veroeffentlichungen_beschluesse/2015/2015_03_12-RV-Berufsschule.pdf

Leibniz Universität Hannover (2017): Prüfungsordnung für den Masterstudiengang Lehramt an berufsbildenden Schulen an der Gottfried Wilhelm Leibniz Universität Hannover. Verkündungsblatt 18, S. 60-102.

Riedl, A.; Schelten, A. (2013): Grundbegriffe der Pädagogik und Didaktik beruflicher Bildung. Stuttgart: Steiner.

Anika WITTKOWSKI, Bremen; Robert BAAR, Bremen; Natascha KORFF, Bremen; Silvia THÜHNEMANN, Bremen

Forschendes Studieren in der Lehramtsausbildung an der Universität Bremen – eine diversitätssensible Curriculumsentwicklung

Zum theoretischen Rahmen

Für die Entwicklung eines professionellen Habitus bei Lehrer*innen ist entscheidend, dass diese bereits in der ersten Ausbildungsphase die Möglichkeit erhalten, theoretisches, reflexives und forschendes Wissen zu erlangen. Dafür sollten Lehr- und Lernformate im Studium so angelegt sein, dass sie mehr verlangen als die reine „Rezeption und Reproduktion von Kenntnissen" (Huber 2009, S. 15). Im Rahmen des Forschenden Studierens erhalten Studierende die Möglichkeit, sich aktiv, eigentätig und selbstständig mit empirischen Studien und wissenschaftlichen Fragestellungen auseinanderzusetzen, die einen Theorie-Praxis-Bezug aufweisen (Schneider & Wildt 2009). Elemente Forschenden Studierens können sich demnach darauf beziehen, Studierende mit Forschung vertraut zu machen, aber auch, dass Studierende eigentätig einen Forschungsprozess absolvieren (Huber 2014). Forschendes Studieren bietet zudem die Möglichkeit, dass sich Studierende mit ihren individuellen Potentialen, Ressourcen und Handlungskompetenzen einbringen (Satilmis 2017). Um dieses Potential nutzen zu können, braucht es eine systematische und aufbauende Verankerung im Studienverlauf sowie differenzierte Angebote, die die unterschiedlichen Zugänge und Perspektiven aller Studierenden berücksichtigen (Reinmann 2015). Daran knüpft das im Folgenden vorgestellte Forschungsprojekt an.

Zum Projekt „For BiPEb": Forschendes Studieren in den Bildungswissenschaften des Primar- und Elementarbereichs (Lfz.: 2017-2019)1

Ziel des Projektes ist es, Elemente Forschenden Studierens im bisherigen Lehrangebot des o.g. Grundschullehramtsstudienganges (BiPEb) zu analysieren und das bestehende Angebot systematisch zu erweitern und zu vertiefen, um sukzessive einen forschenden Habitus bei Studierenden aufzubauen. Dafür bietet sich zur Verzahnung von Forschung und Lehre das Zürcher Framework an (Tremp & Hildbrand 2012). Neben dem Aufbau forschungsmethodischer Kompetenzen innerhalb des erziehungswissenschaftlichen Curriculums geht es im Projekt auch um die gewinnbringende Verknüpfung

[1] Das Projekt wird unter dem Förderkennzeichen 01PL17030 durch Mittel des Bundesministeriums für Bildung und Forschung (BMBF) im Rahmen des Programms „Forst-A*integriert*" (Uni Bremen) gefördert.

verschiedener Studienbereiche, konkret mit einzelnen Modulen des Studienfachs Inklusive Pädagogik. Weiterhin wird im Projektkontext die Heterogenität der Studierenden gezielt aufgegriffen. Denn vor dem Hintergrund vielfältiger sozialer Herkünfte, Bildungsverläufe und biografischer Erfahrungen beginnen Studierende ihr Studium mit unterschiedlichen Voraussetzungen, Interessenslagen und Motivationen. Daher werden im Projekt unterschiedliche Perspektiven und mögliche Barrieren in Evaluationen sowie Gruppendiskussionen ermittelt und diversitätssensible Veranstaltungsformate entwickelt, um individuelle Zugänge für Studierende zu schaffen.

Zum aktuellen Stand des Projektes

Zur Klärung der Ausgangslage wurden im SoSe 17 abgeschlossene Evaluationen der betreffenden Module ausgewertet sowie Gespräche mit den zuständigen Dozierenden geführt. Es folgte eine methodische und inhaltliche Modifizierung des ersten Moduls; ein Schwerpunkt wurde dabei auf die Anbahnung und Entwicklung eines Verständnisses für empirische Forschungsprozesse sowie die Einordnung von und der Umgang mit empirischen Ergebnissen als relevante Elemente Forschenden Studierens gelegt. Dieses überarbeitete Modul startete im WiSe 17/18. Die Erstsemesterstudierenden, die dieses Modul derzeit belegen, wurden im Rahmen einer schriftlichen Kurzbefragung u.a. zu ihrem Vorwissen zum Forschenden Studieren befragt. Gegenwärtig werden die Daten ausgewertet.

Literatur

Huber, L. (2009). Warum Forschendes Lernen nötig und möglich ist. In L. Huber et al. (Hrsg.), *Forschendes Lernen im Studium. Aktuelle Konzepte und Erfahrungen* (S. 9–35). Bielefeld: UVW UniversitätsVerlagWebler.

Huber, L. (2014). Forschungsbasiertes, Forschungsorientiertes, Forschendes Lernen: Alles dasselbe? *Hochschulforschung* (1+2), 22–29.

Reinmann, G. (2015). Heterogenität und forschendes Lernen: Hochschuldidaktische Möglichkeiten und Grenzen. In B. Klages et al. (Hrsg.), *Gestaltungsräume Hochschullehre. Potenziale nicht-traditionell Studierender nutzen* (S. 121–137). Opladen: Barbara Budrich.

Satilmis, A. (2017). Forschendes Lernen und Heterogenität. In H. A. Mieg & J. Lehmann (Hrsg.), *Forschendes Lernen. Wie die Lehre in Universität und Fachhochschule erneuert werden kann* (S. 419–428). Frankfurt: Campus Verlag.

Schneider, R. & Wildt, J. (2009). Forschendes Lernen und Kompetenzentwicklung. In L. Huber et al. (Hrsg.), *Forschendes Lernen im Studium. Aktuelle Konzepte und Erfahrungen* (S. 53–68). Bielefeld: UVW UniversitätsVerlagWebler.

Tremp, P. & Hildbrand, T. (2012). Forschungsorientiertes Studium - universitäre Lehre: Das "Zürcher Framework" zur Verknüpfung von Forschung und Lehre. In T. Brinker & P. Tremp (Hrsg.), *Einführung in die Studiengangentwicklung* (Blickpunkt Hochschuldidaktik, Bd. 122, S. 101–116). Bielefeld: Bertelsmann.

Teil 8:
Tagungsprogramm

Ablauf der Tagung

	Montag 25.09.2017	**Dienstag 26.09.2017**	**Mittwoch 27.09.2017**
09:00		**Vorträge** 09:00 – 09:45 **Workshops** 09:00 – 10:30	**Vorträge** 09:00 – 09:45 **Workshops** 09:00 – 10:30
09:30		**Vorträge** 09:45 – 10:30	**Vorträge** 09:45 – 10:30
10:00			
10:30		Kaffeepause 10:30 – 11:00	Kaffeepause 10:30 – 11:00
11:00		**Keynote: Prof. Dr. Nils Neuber** 11:00 – 12:00	**Keynote: Prof. Dr. Gabi Reinmann** 11:00 – 12:00
11:30			
12:00		**Posterausstellung** 12:00 – 12:45	Mittagspause 12:00 – 13:30
12:30		Mittagspause 12:45 – 14:15	
13:00	**Eintreffen, Anmeldung** 13:00 – 14:00		
13:30			**Vorträge** 13:30 – 14:15 **Workshops** 13:30 – 15:00
14:00	**Tagungseröffnung** 14:00 – 14:30	**Vorträge** 14:15 – 15:00	**Vorträge** 14:15 – 15:00
14:30	**Keynote: Prof. (em.) Dr. Dr. h.c. Ludwig Huber** 14:30 – 15:30		
15:00		**Keynote: Prof. Dr. Klaus Langer** 15:00 – 16:00	**Abschluss** Ab 15:00
15:30	Kaffeepause 15:30 – 16:00		
16:00	**Vorträge** 16:00 – 16:45 **Workshops** 16:00 – 17:30	Kaffeepause 16:00 – 16:30	
16:30	**Vorträge** 16:45 – 17:30	**Vorträge** 16:30 – 17:15	
17:00		**Podiumsdiskussion** 17:15 – 18:00	
17:30	Zeit zur freien Verfügung		
18:00		individuelle Abendgestaltung	
18:30			
19:00	Gesellschaftsabend ab 19:00		

N. Neuber, W. Paravicini, M. Stein (Hrsg.): Forschendes Lernen – The wider view. Tagungsband. Münster: WTM-Verlag 2018.